Edition Bankmagazin

Herausgegeben von
Stefanie Burgmaier, Wiesbaden, Deutschland
Stefanie Hüthig, Wiesbaden, Deutschland

Ziel der Edition BANKMAGAZIN ist es, Trends und Herausforderungen in der Finanzwirtschaft zu beleuchten und Lösungen anzubieten. Indem sie die Theorie mit Beispielen aus dem Bankalltag verknüpfen, stellen die Fachautoren einen hohen Praxisbezug sicher. Interviews mit Verbänden und Geldinstituten aller drei Säulen zeigen, mit welcher Dynamik sich Themen wie Veränderungen beim Kundenverhalten, Digitalisierung, neue Konkurrenz durch junge Finanztechnologieunternehmen, War for Talents oder Dauerzinstief mit der Folge erodierender Margen in der Kreditwirtschaft entwickeln.

Weitere Bände in dieser Reihe http://www.springer.com/series/15208

Remigiusz Smolinski · Moritz Gerdes
Martin Siejka · Mariusz C. Bodek
(Hrsg.)

Innovationen und Innovationsmanagement in der Finanzbranche

Springer Gabler

Herausgeber
Remigiusz Smolinski
comdirect bank AG
Quickborn, Hamburg, Deutschland

Moritz Gerdes
comdirect bank AG
Quickborn, Deutschland

Martin Siejka
comdirect bank AG
Quickborn, Deutschland

Mariusz C. Bodek
Business Development & Innovation
Management, comdirect bank AG
Quickborn, Schleswig-Holstein
Deutschland

Edition Bankmagazin
ISBN 978-3-658-15647-3   ISBN 978-3-658-15648-0   (eBook)
DOI 10.1007/978-3-658-15648-0

Die Deutsche Nationalbibliothek verzeichnet diese Publikation in der Deutschen Nationalbibliografie; detaillierte bibliografische Daten sind im Internet über http://dnb.d-nb.de abrufbar.

Springer Gabler
© Springer Fachmedien Wiesbaden GmbH 2017

Springer Gabler ist Teil von Springer Nature
Die eingetragene Gesellschaft ist Springer Fachmedien Wiesbaden GmbH
Die Anschrift der Gesellschaft ist: Abraham-Lincoln-Str. 46, 65189 Wiesbaden, Germany

Vorwort der Herausgeber

Die Finanzbranche befindet sich derzeit in einem massiven Umbruch: Neben dem anhaltenden Niedrigzinsumfeld wird das traditionelle Geschäftsmodell der Finanzdienstleister vor allem mit einem intensivierten Innovationsdruck durch den Eintritt neuer Marktplayer konfrontiert. Auf der einen Seite entstehen immer mehr FinTechs, die sich auf einzelne Teile der Wertschöpfungskette fokussieren und diese mit innovativen Ansätzen digitalisieren oder im Hinblick auf die aktuellste Customer Experience bzw. Usability optimieren. Auf der anderen Seite betreten die großen Internetgiganten wie Alphabet (Google), Apple, Facebook, Amazon, Alibaba und Tencent den Markt und können diesen durch ein überlegenes Technologie- und Kundenverständnis nachhaltig verändern.

Im Gegensatz zu den agilen Vorgehensweisen der FinTechs und Internetgiganten können die Finanzdienstleister Innovationen nur spät identifizieren oder nicht schnell genug umsetzen. Entscheidende Innovationen entstehen momentan primär außerhalb der etablierten Player der Finanzbranche.

Um aktuelle Branchenherausforderungen zu beleuchten und Best-Practice-Beispiele aufzuzeigen, behandeln wir in diesem Sammelband das Thema „Innovationen und Innovationsmanagement in der Finanzbranche".

Der Anspruch diesen Sammelband zu veröffentlichen, beruht zu einem auf der Leidenschaft der Herausgeber und Autoren für Innovationen und die Intention, mithilfe von Innovationen die Weiterentwicklung der Finanzbranche voranzutreiben und die dabei entstehenden Herausforderungen erfolgreich zu bewältigen. Des Weiteren möchten wir nicht nur die rasante Entwicklung der Branche erfassen, sondern diesen Veränderungsprozess mit einem wissenschaftlichen Beitrag untermauern. Mit der Ambition, den massiven Umbruch mit Innovationen positiv zu begleiten, wollen wir Entscheidungsträgern eine Inspiration zur Weiterentwicklung und Mitgestaltung der Branche anbieten. Der Sammelband eröffnet dem Leser neben den Grundlagen des Innovationsmanagements, Best Practices und Methoden zur Bewältigung des digitalen Wandels in der Finanzbranche.

Es ist uns gelungen, über 40 Autorinnen und Autoren für den vorliegenden Sammelband zu gewinnen. Dabei handelt es sich um renommierte Wissenschaftler, erfahrene Experten und Berater aus der Finanzbranche sowie FinTech-Enthusiasten, die ein tiefes Know-how im Hinblick auf Innovationen und das Innovationsmanagement in der Finanzbranche aufweisen. Dieser Sammelband beruht auf der Leidenschaft und dem Engagement der Autorinnen und Autoren, dieses Wissen und diese Erfahrungen mit dem Leser und den Entscheidungsträgern zu teilen. Hierfür gilt es, die größte Dankbarkeit und Achtung auszusprechen.

Das Werk beginnt mit einer Einleitung (Teil I), welche die theoretischen Grundlagen des Themas erläutert, und ist anschließend in vier weitere Teile gegliedert:

- Teil II: Innovationsmanagement in der Finanzbranche
- Teil III: Innovative Technologien und Produkte
- Teil IV: Regulatorische Chancen und Herausforderungen
- Teil V: Entwicklungen im Finanz-Ökosystem

Diese Teile enthalten insgesamt 25 spannende Beiträge, die so ausgewählt sind, dass diese nicht redundant sind und den Entscheidungsträgern eine Fülle an Instrumenten und Methoden des Innovationsmanagements sowie Best Practices und gesammelte Erfahrungen für die Finanzbranche anbieten.

Teil I: Einleitung – Bedeutung von Innovationen

Wie sich Innovationen auf Märkte und etablierte Unternehmen auswirken

Was Innovationen ausmacht und welche Auswirkungen diese auf Unternehmen haben, beleuchtet Peter Kesting in seinem Beitrag. Dabei zeigt er auf, dass etablierte Unternehmen oft an Innovationen scheitern würden und dies neue Marktteilnehmer begünstigen würde.

Teil II: Innovationsmanagement in der Finanzbranche

Das Ende des traditionellen Bankwesens? Hoffentlich!

Die Innovationsleistung, Innovationsstrategien und Innovationsfähigkeiten der großen Finanzunternehmen werden im Beitrag von Serhan Ili und Ulrich Lichtenthaler thematisiert. Die Ergebnisse würden das Ende des traditionellen Bankwesens einläuten.

Mit ganzheitlichen Innovationsmanagement zur Finanzbranche der Zukunft
Wie Innovationsmanagement dabei helfen kann, die Finanzbranche der Zukunft mitzugestalten, stellen Remigiusz Smolinski und Moritz Gerdes heraus. Besonders relevant seien dabei ein offenes Innovationsmanagement mit diversen Tools und Formaten sowie eine innovative Unternehmenskultur.

Design 4 Change – Wie Finanzdienstleister agile Innovationsmethoden und neue Managementparadigmen anwenden
Die Anwendung von Innovations- und Managementmethoden wie Design Thinking oder Lean Start-up in der Finanzbranche ist das Thema des Beitrages von Shamim Rafat, Yannick Sonnenberg und Marco-Henry Karbs. Anstatt von einer schnellstmöglichen Einführung von neuen Produkten, sei eine langfristige und mitarbeiterfokussierte Digitalisierungsstrategie adäquater.

Transformation einer analogen Privatbank zum Innovationstreiber
In welcher Weise traditionelle Privatbanken mit der digitalen Transformation umgehen können, zeigt Jochen Werne in seinem Beitrag auf. Dabei adressiert er Themen wie Coopetition, agile Projektmanagementmethoden und die Kooperation mit FinTechs.

Innovation durch Corporate Incubation – Inkubatoren als Instrument zur Steigerung des Innovationspotenzials – dargestellt am Beispiel der comdirect Start-up Garage
Corporate Incubation zur Innovationserschließung ist das Thema des Beitrages von Mariusz C. Bodek und Julietta Matinjan. Die beiden beleuchten exemplarisch die comdirect Start-up Garage und zeigen wie sich ein derartiges Accelerator-Programm in das Innovationsmanagement integrieren lässt.

Opening the black box of involvement – Wie Prognosemärkte die Venture Capital Landschaft revolutionieren können
Der Einsatz von Prognosemarktforschung im Wagniskapitalsegment ist ein Vorschlag von Max Werner, Andrea Vianelli und Mariusz C. Bodek. Durch Effekte wie die Reduktion von Principal-Agent Konflikten könnten Unternehmensbeteiligungen mit weniger Aufwand überwacht und gesteuert werden.

Teil III: Innovative Technologien und Produkte

Digitale Innovationen in Kreditinstituten – Ein Rück- und Ausblick
Wie der digitale Wandel Kreditinstitute in der Vergangenheit beeinflusst hat und welche aktuellen Herausforderungen bestehen, beschreiben Daniel Beimborn und Heinz-Theo Wagner. Dabei gehen sie sowohl auf die Kernbankensysteme als auch auf Prozesse, Produkte, Dienstleistungen und Geschäftsmodelle ein.

Mit Geschäftsmodell- und Produktinnovationen aus dem Teufelskreis „Niedrigzinsumfeld"
Die Auswirkungen der Niedrigzinsphase auf die Geschäftsmodelle der Finanzbranche werden von Martin Siejka thematisiert. Neben der Senkung von Kosten, müssten Banken vor allem neue Ertragsquellen durch Geschäftsmodellinnovationen identifizieren, um weiterhin profitabel zu agieren.

Blockchain – Mehr als Bitcoin
Eine grundlegende Erklärung zur Kryptowährung Bitcoin und dem dahinterliegenden Technologietrend Blockchain liefert Peter Dixon mit seinem Beitrag. Dabei geht er sowohl auf geldpolitische Implikationen als auch auf weitere Anwendungsmöglichkeiten der Technologie ein.

Chatbots – Conversational UX Platforms
Was sich hinter dem Thema Chatbots verbirgt, zeigt Robert Kusber auf. Er beschäftigt sich mit der Funktionsweise, einigen Use Cases, Limitierungen sowie möglichen Entwicklungen und möchte ein Grundverständnis für Chatbots erzeugen.

Betrugsprävention bei Online-Kreditanträgen mithilfe von Machine Learning
Der Einsatz von Machine Learning für die Sicherheit von Online-Geschäften ist das Thema von Mario Elstner und Roberto Valerio. Anhand eines konkreten Anwendungsfalles wird das Potenzial von Machine Learning zur Betrugsprävention aufgezeigt.

FinTechs schaffen durch die Analyse ihrer Kundendaten Transparenz und bessere Produkte
Wie die Player der Finanzbranche aus den Daten ihrer Kunden Wert generieren können, wird in dem Beitrag von Andreas Gensch und Felix Müller thematisiert. Data Mining und Machine Learning könnten, insbesondere in Hinblick auf die neue PSD2 Richtlinie, zu einer erhöhten Transparenz und besseren Produkten für Kunden führen.

Innovative Social Media Strategien für Banken und Finanzdienstleister
Der strategische Einsatz von Social Media in der Finanzbranche wird von Tim Wartmann beschrieben. Anhand von diversen Best Practices wird eine Checkliste zur erfolgreichen Ausrichtung von Social Media in der Finanzbranche erarbeitet.

Innovation in der IT-Infrastruktur: Mittel zum Zweck und Erfolgsfaktor
Warum Innovationen in der IT-Infrastruktur ein kritischer Erfolgsfaktor für Unternehmen sind, zeigt Jochen Moeller in seinem Beitrag auf. Dabei geht er sowohl auf die kontinuierliche Modernisierung von IT-Systemen als auch auf zielgerichtete technologische Innovationen ein.

Teil IV: Regulatorische Chancen und Herausforderungen

API-Banking und PSD2: „Steckdosenleiste" für FinTechs
Die Implikationen der Neufassung der Zahlungsdiensterichtlinie (PSD2) sind das Thema des Beitrages von Sven Korschinowski, Christian Conreder und Sebastian Schwittay. PSD2 biete durch die Öffnung von Schnittstellen Chancen für neue Geschäftsmodelle, aber bringe auch aufsichtsrechtliche Herausforderungen mit sich.

Regulatorik und Umsetzungsgeschwindigkeit bei Innovationsprojekten
Wie Regulatoren in die Entwicklung und Umsetzung von Ideen eingebunden werden können, ohne dass die Umsetzungsgeschwindigkeit darunter leidet, zeigen Sven Bartels und Jan Meier. Dabei werden auch Maßnahmen aufgezeigt, die es Regulatoren erlauben, in der nötigen Geschwindigkeit zu agieren.

FinTech und Regulierung – Katalysator oder Hemmstoff?
Das Spannungsfeld zwischen der Entstehung neuer Geschäftsmodelle und dem erforderlichen Risikomanagement für die Regulatorik in der Finanzbranche, wird von Arno Ruben Schleussner beschrieben. Obwohl Regulierung für FinTechs zunächst wie ein Hemmnis erscheine, könne diese auch wie ein Katalysator für neue Geschäftsmodelle wirken.

Teil V: Entwicklungen im Finanz-Ökosystem

Traditionelle Banken als digitale Plattformen und Teil eines Finanz-Ökosystems
Wie etablierte Banken ihre Geschäftsmodelle in Hinblick auf den digitalen Strukturwandel ausrichten können, beantwortet Thomas F. Dapp in seinem Beitrag. Mithilfe von APIs könnten Banken als digitale Plattformen agieren und dadurch schnell und kostengünstig Kollaborationen eingehen, um Kunden die besten Finanzdienste anzubieten.

Warum FinTechs keine disruptiven Innovatoren sind – Anmerkungen zu Theorie, Sachstand und strategischen Implikationen
Den Innovationsgrad von FinTechs und dessen Auswirkungen auf die strategische Positionierung in der Finanzbranche, untersucht Norbert Paddags in seinem Beitrag. Entgegen der öffentlichen Wahrnehmung würden sich FinTechs eher mit inkrementellen, anstatt von disruptiven, Innovationen beschäftigen und hätten dadurch nur ein begrenztes Potenzial.

Digitalisierung im Zahlungsverkehr – Neue Wettbewerber und Kundenerwartungen im Zahlungsverkehr als Herausforderungen und Chancen für Banken und Finanzinstitute
Die Digitalisierung im Zahlungsverkehr ist das Thema von Knut Schlohmann. Er beleuchtet sowohl die Chancen und Herausforderungen für die verschiedenen Akteure der Finanzbranche als auch die Endkundensicht.

Kooperation statt FinTech-Revolution: Warum viele P2P-Lending-Plattformen am Scheideweg zwischen aussichtsloser Nische und Kooperation mit Banken stehen
Die aktuelle Entwicklung von P2P-Lending-Plattformen wird von Olaf Schlotmann thematisiert. Dabei betrachtet er sowohl den Deutschen als auch den US-amerikanischen Markt.

Elf Thesen zu Innovation in der Finanzbranche
Aus elf Thesen zu Innovation in der Finanzbranche besteht der Beitrag von Hansjörg Leichsenring. Er geht auf die aktuellen Entwicklungen in der Finanzbranche ein und gibt einen Ausblick auf die mögliche Zukunft.

Reputation in der Finanzbranche: Innovationen als unterschätzter Erfolgsfaktor

Mit dem Online-Reputationsaufbau von Banken und FinTechs und der Positionierung als Innovationsführer beschäftigt sich Pidder Seidl in seinem Beitrag. Dabei zeigt er bei den Banken erhebliches Verbesserungspotenzial auf und leitet daraus konkrete Handlungsempfehlungen ab.

Die Finanzdienstleistungsbranche nach der digitalen Transformation – Was leisten Finanzdienstleister der Zukunft?

Welche Kernfunktionen Finanzdienstleister im Hinblick auf die digitale Transformation bewahren und welche neuen Kernkompetenzen diese entwickeln sollten um konkurrenzfähig zu bleiben, sind die Fragestellungen im Beitrag von Christopher Schmitz, Jan-Erik Behrens und Francesco Pisani.

Als Herausgeber erhoffen wir uns, dass dieser Sammelband zu einer intensiveren Diskussion über die Implementation eines strukturierten Innovationsmanagements in der Finanzbranche führt und nicht nur Brücken zwischen Wissenschaftlern im Bereich Innovationsmanagement und Finanzen sowie Praktikern, Geschäftsführern und Entscheidungsträgern aus den Bereichen Innovationsmanagement, Business Development schlägt, sondern auch erfolgreiche Transformation der Bankbranche unterstützt.

Der Dank der Herausgeber gilt dem Team vom Springer Gabler und allen, die an der Gestaltung dieses Sammelbands mitgeholfen haben.

Im Namen der Autoren und Autorinnen wünschen wir den Leserinnen und Lesern nicht nur viel Freude sondern auch einen Erkenntnisgewinn, der dazu führt, dass vermehrt und erfolgreich Innovationen für die Finanzbranche entstehen und somit zur erfolgreichen Transformation beitragen.

Hamburg, Deutschland   Prof. Dr. Remigiusz Smolinski
im Dezember 2016   Moritz Gerdes
                   Martin Siejka
               Mariusz C. Bodek

Inhaltsverzeichnis

Teil I
Einleitung – Bedeutung von Innovationen

Peter Kesting

Zusammenfassung

Zur besseren theoretischen Einordnung der Wirkung von Innovationen auf die Finanzmärkte werden in diesem einleitenden Kapitel begriffliche und konzeptionelle Grundlagen der Innovationsforschung diskutiert. Dazu werden zunächst die verschiedenen Dimensionen des Innovationsbegriffs erörtert. Anschließend wird diskutiert, wie sich erfolgreiche Innovationen auf Märkte auswirken und in welcher Hinsicht sie dabei gleichzeitig eine Chance und eine Bedrohung für Unternehmen darstellen. Der Schwerpunkt des Kapitels liegt dann in der Erörterung der Frage, warum sich etablierte Unternehmen oft mit Innovationen schwertun und damit Raum für den Aufstieg von neuen Spielern freigeben. Vor diesem Hintergrund wird auch ein Blick auf die Bedeutung der branchenfernen Internetgiganten für die Finanzbranche geworfen.

Im Jahre 1994 macht sich ein kleines Start-up-Unternehmen auf, den Buchmarkt zu revolutionieren. Dabei macht sich Amazon, wie allseits bekannt, die neuen Möglichkeiten des sich damals noch im Aufbau befindlichen Internets zunutze. Das Interessante ist, dass Branchengiganten wie Barnes & Noble oder Dillons dem nichts entgegenstellen können. Noch verblüffender ist der Effekt auf deutsche Unternehmen wie Bertelsmann oder Quelle, die den Aufstieg von Amazon und die Ausweitung seines Geschäftsmodells vom Online-Buchhandel zum breit angelegten Versandhandel einige Jahre aus der Ferne beobachten und sich entsprechend hätten vorbereiten können. Vorhandene Logistik, Branchenkenntnisse

P. Kesting (✉)
Aarhus University, Aarhus C, Denmark
E-Mail: petk@mgmt.au.dk

© Springer Fachmedien Wiesbaden GmbH 2017
R. Smolinski et al. (Hrsg.), *Innovationen und Innovationsmanagement in der Finanzbranche,* Edition Bankmagazin, DOI 10.1007/978-3-658-15648-0_1

und Ressourcen helfen ihnen nicht, zu verhindern, dass der Markt grundlegend umstrukturiert wird und sie erhebliche Anteile an Amazon abgeben müssen. Dieses Beispiel zeigt, wie ein etablierter, statischer Markt neu strukturiert werden kann, begründet durch eine Veränderung der technologischen Rahmenbedingungen und ein innovatives Geschäftsmodell, das sich diese Änderungen zunutze macht.

In der Vergangenheit können viele solche Umbrüche beobachtet werden. Selbst die Unternehmen Bertelsmann und Quelle haben zu ihrer Zeit Märkte mit innovativen Geschäftsmodellen neu definiert. Oft können Marktumbrüche mit technischen Entwicklungen assoziiert werden, in der jüngeren Zeit vor allem im Bereich der Kommunikationstechnologie, vorher etwa mit der Entwicklung der Dampfmaschine oder der Elektrotechnologie. Sehr häufig haben Start-up-Unternehmen dabei eine zentrale Rolle gespielt. Der Fokus dieses Bandes liegt auf der Finanzbranche. Es soll untersucht werden, inwiefern solche Umbrüche dort bereits in der jüngeren Vergangenheit stattgefunden haben und welche Umbrüche sich für die Zukunft abzeichnen. Dabei soll ein Blick auf den Innovationsdruck durch neue Marktspieler geworfen werden. Es soll aber auch die Rolle von etablierten Internetgiganten wie Google, Amazon oder Alibaba betrachtet werden, die die Finanzmärkte durch ein überlegenes Kunden- und Technologieverständnis nachhaltig verändern könnten.

Zum besseren Verständnis der Vorgänge sollen in diesem einleitenden Kapitel ein paar grundlegende Fragen geklärt werden, vor allem: Was versteht man unter einer Innovation? Wie wirken Innovationen auf eine Branche? Warum tun sich etablierte Unternehmen oft mit Innovationen so schwer und ermöglichen den Aufstieg von neuen Spielern, wie im Falle von Amazon? Zur Beantwortung dieser Fragen wollen wir einen Blick auf den aktuellen Kenntnisstand der Forschung werfen.

1.1   Was versteht man unter einer Innovation?

In der Forschung gibt es sehr viele unterschiedliche Vorstellungen davon, was Innovationen sind und wie diese konzeptionell gefasst werden sollen. Oft sind diese Vorstellungen recht vage und widersprüchlich. Daher wollen wir uns kurz dem Begriff der Innovation selbst zuwenden. Ein guter Startpunkt hierfür ist das Werk des österreichischen Ökonomen Joseph A. Schumpeter, der mit seinem Buch „Theorie der wirtschaftlichen Entwicklung" [13] vor gut 100 Jahren wesentliche Grundlagen der heutigen Innovationsforschung gelegt hat. In diesem Buch definiert Schumpeter eine Innovation als Produktion auf einer neuen Produktionsfunktion (wobei er den Begriff der Innovation selbst erst in der zweiten, neu bearbeiteten Auflage von 1926 verwendet). Das ist eine sehr technische Definition, die vor dem Hintergrund der Zeit zu verstehen ist, in der sie entstanden ist. Sie enthält aber wesentliche Elemente, die für die aktuelle Diskussion relevant sind. Ein wesentliches Element von Innovationen ist die Neuerung; darüber ist sich die Forschung weitgehend einig. „Neuerung" kann dabei verschiedene Bezüge haben: neu für das Unternehmen, den Markt oder die Welt. Alle diese Formen der Neuerung haben eine Relevanz für wirtschaftliche Aktivität.

- „Neu für das Unternehmen" verlangt unternehmensinternen Wandel und adressiert die Herausforderungen, die damit verbunden sind, etwa Unsicherheit und Konflikte. Das spielt eine große Rolle für etablierte Finanzdienstleister, wenn deren Geschäftsmodelle geändert werden müssen.
- „Neu für den Markt" bedeutet, dass sich das Wettbewerbsumfeld ändert, mit all den damit verbundenen Konsequenzen. Dazu gehören vor allem die strukturellen Änderungen der Finanzmärkte, die durch Innovationen ausgelöst werden.
- „Neu für die Welt" ist vor allem für die wirtschaftliche Entwicklung von Volkswirtschaften im internationalen Kontext relevant. So führen Innovationen in der Informationstechnologie beispielsweise zu einer wirtschaftlichen Vormachtstellung der USA auf wesentlichen Zukunftsmärkten. In ähnlicher Weise können sich Finanzinnovationen auf die Stellung internationaler Finanzmärkte auswirken.

Alle diese Formen von Neuerungen sind relevant für die Untersuchung von Innovationen und vom Innovationsmanagement in der Finanzbranche und werden in diesem Band entsprechend berücksichtigt.

Eine besondere Rolle für Innovationen spielen die sogenannten „General Purpose Technologies", grundlegende technische Neuerungen, die Basis für eine Vielzahl angewandter Innovationen sein können. Schumpeter spricht in diesem Zusammenhang von einer „sekundären Innovationswelle". Ein Beispiel hierfür ist etwa die Lasertechnologie, die Innovationen wie Laserdrucker, Supermarkt Barcode Scanner und diverse medizinische Anwendungen erst ermöglicht hat. Im Zusammenhang mit der Finanzindustrie ist dabei vor allem ein Augenmerk auf die neuen Möglichkeiten im Bereich der Informationsverarbeitung und eventuell auch der Positionierungstechnologie zu richten.

Weniger Einigkeit besteht in der Forschung hingegen bezüglich des Gegenstands von Innovationen. Viele Forscher, so etwa der Pionier der Innovationsforschung Christopher Freeman [6] oder der Nobelpreisträger Jean Tirole [16], haben Innovationen in einen engen Zusammenhang mit Forschung und Entwicklung (F&E) gestellt. Joseph Schumpeter hingegen hat Innovationen auf Änderungen der wirtschaftlichen

Tätigkeit beschränkt und explizit von Erfindungen (Inventionen) abgegrenzt. Innovationen geschehen demnach nicht in Labors, sondern auf Märkten. Der Grund hierfür ist Schumpeters Fokus auf wirtschaftliche Entwicklung. Als Theodore H. Maiman beispielsweise im Jahre 1960 an den Hughes Research Laboratories in Malibu den Laser erfunden hat, hatte das nicht die geringsten wirtschaftlichen Veränderungen zur Folge (abgesehen von den minimalen Auswirkungen des Budgets, das Maiman für seine Forschung eingeräumt wurde). Das hat sich dann die nächsten 20 Jahre nicht wesentlich geändert. Einen wirtschaftlichen Effekt hatte diese Technologie erst durch ihre Verwendung für das Angebot marktgängiger Produkte, wie etwa des Laserdruckers oder des Supermarkt Barcode Scanners seit dem Beginn der Achtzigerjahre. Das macht deutlich: Technologische Entwicklungen schaffen die Voraussetzung für wirtschaftlichen Wandel; der wirtschaftliche Wandel selbst besteht allerdings erst in der ökonomischen Verwertung neuer Technologien zur Erschließung neuer Geschäftsmöglichkeiten. Diese Verwertung neuer Technologien ist Ergebnis substanziell unterschiedlicher Vorgänge und stellt Unternehmen vor substanziell unterschiedliche Herausforderungen. Vor diesem Hintergrund erscheint die Schumpeter'sche Unterscheidung zwischen Innovation und Invention nur plausibel. Auf wirtschaftliche Tätigkeit bezogen hat Schumpeter die heute noch gültige Unterscheidung zwischen Produkt-, Prozess-, Markt- und organisationaler Innovation vorgenommen.

Weitgehende Übereinstimmung besteht dann wieder darüber, dass Innovationen nicht jeden Wandel bezeichnen, sondern lediglich strukturelle Änderungen in der Art und Weise, wie ein Unternehmen sein Geschäft betreibt. Jedes Unternehmen ist permanent im Wandel. Es ist aber nicht sinnvoll, etwa die Anschaffung eines neuen Kopiergeräts als Innovation zu bezeichnen. Vor diesem Hintergrund ist es nötig, Innovationen vom kontinuierlichen, alltäglichen Wandel der wirtschaftlichen Tätigkeit eines Unternehmens zu unterscheiden. Aber was macht diese Unterscheidung aus und wie sind Innovationen zu qualifizieren? Über diese Frage besteht wenig Einigkeit in der Forschung. Zu Zeiten Schumpeters hat man die Struktur eines Unternehmens in der Produktionsfunktion ausgedrückt. Damals hatte man nur eine sehr grobe Vorstellung von betriebsinternen Prozessen. Für die Art und Weise, wie ein Unternehmen sein Geschäft betreibt, hat die aktuelle Forschung allerdings einen Begriff geschaffen: den des Geschäftsmodells (siehe hierzu [17]). Das erlaubt die Spezifizierung, dass Wandel nur dann als Innovation verstehen ist, wenn er die Prinzipien des Geschäftsmodells, also der Art eines Unternehmens, berührt, sein Geschäft zu betreiben. Diese konzeptionelle Verbindung zwischen Innovation und Geschäftsmodell gewinnt in der Forschung gegenwärtig eine zunehmende Anerkennung, erlaubt sie doch eine Spezifizierung von Prinzipien, die ein Geschäft leiten.

Innovationen beschreiben allerdings nicht jede Änderung des Geschäftsmodells, sondern nur eine bewusst herbeigeführte, zum Zwecke der Erschließung neuer Geschäftsfelder oder zur Neuorientierung bei der Erschließung alter Geschäftsfelder. Rein reaktive Änderungen des Geschäftsmodells, etwa infolge von legislativen Änderungen oder im Rahmen des Krisenmanagements, werden in der Regel nicht als Innovationen verstanden. Vor diesem Hintergrund kann eine zeitgemäße Definition des Begriffs lauten: Innovationen sind Änderungen des Geschäftsmodells, die gezielt mit der Absicht durchgeführt werden, neue Geschäftsfelder oder alte Geschäftsfelder neu zu erschließen.

Eine wichtige, allerdings auch durchaus kontrovers diskutierte Unterscheidung ist ferner die zwischen inkrementellen und radikalen (oder diskontinuierlichen) Innovationen. Die Unterscheidung ist notwendig, weil verschiedene Innovationen sich unterschiedlich auf Betriebsabläufe auswirken und Unternehmensführung und die Belegschaft vor sehr unterschiedliche Herausforderungen stellen. Sie bereitet allerdings Schwierigkeiten, weil Innovationen (wie oben dargestellt) an sich ja bereits per Definition strukturelle Änderungen des Geschäftsbetriebs bezeichnen. Inkrementelle und radikale Innovation müssen also zwei Dimensionen des strukturellen Wandels unterscheiden. In einem Aufsatz aus dem Jahre 2011 haben Calvacante et al. [3] diese Unterscheidung in der zwischen Business Model Extension und Business Model Revision spezifiziert. Kern dieser Unterscheidung ist, dass radikale Innovationen eine grundlegende Revision der bestehenden Praxis erfordern, während inkrementelle Innovationen zu einer (substanziellen) Erweiterung der bestehenden Praxis führen, ihre Grundlagen an sich aber nicht prinzipiell berühren. Mit anderen Worten: Inkrementelle Innovationen verfeinern bestehende Geschäftsmodelle, differenzieren bestehende Tätigkeiten aus und erweitern oder verbessern diese. Radikale Innovationen hingegen stellen die bisherige Praxis infrage und leiten einen tief greifenden Wandel der Unternehmenstätigkeit ein. Im Vergleich zu inkrementellen Innovationen konfrontieren radikale Innovationen Unternehmen daher mit einer neuen Qualität von Unsicherheit, aber auch von Widerstand und betriebsinternen Konflikten.

1.2 Wie wirken sich Innovationen auf Märkte aus?

Die Wirkung von Innovationen auf Märkte wurde bereits recht umfassend von Schumpeter beschrieben, und an dieser Sicht hat sich bis heute nichts Wesentliches geändert. Die erfolgreiche Ausführung einer Innovation führt demnach zunächst zu einer Quasi-Monopolrente, der sogenannten Schumpeter-Rente. Mit der Einführung des iPhones hatte Apple beispielsweise einen völlig neuen Markt geschaffen.

Die Beliebtheit des Produkts, kombiniert mit einer starken Marke und einer erfolgreichen Marketingstrategie, erlaubte es Apple als einzigem Anbieter einen monopolähnlichen Preis durchzusetzen. Die folgenden Gewinne waren entsprechend hoch. Das ist der sogenannte „First Mover Advantage". Aber auch der „Second Mover Advantage" [15] ist dadurch begründet. Die erfolgreiche Einführung einer Innovation erlaubt Absatzsteigerungen weit über das allgemeine Marktwachstum hinaus, sodass Unternehmen sogar in stagnierenden oder schrumpfenden Märkten wachsen können, wie das etwa bei Amazon der Fall war. Der Erfolg vieler heutiger Industriegiganten geht genau darauf zurück, wie etwa der von Siemens, Krupp, Ford und in jüngster Zeit eben auch der von Apple, Google oder Amazon. Interessant ist, dass Schumpeter das Auftreten von Pionierunternehmern in erster Linie nicht-monetär begründet sah. Gründer zielen in ihrem Handeln in erster Linie nicht auf den monetären Erfolg, sondern sind von vermeintlich irrationalen Motiven getrieben, wie etwa dem Drang etwas Neues zu schaffen oder dem Wunsch, ein Imperium aufzubauen – eine Auffassung, die die aktuelle Forschung nicht nur zu bestätigen [1], sondern die auch in der Einschätzung des Verhältnisses von etablierten Unternehmen zu Innovationen eine wichtige Rolle zu spielen scheint.

Schumpeter zeigt auf, dass erfolgreiche Innovationen zu wirtschaftlichen Ungleichgewichten führen. Ausgangspunkt ist hier die Vorstellung des französischen Ökonomen Leon Walras, dass Märkte zu einem Gleichgewicht von Angebot und Nachfrage tendieren, das über den Preis moderiert wird. Erfolgreiche Innovationen schaffen ein Angebot außerhalb dieses Rahmens, wie es etwa beim iPhone von Apple der Fall war. Erfolg bedeutet dabei, dass Innovationen Nachfrage auf sich ziehen (bei Misserfolg haben Innovation keine nennenswerten Auswirkungen auf die Märkte). In der Konsequenz ändern sich Angebot, Nachfrage und Preise auf den bestehenden Märkten, was einen bestimmten Anpassungsdruck nach sich zieht.

Die wohl wichtigste Konsequenz davon ist, was Schumpeter „schöpferische Zerstörung" genannt hat. Nach erfolgreicher Durchsetzung der Innovation gerät das Althergebrachte unter Druck. Die alten Produkte werden weniger oder gar nicht mehr nachgefragt und die Wettbewerbsposition der etablierten Anbieter verschlechtert sich. Im Beispiel des Smartphones waren das Produzenten von althergebrachten Mobiltelefonen, wie etwa Nokia. Aus Unternehmenssicht ist Stillstand damit in der Tat Rückschritt, zumindest auf dynamischen Märkten. Vor diesem Hintergrund ist es für etablierte Unternehmen eigentlich ratsam, die Entwicklung selbst voranzutreiben; wenigstens eine zeitnahe Anpassung an innovative Regimewechsel kann aber überlebenswichtig sein.

Die Konsequenz ist, dass Innovationen immer wieder Chancen eröffnen und Erfolgsgeschichten wie Amazon möglich machen. Sie sind damit eine wichtige

Triebkraft der wirtschaftlichen Entwicklung und des Wohlstands. Innovationen stellen aber gleichzeitig immer wieder eine Gefahr für die etablierten Anbieter dar und bedrohen deren Wettbewerbsfähigkeit und wirtschaftlichen Erfolg. Oft kann dabei allerdings beobachtet werden, dass sich etablierte Unternehmen nicht nur nicht an die Spitze von neuen Entwicklungen stellen, sondern sich ganz im Gegenteil sogar schwer damit tun, mit den Entwicklungen überhaupt Schritt zu halten. Warum eigentlich?

1.3   Warum tun sich etablierte Unternehmen mit Wandel so schwer?

Halten wir uns die Situation nochmals vor Augen: Erfolgreiche, etablierte Unternehmen kennen die Märkte, auf denen sie agieren, sehr gut; viele betreiben systematische Marktforschung. Sie sollten neue Trends und Möglichkeiten daher zeitnah erkennen können. Erfolgreiche, etablierte Unternehmen haben typischerweise eine starke Kapitaldecke und eine gute Ressourcenausstattung. Zudem verfügen sie über eine umfangreiche qualifizierte Belegschaft. Sie sollten damit die Mittel haben, Maßnahmen entschieden umzusetzen und neue Geschäftsmöglichkeiten zeitnah zu erschließen. Ferner verfügen erfolgreiche, etablierte Unternehmen über eine große Marktmacht und über umfangreiche Netzwerke. Das verschafft ihnen einen Wettbewerbsvorteil gegenüber neu eintretenden Spielern. Dabei haben etablierte Unternehmen sehr unterschiedliche Optionen, neue Geschäftsmöglichkeiten zu erschließen: Sie können neue Strukturen innerhalb des Unternehmens schaffen oder bestehende anpassen; es besteht aber auch die Möglichkeit, die Erschließung von neuen Geschäftsmöglichkeiten in Tochterorganisationen auszulagern. Eigentlich sollten sich etablierte Unternehmen daher mit Wandel leicht tun und man sollte erwarten, dass Wandel sogar maßgeblich von ihnen ausgeht. In der Realität ist das aber kaum zu beobachten. Warum ist das so? Interessanterweise gibt es gleich mehrere, weitgehend unabhängige Faktoren, die in dieselbe Richtung wirken und alle dazu beitragen, dass Unternehmen dazu tendieren, im Status quo zu verharren und notwendigen Wandel zu verpassen.

Das ist zunächst die schiere Masse an Gründungsinitiativen, die die unterschiedlichsten Wege beschreiten, neue Geschäftsmöglichkeiten in dynamischen Märkten zu erschließen. Überall machen sich Techniker, Berater, junge Absolventen, Vertriebsleute und viele andere daran, Unternehmen zu gründen. Sie ergründen neue Geschäftsmöglichkeiten und probieren innovative Geschäftsmodelle aus. Ein neues Geschäftsfeld zu erschließen bedeutet dabei, neue Wege zu gehen, die noch niemand vorher betreten hat und in der bekannte Lösungen nur sehr eingeschränkt wirken. Die Erschließung neuer Geschäftsfelder wird damit zu einem Trial-and-Error-Prozess. Tatsächlich scheitern die meisten Gründungsinitiativen und es bedarf in der Regel vieler Versuche, um das richtige Geschäftsmodell nicht nur zu finden, sondern es auch erfolgreich zu entwickeln. Vor Google gab es beispielsweise bereits 13 nennenswerte Internet-Suchmaschinen, aber keiner der Anbieter hat ein wirklich profitables Geschäftsmodell für diesen Dienst gefunden. Große, professionelle Unternehmen wie Yahoo waren also ganz dicht an der Chance ihres Lebens und haben sie doch nicht erkannt. Erst Google hat erkannt, dass eine Präsenz in den Suchergebnissen einen Wert darstellt, der sich verkaufen lässt – und das auch erst nach fast zwei Jahren Geschäftstätigkeit. Diese Spannweite und das kreative Potenzial der „Crowd" sind bestehenden Unternehmen rein numerisch überlegen, weil diese nur eine begrenzte Anzahl von Projekten auf den Weg bringen können. Damit sind es zunächst ganz einfach Größenverhältnisse und Wahrscheinlichkeiten, die in dieser Entdeckungsphase gegen etablierte Unternehmen sprechen. Bei der Masse an Initiativen ist es schlicht unwahrscheinlich, dass sich das Winning Team ausgerechnet im Unternehmen befindet. Daran ist prinzipiell nichts zu ändern, aber das ist auch nicht fatal, solange es Unternehmen gelingt, auf relevante Entwicklungen zeitnah und entschieden zu reagieren. Als Early Follower lässt sich noch eine Menge gewinnen.

Es kann an dieser Stelle aber hinterfragt werden, inwieweit sich etablierte Unternehmen überhaupt als Biotop für Unternehmertum und die erfolgreiche Erschließung neuer Geschäftsmöglichkeiten eignen. Betrachten wir zunächst die Motivlage: Bereits Schumpeter hat beschrieben, dass Unternehmertum weniger durch kühles Gewinnstreben, sondern vielmehr durch Leidenschaft und Hingabe getrieben wird. Das befreit Gründer aus gegebenen Konventionen und lässt sie nach kreativen Lösungen suchen, aber auch Widerstände überwinden. In etablierten Unternehmen werden Innovationsinitiativen aber weniger von solchen Motiven getragen als von der Wahrnehmung der Notwendigkeit, auf aktuelle Entwicklungen zu reagieren. Das liegt auch daran, dass die Leitung von unternehmerischen Initiativen in jedem Fall vom Management kontrolliert und oft an ausgewählte Personen übertragen wird. Es ist also nicht so, dass Unternehmer autonom Initiative ergreifen und tätig werden. Die Ausgewählten werden nicht unbedingt durch Leidenschaft getrieben und „brennen" oft nicht so für die neuen Ideen, wie es unabhängige Gründer tun. Schließlich werden unternehmerische Entscheidungen in einen Konzernzusammenhang gestellt und müssen mit den Gesamtinteressen des Unternehmens (oft auch mit politischen Interessen) in Einklang gebracht werden. Das nimmt unternehmerische Freiheiten und Flexibilität.

Aber wie gesagt ist ja auch nicht von essenzieller Bedeutung, wenn Innovationen nicht von erfolgreichen etablierten Unternehmen ausgehen, solange diese nur zeitnah auf neue Trends reagieren. Amazon hätte beispielsweise nicht die Spur einer Chance gehabt, hätten die etablierten Unternehmen nur konsequent auf richtige Weise reagiert. Aber warum haben sie das nicht? Warum haben sie nicht ihre Ressourcen genutzt, um Amazon sofort ein gleichwertiges oder sogar besseres Angebot entgegenzustellen und ihre Marktmacht eingebracht, um dieses Angebot breit zu vermarkten?

Schumpeter hat dieses Problem nicht gesehen und sich entsprechend auch nicht damit auseinandergesetzt. Erste Elemente für eine Antwort können bei dem Nobelpreisträger Herbert Simon und seinem Konzept der beschränkten Rationalität und hier vor allem in der Untersuchung der Bedeutung von organisationalen Routinen gefunden werden [11, 14]. Simon verstand Routine vor allem als eine Strategie, um knappe Planungsressourcen zu schonen. Einmal ausgebildet zeigen sich Routinen allerdings als wenig flexibel, sodass sie zu einer Quelle von organisationale Rigiditäten werden.

Systematisch haben sich das erste Mal die amerikanischen Soziologen Michael T. Hannan und John H. Freeman im Jahre 1977 [7] (und dann besonders in einem Aufsatz aus dem Jahre 1984 [8] und einem Buch aus dem Jahre 1989 [9]) mit diesem Phänomen beschäftigt. Sie haben auch den Begriff „Inertia" (Trägheit) dafür geprägt. Inertia liegt dann vor, wenn sich Unternehmen langsamer wandeln als ihre Umgebung: „In particular, structures of organizations have high inertia when the speed of reorganization is much lower than the rate at which environmental conditions change" [9, S. 70]. „But we do not assume that organizations never change form" [9, S. 60]. Damit haben Hannan und Freeman zunächst ein Bewusstsein für das Phänomen geschaffen und es auf einen Begriff gebracht. Darüber hinaus haben sie und die anschließende Forschung viele Beispiele und eine große Anzahl von empirischen Indizien für seine Relevanz zusammengetragen. Tatsächlich scheint Inertia eine allgemeine Grundtendenz von Organisationen zu sein; der Begriff der Inertia hat also eine hohe Relevanz. Je älter und größer eine Organisation, desto starker scheint das Phänomen zu sein [8, S. 157].

Im Mittelpunkt der Erklärung der Inertia stehen wieder die Rigiditäten von Routinen, aber auch die von Strukturen, nachdem sich diese erst mal eingefahren haben. Die Kehrseite der Planungsersparnis ist, das betriebliche Prozesse, zunehmend automatisiert, nicht mehr hinterfragt werden. Das Wirken von Routinen im organisationalen Kontext wurde besonders prägnant von den amerikanischen Ökonomen Richard Nelson und Sidney Winter in ihrem Buch „An Evolutionary Theory of Economic Change" (1982) beschrieben [12]. Organisationale Routinen sind demnach:

- Organisationales Gedächtnis: In dem individuellen Wissen um die Ausführung von Routinen ist das operationale Wissen um organisationale Abläufe gespeichert. Damit kommt Routinen auch eine koordinierende Funktion zu. Feldman spricht später in diesem Zusammenhang vom „ostensive aspect" von Routinen [5]. Wandel macht dieses spezifische Wissen um organisationale Abläufe obsolet. Die Organisation begibt sich an das untere Ende der Lernkurve: „Since organizational change implies processes of dismantling one structure and building another, it makes organizations and their routines unstable whereas inertia prevents organizations from the risk of lowering their performance" [2, S. 153]. Oder noch deutlicher: „Inert firms probably out-perform proactive firms" [2, S. 154]. Wie es so schön heißt: „Never change a running system". Im Vergleich zur Fortführung der bestehenden Routine bedeutet Wandel aber auch eine Belastung der Planungskapazitäten des Managements. Neue Ziele müssen gefunden, neue Lösungen erarbeitet werden. Dafür sind nicht immer ausreichende Kapazitäten vorhanden.
- Ziel: Das Management ist oft auf die optimale Durchführung bestehender Routinen fokussiert. Dabei spielt die Messung von Ergebnissen (etwa in der Form von KPIs) eine wichtige Rolle, nicht nur für die Beurteilung von betrieblichen Aktivitäten, sondern auch für individuelle Karrieren. Dieser Fokus kann Entscheidungsträger betriebsblind machen. Wandel bedeutet in diesem Zusammenhang, sich außerhalb der bestehenden Routine zu bewegen. Das bedeutet, dass Ergebnisse schwer messbar sind, vor allem aber aus kontrolliertem Risiko substanzielle Unsicherheit wird und Fehler gemacht werden [8, S. 159–160]. Inertia kann damit auch mit der Fehlerkultur einer Organisation assoziiert werden.
- Waffenstillstand: Routinen sind Ergebnisse von organisationalen Entscheidungsprozessen, die oft Kompromisse von beteiligten Entscheidungsträgern erfordert haben. Änderungen der Routinen haben meistens Implikationen für Machtstrukturen und persönlichen Status, Arbeitsbelastung und Karrierepfade von Mitarbeitern. Bestehende Expertise wird entwertet, neue benötigt. Oft rufen Änderungen diffuse Ängste hervor. Vor diesem Hintergrund können bestehende Routinen auch als ein Waffenstillstand verstanden werden, dessen Auflösung zu organisationalen Konflikten führt. Stillstand kann also auch darin begründet sein, dass ein Management diesen Konflikten aus dem Weg geht.

Diese Erkenntnisse werden von der jüngsten Hirnforschung unterstützt. Das Gehirn ist demnach ein „Energiesparer", der den Status quo systematisch bevorzugt. Nicht nur organisationale Routinen, sondern alle daran beteiligten Mitarbeiter haben demnach eine individuelle Tendenz zum Stillstand. Die Tendenz zum Stillstand ist damit tief in Organisationen verankert.

Nelson und Winter hielten die Fähigkeit von Unternehmen, ihre Routinen zu überwinden und sich an Änderungen von Rahmenbedingungen anzupassen, für außerordentlich gering [12]. Wandel ist demnach nicht Folge einer Entwicklung von bestehenden Geschäftsmodellen, sondern Ergebnis eines evolutionären Prozesses von Innovation, Replikation und Selektion; der Untergang von alten Unternehmen ist also systemimmanent. Auch wenn diese Sichtweise in ihrer Radikalität heute von der Wissenschaft nicht bestätigt werden kann, haben die zugrunde liegenden Prinzipien doch einen gewissen Erklärungsgehalt.

Im Jahre 1997 nimmt Clayton Christensen eine strategische Perspektive ein [4]. Er beobachtet die Anbieter von Computerdiskettenlaufwerken und findet, dass jede Generation neue Spieler hervorbringt. Dabei kommt er zu einem verblüffenden Urteil. „Precisely because these firms listened to their customers, invested aggressively in new technologies that provide their customers more and better products of the sort they wanted, and because they carefully studied market trends and systematically allocated investment capital to innovations that promised the best returns, they lost their position of leadership" [4, S. XV]. Das erinnert ein wenig an die Funktion von Routine als Ziel, wie sie bereits von Nelson und Winter beschrieben wird [12]. Christensen bezeichnet das Phänomen als Innovator's Dilemma. Als Hauptgrund sieht er eine zu starke Fokussierung auf bestehende Zielgruppen. Das lässt sich am Beispiel der Lufthansa gut illustrieren. Noch bis in die Neunzigerjahre galt Fliegen als etwas Exklusives. Die besten Kunden kamen aus wohlhabenden Kreisen, dem sogenannten Jetset. Dementsprechend war auch das Angebot exklusiv und hochpreisig. Durch diesen Fokus wurde das Aufkommen einer neuen Zielgruppe übersehen, die Fliegen als Transport ansieht und deren Zahlungsbereitschaft für Exklusivität gering ist. Wie Ryanair als erstes erkannt hat, ist diese Zielgruppe wegen ihrer Größe sehr attraktiv. Laut Christensen wird in Fällen wie diesem die neu aufkommende Zielgruppe ignoriert, weil ihr Beitrag zum Unternehmenswachstum am Anfang noch zu gering ist. Perspektiven sind zu hypothetisch und subjektiv, um in die Unternehmensstrategie Eingang zu finden (oder wie Christensen formuliert: „Markets that don't exist can't be analysed"). Das gibt Raum für den Eintritt von neuen, anfangs noch unbedeutenden Spielern, die sich in vermeintlich unattraktiven Nischen tummeln. Die Fähigkeiten eines Unternehmens definieren aber auch seine Unfähigkeiten: Lufthansa kann Service und Qualität, aber nicht billig. Zudem war billig nicht das, was die bisherigen Kernkunden verlangt haben. Genau weil sich Lufthansa also nach wie vor auf sein bisheriges Marktsegment fokussiert hat, konnte sich Ryanair festsetzen und wachsen.

Im Ergebnis lassen sich also viele unterschiedliche Gründe finden, warum Unternehmen dazu tendieren, Wandel zu verschlafen. Zunächst einmal ist es eher unwahrscheinlich, dass neue Geschäftsmöglichkeiten von den relativ wenigen erfolgreich etablierten Unternehmen gefunden werden und nicht von der großen Anzahl von Neugründungen. Dabei mögen auch die spezifischen Bedingungen großer Organisationen die Entfaltung unternehmerischer Initiative zusätzlich strukturell behindern. Wandel bedeutet für etablierte Unternehmen gestiegenen Planungsaufwand, führt zu Ineffizienzen und einer substanziell gestiegenen Unsicherheit und mündet in Frustration und Konflikten. Kein Wunder, dass viele Unternehmen davor zurückschrecken, sich diesen Schwierigkeiten auszusetzen und stattdessen in der Komfortzone ihrer bestehenden Routinen verharren. Soll heißen: Ohne gut eingespielte Routinen sind Unternehmen nicht lebensfähig. Aber Routinen sind eben auch starr und notwendiger Wandel ist mit bestehenden Routinen oft nicht vereinbar. Dann müssen alte (vormals oft sehr erfolgreiche) Routinen überkommen und damit verbundene Schwierigkeiten überwunden werden.

Dabei sind ein paar Worte der Warnung angebracht. Vor allem in der Managementpraxis ist ein Trend zu erkennen, nach dem Wandel an sich als etwas Positives betrachtet wird. Es gilt, alte Strukturen permanent aufzubrechen, etwa durch Schaffung neuer oder Umbesetzung vorhandener organisationaler Einheiten, durch Strategiewechsel, Wechsel im Führungsstil und ganz besonders durch die permanente Einführung neuer Managementsysteme. Dieser Trend beruht auf einem Missverständnis und kann zu äußerst negativen Konsequenzen führen. Tatsächlich belastet Wandel ein Unternehmen und führt fast immer auch zu negativen Nebenwirkungen [10]. Es ist für ein Unternehmen daher ratsam, die Vorteile von Routine so weit wie möglich zu realisieren. Stillstand ist vor diesem Hintergrund äußerst erstrebenswert. Wandel ist ein notwendiges Übel. Er ist notwendig, um Unternehmen an dynamische Märkte anzupassen und daher unverzichtbar, um das Überleben von Unternehmen langfristig zu sichern. Ohne leistungsfähige Routinen kann ein Unternehmen nicht überleben, aber ohne Wandel geht es unter. Das mutet paradox an. Die Konsequenz ist aber recht einfach, zumindest theoretisch: Die Notwendigkeit für Wandel muss zeitnah erkannt und konsequent beantwortet werden. Unternehmen müssen sich den Herausforderungen von dynamischen Märkten stellen. Gleichzeitig gilt es, den Betriebsablauf möglichst wenig zu beeinträchtigen, sodass die Vorteile der bestehenden Routine möglichst weitgehend ausgeschöpft werden können.

In diesem Band soll betrachtet werden, welche neuen Geschäftsmöglichkeiten auf den Finanzmärkten entstehen, welche neuen Spieler in die Märkte eintreten und wie erfolgreiche, etablierte Unternehmen auf diese Dynamik reagieren. Welche Unternehmen haben bereits Entwicklungen verschlafen, welche haben adäquat reagiert, welche stehen aktuell oder in absehbarer Zeit unter Druck?

1.4   Welche Rolle werden die branchenfremden Internetgiganten spielen?

Die Rolle branchenferner Unternehmen ist für die Entwicklung neuer Geschäftsmodelle in einer dynamischen Industrie bislang nur wenig erforscht worden. Google, Amazon & Co. sind deswegen interessant, weil sie sehr schnell gewachsen sind und den Geist der Veränderung noch in sich zu tragen scheinen. Es ist gar nicht lange her, dass sie selbst noch Start-up-Unternehmen gewesen sind. Das konnte man allerdings auch für das Microsoft von vor 20 Jahren sagen und trotzdem hat das Unternehmen das Aufkommen des Internets weitgehend verschlafen. Im Gegensatz dazu hat sich Amazon sehr geschickt eine Vielzahl neuer Geschäftsfelder erschlossen, auch über Branchengrenzen hinweg. Gibt es da vielleicht strukturelle Unterschiede? Die Erkenntnisse aus dem vorigen Abschnitt können helfen, ein gewisses Licht auf diese Frage zu werfen.

Zunächst ist es auch auf den Finanzmärkten eher unwahrscheinlich, dass die großen, attraktiven neuen Geschäftsmöglichkeiten ausgerechnet von den wenigen branchenfremden Internetgiganten gefunden werden. Das wird wohl auch hier in erster Linie eine Sache der vielen Neugründungen sein. Die Internetgiganten sind auch nicht von den Schwierigkeiten des Wandels befreit. Ihr Geschäftsbetrieb wird längst durch Routine und Strukturen getragen. Wie in andere Unternehmen stellen diese Routinen auch für Internetgiganten organisationales Gedächtnis, Ziel und Waffenstillstand dar und ein Verlassen der Routine hat die gleichen negativen Konsequenzen hier wie dort. Auch neigen diese Unternehmen dazu, einen strategischen Fokus auf das Kerngeschäft und auf ihre Zielkunden zu legen.

Andererseits sind diese Unternehmen jung und zeigen sich oft noch offen für neue Geschäftsfelder. Da unterscheiden sie sich vielleicht von „traditionellen" Unternehmen. Branchenfremde Internetgiganten haben ihr Augenmerk auf die neuen Möglichkeiten in der Finanzindustrie geworfen und sind aktiv auf der Suche. So lässt sich spekulieren, dass neue Geschäftsfelder anfangs zwar überwiegend von unabhängigen Gründerteams gefunden und entwickelt werden. Branchenferne Internetgiganten werden aber vor allem eine Rolle spielen, indem sie erfolgreiche Gründungen aufkaufen oder als „Second Mover" in Märkte eintreten. Das wird für sie allerdings (genauso wie für andere etablierte Unternehmen) umso schwieriger, je mehr die neuen Aktivitäten eine Anpassung des bisherigen Geschäftsmodells erfordern. Führt die Erschließung neuer Geschäftsfelder in Finanzmärkten dagegen zu einer organischen Erweiterung ihres bisherigen Geschäftsmodells, sollte sie durch branchenfremde Internetgiganten relativ leicht zu realisieren sein. Das ist vielleicht auch der Hauptunterschied zwischen Microsoft und Amazon. Die Aufsätze in diesem Band leisten einen Beitrag, ein wenig Licht auf diese noch weitgehend offenen Fragen zu werfen.

Literatur

1. Abbey A (2002) Cross-cultural comparison of the motivation for entrepreneurship. Journal of Business and Entrepreneurship 14: 69–81.
2. Casper S, Waarden F (2005) Innovation and Institutions: A Multidisciplinary Review of the Study of Innovation Systems.
3. Cavalcante SA., Kesting P, Ulhøi JP (2011) Business model dynamics and innovation: (Re)establishing the missing linkages. Management Decision 49: 1327–1342.
4. Christensen, CM (1997) The Innovator's Dilemma: When New Technologies Cause Great Firms to Fail. Boston, MA: Harvard Business School Press.
5. Feldman, M.S. (2000) Organizational routines as a source of continuous change. Organizational Science, 6: 611–629.
6. Freeman C (1982) The Economics of Industrial Innovation. London: Francis Pinter.
7. Hannan MT, Freeman J (1977) The population ecology of organizations. American Journal of Sociology 82: 929–964.
8. Hannan MT, Freeman J (1984) Structural inertia and organizational change. American Sociological Review, 49: 149–164.
9. Hannan MT, Freeman J (1989) Organizational Ecology. Cambridge (MA): Harvard University Press.
10. Kesting P, Federowski R (2005), Die Routinefalle. think: act. The Executive Magazine of Roland Berger Strategy Consultants 2: 36–37.
11. March JG, Simon HA (1958) Organizations. New York (NY): Wiley.
12. Nelson RR, Winter SG (1982) An Evolutionary Theory of Economic Change. Cambridge (MA), London: The Belknap Press of Harvard University Press.
13. Schumpeter JA (1912) Theorie der wirtschaftlichen Entwicklung. Leipzig: Duncker und Humblodt.
14. Simon HA (1947) Administrative Behaviour. New York: The Free Press.
15. Tellis GJ, Golder PN (1996) First to market, first to fail? Real causes of enduring market leadership. Sloan Management Review 37: 65–75.
16. Tirole J (1988) The Theory of Industrial Organization. Cambridge (MA), London: The MIT Press.
17. Zott C, Amit R, Massa L (2011) The business model: Recent developments and future research. Journal of Management 37: 1019–1042.

Über den Autor

Peter Kesting ist gegenwärtig Associate Professor an der Universität Aarhus und Gastdozent an der Universität Wien, der Universität Frankfurt sowie der Fachhochschule Vorarlberg. Er hat an der Universität Hamburg promoviert und an der Handelshochschule Leipzig habilitiert. Anschließend war er Visiting Fellow am Clare Hall College in Cambridge. In seiner Forschung befasst sich Peter Kesting mit verschiedenen Aspekten von Innovationen, insbesondere den kognitiven Grundlagen von Innovationen, den Wirkungen von Innovationen auf Geschäftsmodelle und der Partizipation von einfachen Angestellten in Innovationsprojekten (hier mit einem besonderen Schwerpunkt auf China). Darüber hinaus forscht

Peter Kesting zu verschiedenen Aspekten von Verhandlungen. Peter Kesting ist Mitgründer der Book and Smile GmbH, einem Online-Preisvergleich (Ausstieg nach erfolgreichem Verkauf) und der Easy2Coach GmbH, einer Online-Trainingsplattform. Er ist Mitinitiator und wissenschaftlicher Berater der Negotiation Challenge, einem internationalen Verhandlungswettbewerb (thenegotiationchallenge.org).

Teil II
Innovationsmanagement in der Finanzbranche

Das Ende des traditionellen Bankwesens? Hoffentlich!

2

Serhan Ili und Ulrich Lichtenthaler

Zusammenfassung

Das Bankenwesen stirbt. Und das ist gut so. Denn nur dann kommt endlich Bewegung in eine Branche, die es immer wieder versäumt, sich durch echte Innovationen einen Vorsprung zu erarbeiten. Eigentlich bleibt aufgrund der Digitalisierung und neuer FinTech Wettbewerber vielen etablierten Finanzunternehmen keine andere Möglichkeit als die Stärkung ihrer Innovationskraft. Allerdings sind einige dieser Unternehmen eher für Selbstzufriedenheit sowie das Festhalten an Bewährtem bekannt und weniger für unternehmerisches Handeln auf neuen Wegen. Diese Komfortzone muss unbedingt verlassen werden, doch entschieden werden kann das nur ganz oben. Das Buchkapitel untersucht die Innovationsleistung, Innovationsstrategien und Innovationsfähigkeiten großer Finanzunternehmen aus Deutschland und der Schweiz. Es nutzt Erkenntnisse aus Projekten und Interviews mit über 30 Experten aus der Finanzbranche. Außerdem wird auf zwei Fragebogenstudien in den DAX30-Unternehmen in Deutschland und den SMI20-Unternehmen in der Schweiz zurückgegriffen. Die Ergebnisse zeigen, dass die Innovationsleistung der meisten Banken höchstens durchschnittlich ist. Das Ende des traditionellen Bankwesens. Wir sehnen es herbei und zeigen Wege zu neuer Innovationskraft und Wachstum auf.

S. Ili ($\boxtimes$) · U. Lichtenthaler
ILI CONSULTING AG, Karlsruhe, Deutschland
E-Mail: ili@ili-consulting.de

U. Lichtenthaler
E-Mail: lichtenthaler@ili-consulting.de

© Springer Fachmedien Wiesbaden GmbH 2017
R. Smolinski et al. (Hrsg.), *Innovationen und Innovationsmanagement in der Finanzbranche*, Edition Bankmagazin, DOI 10.1007/978-3-658-15648-0_2

2.1   Was geht?

Früher bedeutete es etwas, Banker zu sein. Wer jedoch Zukunft nachhaltig gewährleisten will, muss immer wieder bereit sein, sich neu zu erfinden. Denn heutzutage
sieht die Zukunft für das traditionelle Bankwesen düster aus. Hierfür gibt es ganz
unterschiedliche Gründe: Regulierung, niedrige Zinsen und digitale Geschäftsmodelle. Hinsichtlich technologischen Wandels sehen sich etablierte Banken und andere
Finanzdienstleister mit neuen digitalen Technologien für ihre internen Prozesse konfrontiert, ebenso wie mit einer immer stärkeren Nutzung von Smartphones durch
ihre Kunden. Bezüglich Markttrends ergeben sich hieraus ganz neue Verhaltensweisen von Kunden und damit auch andere Erwartungshaltungen und Anforderungen.

Zusätzlich hat als Folge der Finanzkrise das Vertrauen in Banken abgenom-
men, und die Nachfrage nach alternativen Finanzdienstleistungen hat zugenommen [4, 7]. Durch das Aufkommen neuer Wettbewerber aus dem FinTech-Umfeld
sehen sich außerdem teilweise die Regulierungsbehörden unter Druck, bestimmte
Auflagen zu lockern, sodass gerade internetbasierte Anbieter zu ernst zu neh-
menden Konkurrenten werden. Dies gilt für ganz unterschiedliche Bereiche von
Finanzdienstleistungen, die bisher zu unterschiedlichem Grad von den Entwicklungen betroffen sind, die aber künftig alle vom „digitalen Tsunami" erfasst
werden, zum Beispiel Zahlungsvorgänge, Kreditgeschäft und Unternehmensfi-
nanzierungen.

Dabei handelt es sich nur teilweise um Herausforderungen, die sich aus völlig
neuen Technologien ergeben, wie zum Beispiel Blockchain. In vielen Fällen reicht
eine geschickte Kombination unterschiedlicher Technologien, um Geschäftsmodelle neu zu denken und zu nennenswerten Verwerfungen im Wettbewerb der traditionellen Finanzdienstleister zu führen. Unabhängig von der konkreten Ursache
der Entwicklungen hinsichtlich Technologietrends und Markttrends stehen viele
etablierte Banken daher aktuell vor großen Herausforderungen. Vor dem Hintergrund des Trends zu Digitalisierung und neuen Wettbewerbern aus dem FinTech-
Bereich bleibt vielen Banken daher keine andere Möglichkeit als die Stärkung
ihrer Innovationskraft zur Erschließung weiterer Erlösmöglichkeiten, zur Entwicklung neuer Geschäftsmodelle und zur Ausnutzung zusätzlicher Wachstumspotenziale [5, 7]. Allerdings fällt es oft schwer, lange Bewährtes, Wohlgeordnetes
aufzubrechen, Macht abzugeben und Einflussbereiche zu verschieben – und all das
Auge in Auge mit der Möglichkeit des Scheiterns, ausgeliefert und ohne Schutz
vor der Häme und Verdammung derjenigen, die sich im alten System behaglich
eingerichtet haben.

Die zentrale Herausforderung, die sich dabei fast allen Banken und anderen
Finanzdienstleistern   stellt,   ist   die   sinkende   Rentabilität   der   bisherigen

Geschäftsmodelle, die sich aus der zunehmenden Digitalisierung, des längerfristig niedrigen Zinsniveaus und neuer Regulierungsanforderungen ergibt. Die entscheidende Frage besteht dabei in der Tragfähigkeit der bestehenden und neuen Geschäftsmodelle – langfristig und nicht nur in den kommenden Monaten und Jahren. Viele Banken und andere Finanzdienstleister scheinen jedoch relativ starr an ihren etablierten Geschäftsmodellen festzuhalten, die über Jahrzehnte oder sogar Jahrhunderte meist gut funktioniert haben. Dies führt teilweise zu fast sturem Verharren und Festklammern an Bewährtem in der Hoffnung: „Die aktuellen Probleme stehen wir schon noch durch".

Man kann sehr lange diskutieren, wie die neue Welt des Bankwesens in Zukunft aussehen wird. Eins ist aber sicher: Die Veränderungen kommen. Und dann reicht es nicht mehr aus, Kontoführungsgebühren oder andere Kosten einfach auf die Kunden umzuwälzen. Dann müssen die Banken tangible und fakturierbare Dienstleistungen entwickeln. Banken müssen anfangen, aus Sicht des Kunden zu denken, Zusammenhänge zu erkennen und Marktpotenziale identifizieren. Und wenn der erste Schritt der Inspiration und Kreativität für die blauen Ozeane erfolgreich bewältigt ist, folgt bekanntlich die Transpiration. Sich aus der Komfortzone herauszuschwimmen, bedeutet nämlich Arbeit. Irgendwo zwischen Revier und Regel wird dann die erste Kreativität erfolgreich im Keim erstickt.

Technologieunternehmen werden weitere Teile von Finanztransaktionen und Kreditgeschäften übernehmen. Abb. 2.1 zeigt eine Übersicht der aktuellen Bewertung ausgewählter FinTech-Start-ups. Ganz egal wie die Zukunft für etablierte Banken genau aussieht, gibt es akuten Handlungsdruck und nur wenig Raum für Fehlentscheidungen. Etablierten Banken bietet sich daher fast keine andere Möglichkeit, als ein stärkeres Augenmerk auf ihre Innovationsaktivitäten zu richten. Mangelnde Ambitionen und Dienst nach Vorschrift sind völlig fehl am Platz. Vielmehr sollten Banken anstreben, Basisanforderungen ihrer Kunden in Begeisterungsmerkmale zu verwandeln. Dies kann gerade auch dabei helfen, die bestehenden Assets, zum Beispiel die Bankfilialen, besser zu nutzen und hieraus eine stärkere Kundenbindung zu erreichen und so Wettbewerbsvorteile zu erzielen. Dies kann aber nur durch Innovation geschafft werden, nicht durch einen ausschließlichen Fokus auf Effizienz.

Dass beim Thema „Erneuerung" die Zeichen auf Sturm stehen, hat so mancher erkannt. Auch ist vielfach die Einsicht vorhanden, dass es kaum Begeisterungsmerkmale für die Kunden gibt. Trotzdem zeugen viele Reaktionen immer noch von selbstzufriedener Behäbigkeit. Daher adressiert das vorliegende Buchkapitel unter anderem folgende Fragen: Welche Notwendigkeit für Innovationen besteht in Unternehmen in der Finanzbranche? Wie gut ist die Innovationsleistung

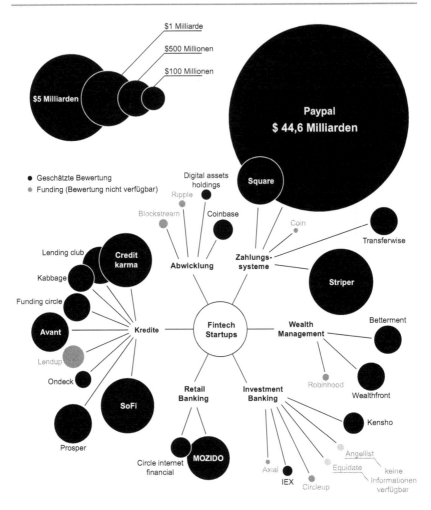

Abb. 2.1 Übersicht der Bewertung ausgewählter FinTech-Start-ups. (Stand Juni 2016, Quellen: Bloomberg, CB Insights, Crunchbase, Funderbeam)

von Unternehmen der Finanzbranche in Deutschland und der Schweiz? Welche Rolle spielt Innovation in der Strategie dieser Unternehmen? Wie hoch sind die Innovationsfähigkeiten dieser Unternehmen bezüglich wichtiger Erfolgsfaktoren für Innovationen? Was kann aktiv zur Stärkung der Innovationskraft unternommen werden?

Die weiteren Inhalte dieses Beitrags gliedern sich folgendermaßen. Abschn. 2.2 beschreibt kurz die methodische Vorgehensweise. Abschn. 2.3 konzentriert sich auf die Innovationsstrategie. Abschn. 2.4 behandelt die Innovationsleistung hinsichtlich des Erfolgs oder Misserfolgs der Innovationsaktivitäten. In Abschn. 2.5 werden ausgewählte Innovationsfähigkeiten behandelt, die für eine hohe Innovationskraft von Bedeutung sind. Abschn. 2.6 liefert konkrete Handlungsempfehlungen zur Stärkung der Innovationskraft. Abschn. 2.7 bietet eine kurze Zusammenfassung und einen Ausblick.

2.2 Vorgehensweise

Diesem Kapitel liegen Erkenntnisse zugrunde, die aus zahlreichen Projekten und Interviews mit über 30 Experten aus der Finanzbranche gewonnen wurden. Außerdem wird auf die empirischen Ergebnisse von zwei Fragebogenstudien in den DAX30-Unternehmen in Deutschland und den SMI20-Unternehmen in der Schweiz zurückgegriffen. Diese empirischen Studien wurden von der ILI CONSULTING AG durchgeführt. Ausgewählte Ergebnisse daraus wurden auch jeweils im Harvard Business Manager veröffentlicht [2, 3].

Die Indizes DAX30 und SMI20 umfassen gemeinsam zehn Unternehmen, die der Finanzdienstleistungsbranche zuzurechnen sind. Dazu gehören: Allianz SE, Credit Suisse Group AG, Commerzbank AG, Deutsche Bank AG, Deutsche Börse AG, Julius Bär & Co. Ltd., Munich Re AG, Swiss Re, UBS AG, Zurich Insurance Group Ltd. An den beiden Fragebogenstudien haben sich acht dieser zehn (also 80 %) Finanzdienstleistungsunternehmen beteiligt, die in einem der beiden Indizes vertreten sind. Diese Zahlen verdeutlichen die exzellenten Benchmarking-Erkenntnisse, die sich aus den Studien ergeben. Die Erhebung der Daten zu den Innovationsaktivitäten in diesen Unternehmen erfolgte mit einem detaillierten und standardisierten Online-Fragebogen nach vorheriger telefonischer Kontaktaufnahme.

Um objektive Antworten der Teilnehmer zu ermöglichen, waren eine strenge Vertraulichkeit aller Angaben und die anonymisierte und aggregierte Auswertung der Daten eine Grundvoraussetzung der Studien. Die Ergebnisse der Fragebogenstudien in diesem finalen Sample von acht Finanzdienstleistungsunternehmen wurden durch persönliche Interviews und Statements in zahlreichen Unternehmen ergänzt, die wichtige Hinweise für die Interpretation der Daten lieferten. Insgesamt zeigen die umfangreichen Analysen, dass die Ergebnisse der Studien repräsentativ für die DAX30 bzw. SMI20 Unternehmen sind und darüber hinaus einen wichtigen Einblick in die Innovationsaktivitäten aller deutschen bzw. schweizerischen Großunternehmen bieten. Allerdings sind die Ergebnisse nicht repräsentativ für alle Unternehmen aus der Finanzdienstleistungsbranche.

2.3 Innovationsstrategie

Erfolgreiche Innovationsaktivitäten erfordern im ersten Schritt eine geeignete Ausrichtung auf Innovation im Rahmen der Unternehmensstrategie. Nur dann kommen die Innovationsfähigkeiten einer Firma überhaupt zum Tragen, sodass letztendlich auch eine hohe Innovationsleistung erzielt werden kann. Dies gilt für produktorientierte Unternehmen ebenso wie für Dienstleistungsunternehmen. Nur eine geeignete Kombination der Innovationsstrategie mit ausreichenden und passenden Innovationsfähigkeiten führt in der Regel zu kontinuierlichem Innovationserfolg.

In dieser Hinsicht zeigen die Ergebnisse der Studien in den DAX30 und SMI20 Unternehmen, dass die meisten Banken und Versicherungen mit Blick auf die wichtigsten Wettbewerbsfaktoren stark auf Effizienz ausgerichtet sind (Abb. 2.2). Alle Finanzdienstleistungsunternehmen, die sich an den Studien beteiligt haben, nennen Effizienz als sehr wichtigen oder wichtigen Wettbewerbsfaktor (100 %) in den letzten fünf Jahren. Faktoren, die eher auf Innovation ausgerichtet sind, spielen eine weniger wichtige Rolle, zum Beispiel Marktsegmentführerschaft (75 %), neue Dienstleistungen (67,5 %) und Technologieführerschaft (67,5 %). Auch weitere Faktoren spielen eine geringere Rolle, zum Beispiel Differenzierung (50 %), Kostenführerschaft (50 %) sowie Fusionen und Übernahmen (50 %).

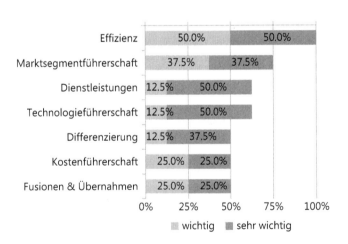

Abb. 2.2 Wichtige Wettbewerbsfaktoren in den letzten fünf Jahren

Eine detaillierte Analyse der Innovationsstrategien verdeutlicht, dass kein einziges der Finanzdienstleistungsunternehmen im Sample eine aggressive Innovationsstrategie verfolgt. Hierfür wurde in den Studien nach der Ausrichtung der Innovationsaktivitäten gefragt gemäß einer First-Mover-Strategie, Fast-Follower-Strategie oder Late-Follower-Strategie (vgl. Abb. 2.3). Kein einziges Finanzunternehmen im Sample verfolgt demnach eine First-Mover-Strategie mit dem Ziel, Innovationen regelmäßig als erstes in den Markt zu bringen. 62,5 % der Unternehmen verfolgen eine Fast-Follower-Strategie, 25 % lediglich eine Late-Follower-Strategie. Für 12,5 % der Unternehmen lässt sich keine klare Innovationsstrategie feststellen.

Innovationen können einen unterschiedlichen Neuigkeitsgrad haben. Gerade eine First-Mover-Strategie erfordert in der Regel einen nennenswerten Anteil an Innovationsprojekten, die eher auf radikale Innovationen mit einem hohen Neuigkeitsgrad abzielen und nicht nur inkrementelle Innovationen zur geringfügigen Verbesserung bestehender Produkte, Dienstleistungen und Prozesse sind. In dieser Hinsicht zeigen die Studien, dass in den Finanzunternehmen im Sample durchschnittlich 15 % aller Innovationsprojekte eher radikalen Charakter haben, wohingegen 85 % der Projekte sich auf inkrementelle Innovationen mit geringem Neuigkeitsgrad konzentrieren.

Grundsätzlich gibt es keinen allgemeingültigen Anteil radikaler Innovationsprojekte, der für alle Unternehmen optimal wäre. Ein Fokus auf inkrementelle Innovationen kann Erfolg versprechend sein, wenn zusätzlich eine gewisse

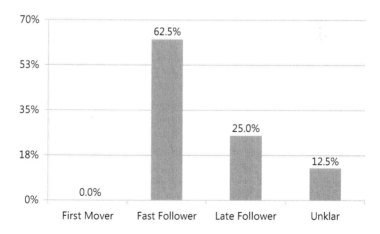

Abb. 2.3 Ausrichtung der Innovationsstrategie

Zahl an Innovationsprojekten mit hohem Neuigkeitsgrad mit Nachdruck verfolgt wird. Hierfür benötigen die Unternehmen jedoch auch ausreichende Fähigkeiten, um diese oftmals relativ komplexen Projekte zum Erfolg zu führen. Dann können Unternehmen mit manchen radikalen Innovationsprojekten auch ganz neue Märkte schaffen, in denen der Wettbewerb bisher nicht aktiv ist und die daher sowohl strategisch als auch finanziell hoch attraktiv sind. Gerade dadurch können die Unternehmen dann auch eine hohe Innovationsleistung erreichen.

2.4   Innovationsleistung

Der starke Effizienzfokus der Finanzdienstleistungsunternehmen im Sample führt zu einer eher schwach ausgeprägten Innovationsorientierung, gerade mit Blick auf Innovationen mit einem hohen Neuigkeitsgrad. Diese relativ geringe Innovationsorientierung zeigt sich auch in der Innovationsleistung der Unternehmen, die in der Selbsteinschätzung der Teilnehmer eher durchschnittlich ausgeprägt ist oder verschleiert wird. Diese Selbsteinschätzung ist konsistent zur Fremdeinschätzung, denn bei der Frage nach den jeweils innovativsten Unternehmen unter den DAX30- bzw. SMI20-Unternehmen spielten Finanzdienstleister fast keine Rolle.

Hinsichtlich der Einstufung der Innovationsleistung des eigenen Unternehmens schätzt eine relativ große Gruppe (37,5 %) die Innovationsleistung als durchschnittlich ein. Nur 12,5 % der Unternehmen im Sample stufen ihre Innovationsleistung als gut ein, kein einziges Unternehmen als sehr gut. Hingegen nehmen Experten aus 25 % der Teilnehmer ihre Innovationsleistung als schlecht wahr (vgl. Abb. 2.4). Diese Unternehmen konzentrieren sich schwerpunktmäßig auf Me-too-Innovationen mit einem sehr begrenzten Neuigkeitsgrad. Außerdem ist in diesen Unternehmen die Umsetzungsquote von Innovationsprojekten sehr schwach, wodurch die Projekte meist keine nennenswerte Durchschlagskraft entwickeln.

Die verbleibenden 25 % der Unternehmen sind nicht bereit, ihre Innovationsleistung offen einzuschätzen. Unsere zusätzlichen Analysen und Interviews haben gezeigt, dass die Innovationsaktivitäten hier eher schwach ausgeprägt sind und dass daher auch die Innovationsleistung als eher gering einzustufen wäre. Somit lässt sich festhalten, dass 87,5 % der teilnehmenden Finanzunternehmen maximal eine durchschnittliche Innovationsleistung erreichen. Bereits dieses eine Ergebnis zeigt den Handlungsbedarf auf, der sich für die meisten Banken und Versicherungen hinsichtlich Innovationen ergibt. Dies gilt ganz unabhängig von aktuellen Trends, wie zum Beispiel der Digitalisierung, die die Notwendigkeit von Innovationen nur noch verstärken.

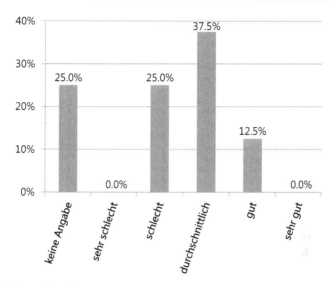

Abb. 2.4 Innovationsleistung

Insgesamt zeigen die Ergebnisse zur Innovationsleistung, dass die meisten etablierten Banken (gerade im Vergleich zu Unternehmen aus anderen Branchen) hinsichtlich der Innovationsleistung einen gewissen Nachholbedarf haben. Zusätzlich zeigen die schwachen Fremdeinschätzungen der Innovationsleistungen, dass dies auch von externen Stakeholdern so gesehen wird. Gleichzeitig verdeutlichen die Ergebnisse die großen Möglichkeiten, die sich aus einem professionellen Innovationsmanagement ergeben. Eine überzeugende Darstellung der Innovationsaktivitäten mithilfe spannender Storys kann dann zusätzlich zu einer besseren Fremdeinschätzung der Innovationsleistung beitragen. Die entscheidende Grundlage hierfür sind ausreichende Fähigkeiten im Unternehmen, um Innovationen erfolgreich durchführen und steuern zu können.

2.5   Innovationsfähigkeiten

Um eine hohe Innovationsleistung zu erreichen, benötigen Unternehmen ein systematisches Innovationsmanagement. Zwar können in Einzelfällen auch inoffiziell durchgeführte Projekte einzelner Mitarbeiter zu einem großen Innovationserfolg werden, ein professionelles Innovationsmanagement ist damit jedoch nicht zu ersetzen. Mit aktuellen Trends, wie zum Beispiel der digitalen Transformation, werden zwar einige neuere Managementansätze (wie agile Innovationsprozesse) immer wichtiger, wesentliche grundlegende Erfolgsfaktoren für Innovationen ändern sich jedoch nur teilweise.

Von den Unternehmen im Sample haben 50 % eine spezialisierte Innovationsabteilung eingerichtet, deren Mitarbeiter sich Vollzeit mit Themen des Innovationsmanagements auseinandersetzen. In 37,5 % der Unternehmen hat diese Abteilung einen aktiven Einfluss auf die Höhe des gesamten Innovationsbudgets. Hinsichtlich der Haupttätigkeiten dieser Abteilung kann man die Impulsphase, die Steuerungsphase und die Transferphase unterscheiden. Die Impulsphase umfasst unter anderem Aktivitäten zur Entwicklung von Szenarien, zur Ideengenerierung und zum Entwurf von Roadmaps. Die Steuerungsphase umfasst unter anderem die Bewertung, Auswahl, Priorisierung und Kontrolle von Projekten. Die Transferphase stellt die Markteinführung von Innovationen sicher, zum Beispiel durch den Transfer in die Serienproduktion.

Im Durchschnitt verteilen sich die zeitlichen Ressourcen der Innovationsabteilung folgendermaßen auf diese drei Phasen: Impulsphase 29 %, Steuerungsphase 51 % und Transferphase 20 %. In den Firmen im Sample mit Innovationsabteilung konzentriert sich diese somit stark auf die Steuerung der Innovationsaktivitäten. Die Impulsphase und Transferphase erhalten hingegen deutlich weniger Aufmerksamkeit. Diese relativ geringe Bedeutung der Generierung neuer Innovationsimpulse sowie der Sicherstellung der erfolgreichen Markteinführung bietet einen wichtigen Ansatzpunkt zur weiteren Verbesserung des Innovationsmanagements in diesen Unternehmen.

Darüber hinaus stellt sich die Frage, ob die Innovationsabteilung wirklich der richtige Treiber der Innovationsaktivitäten in einem Unternehmen ist. Auch wenn eine solche Abteilung wichtige Aufgaben übernehmen kann, muss insbesondere auch das Top-Management aktiv Innovationen unterstützen, um deren Erfolg sicherzustellen. Allerdings scheint die Bedeutung der obersten Managementebene für erfolgreiche Innovationen in vielen Finanzdienstleistungsunternehmen noch nicht ausreichend wahrgenommen zu werden (vgl. Abb. 2.5).

In nur 12,5 % der Unternehmen im Sample wird der Vorstand als sehr wichtiger Treiber von Innovationen angesehen, in weiteren 37,5 % als ein wichtiger Treiber. In den verbleibenden 50 % ist der Vorstand kein wichtiger Treiber von Innovationen. Unter anderem als Konsequenz hieraus werden zu niedrige Innovationsbudgets und eine risikoaverse Unternehmenskultur als die zentralen Barrieren bei der Implementierung von Innovationsprojekten angesehen. Diese Barrieren können durch ein stärkeres Commitment des Top-Managements für Produkt-, Dienstleistungs- und Geschäftsmodellinnovationen substanziell reduziert werden. Dadurch würde die erfolgreiche Durchführung aller Phasen im

Abb. 2.5 Vorstand als
Treiber von Innovationen

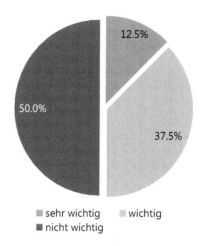

Innovationsprozess erleichtert werden. Allerdings ist mangelnde Innovationsunterstützung ein typisches Merkmal vieler Vorstandsgremien in der Finanzindustrie.

Aufgrund der aktuellen Herausforderungen durch neue Technologie- und Markttrends, zum Beispiel Blockchain und digitale Kundenanforderungen, scheint gegenwärtig jedoch ein Umdenken einzusetzen. So wird in 75 % der Unternehmen für die nächsten drei Jahre ein steigendes Innovationsbudget erwartet. In 25 % der Firmen wird es zumindest stabil bleiben, und in keinem einzigen Unternehmen wird von einem abnehmenden Innovationsbudget ausgegangen. Mit den größeren Innovationsbudgets reagieren die Unternehmen auf die zunehmende Technologiedynamik in ihrem Umfeld. So erwarten nur 25 % der Firmen im Sample keine steigende Dynamik der technologischen Entwicklungen. 50 % gehen von einer moderat zunehmenden und 25 % sogar von einer stark zunehmenden Technologiedynamik aus.

Neben steigenden internen Innovationsbudgets greifen die Unternehmen außerdem immer häufiger auf Kooperationen mit externen Partnern im Innovationsprozess zurück. Fast alle Firmen im Sample sehen Open Innovation zur aktiven Kooperation mit externen Innovationspartnern als notwendig an. Geschlossene Innovationsprozesse ohne externe Kooperationen hingegen sind meist keine echte Alternative mehr. Dennoch arbeiten momentan nur 12,5 % der Firmen aktiv mit externen Innovationspartnern zusammen. Somit nutzt praktisch kein Unternehmen die großen Möglichkeiten und Chancen, die sich durch offene Innovationsprozesse ergeben.

Allerdings planen 28,5 % der Firmen mit primär geschlossenen Innovationsprozessen die Implementierung von Open Innovation im kommenden Jahr und
weitere 43 % dieser Firmen planen die Implementierung in den nächsten drei
Jahren. Lediglich 28,5 % dieser Firmen haben aktuell nicht die Absicht, Open
Innovation umzusetzen. Trotz dieser zu erwartenden Zunahme der Open Innovation Aktivitäten in der Finanzbranche ist die Professionalität im Management der
Innovationskooperationen noch sehr begrenzt. Daher müssen beispielsweise auch
die Innovationsabteilungen in den Unternehmen neue Kompetenzen aufbauen für
Due Diligence und für die systematische Integration von externem Know-how in
die internen Innovationsprozesse.

2.6   Handlungsempfehlungen

Das vorliegende Kapitel hat die Innovationsnotwendigkeit, Innovationsstrategien,
Innovationsleistung und Innovationsfähigkeiten großer Finanzdienstleistungsunternehmen aus Deutschland und der Schweiz untersucht. Damit bieten sich
zahlreiche spezifische und konkrete Einblicke in das Innovationsmanagement
großer Unternehmen in der Finanzbranche. Kaum eine etablierte Bank oder Versicherung scheint eine First-Mover-Strategie bei Innovationen zu verfolgen. Die
meisten Innovationen haben inkrementellen Charakter mit einem geringen Neuigkeitsgrad.

Zudem ist die Innovationsleistung der meisten Firmen höchstens durchschnittlich oder wird verschleiert. Es gibt also konkreten Handlungsbedarf zur Stärkung
der Innovationskraft in fast allen etablierten Unternehmen in der Finanzindustrie. Der Vorstand in vielen Unternehmen ist kein aktiver Treiber von Innovation.
Außerdem sind die meisten Unternehmen bisher nicht bereit, bei Innovationsprojekten aktiv mit externen Partnern zusammenzuarbeiten. Für die kommenden
Jahre wird jedoch mit steigenden Innovationsbudgets und zunehmend offenen
Innovationsprozessen gerechnet.

Die Ergebnisse der Studien liefern konkrete Anknüpfungspunkte, wie Manager in der Finanzbranche die Innovationsaktivitäten ihrer Unternehmen steigern
können, zum Beispiel hinsichtlich geeigneter Innovationsstrategien und Innovationsfähigkeiten. Zuallererst benötigen die Manager in Banken und Finanzdienstleistungsunternehmen einen klaren Kompass, wie durch Innovation und
Wachstum erfolgreich auf Veränderung in der Unternehmensumwelt reagiert werden kann. Denn nur, wenn die erfolgreiche Transformation gelingt, kann man die
Frage, ob das traditionelle Bankwesen stirbt, mit „hoffentlich" beantworten.

Um einen klaren Kompass für Innovation und Wachstum zu haben, sollten Manager von Finanzdienstleistungsunternehmen folgende drei Dimensionen berücksichtigen: Locate, Focus, Conquer. Im ersten Schritt, Locate, sind neue Chancen und Möglichkeiten zu lokalisieren. Im zweiten Schritt, Focus, muss man sich auf vielversprechende Projekte und Innovationsaktivitäten fokussieren. Im dritten Schritt, Conquer, sind die relevanten Märkte zu attackieren. Für jede dieser drei Kerndimensionen gibt es wichtige Kompetenzen auf unterschiedlichen Ebenen: strategisch, operativ und unterstützend.

Erstens sollten Finanzdienstleistungsunternehmen mit Blick auf das Lokalisieren neuer Chancen bereit sein, auf die nächste Kurve zu springen. Dabei geht es darum, nennenswerte Wettbewerbsvorteile zu erzielen durch radikale Innovationsprojekte mit ganz neuen Produkten, Dienstleistungen und vor allem auch neuen Geschäftsmodellen. Erfolgreiche Innovation erfordert einen gewissen Grad an schöpferischer Zerstörung. Die Verteidigung des Status quo und das Festhalten an bestehenden Geschäftsmodellen sind hierfür nicht ausreichend. Zusätzlich zu diesen strategischen Herausforderungen müssen außerdem systematisch Konzepte für Innovationsprojekte generiert werden und ein ausreichender Innovationsimpuls in der Organisation gesetzt werden.

Dieser Innovationsimpuls ist notwendig, weil erfolgreiche Innovation in unterschiedlichen Abteilungen auf verschiedenen Hierarchieebenen gelebt werden muss. Ohne eine aktive Unterstützung durch den Vorstand hat es jede wirklich neue Idee allerdings sehr schwer. Das Top Management kann auch dafür sorgen, dass Innovationsbudgets genutzt werden, um aktiv Inhalte zu gestalten, zum Beispiel konkrete Digitalisierungsinitiativen, und nicht nur zum Controlling von Innovationsprojekten. Nur dadurch kann die Komfortzone vermieden oder verlassen werden, um echte Innovationen mit einem hohen Neuigkeitsgrad zu ermöglichen.

Zweitens sollten Finanzdienstleister mit Blick auf das Fokussieren auf relevante Innovationsprojekte die Professionalität ihres Innovationsmanagements nachhaltig stärken. Chancenintelligenz und Unternehmertum innerhalb der Unternehmen müssen wieder angeregt werden. Ein zu starker Fokus auf Effizienzsteigerung bildet nur kurz- bis mittelfristig eine Antwort auf neue Technologie- und Markttrends. Langfristig führt an Innovation kein Weg vorbei. Daher müssen gerade etablierte Großbanken ihre Innovationskraft deutlich stärken. Hierfür sind interne KPIs zur systematischen Messung der Innovationsaktivitäten zu nutzen und vor allem auch ausreichend agile Innovationsprozesse aufzubauen.

Solche agilen Innovationsprozesse sind eine wichtige Ergänzung zu vielfach bestehenden systematischen Innovationsprozessen. Die agilen Vorgehensweisen ermöglichen Innovationssprints und somit eine umgehende Antwort auf Änderungen im Unternehmenskontext oder aber eine zielgerichtete und proaktive Gestaltung der Rahmenbedingungen. Diese agilen Prozesse sind eine wichtige Grundlage zum Aufbau einer Digitalisierungskompetenz. Diese neue Kernkompetenz von Finanzdienstleistungsunternehmen umfasst insbesondere die Fähigkeit, mit neuen digitalen Technologien nicht nur die Effizienz zu steigern, sondern durch die intelligente Kombination neuer digitaler Produkte und Dienstleistungen die Geschäftsentwicklung in bestehenden und neuen Märkten zu stärken. Dies kann insbesondere durch die Umwandlung von Basisanforderungen der Kunden in Begeisterungsmerkmale für die Kunden erreicht werden.

Drittens benötigen Banken mit Blick auf das Attackieren neuer Märkte die Fähigkeit, ihre innovativen Lösungen zu emotionalisieren. Eine überzeugende Story ist ein wichtiger Erfolgsfaktor für Innovationen. Die Vermarktung neuer Produkte und Dienstleistungen wird durch ein innovatives Image erleichtert, und auch die interne Unternehmenskultur wird innovationsfreundlicher, wenn innovative Lösungen zusätzlich emotional aufgeladen werden. Eine überzeugende Story ist daher wichtig, um intern die nötigen Ressourcen für ein Projekt zu erhalten und extern die erfolgreiche Markteinführung zu unterstützen. Damit wird auch die Wirkung eines Innovationskatalysators erleichtert, der wichtige Barrieren im Innovationsprozess aus dem Weg räumt und für die nötige Aktivierungsenergie in der Organisation sorgt.

Dabei müssen Finanzdienstleistungsunternehmen endlich bereit sein, die großen Möglichkeiten und Chancen der Zusammenarbeit mit externen Innovationspartnern zu nutzen und auch hierfür die nötige Due-Diligence-Kompetenz aufzubauen. Ein ausschließlicher Fokus auf interne Innovationsprozesse kann keine zufriedenstellende Antwort auf die digitalen Herausforderungen der Gegenwart und Zukunft sein. Ein überzeugendes Netzwerk externer Partner (verbunden mit der Fähigkeit, effektive Verhandlungen zu führen und von diesem externen Wissen zu profitieren) stellt eine wichtige Grundlage dar, um künftig in der Finanzindustrie erfolgreich zu sein [1, 6]. In vielen Fällen ergeben sich gerade auch mit Partnern aus anderen Branchen ganz neue Möglichkeiten.

2.7   Auf geht's!

Die oben dargestellten Studien haben neue Erkenntnisse geliefert, die den Stand der Forschung in verschiedenen Bereichen erweitern. So geben beispielsweise die Ergebnisse zu den Innovationsstrategien einen vertieften Einblick in das Management von Dienstleistungsinnovationen. Die Ergebnisse zur Innovationsleistung liefern neue Erkenntnisse zu Innovationen in der Finanzbranche – mit besonderem Augenmerk auf etablierten Firmen in Deutschland und der Schweiz. Die Ergebnisse zu den Innovationsfähigkeiten verdeutlichen unterschiedliche Herangehensweisen beim Management des organisationalen Wandels.

Die stärkere Aufmerksamkeit für das Thema Innovation ist in den meisten Unternehmen pure Notwendigkeit, weil nur hiermit erfolgreich auf die steigende Technologiedynamik und neue Marktanforderungen reagiert werden kann. Daher ist für die etablierten Finanzunternehmen in den kommenden Jahren mit einem gewissen Aufholprozess mit Blick auf professionelles Innovationsmanagement zu rechnen – gerade im Vergleich zu anderen Branchen. Diese stärkere Systematisierung des Innovationsmanagements ist ohne echte Alternative. Innovationsabteilungen mit Feigenblattdasein sind jedoch der falsche Weg – isoliert, personell und budgetär inadäquat ausgerüstet, ohne zweckmäßige Vernetzung mit dem Management. Aber Innovation ist Chefsache!

Aufgrund der Komplexität der Thematik und der nötigen internen Anpassungsprozesse empfiehlt sich vielfach eine anfängliche Zusammenarbeit mit externen Innovationsexperten, damit erste Ansätze nicht im weiten Raum verhallen. Diese externen Experten können als Innovationskatalysatoren wirken und wichtige Impulse geben, damit das Innovationsmanagement intern auch die Bedeutung erhält, die es verdient. Das traditionelle Bankenwesen wird zumindest teilweise ein Ende finden. Über eine erfolgreiche Transformation aktueller Wettbewerbsvorteile in die digitale Zukunft entscheidet insbesondere die Innovationskraft der etablierten Finanzunternehmen. Die negativen Folgen zu langen Abwartens wären größer als das Risiko des Scheiterns bei einem Teil der Innovationsprojekte.

Daher gilt es, keine Zeit mehr zu verlieren, sondern die Innovationskraft der Unternehmen nachhaltig zu stärken – und zwar jetzt! Hier schließt sich der Kreis, denn der Wille ist nicht nur in der Umsetzung, sondern auch bei der Suche und der Selektion die wichtigste Triebfeder für innovatives und erfolgreiches unternehmerisches Handeln auf neuen Wegen. Stimmt das Management und ist Innovation wirklich gewollt, entwickelt sie leicht die notwendige Kraft, verkrustete Strukturen aufzulösen, Widerstände zu durchbrechen und den Reiz der Komfortzone zu marginalisieren. Denn Teil eines erfolgreichen Innovationsprozesses zu sein, vermag mehr Begeisterung und Loyalität zu entfesseln als irgendetwas anderes! Daher: Locate, Focus, Conquer.

Literatur

1. Dapp TF (2012) Die digitale Öffnung von Innovation und Wertschöpfung. Innovation Excellence: Wie Unternehmen ihre Innovationsfähigkeit systematisch steigern (1): 201–251
2. Ili S (2015) Effizient statt kreativ. Harvard Business Manager 37 (5): 12–13
3. Ili S (2016) Wer hat's erfunden? Harvard Business Manager 38 (5): 16–17
4. Ili S, Kaiser M, Schmölders M (2016) Innovation compass – Conquer new shores: How innovative firms generate new ideas and develop successful business models. 1. Aufl. ILI CONSULTING AG. Karlsruhe
5. Lichtenthaler U (2015) Innovationsprozesse öffnen: Die Neuausrichtung der Produktentwicklung als wichtige Managementaufgabe. Zeitschrift Führung + Organisation 84 (2): 118–122
6. Muethel M (2013) Accepting global leadership responsibility: How leaders react to corporate social irresponsibility. Organizational Dynamics 42 (3): 209–216
7. Seidel U (2016) Innovationen im Einzelhandel: Seamless Shopping erfolgreich umsetzen. 1. Aufl. Symposion. Düsseldorf

Über die Autoren

Dr. Serhan Ili ist Wirtschaftsingenieur und promovierter Ingenieur. Er ist Gründer und CEO der ILI CONSULTING AG. Die ILI CONSULTING AG berät führende internationale Unternehmen und Konzerne – ausschließlich zu Innovation und Wachstum. Herr Ili veröffentlicht regelmäßig Artikel im Harvard Business Manager und Bücher zum Thema Innovation und Digitalisierung. Er ist international anerkannt als Innovationsexperte und wird regelmäßig für Vorträge, Interviews und Statements angefragt, zum Beispiel vom manager magazin, DIE ZEIT und die Wirtschaftswoche. Vor seiner Laufbahn als Unternehmer war Herr Ili in verschiedenen Positionen bei der Dr. Ing. h.c. F. Porsche AG tätig.

Dr. Ulrich Lichtenthaler ist Senior Consultant bei der ILI CONSULTING AG. Er hat über zehn Jahre Erfahrung im Innovationsmanagement und strategischer Transformation. Herr Lichtenthaler promovierte zu Technologievermarktung an der WHU – Otto Beisheim School of Management. Er hat mehrere Bücher und Artikel veröffentlicht, zum Beispiel im MIT Sloan Management Review und dem Wall Street Journal, sowie Executive Education Kurse an führenden Business Schools unterrichtet. Im letzten Jahr war er verantwortlich für Beratungsprojekte in den Bereichen Automotive, Finance, Chemie und FMCG.

Mit ganzheitlichem Innovationsmanagement zur Finanzbranche der Zukunft

3

Remigiusz Smolinski und Moritz Gerdes

Zusammenfassung

Innovative Technologien sowie neue Kundenanforderungen verändern die Art von Finanzdienstleistungen. Davon sind auch die Wertschöpfungsketten von etablierten Playern der Finanzbranche betroffen. Es gibt derzeit wohl kaum eine Wirtschaftsbranche in Deutschland, die sich in einem derartigen Umbruch befindet. Was vorher in der Unterhaltungs-, Medien- und Einzelhandelsbranche passiert ist, droht nun auch den Playern der Finanzbranche. Die durch Niedrigzinsumfeld und steigende regulatorische Anforderungen ohnehin schon stark beanspruchten Geschäftsmodelle werden zusätzlich durch neue Wettbewerber wie FinTechs oder GAFAs bedroht. Banken und andere Finanzdienstleister haben etwas Zeit gebraucht, um das neue Marktumfeld zu verstehen und beginnen sich jetzt mit Innovationsinitiativen sowie Investitionen langsam auf die neuen Herausforderungen einzustellen. Neben der Förderung einer internen und extern offenen Innovationskultur können Finanzdienstleister diverse Tools wie Strategic Foresight oder Corporate Venturing einsetzen, um ein ganzheitliches Innovationsmanagement zu erschaffen und sich bestmöglich für die Zukunft der Finanzbranche aufzustellen.

R. Smolinski (✉) · M. Gerdes
comdirect bank AG, Quickborn, Deutschland
E-Mail: Remigiusz.Smolinski@comdirect.de

M. Gerdes
E-Mail: Moritz.Gerdes@comdirect.de

© Springer Fachmedien Wiesbaden GmbH 2017
R. Smolinski et al. (Hrsg.), *Innovationen und Innovationsmanagement in der Finanzbranche*, Edition Bankmagazin, DOI 10.1007/978-3-658-15648-0_3

3.1   Einführung

In nur wenigen Jahren sitzen wir in selbstfahrenden Autos und können die Zeit auf dem Weg zur Arbeitsstelle oder zum Meeting sinnvoll nutzen. Dann können wir beispielsweise morgens vor den Handelszeiten der Börsen unsere Anlagestrategie für den Tag anpassen. Mit einer Virtual Reality Brille auf dem Kopf werden uns alle relevanten Informationen dargestellt und wir interagieren per Sprache mit virtuellen, persönlichen Assistenten, die auf künstlicher Intelligenz basieren und uns durch die Anlageprozesse führen. Die Abwicklung der Trading-Geschäfte im Hintergrund erfolgt auf Basis der Blockchain-Technologie und ist dadurch wesentlich kostengünstiger, zuverlässiger und schneller.

Dies ist nur eines der möglichen Szenarien, aber es zeigt auf, welchen Einfluss innovative Technologien und neue Kundenanforderungen auf die Finanzbranche der Zukunft haben könnten. Die Herausforderung für Player in der Finanzbranche heute ist es, Zukunftsszenarien bestmöglich zu antizipieren und sich entsprechend rechtzeitig darauf vorzubereiten. Der Anspruch sollte es sein, dass Services von Finanzdienstleistern in Zukunft ähnlich stark in den Nutzungsalltag der Menschen integriert sein werden, wie die Dienste von Amazon, Apple, Facebook, Google, Airbnb und Netflix heute.

Um das zu erreichen, kann die Implementierung eines ganzheitlichen Innovationsmanagements helfen. Dabei kommt es neben den richtigen Tools und Formaten vor allem auf eine Veränderung des Mindsets an.

3.2   Innovation und Innovationsgrad nach Branchen

Der Begriff der Innovation ist allgegenwärtig und wird oft sehr vage eingesetzt. Traditionell kann „Innovation" als eine Produktion auf einer neuen Produktionsfunktion [23] bzw. als ein Produkt, Prozess oder Service, der vorher in der Form nicht verfügbar war [9], definiert werden.

Betrachtet man die Innovationsintensität der Unternehmen in Deutschland nach Branchengruppen im Jahr 2014 [30], dann wird der öffentliche Eindruck bestätigt, dass die Finanzdienstleistungsbranche nicht zu den innovativsten Branchen in Deutschland zählt. So betragen die Innovationsausgaben der Finanzbranche mit 4,41 Mrd. EUR im Jahr 2014 nur etwa 0,68 % des Umsatzes, während diese in der Telekommunikationsbranche beispielsweise 6,6 % betragen. Darüber hinaus lässt sich bei einem Vergleichswert von 3,58 Mrd. EUR im Jahr 2008 und etwa 0,48 % des Umsatzes zwar eine kontinuierliche Steigerung in den letzten Jahren erkennen, allerdings auf einem niedrigen Niveau (Abb. 3.1 und 3.2).

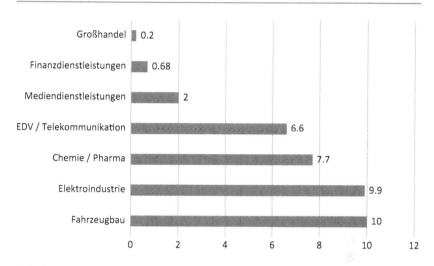

Abb. 3.1 Innovationsintensität nach Branchen im Jahr 2014. (Eigene Darstellung in Anlehnung an [30])

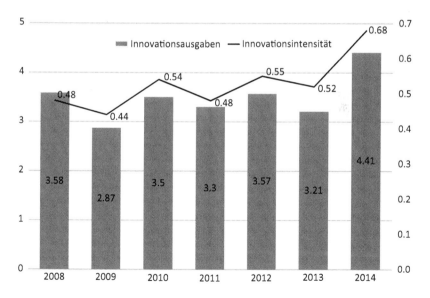

Abb. 3.2 Innovationsausgaben- und -intensität in der Finanzbranche von 2008 bis 2014. (Eigene Abbildung, basierend auf [30])

Obwohl Wandel und Innovationen auch in der Finanzbranche natürliche Elemente der Unternehmensstrategie sein sollten, fällt auf, dass sich das Finanzgeschäft in den letzten Jahrhunderten nur wenig verändert hat. Banken sind als Finanzintermediäre gegründet worden, um Einlagen zu verwahren, Kredite zur Finanzierung bereitzustellen, den Zahlungsverkehr zu ermöglichen und die Geld- und Kapitalanlage anzubieten [11]. Das Geschäftsmodell hat auch heute noch Bestand.

Wenn es in der Vergangenheit Innovationen wie den Geldautomaten gab, dann waren diese vorwiegend nur eine Antwort der Finanzbranche auf technologische Entwicklungen. Banken selbst hatten bisher aufgrund von funktionierenden Geschäftsmodellen, den regulatorischen Systemen, mangelndem Wettbewerb von neuen Marktteilnehmern und der aus dem Geschäftszweck resultierenden Risikoaversion wenig Anreize dafür, in Innovationen zu investieren und diese voranzutreiben.

3.3 Treiber der Digitalisierung

Die vor allem durch neue Technologien getriebene Digitalisierung seit Anfang der 2000er hat mittlerweile auch die Finanzbranche erreicht. Durch die gestiegene Verfügbarkeit und exponentielle Verbesserung von Rechenleistung und Speicherplatz sind neue Produkte und Dienstleistungen entstanden, die für jeden nutzbar sind und die Art und Weise, wie Menschen täglich Informationen suchen und verarbeiten, einschneidend verändern [5].

Zusätzlich zur enorm gestiegenen Verfügbarkeit von Rechenleistung und Speicherplatz sind die Kosten hierfür auch signifikant gesunken. Während die Kosten pro Megabyte im Jahr 2006 ungefähr bei acht US$ lagen, so betragen diese heute nur noch ein paar Cent [26]. Amazon Web Services, als weltgrößter Anbieter von Cloud Computing-Services, fügt jeden Tag so viel Speicherkapazität hinzu, wie vor zehn Jahren für die gesamte IT-Infrastruktur des E-Commerce Shops von Amazon benötigt wurde (Abb. 3.3).

Neue Produkte, Services und Technologien wie Social Media oder Cloud Computing haben das Kundenverhalten sowie die Art der Kommunikation und unserer Geschäftsbeziehungen revolutioniert. Die alltägliche Kommunikation von vielen Menschen basiert heute auf Facebook oder WhatsApp und insbesondere Start-up-Unternehmen betreiben ihre IT-Infrastruktur häufig komplett in der Cloud. Der einfache und erschwingliche Zugang zum Internet und damit die Verfügbarkeit von Informationen sind ein integraler Bestandteil des Nutzungsalltages geworden.

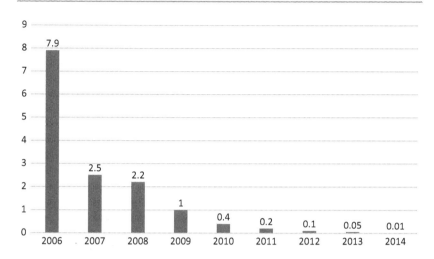

Abb. 3.3 Kosten pro Megabyte in US$. (Eigene Darstellung in Anlehnung an [26])

Die Mehrheit der Menschen kann sich ein Leben ohne Internet nur schwer vorstellen. Aktuelle Studien zeigen, dass durchschnittlich 67 % der Menschen weltweit und 87 % der Menschen in den Industriestaaten USA, Europa, Australien, Japan, Südkorea und Israel regelmäßig das Internet nutzen [18]. Noch signifikanter als die Internetnutzung ist das Wachstum bei den mobilen Endgeräten. Mit einer Wachstumsrate von 37 % im Jahr 2015 besitzen mittlerweile durchschnittlich etwa 43 % der Menschen weltweit und 61 % der Menschen in den Industrieländern ein Smartphone [18] (Abb. 3.4). Die Statistiken verdeutlichen, dass die Internetnutzung (auch, und zunehmend auf mobilen Endgeräten) nicht mehr nur in einzelnen Use Cases erfolgt, sondern Teil des Alltags ist und alle Lebensbereiche abdeckt. Entsprechend dieses Trends sollten Unternehmen die geänderten Kundenanforderungen bei ihren Aktivitäten berücksichtigen und die Erwartungen von 24/7-Verfügbarkeit und Service erfüllen.

3.4 Transformation

Seit Beginn des Jahrzehnts haben das Internet und das veränderte Nutzerverhalten schon diverse Branchen und Geschäftsmodelle revolutioniert. Die Digitalisierung hat strukturelle und wirtschaftliche Veränderungen herbeigeführt, die attraktive Mehrwerte für Kunden und neue Geschäftsmöglichkeiten für Unternehmer hervorgebracht haben, aber auch traditionelle Geschäftsmodelle bedrohen.

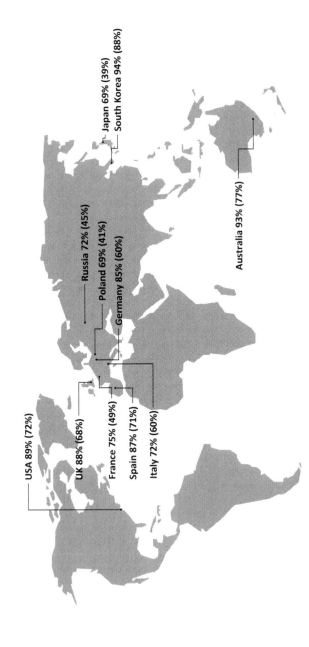

Abb. 3.4 Internet und Mobile Penetration weltweit. (Eigene Darstellung in Anlehnung an [18])

Was passieren kann, wenn sich Marktteilnehmer nicht frühzeitig auf die neuen Herausforderungen der Digitalisierung einstellen, sieht man anhand der Einzelhandels-, Medien- und Unterhaltungsbranche, die in der Vergangenheit wohl am stärksten vom Fortschritt der Digitalisierung getroffen wurden. Transformationsprozesse wie beispielsweise der Untergang von stationären, traditionellen Buchläden und der Etablierung von E-Commerce Giganten wie Amazon oder das Ende von etablierten Videotheken wie Blockbuster LLC und der Aufstieg von Netflix sollten auch andere Branchen für die Digitalisierung sensibilisieren.

Ein besonders signifikantes Beispiel für mehrere radikale und dynamische Geschäftsmodellinnovationen durch die Digitalisierung stellt die Musikindustrie dar [8]. Der erste Auslöser des Transformationsprozesses war die Entstehung des MP3-Standards in den 1980er Jahren und die daraus folgenden Entwicklungen in der digitalen Speicherung von Musikdateien. Die Geburt von Peer-to-Peer Sharing-Plattformen wie Napster im Jahr 1999 hat die Musikindustrie sogar noch mehr beeinflusst.

2001 hat Apple mit dem Launch der digitalen Vertriebsplattform iTunes zum einen das eigene Geschäftsmodell innoviert und zum anderen auch die Musikindustrie wieder verändert [17]. iTunes hat Apples Geschäft als Hardware-Konzern erweitert und macht mittlerweile etwa 8,5 % des Gesamtumsatzes aus [3]. Heutzutage fordern Musik-Streaming-Dienste wie Spotify die Geschäftsmodelle der Musikindustrie erneut heraus, indem sie den gesamten Prozess des Musikkonsums neu definieren und Musik als Flatrate-Service auf Abruf anbieten [8].

Diese Beispiele zeigen auf, welch großen Einfluss die dynamische Entwicklung der Informationstechnologie auf die Art und Weise, wie Unternehmen ihre Geschäfte machen, und das Verhalten von Kunden haben [15]. Mit dem Wachstum des Internets haben sich die Regeln im Wettbewerb geändert und ein globaler Markt ist entstanden, an dem praktisch jeder teilnehmen kann. Ein Ergebnis davon ist, dass existierende Märkte und Industrien durch schnellere und bessere Wettbewerber transformiert werden. Märkte werden dadurch effizienter und die Transaktionsgeschwindigkeit steigt bei erheblich sinkenden Transaktionskosten [28].

Neben der Digitalisierung von bestehenden Angeboten gibt es auch aktuell diverse Technologietrends wie Robo-Advisory, Artificial Intelligence oder Blockchain, die einen großen Einfluss auf etablierte Geschäftsmodelle sowie Transaktionskosten haben können und damit sowohl Chancen als auch Risiken für bestehende Unternehmen sowie Industrien sind.

3.5   Banking

Zusätzlich zur fortschreitenden Digitalisierung und möglichen Transformation der Bankenbranche ist diese derzeit mit einem hohen wirtschaftlichen Druck durch eine steigende Regulation, sinkende Gewinnmargen sowie neue Wettbewerber konfrontiert (vgl. Abb. 3.5).

Die Konsequenzen der globalen Finanzkrise des Jahres 2008, welche die Tragfähigkeit der Geschäftsmodelle vieler Banken herausgefordert hat, sind strengere regulatorische Auflagen wie MiFID II, Basel III und PSD2. Um diese regulatorischen Anforderungen zu erfüllen, setzen die Aufsichtsbehörden

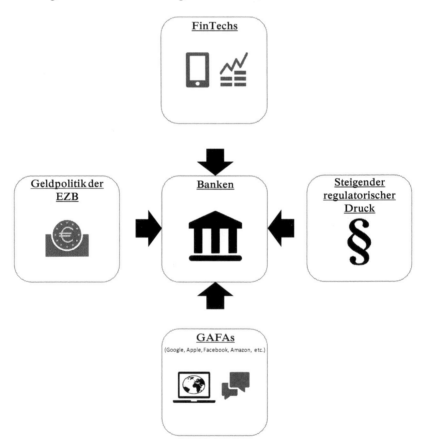

Abb. 3.5 Finanzbranche unter Druck [25]

Verbesserungen im Risikomanagement der Banken voraus, damit deren finanzielle Stabilität gewährleistet ist [2]. Dadurch steigt die operative Komplexität innerhalb von Banken, was letztendlich zu zusätzlichen Kosten und wirtschaftlichem Druck führt [4]. Ein weiterer Effekt der Finanzkrise und den daraus resultierenden regulatorischen Reformen war, dass viele Banken ihre Geschäftsmodelle adaptieren mussten, indem sie den risikobehafteten Eigenhandel reduzierten und sich auf das traditionelle Kreditgeschäft refokussierten.

Das Geschäft mit Einlagen und Zinserträgen aus Krediten leidet jedoch stark wegen des derzeitigen Marktumfeldes, in welchem die Europäische Zentralbank negative Zinsen (momentan −0,4 %) auf Einlagen von Banken erhebt. Durch ihre Kostenstrukturen, sind deutsche Banken besonders empfindlich gegenüber dem Niedrigzinsumfeld [10]. Die Zinserträge waren der Hauptteil ihrer Ertragsquellen und bis jetzt sind sie nicht gewillt oder sogar rechtlich ermöglicht, die negativen Zinsen an ihre Anleger weiterzugeben.

Wegen des wirtschaftlichen Drucks aus steigenden regulatorischen Anforderungen und sinkenden Margen in der Finanzbranche soll die Eigenkapitalrendite der 50 größten europäischen Banken laut einer aktuellen Studie in den kommenden Jahren von ungefähr 6,1 % in 2014 dramatisch auf 0,8 % in 2019 fallen [29].

Darüber hinaus entstehen immer mehr technologieaffine Start-up-Unternehmen in der Finanzbranche und fordern bestehende Player und deren Geschäftsmodelle im Markt heraus. Die sogenannten FinTechs fokussieren sich auf einzelne Teile der Wertschöpfungskette und haben durch diese Spezialisierung und den effizienten Einsatz von Ressourcen einen Wettbewerbsvorteil. Obwohl der Marktanteil von FinTechs in Deutschland noch sehr limitiert ist, agieren diese als eine Art Katalysator für die Digitalisierung der Finanzbranche [7]. FinTechs sind schlank, agil und durch die State-of-the-Art-Technologie, nicht vorhandene IT-Altlasten, schwächere regulatorische Aufmerksamkeit, digitale Talente, extreme Kundenorientierung sowie eine hohe Umsetzungsgeschwindigkeit sehr innovativ. Die Relevanz und das Potenzial der FinTechs erkennt man auch in deren hohen Finanzierungsrunden durch externe Investoren. So wurden 2015 mehr als 19 Mrd. US$ in FinTechs investiert (vgl. Abb. 3.6; [14]). Einer Studie zufolge könnten 29 bis 35 % der Umsätze von Banken durch Kundenabwanderungen und sinkende Margen an FinTechs transferiert werden [16].

Neben den FinTechs erkennen die GAFAs (ein Akronym für die größten Internetplayer Google, Apple, Facebook, Amazon) sowie die chinesischen Internetgiganten Tencent und Alibaba das Potenzial von Finanzdienstleistungen. Derzeit liegt ihr Fokus mit Apple Pay, Google Wallet, Facebook- und Amazon-Payments oder WeChat Pay noch auf dem Bereich Payment. Ansätze wie Amazon Lending, MYbank oder Ant Fortune von Alibaba und WeBank von Tencent tangieren

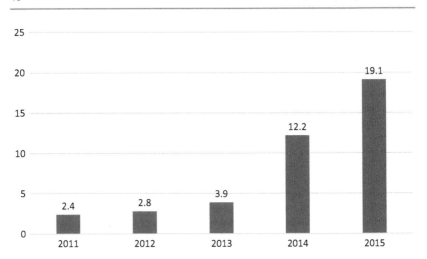

Abb. 3.6 Globale FinTech Investments in Milliarden US$. (Eigene Darstellung in Anlehnung an [14])

aber bereits andere Bereiche des Bankings. Das starke Interesse der GAFAs an Finanzdienstleistungen kann als Teil ihrer Gesamtstrategie gesehen werden. So wollen diese noch relevanter im Nutzungsalltag ihrer Kunden werden und könnten die durch Finanztransaktionen entstehenden Daten noch besser für Cross- und Upselling nutzen [1]. Für die existierenden Player der Finanzbranche besteht die Gefahr, dass die großen Internetgiganten mit den starken Marken und dem überlegenen Nutzerverständnis den Kundenkontakt übernehmen und Banken nur noch als Infrastrukturanbieter im Hintergrund agieren.

3.6   Innovationsmanagement

Die Kombination von einer sinkenden Profitabilität und einem intensivierten Wettbewerbsumfeld in der deutschen Finanzbranche führt zu einem Markt, in dem Marktanteile nur durch Angriffe auf Wettbewerber und sinkende Deckungsbeiträge erzielt werden können [13]. In diesen Märkten sind Innovationen der einzige Weg, um in Zukunft profitabel zu wachsen.

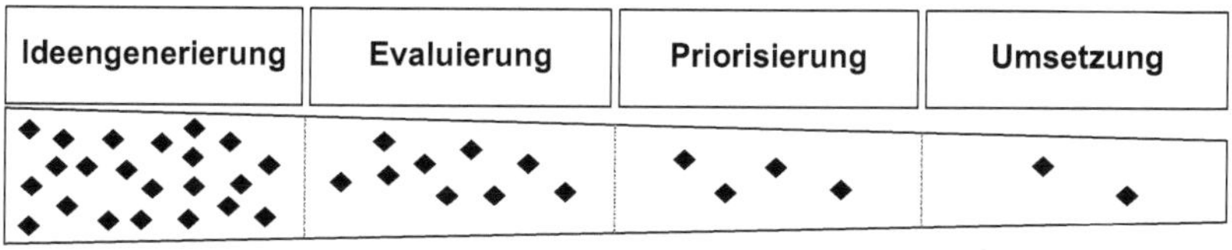

Ideengenerierung	Evaluierung	Priorisierung	Umsetzung

Abb. 3.7 Generischer Innovationsprozess. (Eigene Darstellung in Anlehnung an [12])

Innovation kann als ein Produkt, Prozess oder Service, der vorher in der Form nicht verfügbar war [9], definiert werden und ist die Kernkompetenz für ein Unternehmen, die einzigartige Marktposition gegenüber bestehenden Wettbewerben und neuen Marktteilnehmern kontinuierlich aufrecht zu erhalten, zu verbessern oder auszubauen [23].

Um Innovationen systematisch zu fördern, können Unternehmen generische Innovationsprozesse implementieren. Die individuellen Prozessschritte können in Ideengenerierung, Konzeptevaluierung- und -priorisierung sowie Implementierung gegliedert werden (vgl. Abb. 3.7; [12]).

Unternehmen können diese linearen und geschlossenen Innovationsprozesse nutzen, um ihr Innovationsmanagement zu strukturieren. Neuere Forschungen belegen allerdings, dass das alte Paradigma der geschlossenen Innovationen eine zu intern fokussierte Logik ist und daraus selten radikale Innovationen entstehen. Daher sollten Unternehmen diese Innovationsprozesse aufbrechen und offene Innovationsprozesse verfolgen, in denen sie interne und externe Ideen sowie interne und externe Wege zur Implementierung miteinander kombinieren [6].

Der Open Innovation Ansatz lässt sich in die drei Modelle Outside-in, Inside-out sowie Kooperativ gliedern. Während Outside-in beschreibt, dass die Ideen von außen kommen und zum Beispiel durch Lizenzierung innerhalb des Unternehmens für Innovationen eingesetzt werden, geht es bei Inside-out darum, dass Ideen im Unternehmen entstanden sind und zum Beispiel durch die Gründung eines Start-up-Unternehmens ausgegliedert werden. Bei einem kooperativen Ansatz werden die Ideen und Innovationen in Zusammenarbeit zwischen dem Unternehmen und externen Partnern entwickelt [6].

Im Gegensatz zur klassischen Definition von Innovation und der Annahme, dass Exklusivität die wesentliche Rente des Innovators ist [23], bedarf es beim Open-Innovation-Ansatz der Bereitschaft offen für externe Ideen zu sein und auch Wissen mit externen Partnern zu teilen (vgl. Abb. 3.8; [6]).

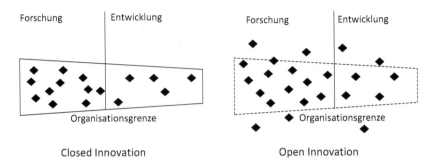

Abb. 3.8 Geschlossener und offener Innovationsprozess. (Eigene Darstellung in Anlehnung an [6])

3.7   Innovationsmanagement in der Finanzbranche

In diesem Abschnitt werden exemplarisch die innovationsfördernden Aktivitäten der comdirect bank AG näher beleuchtet, um ein Praxisbeispiel und konkrete Implementierungsmöglichkeiten von Innovationsmanagement in der Finanzbranche aufzuzeigen (vgl. Abb. 3.9). Die eingesetzten Tools und Formate des Innovationsmanagements spiegeln alle Phasen des Innovationsprozesses wider, es wird allerdings kein Anspruch auf Vollständigkeit erhoben.

Der Innovationsprozess orientiert sich an der klassischen Struktur mit den Phasen Ideengenerierung, Bewertung sowie Priorisierung und Umsetzung. Innerhalb dieser Phasen gibt es diverse Tools und Formate, die getestet wurden und kontinuierlich weiterentwickelt werden. Da Innovationen von überall kommen können, werden sowohl interne Formate wie ein Employee-Driven-Innovationstool oder Inspirationsveranstaltungen, als auch externe Formate, wie ein Strategic Foresight Tool oder die Vernetzung mit dem Ökosystem, zur Identifikation und Entwicklung von smarten Ideen eingesetzt.

Das interne Ideen- und Innovationstool befindet sich an prominenter Stelle im Social Intranet des Unternehmens und ist als Nachfolger des betrieblichen Vorschlagswesens ein Tool, das es jedem Mitarbeiter erlaubt, eigene Ideen unabhängig von seinen Aufgabengebieten im Gesamtunternehmen hervorzubringen. Die Ideen können in dem Onlinetool von allen Mitarbeitern transparent eingesehen, kommentiert und bewertet werden. Durch das Ideen- und Innovationstool soll Employee-Driven-Innovation gefördert werden und die üblichen Hürden wie ein intransparenter Entscheidungsprozess, die mangelnde Motivation der Mitarbeiter zur Teilnahme, die Generierung von Prozessverbesserungsvorschlägen anstatt

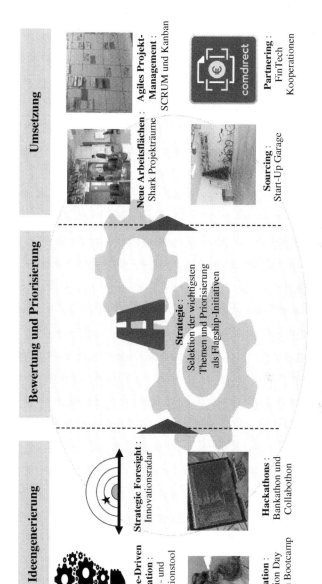

Abb. 3.9 Praxisbeispiel von Innovationsmanagement in der Finanzbranche. (Eigene Darstellung)

von qualitativ hochwertigen Ideen sowie die falsche Selektion der Ideen für die Gesamtstrategie abgebaut werden.

Um weitere Impulse für die Innovationskultur zu setzen und diese zu stimulieren, gibt es diverse interne Formate wie den Innovation Day oder das Innovation Bootcamp. Während des Innovation Days werden aktuelle Innovationsprojekte, relevante Innovationsthemen aus dem unternehmerischen Umfeld und die neuesten technologischen Entwicklungen vorgestellt. Die Zielsetzung des Tages ist es, Mitarbeitern ein Update zu laufenden Innovationen im Unternehmen und darüber hinaus zu geben sowie eine Begeisterung für neue Themen zu erzeugen. Das Innovation Bootcamp ist originär zur Prämierung der besten Ideengeber des internen Ideen- und Innovationstools entstanden und eine Reise zu den inspirierendsten Innovationsplätzen weltweit. Damit dient es zum einen der Incentivierung und Inspiration von ausgewählten Mitarbeitern und zum anderen der Vernetzung mit globalen Innovationstreibern.

Das Innovationsradar ist ein Strategic Foresight Tool und dient der strategischen Frühaufklärung im dynamischen Umfeld eines Unternehmens. Die Implementierung des Innovationsradars bei der comdirect bank AG [25] folgt ähnlichen Ansätzen wie bei der Deutschen Telekom AG [22], [27], Deutsche Post DHL Group sowie der Otto Group. Strategic Foresight beschreibt Aktivitäten, die ein Unternehmen verfolgt, um schwache Signale und Trends im unternehmerischen Umfeld zu identifizieren. Die Signale und Trends können sowohl neue Geschäftsmöglichkeiten eröffnen als auch potenziell disruptiv auf das aktuelle Geschäftsmodell von Unternehmen einwirken. Indem relevante Informationen des unternehmerischen Umfeldes systematisch akquiriert und interpretiert werden, können Unternehmen mögliche Zukunftsszenarien evaluieren und mit einer adäquaten strategischen Produkt-Roadmap darauf antworten [21]. Strategic Foresight Aktivitäten reduzieren die Unsicherheit und Unvorhersehbarkeit der Zukunft und erlauben es Unternehmen, in komplexen und volatilen Umgebungen zu agieren [19], [20].

Das erste Ziel des Innovationsradars ist die frühzeitige Identifikation von neuen Produkten, Geschäftsmodellen und Technologien sowie die Bewertung ihrer Relevanz für das eigene Unternehmen. Dies ist insbesondere im Hinblick auf die verkürzten Produktlebens- und Technologielebenszyklen [22], den intensivierten Wettbewerb durch neue Marktteilnehmer in der Finanzbranche sowie das hohe Risiko, aktuelle Entwicklungen und Chancen im Markt zu verpassen, wichtig.

Das zweite Ziel des Innovationsradars ist es, die Relevanz der wichtigsten Innovationsthemen innerhalb des Unternehmens aufzuzeigen. Nachdem neue Produkte, Geschäftsmodelle und Technologien identifiziert und bewertet wurden, benötigen diese die Aufmerksamkeit des Top Managements, um im Rahmen der strategischen

Produkt-Roadmap entsprechend priorisiert zu werden. Das ist vor allem vor dem Hintergrund der angespannten Ressourcenlage und Refokussierung bei den etablierten Unternehmen der Finanzbranche relevant.

Das dritte Ziel des Innovationsradars ist es, den Wissenstransfer innerhalb des Unternehmens zu fördern und die Innovationskraft zu stärken [22]. Die relevantesten Produkte, Geschäftsmodelle und Technologien sollten in Form von Prototypen getestet werden, um deren Relevanz zu verifizieren und Entscheidungsprozesse zu beschleunigen. Mut und schnelle Entscheidungen in Kombination mit einer agilen Umsetzung können den Playern der Finanzbranche helfen, das Gap zwischen ihnen sowie den FinTechs und GAFAs als dynamische Wettbewerber zu verringern (Abb. 3.10).

Der Innovationsradarprozess lässt sich in die drei Phasen Identifikation, Bewertung und Verbreitung einteilen [22]. Die Identifikation von relevanten Innovationsthemen basiert auf einem extensiven Scanning des unternehmerischen Umfeldes. Informationen können beispielsweise von Kunden, Wettbewerbern, akademischen Institutionen, internen Ressourcen und durch Desk Research, Internetblogs, Publikationen und dem Besuch von Konferenzen gewonnen werden [27]. Dies wird vorwiegend von einem dezidierten Innovationsmanagementteam durchgeführt und durch ausgewählte Kollegen aus den Fachabteilungen und der IT unterstützt. Die Scouts sollten nicht nur Experten in ihren Themengebieten sein, sondern auch über eine starke Vernetzung innerhalb der Organisation verfügen [22].

Die Evaluierungsphase des Innovationsradars beginnt mit der Aggregation von ähnlichen Themen in einer Longlist, die später durch eine Priorisierung auf eine Shortlist reduziert wird [27]. Danach wird jedes einzelne Innovationsthema in einer Bewertungsmatrix anhand der Marktreife und der Relevanz, resultierend

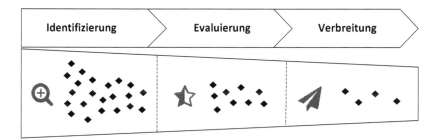

Abb. 3.10 Erstellungsprozess des Innovationsradars. (Eigene Darstellung in Anlehnung an [22])

aus dem Spannungsfeld zwischen Marktpotenzial und Realisierungskomplexität, evaluiert. Während das Marktpotenzial auf Basis der potenziellen Marktgröße und dem wirtschaftlichen Potenzial ermittelt wird, ergibt sich die Realisierungskomplexität aus der Umsetzungskomplexität und dem Risiko einer Umsetzung. Zusätzlich dazu wird der Kundenmehrwert als qualitatives Kriterium betrachtet.

Die Verbreitungsphase besteht vorwiegend aus dem Innovationsradar als Endprodukt des Erstellungsprozesses und höchste Aggregationsform der Ergebnisse [22]. Das Radar bietet eine Übersicht zu allen enthaltenen Innovationsthemen und deren Marktreife sowie Relevanz. Die Gesamtpublikation enthält darüber hinaus noch eine detaillierte Beschreibung der relevantesten Innovationsthemen und eine Liste mit Kurzbeschreibungen aller Themen. Die Unterlage zum Innovationsradar wird dann im Management Board präsentiert und an alle interessierten Mitarbeiter verschickt.

Die Wertgenerierung des Innovationsradars liegt neben dem thematischen Output vor allem auch in den vielfältigen Möglichkeiten der Vernetzung und des Wissensaustausches zwischen den Mitarbeitern verschiedener Abteilungen während des Erstellungsprozesses. Dies wird durch weitere Formate (wie dem internen Innovation Day) auch nach der Erstellung noch weiter fortgeführt. Die relevantesten Themen aus dem Innovationsradar werden analysiert, getestet und in Form von Pilotprojekten weiterentwickelt. Insofern sich die initiale Bewertung bestätigt, können die Innovationsthemen als Inspiration für die strategische Produkt-Roadmap genutzt werden (Abb. 3.11).

Ein weiteres wichtiges Element der Ideengenerierung ist die Vernetzung mit dem externen Ökosystem durch Konferenzen, Hochschulpartnerschaften und Events. comdirect steht dort im ständigen Austausch mit der Community und hat beispielsweise einen Hackathon in Berlin für Mitarbeiter der Commerzbank Gruppe und externe Entwickler initiiert (http://www.collabothon.de/). Hackathons haben vor allem in den digitalen Unternehmen des Silicon Valley eine lange Tradition und bieten die Möglichkeit, innerhalb von kürzester Zeit Prototypen zu kreieren. Das Format erlaubt sowohl die Entfaltung von Leidenschaften unabhängig vom Tagesgeschäft in Form von Intrapreneurship als auch den Wissensaustausch untereinander und mit dem externen Ökosystem.

Die in den unterschiedlichsten Formaten generierten Ideen werden gesammelt und im Rahmen des wiederkehrenden Strategieprozesses tiefer analysiert und bewertet. Basierend auf dieser Evaluierung erfolgen dann eine Priorisierung in der strategischen Produkt-Roadmap und die Umsetzungsentscheidung.

Zur Umsetzung und damit Kommerzialisierung von Ideen, setzt comdirect mittlerweile fast ausschließlich auf agiles Projektmanagement mit Methoden wie SCRUM sowie Kanban und hat auch die Arbeitswelten zur besseren

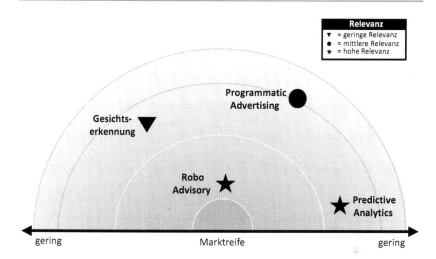

Abb. 3.11 Innovationsradar als höchste Aggregationsform. (Eigene Darstellung in Anlehnung an [22])

Kollaboration der Mitarbeiter vollständig erneuert. Innovative Arbeitsplatzkonzepte können zu einer erhöhten Mitarbeiterproduktivität und besseren Geschäftsprozessen beitragen.

Neben der internen Umsetzung von Innovationsprojekten hat comdirect auch eingesehen, dass nicht alles selbst implementiert werden kann und muss. Wenn Lösungen extern besser, schneller oder kostengünstiger entwickelt werden können, werden Partnerschaften wie mit dem FinTech-Unternehmen Gini für die comdirect SmartPay App (www.comdirect.de/cms/kontakt-zugaenge-smartpay-app.html) eingegangen.

Ein zusätzliches Kollaborations- und Umsetzungsvehikel der comdirect ist die Start-up Garage (www.comdirect-garage.de/) [24]. Das Ideen-Acceleratoren-Programm im betahaus Hamburg kann als Corporate Venturing Ansatz zur Identifikation und Validierung von externen Ideen in der Frühphase verstanden werden. Das Ziel ist es, gemeinsam mit Gründern innerhalb einer kurzen Entwicklungsdauer von drei bis maximal sechs Monaten ein funktionierendes, marktfähiges Minimum Viable Product (MVP) zu generieren. Im Rahmen einer kooperativen Zusammenarbeitsform ergibt sich eine Win-win-Situation, weil die Bank den Gründern operationellen Support wie Banken-Expertise und regulatorisches Know-how bereitstellt und im Gegensatz dafür einen Zugang zu Geschäftsmodellvordenkern und neuen Ideen sowie alternativen Umsetzungsmöglichkeiten erhält. Nach dem Programm bestehen grundsätzlich die drei Möglichkeiten der Akquisition des Start-up-Unternehmens, der Beteiligung an der erarbeiteten Lösung oder der Lizenzierung des Angebotes.

Das Konzept der Start-up Garage ist im Vergleich zu anderen Inkubatoren einiger Finanzinstitute ein sehr effizientes und kostenbewusstes Modell. Die Selektion der Start-up-Unternehmen ist stark auf diejenigen Geschäftsmodelle fokussiert, die durch ihre Lösungen einen kurzfristigen Mehrwert für das eigene Geschäft erzielen können, ohne zu viele Anknüpfungspunkte an die bestehende Wertschöpfungskette und damit einen hohen Ressourcenbedarf aufseiten der Bank zu haben. Die Start-up Garage ist organisatorisch sehr flexibel aufgestellt und lässt sich bei Bedarf durch die Anzahl von Kooperationen schnell und kosteneffizient skalieren.

Als ein Kollaborationsinstrument ermöglicht es die Start-up Garage, frühzeitig mit Gründern in der Finanzbranche in Kontakt zu treten, externe Impulse aufzunehmen und diese außerhalb der bestehenden Organisationsstruktur kostengünstiger und schneller umzusetzen.

3.8 Diskussion

Trotz der potenziellen Vorteile eines systematischen Innovationsmanagements mit den beispielhaft aufgeführten Tools und Formaten, können die operativen Kosten der Aktivitäten größer als die dadurch generierten Erträge sein. Es gibt kein universelles Modell für Innovationsmanagement in Unternehmen der Finanzbranche, sondern jedes Unternehmen sollte den potenziellen Nutzen mit dem erforderlichen Aufwand für die Konzeptionierung und Operationalisierung der Aktivitäten vergleichen [21]. Darüber hinaus ist das Innovationsmanagement nicht statisch, sondern sollte immer wieder reflektiert und bei Bedarf kontinuierlich weiterentwickelt werden.

Damit die potenziellen Erträge von Innovationsmanagement tatsächlich erzielt werden können, sollte Innovationsmanagement als organisatorische Fähigkeit gesehen werden, die zwar auf Tools und Formaten wie dem Innovationsradar oder der Start-up Garage basiert, aber noch stärker von den beteiligten Menschen und der Unternehmenskultur abhängig ist.

Zusätzlich zur Implementierung und Operationalisierung eines Innovationsmanagements, inklusive aller Innovationsprozesse, sollte ein besonderes Augenmerk auf die Realisierung der identifizierten Innovationspotenziale und deren Integration in die Linienorganisation gelegt werden. Der Output des Innovationsmanagements kann noch so werthaltig sein, aber Gründe wie das mangelnde

Commitment der Führungskräfte und kein Ownership für Innovationsthemen, zu wenig Kommunikation zwischen den Unternehmensbereichen oder die schwierige Migration von Prototypen können die Wertgenerierung von Innovationsmanagement deutlich verringern.

3.9 Zusammenfassung

Insbesondere in der jetzigen Zeit, in der die Finanzbranche aufgrund der Digitalisierung und wirtschaftlichen Rahmenbedingungen vor zahlreichen Herausforderungen steht, ist ein ganzheitliches Innovationsmanagement relevanter als je zuvor. Damit man die Finanzbranche aktiv mitgestalten kann und die Services in Zukunft ähnlich stark in den Nutzungsalltag der Menschen integriert sind, wie die Dienste von Amazon, Apple, Facebook, Google, Airbnb und Netflix heute, kommt es vor allem auf die Anpassung des strategischen Mindsets an.

Ideen kommen von überallher und Ansätze wie das Innovation Bootcamp, das Innovationsradar, Hackathons oder die comdirect Start-up Garage zeigen, wie in kooperativen Modellen gemeinsam mit dem externen Ökosystem smarte Lösungen entwickelt werden können. In Einklang mit dem Open Innovation Ansatz ist es nicht nur wichtig, dass die Tools und Formate offen sind, sondern auch, dass die Menschen und Unternehmenskultur bereit sind internes und externes Wissen bestmöglich für die Transformation zusammenzuführen und dieses auch für neue Initiativen sowie die Gesamtstrategie zu nutzen.

Literatur

1. Accenture (2016). Beyond the Everyday Bank
2. Altunbas, Y.; Manganelli, S. and Marques-Ibanez, D. (2011). Bank Risk During The Financial Crisis – Do Business Models Matter?
3. Apple (2015). Annual Report 2015: http://files.shareholder.com/downloads/AAPL/25 08910260x0x861262/2601797E-6590-4CAA-86C9-962348440FFC/2015_Form_10-K_As-filed_.pdf
4. Ayadi, R.; Arbak, E. and De Groen, W. (2011). Regulation of European Banks and Business Models: Towards a new Paradigm?
5. Bryant, R. E.,; Katz, R. and Lazowska, E. (2008). Big-Data Computing: Creating revolutionary breakthroughs in commerce, science, and society
6. Chesbrough, H.; (2005) Open Innovation: The New Imperative for Creating And Profiting from Technology
7. Dapp, T.; Slomka, L. and Hoffmann, R. (2014). Fintech-The digital (r)evolution in the financial sector

8. Dewan, S. and Ramaprasad, J. (2014). Social Media, Traditional Media, and Music Sales
9. Galbraith, J. (1982). Designing the innovative organization
10. International Monetary Fund (2016). Globally Important German Financial System is Resilient: http://www.imf.org/external/pubs/ft/survey/so/2016/car062916a.htm
11. Hartmann-Wendels, T.; Pfingsten, A. und Weber, M. (2007) Bankbetriebslehre
12. Homburg, C. and Krohmer, H. (2009) Marketingmanagement
13. Kim, W. and Mauborgne, R. (2004). Blue Ocean Strategy
14. KPMG and CB Insights (2016) https://www.cbinsights.com/research-pulse-of-fintech-2015
15. Lee, C. (2001). An analytical framework for evaluating e-commerce business models and strategies
16. Drummer, D.; Jerenz, A.; Siebelt, P. and Thaten, M. (2016). FinTech – Challenges and Opportunities
17. Osterwalder, A. and Pigneur, Y. Business Model Generation: A Handbook for Visionaries, Game Changers, and Challengers
18. Pew Research (2016). Smartphone Ownership and Internet Usage Continues to Climb in Emerging Economies: http://www.pewglobal.org/2016/02/22/smartphone-ownership-and-internet-usage-continues-to-climb-in-emerging-economies/
19. Rohrbeck, R. (2008). Towards a best practice framework for strategic foresight: Building theory from case studies in multinational companies
20. Rohrbeck, R. (2010). Corporate foresight: towards a maturity model for the future orientation of a firm
21. Rohrbeck R. et al. (2009): Benchmarking Report: Strategic Foresight in Multinational Companies
22. Rohrbeck, R.; Heuer, J. and Arnold, H. (2006). The Technology Radar – an Instrument of Technology Intelligence and Innovation Strategy
23. Schumpeter, J. (1942). Capitalism, Socialisms and Democracy
24. Smolinski, R. und Bodek, M. (2016): Startup Garage als kollaborative Innovationsschmiede. In Schakkmo, D. et al. (Hrsg.) Digitale Transformation von Geschäftsmodellen
25. Smolinski, R. und Gerdes, M. (2016): Looking for the next big thing: The role of strategic foresight for innovation management in the financial industry. In: Ili, S. und Lichtenthaler, U. (Hrsg.) Digital or Dead: How digital transformation opens up blue oceans for survival in the future
26. The Economist (2015). The truly personal computer: http://www.economist.com/news/briefing/21645131-smartphone-defining-technology-age-truly-personal-computer
27. Thom, N. (2010). Methods and Tools of Corporate Technology Foresight
28. Veit, D.; Clemons, E.; Benlian, A.; Buxmann, P.; Hess, T.; Spann, M.; Kundisch, D.; Leimeister, J.; and Loos, P. (2014) Business Models - An Information Systems Research Agenda
29. Zeb (2015), Complexity Kills – How European Banking Models Have to Change in a Complex World: https://www.bankinghub.eu/banking/research-markets/complexity-kills-european-banking-models-change-complex-world
30. ZEW (2016), Branchenreport Innovationen 2015 – Finanzdienstleistungen: http://www.zew.de/fileadmin/FTP/brarep_inno/issue/2015/17_FinanzDL.pdf

Über die Autoren

Professor Dr. Remigiusz Smolinski ist bereits seit vielen Jahren in der Internet-Branche tätig (Lycos Europe, eBay International, mobile.de, Otto Group). Aktuell leitet er das Business Development und Innovationsmanagement der comdirect bank AG und engagiert sich parallel als Research Associate an der School of Business and Social Sciences der Aarhus University. Während seiner Promotion an der HHL Leipzig Graduate School of Management arbeitete er als Gastwissenschaftler an der Harvard Law School und der Fletcher School of Law and Diplomacy an der Tufts University. Smolinski veröffentlichte bereits zahlreiche Fachbeiträge in namhaften Journalen und ist Professor an der HHL Leipzig Graduate School of Management. Er ist Gründer der comdirect Start-up Garage (http://www.comdirect-garage.de).

Moritz Gerdes ist als Business Development & Innovation Manager für die Entwicklung innovativer Produkte und den zukunftsgerichteten Ausbau des Geschäftsmodells der comdirect bank AG zuständig. Er ist für das Corporate Foresight verantwortlich und unter anderem als Speaker zu Blockchain aktiv. Zuvor absolvierte er einen Bachelor in Betriebswirtschaftslehre an der Universität zu Köln und einen Master in Strategie an der Aarhus University.

Design 4 Change – Wie Finanzdienstleister agile Innovationsmethoden und neue Managementparadigmen anwenden

4

Erfahrungswerte und Empfehlungen zu Design Thinking, Sprint und digitaler Transformation in der deutschen Finanzwirtschaft

Shamim Rafat, Yannick Sonnenberg und Marco-Henry Krabs

Zusammenfassung

Der Praxisbeitrag beschreibt Chancen und Herausforderungen der digitalen Transformation bei deutschen Banken und Finanzdienstleistern und gibt Strategieempfehlungen. Es wird aufgezeigt, dass die eigentlich vorteilhaften Ausgangsbedingungen und Potenziale hinsichtlich Kundenbindung, Kompetenzen und Produktportfolio aufgrund kurzfristig ausgelegter und im Umfang reduzierter Digitalisierungsstrategien nicht optimal genutzt werden. Als möglicher Lösungsbeitrag werden Bedeutung, optimale Nutzung und Limitationen von Innovations- und Managementmethoden wie Design Thinking, Lean Start-up und Objectives & Key Results (OKR) anhand von Praxisbeispielen diskutiert.

S. Rafat (✉) · Y. Sonnenberg · M.-H. Krabs
zero360 GmbH, Berlin, Deutschland
E-Mail: rafat@zero360innovation.com

Y. Sonnenberg
E-Mail: sonnenberg@zero360innovation.com

M.-H. Krabs
E-Mail: krabs@zero360innovation.com

© Springer Fachmedien Wiesbaden GmbH 2017
R. Smolinski et al. (Hrsg.), *Innovationen und Innovationsmanagement in der Finanzbranche*, Edition Bankmagazin, DOI 10.1007/978-3-658-15648-0_4

Die Anwendung einer langfristigen, mitarbeiter- und kompetenzbasierten
Digitalisierungsstrategie wird gegenüber einer auf die schnellstmögliche Einführung von Neuprodukte und Technologieinnovation ausgerichteten Vorgehensweise empfohlen.

4.1 Digitalisierung als Basis neuer Managementparadigmen und Innovationsprozesse in der Finanzindustrie

Die fortschreitende Digitalisierung der Serviceindustrie stellt Finanzdienstleister
wie Retailbanken, Erst- und Direktversicherungen und Bausparkassen vor ähnliche Herausforderungen: Insbesondere der Vertrieb von B2C-Produkten lebt von
einem effizienten Zugang zu Kunden und langfristigen Kundenbeziehungen,
gepaart mit deren Wertschätzung für Beratungskompetenz und der Wahrnehmung
der etablierten Anbieter als vertrauenswürdige Anlaufstellen für die Beschäftigung mit Geldanlagen und Finanzthemen allgemein. Leichter verfügbare Informationen und neue Möglichkeiten einer technologisch unterstützten Anbahnung
von Geschäftsbeziehungen mindern den Wert dieser Kompetenzen und Beziehungen, ebenso wie der anhaltende Wandel der Kundenwünsche hin zu einer
anbieterübergreifenden und experimentierfreudigen Auswahl neuer Produkt- und
Servicekomponenten sowie Zugangskanälen.

Um ihre Chancen zu nutzen, darf die Branche die digitale Transformation
nicht als ein externes Erfordernis oder eine Pflichtübung missverstehen: Ein
Omnichannel-Ansatz und die konsequente und schnelle Nutzung technologischer
Möglichkeiten der Prozessoptimierung und -flexibilisierung bilden schlichtweg
die Basis für das zukünftige Überleben jedes Serviceunternehmens. Finanzdienstleister und Retailbanken müssen aber darüber hinaus einen weitergehenden Schritt vollziehen: Nur wenn bestehende Kundenzugänge, Kompetenzen und
Infrastruktur schnell, effizient und nachhaltig für die Deckung neuer und individueller Kundenbedürfnisse eingesetzt werden können, besteht die Aussicht, die
Marktposition langfristig gegen Eintritte branchenfremder Unternehmen sowie
neu gegründeter FinTechs zu verteidigen und neue Kundensegmente mit den
eigenen Produkten zu gewinnen.

Wenn man die Panelthemen der Branchen- und Digitalkonferenzen richtig
deutet, werden der hohe Stellenwert von Digitalisierungsstrategien und die massive Auseinandersetzung mit der Thematik mehr als deutlich: Die Digitalisierung

wird grundsätzlich branchenweit als das zentrale und beherrschende Thema der nächsten Dekade angesehen [2]. Gleichzeitig sind deutsche Finanzdienstleister trotz der beherzten Umsetzung erster Maßnahmen (vom Design Thinking Lab der Deutschen Bank bis hin zum Allianz X Accelerator) hinsichtlich ihrer Umsetzungsfähigkeit und ihrer Erfolge im digitalen Banking im internationalen Vergleich nur im Mittelfeld angesiedelt und deutlich abgeschlagen hinter den führenden Branchen aus dem angloamerikanischen Raum und den skandinavischen Ländern [1]. Neben der immer noch zögerlichen Inangriffnahme der operativen Maßnahmen wartet dahinter als weitere Großbaustelle die Verinnerlichung und Institutionalisierung eines Paradigmenwechsels: Die digitale Transformation lässt sich nicht durch strategische Fusionen oder Restrukturierung bestehender Abteilungen erzielen, sondern benötigt eine organisatorisch fest verankerte, über alle Hierarchieebenen gelebte und zukunftsfähige Innovationskultur. Notwendig sind ein adaptives Mindset, ein systematischer Ansatz für schnelles Prototyping bzw. den explorativen Launch neuer Produkte für neue Zielgruppen über neue Kanäle sowie eine entsprechende Anreizstruktur und Fehlerkultur. Sind diese Voraussetzungen geschaffen, können die etablierten Dienstleister in einem sich immer schneller wandelnden Marktumfeld ihre ursprünglichen Stärken weiterhin ausspielen.

Neben der hierzu noch nicht hinreichend flexiblen technischen Infrastruktur und der ausbleibenden Antwort der Personalabteilungen auf die sich permanent wandelnden Anforderungsprofile von vorhandenen und benötigten Arbeitskräften fehlt es den mittleren und oberen Führungsriegen dabei oftmals noch an ganzheitlichen Digitalisierungskonzepten. Diese müssen in ihrer Zielsetzung über die Rationalisierung der Kernprozesse, isolierte Einzelinitiativen, selektive Product Launches und exponierte Leuchtturmprojekte hinausgehen und die digitale Transformation im übergeordneten Rahmen der Neupositionierung des gesamten Unternehmens in der digitalen Serviceindustrie verorten. Zentrale Themen sollten die proaktive Entwicklung branchenübergreifender neuer Geschäftsmodelle und Ökosysteme sowie die konsequente Ausrichtung auf Deckung potenziell wechselnder Kundenbedürfnisse sein.

Die digitale Transformation hat weitreichende Implikationen: Von den Tiefen der Serverräume bis hinauf in die Vorstandsetagen werden dabei umfassende Anpassungen der Infrastruktur, Prozesse und Managementkultur notwendig sein. Der vorliegende Beitrag möchte dabei helfen, einzelne Maßnahmen und Ansätze im Gesamtgefüge einer optimalen Transformationsstrategie zu verorten und hinsichtlich ihres Beitrages zu einer erhöhten Innovations- und Adaptionsfähigkeit zu bewerten.

Der Artikel beginnt in Abschn. 4.2 mit einem Überblick über den Status quo
und die branchenweiten Herausforderungen bei der Bewältigung des digitalen
Wandels in der deutschen Finanzwirtschaft. Im Anschluss werden neue Ansätze
im Management von Innovationsmaßnahmen sowie Tools und Methoden mit
Digitalisierungsfokus erläutert und ihr Lösungsbeitrag sowie ihre Limitationen
erörtert. Anhand ausgewählter Fallstudien aus unserer Arbeit mit Finanzdienstleistern wird die Anwendung dieser Methoden anschließend exemplarisch erläutert. Insbesondere werden hier typische Lücken aufgezeigt, die zwischen dem
Erschließen von Innovationsthemen in individualisierten Entwicklungsprojekten
und einem umfassenden Innovationsansatz auftreten können und Lösungsmög-
lichkeiten für diese Herausforderungen dargelegt. Den Abschluss bildet unsere
Einschätzung zur Umsetzung einer institutionalisierten, digitalen Transformation
hin zur „resilienten Organisation", die mit adaptiven Innovationstechniken und
Managementmethoden externe Markt- und Technologieentwicklungen optimal
für sich nutzen kann.

4.2   Status quo: Kurzfristige Ansätze trotz aussichtsreicher Ausgangslage

Dieser Abschnitt gibt einen Überblick über die zentralen Herausforderungen, mit
denen die traditionellen deutschen Finanzdienstleister bei der digitalen Transformation konfrontiert sind. Die Einschätzungen stützen sich dabei auf unsere
Projekterfahrungen und zahlreiche Diskussionen mit Branchenvertretern sowie
technischen Dienstleistern und Beratungsunternehmen.

Vor dem Anpassungsdruck der digitalen Transformation flüchten viele Finanzunternehmen, dem Rat der Top-Five-Beratungen folgend, in schnell wirksame Digitalisierungsprogramme und begeben sich damit oft in einen fiktiven
Wettlauf mit den vermeintlich bedrohlichen FinTechs um neue Kanäle, Produkte
und Front-Ends. In diesem auf Geschwindigkeit und kurzfristige externe Wirkung ausgelegten Vorgehen bleiben die relevanten Fragen einer nachhaltigen
Transformation, insbesondere die Neudefinition der Management-, Innovations-
und Fehlerkultur, jedoch oft unbeantwortet. Die Stoßrichtung des Wandels wird
dabei selten hinterfragt, eine umfassende Repositionierung des Unternehmens
als Dienstleister im Opportunitätenraum des Internets sowie die dafür notwendigen Änderungen in der Aufbau- und Ablauforganisation bleiben aus. Dabei
geben viele Banken und Versicherungen ihre eigentlich gute Ausgangsposition
hinsichtlich der Fähigkeit zur Prozessoptimierung, etablierter und gewachse-
ner Kundenbeziehungen sowie ihres Besitzes umfangreicher und bislang wenig

ausgeschöpfter Datenpools auf, zugunsten einer Ausrichtung auf die Erzielung von schnellen Umsetzungserfolgen und die damit einhergehende fehlende Integration und Verortung der Projekte in die Linienfunktion und das kulturelle Umfeld des Unternehmens. Die ihnen inhärenten Fähigkeiten zur Optimierung ihrer Prozesse, Kundenansprache und Leistungsumfangs aus einer regulierten und abgeschirmten Position heraus bieten dabei eigentlich beste Voraussetzungen für einen von langer Hand geplanten, sogenannten Fast-Second-Ansatz, also die Ausführung einer konsequent gedachten und langfristig vorbereiteten Marktpositionierung innerhalb des digitalen Umfeldes. Eine Analogie aus dem Tech-Umfeld und Paradebeispiel ist die Initiative des Amazon CEOs Jeff Bezos, der seine Aufmerksamkeit, entgegen der Kritik von Investoren, Strategen und Branchenkennern, ab 2006 dem Auf- und Ausbau des kleinen Geschäftsbereiches Amazon Web Services (AWS) widmete. Obwohl Cloud-Computing weit ab vom Kerngeschäft lag und Fast-Mover bereits uneinholbare technologische Erfahrungen gesammelt zu haben schienen, gelang es, die eigenen globalen Rechenzentren, Anwendungen und hoch verfügbare Services als optimale Ausgangsbedingungen für den langfristigen Markteintritt nutzbar zu machen. Der Umsatz der Sparte übertrifft nach zehn Jahren die Summe der Umsätze aller vier globalen Konkurrenten [8] und sie wird auf rund 160 Mrd. US$ Stand-Alone-Wert geschätzt [3].

Im Bereich der Finanzdienstleistungen kann die langfristig geplante und kontinuierlich weiterentwickelte Digitalstrategie der spanischen Bankengruppe BBVA als Beispiel aufgeführt werden. Deren Roadmap startet im Jahr 2006 mit dem Ziel, eine neue Technologieplattform für die anstehende digitale Transformation der Bank zu entwickeln: Die Anzahl der täglich auf der Plattform durchgeführten Transaktionen sollten von damals aktuellen 90 Mio., über 250 Mio. im Jahr 2013 auf bis zu 1,4 Billionen im Jahr 2020 anwachsen. Erst im Jahr 2014 wurde die Core Banking-Komponente inklusive der zugrunde liegenden Prozesse digital institutionalisiert, maßgeschneiderte neue digitale Produkte und Services eingeführt sowie FinTechs (unter anderem Simple, und Madiva) im Rahmen einer Build & Buy-Strategie erworben. Des Weiteren wurde langfristig eine Digital Banking Division mit über 3000 Mitarbeitern aufgebaut, welche die Transformation der Bank in eine vollständig digitalisierte Unternehmung vorantreibt. BBVA betreibt unter anderem in Madrid, New York und Bogota eigene Innovation Center, um mit FinTechs und InsurTechs eng zusammenzuarbeiten und die Bedürfnisse der Zielgruppen und Kunden auf lokalen Märkten besser evaluieren zu können. Die für BBVA als alternativlos erachtete Positionierung als vollständig digitalisierte Bankengruppe wurde durch die Aussage des CEO Francisco Gonzalez beim Shareholder Meeting 2015 nochmals klar unterstrichen: „We are building the best digital bank of the 21st century. Our goal is to turn BBVA into a totally digital company, including all our products and services and with our more than 100.000 employees working digitally" [4].

Ein wesentliches Abgrenzungsmerkmal des Fast-Second-Ansatzes von den in der deutschen Finanzindustrie vorherrschenden Digitalisierungsstrategien betrifft die Planungshorizonte und die Art der Steuerung. Agilität wird hier statt mit Flexibilität oft mit Geschwindigkeit konnotiert, und zum Teil über zentralistische Ansätze und Programme zu implementieren versucht: In der hierarchischen Interpretation der bestehenden Unternehmenssteuerung, die sich durch eine koordinierte Steuerung mächtiger Abteilungen definiert, wird die Antwort auf die Risikofaktoren der Digitalisierung dabei in einer möglichst schnellen Umlenkung des Gesamtunternehmens gesehen. Eine Berücksichtigung individueller Kompetenzen, Handlungsspielräume und Opportunitäten der einzelnen Geschäftsbereiche und ihrer Kapazitäten kann hierbei kaum erfolgen. Oft unterschätzte Risiken eines solchen Transformationsansatzes sind der Aufbau nachhaltiger Widerstände der Mitarbeiter aller Hierarchieebenen gegenüber Veränderungen im Allgemeinen und gegenüber Veränderungen im Zuge der (als leeres Schlagwort verstandenen) digitalen Transformation im Besonderen. Einmal aufgebaut, führt diese Veränderungsresistenz letztlich dazu, dass Engagement und Kreativität der Mitarbeiter erschwert für das Unternehmen aktiviert werden können.

Ein Bild der Transformation als hierarchisch zu steuernder Übergang zwischen zwei statischen Zuständen erweist sich bei der Digitalisierung gleich aus zwei Gründen als hinderlich: Zum einen zeigt die Digitalisierung im Gegensatz zu vorangegangenen Umwälzungen im Zuge der Industrialisierung oder der Globalisierung eine wesentlich höhere Geschwindigkeit. Die etwa zwei- bis dreijährige Latenz eines statischen Changemanagements reicht damit selbst im Erfolgsfall nicht mehr aus, um auf die Zeit der kostenintensiven Anpassungen eine ausreichende Zeit der Amortisation folgen zu lassen. Zum anderen etabliert die „VUCA-Welt" (das heißt eine Welt, die aufgrund der Digitalisierung und Globalisierung von zunehmender Volatilität, Unsicherheit, Komplexität und Ambiguität geprägt ist) den permanenten Wandel zur neuen Konstante. Nicht mehr die Optimierung eines Zustandes sollte dabei den überwiegenden Großteil der Managementaktivitäten darstellen, sondern vielmehr die flexible Steuerung des permanenten Übergangs zwischen Zuständen. „Change is the new normal" muss zum neuen Managementparadigma erhoben werden und Geschwindigkeit, Ubiquität, Kreativität und Agilität als zielführende Antwort auf die Friktionen der „VUCA-Welt" die Fundamente einer erfolgreichen Digitalisierungsstrategie bilden. Abb. 4.1 fasst diese Fundamente zusammen und zeigt, wie sich durch Agilität aus den Bedrohungen neue Chancen für Finanzdienstleister ergeben.

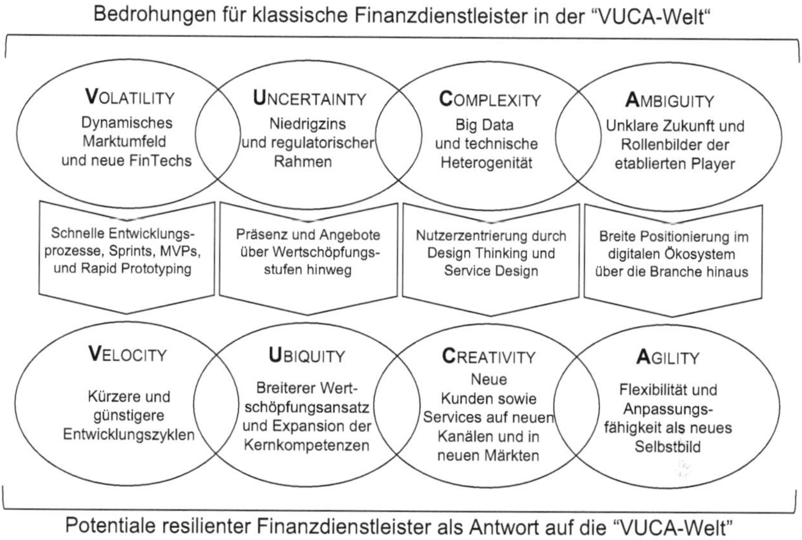

Bedrohungen für klassische Finanzdienstleister in der "VUCA-Welt"

VOLATILITY
Dynamisches Marktumfeld und neue FinTechs

UNCERTAINTY
Niedrigzins und regulatorischer Rahmen

COMPLEXITY
Big Data und technische Heterogenität

AMBIGUITY
Unklare Zukunft und Rollenbilder der etablierten Player

Schnelle Entwicklungsprozesse, Sprints, MVPs, und Rapid Prototyping

Präsenz und Angebote über Wertschöpfungsstufen hinweg

Nutzerzentrierung durch Design Thinking und Service Design

Breite Positionierung im digitalen Ökosystem über die Branche hinaus

VELOCITY
Kürzere und günstigere Entwicklungszyklen

UBIQUITY
Breiterer Wertschöpfungsansatz und Expansion der Kernkompetenzen

CREATIVITY
Neue Kunden sowie Services auf neuen Kanälen und in neuen Märkten

AGILITY
Flexibilität und Anpassungsfähigkeit als neues Selbstbild

Potentiale resilienter Finanzdienstleister als Antwort auf die "VUCA-Welt"

Abb. 4.1 Bedrohungen und Potenziale für klassische Finanzdienstleister in der „VUCA-Welt". (Eigene Darstellung)

Wer vor diesen Besonderheiten der digitalen Transformation und der veränderten gesellschaftlichen und ökonomischen Rahmenbedingungen steuern möchte, muss ihnen ein völlig neues Managementparadigma entgegenstellen. Auf Basis des kalifornischen Gründergedankens und in Anlehnung an den erfolgreichen Unternehmer und General Partner der bekannten VC-Firma Andreessen Horrowitz (a16z) [5] kann es folgendermaßen formuliert werden: „Success is people, product, profit. Always in that order!" Oder vereinfacht: Nur wenn die begabtesten Leute in einem motivierenden Umfeld zusammengebracht und gelenkt werden, können sie auch die besten Produkte bauen, mit denen sich viel Geld verdienen lässt. Nach diesem Paradigma sind es also in erster Linie die von Managern und Beratern oft als zu langsam und resistent angesehenen Mitarbeiter, welche die Schwungmasse für den digitalen Wandel bilden. Denn ihre Erfahrung mit bestehenden Kunden, Produkten und Prozessen, ihr Gestaltungswille und ihre Kreativität beherbergen das Potenzial zur Verbesserung des Unternehmens an seinen neuralgischen Punkten, sodass ihre Beteiligung an der Umsetzung der Transformation letztendlich über

Erfolg oder Misserfolg des digitalen Wandels der deutschen Finanzbranche entscheidet.

Neben dem nach innen gerichteten Blick auf die Mitarbeiter wurde in den letzten Jahrzehnten auch zunehmend die Interaktion mit dem Kunden aus den Augen verloren. Statt am Gesamtgefüge aus Produkten und Kanälen zu arbeiten, wurde ausschließlich innerhalb des bestehenden Systems innoviert. Einfachere Bedienoberflächen, verständlichere Produkte und innovative Filialkonzepte mit Einbettung in digitale Point-of-Sales findet man isoliert, aber nicht als Teil einer vollständig überarbeiteten Kundenansprache. Dieses Problem setzt sich auch innerhalb der IT-Strategie fort, wo übergreifende IT-Architekturen für agile Kundenansprache und Retention-Management fehlen. Stattdessen finden sich monolithische Back-End-Strukturen, welche die Zusammenarbeit mit schnell veränderlichen, zielgruppenspezifischen Customer-Front-Ends schwierig und sehr teuer machen. An vielen Stellen kann der potenzielle Kunde daher nicht zu marktadäquaten Kosten erreicht und konvertiert werden.

Diese Versäumnisse der mangelnden Qualifikation oder dem fehlenden strategischen Interesse einzelner Führungskräfte zuzuordnen, wäre angesichts der systemischen Ausgangslage zu kurz gegriffen. So sind die vorherrschenden Organisationsformen aufgrund der Stabilitätsanforderungen der Regulatoren stark zentralistisch geprägt und Incentivierungen und Boni kurzfristig und nicht an Transformations-, sondern am Vertriebserfolg orientiert, was zur eindimensionalen Optimierung der Bestandsprozesse innerhalb einer stabilen Ordnung führt, statt diese grundlegenden Veränderungen zu unterziehen.

Letztendlich mündet diese facettenreiche Versäumniskette direkt darin, dass es den meisten Akteuren der deutschen Finanzbranche noch immer an Ideen für neue Geschäftsfelder über die klassischen Banking- oder Versicherungsdienstleistungen hinaus fehlt. Naheliegende Kompetenzen wie das Identity Management, Cybersecurity oder Datensicherheit, die bereits zu den neuralgischen Knotenpunkten der digitalen Ökonomie gehören, werden oftmals nicht als mögliche Wachstumsfelder identifiziert. Ihr Potenzial wird nur unzureichend bearbeitet. Eine Situation, die dem Wirtschaftsstandort Deutschland nicht gerecht wird und im Hinblick auf die zukünftige Entwicklung der Branche letztendlich unter teilweise großen Anstrengungen aufgeholt werden muss. Aus diesem Grund wollen wir in den folgenden Abschnitten einen Überblick zu Frameworks, Prozessen, Maßnahmen, Methoden und Tools geben, mit denen diese Transformation gelingen kann und deren erfolgreichen Einsatz anhand von geeigneten Praxisbeispielen illustrieren.

4.3 Innovationsmethoden und Tools: Vom Schlagwort zum operativen Rückgrat der digitalen Transformation

Die Begriffe Lean, Agile, MVP, Sprint und OKR sowie Design Thinking und Service Design stehen für eine Reihe neuer Tools und Managementkonzepte. Eine generelle Skepsis gegenüber diesen Methoden scheint im Anbetracht der veränderten Rahmenbedingungen der „VUCA-Welt" kurzsichtig, insbesondere wenn man bedenkt, dass sich Start-ups wie beispielsweise Zalando, UBER, Salesforce, Spotify und Airbnb durch den Einsatz dieser Methoden und Frameworks innerhalb weniger Jahre zu Milliardenunternehmen entwickeln konnten und teils etablierte DAX-Unternehmen an Börsenwert übertreffen. Natürlich besteht das Argument, etablierte Unternehmen mit ihren vorhandenen Strukturen bei der Aufbau- und Ablauforganisation hätten grundsätzlich schwierigere Voraussetzungen als Start-ups und Wachstumsunternehmen, um sich flexibel und agil zu verhalten. Diese Argumentation mutet aber im Hinblick auf die Rücklagen, Infrastrukturen, Vertriebsmannschaften, das gigantische Kunden- und Filialnetz und den gewissen heimischen Protektionismus, den Finanzdienstleister auf der Habenseite geltend machen können, durchaus als vorgeschoben an: Wer sein Unternehmen erfolgreich in den Wandel führen möchte, sollte auf Grundlage und unter Einbindung dieser Vorteile ein strukturiertes Innovationsvorgehen aufsetzen, das neuen Methoden Rechnung trägt und dabei einen „Best of both worlds"-Ansatz vereint. Die Kernfrage hinsichtlich neuer Innovationsmethoden und -tools muss dabei stets lauten, in welchem Ausmaß sowie unter welchen Rahmenbedingungen die Mitarbeiter durch sie unterstützt werden können, die Zukunft des Unternehmens proaktiv zu gestalten.

Trotz branchenspezifischer Unterschiede und individueller Sondersituationen lassen sich dabei vier Dimensionen identifizieren, in denen der Transformationsprozess abläuft. Diese Dimensionen sind entgegen der Stoßrichtung der klassischen Unternehmensstrategieplanung und in Anlehnung an Ben Horowitz die Bereiche People, Product, Process und Profit. Im Laufe der Arbeit mit unseren Kunden und unserer branchenübergreifenden Entwicklung von Innovationsstrategien und Implementierungsmaßnahmen haben wir innerhalb dieser Kategorien, die wir als den „4-P-Ansatz des Innovationsmanagements" beschreiben, diverse Maßnahmen, Tools und Methoden definiert, die sich in der Praxis bewährt haben. Da agile Organisationen in erster Linie auf die Flexibilität ihrer Mitarbeiter abzielen, beginnt der „4-P-Ansatz" immer mit der Kategorie „People" und identifiziert dann auf Basis gemeinschaftlich generierter Ideen neue Produkte und

Services sowie deren Umsetzungsprozess und die damit angestrebte Profitabilität. Im Folgenden werden wir kurz beleuchten, wie man mit Mitarbeitern und Kunden gemeinsam erfolgreiche Ideen entwickelt und diese anschließend schnell und konsequent umsetzt. Des Weiteren gehen wir auf die prozessualen Implikationen zur nachhaltigen Realisierung der entsprechende Kosteneinsparungs- und Umsatzpotenziale ein.

4.3.1 People – Innovationen mit Design Thinking kollaborativ entwickeln

Eine der größten Stärken der deutschen Finanzindustrie ist der vertrauensvolle Kundenkontakt auf Basis langjährig aufgebauter Kundenbeziehungen sowie eine umfangreiche Betreuung mit Abstufungen vom Private- bis zum Retailbanking. Allerdings sinkt die Frequenz des Kundenkontakts eines Mitarbeiters jedoch mit zunehmender Höhe seiner Hierarchiestufe, was einer zunehmend nach innen gerichteten Sichtweise auf Prozesse und Produkte Vorschub leistet und langfristig zu einer gewissen Entfremdung von der Kundeninteraktion führt. Mithilfe von Design Thinking, dessen in der Produktentwicklung verankertes Vorgehen sich stark an der Arbeitsweise von (Produkt-) Designern orientiert und mit einem konsequenten Fokus auf die Nutzerbedürfnisse operiert, lässt sich dieses Problem teilweise beheben: Durch die Befolgung der Prozessschritte Verstehen, Beobachten, Ideenfindung, Verfeinerung, Ausführung und Lernen innerhalb von interdisziplinären und bereichsübergreifend aufgesetzten Teams in kollaborations- und kreativitätsfördernden Räumen können dabei schnell neue Erkenntnisse über die Nutzer von Anwendungen, Produkten und Services gewonnen sowie Maßnahmen abgeleitet und umgesetzt werden. Insbesondere führt die Aufhebung bestehender Hierarchien der teilnehmenden Personen bei der Durchführung von Design Thinking Workshops zum notwendigen Aufbrechen etablierter Denk- und Kommunikationsweisen.

Durch den induktiven Fokus des Ansatzes auf explorative Beobachtung, die schnelle Umsetzung in Prototypen sowie die iterative Optimierung der Ideen im engen Austausch mit den Nutzern und Experten entstehen so schneller verwertbare Ergebnisse als mittels deduktiver, auf abstrakten Konzepten basierender „Reißbrettplanungen". Mithilfe von Jobs-to-be-done- oder User-Journey-Analysen zur frühen Abfrage der Nutzerinteressen und der zugrunde liegenden Motivationen werden die eigenen Annahmen über Produktnutzen und Kundenmehrwert bereits zu Beginn des Prozesses hinterfragt. Lange Entwicklungszyklen ohne Ergebnisse mit Mehrwert für die Nutzer werden so vermieden. Durch das darauffolgende Prototyping und Testing der Produkt- oder Prozessideen werden die Akzeptanz und die Art der Nutzung der Lösung für spezifische Kunden- oder Nutzerprobleme ebenfalls frühzeitig mit einbezogen und berücksichtigt. Schnelle Iteration und Verbesserung sowie erneutes Testing stellen sicher, dass nicht an den ermittelten Kundenbedürfnissen vorbei entwickelt wird. In der abschließenden Lernphase werden die erzielten Ergebnisse des Prozesses mehrfach reflektiert und dadurch der zugrunde liegende Prozess und das Vorgehen während der Umsetzung verbessert. Wie bei vielen anderen agilen Frameworks gilt auch bei Design Thinking, dass die einzelnen Prozessschritte nicht zwangsläufig in einer stringenten, fest vorgegebenen Reihenfolge durchzuführen sind. Vielmehr ergeben sich entlang des übergeordneten Prozessschemas immer wieder „Sprünge", in denen man sich beispielsweise aus einem Testing einer entwickelten Idee wieder an den Anfang der Beobachtungsphase zurückbegibt, um neu getroffene Annahmen entsprechend zu validieren.

Die spezielle Bedeutung des Design Thinking für die Anwendung im Kontext digitaler Transformation ergibt sich aber nicht primär aus dem Entwicklungsprozess, sondern aus der Struktur und Zusammensetzung der Teilnehmer sowie der kontextspezifischen Anwendung des Ansatzes. So ist eine der wichtigsten Funktionen der interdisziplinären Workshops mit Kunden, Mitarbeitern und Experten im Stakeholdermanagement zu sehen: Indem die Workshops als erster Schritt einer Change-Kommunikation fungieren können, welche die Identifikation und Verantwortungsübernahme der Teilnehmer verbessert, werden diese von Anfang an als Gestalter miteinbezogen und positioniert. Das gesamte Arbeitsformat ist damit ein ausgezeichnetes Werkzeug, um die involvierten Mitarbeiter im Rahmen von Veränderungsprozessen aktiv einzubinden und deren Ängsten, zum Beispiel bei anstehenden strategischen Veränderungen im Unternehmenskontext nicht gehört zu werden, entgegenzuwirken. Design Thinking kann mit dieser Ausrichtung nicht nur zur Produkt- oder Serviceentwicklung, sondern auch zum Crowdsourcen von Strategien, Prozessen und Managementframeworks eingesetzt werden. Bei diesem Ansatz wechseln die Teilnehmer in die Rolle der Nutzer bzw. der von der Strategieänderung betroffenen Mitarbeiter, für die dann Lösungen und Arbeitsmethoden vorgeschlagen und iterativ weiterentwickelt werden.

Unabhängig von der finalen Anwendung des Ansatzes ist es jedoch von zentraler Bedeutung, die darauffolgende Umsetzung strukturiert und zeitnah anzugehen sowie die kontinuierliche Kommunikation über den Fortschritt der Projekte aufrechtzuerhalten. Aus motivierten Mitarbeitern werden schnell enttäuschte Innovationsskeptiker, wenn das Management nicht in der Lage ist, die generierten Ideen auch umzusetzen oder die beteiligten Personen nicht entsprechend incentiviert.

4.3.2   Product – User-Centered-Development mit MVPs und Sprints

„To me, ideas are worth nothing unless executed. They are just a multiplier. Execution is worth millions." Mit diesem Zitat, beschrieb Derek Sivers [7] wie die Qualität einer Idee sich im Verhältnis zu deren Umsetzung im digitalen Umfeld verhält. Während selbst die beste Idee nicht ohne gute Umsetzung auskommt, kann bei perfekter Durchführung selbst eine schlechte Idee Millionen wert sein. Um Ideen eine konkrete Überlebenschance einzuräumen und die umsetzungserprobten Vertriebe großer Unternehmen und andere damit verbundene Größenvorteile bestmöglich nutzen zu können, muss im Anschluss an die strukturierte Ideenfindungsphase mithilfe von Design Thinking die Umsetzung konsequent und schnellstmöglich begonnen werden. Reibungsverluste an dieser Stelle sind der Hauptgrund, warum bestehende Prototypen letztlich doch nicht als Produkt auf den Markt eingeführt oder als Prozessinnovation im Unternehmen wirksam werden.

Der übliche Ansatz besteht zunächst darin, die maximale Komplexität einer Idee zu erfassen, sie in einen strategischen Unternehmenskontext einzubetten und ihre Schnittstellen zu diversen Abteilungen und laufenden Projekten zu definieren. In Konsequenz dieser ganzheitlichen Betrachtung kommt es oft entweder zu einer zeitlichen Verschiebung der Umsetzung, zur Zuordnung als Maßnahme eines Teilprojektes innerhalb eines unternehmensweiten Change-Projektes mit einer langfristigen Umsetzungsphase oder zur Übergabe in die klassischen Produktumsetzungsgremien. Aus unserer Erfahrung zeigt sich hingegen, dass sich die schnellstmögliche Umsetzung des kleinsten gemeinsamen Nenners, sprich die Weiterentwicklung des initialen Prototypen zu einem Minimum-Viable-Product (MVP) unter Nutzung agiler Sprintformate, als wesentlich erfolgreicher darstellt als die oben genannte Vorgehensweise. Der Einsatz eines gesonderten Teams, das gemeinsam mit Experten und Partnern innerhalb von maximal sechs Wochen eine erste Lösung mit den unbedingt notwendigen Grundfunktionen vorstellt, schafft schnell Klarheit über die Risiken sowie Zeit und Kosten einer Vollproduktumsetzung. Der Sprint-Modus ist stark an Design Thinking angelehnt und wird dabei ebenfalls im interdisziplinären Team durchgeführt, welches sich dabei in Vollzeit für etwa eine Woche an einem dedizierten Ort „einschließt", um sich allein mit dem vorliegenden Problem bzw. der Weiterentwicklung der Lösung zu beschäftigen. Darüber hinaus wird der Fortschritt täglich mit echten Endnutzern der Idee verprobt, dokumentiert und die dabei generierten Ergebnisse sofort wieder technisch umgesetzt, sodass bis zum Ende jeder Sprint-Woche ein funktionsfähiger Prototyp, ein fertiges Feature, ein neues Konzept oder ein anderes in sich abgeschlossenes relevantes Produkt bzw. Gewerk entsteht. Durch die lange gebündelte Konzentration und die konsequente Durchdringung des Themas ohne Ablenkungen entstehen dabei schnell Ergebnisse, die in ihrer Granularität weit über die üblicherweise vorgelegten Maßnahmenpläne hinausgehen. Insbesondere können durch die direkte Umsetzung Showstopper und Prozesshindernisse klar umrissen und strukturiert ausgeplant werden, um ihrerseits in eigenen Sprints gelöst zu werden. Dieses „idealisierte" Sprintvorgehen [6] wird dabei unter Beibehaltung der Grundidee auf die jeweiligen Produktanforderungen und organisatorischen Rahmenbedingungen angepasst, ohne jedoch Abstriche bei der Fokussierung und der temporären absoluten Priorisierung des Entwicklungsvorhabens zu machen.

Um die eingangs als erfolgskritisch identifizierte Umsetzung am effizientesten zu gestalten, müssen Unternehmen schnelle Entwicklungsphasen durch effiziente Prozesse schleusen, die die Umsetzung einer innovativen Lösungsidee mit maximalem Durchschlag ermöglichen. Sie müssen „sprinten" und sich nach der Sicherstellung der Machbarkeit zeitnah dem nächsten Thema widmen, während die Linienorganisation, mit ausreichend Autonomie und Flexibilität ausgestattet, die Weiterentwicklung der gesicherten „Provinz" übernimmt.

4.3.3 Process – 30-60-90-Framework im Innovationsmanagement

Die in Zusammenarbeit mit unseren Kunden gesammelten Erfahrungen über den Erfolg und Misserfolg von Innovationsinitiativen und -maßnahmen haben gezeigt, dass ein digitales Entwicklungsprojekt, welches sich nicht innerhalb von drei Monaten nach der Ideenfindung in der Umsetzung befindet, signifikant weniger Erfolgschancen auf eine erfolgreiche Implementierung aufweist als vergleichsweise agil aufgesetzte Pendants: Der Erfolg von Innovations- und Entwicklungsvorhaben bei Digitalprodukten hängt erheblich vom Momentum der Initiative ab. Das Start-up-Paradigma vom richtigen Ort zur richtigen Zeit als Erfolgskriterium gilt dementsprechend auch für die internen Unternehmensprozesse. Um von der Ideenkreation bis zur Umsetzung eines ersten Prototypen und seiner Weiterentwicklung zum fertigen Produkt bei gleichzeitiger Befähigung der Mitarbeiter den Überblick zu behalten und sich an einer klaren Umsetzungsstruktur orientieren zu können, hat zero360 ein 30-60-90-Framework mit Erfolgs- und Qualitätskriterien entwickelt, das Unternehmen dabei hilft, Ideen schnell zu kategorisieren und diese binnen 90 Tagen umzusetzen. Abb. 4.2 gibt einen Überblick über den Ansatz und fasst die Prozessschritte und zugehörigen Aktivitäten zusammen.

Abb. 4.2 Zusammenfassung 30-60-90-Framework im Innovationsmanagement. (Eigene Darstellung)

Ausgangspunkt für den Prozess ist eine bestehende Idee für eine Produktentwicklung, Prozess- oder Serviceverbesserung im digitalen Umfeld, die bereits mit erstem Nutzerfeedback validiert werden konnte. Bei sehr groß angelegten Entwicklungsvorhaben muss im Vorfeld eine Untergliederung in möglichst eigenständige Teilprodukte oder -bereiche erfolgen, die dann separat in einem 30-60-90-Framework durchlaufen werden. In der ersten Phase (bis X + 30 Tage) wird dabei die Idee als Prototyp für ein spezifisches Problemfeld entwickelt und durch Recherchen sowie eine Chancen- und Risikoanalyse angereichert. Außerdem wird innerhalb des Unternehmens bei den involvierten Fachbereichen oder Projekten um Unterstützung geworben. Um diesen Prozess, der als Kernelemente neben Foresight- und Researchaktivitäten einen oder mehrere Design Thinking Workshops und Learning Journeys enthalten kann, zu beschleunigen und entsprechend ambitionierte Ziele zu formulieren, ist diese Phase in maximal 30 Tagen umzusetzen.

In der zweiten Phase (bis X + 60 Tage) folgt im Fall einer positiven Bewertung der Idee die Verfeinerung des Prototypen und seine Weiterentwicklung zu einem ersten funktionalen MVP. Die im vorangegangenen Abschnitt beschriebenen Sprints geben dem Team dabei die Möglichkeit, in kurzer Zeit signifikante Ergebnisse zu erzielen und dabei eine maximale Effizienz im Bezug auf die Produktentwicklung zu erreichen. Durch die schnelle Generierung von testbaren Ergebnissen und die konsequente Auslagerung von „Nebenprodukten" in andere Projekte oder weitere Sprints wird die Lösungsidee dabei nicht nur bezüglich unbedingt notwendiger Features, sondern auch im Hinblick auf ihren USP sowie ihre Marketing- und Vertriebshypothesen geschärft. Die Platzierung im Markt lässt sich auf dieser Basis wesentlich gezielter vornehmen, zum Beispiel unter Nutzung klassischer Frameworks wie Porter's Five Forces.

Daran anschließend erfolgt die dritte Phase (bis X + 90 Tage) des 30-60-90-Frameworks und der Abschluss der Rollout-Vorbereitung: Durch die Weiterentwicklung des MVPs zu einer Beta-Version wird die Möglichkeit geschaffen, erste Marketing- und Vertriebshypothesen direkt in der Praxis zu testen und daraus Schlüsse auf die Skalierung der Budgets sowie der infrage kommenden Märkte für den Rollout abzuleiten. In dieser letzten Phase wird der Business Case definiert, die notwendigen Vertriebs- und Marketingaktivitäten vorbereitet und das Projekt mit einem Rollout-Plan versehen, der in den folgenden Wochen umgesetzt werden kann. Nach X + 90 Tagen ist das Projekt abgeschlossen und die erarbeiteten Konzepte sowie Testergebnisse können entsprechend an die verantwortlichen Fachbereiche, Schnittstellen und/oder Gremien zur finalen Entscheidung übergeben werden.

Der Ressourceneinsatz für ein solches Entwicklungsvorhaben kann bei Einhaltung des 30-60-90-Frameworks begrenzt und optimal gesteuert werden. Hilfreich ist insbesondere die konsequente und ausschließliche Ausrichtung auf die jeweiligen Ergebnistypen in Form von MVP und Kurzdokumenten, die sich für die Ideenvalidierung, Entscheidungsfindung und Weiterentwicklung in der Praxis als ausreichend erwiesen haben. Abb. 4.3 gibt einen Überblick über die benötigten Ressourcen, Aufgaben und Ergebnistypen in den einzelnen Schritten des 30-60-90-Frameworks für digitale Produktentwicklung.

Im Zuge der übergeordneten Transformation dient das 30-60-90-Framework vornehmlich dazu, einen standardisierten und skalierbaren Prozess im Innovationsmanagement zu schaffen, welcher der notwendigen Fähigkeit zum parallelen und wiederholten Prototyping bzw. dem explorativen Launch neuer Produkte für neue Zielgruppen einen organisatorischen Rahmen gibt. Seine Vorteile ergeben sich hier aus der Fokussierung auf das Notwendigste und den Ausschluss ergänzender, verschneidender und dokumentierender Teilbereiche des Projektmanagements, die nur bei letztlich ausgerollten Ideen nachgezogen werden müssen.

4.3.4   Profit – Kostenersparnisse durch agiles Vorgehen realisieren

Unsere Praxiserfahrung zeigt, dass die Einführung der Prozesse, Ansätze, Methoden und Tools in klassischen Weiterbildungs- und Schulungsmaßnahmen oft von wenig Erfolg gekrönt ist. So werden interne Angebote oft nur spärlich genutzt, wenn die dahinterliegende Management- und Anreizstruktur unangetastet bleibt. Um den gewünschten Effekt des Transformationsprozess im Unternehmen zu realisieren, ist eine weitergehende Auslegung der Erfolgsmessung im Organisationskontext eines agilen Vorgehens notwendig.

	X + 30 Tage	Board-Pitch / Abbruchkante	X + 60 Tage	Board-Pitch / Abbruchkante	X + 90 Tage	Rollout-Entscheidung
MAKs	Product Owner aus Fachbereich (0,5 MAK) + Coach (0,5 MAK) + Team (2-4 MAK)		Product Owner und Business Owner (Tandem 1 MAK) + Coach (0,5 MAK) + Team (3-6 MAK)		Product Owner und Business Owner (Tandem 1 MAK)+ Coach (0,5 MAK) + Ressourcen aus Fachbereich (max. 3 MAK)	
Output	Standardisierte Pitch-Unterlage, Projektplan sowie ggf. Workshop-Dokumentation		Prototyp und Sprint-Dokumentation sowie Testergebnisse und KPIs		MVP, Rollout-Plan mit KPI-Tracking und ggf. Business- und Marketingplan	
Kernleistung	Anforderungs-, Stakeholder- oder Fachbereichs-Workshop zur Konzeptentwicklung		Sprint (1 Woche max. 5 Teilnehmer) zum Prototyping und Testing des Konzeptes		Iterationssprint und MVP-Entwicklung bis zum marktfähigen Angebot (Beta-Version)	
Projektmanagement	Organisation Workshop, Erstellung Projektplan, Ressourcenabstimmung und Koordination Pitch		Organisation Sprint, Ergebnisaufbereitung, Koordination Prototyping und Testing		Umsetzung Projektplan, Lieferung MVP und Rollout-Plan sowie Koordination mit Fachbereichen und Board	
Produktentwicklung	Konzept des Produktes/Services, BPMs, Flowcharts, Anforderungsanalyse (max. 3 Slides oder 1 Seite)		Ausplanung aller Produktefeatures und Schnittstellen sowie deren Priorisierung im Sprint		Kernfunktionalität und ggf. erste Produktfeatures unter Live-Bedingungen realisiert und getestet	
PR & Marketing	Interne Kommunikation und PR planen, Stakeholder einbeziehen und Kommunikationswege definieren		Ideen für Marketing und Vertriebsverwertung generieren und mit FB abstimmen/validieren		Marketing/Vertrieb planen und mit Businessplan synchronisieren sowie in Rollout-Plan integrieren	
KPIs/Messbarkeit	Grobe Potentialabschätzung der Lösung und ihrer Verbesserung im jeweiligen Bereich		Klare Produktperformance KPIs definiert und ein Konzept zur Messung und Zielerreichung vorgelegt		KPI-Tracking implementiert und Zielerreichung ab Tag 1 dokumentierbar	

Abb. 4.3 Ressourcen, Aufgaben und Ergebnistypen im 30-60-90-Framework. (Eigene Darstellung)

Im Rahmen unserer Arbeit können wir feststellen, dass dies umso einfacher gelingt, umso klarer die kurzfristige P&L-Relevanz der Projekte beziffert und gemessen werden kann. Um allerdings eine Anreizgestaltung im Sinne einer umfassenden Transformation zu ermöglichen, reicht die kurzfristige Betrachtung von Absatz- und Umsatzsteigerungen nicht aus, weil viele Innovationsprojekte ihren Mehrwert für das Unternehmen erst nach einigen Jahren, manchmal sogar Jahrzehnten vollständig amortisieren können. Für die Erfolgsmessung der von uns dargelegten Maßnahmenpakete zur Realisierung von digitalem Wandel und Verbesserung der Organisationsaufstellung im volatilen Marktumfeld sollte daher eine holistische Betrachtung und Bewertung von langfristigen Kosten, Einspar- und Umsatzpotenzialen erfolgen. Ebenfalls gilt es, den indirekten Wertbeitrag auf den übergeordneten Transformationsprozess anhand klarer quantitativer Kriterien sicht- und aussteuerbar zu machen. Die individuelle Messung und ggf. Anpassung von KPIs mag anfangs aufwendig erscheinen, ist aber eine wichtige Aufgabe der Unternehmensentwicklung auch im Hinblick auf die Messbarkeit und Anerkennung späterer Innovationsbemühungen des Personals im Rollout-Prozess. Nur wenn Innovation als lohnend erachtet wird und sie gegenüber den Aufgaben des Tagesgeschäfts klar quantifiziert werden kann, wird sie auch von den Mitarbeitern entsprechend wahrgenommen und als unternehmensrelevant und wichtig für die eigene Arbeit angesehen.

Nachfolgend haben wir exemplarisch drei der kostenwirksamsten Outputs der oben beschriebenen Innovationsmaßnahmen zusammengefasst, die auch einer Messung über ggf. neu zu schaffende KPIs zugänglich sind.

▶ 1. Der „Kill Your Darlings"-Ansatz senkt die Entwicklungskosten pro Innovationsprojekt signifikant.

In großen Unternehmen gibt es oft eine Vielzahl von schlecht konzipierten Innovationsprojekten, die bereits (zu) weit ausfinanziert wurden, um sie ohne Gesichtsverlust der beteiligten Stakeholder zu beenden. Diese sogenannten „Innovations-Zombies" überleben oft auf Basis selbstzweckorientierter Sonderbudgets. Mit Anwendung des 30-60-90-Frameworks können solche Projekte einer Neubewertung unterzogen werden. Dabei sinken die Kosten pro Entwicklungsprojekt, was die Gesamterfolgswahrscheinlichkeit des Projektportfolios und damit auch die refinanzierenden Erwartungsgewinne zukünftig erfolgreicher Produkte erhöht.

2. Der „Fly-to-Market"-Ansatz spart Opportunitätskosten, senkt Vertriebskosten und erhöht Umsatz.

Die schnelle und konsequente Umsetzung reduziert die Einführungszeit (Time-to-Market) der Produktidee signifikant und sorgt dafür, dass die mit langen Produktentwicklungszyklen verbundenen Umsatzverluste, die durch den Markteintritt neuer Wettbewerber und deren Interpretation neuer Services und Produkte entstehen können, sinken. Gleichzeitig werden durch die verbesserte Effizienz entstehende Opportunitätskosten bei internen Mitarbeitern und externem Personal verhindert, die sonst unnötig lange Kosten auf Projektkostenstellen verursachen würden.

3. Sprints ermöglichen die Generierung einer signifikanten Anzahl von sinnhaften prozessoralen Anpassungen in der Unternehmensorganisation.

Durch die schnelle Umsetzung und praktische Auseinandersetzung mit Herausforderungen der Bestandsprozesse können bei ausreichend starkem Mandat Fehler innerhalb der Organisation behoben und dadurch schnell systematische Innovations- oder Implementierungshemmnisse sowie absatzsteigernde Maßnahmen identifiziert werden, die direkt umsatzwirksam werden. Hier sind beispielsweise die Anwendung neuer Technologien sowie das Benchmarking und die Optimierung bisheriger Prozesse in Produktion, Vertrieb und Marketing zu nennen.

Über die Kombinationsmöglichkeiten dieser P&L-Faktoren hinweg gibt es in der Praxis konkret drei Ansätze für das digitale Innovationsproblem im Unternehmenskontext, die sich vor allem hinsichtlich ihrer Kosten, ihres Steuerungsaufwandes und ihres Beitrages zum Transformationsprozess wie folgt unterscheiden:

1. **Build:** Innerhalb der bestehenden Organisationsstruktur werden Initiativen zur Kooperation mit und/oder Gründung von Innovationsträgern aufgesetzt (zum Beispiel Innovation-Labs und -Hubs). Dabei entstehen oft hohe Kosten, weil die eigenen Mitarbeiter hierfür nicht ausreichend qualifiziert sind und Infrastruktur und Prozesse erst aufgebaut werden müssen, was einer Problemverlagerung gleichkommt. Oftmals erfolgt schließlich die Beendigung der Maßnahme oder die Einstellung der Initiative, deren gewünschter Wissenstransfer nur punktuell, zu langsam, oder gar nicht stattgefunden hat, weil die beteiligten Einheiten zu weit außerhalb des Kerngeschäftes agieren bzw. dort keine entsprechenden Handlungsspielräume und zeitlichen Freiräume generiert wurden. Durch die ständige Reibung an Prozessen und Vorgaben der Linienorganisation findet dabei allerdings unter Umständen eine gewisse Befähigung und Sensibilität für die Anforderungen agiler Entwicklung statt, die langfristig nachhaltige Gewinne ermöglichen kann. Die direkten Ergebnisse und ihre Auswirkung auf die Bottom-Line (insbesondere bezüglich Umsatzgenerierung) sind jedoch im Vergleich zu anderen Ansätzen oft limitiert.

2. **Accelerate:** Außerhalb der bestehenden Organisation werden mit eigenen Prozessen, Budgets und Top-HR-Ressourcen neue Unternehmen ausgegründet (sogenannte Spin-offs) und so Möglichkeiten geschaffen, die etablierten Prozesse als Innovationshemmnisse zu umgehen. Der Nachteil dieser Implementierung besteht darin, dass sich die vorhandene Marktpositionierung der Bestandsorganisation in den Bereichen Kundenzugang, Sourcing und Vertrieb oder beim Aufbau von Markteintrittsbarrieren nicht adäquat als Wettbewerbsvorteil nutzen lässt, da die hierfür geschaffenen Prozesse bewusst ausgeblendet werden und eine (spätere) Integration nur unter großem Aufwand möglich ist. Zudem findet eine interne Befähigung der Mitarbeiter im Bestandsunternehmen nicht mehr statt. Die wertvollen Lerneffekte als Zukunftsfaktoren des Transformationsprozesses und somit die Nachhaltigkeit der Maßnahmen sinken direkt proportional zugunsten der Implementierungsgeschwindigkeit. Im Gegenzug dazu lässt sich die Kosten-Nutzen-Relation schlanker planen und mit geringerem Mitteleinsatz schneller substanzielle Ergebnisse erzielen.

3. **Buy:** Verbunden mit hohem Aufwand erfolgt der Zukauf von externem Wissen mittels M&A-Aktivitäten, beispielsweise im Bereich der Akquise von Growth- und Later-Stage-Start-ups. Neben der aktuell entstehenden Situation eines Verkäufermarktes mit hoher Nachfrage und dementsprechend hohen Bewertungen tritt hier parallel das IT- und Prozess-Infrastrukturproblem auf, das im Rahmen der Post-Merger-Integration oftmals zu immensen Problemen hinsichtlich der Einhaltung der zugrunde liegenden Renditeerwartungen führt. Insbesondere wenn Mitarbeiter und Prozesse nicht ausreichend darauf vorbereitet und keine kooperationsfähige Landebahn für die neuen Produkte, Mitarbeiter und Prozesse geschaffen werden kann, sollte diese Option höchstens als kurzfristige Ergänzung einer ausgewogenen Innovations- & Digitalisierungsstrategie betrachtet werden.

Im Sinne einer umfassenden P&L-Betrachtung empfehlen wir daher eine differenzierte Betrachtung der Ansätze auf Basis der Entwicklung eigener Innovations-KPIs außerhalb der klassischen Umsatzgrößen bereits zu Beginn des Vorhabens sowie daran anschließende Reportings und Analysen, anhand derer die Strategie später immer wieder innerhalb der oben stehenden Dimensionen (Build, Accelerate, Buy) neu verortet, bewertet und angepasst werden kann.

Neben den hier aufgeführten beleuchteten Dimensionen des Wandels gibt es eine weitere Vielzahl von flankierenden Maßnahmen, die im Rahmen der Optimierung und Koordination über alle Teile des „4-P-Ansatzes" hinweg eine wichtige Rolle spielen. Als erstes sei hierbei ein klares Vorstandsmandat genannt. Wenn Initiativen eine direkte Vorstandsunterstützung genießen, ist ihr Verhältnis von Erfolgswahrscheinlichkeit zu Ressourceneinsatz in der Regel bedeutend besser als ohne dieses Mandat.

Neben einem klaren Vision- und Mission-Statement muss die operative Umgestaltung zumindest in Form punktueller Freiräume und Anreize für Management und Mitarbeitern unterstützt werden. Nur wenn sich Innovation für die einzelnen Mitarbeiter lohnt und zeitnah bemerkbar macht, wenn Zielvereinbarungen, Bewertungen und interne Anerkennung dies reflektieren und wenn Fehler nicht sofort abgestraft, sondern im Rahmen des Lösungsprozesses akzeptiert und analysiert werden, entwickeln sich effektive Innovationskulturen.

In der Praxis bedeutet Agilität auch, dass für innovative Teams oftmals neue Prozesse innerhalb der Beschaffung, des Datenschutzes, der IT-Security oder der Kommunikation geschaffen werden müssen, um die hauseigenen Innovatoren entsprechend erfolgreich zu befähigen. Die benannten Tools, Erfolgsfaktoren und begleitenden Erfordernisse des zero360 4P-Ansatzes sind in Abb. 4.4 zusammengefasst.

Erfolgreich sind in diesem Kontext vor allem kurzfristige Initiativen, die mit der Entwicklung digitaler Artefakte eine positive Strahlkraft innerhalb und außerhalb des Unternehmens entwickeln können, wenn sie angemessen implementiert und kommuniziert werden. Durch einen „Divide et Impera"-Ansatz, bei dem zu Beginn nur die ganz klar als sogenannte Quick Wins identifizierten Projekte und deren Meilensteine angegangen und innerhalb des 30-60-90-Frameworks mit mehreren Sprints zum Abschluss gebracht werden, ist die Umsetzung schnell, kostengünstig und flexibel realisierbar, wobei sich bei vermehrtem Einsatz und langfristiger Etablierung enorme Kosteneinsparungspotenziale ergeben.

Um erfolgreiche Use Cases in der Praxis aufzuzeigen, werden die in diesem Abschnitt eingeführten Methoden in Abschn. 4.4 anhand exemplarischer

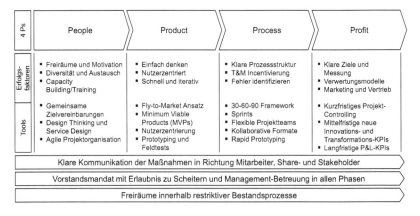

Abb. 4.4 Erfolgsfaktoren, Tools und begleitende Erfordernisse des 4P-Ansatzes. (Eigene Darstellung)

Umsetzungsbeispiele in der Zusammenarbeit mit ausgewählten Kunden aus der Finanzindustrie näher beleuchtet. Insbesondere wird darauf eingegangen, an welchen Stellen sich Lücken zwischen einem isolierten Einsatz von Innovationsmethoden und ihrer wirklich vollständigen Einbettung im 4P-Ansatz ergeben.

4.4 Cases: Best Practice und Limitationen

Die folgenden Fallstudien aus unserer Arbeit verdeutlichen exemplarisch den Einsatz der vorgestellten Innovationsmethoden und ihre organisatorische Einbettung, zeigen aber zugleich typische Limitationen und bestehende Herausforderungen an der Schnittstelle zwischen isolierten Innovationsprojekten und einer institutionalisierten und gelebten Innovationskultur auf. Insbesondere wird der Fokus dabei auf die Fragestellungen gelegt, wie neue Produkte und Prozesse systematisch in die Umsetzung gebracht werden können, worin der übergreifende Nutzen für das Unternehmen besteht und wie der Erfolg der Innovationsprojekte bestimmt und gemessen werden kann.

4.4.1 Fallbeispiel 1: Innovation Lab – Strukturen und Zusammenarbeit mit der Linienorganisation

Gemeinsam mit dem Digital Lab eines großen Finanzdienstleisters entwickelt zero360 seit 2014 Produkt- und Serviceinnovationen sowie Prozesse rund um die neuen Produktanforderungen digitaler Lebenswelten. Von Trendscouting und Design Thinking Workshops zur Spezifikation von Kunden- und Nutzerbedürfnissen über die Konzept- und Businessplanerstellung bis hin zur begleiteten Produktimplementierung und Dienstleisterauswahl werden das Innovationsteam und die Bestandsorganisationen dabei von uns über das gesamte Spektrum des Innovationsmanagements unterstützt.

Den organisatorischen Hintergrund bildet die digitale Innovationseinheit („Lab") des Konzerns, in der weitgehend unbeschränkt von Prozess- und Budgetvorgaben der Linienorganisation der Weg für digitale Neuprodukte und Prozessinnovationen geebnet werden soll. Diese Trennung von Linienorganisation und Lab ist dabei nicht nur in der Finanzindustrie gängige Praxis und wird von vielen Unternehmen als Teilstrategie innerhalb des oben dargelegten Build- oder Accelerate-Ansatzes verwendet. Überaus erfolgreich konnten in den gemeinsamen Projekten die Konzeption, Entwicklung und Pilotierung von Neuprodukten und isolierten Single-Channel-Ansätzen im geschützten Rahmen erfolgen: Dabei wurden Neuprodukte in kollaborativen Workshops mit Vertretern aus verschiedenen Business Units, potenziellen Kunden und externen Branchenexperten entworfen und iteriert, wobei der Wissenstransfer mit der Linienorganisation („People") im Vordergrund stand. Im Anschluss wurden vielversprechende Ideen bewertet und in Zusammenarbeit mit externen Dienstleistern schnellstmöglich in die prototypische Umsetzung gebracht („Product"). Dabei stellte sich die datengetriebene Validierung und Iteration anhand von MVPs und die sukzessive Umsetzung ergänzender Features durch agile Entwicklungsprozesse als besonders wirkungsvoll und erfolgsentscheidend heraus. Durch das enorme Momentum und die damit einhergehende systematische Überforderung aller Linienbereiche konnten ähnlich wie bei einem Penetration-Test schnell neuralgische Probleme identifiziert werden, die wiederum aggregiert und durch eine Meta-Lösung innerhalb eines größeren Strategieprojektes aufgenommen und effektiv behoben wurden.

Als Kernherausforderung im Rahmen des Projektes stellte sich darüber hinaus nicht die Produktentwicklung innerhalb der Lab-Strukturen heraus, die in agiler Zusammenarbeit mit externen Dienstleistern und durch die konzernseitige Rückendeckung und das Commitment der Führungskräfte für diese Aktivitäten nach einer Karenzzeit schnell optimiert werden konnte. Strategische Probleme traten vielmehr erst bei der Realisierung der identifizierten Potenziale und der Rückführung der Arbeitsergebnisse in die Linienorganisation auf: Als harte Faktoren sind hier beispielsweise die Schwierigkeiten bei der Integration der Back-End-Strukturen, Payment-Prozesse und CRM-Systeme zu nennen, die zwar systematisch adressiert, in ihrer organisatorischen und technischen Komplexität rückwirkend aber sowohl konzern- als auch labseitig deutlich unterschätzt wurden („Process").

Gleichzeitig bildeten Übergabeprozesse hinsichtlich Budget- und Prozess-Ownership einen zentralen Engpass bei der systematischen Überführung der Neuprodukte in die Linienorganisation („Profit"). Erst im konkreten Einzelfall der Übergabe von Projekten wurde ersichtlich, dass bislang nur grob bestimmt wurde, ob und inwieweit die Lab-Organisation für die Evaluierung und Validierung von Umsatzpotenzialen im Rahmen einer R&D-Funktion und/oder für die konkrete Operationalisierung dieser Potenziale verantwortlich ist. Hier wurde schnell deutlich, dass im ersten Fall die zugrunde liegende Geschwindigkeit der Exekution, im zweiten Fall die Mittelausstattung nicht zur Erreichung der ambitionierten Ziele ausreichen würde. Diese strategischen Probleme wurden mit Fortschritt der Projekte zusätzlich von operativen Schwierigkeiten bei der Abstimmung über die Hoheit bzgl. Sprachregelungen, Corporate Designs, Datenschutz- und Sicherheitsanforderungen verstärkt, deren Einhaltung für das Lab als

eingegliederte Konzernorganisation trotz der hohen Entwicklungsgeschwindig-
keit eine nicht zu unterschätzende Zusatzanforderung darstellte.

Als Haupterkenntnis lässt sich festhalten, dass die Ausgliederung der schnellen Produktentwicklung in eine Lab-Struktur zwar die signifikanten Vorteile einer
auf vollständige Agilität und Flexibilität ausgelegten Umgebung erzielt, aber
bei der Rückkopplung der Arbeitsergebnisse in die Konzernorganisation direkte
Nachteile zeigt. Dies gilt insbesondere, wenn eine kontinuierliche, bereichsübergreifende Kommunikation und gemeinschaftliche Definition der Zielsetzung ver-
nachlässigt wird. Um dieses Problem zu mitigieren ist es zwingend erforderlich,
Übergabeprozesse hinsichtlich Technologie, Verantwortlichkeiten und Budget
früh zu definieren, und sowohl in der Konzernorganisation als auch in der Lab-
Einheit von Anfang an mitzudenken. Im Rahmen der personellen Ausgestaltung
der Lab-Organisation kommt es systematisch zu einer Selbstselektion, indem
sich Mitarbeiter, die den „neuen" Methoden und agilen Arbeitsweisen besonders
aufgeschlossen gegenüberstehen, bewusst für die Mitarbeit oder konstruktive
Zusammenarbeit mit dem Lab entscheiden. Eine systematische Transformation
kann hier durch eine Frontenbildung im Personalbereich zwischen traditionalis-
tisch und innovationsfreudig orientierten Mitarbeitern massiv beeinträchtigt werden, wenn sie nicht durch ein internes Befähigungskonzept und bedarfsorientierte
Dienstleistungsangebote der Labs, Hubs oder Innovationcenter unterstützt und
unterlegt wird (Tab. 4.1).

Tab. 4.1 Zusammenfassung Fallbeispiel 1: Innovation Lab – Strukturen und Zusammenarbeit mit der Linienorganisation

Zeitraum	zwei Jahre
Auftraggeber	Strategie sowie Produktentwicklung
Projektumfang	Begleitung von Neuprodukten von Ideengenerierung bis zum Rollout
Methoden	Lean Start-up, Rapid Prototyping, Design Thinking, SCRUM, BPMN-Modellierung
Gelöste Herausforderungen	Kollaborative, agile Entwicklung mit internen BUs und externen Dienstleistern
Entwicklungspotenziale	Strategische Zielstellung und Steuerung der Innovationsein-heit sowie dauerhafte Institutionalisierung der Zusammen-arbeit mit der Linienorganisation, insbesondere hinsichtlich Übergabe-, Freigabe- und Entscheidungsprozessen

4.4.2   Fallbeispiel 2: Digitalisierung von Arbeitsprozessen im Umfeld multipler Stakeholder

Mit der IT-Abteilung und der Organisationsentwicklung eines in seinem Segment führenden Finanzdienstleisters hat zero360 im Rahmen einer IT-Implementierung die Geschäftsprozesse zwischen Back- und Front-Office neu definiert. Im Rahmen eines agilen Projektmanagements wurde dabei die Optimierung der Geschäftsprozesse mit der Erstellung von Pflichtenheft für die neue Software parallelisiert. Ziel war es, durch eine schnelle Iteration zwischen Anfragen/Anforderungen und Rückmeldung zu möglichen Systemunterstützungen und Automatisierungen den Konzeptionsprozess zu beschleunigen und eine optimale Gesamtlösung zu erhalten. Im Rahmen des Projektes wurden diverse Workshops nach der Design-Thinking-Methode durchgeführt („People") und die Ergebnisse sofort in entsprechenden Usertests innerhalb der vorhandenen Geschäftsprozesse sowie der zugehörigen Software-Mockups iteriert („Product").

Als Ergebnis konnte die Erstellung des zentralen Software-Blueprints in nur drei Monaten erfolgreich mit der Anpassung der Geschäftsprozesse parallelisiert werden, sodass sich gegenüber der Priorisierung einer der beiden Arbeitsschritte eine deutliche Zeitersparnis ergab. Der erhöhte Aufwand für Projektmanagement und Abstimmungsschleifen konnte dabei durch selektive Nutzung von SCRUM-Methodiken für einzelne Teilbereiche in engen Grenzen gehalten und durch die zusätzlich identifizierten Einsparungspotenziale via schnellem Visualisieren und Testen letztendlich wieder eingespart werden. Die Bedürfnisse der verschiedenen Fachabteilungen an die konkrete Ausgestaltung der zukünftigen Systemunterstützung wurden durch die Aufnahme abgestimmter Soll-Prozesse validiert und detailliert. Somit konnte durch die frühzeitige Berücksichtigung der Bedürfnisse verschiedener Fachabteilungen ein stark nutzerzentrierter Entwicklungsprozess realisiert werden.

Als zentrale Herausforderung in diesem Projekt erwies sich die iterative Festlegung des Zielgrades an Digitalisierung und Systemunterstützung. Bei einem kontinuierlich zu berücksichtigenden Spektrum zwischen Status quo und der vollen Ausschöpfung der technisch möglichen Systemunterstützung dienen normalerweise a-priori Restriktionen hinsichtlich Budget, Zeithorizont oder des Grades der operativen Effizienzsteigerung als fixer Bezugsrahmen. Innerhalb des Projektes ließ sich allerdings eine für diese Art von Transformationen typische vage Festlegung der Zieldimensionen beobachten: Während klar ist, dass eine Digitalisierung von Prozessen diese grundsätzlich schneller, effizienter und kostengünstiger machen soll und Investitionen in diesem strategischen Feld in der Regel mit einem hohen Ertrag versehen sind, sind konkrete, quantitative Zielvorgaben zur Steuerung der Einzelprojekte oft nicht ausreichend vorhanden. Die iterative Festlegung eines gewünschten Digitalisierungsgrades ist damit von externen Vorgaben in Form von Ziel-KPIs oder Meilensteinen abhängig, die sich aus einer übergeordneten und langfristigen Digitalisierungsstrategie bzw. direkt aus den Unternehmenszielen ergeben und zwischen diesen beiden Komponenten abgestimmt sein sollten.

Die Vernachlässigung der Definition übergeordneter Zielvorgaben führte im vorliegenden Fallbeispiel zwar nicht zu einer Fehlsteuerung, drückte sich jedoch bei den Mitarbeitern in einer teilweise skeptischen Stimmung gegenüber dem Einsatz neuer Technologien und der digitalen Agenda aus. Dieser wurde durch ein kollaboratives Vorgehen mit Service Design Workshops und User-Journeys begegnet, in denen die Mitarbeiter der sieben beteiligten Abteilungen als Nutzer der Software erstmals zu ihren Bedürfnissen, Vorbehalten und Wünschen befragt und aktiv in die Prozessgestaltung eingebunden wurden. Nur wenn sich jedes einzelne Digitalisierungsprojekt aus einer übergreifenden und langfristigen Gesamtstrategie mit einer hohen Einwirkungskraft der betroffenen Mitarbeiter begründet und in ihrem Sinne gesteuert wird, kann überhaupt mit einer weitergehenden Unterstützung und proaktiven Förderung durch diese, und somit der erfolgreichen Annahme und Realisierung des Projektes, gerechnet werden (Tab. 4.2).

Tab. 4.2 Zusammenfassung Fallbeispiel 2: Digitalisierung von Arbeitsprozessen im Umfeld multipler Stakeholder

Zeitraum	sechs Monate
Auftraggeber	IT-Strategie & Organisationsentwicklung
Projektumfang	Prozessoptimierung im Rahmen der Blueprinterstellung für eine Softwarelösung
Methoden	Design Thinking, Service Design, User Stories, Usertesting
Gelöste Herausforderungen	Kollaborative Abstimmung des gewünschten Digitalisierungsgrades und einheitliche Anforderungsanalyse
Entwicklungspotenziale	Unklarheit über (strategische) Zielsetzung des Digitalisierungsprojektes, insbesondere hinsichtlich lang- und kurzfristigen sowie internen und monetären Zieldimensionen

4.4.3 Fallbeispiel 3: Kollaborative Prototypenentwicklung für das neue Filialkonzept

Für einen großen regionalen Finanzdienstleister wurden in einem gemeinsamen Projekt mit Kunden sowie internen und externen Experten neue Konzepte, Produkte und Dienstleistungen für die Filiale der Zukunft und rund um das Thema Community-Vertrieb entwickelt. Die im Dialog mit den Zielgruppen identifizierten Bedürfnisse lieferten die Basis, um schnell und effizient Serviceideen und Prozessverbesserungen zu generieren und diese anschließend direkt in der Filiale zu testen. Durch die direkte Zusammenarbeit von Mitarbeitern, Experten, Kunden und Nicht-Kunden entstanden so bei zwei Workshops innerhalb von nur zwei Tagen mit insgesamt 35 Personen zunächst rund zehn neue und bereits validierte Ideen. Die Einbindung von Mitarbeitern und Kunden schaffte innerhalb der Organisation ein hohes Commitment und konnte dabei auch der Entscheidung der Geschäftsführung, das bestehende Filialnetz nicht durch Sparmaßnahmen auszudünnen, glaubhaft Ausdruck verleihen. Zwei Prozessverbesserungen und ein Neuprodukt wurden anschließend direkt in ausgewählten Filialen in die Umsetzung gebracht und die Akzeptanz im Feldtest weiter validiert („People").

Treiber des Projektes war die Strategieabteilung, die im Rahmen der Einführung des neuen Filialkonzeptes sicherstellte, dass Potenziale für neue Angebote und Prozessvereinfachungen von Anfang an mitgedacht wurden. Im Zuge dieser Anforderungen wurden jeweils drei Produktausprägungen in drei ausgewählten Filialen über einen Zeitraum von acht Wochen in verschiedenen Versionen präsentiert und Nutzerfeedback durch Beobachtung, Interviews und konkrete Kundenanfragen/Kaufwünsche gesammelt. Das Vorgehen erwies sich als großer Erfolg: Aufgrund der schnellen Rückmeldungen und kurzfristigen Änderung der Angebotspräsentation konnte die Kundenakzeptanz direkt bestätigt und die konkrete Umsetzung optimiert werden. Als Ergebnis der Teilprojekte lagen nach kurzer Zeit die finalen Konzepte, Bestätigung der Kundenakzeptanz, eine operativer Proof-of-Concept sowie parallel erarbeitete Aufwands- und Kostenprojektionen vor.

Als Herausforderung erwies sich der Übergang von der prototypischen Implementierung zum Rollout: Während durch das Sprint-Vorgehen für alle drei Produkt- bzw. Serviceneuerungen die jeweiligen Voraussetzungen für einen potenziellen Rollout zeitnah zur Verfügung standen, konnte dieser Zeit- und Erfahrungsgewinn bei der Eingliederung in das übergeordnete Konzept zum zukünftigen Filialnetz nicht vollständig genutzt werden. Insbesondere ergaben sich an dieser Stelle Abstimmungsbedarfe hinsichtlich der zeitlichen Abfolge der Implementierung diverser Neuerungen sowie Überschneidungen und Abgrenzungsbedarfe zu anderen Teilprojekten. Die letztendliche Einführung der Serviceneuerungen in

Tab. 4.3 Zusammenfassung Fallbeispiel 3: Vom Prototypen zum Rollout in einer Retailbank

Zeitraum	neun Monate
Auftraggeber	Unternehmensstrategie
Projektumfang	Neues Filialkonzept und prototypische Umsetzung einzelner Maßnahmen
Methoden	Design Thinking, Rapid Prototyping
Gelöste Herausforderungen	Nutzerzentrierte Entwicklung mit Kunden und Mitarbeitern kollaborativ durchführen & Prototypen schnell testen
Entwicklungspotenziale	Geschwindigkeitsverluste im Übergang von Prototypen zum Rollout

der Filiale wurde damit auf einen späteren Zeitpunkt verschoben. Hier wurde die eigentlich hohe Fähigkeit der gesamten Organisation zum Rapid Prototyping von Produkt- und Serviceideen an einer isolierten organisatorischen Schwachstelle ausgebremst („Process").

Dieses Beispiel kann als exemplarisch für Situationen gelten, in denen ein schnellerer Entwicklungs- und Testprozess erfolgreich durchlaufen wird, die organisatorischen Gegebenheiten einen direkten und zeitnahen Rollout bzw. eine Übergabe innerhalb der Linienorganisation aber nicht zulassen. Die Eingliederung der einzelnen Innovationsprojekte und Entwicklungsvorhaben in den übergeordneten Innovationsprozess, insbesondere aber die Beherrschung verschiedener Entwicklungsgeschwindigkeiten innerhalb einer Vertriebs- und Administrationsorganisation, stellt hierbei eine signifikante Schwierigkeit dar, für die das 30-60-90-Framework eine Antwort durch Synchronisation und Standardisierung bietet (Tab. 4.3).

4.5 Herausforderungen: Institutionalisierung eines Mindsets

Kulturwandel ist die übergreifende Transformation eines Unternehmens und damit seiner Eigentümer, Manager und Mitarbeiter im Hinblick auf ihr Verständnis des Geschäftszweckes und die Art und Weise seiner Umsetzung. Ausgehend von den vorgestellten Case Studies und den Erfahrungswerten aus unserer Arbeit in der deutschen Finanzindustrie lassen sich einige wesentliche Beobachtungen zum Einsatz und zur Nutzung von Innovationsmethoden im Rahmen eines institutionellen Kulturwandels zur agilen Organisation ableiten.

Grundsätzlich stellt die Aufgeschlossenheit für „neue" Methoden wie Design Thinking oder Rapid Prototyping sowohl auf Führungs- als auch auf Mitarbeiterebene kein wesentliches Hemmnis mehr dar: Im Gegenteil werden zunehmend die benötigten Ressourcen bereitgestellt, um die Unterstützung externer Inputgeber und Berater mit der entsprechenden Methodenkompetenz einzuholen, Innovationsinitiativen zu starten und prototypische Projekte schnell und effizient umzusetzen. Die Erwartungshaltung von Shareholdern, aber auch Mitarbeitern, bewirkt ihr Übriges, eine intern hohe Priorisierung und extern prominente Vermarktung der entsprechenden Aktivitäten in diesem Bereich sicherzustellen.

Die Ergebnisse dieser Maßnahmen und Impulse können ebenso positiv bewertet werden: Hinter den exemplarischen Projektergebnissen in Form von neuen Produkten und Services, Plattformen, Kooperationen oder Prozessinnovationen werden oft Mitarbeiterteams aufgebaut, die durch ihre Motivation und Befähigung als Vorreiter eines organisationsweiten, institutionellen Wandels wirken werden.

Systematisch fehlend und weitgehend unadressiert bleibt aber oft die institutionelle und organisatorische Einordnung und Steuerung prototypischer Initiativen hin zu einer langfristigen Säule der Digitalisierungs- und insbesondere der mittelfristigen Unternehmensstrategie. Während das ergebnisoffene Prototyping von Produkt- und Serviceideen die adäquate Antwort auf ein volatileres Marktumfeld darstellt, ist die organisatorisch oftmals nicht verankerte Initiierung isolierter Innovationsprojekte nicht zielführend: Ohne hinreichende und frühe Festlegung von Erfolgskriterien und Verwertungsstrategien für die Projektergebnisse verpuffen die initialen Erfolge in einer oft quälend lange Phase der unklaren Zielerreichung („So what?").

Der Rückgriff auf klassisch aufwands-, umsatz- oder gar gewinnbezogene KPIs ist in diesem Zusammenhang zwar nicht grundsätzlich abzulehnen, muss aber unter Zuhilfenahme weiterer Kriterien erfolgen, die den Beitrag der Einzelinitiativen zu einem übergeordneten organisatorischen Wandelprozess greifbar machen. Während sich das „Warum?" des Prototyping einer Produktidee aus dem oft geübten Blick auf USPs, vorhandenem Produktportfolio, Kundenbedürfnissen und Wettbewerberprodukte ergibt und das „Was?" und „Wie?" im Rahmen eines agilen Projektmanagements in kontinuierlichen Updates inbegriffen sind, stellt ein unbeantwortetes „Wofür?", das heißt die Frage nach konkreten Erfolgskriterien und relevanten Ergebnistypen für die Erreichung übergeordneter und längerfristiger Ziele eine allzu oft vorhandene Schwachstelle dar. Insbesondere in den Zieldimensionen der Organisations- oder Mitarbeiterentwicklung, sowie im „Build" interner Kapazitäten bleibt es oft bei der Formulierung von vagen Grundsatzzielen, die wiederum keine Bewertung, Steuerung oder zielgerichtete Verwertung der eigentlich erfolgreichen Innovationsinitiativen zulassen.

Eine mögliche Konsequenz dieser Steuerungslücke ergibt sich aus den oben beschriebenen Zielkonflikten zwischen der auf Neugeschäft ausgerichteten Organisation und den Dimensionen des internen Kompetenzaufbaus. Noch wesentlicher ist aber die Fehlsteuerung der Organisationsentwicklung: Wird das Pilotprojekt implizit nach dem Beitrag zur Innovationskultur bewertet und entsprechend aufgesetzt, das Anschlussbudget aber von erreichten Umsatzzielen abhängig gemacht, entstehen Zielkonflikte und Intransparenzen. Wenn der Ansatz eines „fail early and often" als Notlösung, und interne Lernprozesse als Second-Best-Lösung betrachtet werden, wird eine Mentalität der Risikoaversion in die Innovationsteams getragen. Wenn iterative Produktverbesserungen als Hindernis eines systematischen Rollouts verstanden werden, lässt sich Agilität nicht als positiver Wert leben und belegen. Die organisatorisch separierte Rolle der meisten Lab-Strukturen und Unternehmensinkubatoren sowie die generelle Unsicherheit in der Ausrichtung der Digitalstrategie führen dazu, jegliche Neu-Initiative wahlweise als Misserfolg oder Erfolg zu deklinieren. Das Vertrauen schwindet und übrig bleibt ein Gemenge aus Buzzwords, Public Relations und teilrealisierten Quick Wins.

Nötig ist daher ein von Anfang an klares „Wozu?", mit dem das Capacity Building mit Methoden wie Design Thinking, Lean Start-up oder das Rapid Prototyping hinsichtlich klarer KPIs und qualitativer Erfolgskriterien als massiver Erfolgsfaktor bewertet und gestärkt wird. Während die organisatorische Verankerung eines internen Change-Prozesses in neu geschaffenen Labs und Task Forces zunehmend adressiert ist, bleibt ihre Steuerung durch fehlende oder unklare Zielkriterien ein neuralgischer Punkt bei deutschen Finanzdienstleistern.

4.6   Fazit

Egal ob die Anbindung neuer mandantenfähiger Vertriebskanäle, die Einführung von CRMs und Integration Layers, die Optimierung des Onlinemarketings, die Analyse der Investmentstrategie oder Risikobewertung, die Einführung eines Omnichannel-Ansatzes zur Einbindung neuer und bestehender POS oder die Auseinandersetzung mit Block-Chain-Szenarien und Chatbots: Die To-do-Liste der deutschen Finanzdienstleister scheint unendlich lang und droht sich immer weiter zu verlängern. Lösungen für diese Fragen existieren oft bereits und werden von kleineren, agileren Organisationen zum Angriff auf bestehende Geschäftsmodelle verwendet. In einer von Volatilität, Unsicherheit, Komplexität und Ambiguität gekennzeichneten „VUCA-Welt" verfügen die deutschen Finanzdienstleister und Banken jedoch über optimale Ausgangsbedingungen für einen Fast-Second-Ansatz.

Hierzu gilt es, eine langfristige und umfassende Transformation hin zu einer agilen und flexiblen Organisation einzugehen, in der die vorhandenen Vorteile wie die breite Kundenbasis, Vertriebsorganisation und Datenpools kontinuierlich zur Realisierung immer neuer Marktchancen und zur Deckung sich permanent wandelnder Kundenanforderungen eingesetzt werden.

Innovationsmethoden wie Design Thinking oder Rapid Prototyping sind dabei wesentliche Bausteine in einer umfassenden Transformationsstrategie. Ausgehend von zero360s „4P-Ansatz" dienen solche Tools aber nicht der Verbesserung singulärer Prozessschritte, dem selektiven Launch einzelner Neuprodukte oder der außenwirksamen Präsentation von Leuchtturmprojekten. Sie sind stets in Bezug auf ihre langfristig positiven Effekte auf die Organisationsstruktur sowie die Mitarbeitermotivation und -befähigung zu bewerten, die das Rückgrat der digitalen Transformation darstellen. Diese Zieldimensionen hinreichend messbar zu gestalten und in der Projektsteuerung angemessen zu berücksichtigen, stellt die zentrale zukünftige Herausforderung für das Management der deutschen Finanzinstitute dar.

Über den Erfolg einer oder mehrerer Maßnahmen im Zusammenspiel entscheidet am Ende des Tages jedoch nicht nur das Top-Management, sondern auch die Adaptionsfähigkeit der gesamten Organisation: Nur wenn man das Unternehmen behutsam und unter Einbindung der relevanten Stakeholder hinter einer zentralen digitalen Vision vereint und diese schrittweise und dauerhaft im Unternehmen etabliert, individuelle Erfolgsgeschichten und Artefakte des Wandels schafft, Fehler zulässt und aus ihnen lernt, kann eine dauerhafte Transformation statisch agierender Konzerne hin zu agilen Unternehmen gelingen.

Wie vorangehend beschrieben, empfehlen wir dabei ein Vorgehen, das alle Mitarbeiter und Führungskräfte sowie Kunden zu proaktiven Stakeholdern des Veränderungsprozesses macht und diese in kleinen Schritten miteinander und untereinander agieren lässt. Dies trägt der heterogenen Akzeptanz im Umgang mit digitalen Technologien und Opportunitäten vom Early Adaptor bis zum Slow Mover Rechnung. Ein stark abgestuftes Vorgehen entlang identifizierter Quick Wins mit schlanken Organisationseinheiten, die in Form von Sprints, MVPs und Prototypen entwickeln und umsetzen, stellt den Schlüssel zum Erfolg dar. Zusätzlich muss eine transparente Kommunikation und Koordination der einzelnen Teams unter der digitalen Zukunftsvision ermöglicht werden. Somit wird ein transformationales Führen statt hierarchisches Managen gelebt. Nur wenn die kreativen Köpfe und mutigen Fast Mover am Erfolg ihres Wagnisses teilhaben und zumindest teilweise eigenverantwortlich handeln dürfen, kann der stetige und niemals abgeschlossene Prozess der digitalen Transformation für die deutsche Finanzindustrie zum Erfolg werden.

Literatur

1. A.T.Kearney und EFMA (2013) Banking in a Digital World. Eigenpublikation. https://www.atkearney.de/documents/10192/3054333/Banking+in+a+Digital+World.pdf. Zugegriffen: 10. Juli 2016
2. Bankenverband (2015) Michael Kemmer zu den digitalen Herausforderungen für die Banken. Interview mit Der Bank Blog.org. https://bankenverband.de/newsroom/reden_und_interviews/michael-kemmer-zu-den-digitalen-herausforderungen-fur-die-banken. Zugegriffen: 16. Juli 2016
3. Business Insider (2015) Wall Street believes Amazon has a $160 billion business under its roof. Blogpost. http://www.businessinsider.com/aws-estimated-to-be-worth-160-billion-2015-11. Zugegriffen 14. Juli 2016
4. Capgemini (2015) BBVA: Rebooting Banking for a Digital Economy. Eigenpublikation. https://www.fr.capgemini-consulting.com/resource-file-access/resource/pdf/bbva-rebooting_banking_for_a_digital_economy_-_capgemini_consulting.pdf. Zugegriffen: 7. Juli 2016
5. Horrowitz B (2014) The hard things about hard things. HarperBusiness, New York
6. Knapp J, Zeratsky, J und Kowitz, B (2016) Sprint: How to Solve Big Problems and Test New Ideas in Just Five Days. Simon & Schuster, New York
7. Sivers D (2005) Ideas are just a multiplier of execution. Blogpost. http://archive.oreilly.com/pub/post/ideas_are_just_a_multiplier_of.html. Zugegriffen: 12. Juli 2016
8. Synergy Research Group (2015) AWS Still Bigger than its Four Main Competitors Combined Despite Surging Growth. Blogpost. https://www.srgresearch.com/articles/aws-still-bigger-its-four-main-competitors-combined-despite-surging-growth. Zugegriffen: 14. Juli 2016

Über die Autoren

Dr. Shamim Rafat ist Gründer und Geschäftsführer der zero360 GmbH mit Sitz in Berlin, die zu den erfolgreichsten deutschen Innovationsberatungen der jüngeren Generation zählt. Sein Arbeitsschwerpunkt liegt in der Strategieentwicklung und Begleitung konzernweiter Transformations- und Innovationsprogramme, insbesondere in der Finanz- und Konsumgüterindustrie. Zuvor war er Business Director einer internationalen Digitalagentur und hat Innovationsprojekte mit Google, Microsoft, Yahoo!, der NASA, der Weltbank und Danone verantwortet. Dr. Rafat ist Mitglied des weltweiten Responsible Leaders Netzwerks der BMW Stiftung Herbert Quandt und hat an der NRW School of Governance der Universität Duisburg-Essen promoviert.

Yannick Sonnenberg ist Innovationsberater bei der zero360 GmbH. Seine Beratungsschwerpunkte liegen im Management von agilen Entwicklungsprojekten und Innovationsprozessen im Bereich Banken und Versicherungen. Er hat einen Hintergrund in Philosophie und Volkswirtschaftslehre und hält Vorlesungen an verschiedenen deutschen Hochschulen, unter anderem zu Entrepreneurship, alternativem Investment und Innovationsmanagement. 2014 wurde er vom Forbes Magazin als einer der globalen „30 under 30" Social Entrepreneurs ausgezeichnet.

Marco-Henry Krabs ist Innovationsberater bei der zero360 GmbH. Sein Arbeitsschwerpunkt liegt in der quantitativen Bewertung von Geschäftsmodellen und Marktpotenzialen sowie der Prozessoptimierung im Bereich Finanz- und Energiewirtschaft. Er hat einen Hintergrund in Philosophie, Betriebs- und Volkswirtschaftslehre und promoviert über Preiseffekte im Energiehandel im Berlin Doctoral Program in Economics and Management Science.

Transformation einer analogen Privatbank zum Innovationstreiber

5

Reflexion über Veränderung, technologischen Fortschritt und menschliches Verhalten in disruptiven Zeiten

Jochen Werne

Zusammenfassung

Der Aufsatz analysiert und behandelt den Wandel, die Herausforderungen, Entscheidungswege und Umsetzungspraktiken des Bankhauses August Lenz in den Jahren 2014 bis 2016. Darüber hinaus möchte der Autor Führungskräften und Managern, die mit der Transformation ihres Instituts betraut sind, in der Praxis gesammelte Argumente an die Hand geben, die ihnen eventuell helfen können, täglich auftretende Herausforderungen in der Change Management Praxis besser zu bewältigen. Als traditionelle Privatbank mit europäischer Mutter galt es nicht nur, den Wandel weg von einer vollständig analogen Bank zu vollziehen, sondern auch mit dem für die Größe des Instituts angepassten Budget die Konzernstrategie für den deutschen Markt zu adaptieren. Dabei wurde der wichtigste interne Kunde mit in den Wandel integriert: der Family Banker®, der als Herzstück der Philosophie den Kundenkontakt verantwortet. Dieser menschliche Kontakt und persönliche Ansprechpartner ist Garant für das unabdingbare Vertrauensverhältnis zwischen Kunde und Bank. Der Autor beleuchtet Fragestellungen zu Themen wie Coopetition, agilen Projektmanagementansätzen sowie Kooperation mit FinTechs. Darüber hinaus werden Themen wie Value Proposition, Behavioral Finance, Notwendigkeit der Konzentration auf Kernthemen, Bedeutung von persönlicher Beratung im digitalen Zeitalter und

J. Werne (✉)
Bankhaus August Lenz & Co. AG, München, Deutschland
E-Mail: j.werne@banklenz.de

© Springer Fachmedien Wiesbaden GmbH 2017
R. Smolinski et al. (Hrsg.), *Innovationen und Innovationsmanagement in der Finanzbranche*, Edition Bankmagazin, DOI 10.1007/978-3-658-15648-0_5

Austausch in einem internationalen Arbeitsumfeld sowie Kommunikation als wesentlicher Erfolgsfaktor behandelt. Hierbei erhebt der Aufsatz nicht den Anspruch, als wissenschaftliches Werk wahrgenommen zu werden, sondern stellt die praktische Umsetzung des Kernproblems eines Marktteilnehmers in einem disruptiven Markt in den Mittelpunkt – die Frage, wie man Unternehmen umbauen und neu ausrichten muss, um auch zukünftig als ein Market Player eine Rolle zu spielen.

5.1 Ausgangsituation

Wie von Geisterhand gesteuert rollen Autos flüsterleise durch den dichten Verkehr der Stadt [21], Kühlschränke bestellen eigenständig beim Supermarkt [10], Armbänder fordern uns zur Joggingrunde auf und motivieren uns in Bewegung zu bleiben [1]. „Ob Roboter, selbstfahrende Autos oder 3D-Drucker: Technische Innovationen werden die Industrie revolutionieren, meint der Chef des Weltwirtschaftsforums, Klaus Schwab. Für die Menschheit ändert sich alles.", schreibt das Handelsblatt als Kommentar zum Treffen der intellektuellen Größen in Davos im Januar 2016 [18] (vgl. Abb. 5.1).

All diese Veränderungen machen vor der Bankindustrie nicht halt. Ein Großteil der Finanzhäuser arbeitet an Neuorientierung der Digitalisierungsstrategie und versucht, diese umzusetzen. Es wirkt an manchen Orten wie das unsanfte Erwachen aus einem Dornröschenschlaf, geweckt von den lästigen Tropfen, die sich

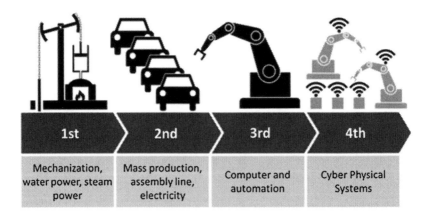

Abb. 5.1 Vier industrielle Revolutionen [32]. (Wikipedia Common Rights)

bereits ihren unaufhaltsamen Weg durch ein marodes Dach gebahnt haben. Was ist mit der Branche, die über so viele Jahrzehnte, vielleicht sogar Jahrhunderte durch funktionierende und margenträchtige Geschäftsmodelle glänzte, plötzlich passiert?

5.1.1 Situation der Bankenlandschaft 2016

Eine lang anhaltende Niedrig- oder sogar Negativzinsphase (vgl. Abb. 5.2), der große Konkurrenzkampf eines „overbanked markets" [12] und die hohen Kosten der Regulierung [20] sowie wachsende Eigenkapitalanforderungen, angekratzte Images und radikal verändertes Kundenverhalten zwingen die Institute dazu, sich zu verändern.

Und zwar schnell, bevor schwindende Margen dringend notwendige Investitionen in Technologien, Aus- und Weiterbildung der Mitarbeiter und Umstrukturierung des Geschäftsmodells verhindern. Eine Studie der Unternehmensberatung Bain & Company, die in einem Handelsblattartikel zitiert wird, besagt: „Selbst wenn die Institute diesen radikalen Vorgaben folgen und ihre Kosten entsprechend senken, dann wird sich die Kapitallücke in den nächsten zehn Jahren nur verringern, nicht aber schließen. Für 2025 geht Bain von einer Kapitallücke von

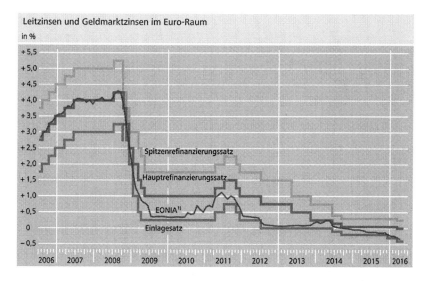

Abb. 5.2 Leitzinsen und Geldmarktzinsen im Euro-Raum [33]. (Bundesbank Redaktion)

13 Mrd. EUR aus – trotz steigender Eigenkapitalrendite und eher sinkender Kapitalkosten" [31]. Auch wenn der Bain'sche Eigenkapitalrenditeansatz, wie von Gewerkschaftsseite beispielsweise bereits geschehen, kritisiert werden kann, scheint der Trend doch eindeutig. Bereits 2010 beschrieb der damalige amerikanische Notenbankchef Ben Bernanke den Status und den Weg der einflussreichsten Banken der Welt wie folgt: „A too-big-to-fail firm is one whose size, complexity, interconnectedness, and critical functions are such that, should the firm go unexpectedly into liquidation, the rest of the financial system and the economy would face severe adverse consequences" [4]. Sein Diskurs endete mit den Worten: „If the crisis has a single lesson, it is that the too-big-to-fail problem must be solved".

Dies vorausgesetzt scheint der Handlungsbedarf für Banken und seine Dringlichkeit natürlich gegeben zu sein. Die gute Nachricht hierbei ist, dass laut den Ausführungen des Professors für Führungsmanagement der Harvard Business School, John Paul Kotter, [19] das „Gefühl von Dringlichkeit" eine der Grundvoraussetzungen für erfolgreiches Change Management ist [19]. Doch stellt sich die Frage, ob die Organisationen der Banken dafür bereit sind und die eher traditionellen Strukturen innerhalb der Häuser einer eventuellen Innovations- oder Renovationsstrategie des Managements folgen werden. Ein bekannter FinTech-Influencer unserer Zeit, Chris Skinner, bezeichnet das Problem in einem Blogartikel wie folgt:

> Because most of the institution's competitors are doing nothing radical, the incumbent does the same. Fast following and low risk incremental change are the mantras of the industry. Transformation, disruption and step change breakthroughs are relatively unheard of. This may be the biggest risk to the incumbent institutions today however. After all, Fintech is completely dedicated to transformation, disruption and breakthrough change. If banks stick firmly to their low risk incremental strategies, they will never be able to keep up with the fast moving transformational Fintech community [6].

Manch einer mag mit der anstehenden technologischen Revolution im Bankensektor nun endgültig den Reflexionen der Weltbank folgen, dass ehemalige „Too-big-to-fail" Institute zu „Too-big-to-save" Kandidaten mutieren könnten [30].

Es gilt also zu versuchen, nicht in den Fußstapfen von Marktführern zu wandeln, deren Veränderungsversuch scheiterte. Beleuchten wir an dieser Stelle einmal, was ein erfolgreiches Unternehmen in disruptiven Zeiten erfolgreich agieren oder scheitern lässt. Die Praxis aus unzähligen Konferenzauftritten zeigt, dass das Vermitteln einer Thematik oftmals besser gelingt, wenn sie sich nicht auf das aktuelle Tätigkeitsfeld bezieht. Vielmehr muss die geistige Abstraktion des Zuhörenden gefordert werden, der die Problematik dann in sein Arbeitsumfeld überträgt.

Auf vielen Zukunftskonferenzen über Banking wird Kodak als perfektes Beispiel für „Failure" angeführt. Leider endet der Diskurs meist abrupt mit folgender oberflächlichen Erkenntnis: Eastmann Kodak fokussierte sich, basierend auf einer gewissen „Marktführerschaftsarroganz", nur auf das Cash Cow [28] Business und trieb dabei die Marktveränderungen in Richtung Digitaltechnologie zu wenig bis gar nicht voran. Beim Blick hinter die Kulissen zeigt sich jedoch, dass der 1994 als einer der innovativsten CEOs seiner Zeit von Motorola zu Kodak wechselnde George M. C. Fisher bereits bei seinem Amtsantritt postulierte, dass er Kodak in das digitale Zeitalter führen werde – Schritt für Schritt. In einem Interview mit der New York Times fand er deutliche Worte: Kodak „regarded digital photography as the enemy, an evil juggernaut that would kill the chemical-based film and paper-business that had fueled Kodak's sales and profits for decades" [7]. Was ihm fehlte, war das richtige Umfeld, um seine Pläne zu verwirklichen. Dies kombiniert mit Fehlschlägen erster Digitalprojekte, die seine Position im Unternehmen schwächten und die „Veränderungsgegner" im Unternehmen stärkten, führte dazu, dass trotz sofort angekündigter Digitalstrategie die richtigen Digitalprojekte und der kulturelle Wandel nicht konsequent und schnell genug durchgesetzt werden konnten. Im Werk „Billion Dollar Lessons" [22] werden die wichtigsten Lehren, die sich aus dem Fall Kodak ergeben, in „Red Flags", wie folgt zusammengefasst:

„1. These companies „tend to see the future as a variant of the present and can't bring themselves to imagine truly radical threats, the kind that might wipe out their whole market.
2. They tend to consider whether to adopt a new technology or approach to business practice based on how the economics compare with those of the existing business – not accounting for the possibility the new technology will eventually kill the economics of the existing business and require an entirely new business model.
3. They tend not to consider all their options. They focus on shoring up the existing business and ignore the possibility that perhaps they should sell that business or at least cut back significantly.""

Mit den enorm verkürzten Technologiezyklen, wie es das Moore'sche Gesetz [23] bezogen auf den exponentiellen Anstieg der Rechenleistung von Prozessoren treffend beschreibt, kommen neue, einfach handhabbare und leicht adaptierbare Technologien beim Endkunden zum Einsatz. Oder, um es weniger abstrakt zu formulieren: Wir haben in kürzester Zeit intuitiv gelernt, mit Technologien umzugehen. Smartphones durchdringen heute alle Altersklassen und Apps sind das Portal zu unserer neuen digitalen Welt. Konzerngrößen von Technologieführern, wie Apples CEO Tim Cook, sehen in ihnen die Disruptoren etablierter Geschäftsfelder

[16]. Wir kaufen wann und wo wir wollen über eBay, planen und buchen unsere
Reisen über Expedia, bewerten über TripAdvisor, skypen und entscheiden über
die Auswahl eines Arztes, nachdem wir sein Ranking bei Jameda geprüft haben.
  Dabei ist uns kaum aufgefallen, in welcher Geschwindigkeit wir uns an diese
neue Welt gewöhnt haben. Auf einer Konferenz beschrieb der Vertreter eines Tech-
nologieunternehmens, das bezüglich Arbeitgeberattraktivität klassische Banken weit
hinter sich gelassen hat, den entscheidenden Moment ihrer Bewerbungsgespräche
wie folgt: Diese Frage wird allen Bewerbern gestellt und entscheidet in ihrer Beantwortung oder Nichtbeantwortung über den nächsten Schritt des hoffnungsfrohen
Kandidaten. Sie lautet: „Was war Ihre Lieblings-App zur Fußballweltmeisterschaft
2006 in Deutschland?" Angestrengt nachdenkliche, in tiefe Falten gelegte Gesichter
durchziehen die Reihen der Konferenzteilnehmer. Es scheint, als ob jeder im Gedanken verharrt und kurz davor ist, seine Antwort zu finden. Kaum einer erinnert sich
an den Tag exakt sechs Monate nach Abpfiff des Endspiels in Berlin; den Tag, als
Steve Jobs am 9. Januar 2007 die Bühne der Macworld Conference & Expo in San
Francisco betrat und das erste iPhone einem begeisterten Publikum vorstellte und
eine Revolution im Bereich Handhabung und unseres Nutzerverhaltens einläutete.
  Es ist nicht vordergründig das Bestreben dieses Aufsatzes, eine Aufzählung
eventuell sinnvoller neuer digitaler Produkte oder Dienstleistungen für die Privat-
bankenbranche zu liefern, sondern vielmehr verschiedenste wichtige Eckpunkte
zu erwähnen, die über Erfolg oder Scheitern bei der praktischen Einführung entscheiden. Eine Reflexion von Dr. Dennis Vogt, Managing Director des Center for
Innovation der Universität St. Gallen, zur Einführung des iPhones, die auch für
die Einführung komplexer digitaler Bankdienstleistungen Relevanz hat, verdient
an dieser Stelle Erwähnung. Sie macht auf ein wichtiges Problem aufmerksam,
das von vielen Innovationstreibern übersehen wird: die psychologische Komponente der Customer Acceptance bei der Einführung neuer und im Speziellen innovativer Produkte und Dienstleistungen. Bei der Rede zur Einführung des iPhones
stand Steve Jobs vor der Herausforderung, das „eine" neue Produkt vorzustellen.
Vereinfacht dargestellt wussten Steve Jobs und seine Berater wahrscheinlich, dass
der Geist seiner Zuhörer sofort eine Kategorisierung, basierend auf der Assoziation einer bereits gemachten Erfahrung, machen würde, sobald der Name der
Innovation ausgesprochen war. Diese Kategorisierung wäre dann wie im Geiste in
Stein gemeißelt, unweigerlich mit dem neuen Produkt verbunden. Eine eventuell
falsche Kategorisierung würde die große Innovation zunichtemachen. Was dies in
der Praxis bedeutet hätte, zeigt folgendes Beispiel. Wäre Jobs vor das Publikum
getreten und hätte gesagt: „Hier ist die neue Apple Innovation, das iPhone und
nun erkläre ich, was es alles kann", hätte der Zuschauer das Produkt sofort geis-
tig in die Kategorie „Mobiltelefon" eingeordnet. Somit wären alle Features, die
90 % der Funktionalitäten des Geräts ausmachen, von untergeordneter Wichtig-

keit. Jobs jedoch löste das Problem, indem er seine Einführung wie folgt begann: „Today we are introducing three revolutionary products. The first one is a wide screen iPod with touch controls. The second is a revolutionary Mobile phone. And the third is a breakthrough internet communication device." Nach mehrfacher Wiederholung sagt er: „Are you getting it? These are not three seperate devices. This is one device. And we are calling it iPhone" [26].

Seit diesen Tagen begann sich eine breite Masse mit jeglicher Art digitaler mobiler Dienstleistungen zu beschäftigen und diese in ihr tägliches Leben zu integrieren. Natürlich begann sie auch, diese neuen digitalen Dienstleistungen mit klassischen zu vergleichen. Hierbei stößt der Verbraucher unweigerlich bei vielen zeit- und kostenintensiven Dienstleistungen von Banken, die als „Pain Points" bezeichnet werden können, auf Unverständnis. Bis vor kurzem gab es für ihn bei klassischen Bankgeschäften keinerlei Alternativen. Doch hat die Welt auch hier begonnen, sich rasant zu verändern. FinTechs durchsetzen den Markt zunehmend, Unternehmen wie PayPal und andere Zahlungsdienstleister gewinnen innerhalb kürzester Zeit große Marktanteile in klassischen, den Banken zuzuordnenden Geschäftsfeldern. Die Informationsbeschaffung wird aufgrund der weltweiten Vernetzung zu einem

Abb. 5.3 Zero Moment of Truth [29]. (slideshare.net/douglaskarr)

Leichten und der „Zero Moment of Truth" (vgl. Abb. 5.3; [29]) als neues Element der Kaufentscheidung zum Schlüssel für den Erfolg eines Verkaufsabschlusses.

Das Verstehen des Google-Algorithmus, auf dem die meisten Suchanfragen beruhen, entwickelt sich zu einem Wettbewerbsfaktor – auch für alle, die zukünftig im Finanzdienstleistungsmarkt eine Rolle spielen wollen. Die neuen Regeln in diesem Markt verlangen den Spagat zwischen Persönlichem und Digitalem und enden nicht bei der Zurverfügungstellung etwaiger Apps für Privatkunden, vielmehr durchdringen sie die gesamte Organisation.

5.2   Die Zukunft hat schon begonnen

Die „Zukunft des Bankings" wird überall weiter diskutiert, während die Kunden eigentlich schon längst bereit sind, sich auf digitale nutzerfreundliche Lösungen einzulassen. Oder wie wäre es sonst zu erklären, dass ein Unternehmen, das 1998 neu gegründet wurde, 16 Jahre später für uns Transaktionen im Wert von 228 Mrd. US$ p. a. in 26 verschiedenen Währungen und über 190 Ländern verteilt abwickelt? Und vielleicht beeindrucken diese nackten Zahlen noch viel mehr, wenn man sich verdeutlicht, dass die Liste der Länder, die 2016 zu den Mitgliedern der Vereinten Nationen zählen, nur vier Namen mehr zählt.

Auf die Frage an die aus verschiedensten Branchen stammenden Teilnehmer einer internationalen Marketing- und Digitalmarketingkonferenz im Juni 2016, wer aufgrund der Digitalisierung eine tief greifende Veränderung des Geschäftsmodells in den nächsten vier Jahren sehe, streckten vier von fünf der Anwesenden die Hand. Bei einer Konferenz zur Bank der Zukunft im selben Monat und zur selben Fragestellung waren es sogar mehr als 90 %. Also könnte man es als einfachen Fall deduktiver Logik bezeichnen: Wenn man erwartet, dass grundlegende Veränderungen des Geschäftsmodells bevorstehen, sind diesbezüglich vom Top-Management vermutlich bereits grundlegende Maßnahmen eingeleitet worden. Die Frage, ob sie ihr Unternehmen für diese große Veränderung gerüstet sehen, beantworteten per Handzeichen jedoch nur 40 % der Marketingkonferenz und lediglich 20 % der Bankingkonferenzteilnehmer mit „Ja". Hier ist fraglich, was diese große Lücke auslöst. Sind es zu viele Variablen, die Unsicherheit auslösen oder wird die Veränderungsgeschwindigkeit als zu langsam angesehen? Eine weitere Möglichkeit ist zudem, dass den Managern eventuell bewusst wird, dass die wahre Herausforderung, die Mammutaufgabe, vor der sie stehen, nicht in der Digitalisierung als evolutorisch-technischem Prozess liegt, sondern in der gewaltigen Change-Management-Aufgabe, die mit ihr einhergeht. Hier besteht keine Garantie, dass die kundengerechte Digitalisierung und der Change-Prozess den Großbanken besser gelingen werden als den kleineren Privatbanken. Als gelungenes Best Practice Beispiel für den Wandel eines kleinen Instituts wird das Bankhaus August Lenz gesehen [3, 13, 17].

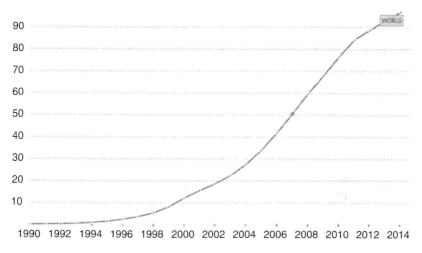

Abb. 5.4 Mobile Cellular Subscriptions (per 100 people) [36]. (The World Bank)

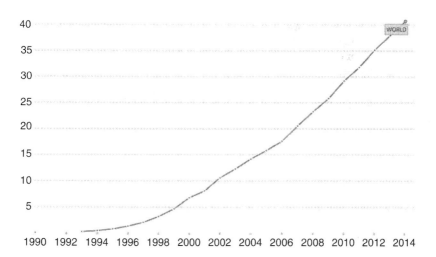

Abb. 5.5 Internet Users (per 100 people) [35]. (The World Bank)

5.2.1   Informationsökosystem eines Privatkunden

Welche Informationen stehen Kunden, stehen uns, heute zur Verfügung? (vgl.
Abb. 5.4 und 5.5).

Wer Geld anlegen möchte, bekommt heute eine Flut an Informationen über
das Netz. Engagierte Privatanleger weltweit können beinahe ebenso gut informiert sein wie Profis, sofern Interesse besteht und Know-how sowie Zeit dazu
ausreichen. Noch nie standen in der Geschichte der Menschheit so vielen Menschen weltweit so viele Informationen zur Verfügung. Ob Kurse in Echtzeit, die
neuesten Einschätzungen von Analysten oder Experten, Kennzahlen zu einem
Wertpapier im Branchenvergleich, die Meinungsvielfalt einer Community. Das
alles ist rund um die Uhr verfügbar. Wie intensiv und zielgerichtet dieses Angebot
genutzt wird, ist eine andere Frage. Man kann davon ausgehen, dass sich nur eine
Minderheit derart eindringlich mit ihrer Geldanlage beschäftigt bzw. überhaupt
beschäftigen kann. Darüber hinaus erfolgt eine negative Beeinträchtigung der
Situation des Entscheiders durch zwei Faktoren: Die zu große Fülle ungefilterter
Information sowie das klassische Behavioral-Finance-Problem [27].

5.2.2   Bewältigung der Datenfülle und Big Data

Alvin Toffler, der den Begriff des „Information Overload" in seinem Bestseller
„Future Shock" 1970 zu Bekanntheit brachte, beschrieb das Phänomen und seine
Konsequenz wie folgt: „Information overload occurs when the amount of input
to a system exceeds its processing capacity. Decision makers have fairly limited
cognitive processing capacity. Consequently, when information overload occurs,
it is likely that a reduction in decision quality will occur" [2].

Daraus lässt sich in Konsequenz folgern, dass die Fülle an Informationen,
die tagtäglich aufläuft, von einem klassischen Anleger kaum allein verarbeitet,
geschweige denn in den richtigen Kontext gesetzt werden kann. Hinzu kommt
für Privatkunden eine nahezu unüberschaubare und ständig wachsende Masse an
Finanzprodukten. Kurzum: Ein großer Teil der Entscheidungen in der Geldanlage wird deshalb nicht analytisch korrekt, sondern spontan subjektiv emotional
getroffen, wie die Studien der Nobelpreisträger Kahneman und Tversky beweisen
[25].

Eine interessante Reflexion zum Problem der Informationsüberflutung stellte
Clay Shirky, der in New-Media-Kreisen bekannte Schriftsteller und Berater für
Social and Economic Effects of Internet technologies, an, der die These aufstellte:
„It's not information overload. It's filter failure."

Hier erwächst eine große Möglichkeit für traditionelle Banken, sich als Problemlöser für den Investor zu positionieren. Die Alternative (zumindest für vermögende Privatkunden) ist neben dem eigenen Filtern der Informationsmasse der Dialog mit einem kompetenten Experten, einer Person, der sie vertrauen und zutrauen, nicht nur aus der Datenfülle das Relevante für ihre Bedürfnisse herauszufiltern, sondern sie zusätzlich vor den klassischen emotionalen Fehlern der Finanzentscheidungen in volatilen Märkten zu bewahren.

Allen, die nicht zu dieser Klientel gehören, und dies ist zumeist der klassische Retailkunde, bleibt wenig mehr, als den Nullzins auf ihren Konten und bei kurzfristigen Papieren zu akzeptieren. In diesen Anlageformen hat laut Bundesbankstatistik der Großteil der Deutschen sein Vermögen investiert [9]. Das macht die Bundesrepublik in Finanzangelegenheiten zu einer führenden Nation in Sachen verpasste Chancen, wie es immer wieder einmal in den Sonntagsausgaben der großen nationalen Tageszeitungen zu lesen ist.

5.2.3 Entscheidungsdilemma, große Erwartungen und die Suche nach Lösungen bei Bankkunden

Ist es nur die fehlende Übersicht, warum die vielen verbliebenen Anlagechancen und damit bares Geld links liegen gelassen wird? Die Antwort vieler Privatanleger bei einer Konfrontation mit dieser Frage lautet: „Ich möchte Sicherheit, kein Risiko eingehen und die Gefahr von Verlusten vermeiden." Und je weniger er politisch-ökonomische Zusammenhänge versteht, desto mehr machen ihm Momente wie das Zusammenbrechen des Neuen Marktes, die Bankenkrise 2008, die europäische Staatenkrise 2011 oder der Brexit Angst. Hierbei gelingt ihm der Spagat zwischen Bauchgefühl und Finanzmarktwissen, das heißt, was Risiko finanzmathematisch wirklich bedeutet, nur schwer [8]. Dass ihm zudem auch die Psychologie einen Streich spielt und er Verlust höher bewertet als Gewinn, rundet das Dilemma vollständig ab [24].

Und somit verlangt er heute, gemäß seinem guten Recht als Kunde: digitale Prozesse und Systeme, die ihm das Leben im Umgang mit Geld erleichtern, wie er dies von anderen Dienstleistungen bereits gewohnt ist, aber auch hoch qualifizierten, Mehrwert schaffenden persönlichen Kontakt und die kompetente Betreuung bei komplexen Investment-, Kredit- und Absicherungsfragen. Für die einzelnen Institute stellt sich hier die Frage, wie sie dieses bei Margenverfall und der scheinbar immer mehr zunehmenden Verweigerung des Kunden, die Filiale zu einem Beratungsgespräch aufzusuchen, in Zukunft leisten sollen. Kunden wollen im digitalen Zeitalter in erster Linie flexibel sein, also nicht nur klassische

Online-Banking-Transaktionen sicher und bequem von jedem Ort aus erledigen, sondern auch all ihre Finanzen und Versicherungen einfach im Überblick behalten – egal bei wie vielen unterschiedlichen Anbietern sie diese abgeschlossen haben. Zudem wünschen sie sich eine vertrauensvolle Beratung und einen Partner an ihrer Seite, der ihnen auf Augenhöhe begegnet [11].

5.2.4 Innovation und gefühlt unterschiedlich wahrgenommene Adaptionsgeschwindigkeiten

Manche Banken schauen aus diesen Gründen immer häufiger auf die steigende Zahl an FinTechs und wollen in ihnen teilweise die „Disruptoren" ihres eigenen Geschäftsmodells erkennen. Dabei stellen vielmehr ihr eigener Kunde und sein verändertes Geschäftsverhalten die eigentliche Disruption dar. Um es mit einem Beispiel eines anderen Marktes zu verdeutlichen, war die Erfindung des Benz-Patent-Motorwagens Nr. 1 im Jahre 1886 noch nicht der disruptive Faktor für den gesamten, meist auf Pferde ausgelegten, Beförderungs- und Transportsektor. Kaiser Wilhelm II. ließ Ende des 19. Jahrhunderts noch verlauten: „Ich glaube an das Pferd. Das Automobil ist nur eine vorübergehende Erscheinung." Erst die von Henry Ford getriebene Einführung der Fließbandproduktion bei der Automobil-herstellung 1908 beförderte den Markt mit einer unglaublichen Geschwindigkeit in ein vollkommen neues Zeitalter. Inwieweit sich jedoch selbst Experten mit Zukunftsprognosen schwertun, hat Carl Benz 1921 mit folgender Aussage ver-deutlicht: „Das Auto ist jetzt vollkommen. Es bedarf keiner Verbesserung mehr" [15]. Die Geschichte zeigt immer wieder einfach auf, dass eine Versteifung auf Altbewährtes den Ansprüchen der Kunden künftig nicht genügen wird; Offenheit und ehrliches Interesse an Neuem sind entscheidend. Der australische Autor und Co-Founder von Moven, Brett King schrieb hierzu provozierend folgende Refle-xion unter ein Zukunftsmarketingbild eines Mädchens, das mit übereinanderge-schlagenen Beinen lächelnd im Einstieg eines großen ‚selbstfahrenden' silbernen Mercedes sitzt: „Will your children ever own a car? I don't know, do you own a horse?" [5].

Die in diesem Aufsatz genannten Beispiele, die bewusst auch oft nicht aus dem Bankingumfeld stammen, sollen für denjenigen Leser, der sich in Kürze oder bereits schon jetzt in dieser Situation befindet, helfen, Argumentationen genau für diesen Mittelweg zu finden. Viele traditionelle Privatbankhäuser richten sich noch ungenügend an diesem veränderten Kundenverhalten aus, obwohl die meisten einschlägigen Studien der großen Beratungsgesellschaften zeigen, dass Kunden zukünftig vor allem den digitalen Kontakt zu ihrer Bank wünschen. Idealerweise sollen Finanztransaktionen ein einfacher Teil ihres Lebens, ihres eigenen „Financial Ecosystems" werden. Eine Weigerung, diesen neuen Weg mit Nachdruck zu verfolgen, scheint wie die Wiederholung von Geschichte und die Missachtung der Red Flags, wie sie in einem vorherigen Kapitel am Beispiel Kodaks beschrieben wurde. Selbstverständlich benötigt es Überzeugung und auch Mut, Argumenten zu begegnen, die wie folgt lauten könnten: „Den Großteil unseres Geschäftes machen wir mit unserer Klientel, die 65 Jahre und älter ist. Sobald Sie beweisen können, dass diese Gruppe die neuen Technologien nutzt, wird über Investitionen in diesem Bereich nachgedacht".

Jeder, der sich aktuell im Markt befindet, muss mit einer nicht homogenen Zielgruppe umgehen. Nicht homogen, weil Menschen unterschiedliche Adaptionsgeschwindigkeiten haben, um neue Technologien einzusetzen. Man sollte dies jedoch nicht am Parameter Alter festmachen. Sicherlich spielen auch Aspekte wie der Bildungsgrad, mögliche Alternativen, das Umfeld und die eigene Erfahrung eine entscheidende Rolle. Wer bereits einmal eine Gruppe Damen in den 70ern im Café erlebt hat, die sich bei einem Stück duftenden Kuchens enthusiastisch über die Enkelkinder austauscht, auf den Handys und Tablets stolz die letzten Whatsapp-Nachrichten aus Übersee zeigt und schnell einmal über Skype den anderen Enkel in Australien dazu schaltet, versteht, wie schnell nützliche und einfache Technologie adaptiert werden kann.

5.2.5   Serviceansprüche und Datensicherheit

Eine Kopplung direkter und indirekter, technischer und persönlicher Kommunikationswege ist daher absolut angebracht. Je nach Bedürfnis und Anspruch erwartet der Kunde die Freiheit zu haben, auf das technische Instrument oder den Menschen zurückgreifen zu können, der ihm für seine Problemlösung adäquat erscheint. Da der Kunde sich nun bereits, wie oben beschrieben, in anderen Teilen seines täglichen Lebens an neue und in der Bankorganisation eventuell noch nicht vorhandene Kommunikationsmittel gewöhnt hat, beginnt er dies auch von seinem Partner in Geldangelegenheiten zu verlangen. Ob Online-Banking über Mobiltelefon während einer Expedition in der Arktis, Live-Chat mit dem Banking Service Center während der Online-Buchung einer Reise über Expedia, Authentifizierung per Fingerabdruck, Kontoeröffnung ohne Post-Ident und so weiter. Hierbei hilft dem Institut auch nicht die Argumentation, dass bereits ein anderer Kanal zur Nutzung bereitsteht. Natürlich vertraut der Kunde zudem auf die Sicherheit der Kommunikation. Ein bewusster und sorgfältiger Umgang mit seinen sensiblen Daten durch die Bank wird vorausgesetzt. Der Kunde selbst sieht dies jedoch

nicht als seine Aufgabe. Aus diesem Grund ist eine lebhafte Datenschutzdis-
kussion im Unternehmen unabdingbar. Hierbei stoßen Extrempositionen aufeinander: Der Wunsch eines Privatkundenberaters, dem Kunden schnell einmal
Konten- und Transaktionsinformationen auf Whatsapp zu schicken, trifft auf die
Meinung eines IT-Mitarbeiters, der das Onlinebanking vom Netz nehmen möchte,
und zwar weil er gelesen hat, dass das Pentagon gehackt wurde und sichergehen
möchte, dass dieser Hacker nicht auch die Firewall der Bank durchdringen kann.
Es gilt für das Management, Sicherheit und gleichzeitig höchstmöglichen Kun-
denkomfort sicherzustellen.

5.2.6   FinTech – Hype, Allheilmittel, Disruptor oder Partner?

Bis vor kurzem gab es für klassische Bankgeschäfte keine Alternativen. Dann
kamen die FinTechs. FinTechs beanspruchen in vielen Fällen für sich nicht weniger, als eine Revolution im Finanzsektor ausgelöst zu haben. Und unumstritten
treffen FinTechs mit ihren speziellen Angeboten und ihrem Ansatz, das Problem
zunächst rein aus Kundensicht frei von Regulierungs- und Organisationsgedanken
anzugehen, den Nerv der Zeit. Zudem zeigen sie die Pain Points, also die bislang
nicht optimal befriedigten Wünsche der Finanzkundschaft auf. Diesen Ansprüchen
gilt es in Zeiten disruptiver Innovation gerecht zu werden. Transparente Gebüh-
renstrukturen und ein möglichst einfacher Zugang zum Bankensystem sind für
Kunden Grundvoraussetzung. Ob FinTechs auch langfristig nachhaltige Geschäftsmodelle bieten können, bleibt abzuwarten. Dem Margendruck und sich ändernden
Kundenansprüchen können auch sie nicht entgehen. FinTechs erleichtern ihrer
Kundschaft den Zugang zur Bankenbranche und können so der Unzufriedenheit
klassischer Bankkunden im Service-Bereich entgegenwirken. Sie bieten dort Angebote, wo traditionelle Banken oftmals noch nicht flexibel genug agieren. Etablierte
Finanzdienstleister werden dadurch gezwungen, ihr Geschäftsmodell zu überdenken, anzupassen oder weiterzuentwickeln. Wer sich diesem Wandel entzieht, wird
künftig mit großen Wettbewerbsnachteilen zu kämpfen haben.

5.2.7   Wo beginnen?

Die Frage danach, ob und warum eine Veränderung in Instituten notwendig
ist, wurde in den vergangenen Abschnitten ausgeführt. Die Frage, wo diese
Veränderung beginnen soll, mit welchem Projekt oder auch Projekten, ist die

entscheidende Managementfrage. Vorweggenommen kann gesagt werden, dass diese Frage nicht pauschal beantwortet werden kann, weil zu viele Komponenten des Umfelds, der Ausrichtung und Corporate-Governance-Struktur des jeweiligen Instituts zu beachten sind. Jedoch kann eine Hilfestellung des Post-Strategie-Entscheidungsprozesses der Blick in Gartners Hype Cycle für Digital-Banking-Transformation sein. Dieser nimmt sich den meisten Zukunftsthemen an und ordnet sie entlang einer Kurve, die aufzeigt, welche Phasen der öffentlichen Aufmerksamkeit eine neue Technologie bei ihrer Einführung durchläuft. Durch einen technologischen Auslöser beginnen ein Fachpublikum und sonstige Dritte damit, den Bekanntheitsgrad einer Neuerung oder auch nur einer Neuerungsidee zu steigern (on the rise). Die Erwartungen steigen überproportional und einige Zeit später erreichen sie den Gipfel der übersteigerten Erwartungen (at the peak). Da die Schaffung von Erwartungen wesentlich schneller voranschreitet als ihre Erfüllung, ist eine erste Enttäuschung vorprogrammiert (Sliding into the through). Anschließend, im sogenannten „Pfad der Erleuchtung", beginnt eine realistische Auseinandersetzung mit der Technologie, bei der niedrigeres Medieninteresse und produktive Einsatzszenarien entstehen (climbing the slope), die anschließend auf ein Plateau der Produktivität führen (entering the plateau), falls sich die technische Neuerung als relevant herausstellt. Gartner kategorisiert aktuell die Digital Banking Transformation Themen wie folgt ein [14]:

- On the Rise – Ricardian Contracts, Digital Wallet Consumer Hub, Smart Contracts, Digital Payment Advisor, Things as Customers, Geolocation Products and Services, Open Bank Systems, Public Cloud for Core Banking, Digital Personal Financial Advisor, Open Banking Strategy
- At the Peak – Blockchain, Cryptocurrency Wallets, Mobile Imaging for Bank Staff, Hybrid Cloud, Open Banking Wearable Banking Apps
- Sliding Into the Trough – Open Unified Digital Banking Solutions, Public Cloud, Mobile Imaging for Bank Customers, Remote Commerce Emulation Payment Systems, Biometric Mobile Banking Authentication, Social Messaging App Wallet, In-Branch and ATM Video, Digital Wallets, BIAN Standards, Mobile-Originated Proximity Payment Systems, Near-Real-Time Low-Value Payment Systems
- Climbing the Slope – Tablet Apps, Mobile-Originated P2P Payment Solutions (for Mature Payment Markets), Biometric Authentication Methods
- Entering the Plateau – Mobile Wireless Payment Systems (for Nonmature Payment Markets), FinTech APIs, Smartphone Banking

Die aufgeführten Themen sollten jedem Mitglied der Geschäftsführung und den verantwortlichen Managern im Bereich strategischer Unternehmensentwicklung

unbedingt geläufig sein, da sie für die zukünftige Ausrichtung ihres Instituts Key
Value Driver werden können. Der bereits zuvor erwähnte Entrepreneur Brett King
drückte es in seinem neuesten Werk, „Augmented: Life in a smart world" noch
radikaler aus und behauptet: „If you're a bank, 2016 is the year you start redesig-
ning every single product in your wheelhouse."

5.3   Bankhaus August Lenz – Redesigning a bank: Der Ansatz

Im Jahr 2013 entschied sich somit auch die Geschäftsführung der Muttergesellschaft des Bankhauses August Lenz, die Mediolanum Banking Group, eine Analyse
zur Überprüfung des Fitnessgrades für die zukünftige Etablierung seiner deutschen Tochter im Markt zu veranlassen. Diese Überprüfung wurde mit der klaren
Willenserklärung der obersten Leitungsorgane des Konzerns in Auftrag gegeben,
Deutschland als strategisch bedeutend anzusehen und eventuell notwendige, sich
aus der Studie ergebende Projekte, finanziell zu unterstützen. Der Steuerungsausschuss wurde entsprechend besetzt und das Projektteam aus bankeigenem Management um Mitglieder einer Unternehmensberatung angereichert. Es sollte unter
anderem einen neutralen Blick auf die Situation gewährleisten sowie einem eventuellen Corporate-Bias entgegenwirken. Transparenz war von Beginn an erklärtes
Ziel des Projektteams. Darüber hinaus wählte man einen für ein klassisches Projekt
außergewöhnlichen, für die Zeit, in der wir uns wähnen, jedoch folgerichtigen ganzheitlichen Ansatz. Dieser beinhaltete nach Shareholderinterviews und einer prinzipiell strategischen Richtungsvorgabe die gesamtheitliche Überprüfung der Bank
– begonnen von der Überprüfung der Value Proposition und ihrer Kommunikation
in den Markt über operative Prozesse bis hin zur Analyse der Wachstumsmaßnah-
men. Eine Gap-Analyse zum Ende des viermonatigen Prozesses führte zu einem
Maßnahmenkatalog, der neben Maßnahmen zur weiteren Steigerung der Attraktivität des Instituts für Kunden und im Besonderen für Berater (Family Banker®)
auch die damit einhergehende Digitalisierung der Bank festschrieb. Wie angekündigt, war der Steuerungsausschuss bereit, das Maßnahmenpaket und die finanziellen
wie personellen Mittel der strategisch bedeutenden Tochter freizugeben, um damit
nicht nur die Lücken zu schließen, sondern in einem auf 18 Monate angelegten Projekt die Ziele für ein nachhaltiges Wachstum umzusetzen. Das Paket beinhaltete
neben der Kreation einer neuen Wertekommunikation, das heißt eines Brandings
des Unternehmens in den deutschen Markt, die Überarbeitung der Produktpalette
inklusive neuer Produkteinführungen und neuer Provisionsansätze. Parallel dazu
sollten mehrere Digitalisierungsprojekte die in weiten Teilen analogen Prozesse der

Bank auf einen modernen digitalen Standard heben. Ziel war es, diese Digitalisierung nicht nur in der Außenwirkung zum Kunden, sondern ebenfalls intern in den Back-Office-Prozessen und den operativen Prozessen im Verhältnis Bank zu Family Banker® und Family Banker® zu Kunde umzusetzen, ohne dabei den persönlichen Kontakt zu verlieren. Abrunden sollte den ehrgeizigen Plan die Einführung technischer Innovationen, die einen außergewöhnlichen Standard für die Kunden setzen und die Bank am Markt als innovativen Player hervorheben sollten.

5.3.1 Umsetzung

Ähnlich wie bei der zuvor erwähnten Gartner'schen Hype Curve schüren Projekte dieser Größenordnung Erwartungen, bringen Innovationstreiber und Skeptiker hervor. Die einzige Möglichkeit, den übersteigerten Erwartungen in einem angemessenen Rahmen zu begegnen und diese zu managen, liegt in der Kommunikation und Involvierung. Der Mittelweg aus diesen Maßnahmen und einer schnellen Umsetzung der Projekte ist dünn und sicherlich die größte Herausforderung für jeden Projektmanager. Die große Aufgabe, vor der das Unternehmen und seine Mitarbeiter standen, lag darin, dass die angedachten Projekte, wie zum Beispiel das neue, gänzlich vom Kunden über Widgets individualisierbare Online-Banking oder die für den speziellen Einsatz beim Family Banker® vorgesehene digitale Beratungs- und Antragssoftware Atlas, vollständig neu entwickelt werden mussten (vgl. Abb. 5.6). Zudem sollte eine Korrespondenz mit bis zu diesem Zeitpunkt noch nicht vorhandenen Systemen erzielt werden. Mit dem für diese Aufgabe ausgewählten System- und Softwarepartner Elaxy wurde ein moderner agiler Projektmanagementansatz gewählt, der ein großes Vertrauen und Commitment zwischen den Parteien voraussetzt. Dabei ist es von entscheidender Bedeutung,

Abb. 5.6 Bankhaus August Lenz – Online Banking 2016. (Bankhaus August Lenz)

Projektmanager auf beiden Seiten einzusetzen, die selbstverantwortlich agieren können und vollkommen von der Aufgabe überzeugt sind. Die Aufgabe ihrer Vorgesetzten liegt hauptsächlich darin, Unterstützer zu sein und gemeinsam mit der Führungsspitze der Bank etwaige Hindernisse aufzulösen.

5.3.2 Cooperation, Competition oder Coopetition – Wege zur Innovation

Etablierte Banken werden letztlich daran gemessen, wie gut sie sich auf die Anforderungen der neuen Kundengeneration einstellen können. Statt Competition oder Cooperation mit FinTechs stehen klassischen Banken viele Wege einer Zusammenarbeit bei gleichzeitig konkurrierenden Geschäftsfeldern, eine „Coopetition", zur Verfügung. Von Lizenzübernahmen für digitale Technologien, Zusammenarbeit hinsichtlich einzelner Produkte und Dienstleistungen bis hin zu direkten Beteiligungen ist alles denkbar – und wird auch genutzt. Hauptsache, es nützt dem Kunden, der entsprechende Leistungen erwartet.

Der Cooperation-Ansatz war für die Einführung innovativer Dienstleistungen beim Bankhaus August Lenz von ausschlaggebender Bedeutung. Nur durch die Zusammenarbeit mit ausgesuchten FinTechs ist es gelungen, neben der Verbesserung des gesamten Banking-Standards, den Kunden auch innovative Online-Tools zu bieten, mit denen ihre Geldgeschäfte einfach gehandhabt werden können – Möglichkeiten, die nur dank des technologischen Fortschritts zur Verfügung stehen und deren Time-to-Market im Bereich von Wochen oder wenigen Monaten liegt. Entscheidend bei der Gestaltung waren der Aspekt der intuitiven Usability und der Versuch, den Aufwand des Kunden auf das absolut Notwendigste zu reduzieren.

An dieser Stelle soll beispielhaft der neue, mehrfach prämierte und entsprechend gebrandete Service „€inBlick" erwähnt werden, der jedem Kunden einen elektronischen Personal-Finance-Manager zur Verfügung stellt, in welchem Einnahmen und Ausgaben automatisch kategorisiert werden und der Kunde einen schnellen Überblick über sein „echtes" Finanzverhalten erhält (vgl. Abb. 5.7). Dies versetzt ihn in die Lage, relevante Entscheidungen basierend auf Fakten und nicht ausschließlich nach dem eigenen Bauchgefühl treffen zu können. Und damit er dies nicht manuell mit jedem Konto und Depot machen muss, beinhaltet „€inBlick" eine auf einer HBCI-Schnittstelle basierende Multibankenfunktion, mit der alle anderen Banken in einer Ansicht aggregiert werden können, und welche die Nutzung eines persönlichen Finanzmanagers nicht ausschließt. Die Tragweite, seinem Kunden nun vollständig transparent Optimierungsempfehlungen seiner gesamten und nicht nur der hauseigenen Finanzsituation geben zu können und zu dürfen, ist selbsterklärend.

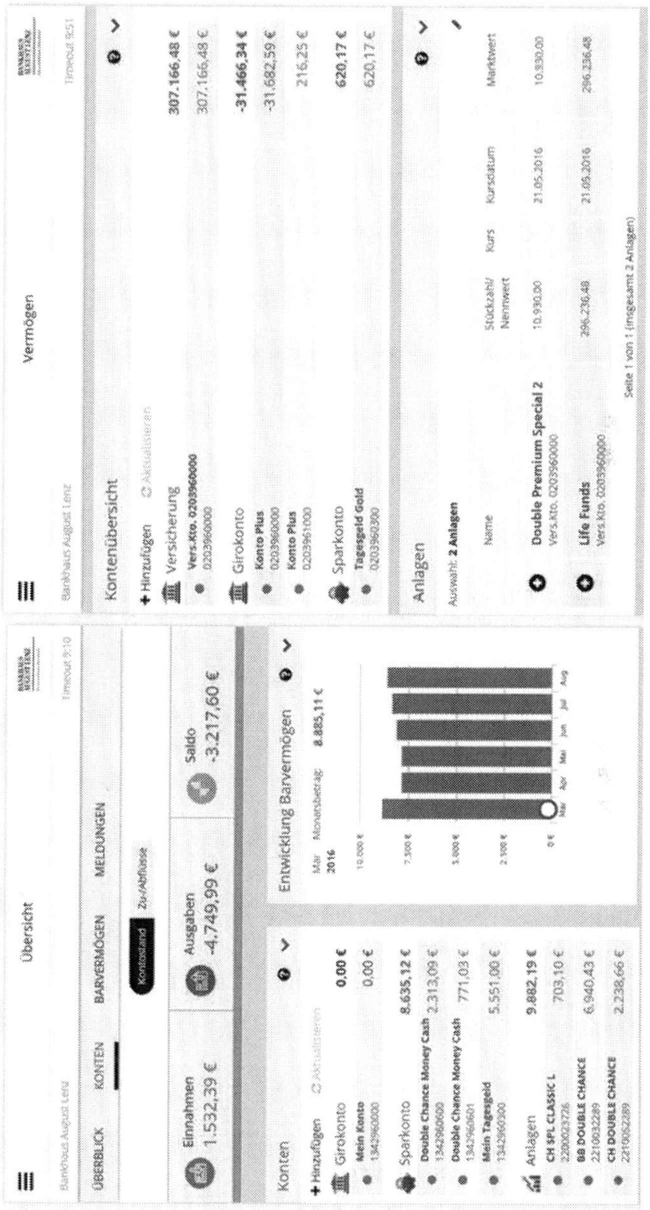

Abb. 5.7 EinBlick powered by Bankhaus August Lenz. (Bankhaus August Lenz)

Neben dieser mit Elaxy entwickelten Lösung wurde der Kontowechselservice des Berliner FinTech FinReach in die Servicepalette der Bank integriert. Dem Kunden wird dadurch der Bankenwechsel durch einfache und schnelle Kontowechsellösungen in der Regel innerhalb von weniger als zehn Minuten ermöglicht. Zudem wurde in Kooperation mit der FinTech-Ideenschmiede Crealogix in Verbindung mit Elaxy eine zuvor bereits erwähnte Neuheit für alle Family Banker® ins Leben gerufen: Die Online-Beratungsplattform Atlas. Darüber hinaus präsentiert sich die Bank heute auf allen relevanten Social Media Plattformen (vgl. Abb. 5.8 und 5.9) und wird bei Kununu als „Top Company" und „Open Company" für Transparenz geführt.

Abb. 5.8 Bankhaus August Lenz – Xing. (Bankhaus August Lenz)

Abb. 5.9 Bankhaus August Lenz – flickr. (Bankhaus August Lenz)

Neben einer Multikanalstrategie, die es Kunden orts- und zeitunabhängig erlaubt, mit der Bank in Kontakt zu treten, ist die persönliche Kundenberatung beim Bankhaus August Lenz die Grundvoraussetzung des Geschäftsmodells. Gegen die den Kunden überflutende Informationswelle der digitalen Medien setzt das Bankhaus mit dem Family Banker® auf einen persönlichen Finanzexperten, der fundiertes Wissen über die globalen Märkte bündelt. Und dieses mit den kundenspezifischen Zielen und Möglichkeiten zu einer maßgeschneiderten Anlagestrategie verknüpft. Der Family Banker® ist ab dem ersten Euro Anlagevermögen Partner und Vertrauensperson in allen finanziellen Belangen. Er kommt dorthin, wo der Kunde ein Treffen wünscht. Er analysiert die Situation ganzheitlich und erstellt individuelle Lösungen für Geldanlagen, Investitionen, Altersvorsorge oder Versicherungen. Im Speziellen jedoch kommt ihm auch die Aufgabe des Behavioral-Finance-Sparringpartners für seinen Kunden zu. Er ist der Garant dafür, dass der Kunde nicht fallspezifisch emotionsgetrieben langfristige Kapitalanlagen liquidiert, sondern eventuell die Gelegenheit des Moments nutzt. Dies bedeutet, den Kunden nicht nur bei unerwarteten Ereignissen zu kontaktieren, sondern ihn idealerweise bereits im Voraus durch Handlungsempfehlungen, Wirtschafts- und

Finanzfachwissen für den Krisenfall zu rüsten. In dieser Zweiwegekommunikation ist der Family Banker® gefragt, Momente zu erkennen, die für seinen Kunden schwierig sind und ihm jederzeit die Möglichkeit zu geben, erreichbar zu sein – auch an Wochenenden und Feiertagen.

5.3.3 Exkurs Mediolanum Banking Group und der Family Banker® als Wettbewerbsvorteil

Die Mediolanum Banking Group als heutige Mutter des Bankhauses August Lenz hatte bei ihrer Gründung im Jahre 1982 durch Ennio Doris bereits die Vision eines neuartigen Bankmodells. Lange vor der Durchsetzung des Internets legte sich Mediolanum auf ein schlankes, flexibles und dennoch leistungsstarkes Modell ganz ohne Bankfilialen fest, jedoch mit einem entscheidenden Wettbewerbsvorteil: dem Family Banker® als feste Bezugsperson für die Kunden. So entstand ein Modell, das die Vorteile einer Online-Bank mit geringen Betriebskosten und die Vorzüge einer traditionellen Bank mit einem persönlichen Ansprechpartner für die Kunden vereint. Das Produktangebot umfasst bei Banca Mediolanum wie auch beim Bankhaus August Lenz alle einschlägigen Bankleistungen vom kostenlosen Girokonto, kostenloser Maestro- und Kreditkarte über Tages- und Festgeld bis hin zu Krediten. Das Investment- und Altersvorsorgespektrum besteht sowohl aus Produkten der Mediolanum Gruppe als auch aus Angeboten vieler Investmentgesellschaften, sofern diese die strenge interne Prüfung bestehen. Im Rahmen des Transformationsprozesses und des Gedankens, seinen Kunden das gesamte persönliche Financial Ecosystem aufzeigen und eventuell optimieren zu können, kooperiert und agiert Bankhaus August Lenz mit seinem Online Makler BAL Insuranceservice GmbH. Dadurch hat es somit die Möglichkeiten, seinen Kunden optimierte Policen über ein Premiumpartnerkonzept anzubieten. Der Kunde wiederum sieht nun all seine Banken und Versicherungen über einen einzigen Zugangskanal – über das für all seine Geräte, von Mobile bis PC, optimierte Bankhaus August Lenz Online-Banking.

2001 expandierte die Mediolanum Banking Group dann nach Deutschland und übernahm das seit 1880 existierende Bankhaus August Lenz in München. Der Geist einer exklusiven Privatbank verband sich dabei trefflich mit Mediolanums Anspruch einer „innovativen Privatbank". So betreuen beim Bankhaus August Lenz mittlerweile Family Banker® von neun Standorten aus deutschlandweit knapp 5000 Kunden. Gerade wurden neue Private-Family-Banker-Offices in Düsseldorf und in Hamburg eröffnet. Der Wandel zur digitalisierten Privatbank verlief relativ schnell. Noch 2014 war das Bankhaus August Lenz eine klassische analoge Privatbank. 24 Monate später bezeichnet „FinTech Finance" dasselbe Institut als „Driver for Innovation in Digitalisation" und einige Innovationspreise schmücken die Vitrinen des Hauses.

5.3.4 Marktlücke genutzt

Für kleinere, schnell agierende und flexible Institute, die es verstehen, das Beste aus beiden Welten zu verbinden, ist es möglich, aus der aktuellen Situation am Bankenmarkt einen strategischen Vorteil zu ziehen. Hierbei reicht es heutzutage nicht mehr aus, Standards in der Beratung und Technologie zu bieten. Der Kunde erwartet schlichtweg das Beste aus beiden Welten. Er erwartet Anbieter, die innovativ denken, die wahren Bedürfnisse mündiger Bürger umzusetzen verstehen und damit den kundenzentrierten Service in den Mittelpunkt ihres Angebots stellen. Und zwar nicht erst ab einer bestimmten Summe, sondern ab dem ersten Euro.

Das Transformationsprojekt hat deutlich gezeigt, dass digitale Angebote nur in Kombination mit persönlicher Beratung einen wahren Mehrwert durch ihre Nutzung erreichen. Im Mittelpunkt steht dabei immer der Family Banker®. Gewiss, gerade diese zeitliche Flexibilität ist eine Herausforderung für traditionelle Banken. Eine weitere Erfahrung zeigt: Der Privatkunde wünscht den Dialog. Nur will er heute mündig das Wann, Wie und Wo bestimmen. Der Faktor Mensch wird in der Bankberatung der Zukunft das entscheidende Element sein und die richtige digitale Technologie ein absolutes „Must have", um überhaupt neue Kunden gewinnen zu können oder bestehende nicht zu verlieren.

Literatur

1. Alexander Mittermeier (27.6.2016): Die 5 weltgrößten Wearables-Hersteller – Fitbit hängt Apple ab, Url: http://www.gevestor.de/details/die-5-weltgroessten-wearables-hersteller-fitbit-haengt-apple-ab-769860.html.
2. Alvin Toffler (1970): Future Shock, Random House.
3. Bank und Markt (1.8.2016): Die digitale Privatbank – das Beste aus zwei Welten, Url: http://www.kreditwesen.de/bank-markt/themenschwerpunkte/aufsaetze/digitale-privatbank-beste-zwei-welten-id34289.html.
4. Board of Governors of the Federal Reseve System: (2.9.2010): "Causes of the Recent Financial and Economical Crisis", Url: http://www.federalreserve.gov/newsevents/testimony/bernanke20100902a.htm.
5. Brett King (14.12.2015): The Death of Bank Products has been greatly under-exaggerated, Url: https://medium.com/@brettking/the-death-of-bank-products-has-been-greatly-under-exaggerated-153cdb21a5d4#.m9p3ualp6.

6. Chis Skinner: Why most banks fails at Transformational Change, Url: http://thefinanser.com/2016/03/why-most-banks-fail-at-transformational-change.html/.
7. Claudia H. Deutsche in New York Times (25.12.1999): Chief says Kodak is pointed in the right direction.
8. Daniel Kahneman, Amos Tversky (1979): Prospect Theory: An Analysis of Decision under Risk. Econometrica 47, S. 263–292.
9. Deutsche Bundesbank: Monatsbericht Oktober 2015, Url: https://www.bundesbank.de/Redaktion/DE/Downloads/Veroeffentlichungen/Monatsberichtsaufsaetze/2015.
10. Dieter Bohn (5.1.2016): Samsung's new fridge can order Fresh Direct groceries from its humongous touchscreen, Url: http://www.theverge.com/2016/1/5/10708380/samsung-family-hub-fridge-mastercard-app-groceries-ces-2016.
11. Dr. Hansjörg Leichsenring (18.3.2015): Kostenlos, persönlich und gut erreichbar. Was Banken wichtig ist, Url: https://www.der-bank-blog.de/kostenlos-persoenlich-und-gut-erreichbar/kundenbedarf/16594/.
12. European Systemic Risk Board (Juni 2014): Is Europe overbanked?, Url: https://www.esrb.europa.eu/pub/pdf/asc/Reports_ASC_4_1406.pdf.
13. Fintech Finance: CREALOGIX's Subsidiary ELAXY Financial Software & Solutions successfully Rolls Out a Hybrid Consulting Platform at Bankhaus August Lenz, Url: http://www.fintech.finance/news/crealogixs-subsidiary-elaxy-financial-software-solutions-successfully-rolls-out-a-hybrid-consulting-platform-at-bankhaus-august-lenz/.
14. Gartner (18.07.2016): Hype Cycle for Digital Banking Transformation, Url: https://www.gartner.com/doc/3381818/hype-cycle-digitalbanking-transformation.
15. Helmut Becker (29.08.2016): Die großen Irrtümer der Autoindustrie, Url: http://www.n-tv.de/wirtschaft/Die-grossen-Irrtuemer-der-Autoindustrie-article18478156.html.
16. Jakob Steinschaden (14.9.2015): Apple-Chef Tim Cook: "Die Zukunft des TV's sind Apps, Url: http://www.netzpiloten.de/apple-tv-fernsehen-app-zukunft/.
17. Kapitalanlage-welt Blog (24.8.2016): Filialbanken vs. Onlinebanken: Die Wege der Digitalisierung, Url: http://www.kapitalanlage-welt.de/filialbanken-vs-onlinebanken/.
18. Klaus Schwab (20.1.2016): Die Vierte Industrielle Revolution, Url: http://www.handelsblatt.com/politik/international/davos/davos-2016-die-vierte-industrielle-revolution/12836622.html.
19. Kotter international: Kotter's 8-steps for leading Change, Url: (http://www.kotterinternational.com/the-8-step-process-for-leading-change/.
20. KPMG (12/2013): Auswirkungen regulatorischer Anforderungen, Url: https://www.kpmg.com/DE/de/Documents/auswirkungen-regulatorischer-anforderungen-2013.pdf.
21. Markus Balser, Thomas Fromm (20.3.2016): Die Angst der Autobauer vor dem Google-Ei, Url: http://www.sueddeutsche.de/auto/selbstfahrende-autos-die-angst-der-autobauer-vor-dem-google-ei-1.2915225.
22. Paul B. Carroll, Chunka Mui (2009): Billion Dollar Lessons, S. 88–100.
23. Rachel Courtland (30.3.2015): Gordon Moore: The Man Whose Name Means Progress, Url: http://spectrum.ieee.org/computing/hardware/gordon-moore-the-man-whose-name-means-progress.
24. Richard H. Thaler, Amos Tversky, Daniel Kahneman and Alan Schwartz: The Effect of Myopia and Loss Aversion on Risk Taking: An Experimental Test. The Quarterly Journal of Economics, 1997.

25. Science Direct: Subjective probability. A judgement of representativeness, by Daniel Kahneman and Amos Tversky, Url: http://www.sciencedirect.com/science/article/pii/0010028572900163.
26. Steve Jobs – iPhone Introduction in 2007 (Complete), Url: https://www.youtube.com/watch?v=9hUIxyE2Ns8.
27. Tacticalinvestor: A clear illustration of the Mass Mindset in Action, Url: http://tactical-investor.com/a-clear-illustration-of-the-mass-mindset-in-action/.
28. The bcgmatrix (2015): BCG Matrix and its Four Quadrats, Url: http://www.thebcgma-trix.com/bcg-matrix-theory/bcg-matrix-and-its-four-quadrants/.
29. Think with Google: Zero Moment of Truth (ZMOT), Url: https://www.thinkwithg-oogle.com/collections/zero-moment-truth.html.
30. World Bank Research Digest (Herbst 2010): Too Big to Fail or Too Big to Save?, Url: http://siteresources.worldbank.org/DEC/Resources/84797-1154354760266/2807421-1288872844438/7530108-1288872860468/Too_Big_to_Fail.pdf.
31. Yasmin Osman (15.11.2015): 125.000 Jobs bei Banken auf der Kippe, Url: http://www.handelsblatt.com/unternehmen/banken-versicherungen/bain-studie-eine-branche-steckt-im-schlamassel/12586844-2.html.

Bildquellen

32. Christoph Roser at AllAboutLean.com." – Own work, CC BY-SA 4.0, Url: https://commons.wikimedia.org/w/index.php?curid=47640595.
33. Deutsche Bundesbank: „Leitzinsen und Geldmarktzinsen im Euroraum Url: https://www.bundesbank.de/Redaktion/DE/Bilder/Geld_und_Geldpolitik/leitzinsen_und_geldmarktzinsen.html?-blob=poster4.
34. slideshare.net/douglaskarr,   Url: http://de.slideshare.net/douglaskarr/zmot-zero-moment-of-truth.
35. The World Bank: Internet users (per 100 people), Url: http://data.worldbank.org/indicator/IT.NET.USER.P2?end=2014&start=1990&view=chart.
36. The World Bank: Mobile cellular subscriptions (per 100 people), Url: http://data.worldbank.org/indicator/IT.CEL.SETS.P2?end=2014&start=1990&view=chart.

Über den Autor

Jochen Werne ist diplomierter Marketing- und Banking-Spezialist und verantwortet Marketing, Product Management, Business Development, Payment Service und Treasury bei der Bankhaus August Lenz & Co. AG in München. Er ist Mitglied des Innovation Leadership Teams der Mediolanum Banking Group, Keynotespeaker und gilt als Social Media Influencer. Darüber hinaus wurde er bereits mehrfach für die Förderung internationaler Beziehungen ausgezeichnet und ist Co-Founder des NGOs Mission4Peace, des Global Offshore Sailing Teams und Botschafter der Peter Tamm sen. Stiftung des Internationalen Maritimen Museums Hamburg.

Innovation durch Corporate Incubation 6

Inkubatoren als Instrument zur Steigerung des
Innovationspotenzials – dargestellt am Beispiel der
comdirect Start-up Garage

Mariusz C. Bodek und Julietta Matinjan

Zusammenfassung

Die Dynamik der Digitalisierung in der Finanzindustrie bedingt eine Steigerung der Innovationsgeschwindigkeit der Marktakteure. Der Zufluss an neuen
Ideen und Impulsen muss dafür sichergestellt werden. Um die Innovationspotenziale zu steigern und laufend neue Ideen und Geschäftsmodellansätze zu
erschließen, eignen sich Inkubatoren und Acceleratoren, die von den Banken
selbst betrieben werden (sogenannte Corporate Incubation) als Instrument zur
Innovationserschließung. Der Artikel beleuchtet die verschiedenen Arten von
Inkubatoren und legt am Beispiel der comdirect Start-up Garage offen, wie
sich ein solches Programm wertstiftend in ein Innovationsmanagement integrieren lässt.

M.C. Bodek (✉)
comdirect bank AG, Quickborn, Deutschland
E-Mail: mb@beam-consulting.com

J. Matinjan
Commerzbank AG, Elmshorn, Deutschland
E-Mail: julietta.matinjan@hotmail.com

© Springer Fachmedien Wiesbaden GmbH 2017   117
R. Smolinski et al. (Hrsg.), *Innovationen und Innovationsmanagement in der
Finanzbranche*, Edition Bankmagazin, DOI 10.1007/978-3-658-15648-0_6

6.1 Digitale Transformation in der Finanzindustrie

Die Finanzindustrie befindet sich aktuell in einer Transformationsphase. Die zunehmende Digitalisierung des Geschäftsmodells stellt sie vor große Herausforderungen. Der branchenübergreifende Megatrend der Digitalisierung hat die Bedürfnisse der Kunden generell im Nutzungsverhalten von Produkten und Dienstleistungen stark verändert. Dies bedeutet für die Finanzindustrie, dass die Entwicklung moderner Services und die Weiterentwicklung des Geschäftsmodells massiv an Bedeutung gewonnen haben. Zudem erhöht der Eintritt neuer Wettbewerber, die mit innovativen Lösungen Teile der traditionellen Wertschöpfungskette der Finanzindustrie gezielt bearbeiten, den Druck, Innovationen zu entwickeln und in den Markt zu bringen, um im Rahmen der Digitalisierung mit neuen digitalen Innovationen wettbewerbsfähig zu bleiben [17, S. 6].

6.2 Veränderung der Umweltfaktoren

Angesichts der Veränderungen der technologischen, gesellschaftlichen und regulatorischen Rahmenbedingungen steht die Finanzindustrie vor einem grundlegenden Wandel ihrer gesamten Wertschöpfungskette. Sie wird gezwungen, ihre traditionellen Geschäftsmodelle zu überdenken, diese an die neuen digitalen Anforderungen anzupassen oder gar von Grund auf zu verändern. Hinzu kommen neue branchenfremde Anbieter von Finanzdienstleistungen, die die aktuelle Wettbewerbssituation in der Bankenwelt weiter verschärfen [23, S. 34 ff.]. In diesem Abschnitt werden die veränderten Rahmenbedingungen, die mit der Digitalisierung einhergehen, kurz dargestellt.

6.2.1 Neue Technologien

Die Digitalisierung in der Finanzbranche erhält insbesondere durch neue, inzwischen sehr ausgereifte und leistungsfähige Technologien mehr Dynamik [8, S. 860]. Mittlerweile haben nahezu alle Banken erkannt, dass neben der Präsenz im Internet vor allem die mobilen Kanäle viele Potenziale in sich bergen. So bieten fast alle Bankhäuser neben dem inzwischen fast zum Standard gewordenen Online-Banking-Angebot bereits mobile Applikationen an [24, S. 75]. Der heutige digitale Wandel umfasst jedoch mehr als nur einen Online-Auftritt der Bankhäuser oder deren Mobile-Banking-Angebot, die primär zur Informationsabfrage oder für Transaktionen verwendet werden [23, S. 9]. Der mit der Digitalisierungswelle einhergehende wirtschaftliche und gesellschaftliche Wandel bedeutet eine radikale Neugestaltung der internen Prozesse der Banken sowie deren Fähigkeit, neue innovative Produkte und Dienstleistungen in sehr kurzer Zeit auf den Markt zu bringen, um den Erwartungen der Kunden gerecht zu werden. Neue Technologien verleihen dem noch mehr Antrieb, wie beispielsweise mobile Technologien, soziale Medien, Analytics und Big Data, Cloud-Computing-Technologien sowie das Internet der Dinge [6, S. 28 f.].

6.2.2 Verändertes Kundenverhalten

Die voranschreitende Digitalisierung hat auch das Kundenverhalten in allen Lebensbereichen maßgeblich verändert. Die Verbreitung mobiler Endgeräte prägt ganz entscheidend das Konsum- bzw. Mediennutzungsverhalten der Kunden und verändert zugleich deren Kommunikationsverhalten [17, S. 6]. In der Vergangenheit hat sich das Verhalten vieler Kunden insbesondere im Hinblick auf das Banking von Grund auf verändert, denn die mediale Nutzung des Internets hat nicht nur die Welt verändert, sondern auch die Menschen selbst [18, S. 36]. Sie sind viel technologieaffiner geworden und stehen modernen Technologien aufgeschlossener gegenüber und möchten die vielfältigen Möglichkeiten der Informationsbeschaffung im Internet auch für ihre persönlichen Finanzangelegenheiten nutzen. Dabei ist die Zahl der sogenannten „mündigen Kunden" in den letzten Jahren rasant gestiegen [11, S. 30]. Sie informieren sich über Suchmaschinen, auf Vergleichsportalen oder über Social Media über Konkurrenzangebote und suchen die für sich beste Lösung. Damit gestaltet sich das traditionelle Bankgeschäft viel schneller, offener und transparenter für den Kunden.

Die Digitalisierung des Nutzungsverhaltens wirkt sich auch auf die Erwartungshaltung der Kunden an die Banken aus: Ein einfacher und bequemer Zugang zu einer Bank über alle Kanäle hinweg ist mittlerweile ein Hygienekriterium [5, S. 68]. Auch diese neue Herangehensweise der Kunden fordert die Banken immer mehr heraus und treibt so die Digitalisierung weiter voran.

6.2.3 Regulatorische Rahmenbedingungen

Die zunehmende Verschärfung der regulatorischen Auflagen zwingt die Finanzinstitute immer mehr dazu, personelle und finanzielle Ressourcen für interne Anpassungen an neue regulatorische Rahmenbedingungen zu beanspruchen. Neben dem administrativen Aufwand ergeben sich auch organisatorische Probleme bei der Erfüllung der Regularien. Denn die Umsetzung der regulatorischen Anforderungen

erfordert erhebliche Investitionen in die IT-Infrastruktur und zudem eine Neuausrichtung des Reportings [29, S. 11]. Daneben werden durch die Pflichtprojekte zur
Erfüllung der regulatorischen Anforderungen wichtige Ressourcen im Workflow
beansprucht und für die Weiterentwicklung des Geschäfts blockiert.

Dies führt dazu, dass im Vergleich zu meist weniger regulierten neuen Wettbewerbern und angesichts des Trends eines veränderten Kundenverhaltens die Innovationskraft der Banken sinkt [7, S. 3], weil die regulatorischen Pflichtthemen
den Fokus auf die Ausrichtung auf kundenzentrierte Prozesse beeinträchtigen.

6.2.4   Eintritt neuer Wettbewerber

Neu aufkommende, teils branchenfremde Anbieter von Finanzdienstleistungen
bedeuten eine weitere gravierende Veränderung der Umweltfaktoren in der Finanzindustrie. Diese neuen Wettbewerber greifen zunehmend, etwa durch innovative,
digitale Technologien, das klassische Kernbankengeschäft an. Im Wettbewerb
mit den Banken bauen sie gezielt ihre digitalen Kanäle aus, um gezielter auf das
veränderte Kundenverhalten einzugehen. Hierbei versuchen sie vor allem, die
offensichtlichen Angebotslücken der Banken zu schließen [4, S. 25]. Dabei steigt
nicht nur die Zahl der branchenfremden Konkurrenten, sondern es nimmt auch
die Bandbreite der von diesen Konkurrenten angebotenen Produkte und Services
stetig zu [23, S. 11]. Diese Angebote reichen vom mobilen Bezahlen über digitale Vermögensberatung bis hin zur Vergabe von Krediten [20, S. 26]. Die (neuen)
Wettbewerber sind vielfältig, zwei Gruppen sind dabei besonders zu betrachten:

1. die vier Internetgiganten Google, Amazon, Facebook und Apple (abgekürzt
   GAFA), die den klassischen Zahlungsverkehr innovativer gestalten möchten.
   Mit dem mobilen Bezahldienst Apple Pay ermöglicht Apple beispielsweise seinen Kunden das bargeldlose Bezahlen im Einzelhandel mit dem iPhone oder
   neuen Interfaces wie der Apple Watch [22, S. 52].
2. Daneben erobern innovative Start-ups immer mehr Teile der klassischen
   Bankenwertschöpfungskette, die sogenannten FinTechs. „FinTech steht für
   moderne Technologien und innovative Anwendungen im Bereich der Finanz-
   dienstleistungen und setzt sich aus den Wörtern „Financial Services" und
   „Technology" zusammen" [24, S. 75]. Der Vorteil der FinTechs liegt in ihrer
   Fokussierung auf Nischen, die bisher noch nicht oder nicht adäquat von den
   Banken bedient werden. Im Gegensatz zu einer Bank, die meist im Leistungs-
   portfolio sehr breit bis hin zum Full-Service-Provider aufgestellt ist, können
   FinTechs durch ihren Fokus ihre Energie bündeln und einen einzelnen Use
   Case gezielter entwickeln und umsetzen.

Diese neuen digitalen Wettbewerber werden in den kommenden Jahren das Geschäftsumfeld von Grund auf verändern. Banken befürchten sogar, nur noch im Hintergrund agieren zu können und lediglich die benötigte Infrastruktur bereitzustellen [16, S. 40]. Daher müssen die Banken zum einen schneller und agiler werden und ihre IT-Prozesse an die neuen technologischen Gegebenheiten anpassen, um im Wettbewerb bestehen zu können. Zum anderen müssen Banken aber grundsätzlich innovativer werden und über Ertragsquellen über dem eigenen Kerngeschäft hinaus nachdenken.

Dabei ist eine wichtige strategische Frage, wie man sich gegenüber den neuen Wettbewerbern aufstellt. Eine Option ist hierbei, gezielt den Austausch mit diesen zu suchen, um Synergiepotenziale und Impulse für das eigene Geschäftsmodell zu identifizieren. Um diesen Austausch zu initiieren, sind Inkubatoren und Acceleratoren (sogenannte Corporate Inkubation) ein mittlerweile erprobtes Mittel. In Abschn. 6.3 wird dieses Instrument näher betrachtet.

6.3 Corporate Incubation als Instrument zur Steigerung des Innovationspotenzials

Die dargestellten Rahmenbedingungen der Digitalisierung und die hieraus resultierenden Herausforderungen durch die sich verändernden Umweltfaktoren in der Finanzindustrie fordern ein schnelles Handeln seitens der Finanzinstitute. Dabei sind die Anpassungsfähigkeit des Geschäftsmodells an die sich verändernden Anforderungen und eine hohe Innovationsgeschwindigkeit entscheidende Erfolgsfaktoren. Die herkömmlichen Unternehmensstrukturen und IT-Systeme der Banken erfordern viel Zeit und Aufwand bei der Implementierung von neuen Geschäftsprozessen. Hierdurch wird die Umsetzung von digitalen Innovationen in der gesamten Unternehmensorganisation erschwert, insbesondere weil im Wettbewerbsumfeld die Produktzyklen immer kürzer werden.

Deshalb versuchen Unternehmen im Innovationsprozess zielgerichteter zu werden, um den Kundenbedarf schneller zu identifizieren und besser bedienen zu können. Dazu ist es sinnvoll, die Dynamik der strukturell meist kleineren FinTechs mit den Ressourcen der großen, etablierten Unternehmen zu verknüpfen [12, S. 21].

Hierfür hat sich das Konzept des Inkubators als wertvolles Instrument zur Steigerung des Innovationspotenzials herausgebildet. Hierdurch können Unternehmen ihre gewohnten Denkmuster um neue Impulse für das Geschäftsmodell sowie in Bezug auf Verhaltens- und Organisationsstrukturen ergänzen. Eine Kooperation mit FinTechs kann dabei helfen, die eigene Innovationskultur zu verbessern. Als Ergänzung zum bestehenden Innovationsmanagement können interne Ideengenerierung durch externe Impulse bereichert bzw. ergänzt werden.

Das Konzept des Inkubators zielt darauf ab, den Gründern ein umfangreiches Dienstleistungsangebot bereitzustellen, um sie bei ihren Gründungsvorhaben zu unterstützen [3, S. 1]. Der Inkubator dient aber auch als zusätzliche Finanzierungsmöglichkeit für Unternehmensgründer, die nicht in der Lage sind, aus eigener Kraft den Gründungsprozess erfolgreich zu bewältigen.

Als Gegenleistung erwarten die Banken tiefe Einblicke in die Geschäftsprozesse der FinTechs, um wiederum durch beispielsweise Lernkurveneffekte eigene interne Prozesse zu beschleunigen und agiler zu werden. Zudem ist die kulturelle Inspiration für die Banken sehr wertvoll und führt zu einer schnelleren und effizienten Umsetzung von neuen, innovativen Ideen im Unternehmen. Die Gewinnung von wichtigen Impulsen im Innovationsprozess ist dabei zentrales Element für den Einsatz eines Inkubators: Ziel ist es, auf den existierenden Ideen-Pool der Start-ups zurückgreifen und deren Innovationskraft zu nutzen, um neue Ideen für das eigene Unternehmen (möglichst in einer Frühphase) zu entdecken und zu entwickeln.

Da insbesondere im Bankensektor die FinTechs ebenfalls von dem enormen Netzwerk der Banken und dem Zugang zu den Kunden profitieren, hat sich das Konzept des Inkubators als eine gute Möglichkeit für eine Synergie stiftende Zusammenarbeit sowohl aufseiten der Banken als auch aufseiten der FinTechs erwiesen [14, S. 287].

6.3.1 Typologie von Inkubatoren

Die Literaturanalyse hat gezeigt, dass Inkubatoren eine große Heterogenität aufweisen. Daher finden sich in der Literatur unterschiedliche Definitionen und Begriffe für Inkubatoren, sodass es sehr schwierig ist, den Begriff des Inkubators im Allgemeinen abzugrenzen. Für diesen Artikel soll die folgende Definition des Gabler-Wirtschaftslexikons herangezogen werden, weil sie einen umfassenden Überblick über einen Inkubator und dessen Dienstleistungsspektrum gibt. Demzufolge sind Inkubatoren „Einrichtungen bzw. Institutionen, welche Existenzgründer im Rahmen der Unternehmensgründung unterstützen. Der Gründer hat in der Regel neben dem Zugriff auf fachliche Beratung, Qualifikation oder Coaching, Unterstützung durch die notwendige Infrastruktur wie Büroräume und Kommunikationstechnologie. Zudem wird ein Zugang zu Netzwerken unterstützt" [1]. Ein Inkubator stellt also einem innovativen, jungen Unternehmen in einer frühen Entwicklungsphase vielfältige Dienstleistungen zur Verfügung und unterstützt somit die Unternehmensgründung. Hierzu wird ein ganzheitliches Konzept zur Umsetzung der Geschäftsidee definiert und in einer fest definierten Zeitspanne realisiert. Inkubatoren konzentrieren sich hauptsächlich auf die Unterstützung von Start-ups, die innovativ und technologieorientiert sind und ein starkes Wachstumspotenzial aufweisen [21, S. 19].

Neben den zahlreichen Definitionen existieren auch vielfältige Ansätze zur Typologisierung von Inkubatoren. Die unterschiedlichen Begrifflichkeiten für Inkubatoren wie „Gründerzentrum", „Technologiezentrum", „Accelerator" oder „Innovationszentrum", die synonym verwendet werden, führen zu einer extrem diversifizierten Inkubatorenlandschaft in Deutschland [13, S. 18]. Daher können Inkubatoren hinsichtlich zahlreicher Merkmale unterschieden werden. Alle Typisierungsansätze haben jedoch gemein, dass sie grundsätzlich Inkubatoren anhand ihres Geschäftsmodells in ertragswirtschaftlich-orientierte (for-profit) und nichtertragswirtschaftliche (non-profit) Inkubatoren unterscheiden [27, S. 14 f.]. In der Literatur findet sich jedoch eine oft gängige Typologie von Inkubatoren, die an dieser Stelle verwendet werden soll. Abb. 6.1 gibt einen umfassenden Überblick über die typischen, grundsätzlichen fünf Arten von Inkubatoren.

Regionale Inkubatoren sind entweder lokal oder regional ausgerichtet. Das Leistungsangebot reicht von der Infrastruktur bis hin zu persönlicher Beratung und Networking [21, S. 19 f.]. Diese Art von Inkubatoren wird primär durch öffentliche Institutionen gegründet. Der Fokus solcher Inkubatoren liegt eher auf der Bereitstellung von leer stehenden Büroräumen als auf der Gewinnerzielung [28, S. 560]. Ziel ist es, die lokale bzw. regionale Wirtschaft zu fördern, indem neue Arbeitsplätze geschaffen werden. Zudem sollen regionale Inkubatoren dabei helfen, die öffentliche Reputation in der Wirtschaft und Gesellschaft zu festigen.

Eigenständige Inkubatoren sind durch ein hohes Maß an Unabhängigkeit gekennzeichnet. Hierdurch kann das Geschäftsmodell an die internen Fähigkeiten und Kompetenzen angepasst und immer wieder weiterentwickelt werden. Dies

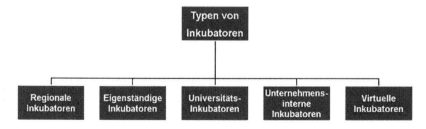

Abb. 6.1 Typen von Inkubatoren. (Quelle: Eigene Darstellung)

wird durch die Spezialisierung auf eine bestimmte Branche erreicht, wodurch der Inkubator ein spezifisches Wissen aufweisen kann [10, S. 46 f.]. Das Beratungsangebot gestaltet sich sehr praxisorientiert mit einem Fokus auf Marketing und Management. Diese Art von Inkubatoren ist gewinnorientiert und investiert in den meisten Fällen in die jungen Start-up-Unternehmen [21, S. 20].

Universitäre Inkubatoren zeichnen sich durch eine große Nähe zu einer Hochschule aus. Das Hauptziel von solchen Inkubatoren ist die Kommerzialisierung von wissenschaftlichen und technischen Forschungsergebnissen [12, S. 17]. Mittels Forschung sollen Innovationen in neue Produkte und Dienstleistungen münden, die ein hohes Maß an technologischem Know-how aufweisen. Damit fördern universitäre Unternehmen hauptsächlich technologieorientierte Unternehmensgründungen, insbesondere akademische Hightech-Ausgründungen. Diese Inkubatoren sind nicht profitorientiert, sondern werden häufig durch Zuschüsse der Universität finanziert [28, S. 561]. Da diese Inkubatoren an eine Hochschule angeschlossen sind, nutzen sie vornehmlich die Hochschulressourcen. Diese beinhalten beispielsweise den Zugang zu Bibliotheken, Seminarräumen, Forschungslaboren und Informationsdatenbanken. Daneben beinhaltet das Leistungsspektrum alle Dienstleistungen eines üblichen Inkubators, wie Beratungs- und Qualifizierungsangebote sowie Networking [10, S. 48 f.].

Unternehmensinterne Inkubatoren stellen oftmals Ausgründungen von der Muttergesellschaft dar. Ziel ist es, die eigene Innovationskraft zu verbessern, indem etwa Geschäftsideen von eigenen Mitarbeitern gefördert werden. Hierdurch werden die Arbeiten in den Forschungs- und Entwicklungsabteilungen um neue Erfindungen ergänzt, die nicht in das strategische Geschäftsfeld des Unternehmens passen. Ziel ist die Erschließung neuer Märkte und Kunden.

In der heutigen Zeit steigt zunehmend auch die Bedeutung von virtuellen Inkubatoren. Ein virtueller Inkubator stellt keine physischen Räumlichkeiten zur Verfügung, sondern arbeitet primär mittels Online-Beratung. Das ist der entscheidende Unterschied zu einem „normalen" Inkubator. Dennoch bietet er alle üblichen Dienstleistungen eines Inkubators an. Hier kommt vor allem dem Zugang zu Netzwerken eine zentrale Rolle zu. Der Austausch zwischen Inkubator, Start-ups sowie potenziellen Partnern und Investoren erfolgt über Social Media oder Online-Foren. Virtuelle Inkubatoren sind meist gewinnorientiert und geben ihre Unterstützungsangebote in Form von niedrigen Preisen an die Start-ups weiter. Diese können angesichts fehlender Investitionen für ein Gebäude und somit aufgrund geringerer Kosten realisiert werden [13, S. 23 ff.].

Diese Typisierung von Inkubatoren ist nicht abschließend. Es gibt in der Praxis noch viele weitere Arten von Inkubatoren, die an dieser Stelle aufgrund des Umfangs nicht weiter beleuchtet werden. Somit fasst dieser Artikel beispielsweise staatlich geförderte Inkubatoren oder auch Corporate bzw. Business Inkubatoren unter *Sonstige Inkubatoren* zusammen. Lediglich der „Corporate Incubator" verdient angesichts des thematischen Hintergrunds dieses Artikels eine nähere Betrachtung. Daher scheint die Ergänzung der vorangestellten Typologisierung von von Zedtwitz um Corporate bzw. Business Incubators für diesen Artikel als notwendig. Corporate Incubators bezeichnen firmeneigene Brutstätten für Start-ups, die mit dem Ziel gegründet werden, junge Unternehmen bei der Unternehmensgründung und dem Aufbau zu begleiten und für das eigene Unternehmen neue Innovationsimpulse zu gewinnen. Auf den Typ Corporate Incubator wird in Abschn. 6.3.2 ausführlich eingegangen.

6.3.2 Unterstützungsangebote durch einen Corporate Incubator – Nutzen für Start-ups

Die verschiedenen Arten von Inkubatoren leisten unterschiedliche Unterstützungsangebote. Dennoch gibt es einige Dienstleistungsangebote, wie die Bereitstellung von Infrastruktur, Beratung oder Coaching, die viele Inkubatoren gemein haben, aber in unterschiedlichem Maße abdecken. An dieser Stelle soll auf den Corporate Incubator und seine Leistungen näher eingegangen werden. Ein Corporate Incubator beinhaltet grundsätzlich die unternehmerische Förderung und Unterstützung von innovativen Geschäftsideen von privaten Gründern oder jungen Unternehmern in einer frühen Entwicklungsphase. Das Ziel von Corporate Incubators ist die (gemeinsame) Entwicklung von Innovationen, die schließlich in einem marktfähigen Produkt oder einer marktfähigen Dienstleistung resultieren. Zudem leistet ein Corporate Incubator oftmals auch Unterstützungsarbeit bei dem Aufbau eines Unternehmens [12, S. 12 f.]. Abb. 6.2 gibt einen Überblick über das Leistungsspektrum eines Corporate Incubators.

Ein Corporate Incubator bietet typischerweise fünf Dienstleistungspakete an. Diese lassen sich in materielle und immaterielle Leistungen unterscheiden. Zu den materiellen Leistungen gehören die Bereitstellung von Infrastruktur und die Finanzierung der Geschäftsidee. Die immateriellen Leistungen umfassen die Qualifizierung der Gründer, eine ständig begleitende (Management-)Beratung sowie den Zugang zu Netzwerken.

Die zentrale Dienstleistung eines Corporate Incubators ist die Bereitstellung der Infrastruktur. Hierunter sind alle Räumlichkeiten und Sachmittel zu verstehen, die ein Start-up in der ersten Entwicklungsphase benötigt, um ein funktionstüchtiges Unternehmen aufzubauen [9, S. 25]. Somit stellt die Infrastrukturbereitstellung ein Basisangebot des Corporate Incubators dar. Die Gründer sind auf diese

Leistungsspektrum eines Corporate Inkubators

Materielle Leistungen			Immaterielle Leistungen	
Infrastruktur	Finanzierung	Qualifizierung	Beratung	Networking
• Mietraum (Büro, Lab, Fabrik)	• Beteiligungs-kapital	• Vermittlung von kaufmännischem Know-how	• Gründungs-beratung	• Zugang zu Netzwerken
• Seminar-/ Konferenzräume	• Kredite	• Vermittlung von fachspezifischem Know-how	• Rechtsberatung	• Inkubator-intern: Zugang zu anderen Start-ups
• Büroausstattung	• Zuschüsse		• Patentberatung	• Inkubator-extern: Zugang zu Beratern, Geschäfts-partnern, Kunden
• Gemeinschafts-dienstleistungen			• Steuerberatung	
			• Coaching & Mentoring	

Abb. 6.2 Leistungsspektrum eines Corporate Incubators. (Eigene Darstellung in Anlehnung an [10, S. 43])

unternehmerische Infrastruktur oftmals angewiesen, weil sie den finanziellen und zeitintensiven Aufwand in der Anfangsphase teilweise nicht aus eigener Kraft meistern können. Dementsprechend werden insbesondere kostengünstige Räumlichkeiten zur Verfügung gestellt, inklusive technischer Büroausstattung wie Kopierer, Drucker und Telefondienste [12, S. 27]. Weiterhin werden gemeinsame Seminar- und Konferenzräume für den gezielten Austausch über den aktuellen Fortschritt einerseits und die vorhandenen Probleme andererseits bereitgestellt. Viele Inkubatoren ermöglichen auch Workshops und Gastvorträge von anderen Start-ups, Partnerunternehmen oder Experten. Daneben ermöglicht die gemeinsame Nutzung der Räumlichkeiten eine intensive Zusammenarbeit zwischen Gründer und Inkubator [15, S. 615]. Schließlich werden oft auch Gemeinschaftsdienstleistungen wie ein Sekretariat oder eine Cafeteria angeboten [27, S. 18].

Eine weitere wichtige Dienstleistung des Corporate Incubators kann die Finanzierung des Start-ups darstellen. In vielen Fällen ist der Kapitalbedarf am Anfang der Gründungsphase viel höher als die eigenen vorhandenen Mittel der Gründer [9, S. 22]. Daher ist das Konzept eines finanzierenden Inkubators für viele Start-ups sehr interessant, weil Corporate Incubators eine Alternative zur klassischen Kreditfinanzierung von Banken darstellen. Angesichts der fehlenden Erfahrungen einerseits und den nicht vorhandenen Sicherheiten andererseits gewähren die Banken den jungen Unternehmen typischerweise keinen Kredit für die Entwicklung eines Prototypen eines geplanten Produkts oder einer geplanten Dienstleistung. Eine Ausnahme ist hier das Förderungsprogramm der Kreditanstalt für Wiederaufbau (KfW), wobei diese nur sehr starre Förderprogramme anbietet. Stattdessen greifen Start-ups gezielt auf Inkubatoren zurück, die den Gründern eine erste Finanzierungsbasis bis zu einem sechsstelligen Eurobetrag gewähren. Dadurch erhalten Gründer die Möglichkeit, die ersten Entwicklungsstufen ihrer Produktentwicklung zu bewältigen [15, S. 617]. Die Kapitalgewährung erfolgt häufig in Form von Beteiligungskapital. Im Gegenzug erhält der Corporate Incubator Anteile am Unternehmen. Diese werden mit jedem einzelnen Start-up individuell vereinbart und ausgestaltet. Weitere Formen der Finanzierung können auch Kredite oder anderweitige Zuschüsse von Corporate Incubators oder auch von externen Partnern und Kapitalgebern darstellen [10, S. 43]. Inkubatoren ermöglichen den Zugang zu potenziellen Investoren und stellen eine gute Ausgangsbasis für darauffolgende Finanzierungsrunden nach der Inkubationszeit dar. Zudem hat das Start-up eine bessere Verhandlungsposition bei den Investoren sowie bereits ein starkes Ansehen in der Öffentlichkeit, wenn es mit einem Corporate Incubator und der dahinter liegenden Corporate Brand zusammenarbeitet.

Weiterhin bieten Corporate Incubators insbesondere den Gründern von jungen technologieorientierten Unternehmen weitreichende Qualifizierungsangebote an.

Diese verfügen normalerweise über besondere technische Qualifikationen. Dennoch fehlt den Gründern insbesondere im kaufmännischen Bereich eine solide Wissensbasis [13, S. 8]. Daher vermittelt der Corporate Incubator im Rahmen von Seminaren und Workshops das fehlende kaufmännische Wissen. Hierdurch können die mangelnden Fähigkeiten in Management-, Marketing-, Personal- und Finanzfragen beseitigt werden [25, S. 1499]. Wenn die jungen Unternehmen nicht über ein ausreichendes Fachwissen in ihrem Spezialgebiet verfügen, dann vermitteln Corporate Incubators auch dieses spezifische Know-how. Hierzu ist es jedoch wichtig, dass sich die Inkubatoren auf Start-ups einer bestimmten Branche spezialisieren, um ihre Kernkompetenzen auf diesen Bereich zu konzentrieren. Hier liegt der Fokus insbesondere auf technologieorientierten Unternehmen [13, S. 22]. Bei den Inkubatoren handelt es sich dann entsprechend um technologieorientierte Unternehmensinkubatoren, die das erforderliche Fachwissen mit dem Ziel vermitteln, die Informationsdefizite und Qualifikationsmängel bei den Gründern zu beseitigen.

Daneben umfasst das Leistungsangebot eines Corporate Incubators auch Beratungsleistungen und Coaching-Angebote. Die Managementberatung wird hauptsächlich von den Corporate Incubators selbst erbracht. Sie gewährleisten somit eine ständige Betreuung und Unterstützung in strategischen und fachlichen Fragestellungen [2, S. 68]. Die Beratungsleistungen betreffen neben der allgemeinen Gründungsberatung vor allem die Bereiche der Rechts-, Patent- und Steuerberatung. Dies ist vor allem im Hinblick auf die steigenden regulatorischen Anforderungen insbesondere im Finanz- und Technologiebereich ein entscheidendes Erfolgskriterium. Die Beratung in juristischen und betriebswirtschaftlichen Fragen beinhaltet gezielte Angebote im Bereich der Unternehmensgründung und -entwicklung. Diese können beispielsweise die Entwicklung einer klaren Strategie, die Wahl der Rechtsform, die Vertragsgestaltung mit Kunden und Lieferanten, der Aufbau eines Controllingsystems und die Entwicklung einer Marketingkonzeption sein [25, S. 1499]. Zudem leisten Corporate Incubators auch gezielte Unterstützung im Rahmen der Businessplanerstellung und Finanzplanung. Am Anfang stehen also meist primär strategische Fragestellungen des Gründungsprozesses im Mittelpunkt, während später eine begleitende Managementberatung in operativen Themen erfolgt. Ziel ist es, den Gründern die Möglichkeit zu geben, sich auf die unternehmerischen Kernaufgaben zu konzentrieren, weil Gründer die anfänglich hohen Anforderungen angesichts des enormen Zeitaufwands nur zum Teil erfüllen können [9, S. 24].

Im Bereich des Coaching und Mentoring erhalten die Gründer weitläufigere Unterstützungsangebote, die sich auf die weitere Entwicklung des Unternehmens auswirken. Häufig erhalten die Gründer einen Mentor zugewiesen, der über spezifisches Branchenwissen und unternehmerische Erfahrung verfügt. Diese Mentoren lassen ihre eigenen Erfahrungen bei der Gründung einfließen und lenken den Gründungsprozess in eine bereits erprobte und erfolgreiche Richtung [13, S. 15]. Hierbei setzen die Mentoren insbesondere die Methoden und Verfahren ein, die sich in der Praxis als nützlich erwiesen haben. Dieser Erfahrungsaustausch ist für junge Unternehmen sehr wertvoll, weil sie von den Fehlern anderer lernen können. Dadurch sparen die Gründer sehr viel Zeit und Aufwand und können gezielt Fehlentwicklungen im eigenen Gründungsprozess vermeiden. Weiterhin werden durch Coaching-Angebote die sozialen Kompetenzen der Gründer ausgebaut, indem Soft Skills wie Führungskompetenz, Verhandlungsführung, Kommunikationsfähigkeit und Konfliktbewältigung gefördert und weiter entwickelt werden [25, S. 1499].

Schließlich ermöglichen Corporate Incubators den Gründern einen Zugang zu wertvollen Netzwerken, über die sie anderweitig nicht verfügen würden. Dies ist ein wichtiger Bestandteil des Leistungsangebots von Corporate Incubators, weil auf dem Markt noch fehlendes Vertrauen im Hinblick auf die Fähigkeiten der Gründer und das Produkt selbst herrscht [27, S. 17]. In der Regel verfügen die Inkubatoren über ein umfassendes Netzwerk an etablierten Partnerunternehmen, Experten und Investoren oder bieten gar den Zugang zum eigenen Kundenstamm. Dadurch erhalten die Gründer auf der einen Seite einen Zugang zu anderen Startups mit ähnlichen Herausforderungen und auf der anderen Seite werden sie an Berater, Geschäftspartner bzw. Investoren sowie mögliche Kunden und Lieferanten vermittelt [21, S. 20].

Der Austausch mit anderen Gründerteams innerhalb des Corporate Incubators ist von zentraler Bedeutung. Hierdurch können die Gründer vom gegenseitigen Know-how-Transfer, komplementären Problemlösungen und gemeinsamen Synergie- und Lerneffekten profitieren. Ein weiterer Vorteil ist, dass die Gründer einen Zugang zu den Netzwerkmitgliedern bekommen, die bereits von dem Corporate Incubator selektiert wurden. Dies reduziert die Komplexität bei der Suche nach neuen Kontakten und erleichtert die Kontaktvermittlung über den Inkubator [19, S. 289].

6.3.3 Inkubationsprozess

Das Konzept der Corporate Incubation schlägt sich in der Öffnung des Innovationsprozesses eines Unternehmens nieder, der zum Ziel hat, externes Wissen zu akquirieren. Dabei werden im Inkubator potenzielle Geschäftsideen in mehreren Phasen getestet und auf ihre Umsetzbarkeit geprüft und bewertet [12, S. 77].

Dieser Inkubationsprozess lässt sich typischerweise in vier, in manchen Fällen jedoch auch in fünf Phasen untergliedern. Abb. 6.3 gibt einen umfassenden Überblick über die einzelnen Phasen des Inkubationsprozesses. Weiterhin fasst sie die gesamten Aktivitäten des Corporate Incubators und die des betreuten Start-ups in jeder einzelnen Phase zusammen.

Am Anfang des Inkubationsprozesses geht es um die Identifikation potenzieller Start-ups, die ein hohes Wachstumspotenzial aufweisen [9, S. 26]. In dieser Phase wird im Rahmen eines Kommunikationskonzeptes um interessante Gründungsideen geworben, die der Inkubator vor dem Hintergrund seines eigenen Geschäftsmodells identifiziert hat und nun gezielt fördern möchte. In dieser Phase lernen sich die Gründer und der Corporate Incubator in einem ersten Treffen gegenseitig kennen, tauschen sich über ihre Erwartungshaltung aus und klären offene Fragen bezüglich des Gründungsprojektes. Hier wird sehr viel Wert auf die Qualität des Konzeptes gelegt.

Nachdem der Corporate Incubator einen Aufruf für Bewerbungen gestartet hat, beurteilt er in der zweiten Phase die eingegangenen Geschäftsideen nach bestimmten Kriterien, wie zum Beispiel Einmaligkeit der Idee, Innovationsgrad oder technologischer Fortschritt. Zudem werden auch die fachliche und soziale Kompetenz des Gründers sehr sorgfältig untersucht, weil die Persönlichkeit des Gründers mindestens so wichtig ist wie die inhaltliche Ausgestaltung der Geschäftsidee. Hierbei wird insbesondere auf die Qualifikation und Erfahrungen

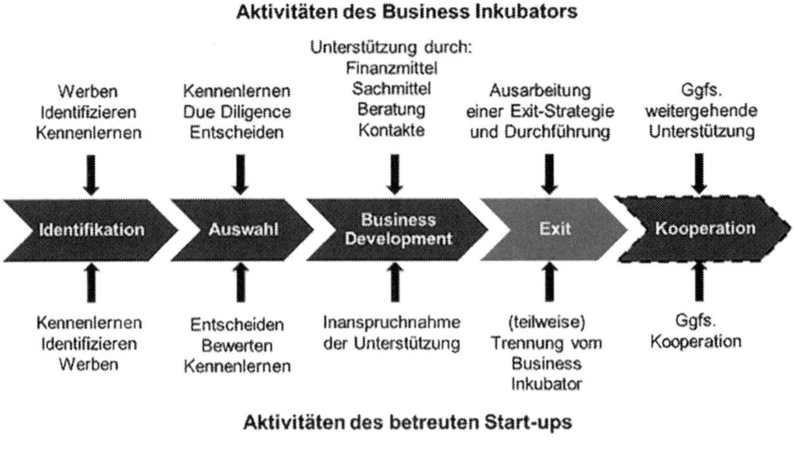

Aktivitäten des Business Inkubators

Werben Identifizieren Kennenlernen	Kennenlernen Due Diligence Entscheiden	Unterstützung durch: Finanzmittel Sachmittel Beratung Kontakte	Ausarbeitung einer Exit-Strategie und Durchführung	Ggfs. weitergehende Unterstützung
Identifikation	Auswahl	Business Development	Exit	Kooperation
Kennenlernen Identifizieren Werben	Entscheiden Bewerten Kennenlernen	Inanspruchnahme der Unterstützung	(teilweise) Trennung vom Business Inkubator	Ggfs. Kooperation

Aktivitäten des betreuten Start-ups

Abb. 6.3 Inkubationsprozess. (Eigene Darstellung in Anlehnung an [9, S. 26])

der Gründerpersonen eingegangen [25, S. 1498]. Je nach Investitionsumfang führt der Corporate Incubator eine umfangreiche Due Diligence durch, die eine sorgfältige Risikoprüfung beinhaltet [12, S. 28]. Anschließend erfolgt auf Basis eines mehrstufigen Auswahlverfahrens eine Entscheidung, ob das Start-up im Inkubator aufgenommen wird oder nicht. Ziel des Auswahlverfahrens ist es, zu prüfen, ob ein Unternehmen oder angehender Gründer die notwendige Unterstützung durch den Inkubator erhalten kann [27, S. 17]. Daneben ist es auch wichtig abzuwägen, ob das Start-up für das Inkubatorprogramm geeignet ist. Das heißt, ob beispielsweise das Start-up auf eine bestimmte Branche spezialisiert ist, die der Inkubator im Fokus hat. Die Entscheidung hängt auch davon ab, inwieweit das Unternehmenskonzept einen Mehrwert für beide Seiten generiert und ob eine mögliche Kooperation im Anschluss des Inkubationsprozesses in Aussicht steht. Eine Zusammenarbeit bedarf aber selbstverständlich auch der Zustimmung des Start-ups, denn der Gründer muss ebenfalls entscheiden, ob der Corporate Incubator mit seinem Programm zu ihm passt oder nicht. Wenn sich beide Parteien für die Zusammenarbeit entschieden haben, erfolgt eine vertragliche Ausgestaltung zwischen dem Corporate Incubator und dem Start-up.

Danach beginnt die Phase des „Business Development". Das ist die intensive Betreuungsphase, in der die Start-ups für eine bestimmte Zeit in die Räumlichkeiten des Corporate Incubators ziehen und ständig vom Corporate Incubator in allen Belangen unterstützt und begleitet werden. In der Praxis hat sich ein Zeitraum von drei bis sechs Monaten bewährt. Die Gründer können in diesem Zeitraum die Unterstützungsangebote des Corporate Incubators in vollem Umfang in Anspruch nehmen, um ihr Geschäftskonzept in einen ersten funktionstüchtigen Prototyp zu verwandeln und die Marktfähigkeit des Produktes oder der Dienstleistung zu testen.

In der letzten Phase arbeitet der Corporate Incubator nach der erfolgreichen Gründung eine Exit-Strategie aus, die zum Ziel hat, einen hohen Gewinn aus der Beteiligungsinvestition zu realisieren [9, S. 12 ff.]. Damit trennt sich das betreute Start-up vom Corporate Incubator. In der Regel steht das Start-up nach der Inkubationszeit für eine Anschlussfinanzierung bereit. In vielen Fällen kommt es jedoch zu einer Kooperation zwischen dem Corporate Incubator und dem Start-up, insbesondere wenn die Gründer weiterhin die Beratungsleistungen sowie das Netzwerk des Inkubators nutzen möchten [25, S. 1499]. Eine Kooperation kann in unterschiedlichen Ausprägungen auftreten, beispielsweise in Form von einem vollständigen Kauf des Start-ups, Beteiligungskapital oder Lizenzierung des Produktes oder der Dienstleistung.

6.3.4 Rolle der Inkubatoren für Unternehmensgründer

Das dargestellte Dienstleistungsspektrum eines Corporate Incubators verdeutlicht die zentrale Rolle der Inkubatoren für die Unternehmensgründung. Grundsätzlich haben junge Unternehmen häufig Probleme, ein Unternehmen erfolgreich zu gründen. Dies ist auf die mangelnden Fähigkeiten der Unternehmensgründer und auf die fehlenden finanziellen Mittel zurückzuführen. Zudem verfügen sie nicht über die vollständigen Ressourcen. Daher benötigen die Gründer im Gründungsprozess in unterschiedlichem Umfang und in unterschiedlicher Intensität Hilfe von Dritten, um das Unternehmen schnell und erfolgreich aufzubauen [14, S. 278]. Nach Achleitner und Engel haben sich für die Gründer vier Engpassfaktoren herausgebildet, die nachfolgend näher erläutert werden:

- Eigenkapital
- Know-how
- Sachmittel/Infrastruktur
- Motivation und Kontakte

Junge Unternehmen verfügen in der Regel nicht über ausreichendes Eigenkapital, um die Gründung und die ersten Entwicklungsphasen des Unternehmens zu finanzieren [2, S. 17]. Angesichts des anfänglich hohen Kapitalbedarfs ergibt sich die Notwendigkeit, extern nach Finanzierungsquellen zu suchen. Dieser Kapitalbedarf kann meistens mit herkömmlichen Finanzierungsformen nicht gedeckt werden, weil die Start-ups nicht über ausreichende Sicherheiten verfügen [9, S. 15]. Da die Unternehmensgründer, die sich meist im frühesten Ideationsstadium befinden, am Anfang noch über keine Bekanntheit bei potenziellen Investoren verfügen und auch zu den Banken keine solide Vertrauensbasis aufgebaut haben, greifen sie präferiert auf das Konzept des Inkubators zurück. Dieser geht, wie bereits erläutert, oftmals eine finanzielle Beteiligung an der Unternehmensgründung ein oder bezuschusst die Gründerteams [19, S. 290]. Dadurch wird das Start-up mit Kapital versorgt und kann die erforderlichen Anfangsinvestitionen für die Produktinnovation tätigen. Somit kann ein Corporate Incubator die vorhandene Finanzierungslücke des jungen Unternehmens schließen.

Neben Liquiditätsengpässen fehlt es den Gründern des Weiteren oftmals an strategischen und betriebswirtschaftlichen Kenntnissen. Dies führt dazu, dass die Gründer zwar über sehr viel Fachwissen in ihrem Spezialgebiet verfügen, aber kein Unternehmen erfolgreich aufbauen können. Demzufolge sind vor allem junge

Gründer auf externe Beratung und Coaching angewiesen, um sich das fehlende Wissen im Bereich der allgemeinen Betriebswirtschaftslehre anzueignen [13, S. 8]. Ein Corporate Incubator stellt diese Beratung häufig als zentrale Dienstleistung bereit und begleitet das Unternehmen somit durch den sehr aufwendigen Gründungsprozess.

Darüber hinaus stellen die Sachmittel sowie die unternehmerische Infrastruktur einen weiteren Engpassfaktor für die Gründer dar. Aufgrund des anfänglich geringen Kapitals ist es für die Gründer sehr schwierig, Büroräume zu marktüblichen Konditionen zu beziehen und diese vollumfänglich auszustatten. Deshalb kommt Corporate Incubators an dieser Stelle eine große Bedeutung zu. Diese ermöglichen eine intensive Zusammenarbeit an einem gemeinsamen Standort. Durch die kollektive Nutzung von Büroflächen und technischen Equipments können Start-ups Kosten sparen [27, S. 6]. Dadurch reduzieren sich die hohen finanziellen Aufwendungen in den ersten Entwicklungsphasen maßgeblich.

Ferner verfügen die Gründer zu Beginn des Gründungsprozesses noch über keinen ausgereiften Zugang zu Netzwerken aus Partnern, Lieferanten, potenziellen Kunden und Investoren. Dies ist jedoch die Basis für die erfolgreiche Vermarktung der Produktinnovation. Die Suche und Anbahnung solcher Kontakte ist jedoch sehr zeitaufwendig und kostspielig. Daher ermöglichen Corporate Incubators den Zugang zu solchen Netzwerken, wodurch sich bedeutende Synergien realisieren lassen. Schließlich kommt es angesichts des enormen Drucks auf die Gründer zwischenzeitlich zu Motivationsproblemen. Die Gründer verlieren oftmals ihr Ziel aus den Augen und versinken in einer organisatorischen Aufbauarbeit. Derartige Phasen können durch den Corporate Incubator minimiert werden, indem er für die Gründer einen angenehmen Arbeitsort mit gegenseitigem Erfahrungsaustausch schafft [2, S. 18 ff.]. All diese Engpassfaktoren stellen die Gründer vor die große Herausforderung, das Unternehmen erfolgreich aufzubauen und rechtzeitig das Produkt bzw. die Dienstleistung auf den Markt zu bringen. Daher stellen Inkubatoren im Rahmen der Start-up-Förderung ein wertvolles Instrument dar, diesen Engpassfaktoren entgegenzuwirken [13, S. 9].

Dem Konzept des Inkubators wird vor allem vor dem Hintergrund eines möglichst schnellen Markteintritts eine besondere Bedeutung beigemessen. Denn Corporate Incubators verkürzen die Zeitspanne bis zum Markteintritt, indem eine gemeinsame Arbeitsteilung zwischen Inkubator und Unternehmensgründer geschaffen wird [14, S. 283]. Zusammenfassend ist festzuhalten, dass Inkubatoren die Entwicklung des Unternehmens positiv beeinflussen und somit die Überlebenswahrscheinlichkeit sowie die Erfolgschancen für Start-ups erhöhen [10, S. 84].

6.4   Fallbeispiel: Die comdirect Start-up Garage – wie sich Innovationsimpulse aus einem Corporate Incubator generieren lassen

Die comdirect bank AG verfolgt mit der Start-up Garage eine eigene Strategie. Wie bereits erläutert, verändert sich das Kundenverhalten radikal und in immer schnelleren Zyklen, worauf insbesondere die FinTechs aktuell teils schneller und gezielter mit innovativen Lösungen reagieren. Um an diesem externen Innovationspotenzial zu partizipieren, hat die comdirect bank AG mit der comdirect Start-up Garage ein eigenes Konzept entwickelt. Hierbei strebt sie neue Kooperationswege mit den agilen FinTechs an und verlängert durch die Inanspruchnahme der Innovationskraft der FinTech-Szene seine Forschungs- und Entwicklungstätigkeiten nachhaltig. Als moderne Direktbank sieht die comdirect diese Start-ups als natürliche Partner für sich an. Damit stellt die Start-up Garage ein Instrument zur Kollaboration mit Start-ups dar, um gemeinsam neue Ideen und Innovationen weiter voranzutreiben [26, S. 534].

Die Start-up Garage der comdirect bietet Gründern und Start-ups aus dem Fin-Tech-Bereich eine erste Anlaufstelle, die diesen die Möglichkeit gibt, an einem mindestens dreimonatigen Inkubatoren-Programm teilzunehmen und gemeinsam mit der comdirect innovative Geschäftsmodelle zu entwickeln. Dabei unterscheidet sich das Konzept von klassischen Inkubatoren in vielerlei Hinsicht. Die Start-up Garage ist kein strategischer oder finanziell orientierter Inkubator im klassischen Sinne. Es handelt sich um ein Instrument, das auf die Frühphase der Umsetzung einer Geschäftsidee abzielt und hier mit seiner Unterstützungsleistung ansetzt. Dies bedeutet, dass Gründer oder Start-ups häufig nur eine Idee (und kein fertiges Start-up) generiert haben müssen, bevor sie überhaupt in die Start-up Garage eintreten. Es besteht also zumeist noch kein Prototyp. Erst innerhalb der Garage wird ein erster lauffähiger Prototyp, das sogenannte Minimum Viable Product (MVP) entwickelt. Klassische Inkubatoren fördern hingegen primär Start-ups, die mit einem fertigen MVP bereits Visibilität auf dem Markt erlangt haben. Zudem erfolgt die Zusammenarbeit in der Start-up Garage, ohne dass die comdirect Unternehmensanteile an dem Start-up erwirbt: Die Start-up Garage tritt gezielt nicht als Funding-Anbieter auf. Denn der Ansatz der Start-up Garage ist nicht die strategische Investition in ein Start-up mit dem Ziel der Gewinnmaximierung durch die Rendite bei Exit nach einem gewissen Zeitpunkt.

Ziel ist es vielmehr, sich mit kreativen Gründern auszutauschen, die neue Herangehensweisen an das eigene Geschäftsmodell aufzeigen. Dies unterstützt Lerneffekte und erzielt Effizienz- sowie Synergieeffekte. Aktuell steht die comdirect Start-up Garage als einziger frühphasiger Ideeninkubator für Start-ups in der

Finanzindustrie in Deutschland. Die comdirect erhält dadurch tiefe Einblicke in innovative Geschäftsideen, die wiederum für den Kunden der comdirect einen eindeutigen Mehrwert schaffen können. Werden Ideen von Start-ups während der gemeinsamen Kooperation innerhalb der Start-up Garage so gut umgesetzt, dass sie den comdirect-Kunden einen Mehrwert bieten, ist die comdirect bereit, den neu entstandenen Service auch punktuell seinen Kunden anzubieten. Ein USP der Start-up Garage ist also auf die comdirect als führende deutsche Direktbank zurückzuführen, die über einen großen Stamm an digital-affinen Kunden verfügt.

Ein weiteres Alleinstellungsmerkmal der Start-up Garage ist die Unterstützung der Start-ups ohne Anteilserwerb. Dies ist ein bedeutender Faktor, weil sich im Rahmen vieler Gespräche mit den Start-ups gezeigt hat, dass dies ein wichtiges Entscheidungskriterium für die Start-up Garage ist. Damit positioniert sich die Start-up Garage als einziger Inkubator im Bankenumfeld, der keine Anteile an den Unternehmen erwirbt. Dieser USP wird weiterhin durch ein umfassendes Leistungsprogramm untermauert. Denn in der Start-up Garage erhalten die Gründer ein individuelles Förderprogramm, um den nötigen Support für die Innovationsarbeit zu bieten. Im Einzelnen stellt sich das Leistungsprogramm der Start-up Garage wie folgt dar:

- ggf. Zugang zu Kunden bei erfolgreicher Umsetzung eines MVP
- Angebot von Co-Working Space
- fachliche und technische Unterstützung
- ein monetärer Zuschuss in Höhe von 10.000 EUR, der nicht an Anteilsabgabe seitens des Start-ups gebunden ist
- Coaching und externes Mentoring

Für die Teilnehmer der Start-up Garage ist die comdirect ein attraktiver Partner, weil sie mit etwa drei Millionen Kunden über eine entscheidende Multiplikatorenbasis für Geschäftsmodelle verfügt. Damit erhalten die Start-ups bereits Zugang zu einem großen Kundenstamm und können schnell Reichweite generieren, ohne finanzielle Belastungen für die Kundenakquise aufnehmen zu müssen (Stichwort: Customer Acquisition Costs). Dies ist ein bedeutender Faktor für junge Unternehmen, weil sie in der Regel in der Anfangsphase noch keine Bekanntheit in der Öffentlichkeit haben und dadurch nur sehr schwer die richtigen Kunden erreichen können. Im Inkubatorprogramm leistet die Start-up Garage gleichzeitig Presse- und Öffentlichkeitsarbeit, um die Bekanntheit der Start-ups zu steigern.

Zudem bietet die Start-up Garage Räumlichkeiten an, beispielsweise im Hamburger Co-Working Space betahaus. Durch die Kooperation mit dem betahaus erhalten die Start-ups in der Garage einen Zugang zu einer funktionierenden Start-up Community und dem damit verbundenen Ökosystem. Dies ermöglicht einen intensiven Austausch mit anderen Gründern, sodass am Erfahrungsschatz anderer Gründer partizipiert werden kann.

Weiterhin erhalten die Gründer oder Start-ups neben den Räumlichkeiten auch eine fachliche und technische Unterstützung. Die Spezialisten aus den jeweiligen Fachabteilungen der comdirect beraten Start-ups zu bank- und marktfachlichen Themen, etwa bei Fragen rund um die Themen Produkt, Marketing oder Regulatorik. Insbesondere die Unterstützung aus den Bereichen Recht, Compliance und Regulatorik sind für Gründer sehr wertvoll, weil sie in der Regel fehlende Kenntnisse in diesen Bereichen aufweisen und somit Unterstützungsbedarf haben.

Des Weiteren stellt die comdirect auch noch Hardware und ggfs. Software zur Verfügung (zum Beispiel Notebooks, Monitore, Telefon, Internet usw.) und gewährleistet den technischen Support dazu.

Um die Gründer finanziell zu unterstützen, erhalten sie eine Anschubfinanzierung in Höhe von 10.000 EUR. Hierbei handelt es sich nicht um Seed- oder VC-Kapital im klassischen Sinne, weil, wie bereits beschrieben, keine Anteile an der zu gründenden Unternehmung an die comdirect abgetreten werden müssen. Zusätzlich erhalten die Gründer bei Bedarf auch ein umfassendes Coaching sowie Zugang zu externen Mentoren, um ihre Skills zu erweitern oder die eigene Geschäftsidee durch erfahrene Sparringspartner im Dialog zu detaillieren.

Zusammenfassend gibt Abb. 6.4 einen umfassenden Überblick über die Start-up Garage. Hierbei handelt es sich um eine simplifizierte Darstellung des Business Model Canvas, welches ein nützliches Instrument ist, um einen Geschäftsmodellansatz (bzw. in diesem Fall das Spektrum der comdirect Start-up Garage) übersichtlich zu erfassen.

Das Kooperationsangebot stellt einen entscheidenden Einflussfaktor für den Erfolg der Start-up Garage dar. Die comdirect Start-up Garage ist für die Gründer Ausgangs- und Treffpunkt sowie Arbeitsfläche zugleich. Es werden gemeinsam Ideen in Lösungen überführt, wobei die comdirect umfangreiche Ressourcen bereitstellt und den Gründern tiefe Einblicke und Zugang zu Kernbanktechnologien und -dienstleistungen ermöglicht. Dies hat einen entscheidenden Vorteil für die Start-ups aus dem FinTech-Bereich, weil diese häufig auf die Infrastruktur einer Bank angewiesen sind, um die Finanzgeschäfte der Kunden abwickeln zu können. Zudem ermöglicht die comdirect den Gründern den notwendigen Zugang zum eigenen Netzwerk bzw. zu den eigenen Kunden. So kann ein Start-up über das comdirect-Netzwerk eine möglichst maximale Reichweite für das eigene Angebot erreichen. Durch die Kooperation mit comdirect ergibt sich für die Gründer eine bessere Verhandlungsposition bei Investoren, weil sie mit einem etablierten Partner eine höhere Wahrnehmung erzielen.

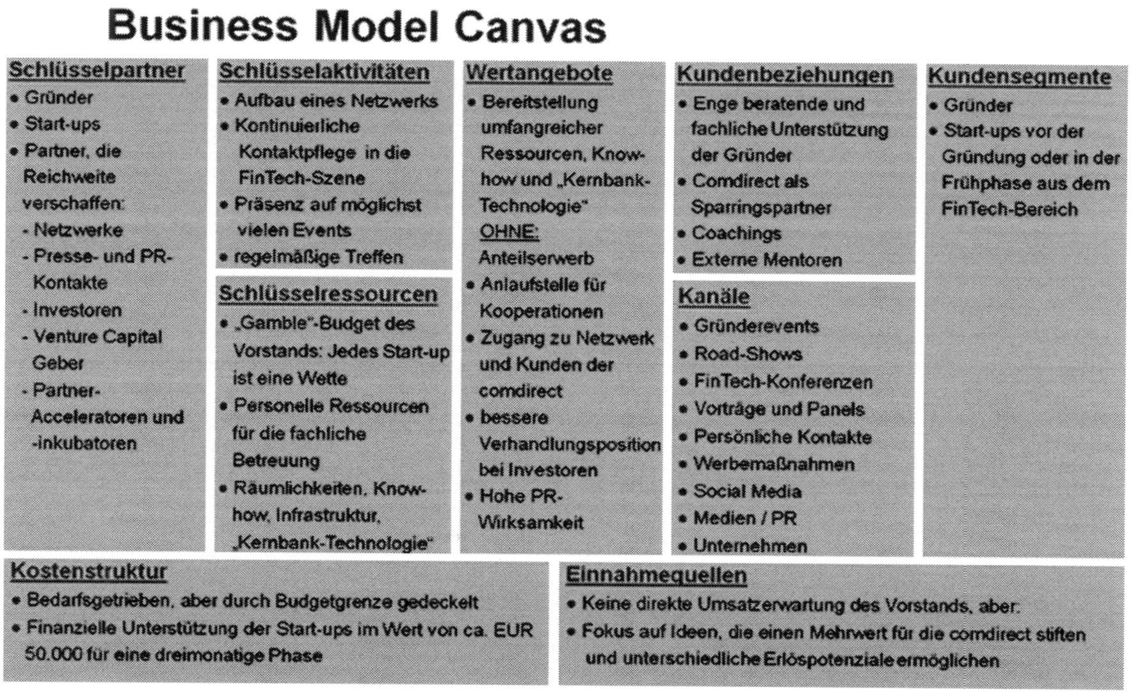

Business Model Canvas

Schlüsselpartner
- Gründer
- Start-ups
- Partner, die Reichweite verschaffen:
  - Netzwerke
  - Presse- und PR-Kontakte
- Investoren
  - Venture Capital Geber
  - Partner-
  - Acceleratoren und -inkubatoren

Schlüsselaktivitäten
- Aufbau eines Netzwerks
- Kontinuierliche Kontaktpflege in die FinTech-Szene
- Präsenz auf möglichst vielen Events
- regelmäßige Treffen

Schlüsselressourcen
- „Gamble"-Budget des Vorstands: Jedes Start-up ist eine Wette
- Personelle Ressourcen für die fachliche Betreuung
- Räumlichkeiten, Know-how, Infrastruktur, „Kernbank-Technologie"

Wertangebote
- Bereitstellung umfangreicher Ressourcen, Know-how und „Kernbank-Technologie"
OHNE:
- Anteilserwerb
- Anlaufstelle für Kooperationen
- Zugang zu Netzwerk und Kunden der comdirect
- bessere Verhandlungsposition bei Investoren
- Hohe PR-Wirksamkeit

Kundenbeziehungen
- Enge beratende und fachliche Unterstützung der Gründer
- Comdirect als Sparringspartner
- Coachings
- Externe Mentoren

Kanäle
- Gründerevents
- Road-Shows
- FinTech-Konferenzen
- Vorträge und Panels
- Persönliche Kontakte
- Werbemaßnahmen
- Social Media
- Medien / PR
- Unternehmen

Kundensegmente
- Gründer
- Start-ups vor der Gründung oder in der Frühphase aus dem FinTech-Bereich

Kostenstruktur
- Bedarfsgetrieben, aber durch Budgetgrenze gedeckt
- Finanzielle Unterstützung der Start-ups im Wert von ca. EUR 50.000 für eine dreimonatige Phase

Einnahmequellen
- Keine direkte Umsatzerwartung des Vorstands, aber:
- Fokus auf Ideen, die einen Mehrwert für die comdirect stiften und unterschiedliche Erlöspotenziale ermöglichen

Abb. 6.4 Business Model Canvas für die Start-up Garage. (Eigene Darstellung)

Die comdirect verfolgt mit der Start-up Garage eine partnerschaftliche Zusammenarbeit mit den Gründern bzw. Start-ups. Dabei begreift sich die Start-up Garage in erster Linie als Enabler und Sparringspartner, sodass beide Seiten voneinander profitieren können. Als Sparringspartner unterstützt die Start-up Garage die kreativen Ansätze der Start-ups mit dem notwendigen fachlichen Blickwinkel. Hierzu erhalten die Gründer auf unterschiedlichen Arten emotionale, strategische, technische sowie fachliche Unterstützung. Die Mitarbeiter der comdirect stehen den Start-ups als Ansprech- und Sparringspartner für die jeweiligen Fragestellungen zur Verfügung und gewinnen selbst durch die Zusammenarbeit mit den Start-ups wertvolle Einblicke und Impulse für die eigene Arbeit.

Zudem können die Gründer Patenschaften mit Meinungsbildnern aus dem FinTech- oder Banking-Bereich eingehen, die als externe Mentoren fungieren. In diesem Sinne bedeutet Enabler das Ermöglichen und ggf. Bereitstellen von Leitplanken, um eine Geschäftsidee zielgerichtet zu einem ersten Prototyp zu führen. Gleichzeitig lässt die Start-up Garage den Gründern den kreativen Freiraum und greift nur bei Bedarf ein, um eine beratende und fachliche Unterstützung zu leisten. Denn Ziel ist es, Innovationsimpulse von den Start-ups aufzunehmen und signifikante Lernkurveneffekte in Bezug auf Agilität und Know-how sowie die Kultur der Start-ups zu generieren.

Die comdirect hat keine direkte Umsatzerwartung, aber einen sehr starken Fokus auf die Ideen, die einen Mehrwert für die comdirect stiften und idealerweise unterschiedliche Erlöspotenziale ermöglichen. Dies bedeutet, dass die comdirect von den Start-ups zwar kein Geld für die Bereitstellung der Ressourcen bzw. für ihre Dienstleistungen beansprucht. Dennoch stellt sie den Service (die Lösung oder das Produkt) ihren Kunden zur Verfügung, die wiederum im Optimalfall für die Nutzung bezahlen.

6.4.1 Ablauf des Garagenprozess

Der grundsätzliche Geschäftsablauf der Start-up Garage stellt sich wie in Abb. 6.5 gezeigt dar.

Der Inkubator beinhaltet hauptsächlich vier Kernprozessschritte. Der Garagenprozess beginnt mit der Akquisition von Start-ups. Hierzu muss zunächst ein Auswahlprozess definiert werden, um sinnvolle Gründer bzw. Start-ups zu akquirieren. Hierdurch kann die Qualität der in die Start-up Garage aufzunehmenden Start-ups sichergestellt werden. Zunächst wird im Rahmen des Kommunikationskonzeptes ein Aufruf für Bewerbungen gestartet und eine Anlaufstelle geschaffen,

Abb. 6.5 Ablauf des Garagenprozesses. (Eigene Darstellung)

bei der Start-ups Bewerbungen einreichen können. Grundsätzlich erfolgt die Bewerbung digital auf der Website der Start-up Garage.

Die eingegangenen Bewerbungsunterlagen und die Präsentationen werden einer ersten Prüfung unterzogen. Ziel der Auswahl ist es, Start-ups auszuwählen, deren Geschäftsmodell inhaltlich eine Nähe zu der strategischen Ausrichtung der comdirect aufweist. Anschließend erfolgt eine direkte Entscheidung, ob das Start-up abgelehnt wird oder durch die comdirect eine Weiterverfolgung geprüft werden soll. Die zur Prüfung zugelassenen Pitches werden innerhalb kürzester Zeit auf ihre Markttauglichkeit sowie Umsetzbarkeit geprüft. Hat ein Start-up einen guten Eindruck hinterlassen und der Beschluss fällt positiv aus, ist die Art der Unterstützung gemeinsam mit dem Bewerber abzustimmen und ein Startdatum zu definieren. Dieser Auswahlprozess kann bis zu vier Wochen andauern, bis der endgültige Beschluss gefasst wird. Zu Beginn der Kontaktaufnahme wird ein solides Vertrauensverhältnis aufgebaut. Das Start-up wird mit den Rahmenbedingungen, Räumlichkeiten, technischen Gegebenheiten und Ansprechpartnern vertraut gemacht. Vor der Arbeitsaufnahme werden die einzelnen Arbeitsschritte mit den Gründern vertraglich fixiert.

Sind die Start-ups ausgewählt, die in die Start-up Garage dürfen, beginnt die zyklische operative Arbeit an der Geschäftsidee. Zu Beginn des Programms bieten die Mitarbeiter der comdirect den Gründern ihre umfangreichen Beratungsleistungen an. Diese reichen von Gründercoachings, über Fördermittelberatung, Strategieberatung, Prozess- und Organisationsberatung bis zu Marketingberatung. Nachdem die Gründer vollständig auf das Gründungsvorhaben vorbereitet wurden, erfolgt die Leistungserstellung. Hier werden neue Technologien getestet, Apps entwickelt oder ähnliche Prototypen gebaut, um diese anschließend auf dem Markt zu testen. Erreicht das MVP seinen Reifegrad wird noch ein abschließendes Testing durchgeführt und das Ergebnis der comdirect vorgestellt. Anschließend entscheidet die comdirect, wie sie mit dem Geschäftsmodell weiter verfahren möchte.

Parallel laufen die Managementprozesse, die die Kernprozesse innerhalb der Start-up Garage steuern. Diese umfassen die Strategie, Planung, Umsetzung und Erfolgskontrolle. Gemeinsam wird eine individuelle Strategie auf Basis einer Zielvereinbarung erarbeitet. Das Ziel ist die Entwicklung eines „lauffähigen" MVP innerhalb von drei Monaten und die Lieferung von Ergebnissen in bester Qualität. Diese beinhalten quantitativ messbare Fortschritte und erfolgreiche Unternehmensgründungen. Weitere Prozessschritte wie Marketing und Vertrieb unterstützen die Kernprozesse innerhalb der Start-up Garage.

Am Ende der gemeinsam definierten Dauer der Zeit des Start-ups in der Garage wird das Erreichte evaluiert und je nach Reifegrad der Lösung über eine weitere Integration des innovativen Geschäftsmodells entschieden.

6.4.2 Strategische Zielsetzungen der comdirect Start-up Garage in der Innovationsgewinnung

Die Start-up Garage ist ein smarter, hocheffizienter Ansatz, der im Vergleich zur Konkurrenz zum primären Ziel hat, externe Innovation für die comdirect nutzbar zu machen. Dafür ist das langfristige Ziel der Start-up Garage, sich am Markt fest zu etablieren und nachhaltige Geschäftsbeziehungen mit FinTechs aufzubauen. Die Start-up Garage soll zudem als seriöser Partner für erfolgreiche Unternehmensgründungen wahrgenommen werden. Abb. 6.6 stellt weitere Unterziele der Start-up Garage dar.

Die Gewinnung von neuen Kunden ist ein erfolgsentscheidendes Kriterium für die comdirect. Durch die Zusammenarbeit mit den FinTechs können innovative Produkte und Dienstleistungen sehr schnell auf den Markt gebracht werden.

Ein weiteres Unterziel der comdirect ist die Bindung von Bestandskunden, indem die neuen Produkte und Dienstleistungen auf die individuellen Bedürfnisse der Kunden zugeschnitten werden. Diese beinhalten beispielsweise Verbesserungen bestehender Produktangebote oder die Erweiterung von Finanzdienstleistungen um gänzlich neue Technologien. Dadurch erreicht die comdirect eine hohe Kundenzufriedenheit. Dies stärkt das Kundenvertrauen und erhöht die Loyalität gegenüber der comdirect.

Des Weiteren kann die comdirect ihr Produktportfolio um neue Produkte und Dienstleistungen erweitern und dadurch das Neugeschäft ankurbeln. Ziel ist es, der Start-up Garage mit einem konkurrenzfähigen und attraktiven Angebot bei gleichzeitig hoher Qualität eine schnelle Marktbekanntheit zu ermöglichen. Dabei profitiert die Start-up Garage von dem guten Namen der comdirect.

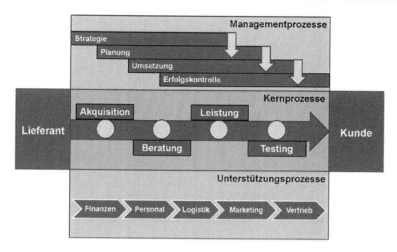

Abb. 6.6 Ziele der Start-up Garage. (Eigene Darstellung)

Ein weiteres Unterziel der Start-up Garage stellt der intensive Austausch mit den Start-ups aus der FinTech-Szene dar. Ziel ist es, von den agilen FinTechs zu lernen und die eigenen Geschäftsprozesse schlanker und effizienter auszurichten. Dadurch kann gewährleistet werden, dass die comdirect die Kunden aufgrund langer und intransparenter Prozessvorgänge nicht an die Konkurrenz verliert.

Schließlich ist die kulturelle Inspiration ein weiteres Erfolgskriterium für die Start-up Garage. Denn der Einblick in die schlanke und lebhafte Start-up-Kultur ist für die comdirect ein Gewinn. Die Start-ups haben sehr flexible Strukturen und sind sehr innovativ. Dadurch kann die comdirect ihre eigene Perspektive erweitern und dadurch schnell und agil neue Innovationen gewinnen. Durch die permanent mit Impulsen ergänzte Innovationskraft der comdirect können langfristige und dauerhafte Wettbewerbsvorteile gegenüber der Konkurrenz erzielt werden.

6.5 Zusammenfassung

Die sich stark verändernden Umweltfaktoren in der Finanzindustrie zwingen die Marktakteure, neue Zugangswege zum Kunden zu erschließen und die eigene Wertschöpfungskette zum einen zu ergänzen sowie zum anderen gegen neue Wettbewerber zu verteidigen. Die Steigerung der Innovationskraft ist dabei ein wichtiges Element, um dem zu begegnen. Wie in diesem Artikel dargestellt, haben sich Inkubatoren als Instrument zur Steigerung des Innovationspotenzials etabliert, wobei festzustellen ist, dass sehr bewusst eine Entscheidung für ein jeweiliges Inkubatorenmodell getroffen werden muss, um die maximal nützliche Lösung für das jeweilige Unternehmen zu erzielen. Zudem ist es entscheidend, eine klare Zielsetzung zu erarbeiten, damit (wie im Falle der comdirect Start-up Garage) der Inkubator einen gezielten Wertbeitrag erbringt.

Die Zusammenarbeit von größeren Unternehmen mit Start-ups ermöglichen wichtige Insights in neue Arbeitsmethoden sowie Kreativitätstechniken und zeigen auf, wie innovativ sich kleinere Organisationen bestimmten Herausforderungen der Wertschöpfungskette eines Branchengeschäftsmodells stellen. Als Institution zur Förderung dieser Zusammenarbeit dient ein Corporate Incubator als wirksames Instrument zur Erschließung von externen Innovationsimpulsen und trägt somit zur Steigerung der unternehmenseigenen Innovationskraft bei. Die comdirect hat mit der Start-up Garage ein eigenes Inkubatorenkonzept entwickelt, um die Vorteile des Theorems der Inkubatoren passgenau auf die eigenen Bedarfe und Möglichkeiten abzustimmen und so den für sich maximalen Effekt in Bezug auf die Gewinnung von Innovationsimpulsen zu erzielen.

Literatur

1. Achleitner A-K (o. J.) Inkubator. http://wirtschaftslexikon.gabler.de/Archiv/9756/inkubator-v7.html. Zugegriffen: 13.11.2016
2. Achleitner A-K, Engel R (2001) Der Markt für Inkubatoren in Deutschland. http://www.cefs.de/files/Inkubatoren.pdf. Zugegriffen: 13.11.2016
3. Alberti J (2011) Geschäftsmodelle für Inkubatoren. Strategien, Konzepte, Handlungsempfehlungen. Springer Gabler, Wiesbaden
4. Berhorst U (2015) Marktforschung Digitalisierung. in: BankInformation 1:24–25
5. Bussmann J, Dresel S, Peters H (2014) Digitale Fähigkeiten im Retail-Banking. Die Bank: Zeitschrift für Bankpolitik und Praxis 1: 67–71
6. ChâlonsC, Dufft N (2016) Die Rolle der IT als Enabler für Digitalisierung. In: Abolhassan, F (Hrsg.): Was treibt die Digitalisierung? Warum an der Cloud kein Weg vorbeiführt, S. 67–71. Springer Fachmedien, Wiesbaden
7. Dapp T F, Stobbe A, Wruuck P. (2013) Die Zukunft des (mobilen) Zahlungsverkehrs. Banken im Wettbewerb mit neuen Internet-Dienstleistern. https://www.dbresearch.de/PROD/DBR_INTERNET_DE-PROD/PROD0000000000301018.PDF Zugegriffen: 13.11.2016
8. Dombret A (2015) Aussitzen ausgeschlossen: Was bedeutet Digitalisierung für den Bankensektor in Deutschland?. Zeitschrift für das gesamte Kreditwesen 18:860–864
9. Eberle G (2004) Business Inkubation und erfolgreiche Exit-Strategien. Konzepte für eine praxisorientierte Umsetzung. Verlag Dr. Kovac, Hamburg
10. Fischer M (2011) Hochschulpräinkubatoren und ihr Einfluss auf Unternehmensgründungen in der Planungsphase: Eine qualitativ-empirische Analyse. Dissertation, Universität Lüneburg
11. Friedrich K (2015) Zukunftsmodell digitale Bank. Die Bank: Zeitschrift für Bankpolitik und Praxis 5: 30–31

12. Gaida K (2011) Gründen 2.0. Erfolgreiche Business-Inkubation mit neuen Internet-Tools. Springer Gabler, Wiesbaden
13. Heilmann D, Jung S, Reichart T (2015) Erfolgsfaktoren für die Etablierung von Inkubatoren im Ruhrgebiet. http://research.handelsblatt.com/assets/uploads//files/Studie_Inkubator.pdf. Zugegriffen: 13.11.2016
14. Hering T, Vincenti A (2005) Unternehmensgründung. Oldenbourg Wissenschaftsverlag, München
15. Hering T, Vincenti A, Heinle B (2002) Zum Einfluss des Inkubators auf Unternehmensgründungen. Finanz-Betrieb (FB), Zeitschrift für Unternehmensfinanzierung und Finanzmanagement 10:614–619.
16. Korschinowski S, Schumacher B (2015) Wer nichts tut, verliert. BankInformation 6:38–42
17. Kring T (2016) Delphi-Studie: Geschäftsmodell auf dem Prüfstand. BankInformation 1:6–11
18. Kröner M (2014) Facebook statt Sparbuch. Die Bank: Zeitschrift für Bankpolitik und Praxis 7:36–37
19. Landwehr S (2005) Know-how-Management bei der Gründung innovativer Unternehmen. Deutscher Universitätsverlag, Wiesbaden
20. Maisch M (2014) Das Kreuz mit der Digitalisierung. Handelsblatt 242:26
21. Meyer R, Sidler A U, Verkul A H (2014) Inkubatoren. Eine Analyse der Bedeutung und Qualität der Unterstützungsangebote von Inkubatoren für Start-ups im deutschsprachigen Raum. https://irf.fhnw.ch/bitstream/handle/11654/10498/2014-09-04%20Best%20Practice%20von%20Inkubatoren.pdf?sequence=1. Zugegriffen: 13.11.2016
22. Paxmann S, Roßbach S (2015) Innovative Geschäftsmodelle im Banking – Factbook. Bank-Verlag & TME Institut für Vertrieb und Transformationsmanagement, Köln
23. Roßbach P, Taubenberger Anton, Laszlo Marc (2015) Die Digitale Transformation bei Banken. http://www2.q-perior.com/wp-content/uploads/2016/06/Q_PERIOR_Studie_Digitale-Transformation_Banken.pdf. Zugegriffen: 13.11.2016
24. Schmidt B B (2014) Fintechs: neue Geschäftsmodelle für Banken. Die Bank: Zeitschrift für Bankpolitik und Praxis 9:75–77
25. Schwarz E J, Krajger I (2005). Wie Inkubatoren jungen, innovativen Unternehmen helfen. das wirtschaftsstudium (wisu), Zeitschrift für Ausbildung, Examen, Berufseinstieg und Fortbildung 12:1497–1501
26. Smolinski, R, Bodek, M C (2016) Start-up Garage als kollaborative Innovationsschmiede. In: Schallmo D et al (Hrsg.): Digitale Transformation von Geschäftsmodellen: Grundlage, Instrumente und Best Practices, S. 521–545.
27. Spath D, Walter A (2012) Mehr Innovationen für Deutschland. Wie Inkubatoren akademische Hightech-Ausgründungen besser fördern können. http://www.acatech.de/fileadmin/user_upload/Baumstruktur_nach_Website/Acatech/root/de/Publikationen/Projektberichte/acatech_STUDIE_Inkubatorlandschaft_WEB.pdf. Zugegriffen: 13.11.2016
28. von Zedtwitz, M (2005) Inkubatoren für die Kommerzialisierung neuer Technologien. In: Albers S, Gassmann O (Hrsg.): Handbuch Technologie- und Innovationsmanagement: Strategie – Umsetzung – Controlling, S. 547–564. Springer Fachmedien, Wiesbaden
29. Zillmann M, Ströbele E (2012) Zukunft der Banken 2020. Trends, Technologien, Geschäftsmodelle, https://www.de.cgi.com/sites/default/files/files_de/white-papers/LUE_Bankenstudie_f221012.pdf. Zugegriffen: 13.11.2016

Über die Autoren

Mariusz C. Bodek ist Gründer und Leiter der comdirect Start-up Garage. Er verantwortet die Auswahl und den gesamten Inkubationsprozess des Accelerators. Als Digital-Experte screent er weltweit FinTech-Unternehmen für die comdirect bank AG und ist zudem in der Start-up-Szene als Speaker aktiv. Darüber hinaus berät er als CEO der BEAM Consulting GmbH branchenübergreifend Klienten im In- und Ausland. Er ist Experte in den Bereichen Digital Transformation sowie Corporate Strategy und hat in den vergangenen zehn Jahren zahlreiche Projekte für Unternehmen aus Fortune Global 500, DAX, MDAX und SDAX verantwortet.

Julietta Matinjan hat 2014 den akademischen Grad im dualen Studiengang Business Administration an der HSBA Hamburg School of Business Administration erlangt. Im Zeitraum von 2011 bis 2016 arbeitete sie in der Mittelstandsbank der Commerzbank AG in Hamburg. Während ihrer fünfjährigen Ausbildung in der Commerzbank verantwortete sie in der Abteilung Medien & Institutionelle (TMT) den gesamten Tages- und Kreditgeschäft und bereitete zahlreiche Kundengespräche vor. Zudem hat sie in den vergangenen Jahren zahlreiche Projekte für die Commerzbank organisiert und verantwortet.

Opening the Black Box of Involvement – Wie Prognosemärkte die Venture Capital Landschaft revolutionieren können

7

Über eine mögliche Entwicklung im Wagniskapitalsegment

Max Werner, Andrea Vianelli und Mariusz C. Bodek

Zusammenfassung

Die Bank der Zukunft als Wegbereiter des Fortschritts. Wie könnte so etwas aussehen? In diesem Kapitel stellen wir eine neue, vielversprechende Methode der Wagniskapitalüberwachung vor, die der vorherrschenden Priorisierung von Spezialisierung im Wagniskapitalsegment ein Ende machen könnte. Basierend auf einem vielfach bewährten Prinzip der Prognosemarktforschung können mit der vorgestellten Methode vielfältigste Key-Performance Indikatoren überwacht und die nachhaltige Öffnung der Black Box der Beteiligung realisiert werden. Vorherrschende Prinzipal-Agenten-Konflikte und die so fortschrittshemmende Expertise Bindung können so der Vergangenheit angehören. Banken

M. Werner (✉)
KPMG AG Wirtschaftsprüfungsgesellschaft, Hamburg, Deutschland
E-Mail: werner.max@me.com

A. Vianelli
QUMMIF, London, England
E-Mail: a.vianelli@oulook.it

M.C. Bodek
comdirect bank AG, Quickborn, Deutschland
E-Mail: mb@beam-consulting.com

© Springer Fachmedien Wiesbaden GmbH 2017
R. Smolinski et al. (Hrsg.), *Innovationen und Innovationsmanagement in der Finanzbranche*, Edition Bankmagazin, DOI 10.1007/978-3-658-15648-0_7

und Finanzdienstleister, die sich auf den Einsatz der hier vorgestellten Methode einlassen, wären so in der Lage in der Zukunft breit diversifizierte und überdimensional große Wagniskapitalportfolios mit weniger Aufwand überwachen und steuern zu können. Der hier vorliegende Beitrag stellt jedoch erst einen ersten Schritt in diesem möglichen Zukunftsszenario dar. Weitere Tests und explorative Daten sind zum Zeitpunkt der Erstellung dieses Beitrages noch nicht vorhanden.

7.1 Einführung

Wie steht es um den Fortschritt unserer Zeit? Was ist das überhaupt und wer spielt welche Rolle in diesem Prozess des Strebens nach dem Unbekannten? Auch wenn diese Fragen schwierig zu beantworten sind, scheinen sich viele Experten darüber einig, dass die Zukunft des Fortschritts fest mit der Zukunft des Wagniskapitals verbunden sein muss [1]. Es erscheint logisch, denn Fortschritt impliziert das Unbekannte und der Umgang mit dem Unbekannten ist per Definition ein Risiko [2]. Wagniskapital (oder im deutschen auch gern Risikokapital) ist somit eine Form der Fortschrittsfinanzierung.

Mit diesem Wissen um die Bedeutung der Wagniskapitalgeber in der Geschichte des Fortschritts stellt sich die Frage nach der Verteilung des Kapitals. Denn je nach Verteilung des Kapitals wird der Fortschritt begünstigt oder blockiert. Wo also fließt das Wagniskapital und wo versiegt es? Schnell wird klar, dass eine gleichmäßige Verteilung des Wagniskapitals ausgeschlossen ist. Neben harten Finanzkennzahlen und Risikoindikatoren entscheidet im übergeordneten Sinne das Feingefühl und Fachwissen der Kapitalgeber über den tatsächlichen Kapitalfluss [3]. Da dieses Fachwissen in hohem Maße branchenspezifisch ist, ergibt sich ein natürlicher Schwerpunkt der Risikokapitalinvestitionen in der Banken- und Finanzdienstleisterbranche. Unternehmen mit Geschäftspraktiken im erweiterten Scope dieser Branche haben es so leichter an Risikokapital kommen, als andere. Dies gilt insbesondere für das deutsche Bankensegment. Venture Capital Gesellschaften deutscher Banken, investieren primär in Fin-Techs und Start-ups mit Banken/Finanzdienstleisterbezug [4].

Kurz gefasst lässt sich sagen, dass es durch die hohe Komplexität der Wagniskapitalinvestitionen zu einer Priorisierung der Spezialisierung vor der Diversifikation im deutschen Bankensegment gekommen ist [5]. Dies aufgreifend möchten wir in diesem Kapitel einen neuartigen Ansatz der Komplexitätsreduktion im Wagniskapitalbereich vorstellen, der es theoretisch möglich macht, dieser Priorisierung entgegenzuwirken. So könnten aus den branchenfixierten Banken von heute die Wegbereiter der Zukunft werden.

Um unseren neuartigen Ansatz zu beschreiben, werfen wir einen genaueren Blick auf die Schwierigkeiten im Umgang mit Wagniskapitalinvestitionen. Die Entscheidungsfindung im Kontext von Wagniskapitalinvestitionen ist im höchstem Maße komplex, nicht zuletzt durch die hohe finanzielle Volatilität sowie die ungewissen Entwicklungen junger Unternehmen [6]. Das bringt zwei primäre Monitoring-Probleme mit sich.

Zunächst ändern und passen sich Unternehmen in einem frühen Stadium üblicherweise an ihr ungewisses Umfeld, in dem sie ihre Geschäfte tätigen, an. Zuverlässige finanzielle Daten oder Prognosen bezüglich der Unternehmenszukunft sind daher sehr schwierig zu erhalten. Als Resultat basiert der Entscheidungsfindungsprozess bei Wagniskapital auf Erfahrung und nicht-finanziellen (weichen) Daten. Im Speziellen bedeutet dies, dass fünf von zehn bewerteten Kriterien für die Entscheidungsfindung sich auf die Erfahrung des Unternehmers oder seine Persönlichkeit und in keiner Weise auf das Unternehmen an sich beziehen [7].

Weiterhin können reguläre Methoden der finanziellen Bewertung, wie sie bei Nicht-Wagniskapital eingesetzt werden, nur schwerlich zuverlässige Daten zur Verfügung stellen, weil sie auf eine größere Grundgesamtheit an statistischen Daten angewiesen sind. Da die meisten Unternehmen mit Wagniskapital an neuen Geschäftsplänen arbeiten, sind keine statistischen Daten verfügbar, um bestimmte Ereignisse oder Indikatoren zu bewerten oder zu prognostizieren.

Hier kommt unser neuer Ansatz ins Spiel. Die hier dargestellte Thematik der Volatilität und des Mangels an Informationen mag problematisch erscheinen. Prognosemärkte könnten jedoch eine Lösung für diese sehr spezielle Thematik anbieten. Seit dem Beginn der Forschung an Prognosemärkten sind zahlreiche Anwendungen diskutiert worden. Das Spektrum ist breit. Die Anwendung von Prognosemärkten reicht von der Prognose des Ausgangs von politischen Wahlen, über Informationen zur Lieferkette, bis zum Projektmanagement. Dagegen ist das Spektrum von wissenschaftlichen Artikeln zu diesem Thema begrenzt. Während für Prognosemärkte eine große Anzahl an frei zugänglichen Artikeln verfügbar ist, ist die Literatur zu Prognosemärkten für die innerbetriebliche Erfolgskontrolle limitiert [8].

Trotz des Potenzials von Prognosemärkten für die innerbetriebliche Erfolgskontrolle als Werkzeug der Corporate Governance sind nur wenige relevante Artikel mit ausführlichen, wirklichkeitsnahen Experimenten, wie zum Beispiel der Studie von Ortner, verfügbar [9, 10]. Die Mehrzahl der Artikel, die vertiefend auf Prognosemärkte für die innerbetriebliche Erfolgskontrolle eingehen, konzentriert sich auf die Genauigkeit und allgemeine Anwendbarkeit von Prognosemärkten als

Instrument der innerbetrieblichen Erfolgskontrolle. Im Bereich der Wagniskapitalinvestitionen, insbesondere beim Monitoring spezifischer Investitionen, werden diese nicht von der Perspektive der innerbetrieblichen Erfolgskontrolle oder im Rahmen eines ausführlichen Feldversuchs untersucht.

Obwohl dieses Kapitel keinen derartigen Feldversuch vorweisen kann, wird der Versuch unternommen, eine Definition und Bewertung der potenziellen Anwendung von Prognosemärkten für die interne Erfolgskontrolle im Zusammenhang mit Wagniskapitalinvestitionen aufzustellen. Hierzu wurde eine Vorgehensweise mit mehreren Perspektiven angewendet. Der Anfang dieses Kapitels definiert und beschreibt das allgemeine Konzept und die Anwendbarkeit von Prognosemärkten auf Wagniskapitalinvestitionen. Im späteren Verlauf wird dieses Konzept aus der jeweils finanziellen und rechtlichen Perspektive bewertet.

7.2 Definitionen und Ziele

7.2.1 Wagniskapitalinvestitionen

Dieser Abschnitt beschreibt einige der Eigenschaften von Wagniskapitalinvestitionen anhand der in der Literatur geläufigen Definitionen. Diese Eigenschaften heben das Monitoring-Problem hervor, das in der Einführung erwähnt wurde und liefern so eine weiterreichende Erklärung des zugrunde liegenden Problems. Weitergehend wird im Rahmen dieses Kapitels nicht zwischen unterschiedlichen Gruppen von Wagniskapitalgebern unterschieden, weil diese Unterscheidungen im Monitoring-Kontext vernachlässigbar scheinen (die Nachfrage nach zuverlässigen Informationen kann über die verschiedenen Gruppen von Wagniskapitalgebern als gleich angenommen werden). Grundsätzlich kann im Zusammenhang mit Wagniskapitalinvestitionen von drei zentralen Eigenschaften des Monitoring-Problems gesprochen werden:

- **Risikoniveau.** Der Begriff „Wagniskapital" sagt bereits aus, dass mit ihm ein erhöhtes Risiko verbunden ist. Junge Unternehmen in einem frühen Stadium ihrer Unternehmensgeschichte oder Start-ups, die üblicherweise das Ziel für Investitionen von Wagniskapitalfirmen darstellen, sind normalerweise offen für ein höheres Gesamtrisiko als Unternehmen in einem späteren Stadium oder weiterentwickelte Unternehmen, was an mehreren variablen Faktoren liegt. Beispielsweise sei an dieser Stelle die Unsicherheit im Zusammenhang mit der Anpassung eines Geschäftsplans an einen Markt oder die Kompetenz des

Unternehmerteams genannt. Eine der am meisten erwarteten Studien zu den Eigenschaften von Wagniskapitalinvestitionen führt an, dass 60 von 67 Investitionen mit signifikanten Unsicherheiten getätigt wurden. Diese Unsicherheiten sind beispielsweise durch das Geschäftsmodell (wie bereits erwähnt), technologische Risiken oder umkämpfte Märkte bedingt. Dies wurde bereits 2004 ausführlich von Kaplan und Strömberg beschrieben [11]. Im Rahmen dieses Kapitels wird angenommen, dass Wagniskapitalinvestitionen einer erheblichen Menge an unterschiedlichen Risiken ausgesetzt sind.

- **Verfügbarkeit von Daten.** Zusätzlich zu den signifikant höheren und vielfältigen Risiken, denen Wagniskapitalinvestitionen unterliegen, besitzen sie eine weitere interessante Eigenschaft. Da Wagniskapital in einem frühen Stadium investiert wird, fehlt es dem Investorenteam auf zweierlei Weise an finanziellen Daten bzw. Unternehmensdaten. Einerseits sind die Daten schlichtweg nicht verfügbar, weil das Unternehmen erst seit einer kurzen Zeit existiert. Auf der anderen Seite ist es sehr problematisch, vergleichbare Daten für junge und manchmal hochinnovative Geschäftspläne zu erheben, weil es schwierig ist, einen Grad der Vergleichbarkeit festzulegen [12]. Die begrenzten Informationen sind somit die einzige Quelle für reguläre finanzielle Bewertungsmodelle und damit zwangsläufig auch das Fundament bestehender Monitoring-Instrumente. Als Resultat sind die Ergebnisse aus finanziellen Bewertungsmodellen im Falle von Wagniskapitalinvestitionen ungenau und unzuverlässig. Reguläre Methoden der finanziellen Bewertung sind für das Monitoring von Wagniskapitalinvestitionen unzulänglich oder mit erheblichem Aufwand verbunden.
- **Prinzipal-Agenten-Konflikte.** Unternehmer und Wagniskapitalgeber sind beide von einem starken Prinzipal-Agenten-Konflikt betroffen. Die Informationsasymmetrie, die aus der Unsicherheit der Geschäftsentwicklung und dem generellen Mangel an Daten erwächst, drängt die Unternehmer (Agenten) in Richtung der Wagniskapitalgeber (Prinzipale), weil Unternehmer mit der Informationsquelle deutlich vertrauter sind [3]. Da Unternehmer diese Informationsasymmetrie opportunistisch nutzen, trägt der rationale Investor die Konsequenzen [13]. Konsequenzen entstehen in diesem Kontext durch den dadurch noch weiter verstärkten Mangel an Informationen und die opportunistische Nutzung dieser geringen Daten durch den Agenten. Der Prinzipal-Agenten-Konflikt verschärft somit das Problem der Informationsverfügbarkeit für den Wagniskapitalgeber. Da Daten und Informationen die Basis für ein zuverlässiges Investitionsmonitoring darstellen, werden die zuvor erwähnten Monitoring-Probleme verschlimmert.

Wie in diesem Abschnitt beschrieben, muss ein effektives Instrument zum Monitoring von Wagniskapitalinvestitionen dazu in der Lage sein, mehrere, hochgradig unterschiedliche Risiken zu erkennen. Ebenso muss ein derartiges Instrument dazu fähig sein, eigene Daten zu Monitoring-Zwecken zu sammeln und opportunistische Handlungen seitens des Agenten, die nicht zum Vorteil des Prinzipals sind, überwinden zu können.

7.2.2 Prognosemärkte

Unter Beachtung der oben genannten Anforderungen an potenzielle Instrumente zum Monitoring von Wagniskapitalinvestitionen, wird dieser Abschnitt einen genaueren Blick auf Prognosemärkte werfen, insbesondere auf ihre Eignung zur internen Erfolgskontrolle.

Prognosemärkte sind im Allgemeinen künstliche Märkte, auf denen Teilnehmer mit Kontrakten handeln, deren Ergebnis an zukünftige Ereignisse geknüpft ist, was wiederum Preise bildet, die als marktaggregierte Prognosen interpretiert werden können [14]. Moderne Prognosemärkte werden von Dienstleistern dominiert (zum Beispiel Prediki), die eine Struktur verwenden, die Fragen mit mehrfachen Antworten beinhalten. Genau genommen handeln die Teilnehmer mit antwortabhängigen Kontrakten auf damit korrespondierende Fragen. Preisbewegungen der jeweiligen Antwort können über Zeit überwacht werden, was nützliche Informationen bezüglich der Wahrscheinlichkeit einer jeden Antwort liefert.

Henderson und Abramowitcz erwähnten 2007 Prognosemärkte erstmalig als Instrumente der internen Erfolgskontrolle. In ihrem Artikel über die Anwendung von Prognosemärkten für die Corporate Governance argumentierten sie, dass die steigenden Kosten von Unternehmensauditierung sich positiv auf die Verwendung von Prognosemärkten als Werkzeuge der internen Erfolgskontrolle auswirken würden. Sie führten ebenfalls an, dass die steigenden Kosten durch den ansteigenden Bedarf an Transparenz und Offenlegung von relevanten Informationen, die traditionelle Auditierungs- und Controllingmechanismen herausfordern [9]. Was die Erkennung von Betrug oder genereller Risiken für wichtige Key Performance Indikatoren angeht, bieten Prognosemärkte eine deutlich höhere Anpassungsfähigkeit und stellen somit eine effizientere Alternative dar [15].

In Bezug auf ein Instrument zum Monitoring von Wagniskapitalinvestitionen sind für dieses Kapitel bestimmte Eigenschaften besonders relevant:

- **Nicht-Selektivität.** Prognosemärkte verarbeiten alle Informationen, die Marktteilnehmern zur Verfügung stehen, ohne Interaktion in der echten Welt und nahezu in Echtzeit. Auch wenn spezifische Informationen (wie beispielsweise bezüglich des Risikos) nicht kenntlich gemacht werden, werden Informationen aller Art verarbeitet. Die Prognose enthält somit alle relevanten Arten an Information.
- **Konfliktresistenz.** Agentenkonflikte können durch eine entsprechende finanzielle Anreizstruktur angegangen werden. Diese Anreize können auf diese Weise die opportunistischen Anreize des Prinzipals überwinden [16].
- **Monitoring-Flexibilität** in Bezug auf das entsprechende Prognoseziel und die Frage-Antwort-Struktur. Somit können potenziell unendlich viele Arten von finanziellen Daten oder Unternehmensdaten über Zeit prognostiziert und überprüft werden.
- **Zeitliche Flexibilität** bedeutet eine allgemein höhere Flexibilität in Bezug auf den entsprechenden Zeitraum der Prognose. Monitoring-Personal ist somit in der Lage, eine neue Prognose zu Zeitpunkten zu beginnen und zu beenden, je nachdem, wie es die jeweilige Situation erfordert.

Wie oben beschrieben, haben Prognosemärkte mehrere Eigenschaften, die für die zuvor genannten Monitoring-Probleme bei Wagniskapitalinvestitionen relevant sein können.

7.3 Konzeption des Prognosemarkt-Netzwerks

7.3.1 Anforderungen

Ein Konzept für Prognosemärkte zum Monitoring von Wagniskapitalinvestitionen muss mehreren Anforderungen gerecht werden, die sich aus den zuvor genannten Monitoring-Problemen von Wagniskapitalinvestitionen ergeben.

Aus akademischer Sicht muss die sogenannte Black Box der Beteiligung geöffnet werden [17]. Bei der Analyse der tatsächlichen Investitionen von Wagniskapitalgebern sind es vor allem die Beteiligungen in späteren Phasen, die einen Monitoringbedarf haben. Die meisten Wagniskapitalbeteiligungen leiden unter einer Informationsasymmetrie, die aus eben jener Black Box erwächst. Vertragliche Verpflichtungen durch restriktive und nicht-restriktive Zusicherungen können die Informationsasymmetrie verringern, aber nur aus einer extern, uninformierten

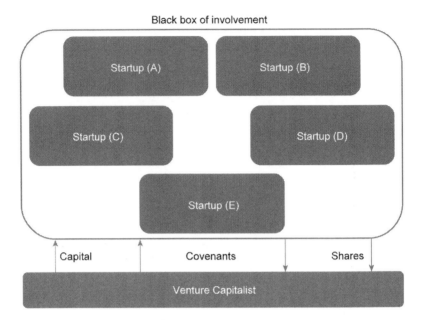

Abb. 7.1 Akademische Perspektive auf Wagniskapital in der Post-Investmentphase. (Eigene Abbildung)

und somit ineffizienten Perspektive [18]. Abb. 7.1 stellt die akademische Perspektive für einen besseren Vergleich mit dem vorliegenden Prognosemarktnetzwerk dar.

In Bezug auf die identifizierten Monitoring-Probleme sind die folgenden Anforderungen identifiziert worden:

* **Beachtung des Risikoniveaus.** Ein höheres Risiko benötigt ein hochempfindliches Monitoring-Instrument, das dazu in der Lage ist, verschiedene Arten von Daten zu einer anwendbaren Information zu verarbeiten. Für ein allgemeines Verständnis sind mehrere Perspektiven auf unterschiedliche finanzielle und Unternehmensdaten erforderlich. Wie bei den meisten Monitoring-Instrumenten ist die Neutralität für Datentypen sehr wichtig. Unabhängig von der Dateneingabe muss das Instrument in der Lage sein, Daten in Bezug auf die entsprechenden zu überwachenden finanziellen Daten oder Unternehmensdaten auf die gleiche Art zu bewerten.

- **Beachtung der Datenverfügbarkeit.** Das Prognosemarktnetzwerk muss in der Lage sein, unabhängig finanzielle oder Unternehmensdaten zu generieren. Diese Informationen müssen aus zwei Gründen einfach verfügbar und übertragbar sein. Zum einen ermöglichen übertragbare Informationen einen Vergleich. Wenn übertragbare Informationen verfügbar sind, können reguläre Bewertungsinstrumente verwendet werden, um vergleichbare Daten zu berechnen. Zum anderen sollte eine bestmögliche Verteilung von Informationen zugelassen werden, weil die Informationen aus mehreren Beweggründen und von mehreren Nutzern mit Informationsbedarf weiterverwendet werden sollten.
- **Beachtung des Prinzipal-Agenten-Konflikts.** Da durch das Prognosemarktnetzwerk selbst auch Daten generiert werden müssen, können diese ebenfalls von Prinzipal-Agenten-Konflikten im Kontext von Wagniskapital betroffen sein. Daher müssen die generierten Daten in Hinblick auf diesen potenziellen Konflikt neutral sein. Weiterhin müssen die generierten Daten in Bezug auf Informationsverzerrungen durch Hierarchie- und Arbeitsgruppeneffekte neutral sein.

7.3.2 Allgemeine Zusammensetzung und Potenzial

Die allgemeine Zusammensetzung des Prognosemarktnetzwerks entspricht der eines umfassenden Informationsnetzwerkes (Abb. 7.2). Die Black Box der Beteiligung kann durch eine Integration von Prognosemärkten in der Post-Investitionsphase von Wagniskapital erreicht werden. Für jedes Start-up im Investmentportfolio eines Wagniskapitalgebers sollten zwei Arten von Prognosemärkten in Betracht gezogen werden, wie unten gezeigt wird.

Die erste Art von Prognosemarkt wird für Anwendungen zur internen Erfolgskontrolle verwendet, um in jedem Start-up relevante Finanz- oder Unternehmensdaten zu prognostizieren. In Abb. 7.2 wird dies symbolisch durch die Kästen um jedes Start-up dargestellt. Teilnehmer und somit Handeltreibende für diese Prognosemärkte sind die Unternehmer und Angestellten der entsprechenden Start-ups. Diese Gruppe von Handelstreibenden besitzt die Mehrzahl der wichtigen und geschäftsrelevanten Informationen des Start-ups zum jeweils frühestmöglichen Zeitpunkt.

Die zweite Art Prognosemarkt steht allen Start-ups aus dem Portfolio eines Wagniskapitalgebers auf die gleiche Weise offen. In Abb. 7.2 wird dies durch die Pfeile zwischen den Start-ups des Wagniskapitalgebers dargestellt.

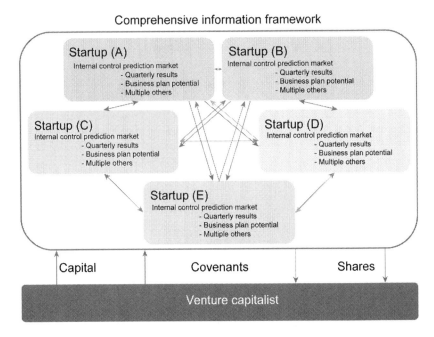

Abb. 7.2 Konzeptionelle Zusammensetzung des Prognosemarkt-Netzwerkes. (Eigene Abbildung)

Prognosemärkte sind in Hinblick auf Prognoseziele hochgradig flexibel, weil sie in ihrem Kern Aktienmärkte für Antwortaktien auf eine potenziell unbegrenzte Vielzahl an Fragen darstellen. Das ist die erforderliche Eigenschaft von Prognosemärkten in Bezug auf die Verfügbarkeit, um den Entwicklungsprozess von verschiedenen Arten von Daten zu überwachen.

Die Prognoseziele sind mit denen des Prognosemarkts für die interne Erfolgskontrolle vergleichbar. Auch wenn dies verwirrend wirken mag, dient es als weiterer Schutzmechanismus gegen Prinzipal-Agenten-Konflikte. Da Unternehmer und Angestellte eines jeden Start-ups eine starke inhaltliche Verzerrung im Sinne einer internen Perspektive aufweisen, bewertet die externe Perspektive interne Prognosen und dient somit als ein weiterer Anreiz neben der offensichtlicheren finanziellen Perspektive eine zuverlässige Prognose abzugeben. Zum besseren Verständnis sollte die zweite Art als eine externe Perspektive auf die Zuverlässigkeit von Prognoseergebnissen für die interne Erfolgskontrolle angesehen werden.

Das integrierte Konzept der reziproken Bewertung kann verwendet werden, um das Potenzial von komplexen und innovativen Geschäftsplänen vor der tatsächlichen Bewertung durch den Markt zu bewerten. Wie bei der komparativen Bewertung aller Geschäftspläne im Portfolio eines Wagniskapitalgebers durch den Handel am Prognosemarkt, wird das Potenzial der entsprechenden Geschäftspläne durch die kumulative Experteninformation aller Unternehmer und Angestellten der gesamten investierten Start-ups gebildet.

Während das umfassende Informationsnetzwerk wahrscheinlich zuverlässige Informationen zu Finanz- und Unternehmensdaten liefert, die ebenfalls für die Bewertung von Geschäftsplänen genutzt werden können, liegt die eigentliche Stärke des Konzepts in der Wiederverarbeitung der Informationen über die Zeit. Prognosemärkte verarbeiten Informationen mit der Effizienz regulärer Märkte ohne die Limitierung durch Marktöffnungszeiten. In dieser effizienten Form von Märkten verarbeiten Handeltreibende Informationen, sobald sie verfügbar sind [19].

Das Prognosemarktnetzwerk ist dazu in der Lage, sich an das hochgradig unbestimmte und schnell ändernde Umfeld von Start-ups anzupassen, weil sich die Handeltreibenden auf dem Markt so nah wie möglich an der Quelle befinden oder sogar selbst eine Quelle sind. Daher besitzen Wagniskapitalgeber, die das Konzept für das Monitoring von Wagniskapitalinvestitionen einsetzen, zu jedem Zeitpunkt, in dem das Prognosemarktnetzwerk angewendet wird, die bestmögliche Menge an Informationen.

7.3.3 Integration

Dieser Abschnitt diskutiert die potenziellen Schwierigkeiten bei der Integration des Prognosemarktnetzwerks als Basis für eine spätere Bewertung aus rechtlicher Perspektive. Wie bereits in den vorherigen Abschnitten erwähnt, stellt es den einfachsten Weg dar, das Konzept in den Wagniskapitalinvestitionsprozess einzubinden, indem alle Mitarbeiter und Unternehmer innerhalb eines Investmentportfolios durch eine Covenant-Vereinbarung zur Handelsteilnahme verpflichtet sowie durch Geheimhaltungsvereinbarungen und einem finanziellen Anreizsystem gebunden werden.

Die erste Bedingung der Einbindung des Konzepts ist einfach zu verstehen: allen Mitarbeitern und Unternehmern innerhalb des Prognosemarktnetzwerks ist es untersagt, auf jegliche Art mit Personen außerhalb des Netzwerkes zu kommunizieren. Somit ist jegliche Information vertraulich, die im Rahmen dessen ausgetauscht wird. Diese Verpflichtung trifft gleichsam auf die Informationen zu den Geschäftsplänen in Bezug auf die Prognoseziele, die zuvor diskutiert wurden, zu.

Die zweite Bedingung ist deutlich komplizierter, weil sie direkten Einfluss auf die allgemeine Genauigkeit, auf die Prognose und das Monitoring des Prognosemarktnetzwerks hat. Prognosemärkte benötigen Anreize, um zu funktionieren. Auch wenn die Literatur eine Vielzahl an Anreizarten diskutiert, suggerieren die Studien im Allgemeinen, dass positive finanzielle Anreize die Prognosen optimieren. Somit wird der folgende Anreizmechanismus vorgeschlagen.

Alle Unternehmen innerhalb des Prognosemarktnetzwerkes sollten ihre Mitarbeiter und Unternehmer in zwei Teilen vergüten, zunächst über ein reguläres Gehalt und später über einen prozentualen Anteil der vorherigen Vergütung, der auf ein spezielles Konto überwiesen wird, das durch den Prognosemarktanbieter beaufsichtigt wird. Ähnlich der Verfahrensweise von Kasinos werden die hinterlegten Zahlungen so lange sequestriert, bis sie vollständig im Prognosemarktnetzwerk investiert sind. Alle Mitarbeiter und Unternehmer müssen ihre Wetten in der Prognosemarktanwendung abgeben, oder sie verlieren den jeweiligen Anteil ihres Einkommens. Auch wenn dies wie ein negativer Anreiz wirken mag, verhält es sich tatsächlich deutlich anders. Der finanzielle Anreizmechanismus kann als eine Prämie für gutes Kommunikationsmanagement verstanden werden, wobei der Prognosemarkt als das Kommunikationsmittel dient. Somit werden Mitarbeiter und Unternehmer mit einer besonders hohen Sensitivität für Neuigkeiten in Bezug auf die Prognoseziele in dem Konzept für ihre Information bezahlt. Der vorgeschlagene Auszahlungsmechanismus entspricht dem eines regulären Aktienhandels an einer Börse. Entsprechend der steigenden oder sinkenden Aktienpreise wird auch die korrespondierte Geldmenge gewonnen oder verloren.

Zusammenfassend beschreibt dieser Abschnitt das Potenzial des konzeptionellen Prognosemarktnetzwerks für die Öffnung der Black Box, mit der sich viele Wagniskapitalgeber bei ihren Investitionen konfrontiert sehen. Die folgenden beiden Abschnitte bewerten die Möglichkeiten zur praktischen Anwendung des Konzepts.

7.4 Finanzielle Perspektive

Die finanzielle Perspektive ist vom Wesen her stärker von Daten getrieben, daher bewertet die finanzielle Perspektive das konzeptionelle Prognosemarktnetzwerk, das in diesem Kapitel beschrieben wird, in einem gewissen Umfang mit den derzeitigen Vorgehensweisen zur finanziellen Bewertung, wie sie bei Aktivitäten von Wagniskapital in frühen Stadien von Investitionen eingesetzt werden.

Zunächst soll erneut unterstrichen werden, dass das signifikanteste Problem bei der Bewertung und dem Monitoring von Wagniskapitalinvestitionen in frühen

Stadien am Mangel an robusten und zur Prognose geeigneten Daten liegt. Derzeit versuchen Wagniskapitalgeber, dieses Informationsdefizit durch das Hinzuziehen von verfügbaren Datenquellen mit angenäherten Daten zur kompensieren, die Auskünfte zu Erwartungswerten in Bereichen wie Marktgröße und -potenzial, mögliche Kundenpenetration oder Umsatzpotenzial liefern. Diese limitierten Datenquellen ermöglichen auch eine Berechnung des zu erwartenden Investmentpotenzials. Verständlicherweise haben Wagniskapitalgeber ein großes Interesse an der Generierung von Informationsquellen.

Es ist umfangreich in Bezug auf die Überwindung der unvollkommenen und asymmetrischen Information beim Monitoring von Investitionen im frühen Stadium geforscht worden. Eine Theorie der finanziellen Intermediation, die den Beitrag von Intermediären als informierte Agenten in Märkten mit suboptimaler Informationsbasis hervorhebt, wurde 1983 entwickelt [20], bietet aber für die Informationsdefizite keine Lösung. Informationsdefizite wachsen mit der Distanz zwischen Informationsquelle (Investmentziel/Start-up) und dem Empfänger der Information (Wagniskapitalgeber) an. Es besteht ein großer Bedarf nach einem Ansatz, der in Echtzeit Daten von Agenten in der Nähe des Zentrums der Information generiert (üblicherweise die Gründer der Firmen, in die Wagniskapitalgeber investieren).

7.4.1   Aktuelle allgemeine Vorgehensweisen bei der Informationsbeschaffung durch Wagniskapitalgeber

Da Wagniskapitalgeber ein Maximum an Informationen von den Personen im Zentrum eines Investments benötigen, verfolgen sie häufig einen Plan, der als „Beraten und Monitoren" beschrieben wird, um kontinuierlich den Entwicklungsfortschritt mit Blick auf Performance und Wachstum zu kontrollieren. Als Berater bietet der Wagniskapitalgeber seine Expertise an, um das Geschäftsmodell zu entwickeln und die Performance und das Wachstum des Unternehmens zu erhöhen. Dementsprechend erhält er tiefe Einblicke in das Unternehmen, was eine Art Informationsgrundlage darstellt. Im Gegenzug neigen Wagniskapitalgeber beim Monitoring des Unternehmens dazu, diese zu beaufsichtigen, zu beeinflussen und, falls notwendig, sich in die Aktivitäten des Unternehmers einzumischen, um den Wert des Investments zu erhöhen. Als Folge sträuben sich Unternehmer davor, a) Informationen zu teilen und b) dem Investor die Möglichkeit zu geben, den Kern des Geschäftsmodells zu beeinflussen. Offensichtlich liegt hier ein Konflikt zwischen den Parteien vor. Cumming und Johan beschrieben das „Beraten und Überwachen"-Verfahren als ein Vorgehen, das zwingend asymmetrische Informationen generiert:

> [A]dvice is congruent while monitoring is dissonant with respect to entrepreneurial interests. […] Said differently, advice refers to the Wagniskapitalgeber direct contribution to the value of the venture in terms of effort or expertise, while monitoring refers to investor-entrepreneur disagreements. The need for the latter typically arises as a consequence of asymmetric information between the two parties [21].

7.4.2 Aktuelle Vorgehensweisen bei der finanziellen Informationsbeschaffung durch Wagniskapitalgeber

Wagniskapitalgeber werden mit ähnlichen Problemen bei der Beschaffung von robusten finanziellen Daten wie von allgemeinen gültigen Informationen konfrontiert. Ein übliches Vorgehen, das von Wagniskapitalgebern übernommen wurde, stellt die Beschaffung vergleichbarer Daten von Quellen dar, die in einem starken Zusammenhang mit dem Geschäftsmodell stehen. Vor dem Investieren versuchen Wagniskapitalgeber, das Potenzial des Geschäftsmodells durch sorgfältige Prüfung der Finanzen und des Marktes zu bewerten. Neue Geschäftsideen öffnen häufig neue Märkte oder Nischen, für die keine ausreichenden Datenquelle existieren. Daher ziehen Wagniskapitalgeber vergleichbare Geschäftsmodelle und -märkte mit substanziellen Datenbanken hinzu, die Referenzwerte angeben für:

- Marktgröße (Akteure, Kundenpotenzial)
- Umsatzpotenzial (Umsatzwachstumsraten), gemessen durch die Umsätze der Schlüsselakteure des Marktes
- Nettogewinn/Nettogewinnmarge
- Bruttogewinnmarge/Operative Gewinnmarge
- Return on Investment/Return on Equity

Diese Referenzwerte ermöglichen lediglich eine minimale Vergleichbarkeit zum Geschäftsmodell und der Geschäftsentwicklung des Investitionsziels, für das Wagniskapitalgeber fortwährend mehrere Key Performance Indikatoren überwachen, wie die bereits erwähnten Gesamtumsätze oder operativen Ausgaben, sowie Forschungsausgaben.

7.4.3 Vorteile des konzeptionellen Prognosemarktnetzwerks

Prognosemärkte für das Monitoring von Wagniskapital-Investmentportfolios werden untersucht, um eine Extrahierung der Informationen möglichst nah an der Quelle zu ermöglichen. Dieses Vorgehen kann, im Vergleich zu den zuvor genannten aktuellen Methoden der Informationsgenerierung bei Investitionen, zu einem Informationsvorteil für den Wagniskapitalgeber führen. Es gibt zahlreiche Beispiel für Studien, die Nachweise liefern, dass Prognosemärkte präzise Informationen und Prognosen generieren (zum Beispiel [22, 23]), wobei ein Artikel Nachweise darüber liefert, dass die „Preise zu jedem Zeitpunkt die gesamten verfügbaren Informationen widerspiegeln" [24].

Im Zusammenhang mit der Nutzung von Prognosemärkten zur Erstellung eines Informationsnetzwerkes für Wagniskapital-Investitionen, muss eine wichtige Anforderung erfüllt werden, um eine höchstmögliche Validität zur Zusammensetzung eines Wagniskapital-Investmentportfolios sicherzustellen. Da jedes Bewertungssystem eine angemessene und statistisch anwendbare Anzahl von Datenpunkten braucht, benötigt auch der Prognosemarkt für solch ein informationsgenerierendes Konzept ein Quorum, das die notwendige Stabilität und Zuverlässigkeit der Daten, die in dem Modell generiert werden, sicherstellt. Falls beispielsweise ein Wagniskapitalgeber lediglich zwei oder drei Investments in seinem Portfolio besitzt, ist der zugrunde liegende statistische Datensatz nicht zuverlässig.

Dies gewinnt noch mehr an Wichtigkeit, wenn das Portfolio des Wagniskapitalgebers Geschäftsmodelle enthält, die sich stark voneinander in Bezug auf Zielmärkte und -kunden unterscheiden, weil jeder teilnehmende Gründer dazu neigt, das jeweils andere Geschäftsmodell oberflächlich zu bewerten, da es ihm an tief gehendem Verständnis für das Marktumfeld mangeln kann. Im Gegenzug dazu wird ein Portfolio aus ähnlichen Geschäftsmodellen zu realistischeren Bewertungen führen, weil Gründer aus dem gleichen Marktumfeld zu einer besser informierten Bewertung kommen werden.

7.5 Rechtliche Aspekte

In Bezug auf die rechtliche Betrachtung der Anwendung von Prognosemärkten auf Aktivitäten von Wagniskapitalgeber und Private Equity behandelt dieser Abschnitt hauptsächlich die Rolle eines derartigen Werkzeugs in der Phase des Geschäftsabschlusses, insbesondere bei der Ausarbeitung des Investitionsabkommens.

Bevor auf die Details hierzu eingegangen wird, ist es notwendig, zunächst in groben Zügen das rechtliche Konzept zu behandeln, unter dem Wagniskapitalgeber und PEs ihr Geschäft betreiben, die üblicherweise durch Aktienkaufverträge realisiert werden, die Resultat einer Kapitalerhöhung oder einer reinen Unternehmensakquisition sind. Dieser Abschnitt analysiert die Mechanismen einer Akquisition unabhängig von dem im jeweiligen Land zur gegebenen Zeit vorherrschenden Rechtsrahmen. Es wird im Rahmen dieses Kapitels davon ausgegangen, dass die große Mehrzahl der Länder die Verhandlungsphase und daraus resultierenden Dokumente nicht regulieren, was den beteiligten Parteien die Freiheit einräumt, die „operativen Regeln" in dieser frühen Phase selbst zu bestimmen. Für einen detaillierten Blick auf die Regularien für PEs und Wagniskapitalgeber in Europa, wird auf den Artikel von Payne verwiesen [25].

Das grundlegende rechtliche Dokument bei diesen Geschäften stellt die Investitionsvereinbarung dar, die die Modalitäten festlegt, unter denen das Geschäft durchgeführt wird. In diesem Zusammenhang regeln die Klauseln Aspekte wie den Preis pro Aktie, abschließende Betrachtungen, Governance-Themen, Ausstiegsrechte und andere Vereinbarungen.

Im Rahmen des Umfangs unserer Analysen beinhalten Kernelemente der Investitionsvereinbarungen unter anderem auch Klauseln zu Zusicherungen und Garantien (R&Ws) [26]. Solche Klauseln minimieren die Informationsasymmetrie zwischen den beteiligten Unternehmen oder können diese sogar überwinden, falls sie genau detailliert ausgeführt sind.

Die Offenlegung solcher Elemente im Vertrag würde es einer Partei ohne Mühe ermöglichen, eine Vertragsverletzung aufgrund der Darstellung falscher Sachverhalte geltend zu machen, sollte die andere Partei unwahre Aussagen zu seinem Unternehmen getätigt haben (beispielsweise den Vermögenswert).

Um R&W-Klauseln durchzusetzen, können die Parteien vereinbaren, dass, falls Elemente, die in der Vereinbarung offengelegt wurden, sich als falsch erweisen, die vertragskonforme Partei die Vereinbarung vor dem Abschluss auflösen kann. Die Parteien können auch ein Hinterlegungskonto einreichten, auf dem die abschließende Betrachtung abgelegt wird oder von dem in Teilzahlungen ausgezahlt wird, sobald die R&Ws validiert wurden. Weiterhin kann auch eine Entschädigung im Falle der Darstellung falscher Sachverhalte vereinbart werden.

Die Investitionsvereinbarung beinhaltet nahezu immer die Ausführung einer Informationsoffenlegung des Zielgeschäfts und setzt einen zufriedenstellenden Abschluss dieses Schritts für die Umsetzung der Vereinbarung voraus. Eine derartige Überprüfung kann Informationsasymmetrien vermeiden, die eine Transaktion erschweren können, sowie insbesondere nach dem Abschluss zu Rechtsstreitigkeiten und weiteren Transaktionskosten führen können.

Somit liefert die Informationsoffenlegung dem Management des akquirierenden Unternehmens die nötigen Informationen, um bezüglich des Abschlusses des Geschäfts zu entscheiden und die Konditionen für das Geschäft zu bestimmen. Dies kann wie folgt zusammengefasst werden:

- Der Anwalt eines Käufers wird über das Geschäft und die Branche des Zielunternehmens informiert und entwickelt ein Verständnis für deren Aktivitäten.
- Ein Unternehmensfragekatalog wird dem Zielunternehmen zur Verfügung gestellt, um alle der im Rahmen der Offenlegung benötigten Informationen einzuholen.
- Die Anwälte fragen dann eine detaillierte Liste an Dokumenten an, die essenzielle Dokumente des Zielunternehmens enthalten, wie beispielsweise Satzung und Durchführungsverordnungen, Vorstandsprotokolle, Vermögenswerte, Finanzberichte und Informationen zu laufenden (oder zu erwartenden) Rechtsstreitigkeiten [27].
- Nachdem das Management den Fragekatalog beantwortet hat, bewerten die Anwälte das gesammelte Material. Falls keine Integration der Dokumente notwendig ist, entwerfen sie ein Memorandum für die Informationsoffenlegung mit einer Bewertung des Unternehmens und möglicherweise aufgedeckten Problemen.

Nachdem wir diskutiert haben, wie Wagniskapital- und PE-Unternehmen ihre Investitionen strukturieren, sollten wir diese Praktiken in den Kontext des Start-up-Umfelds setzen.

Durch den gegebenen Mangel an Informationen und die Komplikationen bei Geschäftsplanungsaktivitäten können die üblichen Werkzeuge keine effizienten Prognosen für die Geschäftsentwicklung des Zielunternehmens in den nächsten drei bis fünf Jahren liefern. Vom rechtlichen Blickwinkel aus gesehen verlieren zudem die wichtigsten rechtlichen Werkzeuge zum Schutz von Investoren bei diesen Vorgängen (das heißt Informationsoffenlegung und Ausarbeitung von R&W) bei diesem Vorgang ihre Wirksamkeit.

Im Hinblick auf die Informationsoffenlegungsaktivitäten wird es ausreichend klar, dass solche Untersuchungen aufgrund des frühen Existenzstadiums des Zielunternehmens nicht effizient sein werden.

Andererseits stellen Prognosemärkte bei Betrachtung der Inhalte, die in R&Ws bei der Akquisition eines Start-ups erstellt werden würden, ein disruptives Instrument dar.

Die Erstellung von R&Ws bei der Akquisition von Unternehmen im frühen Stadium ist deutlich komplexer, als es bei älteren Unternehmen der Fall ist. Das liegt daran, dass bei letzteren die Identifizierung von kritischen Bereichen für das Monitoring simpler ist, weil adäquate Daten zur Verfügung stehen. Im Gegenzug ist bei Start-ups das Identifizieren von möglichen kritischen Bereichen beim Zielunternehmen extrem schwierig.

Daher ist, durch die typische Beschaffenheit von Akquisitionen von Start-up-Unternehmen, auch aus rechtlicher Sicht die Nutzung von speziellen Werkzeugen geboten und Prognosemärkte stellen hier ein nützliches Werkzeug dar, um Eigenschaften der Investmentvereinbarung zu bestimmen.

Mit dem speziellen Wissen von Branchenexperten und Handeltreibenden, die in dem Markt tätig sind, kann der Rechtsberater die Inhalte des R&Ws so aufsetzen, dass die charakteristischen Probleme, die von den Handeltreibenden identifiziert wurden, in ihm abgedeckt werden.

Tatsächlich ermöglicht dieses Werkzeug auch ein besseres Verständnis der künftigen Entwicklung des Zielunternehmens. Die Flexibilität des Prognosemarkts und sein Aufbau bieten den Anwälten ein Werkzeug, das ihren eigenen geschäftlichen Sachverstand bei der Suche nach essenziellen vertraglichen Vereinbarungen ergänzt. Weiterhin können Prognosemärkte auch zur Preisfestsetzung bei einem Akquisitionsgeschäft verwendet werden.

Die Parteien können sich einerseits auf einen Locked-Box-Mechanismus einigen, bei dem Auszahlungssummen plus oder minus eines festgelegten Betrags zum Zeitpunkt der Vertragsunterzeichnung ausgezahlt werden oder einen Anpassungsmechanismus übernehmen, der Fluktuationen im Unternehmenswert (Vermögenswert oder Erhöhung/Verringerung der Nettofinanzposition) des Zielunternehmens widerspiegelt [28].

Prognosemärkte können ebenfalls bei der Preisfindung einer Akquisition unterstützen, indem sie Wagniskapitalgeber helfen, kurzfristige Fluktuationen im Wert des Zielunternehmens (üblicherweise nicht länger als ein Monat) zu prognostizieren, was ihnen einen klareren Spielraum bei der Verhandlung des finalen Kaufpreises vorgibt.

7.6   Fazit

Wagniskapitalinvestitionen werden durch die Black Box der Beteiligung beeinträchtigt, die impliziert, dass Investoren nach einer Investition keine verlässlichen Informationen besitzen. Dieses Problem resultiert in Prinzipal-Agenten-Konflikten, welche auch der Grund dafür sind, dass Investoren ein Monitoring-Instrument benötigen.

Prognosemärkte scheinen ein geeignetes Instrument für dieses, so dringend benötigte, Monitoring darzustellen. Die Anwendbarkeit des Instrumentes wird bereits durch die Literatur befürwortet und dieses Kapitel hat ergänzend die finanzielle und rechtliche Perspektive betrachtet.

Die Bewertung von Prognosemärkten im Rahmen des Monitorings von Wagniskapitalinvestitionen zeigt aus der finanziellen Perspektive Möglichkeiten eines außergewöhnlichen Informationsvorteils auf, der es dem Wagniskapitalgeber ermöglicht, seine Monitoring-Basis zu verbessern und Wachstums- oder Ausstiegsszenarien zu prognostizieren. In Bezug auf die Zahlen des Gesamtumsatzes oder operativen Ausgaben und Forschungsausgaben bietet das Prognosemarktnetzwerk positive Bewertungskriterien, unter anderem, für das zu erwartende Marktwachstum, zur erwarteten Relevanz für Kunden (oder der erwarteten Reichweite von Kunden) und die zu erwartende Anzahl an Wettbewerbern. Grundsätzlich sind dem Einsatz von Prognosemärkten in diesem Bereich aber keine Grenzen gesetzt.

Aus der rechtlichen Perspektive kann geschlossen werden, dass Prognosemärkte Elemente zur Verfügung stellen, die nicht nur in der Bewertungsphase der Investitionsvereinbarung von Nutzen sind, sondern auch in der Umsetzung von rechtlichen Dokumenten, was dabei hilft, die Lücke zwischen dem Mangel an Daten und den von den Anwälten benötigten Garantien beim Aufsetzen der Investitionsvereinbarung zu schließen. In diesem Sinne leisten Investitionen und rechtliche Klauseln, die auf Prognosemärkten basieren, gemeinsam einen Beitrag zur Lösung der Probleme die Wagniskapitalinvestitionen anhaften, insbesondere in den Bereichen der Verhandlung, in denen blinde Flecken die Umsetzung effizienter vertraglicher Regelungen behindern.

Bezogen auf die eingangs formulierte Problematik der Priorisierung von Spezialisierung im deutschen Bankensegment könnten Prognosemärkte einen interessanten Perspektivenwechsel bieten. Unter der Voraussetzung einer funktionierenden Anwendung eines Monitoring-Instruments auf Prognosemarktbasis könnte der grundsätzliche Prozess des Überwachens stark vereinfacht und vice versa der Diversifikationsgrad entsprechend erhöht werden. So können die Banken von heute die Wegbereiter des Fortschritts von morgen sein.

Da es diesem Kapitel an empirischen Daten mangelt, wäre der nächste logische Schritt die Bestätigung der konzeptionellen Idee. Wir möchten daher Forscher und Investoren ermutigen, das vorliegende Prognosemarktnetzwerk im Umfeld von Wagniskapitalinvestitionen explorativ zu testen und die Ergebnisse mit akademischen Kreisen zu teilen.

Literatur

1. B. Scholtens, "Finance as a Driver of Corporate Social Responsibility," *Journal of Business Ethics*, vol. 68, no. 1, pp. 19–33, Sep. 2006.
2. C. H. Loch, A. De Meyer, and M. T. Pich, *Managing The Unknown*, 1st ed. New Jersey: John Wiley & Sons Inc., 2006.
3. S. N. Kaplan and P. Strömberg, "Venture Capitalists As Principals," *American Economic Review*, vol. 91, no. 1, pp. 426–430, Apr. 2001.
4. Reuters, "Commerzbank, Deutsche Bank und Co.," *Handelsblatt*, 25-Sep-2015.
5. P. Gompers, A. Kovner, and J. Lerner, "Specialization and Success," *Journal of Economics & Management Strategy*, vol. 18, no. 3, pp. 817–844, Sep. 2009.
6. P. Gompers and J. Lerner, "The Venture Capital Revolution," *Journal of economic perspectives*, vol. 15, no. 2, pp. 145–168, 2001.
7. I. C. Macmillan, R. Siegel, and P. N. S. Narasimha, "Criteria used by venture capitalists to evaluate new venture proposals," *Journal of Business Venturing*, vol. 1, no. 1, pp. 119–128, Dec. 1985.
8. J. D. Christiansen, "Prediction markets: Practical experiments in small markets and behaviours observed," *The Journal of Prediction Markets*, vol. 1, no. 1, pp. 1–25, May 2007.
9. M. T. Henderson and M. Abramowicz, "Prediction Markets for Corporate Governance," *University of Notre Dame Law Review*, pp. 1–73, May 2007.
10. D. G. Ortner, "Aktienmärkte als Industrielles Vorhersagemodell," in *Corporate Governance*, Gabler Verlag, 2000, pp. 115–126.
11. S. N. Kaplan and P. Strömberg, "Characteristics, Contracts, and Actions," *The Journal of Finance*, vol. 59, no. 5, pp. 2177–2210, Oct. 2004.
12. J. Coakley, L. Hadass, and A. Wood, "Post-IPO Operating Performance, Venture Capital and the Bubble Years," *Journal of Business Finance & Accounting*, vol. 34, no. 9, pp. 1423–1446, Nov. 2007.
13. S. Duffner, "Principal-Agent Problems in Venture Capital Finance," *WWZ/Department of Finance, Working Paper*, vol. 3, no. 11, pp. 1–90, 2003.
14. J. Wolfers and E. Zitzewitz, "Prediction Markets in Theory and Practice," *National Bureau Of Economic Research Working Paper*, vol. 12083, Mar. 2006.
15. R. A. Prentice and D. C. Donelson, "Insider Trading as a Signaling Device," *American Business Law Journal*, vol. 47, no. 1, pp. 1–73, Mar. 2010.
16. B. Holmstrom and P. Milgrom, "Multitask Principal-Agent Analyses," *Journal of Law*, vol. 7, no. SI, pp. 24–52, 1991.
17. D. De Clercq and S. Manigart, "The Venture Capital Post-Investment Phase," in *Opening the black box of involvement*, 1st ed., Cheltenham: Edward Elgar Publishing Inc., 2007, pp. 193–217.
18. R. Florida, C. Mellander, and K. Stolarick, "Inside the Black Box of Regional Development," *Journal of Economic Geography*, vol. 8, no. 5, pp. 615–649, Jul. 2008.
19. T. Chordia, R. Roll, and A. Subrahmanyam, "Liquidity and Market Efficiency," *Journal of Financial Economics*, vol. 87, no. 2, pp. 249–268, Feb. 2008.
20. Y.-S. Chan, "On the Positive Role of Financial Intermediation in Allocation of Venture Capital in a Market with Imperfect Information," *The Journal of Finance*, vol. 38, no. 5, p. 1543, Dec. 1983.

21. D. J. Cumming and S. A. Johan, "Advice and Monitoring in Venture Finance," *SSRN Electronic Journal*, vol. 21, no. 1, pp. 3–43, 2005.
22. J. Wolfers and E. Zitzewitz, "Prediction Markets," *The Journal of Economic Perspectives*, vol. 18, no. 2, May 2004.
23. J. E. Berg, F. D. Nelson, and T. A. Rietz, "Prediction market accuracy in the long run," *International Journal of Forecasting*, vol. 24, no. 2, pp. 285–300, Apr. 2008.
24. B. G. Malkiel and E. F. Fama, "Efficient capital markets: A review of theory and empirical work," *The Journal of Finance*, vol. 25, no. 2, pp. 383–417, Apr. 2012.
25. J. Payne, "Private Equity and Its Regulation in Europe," *European Business Organization Law Review*, vol. 12, no. 4, pp. 559–585, Dec. 2011.
26. D. A. Carpenter, *Negotiating an Equity Capital Infusion from Outside Investors*, 1st ed. Washington: Consultative Group to Assist the Poor, 2010, pp. 1–156.
27. S. M. Bainbridge, *Mergers and Acquisitions*, 3rd ed. New York: Foundation Press, 2012.
28. M. Peppitt, *Tax Due Diligence*, 1st ed. London: Spiramus Press Ltd, 2009.

Über die Autoren

Dr. Max Werner, Olt. d. R., studierte als Teil seiner Offizierausbildung in der Bundeswehr Betriebswirtschaftslehre an der Helmut-Schmidt-Universität und an der London School of Economics and Political Science. Der Schwerpunkt seines Studiums lag dabei auf dem mathematischen Risikomanagement. Fasziniert vom Gedanken einer effizienten Informationsallokation begann Dr. Werner im Oktober 2014 seine Promotion zur Thematik der Internal Control Prediction Markets. Parallel arbeitete er in der HSH-Nordbank AG und der comdirect bank AG an Restrukturierungs-, Finanzanalyse- und Strategiethemen. Mit fünf publizierten Fachbeiträgen schloss er die Promotion im Dezember 2016 ab. Aktuell arbeitet Dr. Werner im Bereich Financial Services der KPMG AG Wirtschaftsprüfungsgesellschaft.

Andrea Vianelli absolvierte sein Jura-Studium an der Universität Padova und an der London School of Economics and Political Science mit Auszeichnung. Nach seinem Studium arbeitete er im M&A-Segment von K&L Gates, bis er sich dazu entschloss, an einem international renommierten LL.M.-Programm teilzunehmen. Mit über acht veröffentlichten Fachbeiträgen in wissenschaftlichen Journals und Sammelbänden hat Herr Vianelli bereits in jungen Jahren einen wesentlichen wissenschaftlichen Beitrag, primär zu Themen des italienischen Firmenrechts und Unternehmertums geleistet. Zurzeit studiert Herr Vianelli in einem LL.M.-Dualstudienprogramm der Queen Mary University London „Law and Finance".

Mariusz C. Bodek ist Gründer und Leiter der comdirect Start-up Garage. Er verantwortet die Auswahl und den gesamten Inkubationsprozess des Accelerators. Als Digital-Experte screent er weltweit FinTech-Unternehmen für die comdirect bank AG und ist zudem in der Start-up-Szene als Speaker aktiv. Darüber hinaus berät er als CEO der BEAM Consulting GmbH branchenübergreifend Klienten im In- und Ausland. Er ist Experte in den Bereichen Digital Transformation sowie Corporate Strategy und hat in den vergangenen zehn Jahren zahlreiche Projekte für Unternehmen aus Fortune Global 500, DAX, MDAX und SDAX verantwortet.

Teil III
Innovative Technologien und Produkte

Digitale Innovationen in Kreditinstituten – Ein Rück- und Ausblick

8

Daniel Beimborn und Heinz-Theo Wagner

Zusammenfassung

Kreditinstitute haben sich im Laufe der Zeit immer wieder einem „digitalen Wandel" unterzogen. Beginnend mit ersten Ansätzen der elektronischen Datenverarbeitung in der zweiten Hälfte des 20. Jahrhunderts zog sich die Entwicklung vom Einsatz zentraler Buchungssysteme über die Erweiterung um dezentrale Systeme in Filialen und dem Einsatz von Geldausgabeautomaten bis zum heutigen Mobile Banking. Angefangen von der Privatkundenschnittstelle bis hin zu kommerziellen Kernbankensystemen und Plattformen haben Banken ihre Prozesse, Produkte, Dienstleistungen und Geschäftsmodelle immer weiter digitalisiert. Der vorliegende Beitrag leistet einen Rück- und Ausblick über diese Entwicklungen mit Fokus auf klassische Universalbanken und das Privatkundengeschäft. Er betrachtet dabei zum einen die Transformationen der internen IT-Architektur und zum anderen die wesentlichen technologischen Innovationen an der Kundenschnittstelle sowie die sich aus dem Zusammenspiel der beiden Entwicklungspfade ergebenden Herausforderungen, deren Lösung auch in der nahen Zukunft nicht abgeschlossen sein wird.

D. Beimborn (✉)
Frankfurt School of Finance & Management, Frankfurt am Main, Deutschland
E-Mail: d.beimborn@fs.de

H.-T. Wagner
German Graduate School of Management and Law gGmbH, Heilbronn, Deutschland
E-Mail: heinz-theo.wagner@ggs.de

© Springer Fachmedien Wiesbaden GmbH 2017   169
R. Smolinski et al. (Hrsg.), *Innovationen und Innovationsmanagement in der Finanzbranche*, Edition Bankmagazin, DOI 10.1007/978-3-658-15648-0_8

8.1 Einführung

Der Begriff der Innovation ist allgegenwärtig. Man verbindet mit ihm sehr oft neue Produkte und Dienstleistungen, aber auch neue Geschäftsmodelle und Geschäftsprozesse. Das entspricht den üblichen Definitionen von Innovation als Rekombination von Wissen zur Schaffung neuer Lösungen. Der Begriff der Innovation signalisiert aber nicht nur das Schaffen von etwas Neuem, sondern gleichzeitig, dass man damit dem Wettbewerb voraus ist (ansonsten wäre es ja, zumindest auf eine Branche bezogen, nicht neu). Damit verbunden sind aber auch Signalwirkungen, beispielsweise am Arbeitsmarkt, dem Kapitalmarkt und dem Absatzmarkt. Hinsichtlich des Arbeitsmarktes signalisieren Innovationen Fortschritt und Dynamik des Unternehmens und machen es für entsprechende Fachkräfte am Arbeitsmarkt attraktiv. Gleichermaßen wird Investoren durch das beständige Hervorbringen von Innovationen signalisiert, dass das Unternehmen in der Lage ist, neue Lösungen für vielfältige Bedarfe seines Absatzmarktes zu schaffen oder neue Absatzmärkte zu erschließen. Das wiederum treibt die Erwartungen an die Zukunftsaussichten des Unternehmens und kann zu positiven Bewertungen und letztlich beispielsweise zu entsprechenden Kaufentscheidungen von Unternehmensanteilen führen. Entsprechend sendet die Fähigkeit, dauerhaft Innovationen hervorzubringen, positive Signale an Kunden aus, die sich bei einem dynamischen Unternehmen möglicherweise besser aufgehoben fühlen, oder über diese Signale erst auf das Unternehmen aufmerksam werden. Daher können sich Innovationsaktivitäten sowohl auf die Kundenloyalität als auch auf die Kundengewinnung auswirken. In Summe betrachtet kann ein Unternehmen zwei große Bereiche über Innovationstätigkeiten adressieren. Erstens kann es mit dem Hervorbringen von Innovation dem Wettbewerb voraus sein, indem Kundenbedarfe besser bedient werden können. Zweitens kann ein Unternehmen eine Reputation für Innovation aufbauen und damit positive Erwartungen von Interessengruppen wie aktuellen und potenziellen Arbeitnehmern, Kunden und Investoren wecken und bestärken.

Im Falle von Banken sprechen wir (abgesehen von reinen Finanzproduktinnovationen) überwiegend von *digitalen* Innovationen, der Kombination verschiedener digitaler Bausteine zur Schaffung neuer Produkte und Dienstleistungen. Anzumerken ist, dass eine Innovation üblicherweise nicht ein einziges neues Merkmal umfasst, sondern eine ganze Reihe von Einzelinnovationen, und nicht nur ein Produkt betrifft, sondern auch gleichzeitig die damit verbundenen Prozesse. Entsprechend der Betonung der digitalen Komponente der Innovation bei Banken steht die Informationstechnologie (IT) im Zentrum der Betrachtung. Die

IT stellt neben dem Personalbereich den wesentlichen Produktionsfaktor bei Banken dar und ist Schlüsselfaktor für das Erhalten der Wettbewerbsfähigkeit. Dies kann dadurch erreicht werden, dass über IT eine Differenzierung vom Wettbewerb, beispielsweise über digitale Innovationen, erfolgt. Gleichzeitig können digitale Innovationen allerdings auch leichter kopiert werden als dies bei physischen Produkten der Fall ist. Dies hat in den vergangenen Jahren die Eintrittsbarrieren maßgeblich reduziert und zu einem sehr differenzierten Ökosystem diverser Anbieter von Finanz- und digitalen Dienstleistungen im Bankenumfeld geführt (FinTechs). Dadurch ist der digitale Innovationsdruck relativ hoch, was bedingt, dass die Agilität der Organisation (die Fähigkeit sich schnell anzupassen bzw. zu ändern) eine große Bedeutung erlangt, um permanent neue Differenzierungspotenziale erschließen zu können. Bezüglich der relativen Innovationsstärke ist hier interessant, dass der *Banking IT-Innovation Award*, der seit 2011 von den Universitäten Leipzig und St. Gallen verliehen wird, bei insgesamt mehr als 15 Preisträgern nur drei Mal an traditionelle Banken vergeben wurde.

In diesem Beitrag wollen wir einen Rück- und Ausblick auf die digitalen Innovationen im Bankgeschäft vornehmen. Aufgrund der Bedeutung der IT in Banken bedeutet ein historischer Rückblick auf die Entwicklung (digitaler) Innovationen gleichzeitig die historische Betrachtung der Entwicklung der IT in dieser Branche. In Abschn. 8.2 wenden wir uns zunächst den Innovationen an der Kundenschnittstelle zu. Danach schauen wir uns digitale Innovationen in der bankinternen Informationsverarbeitung an, um abschließend einen Ausblick auf künftige Entwicklungen zu geben.

8.2 Digitalisierung der Kundenschnittstelle

Der Bankensektor sieht sich vielfältigen Herausforderungen gegenüber. Dies spiegelt sich auch und gerade an der Kundenschnittstelle wider, die hier als Eintrittsstelle einer Kundenanfrage ins Banksystem definiert wird, wobei „System" allgemein und nicht als Informationssystem zu verstehen ist. Die Kundenschnittstelle umfasst darüber hinaus die Identifikation relevanter Kundengruppen und das Adressieren der Bedarfe im Akquisitionsprozess [22]. Rund um diese Kundenschnittstelle hat sich eine FinTech-Szene entwickelt, die unter Nutzung innovativer Technologien Angebote für Endkunden entwickelt und damit beeinflusst, was Kunden von einer modernen Schnittstelle zu ihrem Finanzdienstleister erwarten. Dies geschieht mit vergleichsweise hoher Schlagzahl, was sich ebenfalls in den Erwartungen der Kunden niederschlägt. Entsprechend verändern sich Wertvorstellungen der Kunden hinsichtlich Qualität, Service, Einfachheit und Schnelligkeit, mit denen Bankgeschäfte erledigt werden können. Hinzu kommen eine generell hohe Transparenz der recht homogenen Bankprodukte und -leistungen sowie eine reduzierte Loyalität von Kunden gegenüber etablierten Instituten. Entsprechend hat sich der Umbruch an der Kundenschnittstelle durch neu aufkommende Technologien massiv beschleunigt. Eine kürzlich durchgeführte Umfrage unter deutschen Banken ergab denn auch, dass „Beratungsqualität" und „Kundennähe" die wichtigsten Differenzierungsmerkmale gegenüber dem Wettbewerb sind und weiter an Bedeutung zunehmen werden [18].

Im Folgenden wird die historische Entwicklung digitaler Innovationen an der Kundenschnittstelle, speziell im Retail Banking, nachgezeichnet und einige wesentliche Entwicklungsschritte beleuchtet. Abb. 8.1 entwirft in groben zeitlichen Abschnitten die zeitliche Entwicklung der Kundenschnittstelle. Die angegebenen Jahreszahlen haben dabei indikativen Charakter, weil exakte Jahreszahlen sowohl länderspezifisch sind als auch davon abhängen, welches Ereignis als prägend für den Start eines neuen Zeitraumes gewählt wird, beispielsweise die Ersteinführung einer Technologie oder das Erreichen einer bestimmten Durchdringungsrate.

Seit dem Aufkommen von Banken und Finanzprodukten bis in die 1960er Jahre interagierten Bankkunden bei allen Transaktionen direkt oder über Repräsentanten mit Bankangestellten. Dies geschah durch persönliche Interaktion und später zusätzlich per Telefon. Unabhängig davon blieb die Erbringung von Dienstleistungen weitgehend unbeeinflusst von Technologie und war papierbasiert. Die Vergabe von Krediten und Hypotheken erfolgte durch lokale Repräsentanten der Bank, die die Kreditwürdigkeit auf Basis der langfristigen Kundenbeziehungen einschätzten.

Auch wenn Banken schon ab der Mitte des 20. Jahrhunderts begannen, Computersysteme einzusetzen, so beschränkte sich dies doch rein auf die interne Abwicklung (vgl. Abschn. 8.3). Die Kundenschnittstelle begann sich erst mit Innovationsschüben der Kommunikations- und Computertechnik, die einerseits die Leistungsfähigkeit steigerten und andererseits zu deutlichen Preissenkungen führten, spürbar zu ändern.

Parallel zu den technischen Entwicklungen wuchs der Markt des Retail Banking und dehnte sich in die Schichten der mittleren und niedrigen Einkommensbezieher aus. So war die bargeldlose Transaktion vormals Unternehmen und wohlhabenden Bürgern vorbehalten und wurde in Deutschland ab 1871 nicht durch Banken, sondern durch die Deutsche Reichspost für breitere Schichten zugänglich gemacht. Dennoch erfolgte die Auszahlung von Löhnen und Gehältern noch bis 1960 ganz überwiegend in Form von Lohntüten. Erst danach wurden Girokonten flächendeckend angeboten.

	Phase 1: Rein analoge Kundeninteraktion	Phase 2: Self-Service-Interaktion	Phase 3: Beginnende Interaktion über elektronische Kanäle	Phase 4: Webbasierte Kundenkanäle	Phase 6: Multikanal-basierte Interaktion
Filialbasierte Interaktion	Persönliche Interaktion mit Bankmitarbeitern in der Bankfiliale und papierbasierte Kontenführung	Persönliche Interaktion mit Bankmitarbeitern in der Bankfiliale; Bearbeitung von Kundenanfragen durch Direkterfassung mittels Dialoganwendungen auf Terminals	Persönliche Interaktion mit Bankmitarbeitern in der Bankfiliale; Bearbeitung von Kundenanfragen mittels Direkterfassung an PCs mit lokaler Intelligenz	Deutlicher Rückgang der Interaktion in der Filiale	(Verbliebene) Filialinteraktion (mit Schwerpunkt auf Beratung) eingebunden in die Multikanalinteraktion
Weitere Kanäle	Seit Ende des 19. Jahrhunderts (vereinzelt) zusätzlich Telefonkontakt mit Bankmitarbeiten	Geldausgabeautomat und weitere Selbstbedienungsgeräte	Electronic Banking: Direktzugang vom Kundenrechner über BTX	Electronic Banking: Direktzugang über webbasiertePortale (www) und HBCI	Zugriff auf Bankdienste mittels div. stationärer und mobiler Kunden-Endgeräte, Verbreitung von Banking-Apps, Einbindung von Drittdiensten
	1965	1980	1995	2010	

Abb. 8.1 Phasen der Entwicklung von (digitalen) Innovationen an der Kundenschnittstelle

Anzumerken ist, dass es Girokonten schon vorher gab, aber als Standardange-
bot für alle Bevölkerungsschichten mit IT-gestützten Abwicklungsverfahren können die frühen 1960er Jahre als Startpunkt angenommen werden.

Mit sinkenden Preisen und Weiterentwicklungen der Kommunikationstechnik
konnten zunehmend auch Filialen einbezogen und damit Automatisierung und
Prozessintegration vorangetrieben werden. Die Auswirkungen von Informationssystemen waren nun nicht mehr auf einzelne Abteilungen beschränkt, sondern
betrafen die gesamte Organisation [28]. Dennoch waren die Filialen und die physische Präsenz des Kunden und die Interaktion mit Bankangestellten nach wie vor
das übliche Erscheinungsbild der Kundenschnittstelle. Allerdings änderte sich die
Filialausstattung in den 1960er und vor allem den 1970er Jahren durch Installation von Terminals mit direkter Verbindung zum Mainframe und Dialoganwen-
dungen [19], die durch Bankangestellte bedient wurden.

Im Endeffekt wurde nun erreicht, dass Kundentransaktionen direkt mit Informationssystemen erfasst und verarbeitet wurden [21]. Entsprechend war es möglich, dass Kunden nicht mehr an ihre Heimatfiliale gebunden waren, sondern in
beliebigen Geschäftsstellen ihrer Bank Transaktionen ausführen konnten. In diese
Phase fällt auch die Verbreitung von Geldausgabeautomaten (GAA), die erstmals 1967 in Großbritannien zum Einsatz kamen [3], sowie die Plastikkarte mit
Magnetstreifen 1969 [3]. Diese Innovationen markierten den Beginn des Selbst-
services und der direkten Interaktion von Kunden mit den Informationssystemen
der Bank, ohne dass manuelle Prozessschritte durch Bankangestellte ausgeführt
wurden. Der GAA erlaubte zudem erstmals einen 24-h-Zugang zu Bankdienstleistungen. Im Laufe der Entwicklung und der zunehmenden Vernetzung standen
GAA-Leistungen zunächst innerhalb einer Bank, dann innerhalb von Bankenver-
bünden und schließlich institutsübergreifend zur Verfügung, sodass Endkunden in
der Lage waren, von beliebigen GAAen aus und unabhängig von deren Betreibern, Transaktionen mit ihrer Bank zu tätigen. In Großbritannien wurde das erste
institutsübergreifende GAA-Netzwerk 1999 eingeführt [6].

Die Bereitstellung von GAAen zog einen tief greifenden Wandel nach sich.
Erstmals konnten Kunden unabhängig von Öffnungszeiten und unabhängig
vom Standort ihrer Heimatfiliale bestimmen, wann und wo sie auf das Banksystem zugreifen wollten. Entsprechend ergaben sich Potenziale für weitere
Kanäle der Leistungserbringung (Multichannel Banking), für die Art und Weise
der Leistungserbringung sowie für die Informationssammlung und -bereitstel-
lung an den Zugangspunkten. Der GAA als Zugangspunkt zum Banksystem für
Endkunden spiegelt gleichzeitig das Zusammenwachsen von Telekommunikation und Computersystemen wider. Konsequenterweise wurde die Einführung

und Verbreitung von GAAen in der Forschung als Paradigmenwechsel aufgefasst und vielfältig hinsichtlich ihrer Wirkungen auf Organisation und Strategie von Banken diskutiert [2, 15, 17].

Von nun an verbreiteten sich Informationssysteme in allen Bereichen einer Bank: Terminals wurden ergänzt und dann in den 1980er Jahren ersetzt durch PCs [22], was wiederum die Option für neue Applikationen bot, die von Bankmitarbeitern zur Bearbeitung von Kundenaufträgen und zur Beratung eingesetzt wurden. Neben der verbesserten datentechnischen Ausstattung wurde seit 1979 auch der Zugang zu Bankleistungen per Telefon (Telefonbanking) ausgebaut. Das erste Telefonbanking-Angebot in Deutschland führte 1989 die Kundenkreditbank (heutige Targobank) ein, gefolgt vom Servicetelefon der Postbank in 1992 [32].

Parallel zu der datentechnischen Filialausstattung und dem Telefonbanking verbreiteten sich PCs in breiten Schichten der Bevölkerung; gleichzeitig wurde die Kommunikationsinfrastruktur leistungsfähiger und entwickelte sich von analoger Vernetzung mit Modems zur Übertragung von Daten über ISDN bis zu den heutigen DSL-Anbindungen. Damit wurden auch leistungsfähige Optionen für die Interaktion mit Endkunden geschaffen wie Point-of-Sales-Terminals, Smart Cards, wie beispielsweise die Monex Card in Großbritannien (1988 bis 1996), und rein virtuelle Währungen wie DigiCash in den Niederlanden (1989 bis 1998).

Zudem wurde nun mit dem Electronic Banking die Erledigung von Bankgeschäften von beliebigen Orten und zu beliebigen Zeiten möglich. Am Anfang dieser Entwicklung standen proprietäre oder branchenspezifische Lösungen wie etwa BTX, das erstmalig 1981 durch die Continental National Bank of Florida für das Homebanking eingeführt wurde. Die Verbreitung von Internettechnologie in den 1990er und den 2000er Jahren gab der elektronischen Interaktion mit Banken einen weiteren Schub. Browsertechnologie wurde sowohl in den Filialen einer Bank als auch auf den PCs der Kunden eingesetzt, was die Nutzung von Bankleistungen weiter vereinfachte und Online-Transaktionen attraktiver machte. In diesem Zuge entstanden ab 1994 auch vermehrt Direktbanken, wie comdirect bank, Consorsbank oder DAB, die auf Filialen verzichten und möglichst vollständig auf Online- und Telefonbanking setzten. Anzumerken ist, dass es das Konzept der Direktbank schon vorher gab wie beispielsweise die Bank für Spareinlagen und Vermögensbildung in Frankfurt, die seit 1965 in Briefkorrespondenz mit ihren Kunden trat [32]. Dennoch brauchte es den technologischen Schub der Informations- und Kommunikationstechnik, um dieses Konzept in die Breite zu tragen. Inzwischen ist die Entwicklung in Richtung Online-Transaktionen so weit gediehen, dass in einer Studie zur Zukunft der Banken die meisten Befragten der These zustimmten, dass die Mehrheit der Kundeninteraktionen im Jahr 2020 online erfolgen wird [18].

Das Aufkommen von Apples iPhone im Jahr 2007 verlieh dem Online-Banking einen weiteren Schub. Hierdurch erlebten Smartphones einen ungeahnten Boom und eine große Verbreitung. Damit einher geht eine starke Verbreitung der webbasierten Interaktion mit Banken. Smartphones verbinden heute den Online-Zugriff auf Bankleistungen mit drahtloser Kommunikation und bieten die Plattform für Drittanbieter zur Bereitstellung von mobilen Apps zur Verwaltung von Bankkonten und -transaktionen. Da das Smartphone, im Gegensatz zu PCs oder Laptops, üblicherweise permanent mitgeführt wird, sind die Verwaltung von Finanzen und das Durchführen von Transaktionen bequemer und zeitlich/räumlich unabhängiger möglich als jemals zuvor. Mobile Banking-Apps ermöglichen zahlreiche Funktionen wie Überweisungen, Abfrage von Kontoständen und Kreditkartenumsätzen oder das Anzeigen der nächstgelegenen Standorte von Filialen oder Selbstbedienungsterminals. Apps wie jene von Chase, die 2015 in den USA als beste Mobile App einer Großbank ausgezeichnet wurde, bietet Touch ID Log-in für iPhones, vielfältige Funktionen, aber auch hedonische Merkmale wie standortabhängige Abbildungen (zum Beispiel von New York oder von Südkalifornien, je nach Aufenthaltsort) [10].

In Zukunft werden wir an der Kundenschnittstelle zudem einen vermehrten Einsatz von kognitiven und lernenden Technologien sehen. RoboAdvisors wie zum Beispiel Quirion werden immer leistungsfähiger und sollen in Zukunft in der Lage sein, Kunden adäquat zu bedienen und zu beraten. Eine eindrucksvolle Lösung hat beispielsweise der amerikanische Finanzdienstleister USAA auf Basis von IBM Watson implementiert. Der RoboAdvisor ist in der Lage, im telefonischen Kundenkontakt sehr umfassende Fragen hinsichtlich der Vermögens- und Finanzplanung zu beantworten [14].

Insgesamt hat die Zunahme der verschiedenen Kundenkanäle schon Anfang des Jahrtausends zu der Herausforderung geführt, diese geeignet in einem Multikanalmanagement zu integrieren. Die ersten Ansätze führten zunächst zu einer Architektur, in der die verschiedenen Kanäle separat gestaltet und optimiert wurden, jedoch auf integrierte Datenbestände und zunehmend standardisierte Funktionen zurückgriffen. In einer nächsten Integrationsstufe auf Basis modularer Architekturen wird dem Kunden ein Wechsel des Interaktionskanals während des Prozessdurchlaufs ermöglicht (sogenanntes Channel Hopping). So kann eine Finanztransaktion im Onlineportal angestoßen, aber im Bedarfsfall der telefonische Kundenservice kontaktiert werden, um den Kundenprozess abzuschließen. Inspiriert von Entwicklungen im Einzelhandel steht sodann die Ausbaustufe des

„Omnichannel-Management" an, in der die Architektur nicht nur das sequenzielle, sondern simultane Interagieren zwischen Kunde und Bank über mehrere Kanäle berücksichtigt [1]. So wie wir im Supermarkt zukünftig durch das Smartphone geleitet werden, das heißt gleichzeitig über den mobilen Kanal und physisch mit dem Laden interagieren, so sind im Retail Banking Szenarien vorstellbar, in denen etwa der Kunde sein Tablet mit der Finanzplanungsapp in die Filiale mitbringt und die dortigen Unterstützungssysteme des Beraters direkt in die Interaktion mit dem Kunden eingebunden werden können. Als Vision spricht die Literatur von „No-Line-Systemen", in denen gar keine wahrnehmbaren Grenzen mehr zwischen den diversen Kanälen bestehen, und die sich flexibel auf die jeweils von den Kunden präferierten Kommunikationsmedien von Web über Apps bis zu sozialen Netzwerken wie Facebook und Messengern wie WhatsApp einstellen müssen [16].

Schaut man sich die Historie rückblickend an, dann stellt man fest, dass die Bankinformationssysteme zunächst mainframezentriert waren, alles zentral durch den Mainframe gesteuert wurde und das Konto, nicht jedoch der Kunde, das zentrale Objekt war ([22], vgl. Ausführungen hierzu in Abschn. 8.3). Inzwischen sind die Zugänge zum Banksystem in den Händen der Kunden. Welche und wann eine Kundeninteraktion erfolgt, bestimmen nicht Banköffnungszeiten oder Kapazitäten eines Großrechners, sondern die Kunden. Auch hinsichtlich der Verwaltung von Finanzanlagen haben sich die Anforderungen geändert. Kunden haben oft mehrere Konten und dies auch bei mehreren Instituten und erwarten eine einheitliche Sicht auf ihre gesamten Anlagen. Der kontenzentrierte Aufbau der Bank-IT erschwert bereits den Überblick über mehrere Konten eines Instituts [22]. Dagegen ist die institutsübergreifende Verwaltung eine zwar kundenzentrierte, aber keine konten- und auch keine bankzentrierte Orientierung, bietet allerdings einem Kunden einen Service, den er zu schätzen wissen wird. Einige FinTechs arbeiten an solchen Lösungen und auch etablierte Institute öffnen sich für solche übergreifenden Angebote.

8.3 Digitale Innovationen in der bankinternen Informationsverarbeitung

Nachdem sich der vorangegangene Abschnitt mit der Entwicklung digitaler Innovationen an der Schnittstelle zum Kunden beschäftigt hat, widmen wir uns im Folgenden der Sicht auf die interne Produktion von Bankdienstleistungen. Wieder begeben wir uns auf einen historischen Streifzug, der sich im Wesentlichen an den in Abb. 8.2 dargestellten Phasen orientiert und maßgeblich auf den detaillierten Aufarbeitungen der Geschichte der Banken-IT von Moormann [21, 22] und Batíz-Lazo et al. [6, 7] basiert. Wie oben gilt auch hier, dass die zeitliche Stufung und Einordnung nur sehr grob erfolgen kann, weil sich die Entwicklung sowohl in verschiedenen Ländern als auch Institutsgruppen unterschiedlich vollzog. Zudem bedeutet die Zuordnung einer konkreten Technologie zu einem Jahrzehnt nicht, dass diese später durch andere Technologien abgelöst wurde. In vielen Fällen lässt sich die Darstellung der zeitlichen Entwicklung eher additiv lesen, das heißt, es kamen neue Komponenten hinzu und führten in der Summe zu den komplexen Infrastrukturen und Anwendungslandschaften, die wir heute in vielen Banken vorfinden.

Die Geschichte der maschinell unterstützten Transaktionsabwicklung in Kreditinstituten begann in den 1930er Jahren mit der Einführung von Tabulatormaschinen, um die Produktivität der einzelnen Mitarbeiter zu steigern. Eine umfassende Verbreitung fand dann jedoch erst etwa 20 Jahre später statt [6]. Die zu diesem Zeitpunkt noch im Forschungsstadium befindlichen ersten digitalen Technologien bzw. Computersysteme hielten dann ab den 1960er Jahren in der Bankenwelt Einzug. Die immer weiter zunehmenden Transaktionsvolumina und die Anforderung, diese zumindest innerhalb eines Geschäftstages zu verbuchen und abzuwickeln, führten dazu, dass Kreditinstitute im Vergleich zu vielen anderen Branchen sehr früh Großrechneranlagen von IBM, Xerox, Burroughs und anderen Herstellern einführten und damit die Ära der digitalen Batch-Datenverarbeitung einläuteten [21]. Transaktionen wurden durch Lochkarten abgebildet und in Stapeln (Batches) über Nacht verarbeitet. Da der IT-Markt sehr hardwarefokussiert war, bauten die Anwender, hier zuvorderst eben die Banken, eigene Kompetenzen für die Softwareentwicklung auf. Selbst die Entwicklung höherer (das heißt weniger hardwarenaher) Programmiersprachen geht teilweise auf ihre Initiative zurück. Hier haben Banken zu echten, allgemeinen IT-Innovationen beigetragen [6].

Konzeptueller Kern des Systemdesigns (quasi das grundlegende ‚Geschäftsobjekt') war das Konto; über die auf Lochkarten basierende Steuerung wurden Kontobewegungen gebucht und nach dem täglichen Buchungsschnitt Salden gebildet und bis hin zur Tagesbilanz verdichtet. Um den Kern des Bankkontos entstanden im folgenden Jahrzehnt zusätzliche, spezifische Softwarelösungen, die die einzelnen Produktsegmente abbildeten. So wurden das Passiv- und Aktivgeschäft sowie der Handel mit Wertpapieren und Devisen durch sogenannte Spartenlösungen immer umfassender unterstützt [35].

Auf der technologischen Ebene begannen zunehmend dialogbasierte Systeme die Welt der Lochkarten abzulösen; Informationen wurden nun direkt an

	Phase 1: Batch-Daten-verarbeitung	Phase 2: Time-Sharing-Datenverarbei-tung	Phase 3: Personalisierte Informations-verarbeitung	Phase 4: Vernetzte Informations-verarbeitung	Phase 5: Web-basierte Informations-verarbeitung	Phase 6: Autonome Informations-verarbeitung
Technologieebene	– Verarbeitung von Massendaten – Lochkarten – „Buchungs-system" – COBOL-Pro-grammierung	– Bildschirm-gestützte Dialog-anwendungen – Terminalisierung der Filialen – „Zentrale EDV-Abteilung" – Plattenspeicher, Magnetbänder	– Isolierte PCs → dezentrale Daten-verarbeitung – 4GL-Program-miersprachen – Relationale Da-tenbanksysteme	– Interne und globale Vernetzung – Internet, Multimedia – Verteilte Verar-beitung, Client/Ser-ver-Architekturen – Objektorientierte Programmierung – Komponenten-software	– Kapselung, Konnektivität, Standardschnitt-stellen – Avatare, Personalisierung – Biometrie – Cloud-Compu-ting, Thin Clients Virtualisierung	– In-Memory-Datenbanken – „Automation of Work": bspw. Robotics, Machine Learning – Software-Agenten – Banking API
Applikationsebene	– Kontoführung – Einfache Systeme der Zahlungsver-kehrsabwicklung	– Entstehung von Spartenanwen-dungen	– Ergänzung um Auftragsabwick-lungssysteme – Vorgeschaltete Auftragsverwal-tungssysteme	– Prozessorien-tierung – Workflow-Manage-ment-Systeme – Data Warehouses	– Web-basierte Geschäftspro-zessabwicklung – Business Intelligence, – CRM-Systeme	– Selbst-konfigurierende Prozesse – Integration externer Daten – (Predictive) Analytics
	1960 1970	1980	1990	2000	2010	

Abb. 8.2 Phasen der Entwicklung von digitalen Innovationen in der Produktion von Bankdienstleistungen. (Basierend auf [21, 22])

Terminalbildschirmen erfasst, wobei in der eigentlichen Kernanwendung nach wie vor im Anschluss eine Stapelverarbeitung der zuvor getätigten Eingaben stattfand. Der Begriff der Timesharing-Datenverarbeitung brachte dabei zum Ausdruck, dass die Rechenkapazität zwischen der ebenfalls auf dem Mainframe laufenden Dialoganwendung und der eigentlichen Datenverarbeitung aufgeteilt werden musste. Zunehmend wurden die Filialen durch Netzwerke angebunden und konnten direkt Buchungen in den zentralen Systemen vornehmen. Dies gab Kunden fortan die Möglichkeit, auch in anderen als der eigenen Filiale Bankgeschäfte zu tätigen [6]. Generell begann die IT die gesamte Bank zu durchziehen und der Bedarf nach Softwareentwicklern stieg stark an. In den USA wurden zum Beispiel viele Computerspezialisten von der NASA abgeworben und fanden in den Treasury-Bereichen der großen Geschäftsbanken neue Aufgaben [6].

Mit der Verbreitung des Personal Computers (PCs) ab Beginn der 1980er Jahre begann eine Dezentralisierung der Datenverarbeitung. Nun konnten den verschiedenen Fachabteilungen und einzelnen Mitarbeitern eigene Computer für ihre individuellen Bedarfe zur Verfügung gestellt werden – mit all den daraus entstehenden Vor- und Nachteilen einer dezentralen Datenhaltung und -verarbeitung. Unterstützt wurde diese teilweise Verlagerung auf die Fachbereichs- oder Nutzerseite durch das Aufkommen höherer Programmiersprachen (4GL), die die Möglichkeit gaben, mit kompaktem, einfachem Code innerhalb eines spezifischen Anwendungskontexts Funktionalitäten selbst zu implementieren [22]. Ein Beispiel aus dieser Zeit ist die auch heute noch allgegenwärtige Datenbanksprache SQL für die Arbeit mit relationalen Datenbanksystemen.

Im zentralen Mainframe wurde parallel der Ansatz der Stapelverarbeitung durch eine dialogbasierte Realtime-Abwicklung abgelöst. Eine vergleichbare Entwicklung fand zu dieser Zeit im produzierenden Gewerbe statt, in dem vor allem SAP mit seinen „Realtime"-Systemen R/2 und R/3 begann, die bis heute andauernde weltweite Marktführerschaft in der Welt der ERP-Systeme anzutreten.

Nachdem in den 1980er Jahren eine starke Dezentralisierung und damit auch Fragmentierung der Datenverarbeitungssysteme stattgefunden hatte, die zumindest in Teilen dafür verantwortlich ist, dass viele Kreditinstitute auch heute noch unter einer sehr großen Zahl von spezialisierten Anwendungssystemen leiden, fand im folgenden Jahrzehnt ab ca. 1990 eine Entwicklung hin zur „vernetzten Informationsverarbeitung" statt, in der architekturale Gedanken die Führung übernahmen und dank der leichteren Vernetzungsmöglichkeiten bzw. der Zunahme von Netzkapazitäten das Client-Server-Modell zum führenden Architekturparadigma wurde [6, 22]. Nun wurde immer stärker aus gesamtheitlicher Sicht determiniert, welche Teile der Informationshaltung und -verarbeitung auf dem Server bzw. auf dem Client stattfinden sollten. Wie im vorigen Abschnitt beschrieben, fand diese Entwicklung nicht nur bankintern statt, sondern schloss zunehmend auch den Kunden ein, der elektronisch über proprietäre oder Internettechnologien an die Systeme der Bank „angeschlossen" wurde.

Die Verbreitung von Internettechnologien und digitalen Telekommunikationsinfrastrukturen ermöglichte in dieser Zeit eine immer stärkere Integration/Verschmelzung von interner und externer digitaler Welt. Die quasi zu Grenzkosten von Null zur Verfügung stehende Netzwerkkapazität führte dazu, dass die wenige Jahrzehnte vorher stattgefundene Dezentralisierung der Datenverarbeitung wieder umgekehrt wurde. Dies geschah mit modernen ‚Mainframes', nämlich virtualisierten Cloud-Infrastrukturen, die heute zunehmend die komplette Datenverarbeitung, inklusive individueller Anwendungen von Mitarbeitern oder für Kunden, übernommen haben und über moderne Terminals (Thin Clients, Browser) den Nutzern zugänglich machen.

Betrachtet man die bisherige Entwicklung der digitalen Infrastruktur aus Applikationssicht, so waren die ersten Anwendungen wie oben beschrieben einfache Kontokorrentsysteme. Das Konto stand im Mittelpunkt der Systemarchitektur und blieb über Jahrzehnte das zentrale Geschäftsobjekt, auf das sich alle anderen Entitäten, wie Produkte oder Kunden, bezogen. Die produktbezogenen Spartenanwendungen reicherten die Systemarchitektur weiter an und ermöglichten dann auch die Produktanlage und Verwaltung sowie die inhaltliche Abwicklung von Kundenaufträgen (jedoch typischerweise in Verbindung mit einem Konto, dann zum Beispiel als Kreditkonto oder Sparkonto, später auch als Wertpapierdepot ausgeprägt). Hinzu kamen Ende der 1980er Jahre Auftragsverwaltungssysteme, die zum Beispiel die Führung und Dokumentation eines Orderbuches oder von Daueraufträgen ermöglichten. Diese wurden einige Jahre später ihrerseits ergänzt um Anwendungen, welche die Kundenberatung und die Sachbearbeitung unterstützten. Wölfing fasst die aus dieser historischen Entwicklung entstandene Situation sehr anschaulich als Zwiebelmodell zusammen, in dem die Applikationen in mehreren Schalen um das Kontokorrentsystem organisiert sind (vgl. Abb. 8.3). Moormann und Schmidt [22, S. 20] bewerten das Ergebnis dieser Entwicklung wie folgt: „... gewachsene, hoch integrierte Softwarestrukturen mit wenigen Schnittstellen nach außen [...] und somit der wichtigste Ausgangspunkt für die heutige Problematik der Bank-IT".

Eine wesentliche Herausforderung der Gestaltung heutiger Anwendungssysteme in Banken ist und bleibt die Realisierung einer konsequenten Prozessorientierung. Unter dem Begriff der „digitalen Transformation" wird in der Finanzindustrie häufig die Umsetzung von Straight-Through-Processing verstanden: eine medienbruchfreie und automatisierte Integration von durch

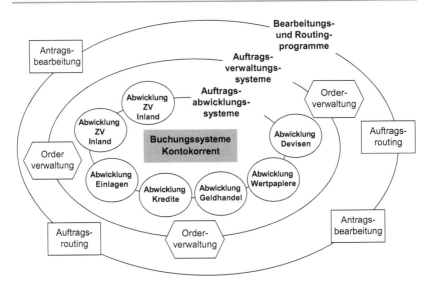

Abb. 8.3 Zwiebelmodell der bankbetrieblichen IT. ([22, S. 19]; angelehnt an [35, S. 67])

Softwarelösungen unterstützten Prozessschritten zu einem „digitalen End-to-End-Geschäftsprozess". Auch wenn diesen Ansätzen kaum Innovationscharakter zugesprochen werden kann und andere Branchen solche Herausforderungen, sicherlich auch getrieben durch eine konsequente Prozessorientierung in der physischen Welt (zum Beispiel Fließband oder Logistikprozesse), schon vor langer Zeit erfolgreich gemeistert haben, stellt die Anforderung nach vollständig integrierten Geschäftsprozessen, in die zudem auch der Kunde noch über diverse Schnittstellen eingebunden werden muss, viele Institute immer noch vor eine Mammutaufgabe. Da echte Integrationsprojekte häufig als zu teuer und riskant oder als kurzfristig nicht realisierbar gesehen werden, versucht man sich nun auch an der Integration auf der Ebene des Benutzerschnittstelle. Im Rahmen von *Robotic Process Automation* werden virtuelle Roboter darauf trainiert, einfache Tätigkeiten von Sachbearbeitern, die ansonsten häufig Daten zwischen isolierten Anwendungssystemen manuell übertragen haben, zu übernehmen. Erfolgreiche Implementierungen finden sich zum Beispiel bei Xchanging in London (im Versicherungskontext) [33] oder in der Commerzbank (vgl. Keynote-Vortrag von Frank Annuscheit, COO Commerzbank, am 9. Juni 2016 auf der 10. ProcessLab-Konferenz an der Frankfurt School of Finance & Management).

Eine Betrachtung der Historie digitaler Innovationen in der Bankproduktion wäre nicht vollständig ohne die Berücksichtigung der Standardsoftwarelösungen.

So gab und gibt es zahlreiche Softwareprodukte für spezifische Aufgaben (sogenannte Teillösungen) wie dem Risikomanagement, der Kreditwürdigkeitsprüfung, Produktmanagement, Partnermanagement, CRM, HR u. v. m. Auch kommerzielle Gesamtbankpakete werden in Deutschland zwar schon seit knapp einem halben Jahrhundert vertrieben [21], fanden aber bis vor gut zehn Jahren nur in wenigen und kleineren Banken ihren Markt (wie etwa KORDOBA oder die PASS Core Banking Suite). Ansätze, Gesamtbanklösungen auch für Großbanken zu entwickeln (vergleichbar zu den erwähnten ERP-Produkten von SAP in anderen Branchen) waren zuvor meist gescheitert (zum Beispiel Bank2000 oder UniBank) [21]. Erst mit der Initiative von SAP und der Postbank konnte im deutschen Markt ein umfassendes Banksystem für große Banken entwickelt und kommerzialisiert werden.

Eine Zwischenform zwischen individueller Entwicklung und kommerziellen Lösungen nehmen die Kernbankensysteme des Genossenschafts- und des Sparkassensektors ein, denen die große Mehrheit der deutschen Kreditinstitute angehört. Viele dieser Banken besaßen nie eigene IT-Ressourcen, sondern waren seit den Anfängen der elektronischen Datenverarbeitung in Verbandsrechenzentren organisiert. Die Fusionsaktivitäten der IT-Dienstleister in beiden Institutsgruppen haben in den letzten beiden Jahrzehnten die Grundlage dafür bereitet, dass in Zukunft prinzipiell nur noch ein Sparkassensystem (OSPlus der Finanz Informatik) und ein System für die Volks- und Raiffeisenbanken (agree21 der Fiducia-GAD) existieren werden. Beide Systeme sind teilweise neu entwickelte, modulare Komplettlösungen, die den wesentlichen Teil des Bankgeschäfts abdecken und damit potenziell auch einen Großteil der Legacy-Problematik in diesen Institutsgruppen beseitigen.

Einen wesentlichen Beitrag leisteten die Gesamtbanklösungen zur Einführung des Modularisierungsgedankens in der Systemlandschaft. Während das Konzept der auf standardisierten Schnittstellen basierenden und einem einheitlichen Entwicklungsmodell folgenden Komponenten bei den über Jahrzehnte gewachsenen Individuallösungen meist nicht (bzw. nur mit prohibitiv hohem Aufwand) im Nachhinein eingeführt werden konnte, hatten die kommerziellen Teillösungen per Definition nicht die Durchschlagskraft, um den Weg zu einer ganzheitlichen modularen Anwendungslandschaft zu bereiten. So setzten sich modulare, serviceorientierte Gesamtbanksysteme letztlich erst im letzten Jahrzehnt durch und bieten nun Standardschnittstellen, an die sich sowohl zusätzliche Spezialkomponenten (wie zum Beispiel Module für Kostenrechnung, Bilanzstrukturmanagement oder Meldewesen) architekturkonform andocken sowie auch Services von externen Dienstleistern integrieren lassen.

Den Wertbeitrag von Basisinnovationen realisieren

Wie schon mehrfach erwähnt und durch das Zwiebel-Modell visualisiert, begann die Entwicklung der Bankensysteme in den 1960er Jahren mit dem Konto als konzeptuellem Kern, auf den sich alle Systemerweiterungen ausrichteten. Die um 1980 eingeführte Realtime-Datenverarbeitung und der in dieselbe Zeit fallende Beginn der kommerziellen Verbreitung relationaler Datenbanksysteme, die im Vergleich zur hierarchischen Datenhaltung einen deutlich flexibleren und effizienteren Umgang mit Daten in komplexen Datenstrukturen erlaubten, boten die Potenziale, die grundlegende Philosophie dieser kontozentrierten Systemarchitektur zu hinterfragen und geeignet zu transformieren. Diese Transformation begann jedoch trotz technischer Machbarkeit erst viel später und ‚verschlief' somit einen früheren Wechsel des Paradigmas von einer konto- auf eine kundenzentrierte IT-Architektur. Es verstrichen noch viele Jahre, in denen die bestehende Systemlandschaft hinsichtlich Umfang und Komplexität weiterwuchs und damit die noch heute existierenden Legacy-Systeme und -System-Landschaften immer stärker manifestierte.

Dieses Phänomen ist charakteristisch für viele Basisinnovationen und tritt nicht nur in der IT-Welt auf. So verglich Carr in seinem viel diskutierten Artikel „IT doesn't matter", der 2003 im Harvard Business Review erschien [9], die grundlegende Entwicklung der IT mit derjenigen der Elektrizität. Die Verfügbarkeit elektrischer Energie führte zur Verdrängung mechanischer Antriebe (Dampfmaschine, Wasserkraft), jedoch dauerte es Jahrzehnte, bis die wahren Potenziale, nämlich die deutlich einfachere Transportierbarkeit der Energie über Kabel statt über Wellen und Transmissionsriemen, erkannt und gehoben wurden. Im Zeitalter mechanischer Antriebe waren beispielsweise Produktionsanlagen entlang der aus der zentralen mechanischen Energiequelle entspringenden Antriebswelle bzw. daran angeschlossener Riementriebe orientiert. Diejenigen Maschinen, die den größten Kraftaufwand benötigten, waren dabei möglichst nah am Ursprung positioniert; und auch insgesamt versuchte man die Anlagen sehr kompakt entlang der Welle und orthogonal darüber und daneben zu platzieren, sodass die Leistung der Antriebsmaschine bestmöglich ausgenutzt werden konnte.

Exkurs

So bestanden die englischen Spinnereien aus bis zu sieben Stockwerken, um möglichst viele Wagenspinner möglichst nah um den zentralen Antrieb zu positionieren.

Auch wenn die Einführung der Elektrizität diese Notwendigkeit obsolet machte, dauert es in der industriellen Produktion noch Jahrzehnte, bis man die deutlich größere Mobilität von elektrischer vs. mechanischer Energie für ein vollständiges Umdenken der Architektur der Produktionsanlagen nutzte. Nun ging es nicht mehr darum, die Maschinen nach ressourcenorientierten Gründen (optimale Leistungsübertragung und -nutzung) zu positionieren, sondern man erkannte und nutzte die Möglichkeit der ‚Prozessorientierung‘, dem Fließband. Maschinen konnten entlang des eigentlichen Produktionsprozesses positioniert werden und ermöglichten so enorme Effizienzgewinne sowie die Einführung einer weiteren grundlegenden Innovation.

Dieser Exkurs zeigt ein typisches mit grundlegenden technologischen Innovationen verbundenes Phänomen auf: Organisationen benötigen komplementäre organisatorische Innovationsfähigkeiten, um eine Technologie nicht nur produktiv einsetzen zu können (wie eben die Elektrizität oder relationale Datenbanksysteme), sondern deren Bedeutung für ein grundlegendes Umdenken bisheriger Geschäftspraktiken, Prozesse oder gar Geschäftsmodelle zu erkennen und erfolgreich implementieren zu können. Im Fall der IT-Architekturen kommt eine starke Pfadabhängigkeit durch die gewachsenen IT-Infrastrukturen hinzu, was deren Umbau und gar Ersetzung sehr aufwendig und teuer macht. Pfadabhängigkeit bedeutet, dass in der Vergangenheit viele Entscheidungen hinsichtlich Investitionen in Hard- und Software, der Akquisition und Entwicklung von Personal als auch der Organisationsentwicklung und Strategie getroffen wurden, die sich gegenseitig ergänzen und durch die ein bestimmter Entwicklungspfad beschritten wurde. Dieser Entwicklungspfad berücksichtigt die Umweltbedingungen und wird typischerweise so gewählt, dass für bestimmte Bedingungen zum Beispiel eine hohe Effizienz gewährleistet ist. Sobald sich allerdings das Umfeld stärker ändert, wie dies seit einiger Zeit im Bankenbereich der Fall ist, bedeutet das Weiterverfolgen eines Entwicklungspfades Suboptimalität. Gleichzeitig ist es jedoch schwierig den Pfad, der sich über viele Jahre entwickelt hat und mit dem Organisationsstrukturen und Verhaltensweisen geprägt wurden, zu verlassen, weil dies immer mit großen Änderungen von Prozessen, Arbeitsweisen, benötigten Kompetenzen und auch der Informationssysteme verbunden ist. Es reicht daher nicht, die Informationssysteme umzubauen, sondern es sind komplementäre organisatorische Fähigkeiten notwendig, um den Änderungsbedarf zu erkennen, der Informationssysteme, Organisation, Personal und Strategie umfasst, entsprechende Aktionen auf allen Ebenen zu starten und die gesamte Organisationen zu rekonfigurieren [27].

Die letzte Spalte der zeitlichen Überblicksgrafik gibt einen Ausblick auf ausgewählte technologische Entwicklungen und Trends, die aktuell oder in den nächsten Jahren die Gestaltung der Banken-IT maßgeblich beeinflussen (werden). So bieten In-Memory-Datenbanken, die bei analytischen Datenabfragen fundamentale Verbesserungen der Antwortzeiten liefern, nicht nur die Möglichkeit einer besseren, weil echtzeitbasierten, Entscheidungsunterstützung („Analytics at the Fingertips" statt dem Spezifizieren von Business-Intelligence-Reports, die zunächst implementiert werden müssen und erst Tage später Ergebnisse an den Entscheider liefern), sondern vor allem auch die Verzahnung von Analytics in die operativen Prozesse und Transaktionen. Ein Kunde kann zum Beispiel, bevor er eine Zahlung tätigt, eine Ausgabenanalyse und -simulation durchführen lassen, die ihm im Bruchteil einer Sekunde eine Empfehlung darüber liefert, ob sein Bankkonto den Einkauf verkraftet. Hier handelt es sich also wieder um eine neue Technologie, die grundsätzlich erst einmal nur schnellere Datenauswertungen ermöglicht, bei der aber völlig neue Dienste und Geschäftsmodelle möglich sind, wenn das Unternehmen die Fähigkeiten hat, diese zu identifizieren und zu implementieren.

Ein weiteres und umfangreiches Feld, das in den letzten Jahren enormen Aufwind erfahren hat, sind Ansätze des Machine Learning und anderer Verfahren der Künstlichen Intelligenz, die in unterschiedlichsten Anwendungen Einzug halten, ob wie oben erwähnt in der Kundenberatung oder im Bereich Analytics (zum Beispiel Predictive Banking), im Risikomanagement, im Bereich der Finanzproduktentwicklung oder auch bei der Übernahme von Aufgaben in der Sachbearbeitung. Diverse Studien zu „The Future of Work", die sich mit der Frage beschäftigen, wie geistige Arbeit (analog zur Einführung von Automatisierungstechnologien im herstellenden Gewerbe vor einigen Jahrzehnten) immer stärker automatisiert werden kann, zeigen bzgl. ihrer Realisierbarkeit zwar unterschiedliche Prognosen auf, die oben genannten schon produktiven Anwendungen von recht einfachen Lösungen der Robotic Process Automation lassen jedoch für die Zukunft auf enorme Potenziale schließen.[1]

Mit Zunahme der digitalen ‚Smart'-ness ist in weiterer Zukunft als nächste Stufe zu erwarten, dass die Informationssysteme nicht nur autonom arbeiten, sondern sich auch autonom rekonfigurieren und auf diese Weise eine immer stärkere Individualisierung in der Kundenbetreuung und darauf abgestimmten Produktentwicklung stattfinden wird.

---

[1]Nach einer der bekanntesten Studien in diesem Kontext von Frey und Osborne (Universität Oxford) liegt die Wahrscheinlichkeit dafür, dass diverse Berufsbilder (Kreditentscheider, Sachbearbeiter in Markt und Marktfolge Aktiv und Passiv usw.) in der Finanzindustrie zukünftig computerisiert werden, bei über 95 % [13]. Die Methodik der Berechnung beruht jedoch auf Annahmen, die kontrovers diskutiert werden.

8.4   Ausblick

Der kurze und unvollständige Abriss der Historie digitaler Innovationen bzw. der IT-Entwicklung in der Kreditwirtschaft zeigt, dass Banken sowohl an der Kundenschnittstelle als auch in der Produktion immer wieder Paradigmenwechsel realisieren mussten. Solche Paradigmenwechsel werden auch in Zukunft nicht ausbleiben, ja vielleicht sogar noch disruptiver, zumindest jedoch schneller erfolgen. Genau wie in der Vergangenheit, in der Banken am technologischen Fortschritt gescheitert sind, wird es auch in der Zukunft darauf ankommen, aufseiten der IT (sowohl im Management von Innovationen als auch in der Gestaltung der IT-Architektur) gut aufgestellt zu sein, um erfolgreich im (Innovations-)Wettbewerb bestehen zu können. Einige damit verbundene Aspekte sollen im Folgenden ausblickartig betrachtet werden.

8.4.1   Die Rolle der IT-Architektur

Die in Abschn. 8.3 aufgezeigte Entwicklung der bankinternen Anwendungsarchitektur hat in vielen Instituten zu einer äußerst komplexen Landschaft von Systemen und dazwischen implementierten Schnittstellen geführt. Da sich Banken zudem in einem Ökosystem aus einer Vielzahl von Finanzdienstleistern (Börsen, Abwickler, Vermittler u. v. m.) befinden, müssen auch sie an die Bank-IT-Systeme angebunden sein. Diese schon seit Jahrzehnten voranschreitende Entwicklung birgt substanzielle Probleme. Die fortlaufende Erweiterung, zum Beispiel die Einführung eines neuen Mobile-Banking-Systems oder auch nur die Anbindung eines von einem FinTech bereitgestellten Service ist in einer historisch gewachsenen Anwendungslandschaft schwierig, teuer und riskant. Sie führt zudem zu einer weiteren Erhöhung der Gesamtkomplexität. Weiterhin bringen die Anwendungssysteme oft keine eingebaute Prozessorientierung mit, sodass für die Realisierung von End-to-End-Prozessen über die bestehenden Systeme hinweg integriert werden muss, was eine besonders aufwendige Erweiterung darstellt. Sodann wird die Überwachung der Prozesse immer schwieriger. Da keine gemeinsame Datenbank existiert, ist das Füttern der Controlling-Systeme für analytische Aufgaben äußerst aufwendig. Wieder ist die Implementierung zahlreicher Schnittstellen zwischen den operativen Systemen und den Data Warehouses nötig. Ohne konsequentes Architekturmanagement dreht sich dieser Teufelskreis immer schneller und macht die IT irgendwann handlungsunfähig. In vielen Instituten ist sie das heute schon in einem solchen Ausmaß, dass weitere Änderungs- und Erweiterungsanforderungen gar nicht mehr oder nicht mehr in angemessener Zeit umgesetzt werden können. Als Konsequenz behelfen sich die Fachbereiche dann gern mit eigenen Implementierungen ihrer innovativen

Ideen. Diese digitalen Initiativen müssen jedoch in der Regel auch irgendwann in die Gesamt-IT-Architektur der Bank integriert werden.

In jüngerer Zeit entwickelte Standardsysteme, egal ob von SAP oder den Verbandsdienstleistern, bieten heute zu einem recht hohen Grad eine standardisierte und modulare Architektur. Auch hier ist es jedoch notwendig, zusätzliche Lösungen, zum Beispiel eigenentwickelte Speziallösungen oder das System für eine mobile Kunden-App konsequent im Rahmen dieser Architektur zu integrieren und nicht, weil es schnell gehen muss, mal eben ein eigenständiges kleines System aufzubauen und eine spezifische direkte Schnittstelle für den Datenabgleich mit dem Kernbankensystem zu implementieren. Ansonsten sind auch hochstandardisierte Bank-IT-Infrastrukturen mittelfristig nicht davor geschützt, in die Komplexitätsfalle zu laufen.

Jeanne Ross vom MIT, eine der weltweit führenden Forscherinnen im Bereich Enterprise Architecture, warnt eindringlich davor, sich mit digitalen Innovationen zu verzetteln, bevor das Unternehmen eine konsistente und modulare IT-Plattform etabliert hat. Ohne eine modulare, auf offenen Schnittstellenstandards basierende IT-Architektur, die die Wiederverwendung von Applikationslogik sowie das konsistente Einfügen und Ersetzen von Anwendungsmodulen ermöglicht (von Eigenentwicklungen über Standardlösungen bis hin zu von Partnern betriebenen externen Systemen), ist ein dauerhaftes Bestehen im Wettbewerb um digitale Innovationen nicht möglich. Ihre und andere Forschungsergebnisse zeigen eindrücklich, dass Unternehmen sich langfristig ihr eigenes Grab nicht nur dann schaufeln, wenn sie sich dem Innovationswettbewerb verweigern, sondern auch, wenn sie dies ohne eine stabile, konsistente und modulare Grundlage (eine „digitale Plattform" oder ein „Information Backbone") tun [25, 26]. Prominente Erfolgsbeispiele aus anderen Branchen wie UPS, Walmart oder Amazon zeigen eindrücklich den strategischen Wert, aber auch die Notwendigkeit dieses „Platform first"-Imperativs, bevor die diversen Digitalisierungsinitiativen, zum Beispiel an der Kundenschnittstelle, zum Tragen kommen. Passend dazu zeigen Westerman et al. in ihrer umfassenden Studie zu Digitalisierungsstrategien die Performance-Unterschiede in Abhängigkeit konsequenter Digitalisierungsstrategien auf [30]. Unternehmen, die einer Strategie des „let the thousand flowers bloom" folgen (die sogenannten „Fashionistas"), das heißt die verschiedenen Geschäftsbereiche hinsichtlich digitaler Innovationen frei experimentieren und implementieren lassen, um schnelle Innovationserfolge zu erzielen und dann die schönsten Blumen zu ernten, weisen sowohl hinsichtlich Umsatz als auch Profitabilität einen deutlichen Abfall gegenüber den „Digital Masters" auf, die eine sehr strikte Top-down-Governance implementiert haben, um sicherzustellen, dass nur digitale Innovationen entwickelt und implementiert werden, die konform zu und integriert mit der unternehmensweiten IT-Plattform sind [31]. Auf der organisatorischen Ebene werden solche Ansätze heute häufig begleitet durch Strukturen, die ein verzahntes Arbeiten der Basis-IT und der kleinen, digitalen Anwendungen im SMAC-Kontext (Social, Mobile, Analytics,

Cloud) ermöglichen sollen, wie zum Beispiel die Konzepte der Two-Speed Architecture [8] oder der Bimodal IT [20]. Bei vielen Instituten sieht die Realität jedoch heute noch anders aus: Eine Studie von PwC bescheinigt zwar, dass heute in vielen Instituten Modernisierungsprojekte durchgeführt werden, dass diese jedoch primär durch regulatorische Anforderungen getrieben sind statt einer *strategisch* motivierten Architekturstrategie zu folgen [24]. Das Verständnis für die strategische Bedeutsamkeit einer modernen und zukunftsfähigen IT-Architektur ist nach wie vor in vielen Instituten nicht ausreichend verankert. Indikatoren dafür sind in der PwC-Studie, dass nur jeder vierte Befragte veraltete Technologie als Risiko wahrnimmt und die Legacy-Systeme bei halbherzigen Transformationsvorhaben gern als „bequeme Fall-back-Lösung" gesehen werden.

8.4.2 Innovation und Kooperation

In der Bankenindustrie lassen sich historisch zwei Paradigmen hinsichtlich technologischer Innovation feststellen. Die großen Geschäftsbanken aber auch viele kleinere Privatbanken haben schon sehr früh, wie oben beschrieben, umfassende eigene Softwareentwicklungskompetenzen aufgebaut und gepflegt, um ihre digitalen Lösungen eigenständig entwickeln zu können. Der Fremdbezug von Innovations- und Entwicklungsleistungen war bis Ende der 1990er Jahre für viele Institute kein Thema. Die teilweise vierstelligen Mitarbeiterzahlen in der Softwareentwicklung finden sicherlich in den wenigsten anderen Branchen (jenseits der IT-Industrie) ein Pendant. Auf der anderen Seite steht die große Zahl der Genossenschaftsbanken und Sparkassen, die aufgrund der meist kleineren Größe und verbandsinternen Vernetzung die wesentlichen digitalen Innovationstätigkeiten bei verbandsinternen IT-Dienstleistern gebündelt haben (abgesehen von wenigen Ausnahmen von meist großen Instituten wie etwa einer Hamburger Sparkasse oder einer Frankfurter Sparkasse mit ihrer erfolgreichen Ausgründung 1822direkt). Diese vergleichsweise einfachen Paradigmen der Verortung von Innovationsaktivitäten haben sich in den letzten zehn bis 20 Jahren jedoch zu einem sehr facettenreichen Ökosystem gewandelt, in das viele neue Unternehmen und Geschäftsmodelle eingetreten sind und in dem die Grenze zwischen Finanz- und Technologiedienstleistern immer mehr verschwindet. Banken bieten technologienahe Transaktionsdienstleistungen im Zahlungsverkehr oder der Wertpapierabwicklung an (dwpbank, Postbank BCB usw.), während ursprüngliche Technologieunternehmen Substitute zu den Services traditioneller Finanzdienstleister anbieten (PayPal, Apple Pay, Google Wallet, o2 Banking etc.). Dazu kommt das sehr dynamische und recht unüberschaubar gewordene Segment der FinTech-Start-ups, die mit meist sehr spezifischen digitalen Lösungen entweder in den Wettbewerb zu den etablierten Banken treten oder (zunehmend) irgendeine Form von Kooperation mit ihnen eingehen. Die Vielfalt reicht hier von (Finanz-) Produktanbietern mit Kreditinstitut im Hintergrund (wie zum Beispiel vaamo) über Plattformen mit revolutionären Geschäftsmodellen (wie P2P-Lending-Plattformen) zu Anbietern von technologischen oder technologiegetriebenen Lösungen, die in die Geschäftsprozesse und Kundenschnittstellen von Banken eingebaut werden (zum Beispiel Gini für semantische Dokumentanalyse oder RoboAdvisory-Lösungen von Fincite). Dazwischen etablieren sich Anbieter von Integrationslösungen, die die verschiedenen Dienste technisch integrieren (sogenannte Banking API, zum Beispiel figo) und auf diese Weise einen grundlegenden Beitrag für die Entstehung eines echten, integrierten Ökosystems oder Wertschöpfungsnetzwerks bieten. Insgesamt entsteht so ein Umfeld, in dem die Innovationsgeschwindigkeit zunimmt und in dem in einem Kreislauf von steigenden Kundenerwartungen, Innovationsdruck durch kreative Wettbewerber und dem Erzielen temporärer Wettbewerbsvorteile durch kleinere Innovationsvorsprünge kein Marktteilnehmer mehr allein im Markt bestehen können wird. Konzepte wie Open Innovation und erfolgreiches Partnermanagement werden zur strategischen Notwendigkeit. Gerade beim Finden digitaler Innovationen haben Banken in den letzten Jahren erfolgreich neue Ansätze erprobt, um sowohl aus der eigenen Mitarbeiterschaft als auch von außen Ideen zu generieren: Dazu zählen unternehmensinterne und -externe Hackathons und das Etablieren von Inkubatoren in unterschiedlichen Ausprägungen (wie der Main Incubator der Commerzbank oder die comdirect Start-up Garage), die sich auf die Schaffung und Verfeinerung neuer Ideen in Form von Start-ups konzentrieren. Eine weitere mit Inkubatoren verwandte Form sind Acceleratoren, die sich eher darauf fokussieren, bereits gegründete Start-ups und deren bereits geschaffene Ideen schneller erfolgreich zu machen. Inkubatoren und Acceleratoren verfolgen ihre Aufgaben insbesondere durch Bereitstellung von Ressourcen wie Wissen und Arbeitsplätze sowie Coaching. Neben diesen Ansätzen zum Finden und Fördern digitaler Innovationen hat auch die Einbindung der Kunden durch Social Media (innovationsorientierte „Crowdsourcing"-Ansätze wie die IdeaBank der Commonwealth Bank of Australia (heute CommBank) [4]) an Gewicht gewonnen.

Schon vor knapp 15 Jahren konstatierten die Bankforscher Bátiz-Lazo und Wood [6], dass Kreditinstitute schon immer auf die technologischen Innovationsfähigkeiten von Drittunternehmen angewiesen waren und Allianzen zwischen Kreditinstituten und Technologieprovidern (sowohl den Big Playern als auch kleinen Nischenspezialisten) schon immer der vielversprechendste Weg zum Erfolg waren [6]. Dies wird in Zukunft so bleiben und sich in vielfältigere und vielschichtigere multilaterale Allianzen zwischen vielen Unternehmen mit unterschiedlichen Kompetenzen aufweiten.

8.4.3 Konvergenz von Transaktion und Produktion

Im historischen Rückblick der vorangegangenen Abschnitte konnten wir die digitalen Innovationen an der Kundenschnittstelle (Transaktion) noch recht unabhängig von denen in der internen IT-Landschaft der Bank (Produktion) darstellen, auch wenn natürlich, zum Beispiel im Kontext Multi-/Omnichannel-Management kaum noch eine Trennung der Betrachtung möglich ist. Die vielfältigen Entwicklungen, die wir im Rahmen der Entstehung und zunehmenden Komplexität der Finanz-Ökosysteme in den letzten Jahren wahrnehmen konnten, sind auch Ausdruck einer Konvergenz genau dieser externen und internen Welt. Ursprünglich rein interne Produktionsprozesse, die durch das Kernbankensystem für die Bereitstellung von Bankleistungen abgebildet wurden, laufen zunehmend über Unternehmensgrenzen hinweg ab, haben sich also von Produktionsprozessen zu Transaktionen gewandelt. Die Systemarchitekturen mussten oder müssen geöffnet werden, um Finanzdienstleistungen für den Endkunden durch ein Ökosystem statt durch ein einzelnes Institut erbringen zu können. Malone und Kollegen beschrieben dieses Phänomen 1987 durch die Move-to-the-Market-Hypothese [19]: Mit zunehmender Verbreitung von Informationstechnologie und digitaler Vernetzung sinken die Transaktionskosten, sprich die Kosten der Nutzung des Marktes. Buy statt Make ist die Folge. In der Move-to-the-Middle-Hypothese [10] ist dieser Gedanke weiter verfeinert, denn viele Dienstleistungen werden nicht auf reinen Spot-Märkten gehandelt, sondern es werden Partnerschaften und stabile Wertschöpfungsnetzwerke etabliert, die die Investitionen in den Aufbau entsprechender Integrationslösungen rechtfertigen. Mit zunehmender Standardisierung könnten die Ökosysteme jedoch immer dynamischer und marktorientierter werden. Wenn Banking-API-Infrastrukturen weite Verbreitung erfahren haben, lassen sich Anbieter spezifischer Finanz- und technischer Leistungen einfach ersetzen. Hat man heute über die Banking-API von figo einen Finanzdatenlieferanten A in ein Online-Banking-Portal integriert, kann dies morgen Lieferant B sein. Sicherlich wird die Regulation und das Thema Kundenvertrauen den technischen Möglichkeiten hier zunächst Grenzen setzen, aber die Tatsache, dass Kunden etwa auch bereit sind, die Verantwortung für das Management ihres Vermögens an Dienstleister abzugeben, das heißt nur noch dem direkt sichtbaren Anlageberater (oder RoboAdvisor), nicht aber den eigentlichen Produktanbietern (zum Beispiel Fondsgesellschaften) vertrauen, wenn es um die Sicherung ihres Vermögens geht, zeigt, dass in den vom Endkunden weniger wahrgenommenen Dienstleistungsbereichen einfachere Austauschmöglichkeiten und damit Wettbewerbspotenziale bestehen. Das heißt, gerade in der aus Sicht des Endkunden zweiten Reihe der Akteure des Ökosystems ergeben sich Austauschmöglichkeiten. Als Konsequenz

werden Unternehmen zur Stabilisierung ihrer Marktposition zwei Ziele anstreben: 1) hohe Sichtbarkeit beim Kunden, die den Aufbau von Vertrauen ermöglicht und damit geringere Austauschbarkeit induziert oder 2) das Etablieren eines
Plattform-Geschäftsmodells wie dem der Banking-API von figo, weil der Wechsel
einer Plattform für die Nutzer mit sehr hohen Wechselkosten verbunden ist. Die
ideale Lösung ist die Kombination, das heißt ein plattformbasiertes Geschäftsmodell direkt an der Kundenschnittstelle, wie dies die Internet Big Five (Google,
Apple, Facebook, Amazon, Microsoft) sehr eindrucksvoll in anderen Märkten
vorgeführt haben und sicherlich zunehmend auch im Finanzbereich demonstrie-
ren werden.

Wie die Entwicklung letztlich verlaufen wird, lässt sich dennoch schwer vorhersagen. So wurde zum Beispiel in der Zeit nach der New Economy Anfang des
Jahrtausends von der anstehenden umfassenden Segmentierung des Bankgeschäfts
gesprochen, das heißt, dass sich Universalbanken in naher Zukunft in Produktban-
ken, Vertriebsbanken und Transaktionsbanken aufspalten würden. Dies ist so bisher zumindest in der Breite nicht eingetreten, wie auch nicht die in Studien in den
2000er Jahren häufig ausgesprochene Erwartung des ausschließlichen Fokussierens
der Banken auf Vertriebsaktivitäten. Dennoch gab es in einzelnen Produktbereichen substanzielle Änderungen (zum Beispiel im Zahlungsverkehr, der Wertpapierabwicklung und teilweise im Konsumentenkreditgeschäft), sodass auch hier
weitere Entwicklungen zu erwarten sein werden. Zudem erscheint ein „Zurück-
schwingen" in einen Zustand, wie wir ihn noch vor fünf Jahren hatten, und damit
ein weitgehend änderungsfreies Bankenumfeld, als sehr unwahrscheinlich.

Die aktuellen Forschungs- und Innovationsaktivitäten im Blockchain-Kontext
sind geeignet, diese Entwicklung im Sinne der Move-to-the-Market-Hypothese
auf eine neue Stufe zu heben. Smart Contracts, die im öffentlich einsehbaren
Distributed Ledger einer Blockchain abgelegt sind, können die Möglichkeit bieten, dass autonome Computersysteme Transaktionen durchführen. Die Transaktionskosten könnten noch einmal substanziell sinken und die ökonomische
Vorteilhaftigkeit von Marktmechanismen weiter verstärken. Die „Decentralized
Autonomous Organization" (DAO), bei der ein (virtuelles) Unternehmen völlig
auf Hierarchie verzichtet und vollständig durch Verträge und Transaktionen strukturiert und gesteuert wird, ist eine erste Instanziierung dieses möglicherweise
fundamentalen Entwicklungsschrittes. Welche Auswirkungen diese Innovation
auf das Ökosystem der Finanzindustrie haben wird, ist heute noch nicht absehbar.
Sicher ist aber, dass die zunehmende Dynamik digitaler Innovationen und damit
verbundener Umbrüche in der Finanzwelt so schnell nicht abklingen wird und wir
uns in einer und in eine äußerst spannende Zeit bewegen.

Literatur

1. Aberdeen Group (2014) Omni-Channel Contact Center: The Smarter Way to Engage Customers. Research Report, Aberdeen Group
2. Banker RD (1988) Strategic Contributions of Information Technology: An Empirical Study of ATM Networks. In: Olson, MH, DeGross, JI, eds. Proceedings of the 9th International Conference on Information Systems (ICIS), 1988 Minneapolis, Minnesota, USA. 141–150
3. Barclays Bank (1982): A Story of Money and Banking, London: Barclays Bank
4. Barwick H (2011) CBA to Seek Ideas with IdeaBank. ComputerWorld 06.12.2011. http://www.computerworld.com.au/article/409376/cba_seek_ideas_ideabank/ (letzter Zugriff am 08.12.2016)
5. Bátiz-Lazo B, Wonlimpiyarat J, Wood D (2001) 'Barclaycard'. In: Johnson G., Scholes K (Hg) Exploring Corporate Strategy: Text and Cases. Harlow (Essex): Pearson: pp. 864–879
6. Bátiz-Lazo B, Wood D (2002) A Historical Appraisal of Information Technology in Commercial Banking. Electronic Markets 12 (3): 1–12
7. Bátiz-Lazo B, Haigh T, Stearns, DL (2014) How the Future Shaped the Past: The Case of the Cashless Society. Enterprise & Society 15 (1): 103–131
8. Bossert O, Ip C, Laartz J (2014) A Two-Speed Architecture for the Digital Enterprise. McKinsey on Business Technology (December)
9. Carr N (2003) IT doesn't matter. Harvard Business Review (June): 41–49
10. Clements N (2015) The Best Mobile Banking Apps. Blog auf Forbes.com. http://www.forbes.com/sites/nickclements/2015/12/22/the-best-mobile-banking-apps/#5659dc837902 (letzter Zugriff am 23.09.2016)
11. Clemons EK, Reddi SP, Row MC (1993) The Impact of Information Technology on the Organization of Economic Activity: The "Move to the Middle Hypothesis". Journal of Management Information Systems 10 (2): 9–35
12. Fincham R, Fleck J, Procter R, Scarbrough H, Tierney M, Williams R (Hg) (1994) Expertise and Innovation: Information Technology Strategies in the Financial Services Sector. Oxford: Oxford University Press
13. Frey CB, Osborne MA (2013) The Future of Employment: How Susceptible are Jobs to Computerisation? University of Oxford. http://www.oxfordmartin.ox.ac.uk/downloads/academic/The_Future_of_Employment.pdf (letzter Zugriff am 30.09.2016)
14. Giesen H (2016) Vom Robo Advice zum Robo Wealth Management – "Demokratisierte" Algorithmen, Künstliche Intelligenz und Deep Learning im Dienste von Privatanlagern. In: Everling O, Lempka R (Hg) Finanzdienstleister der nächsten Generation. Frankfurt am Main: Frankfurt School Verlag
15. Haynes M, Thompson S (2000) The Productivity Impact of IT Deployment: An Empirical Evaluation of ATM Introduction. Oxford Bulletin of Economics and Statistics 62: 607–619
16. Heinemann G (2013) No-Line-Systeme als höchste Evolutionsstufe des Multi-Channel-Handels. In: Keuper F, Hamidian E, Kalinowski T, Kraijo C (Hg) Digitalisierung und Innovation. Wiesbaden: Springer Gabler: 171–184.

17. Holden K, El-Bannany M (2004) Investment in Information Technology Systems and other Determinants of Bank Profitability in the UK. Applied Financial Economics 14: 361–365
18. Lünendonk (2012) Zukunft der Banken 2020 – Trends, Technologien, Geschäftsmodelle. Lünendonk GmbH
19. Malone TW, Yates J, Benjamin RI (1987) Electronic Markets and Electronic Hierarchies. Communications of the ACM 30 (6): 484–497
20. Mesaglio M, Mingay S (2104) Bimodal IT: How to Be Digitally Agile without Making a Mess. Report#G00268866. Gartner Research
21. Moormann J (1998) Stand und Perspektiven der Informationsverarbeitung in Banken. Arbeitsberichte der Hochschule für Bankwirtschaft 7, Frankfurt am Main: Hochschule für Bankwirtschaft
22. Moormann J, Schmidt G (2007) IT in der Finanzbranche: Management und Methoden. Springer. Berlin, Heidelberg, New York
23. Morris T (1986) Innovations in Banking, London: Croom Helm
24. Rasch M, Billeb M (2013) IT-Finanzarchitektur – Zufallsprodukt oder gezielte Weiterentwicklung? PricewaterhouseCoopers AG
25. Ross JW (2003) Creating a Strategic IT Architecture Competency: Learning in Stages. MIS Quarterly Executive 2 (1): 31–43
26. Ross JW, Weill P, Robertson DC (2006) Enterprise Architecture as Strategy – Creating a Foundation for Business Execution. Harvard Business School Press. Cambridge (MA)
27. Teece DJ (2007) Explicating Dynamic Capabilities: The Nature and Microfoundations of (Sustainable) Enterprise Performance. Strategic Management Journal 28 (13): 1319–1350
28. Walker, DA (1978) Economies of Scale in Electronic Funds Transfer Systems. Journal of Banking and Finance 2: 65–78
29. Wardley, P (2000) The Commercial Banking Industry and its Part in the Emergence and Consolidation of the Corporate Economy in Britain before 1940. Journal of Industrial History 3 (2): 71–97
30. Westerman G, Calméjane C, Bonnet D, Ferraris P, McAfee A (2012) The Digital Advantage: How Digital Leaders Outperform Their Peers in Every Industry. MIT and Capgemini Consulting. Cambridge (MA)
31. Westerman G, Bonnet D, McAfee, A (2014) Leading Digital – Turning Technology into Business Transformation. Harvard Business School Press, Cambridge (MA)
32. Wikipedia (2016) Direktbank. Deutsche Wikipedia. https://de.wikipedia.org/wiki/Direktbank (letzter Zugriff am 28.09.2016)
33. Willcocks LP, Lacity MC (2016) Service Automation: Robots and the Future of Work. Steve Brookes Publishing. Stratford-upon-Avon (UK)
34. Wirminghaus N (2016) Die Deutsche Bank macht ernst – und integriert reihenweise FinTech-Angebote. http://www.gruenderszene.de/allgemein/deutsche-bank-digitalfabrik-startup-kooperationen (letzter Abruf: 20.09.16)
35. Wölfing D (1995) Vom Konto zum Kunden. Ansätze zur Bewältigung von Software-Altlasten bei Kreditinstituten. Information Management 10 (3): 66–72

Über die Autoren

Prof. Dr. Daniel Beimborn ist Professor für Wirtschaftsinformatik und Co-Head des ProcessLab an der Frankfurt School of Finance & Management. Nach seiner Promotion an der Goethe-Universität war er als PostDoc an der Universität Bamberg tätig. Er war Gastforscher an der Louisiana State University, der Georgia State University und bei Microsoft in Redmond. Seine Forschung umfasst das Management von Outsourcing, Digitale Transformation, Business/IT-Alignment sowie Standardisierung und Auslagerung von Geschäftsprozessen. Er hat Artikel in renommierten Journals (wie MIS Quarterly, Journal of MIS, Journal of IT) veröffentlicht und ist Co-Autor von sieben Büchern.

Prof. Dr. Heinz-Theo Wagner ist Professor für Management und Innovation an der German Graduate School of Management and Law (GGS), Heilbronn. Vor seiner Tätigkeit als Professor war er viele Jahre in diversen Fach- und Führungsaufgaben für einen international tätigen Konzern, in der Beratung für Finanzinstitute sowie in einem mittelständischen Unternehmen der Luftfahrtindustrie tätig. Er promovierte zum Thema Business/IT-Alignment am E-Finance Lab der Johann Wolfgang Goethe-Universität in Frankfurt am Main. Seine wissenschaftlichen Arbeitsgebiete umfassen unter anderem Wertbeitrag durch Informationstechnologie, strategisches IT-Management und Innovationsmanagement.

Mit Geschäftsmodell- und Produktinnovationen aus dem Teufelskreis „Niedrigzinsumfeld"

Martin Siejka

Zusammenfassung

In Zeiten eines kontinuierlichen Ultra-Niedrigzinsumfeldes wird das Geschäftsmodell von deutschen Banken mehr als je zuvor vor große Herausforderungen gestellt. Banken müssen Kosten senken und das bei gleichzeitiger Identifizierung von neuen Ertragsquellen. Währenddessen erwarten Kunden neue digitale Services, die ein positives Kundenerlebnis auslösen, wie man bei Apple, Spotify und Google gewohnt ist. Dabei können die deutschen Banken von den Erfahrungen aus dem bereits seit den 90er Jahren existierendem Niedrigzinsumfeld in Japan profitieren. Hier wurden technologische Entwicklungen zur Hilfe genommen, um das Geschäftsmodell zu transformieren und den neuen Kundenerwartungen gerecht zu werden. Deshalb sollten deutsche Banken vermehrt auf die Karte „Geschäftsmodell- und Produktinnovationen" setzen, weil diese enorme Vorteile für die Organisation mit sich bringen.

9.1 Einführung

Die Bankbranche steht vor immensen Herausforderungen. Nicht nur die globale Finanzkrise hat notwendige und strenge Anpassungen der Regulatorik mit sich gebracht, sondern auch das beharrende Niedrigzinsumfeld. Durch die Digitalisierung und Unternehmen wie Apple, Google und Spotify erwarten Kunden smarte,

M. Siejka (✉)
comdirect bank AG, Quickborn, Deutschland
E-Mail: Martin.Siejka@comdirect.de

© Springer Fachmedien Wiesbaden GmbH 2017
R. Smolinski et al. (Hrsg.), *Innovationen und Innovationsmanagement in der Finanzbranche*, Edition Bankmagazin, DOI 10.1007/978-3-658-15648-0_9

intuitive Services für ein positives Kundenerlebnis. Folglich steigen die technologischen Herausforderungen für Banken, damit sie den Kundenerwartungen gerecht
werden. Des Weiteren attackieren junge Unternehmen (FinTechs) die etablierten
Banken. Banken müssen ihr Geschäftsmodell anpassen, denn „externe Schocks"
sind nicht nur allein für die prekäre Lage der Banken verantwortlich [46].

Die herausfordernde Situation wird auch am durchschnittlichen Ertrag pro
Bankkunde deutlich, wenn die Jahre 2007 und 2012 als Vergleichszeitraum
herangezogen werden. 2007 lag der durchschnittliche Ertrag pro Kunde bei
635 EUR. Fünf Jahre später ist der Ertrag auf 140 EUR gesunken. Es wird deutlich, dass das Geschäftsmodell von Banken gefährdet ist und der Bedarf nach
Produkt-, Prozess- und Geschäftsmodellinnovationen bestärkt von einem funktionierenden Innovationsmanagement notwendig ist [43]. In der Vergangenheit
waren bereits Innovationen für Banken von hoher Bedeutung, um einen strategischen Wettbewerbsvorteil zu erzielen [44]. Jedoch hat die Bankenbranche
vor allem ein Imitationsproblem, da Produktinnovationen in der Finanzbranche
nicht patentiert werden können. Folglich ist der Zeitraum eines „First-Mover"-
Vorteils für Banken auf den Zeitraum limitiert, bis es zu Imitationen kommt und
der monopolistische Vorteil obsolet wird [53]. Deshalb müssen sich Banken auf
Innovationen fokussieren, die zu einer Steigerung der Kundenzufriedenheit und
-bindung führen sowie die operative Effizienz erhöhen [37].

9.2   Banken haben die Zeichen der notwendigen Geschäftsmodellanpassung erkannt

Dass Banken die nicht einfache Lage erkannt haben, zeigt sich am Beispiel der
comdirect bank AG. Unter dem neuen Kampagnenclaim „Bank. Neu gedacht"
wirbt der Direktbankanbieter comdirect um die Gunst der Kunden und Aktionäre.
Dabei unterstreicht der Kampagnenclaim den Innovationsanspruch der Direktbank [10]. Zugleich erkennt die Direktbank, dass der Kunde in den Fokus gerückt
werden muss. Banken müssen sich als smarten Finanzbegleiter positionieren [13].

Dieser Claim macht deutlich, dass Banken im Kern verstanden haben, dass
sie sich verändern und neu erfinden müssen. Klassische Banken, wie Kunden
sie kennen, wird es in den nächsten Jahren nicht mehr geben. Hier stellen vor
allem die anhaltenden Niedrigzinsen, die Digitalisierung, die Regulierung und
die fehlende gesellschaftliche Akzeptanz das Geschäftsmodell infrage [30, 35].
Vor allem die anhaltende Niedrigzinsphase hat einen enormen Einfluss auf das
Geschäftsmodell der Banken. Der Aufschrei war groß, als die EZB den Leitzins
auf null Prozent setzte und die Einlagensatz auf −0,4 % senkte [51].

Laut McKinsey werden 75 % der deutschen Finanzinstitute in die Verlustzone rutschen, falls keine Maßnahmen getroffen werden. Bis 2021 würde ohne Gegenmaßnahmen die anhaltende Niedrigzinsphase die Banken 2,0 Prozentpunkte Eigenkapitalrendite kosten, die Digitalisierung ebenfalls 2,0 Prozentpunkte und die Regulierung weitere 1,7 Prozentpunkte [35]. Zu ähnlichen Ergebnissen kommt die Unternehmensberatung zeb. Die Profitabilität europäischer Banken zeigt einen deutlichen Abwärtstrend. Der ROE wird voraussichtlich auf 0,8 % sinken [58] (Abb. 9.1).

Laut Flötotto (2016) müssen Banken die Erträge um 30 % steigern oder die Kosten um fast 30 % senken, um eine durchschnittliche Eigenkapitalrendite der letzten 30 Jahre von sechs Prozent zu erreichen. Zu den typischen Lösungsschritten gehören Filialschließungen und Kostensenkungsprogramme. Des Weiteren kann auch die Digitalisierung Einsparungspotenziale bewirken [35].

Gegenwärtig versuchen Banken kurzfristig potenzielle Ertragseinbrüche zu kompensieren. Diese sind jedoch kritisch zu hinterfragen (Abb. 9.2). Zum einen versuchen diese über eine Weitergabe der Negativzinsen an Kunden ihre Erträge zu stabilisieren. So hat etwa die Volksbank Stendal Negativzinsen bei Kunden mit einem Guthaben von mehr als 100.000 EUR verhängt. Das ist der identische negative Zinssatz, den die europäische Zentralbank auch von Banken verlangt [12].

Zudem schaffen einige Banken, wie zum Beispiel die Postbank, kostenlose Giro- und Depotkonten ab, weil die Monetarisierung dieser Produkte durch hohen Verwaltungsaufwand und Cross Selling nicht kompensiert werden können[49]. Zu einem ähnlichen Schritt hat sich auch die Sparkasse Soest entschieden. Die Sparkasse Soest verlangt im Online Banking für bestimmte Klicks eine Gebühr. So müssen die Kunden der Sparkasse pro Klick einen Cent bezahlen. Künftig will die Bank den Aufschlag sogar erhöhen [50].

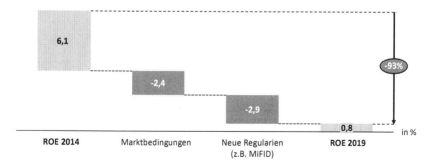

Abb. 9.1 Prognostizierte Profitabilität von europäischen Banken im Zeitraum zwischen 2014 und 2019. (Eigene Darstellung in Anlehnung an [58])

Vor allem das Cross Selling wird für Finanzinstitute immer schwieriger. Trotz negativer Realzinsen befinden sich viele Deutsche in einer Zinsstarre. Sie sind nicht dazu bereit, in Wertpapieranlagen zu investieren. Dadurch bleibt ein erhoffter Anstieg im Kommissionsgeschäft unberührt.

Des Weiteren muss berücksichtigt werden, dass bei der Vielzahl an Angeboten von Wettbewerbern für kostenlose Girokonten und der Preissensivität von Kunden die Möglichkeiten, diesen Ertragskanal auszuschöpfen, begrenzt sind [51].

Umso intensiver muss die Abschaffung kostenloser Girokonten hinterfragt werden, wenn man den Faktor der verlorenen gesellschaftlichen Akzeptanz für Bankdienstleistungen berücksichtigt. Für 38 % der Verbraucher stellen Gebühren für die Kontoführung das größte Ärgernis dar. Nur sieben Prozent akzeptieren Kontoführungsgebühren [30].

Ein weiterer bereits beschriebener Faktor, der Banken dazu herausfordert, die Bank neu zu denken, ist die technologische Entwicklung und die damit verbundene digitale Transformation. Die deutschen Banken agieren zu langsam in der Umsetzung von digitalen Projekten und Geschäftsmodellen und sind dadurch von neuen digitalen Wettbewerbern angreifbar. So konnte N26 innerhalb kurzer Zeit, 200.000 Kunden für ihre innovativen Produkte und ihr Geschäftsmodell begeistern [18]. Herkömmliche Banken benötigen hingegen zu viel Zeit, um ihr

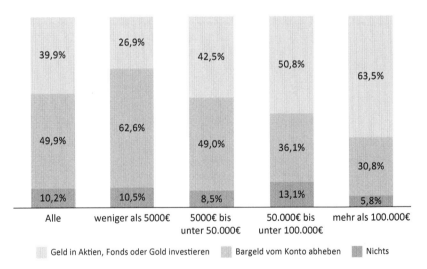

Abb. 9.2 Was würden Bundesbürger bei flächendeckenden Minuszinsen tun? (Eigene Darstellung in Anlehnung an [56])

Business Model anzupassen [3]. Erst vor kurzem kündigten die Sparkassen und Banken an, mit der sogenannten YOMO APP die jüngere Generation für Bankdienstleistungen zu begeistern [25].

Dass die Unternehmensführung den Aspekt der digitalen Transformation unterschätzt, zeigt eine bereichs- und branchenübergreifende Studie von neuwaerts und doubleYUU. So schätzt die Unternehmensführung sich und ihre digitale Kompetenz zu 44 % als „hoch oder sehr hoch" ein. Jedoch teilen nur 14 % aller Mitarbeiter diese Kompetenzbeschreibung für das Management. Somit besitzt das Managementteam laut Mitarbeitersicht ein deutliches Kompetenzdefizit [6].

Die beschriebenen Faktoren und Einflüsse ziehen erste Veränderungen schon jetzt nach sich. So hat die Sparkasse Köln-Bonn (eine der größten Sparkassen) mitgeteilt, dass sie 22 von 106 Filialen schließen wird. Einzelne ländliche Banken werden durch Shuttle-Busse ersetzt [51]. Nicht nur Filialschließungen werden die Konsequenzen sein, sondern die Konsolidierungswelle wird sich fortsetzen. Im August 2015 haben zuletzt die DZ Bank und die WGZ Bank verkündet, dass sie miteinander fusionieren [22]. So ist auch nicht auszuschließen, dass die Deutsche Bank und die Commerzbank ähnliche Pläne verfolgen [19].

Es wird deutlich, dass der zukünftige Erfolg von der Anpassung und der Entwicklung des Geschäftsmodells abhängt. Neue Umsatzkanäle müssen identifiziert und die Kosteneffizienz erhöht werden. Allerdings muss der Bankensektor über die Grenzen von klassischen Kosteneinsparungspotenzialen agieren und denken [3].

Dabei durchläuft der europäische Bankensektor eine ähnliche Krise, wie es schon in Japan Ende der 90er Jahre passierte. Auch hier mussten japanische Banken in einem „Ultra-Niedrigzinsumfeld" Kosten senken und neue Ertragsquellen identifizieren [57].

9.3   Eine europäische harakiri Lösung 2.0? Lehren und Konsequenzen aus der japanischen Krise und Niedrigzinsumfeld

Dieser Abschnitt fasst die japanische Finanzkrise und das starre Niedrigzinsumfeld zusammen und gibt Hinweise, wie deutsche Banken aus den dortigen Erfahrungen mögliche Lösungen für sich identifizieren können. Gleichzeitig muss jedoch darauf hingewiesen werden, dass sich das japanische und das europäische bzw. deutsche Bankensystem stark unterscheiden und im Geschäftskern und in der Struktur wie auch in den Ursachen der Krise nicht miteinander verglichen werden können.

Seit Ende der 90er Jahre agieren japanische Banken in einem Niedrigzinsumfeld und unter deflationären Bedingungen. Seit der Börsenkrise im Jahr 1990 hatte die japanische Zentralbank die Leitzinsen gesenkt, um den Bankensektor und die einheimische Ökonomie zu schützen. Innerhalb von fünf Jahren wurde der Leitzins von sechs Prozent auf 0,5 % gesenkt. Eine weitere Senkung auf 0,1 % fand bis zur Jahrtausendwende statt. Zusätzlich zur Börsenkrise kollabierte der Immobilienmarkt [38].

Der Höhepunkt der Bankenkrise wurde mit dem Ausbruch der Asienfinanzkrise im Jahr 1997 besiegelt. Die japanische Regierung führte einen garantierten Einlegerschutz ein und unterstützte angeschlagene Banken mit Kapitalspritzen [39]. Die japanischen Banken gingen anfänglich noch davon aus, dass es zur einer frühzeitigen ökonomischen Stabilisierung kommen würde und verzichteten zunächst auf die Abschreibung von Not leidenden Krediten. Vielmehr weiteten die Banken ihre Finanzierungen bei überschuldeten Firmen aus. Mit dem Ausbruch der Asienfinanzkrise führten jedoch die Zentralbanken schärfere Richtlinien für Not leidende Kredite ein. Dies führte zu einem starken Ausweis von Kreditausfällen und Abschreibungen [57]. Deshalb leitete die japanische Regierung im Jahr 1998 Restrukturierungsmaßnahmen ein und stellte Beihilfen von rund 500 Mrd. US$ in Aussicht. Diese sollten zur Rekapitalisierung schwacher, jedoch solventer Banken sowie für die Übernahme von in Schwierigkeiten geratenen Banken und für die Garantie von Einlagen angewandt werden [1].

Vor allem sollten die Restrukturierungsmaßnahmen zu einer branchenweiten Konsolidierungswelle führen. Bis dahin war der japanische Bankensektor von einer großen Anzahl von Banken und einer starren Arbeitsteilung geprägt. Charakteristisch hierfür ist auch das Fehlen von Bankkäufen bzw. Zusammenschlüssen seit dem Zweiten Weltkrieg. Das Niedrigzinsumfeld war nicht der ausschlaggebende Auslöser der Konsolidierungsmaßnahmen, jedoch sahen Banken diese als Strategie an, um unter anderem die Kosteneffizienz zu steigern. Somit häuften sich die „Megamergers" unter Banken [57].

Der Fokus der japanischen Banken lag nicht nur auf der Kostensenkung, sondern auch auf der Identifizierung neuer Ertragsquellen. Zum einen kam es zur einen Internationalisierungsstrategie und zur Erschließung neuer Kundensegmente. Vor allem wurde das Corporate-Banking-Geschäft auf Start-ups erweitert [57].

Im weiteren Abschnitt soll ein Fokus auf die technologischen Entwicklungen im japanischen Bankensystem gelegt werden, weil diese maßgeblich zu Geschäftsmodellinnovationen geführt haben.

9.4 Technologische Entwicklungen als Push-Faktor für Geschäftsmodellinnovationen

Vor allem technologische Innovationen haben das japanische Bankengeschäfts-modell nachhaltig verändert. Während der Finanzkrise wurden viele japanische Banken gleichzeitig von einer technologischen Entwicklung herausgefordert. Ende der 90er Jahre begannen die japanischen Banken, ihre Forschungs- und Ent-wicklungsaktivitäten auf Produktentwicklungen und Services, basierend auf der Internettechnologie, auszurichten. Mit dem Hype um die Möglichkeiten der Inter-netnutzung und den ersten reinen Internetbanken in den USA haben sich viele Banken und Nichtbanken in Japan dazu entschlossen, eine Direktbank zu gründen und so um die Gunst des Kunden im neuen Online-Kanal zu werben [28].

Symbolisch für die Veränderungen der Bankenbranche und für die Geschäfts-modellinnovation steht die im Jahr 2000 gegründete erste reine Internetbank Japan Net Bank (JNB). Im Juli 1999 verkündeten die Sakura Bank und der Elekt-ronikkonzern Fujitsu ihre Pläne, eine reine Internetbank zu gründen. Dabei profi-tierten beide Unternehmen von der Deregulierung und der implementierten „Big Bang"-Richtlinie. Die „Big Bang"-Richtlinie sah vor, dass Nichtbanken signifi-kante Partner in Finanz-Ventures werden konnten. Knapp ein Jahr später war die Verkündung des Go-Lives. JNB adressierte junge Kunden, die ein hohes Maß an Bequemlichkeit und Flexibilität der Öffnungszeiten, attraktive Zinsen und nied-rige Transaktionsgebühren verlangten [15].

Ein weiteres Beispiel für die Anpassung des Geschäftsmodells bzw. für die Geschäftsmodellinnovationen und die digitale Transformation ist die Bank of Tokyo-Mitsubishi. Sie konnte seit der Implementierung ihrer Internet-Bank 1,5 Mio. Kunden gewinnen. Des Weiteren wurden während eines Tages 80.000 Transaktionen online durchgeführt. Das entsprach der gesamten Anzahl an Trans-aktionen, die in 30 Filialen pro Tag durchgeführt wurden. Insbesondere wollte die Direktbank von der Produktsicht zur Kundensicht wechseln und lösungsori-entierte Services anbieten. Die Services reichten von der Benachrichtigung über Kontoüberziehungen per E- Mail bis hin zur grafischen Unterstützung der Finanz-planung [28] (Abb. 9.3).

Gegenwärtig gibt es zahlreiche Direktbanken in Japan. Sie haben die klas-sischen Filialbanken jedoch nicht verdrängt. Vielmehr wird beobachtet, dass japanische im Vergleich zu chinesischen Kunden deutlich stärker Filialban-ken besuchen. Die luxuriösen japanischen Filialen könnten einen Grund sein, dass japanische Kunden auf eine intensivere Internetnutzung für das Banking

Feature	Beschreibung
Basic Features	
Account Balances	Übersichtliche Darstellung der aktuellen Finanzlage auf einer Seite
Account Activity	Darstellung der historischen Kontobewegungen
Asset Charts	Graphische Darstellung der persönlichen Finanzlage und Kategorisierung der Umsätze
Offline Assets	Für die Bank nicht zugängliches Finanzvermögen kann manuell eingefügt werden
Quick Log-In	System merkt sich online Banking Namen und Passwort als auch Dritt-Anbieter log-in Informationen für einen one-click log-in
E-mail Alerts	Kunden erhalten eine Benachrichtigung wenn Eingänge bzw. Ausgänge auf dem Konto stattfinden, oder auch bestimmte Grenzwerte über bzw. unterschritten werden
Financial Planning Features	
Model Portfolio	Erstellung eines Modelportfolios basierend auf der eigenen Finanzlage und der selbst gestellten Vermögensziele
Performance Analysis	Vergleicht die Performance des gegenwärtigen Finanzvermögens mit der Performance des Model-Portfolios
Investment Simulation	Prognose der Performance des Model Portfolios mit den Ergebnissen der gestellten Vermögensziele
Historical Performance	Graphische Darstellung vergleicht die Performance des eigenen Finanzvermögens mit den selbst gestellten Vermögenszielen

Abb. 9.3 Neue Features bei der Direktbank von Bank of Tokyo-Mitsubishi [28]

verzichten [52]. Dementsprechend wird die moderne Bankfiliale als ein Kanal im Omnichannel-Banking weiterhin als Vertriebskanal strategisch wichtig sein [11].

Als Fazit ergibt sich, dass die Finanzkrise nicht nur zu strukturellen Veränderungen der japanischen Bankbranche führte, sondern auch die kritische Reflexion der eigenen Geschäftspolitik und Produkte sowie Geschäftsmodellinnnovationen zu neuen Ertragsquellen führen können. Zudem wird deutlich, dass zwischen Innovationen und Erträgen ein positiver Zusammenhang existiert und Innovationen Mehrwerte nicht nur für Banken, sondern auch für Kunden darstellen.

9.5 Klassische Lösungen reichen für ein zukunftsfähiges Geschäftsmodell nicht aus

In ihrem jährlichen Retail Banking Radar hat die Unternehmensberatung ATKearney sechs Indikatoren für die europäische Bankenbranche identifiziert, um die gegenwärtige Ertrags- und Kostensituation zusammenzufassen:

a) Income per Customer
b) Income per Employer
c) Cost-to-Income Ratio

d) Risk Provision relative to Total Income
e) Net Interest Income relative to Total Income
f) Profit per Customer

Es kann zusammengefasst werden, dass die Banken sich bei vier von sechs Indikatoren im Vergleich zu den Vorjahren 2013 und 2014 verbessert haben. Nichtsdestotrotz befinden sich außer der Mitarbeiterproduktivität alle Indikatoren unterhalb des Vorkrisenniveaus [3].

Zu ähnlichen Ergebnissen kommt die EZB in ihrer halbjährlichen Studie zur Finanzstabilität europäischer Banken. Laut der EZB hat sich die Finanzstabilität europäischer Banken positiv entwickelt, weil diese die Profitabilität ihrer Ertragsquellen verbessert und ihre Kosteneffizienz über die Grenzen von Gebührensteigerungen und Kostensenkungen ihr Geschäftsmodell angepasst haben [14]. So empfehlen Lück und Piskac [37], dass sich Banken auf Innovationen fokussieren, welche Kundenzufriedenheit, Kundenbindung und gleichzeitig die operative Effizienz steigern.

9.6 Innovationen für die Bankbranche

Wie bereits im ersten Abschnitt beschrieben, müssen Banken ihr Geschäftsmodell neu denken. Erneuerungen von Produkten, Prozessen oder eines Geschäftsmodells gehen mit Innovationen einher. Dies wird auch anhand des Beispiels der digitalen Transformation im japanischen Bankensystem deutlich.

Grundsätzlich werden Banken jedoch bisher als weniger innovativ wahrgenommen [26]. Dies spiegelt sich auch in der Unbekanntheit von Innovationen in der Bankenbranche wieder [41]. Jedoch muss hervorgehoben werden, dass Finanzinnovationen für Kunden bislang nicht sichtbar waren, weil sich Banken in der Vergangenheit vor allem auf Prozessinnovationen sowie inkrementelle Innovationen fokussiert haben und nicht auf technologischen Innovationen [32, S. 3–11]. Dies kann auch damit begründet werden, dass viele Banken ihre Innovationen vor Nachahmern verbergen wollen [32].

Dass Innovationen für Banken jedoch von existenzieller Bedeutung sind, zeigen die empirischen Ergebnisse von Roberts et al. [44]. Sie beweisen, dass eine positive Korrelation zwischen finanzieller Ertragslage und Innovationen existiert. Zusätzlich können Unternehmen mithilfe von Innovationen einen Wettbewerbsvorteil erzielen [2]. In einer von McKinsey global veröffentlichten Studie, in der branchenweit das Top-Management befragt wurde, wird die Relevanz von Innovationen für das strategische Unternehmenswachstum bestätigt [34]. Dies beruht auch auf der Erwartung, dass Innovationen die Produktqualität steigern und Kosten senken können [42].

Wie bereits in Abschn. 3.2 von Smolinski und Gerdes erwähnt, haben Innovationen für Banken in der Vergangenheit eine untergeordnete Rolle gespielt, was sich auch in den Innovationsausgaben von Banken widerspiegelt. So wurden 2012 ca. 3,6 Mrd. EUR für Innovationsaktivitäten investiert. Die Innovationsintensität (Innovationsausgaben im Verhältnis zum Gesamtumsatz) war mit 0,48 % im Verhältnis zu anderen Branchen sehr gering. Dass Banken erkannt haben, dass Veränderungen und Innovationen im Bankenwesen notwendig sind, zeigt sich in der Steigerung der Innovationsausgaben. Die Innovationsausgaben sind laut dem „Zentrum für europäische Wirtschaftsforschung" (ZEW) auf ca. 4,41 Mrd. EUR gestiegen. 41 % der Banken haben neue Produkte oder Prozesse eingeführt. 2014 konnte der Umsatzanteil mit neuen Produkten gegenüber 2013 um 0,3 Prozentpunkte gesteigert werden. Vor allem führten viele Banken Imitationen ein [59].

Wie die Erhebungen vom ZEW zeigen, fokussieren sich die Banken vor allem auf Produkt- und Prozessinnovationen und kaum auf Geschäftsmodellinnovationen. Geschäftsmodellinnovationen sind jedoch nichts Neues. Die erste historisch bekannte Geschäftsmodellinnovation geht auf das 15. Jahrhundert zurück und dem Buchdruck von Johannes Gutenberg [40]. Jedoch sind Geschäftsmodellinnovationen von etablierten Unternehmen selten. Eine Studie der American Management Association zeigt, dass nicht mehr als zehn Prozent der Ausgaben in Geschäftsmodellinnovationen investiert werden [9]. Laut Gassmann et al. [20] erfinden Unternehmen ihre Geschäftsmodelle nicht neu, weil diese auf zu hohe Widerstände im eigenen Unternehmen treffen. Deshalb stehen Produkt- und Prozessinnovationen im Vordergrund der Innovationsstrategie.

Wenn jedoch von Innovationen, und vor allem vom Schlagwort „Disruption" gesprochen wird, werden vor allem nicht Banken, sondern junge Finanz-Start-ups (FinTechs) damit in Verbindung gebracht. Um die Überflüssigkeit von Banken noch weiter hervorzuheben, wird ein Zitat von Bill Gates „Banking is necessary, banks are not" häufig hinzugenommen [29].

Eine von KPMG und CB Insights publizierte Untersuchung zeigt, dass noch nie so viel in Finanz-Start-ups investiert wurde, wie im ersten Quartal 2016. Vergleichsweise stieg die Zahl der Investitionen zum vierten Quartal 2015 von 336 auf 468 und die Finanzierungssumme von 3,1 auf 5,7 Mrd. US$ Das bislang größte Investment wurde in China verzeichnet. Dort wurde der Paymentdienstleister ANT Financial im April 2016 mit über 4,5 Mrd. US$ finanziert [33].

Sehr häufig finanzieren Banken FinTechs, was der Behauptung widerspricht, dass FinTechs und Banken nicht zusammenarbeiten können. Es stellt sich immer mehr heraus, dass Banken und FinTechs nur dann eine aussichtsreiche Zukunft haben, wen sie kooperieren und ihre Fähigkeiten bündeln [24, 29].

9.7 Mithilfe von Innovationen aus dem Niedrigzinsumfeld

Wie bereits oben beschrieben, haben Innovationen einen signifikanten Einfluss auf die Ertragslage von Banken. Gleichzeitig werden Innovationen von Banken als auch von neuen Marktteilnehmern (FinTechs) entwickelt. Dabei entwickeln FinTechs marktfähige Produkte und Services schneller als die herkömmlichen Banken. Um mit Innovationen als neue Ertragstreiber schnell und erfolgreich aus dem Teufelskreis Niedrigzinsumfeld herauszubrechen, schlagen Banken unterschiedliche Wege ein. Diese Wege sollen in diesem Abschnitt weiter beleuchtet werden.

Banken müssen auf die „…neuen Wettbewerber reagieren und ihr Geschäftsmodell sowie die gesamte Kundenausrichtung überprüfen, um sich auf die neuen Herausforderungen vorzubereiten. Hier können sie viel von den Start-ups lernen, die ihnen ihre Kunden streitig machen möchten" [27]. Neu ist die Vielfalt der Geschäftsmodelle der FinTechs. Obwohl sie oft einen hohen Spezialisierungsgrad bezüglich Produkt und Leistungen haben, „…bieten diese in ihrer Gesamtheit Lösungen in allen Produktbereichen der Privat- und Geschäftskundensegment Finanzdienstleistungen an…". Vor allem bieten sie Verbesserungen der Customer Experience, der Value-Add Leistungen, der Beratungsprozesse auf Basis künstlicher Intelligenz und Datenbanken, der Demokratisierung des Marktzugangs und bei (kostengünstigen) Transaktionsplattformen an [48].

Ein Beispiel für innovative Transaktionsplattformen bzw. Geschäftsmodellinnovationen sind sogenannte Zinsplattformen. Kunden von Finanz-Start-ups wie Weltsparen.de können bequem Festgeld im Ausland zu vergleichsweise hohen Zinssätzen anlegen. Hier haben mehrere Start-ups wie zum Beispiel Savedo, Weltsparen und Zinspilot eine Marktlücke entdeckt [55]. Die Deutsche Bank hat das Geschäftsmodell für sich erkannt und bietet zukünftig ihren Kunden in Kooperation mit Zinspilot Tagesgelder bei anderen internationalen Instituten an [23]. Dass diese Geschäftsmodell- und Produktinnovation von Kunden positiv wahrgenommen werden, zeigen auch die Kundenanzahl und die vermittelten Einlagen. So konnte Zinspilot innerhalb von knapp einem Jahr mehr als 35.000 Kunden akquirieren und über eine Milliarde Euro vermitteln. Gleiches gilt für die Marke Weltsparen vom Unternehmen Raisin, die mehr als 1,8 Mrd. EUR von mehr als 50.000 Kunden vermittelt hat [23].

Wie bereits beschrieben, finden in den seltensten Fällen disruptive Geschäftsmodellinnovationen in Unternehmen statt. Dass diese jedoch stattfinden können, beweist das Finanz-Start-up Robinhood aus den USA. Das Start-up ermöglicht Amerikanern, Aktien gebührenfrei zu handeln. Traditionelle Aktienhändler verlangen bislang in den USA zwischen 6,99 und 9,99 US$ pro Order [45]. Dadurch wird vor allem die jüngere Zielgruppe angesprochen, für das Trading vor allem mit hohen Anfangsinvestitionen verbunden war. Bislang hat Robinhood mehr als eine Million Kunden [54].

Dass Banken auch eigene Innovationen hervorbringen, zeigt unter anderem die comdirect bank AG mit ihrem Innovationsprodukt „Bonus-Sparen". Dabei können Kunden Rabatte beim Online-Shopping ansparen und in ETFs investieren. Durch Lösungen wie „Bonus-Sparen" möchte die Bank noch mehr Kunden an Wertpapiere heranführen und das durch einen neuen und einfachen Prozess [5].

Ein weiteres Beispiel für bankeigene Innovationen zeigt die Barclays Bank. Hier wird vor allem an radikalen Innovationen gearbeitet. Mit der Hilfe der Blockchain-Technologie versucht die Bank den Derivatehandel zu revolutionieren. Mit der Blockchain bzw. mithilfe von Smart Contracts soll der rechtliche Aufwand im Derivatehandel reduziert werden, um so Kosteneinsparungen zu erreichen [31].

Dass Innovationen vor allem von Start-ups geprägt werden, schließt jedoch nicht aus, dass Banken von diesen Innovationen profitieren können. Vor allem haben Banken einen strategischen Vorteil gegenüber FinTechs, weil sie eine Banklizenz und eine Vielzahl an Kunden besitzen. Damit FinTechs sich den Aufwand und die Zeit zum Erwerb einer Banklizenz sparen können, bieten einige Banken „…diesen Service Fintechs und Endkunden über offene Schnittstellen zu ihrer Bankplattform (API) gezielt an (zum Beispiel Wirecard, Fidor)". Dadurch kann sich eine Bank als sogenannte „Marktplatzbank" in der Branche etablieren. Durch das „Andocken von Drittanbietern" mit ihren Services an die Plattform entsteht der wesentliche Mehrwert für den Kunden [48]. Im Kontext von API-Banking kann die Fidor Bank als Beispiel herangezogen werden: Die Fidor Bank wurde 2003 gegründet und ist für ihre offenen Schnittstellen für Drittanbieter bekannt [36]. Dieses spiegelt sich auch in der Anzahl gewonnener Innovationspreise wider [16]. Durch die effektive Nutzung der API-Technologie macht sich die Bank die Fähigkeiten und Ideen einer Vielzahl externer Entwickler zunutze und kann dadurch ihren Kunden in kürzester Zeit innovative Services und Produkte zur Verfügung stellen [36].

Innovationen, basierend auf dem digitalen Fortschritt, werden kontinuierlich weiter wachsen. Zukünftig werden Banken vermehrt die Außenwelt zur Vergrößerung ihres Innovationspotenzials nutzen.

9.8 Open Innovation – als weitere Ausbruchsmaßnahme aus dem Teufelskreis Niedrigzinsumfeld

Wie bereits beschrieben, verlassen sich Banken nicht nur auf die eigene Innovationskraft. Durch offene Schnittstellen für Drittanbieter soll gezielt das Innovationspotenzial durch externe Entwickler bzw. Programmierer vergrößert, sollen aber auch weitere Mehrwerte für Kunden geschaffen werden.

Der Ansatz der Open-Innovation-Strategie (also die Öffnung des eignen Innovationsprozesses einer Organisation und damit die Hinzunahme der Außenwelt zur Erweiterung des Innovationspotenzials) wird spürbar häufiger implementiert. Der Open-Innovation-Ansatz hat auch das Ziel, Innovationen bewusster voranzutreiben. Im Rahmen dieses Ansatzes gibt es mehrere Maßnahmen, unter anderem Hackathons und Corporate Innovation Labs/Acceleratoren Programme/Company Builder.

Ein Hackathon ist ein Event, bei dem IT-Programmierer und Entwickler innerhalb einer begrenzten Zeit (bis zu 72 h) gemeinsam oder einzeln neue Softwarelösungen entwickeln. Diese Hackathons ermöglichen es Programmierern, jenseits ihrer herkömmlichen Aufgaben Ideen zu entwickeln und zu experimentieren [7]. Wie Abb. 9.4 zeigt, nutzen bereits viele deutschen Banken dieses Format, um mit externen Entwicklern und unvorbelasteten Geschäftsmodelldenkern gemeinsam neue Geschäftsideen zu entwickeln.

Die entwickelten Ideen bei den Hackathons werden unterschiedlich implementiert. So lädt die BNP Paribas die Gewinner zu einem fünfmonatigen Innovation- bzw. Digitalbootcamp ein. Die entwickelten Ideen vom Hackathon werden weiterentwickelt und zu einem späteren Zeitpunkt bei einem Demo-Day dem Management Board vorgestellt. Das Management Board entscheidet daraufhin, welche Ideen implementiert werden sollen.

Abb. 9.4 Hackathons in Deutschland 2016

Bank	Hackathon Name
BNP Paribas	International Hackathon
comdirect	Collabothon
Deutsche Bank	API Open
DZ – Gruppe	Genohackathon
Sparkassen Verband	Symbioticon
Unicredit	Appathon

Nicht nur die BNP Paribas nutzt Hackathons für die externe Ideenfindung, sondern auch die comdirect bank. So hatte die comdirect mit dem sogenannten „Collabothon" Mitarbeiter aus der Commerzbank-Gruppe und externe Programmierer zusammengebracht, um neue Ideen zu entwickeln. Die besten Ideen wurden für einen weiteren Pitch in das Acceleratoren-Programm (comdirect Start-up Garage) eingeladen. In der comdirect Start-up Garage erhalten potenzielle Gründer die Möglichkeit, ihre Ideen gemeinsam mit der Bank zu einem kleinstmöglichen marktfähigen Produkt zu entwickeln.

2016 haben viele führende deutsche Industrieunternehmen „Corporate Innovation Centers" bzw. Acceleratoren-Programme gegründet. Gegenwärtig existieren deutschlandweit 30 dieser Einrichtungen. Die Bandbreite ist dabei sehr groß. Vom Accelerator- und Inkubatoren-Programm bis hin zu sogenannten Company Buildern ist alles dabei. Diese Programme zielen darauf ab, neue Trends und Ideen zu identifizieren, aber gleichzeitig durch die Einblicke in die schnelle Produktentwicklung von Start-ups zu profitieren [8].

Vor allem kooperieren die deutschen Banken um die Gunst deutscher Geschäftsmodelldenker und Produktinnovatoren sehr unterschiedlich. Neben einem Innovation Lab zur Entwicklung eigener Produkt- und Serviceinnovationen kooperiert die Deutsche Bank mit dem Plug&Play Accelerator Programm von Axel Springer Verlag. In der Kooperation sollen externe Ideengeber der Produktmotor für die Deutsche Bank sein [21].

Die Commerzbank und ihre Tochtergesellschaft, die comdirect bank, verfolgen einen unterschiedlichen Kooperationsansatz, den eines Drei-Säulen-Modells. Die comdirect bank hat mit der comdirect Start-up Garage ein Accelerator-Programm für Early-Stage-Start-ups gegründet. Hier erhalten Start-ups eine vollumfängliche Betreuung und arbeiten gemeinsam mit der Bank an innovativen Geschäftsmodellen. Zusätzlich erhalten Start-ups einen finanziellen Zuschuss, ohne eigene Anteile an die Bank veräußern zu müssen. Mit dem Main Incubator und mit Commerz-Ventures werden vor allem Kooperationen mit etablierten Start-ups eingegangen. Im Gegensatz zur comdirect Start-up Garage erhalten die Start-ups eine Finanzierung, müssen jedoch Anteile an ihrem Unternehmen veräußern [17, 47].

Es wird deutlich, dass die Banken die Dringlichkeit der digitalen Transformation verstanden haben und sich intensiv um Innovationen bemühen. Junge Start-ups (FinTechs) tun sich vor allem durch Geschäftsmodellinnovationen hervor. Banken stemmen sich derzeit durch Produkt- und Serviceinnovationen und mithilfe von Innovation Labs gegen die Herausforderungen des Niedrigzinsumfelds und der Digitalisierung.

9.9 Zusammenfassung

Die Unternehmensentwicklung von deutschen Banken ist vor dem Hintergrund des Ultra-Niedrigzinsumfelds stark gefährdet. Dass ein Kostensenkungsprogramm und die Identifizierung von neuen Ertragsquellen, wie zum Beispiel Kontoführungsgebühren, nicht ausreichen, wird auch dadurch deutlich, dass die sich Erwartungen von Bankkunden mit der zunehmenden Digitalisierung und dem gesellschaftlichen Wandel bedeutend verändert haben. In diesem Beitrag wurde gleichzeitig die positive Korrelation zwischen Innovationen und dem Ertrag von Banken am Beispiel der japanischen Banken deutlich, die den technologischen Fortschritt der Informationstechnologie für eine Transformation des Geschäftsmodells genutzt haben. Mithilfe von Innovationen wurden die Kosten gesenkt, neue Ertragsquellen identifiziert und gleichzeitig ein neues Kundenerlebnis geweckt. Deutsche Banken können sich hieran ein Beispiel nehmen, um weiterhin und verstärkt auf das Potenzial von Innovationen zu setzen. Deutsche Banken haben die Notwendigkeit der Innovationen für sich erkannt. Dabei ist die strategische Positionierung bezüglich der Wertschöpfung von Innovationen verschieden. Von der eigenen Entwicklung von Produktinnovationen bis hin zum Open-Innovation-Ansatz und Accelerator-Programmen werden unterschiedliche Maßnahmen von Banken getroffen, um aus den Teufelskreis Niedrigzinsumfeld zu entkommen.

Literatur

1. Aschinger, G. (2001). Währungs- und Finanzkrisen. Entstehung, Analyse und Beurteilung aktueller Krisen
2. Atalay, M., Anafarta, N., Sarvan, F. (2013). The relationship between innovation and firm performance: An empirical evidence from Turkish automotive supplier industry
3. ATKearney (2015). Time to Reinvent your banking model
4. BNP Paribas (2016). International hackathon: https://international-hackathon.bnpparibas/
5. Boerse.ard.de (2016). Bremsspuren bei comdirect: http://boerse.ard.de/aktien/bremsspuren-bei-comdirect100.html
6. Buhse, W., Stoll, I. (2016) Transformationswerk Report 2016. Die größte bereichsübergreifende Studie zur digitalen Transformation der Wirtschaft
7. Briscoe, G. (2014). Digital Innovation: The hackathon phenomenon
8. Capgemini Consulting (2016) Insights into the German landscape of Corporate Innovation Centers
9. Christensen, C., Johnson, M., Kagermann, H. (2008). Reinventing your business model
10. comdirect Bank AG (2014). Comdirect startet mit neuer Markenkampagne: https://www.comdirect.de/cms/ueberuns/de/presse/cori1088_1006.html

11. Comes., A. (2016): Bankfiliale bleibt strategischer Kanal für die Omni-kanal-Bank – Kundenbindung in der digitalen Filiale: https://www.der-bank-blog.de/bankfiliale-und-omnikanal/retail-banking/24803/?utm_source=wysija&utm_medium=email&utm_campaign=news-letter

12. Deutsche Wirtschafts Nachrichten (2016): Volksbank Stendal gibt Negativzinsen in vollem Umfang an Kunden weiter: https://deutsche-wirtschafts-nachrichten.de/2016/10/14/volksbank-stendal-gibt-negativzinsen-in-vollem-umfang-an-kunden-weiter/

13. Deglow, S. (2016). Customer first! Auf dem zum smarten Finanzbegleiter. In Banking der Zukunft. Handelsblatt Journal

14. EZB (2016). Financial stability review

15. Farhoomand, A.., Mak, V. (2002). Japan Net Bank: Japan´s first internet only bank – a teaching case

16. Fidor Bank (2016). Fidor Bank – mehrfach international ausgezeichnet: https://www.fidor.de/about-fidor/awards

17. Finance – Magazin (2015). Die drei Fintech-Säulen der Commerzbank: http://www.finance-magazin.de/maerkte-wirtschaft/banken/die-drei-fintech-saeulen-der-commerz-bank-1370001/

18. Frankfurter Allgemeine (2016). Der Bankenschreck: http://www.faz.net/aktuell/finanzen/meine-finanzen/konto-app-n26-gruender-valentin-stalf-der-banken-schreck-14421799.html

19. Frankfurter Allgemeine (2016). Die gelb-blaue Bankenhochzeit kommt näher: http://www.faz.net/aktuell/wirtschaft/unternehmen/commerzbank-fusion-mit-der-deutschen-bank-14428191.html

20. Gassmann, O., Friesike, S., Csik, M. (2011). Change a running system – Konstruktionsmethodik für Geschäftsmodellinnovationen

21. Gründerszene (2016). Deutsche Bank kooperiert mit Axel Springer Plug and Play: http://www.gruenderszene.de/allgemein/axel-springer-plug-play-deutsche-bank

22. Handelsblatt (2016). Im Sprint zur Fusion: http://www.handelsblatt.com/unternehmen/banken-versicherungen/dz-bank-und-wgz-bank-im-sprint-zur-fusion/13941096.html

23. Handelsblatt (2016). Zinspilot sammelt Milliarde ein: http://www.handelsblatt.com/finanzen/vorsorge/altersvorsorge-sparen/tagesgeld-im-ausland-zinspilot-sammelt-mil-liarde-ein/14734582.html

24. Handelsblatt (2016). Comdirect unterstützt die junge wilde Finanzbranche: http://www.handelsblatt.com/unternehmen/banken-versicherungen/fintechs-comdirect-unter-stuetzt-die-junge-wilde-finanzbranche/12356918.html

25. Handelsblatt (2016). Yomo soll Sparkassen bald cool machen: http://www.handels-blatt.com/unternehmen/banken-versicherungen/konto-app-fuer-das-smartphone-yomo-soll-sparkassen-bald-cool-machen/14476144.html

26. Hauschildt, J., Salomo, S. (2007). Innovationsmanagement

27. Horvath & Partners (2014). Fintechs – Angriff auf die Geschäftsmodelle von Banken

28. Iguchi, Y. (2004). Strategies for innovation in the Japanese banking industry

29. Jäger, M. (2016). Fintech in Hamburg – eine Einführung: http://www.hamburg-star-tups.net/fintech-in-hamburg/

30. Jorberg, T. (2015). Das Ende der Banken wie wir sie kannten: http://www.capital.de/meinungen/das-ende-der-banken-wie-wir-sie-kennen.html

31. Kharpal, A. (2016). Barclays used blockchain tech to trade derivatives: http://www.cnbc.com/2016/04/19/barclays-used-blockchain-tech-to-trade-derivatives.html
32. KPMG (2007). Banking on innovation? The challenge for retail banks
33. KPMG (2016). The pulse of fintech Q2 2016: https://www.cbinsights.com/reports/CB-Insights_KPMG_Pulse-of-Fintech-Q2-2016.pdf?utm_campaign=Reports&utm_source=hs_automation&utm_medium=email&utm_content=32999654&_hsenc=S.2ANqtz-__TvYeSoS3Jzo3mNoMh1KCa84yYdF6CRYmDA2uGJOdw319-CYn-CHTopn93U-IaZvYY57XGuWoKEi6DEWmzj06O0RAsTtS3tqvLAniHHCeh-wvtY-Io&_hsmi=32999654
34. McKinsey&Company(2010). Innovation and commercialization: http://www.innovationmanagement.se/wp-content/uploads/2010/09/Innovation-and-commercialization-2010-McKinsey-Global-Survey-results.pdf
35. McKinsey&Company (2016). Deutsche Banken vor grundlegendem Wandel: https://www.mckinsey.de/deutsche-banken-vor-grundlegendem-wandel
36. Latimore, D., Greer, S. (2015). Fidor: Celent model bank of the year 2015. Case studies of effective technology use in banking
37. Lück, G., Piskac, T. (2008). Marke – Raum – Mensch. In Spath, D., Bauer, W.,Engstler, M.(2008). Innovationen und Konzepte für die Bank der Zukunft, S. 105–112
38. May, B. (1996). Japan in der Krise? Ökonomische und politische Umwälzungen in Japan als Herausforderung für die Triade
39. Obstfeld, M. (2011). Times of troubles: The Yen and Japan's economy, 1985–2008
40. Osterwalder, A., Pigneur, Y. (2011). Business model generation. Ein Handbuch für Visionäre, Spielveränderer und Herausforderer
41. Philpott, K., Dooley, L. (2009). Channel innovation in the retail banking sector: Best practice initiatives, customer – orientation and emergic strategic foci
42. Pleschak, F., Sabisch, H. (1996). Innovationsmanagement
43. Pratz, A., Eistert, T. (2014). Zukunft für die Filialbank. Die Bank, 2014 (2), S. 22–27
44. Roberts, P., Amit, R. (2003). The dynamics of innovative activity and competitive advantage: The case of Australian retail banking, 1981 to 1995. In Journal of Organization Science, Vol 14, Issue 2, S. 107–122
45. Shrier, D., Canale, G., Pentland, A. (2016). Mobile Money & Payments: Technology trends
46. Schäuble, W. (2016). Herausforderungen für den Bankensektor. In Banking der Zukunft. Handelsblatt Journal
47. Smolinski, R., Bodek, M. (2016). Start-up Garage als kollaborative Innovationsschmiede
48. SternStewart (2015). Angriff der Nichtbanken. Agenda für die new banking economy
49. Süddeutsche Zeitung (2016): Postbank schafft Gratis-Konto für die meisten Kunden ab: http://www.sueddeutsche.de/wirtschaft/eil-postbank-schafft-gratis-konto-fuer-die-meisten-kunden-ab-1.3127726
50. Süddeutsche Zeitung (2016): Sparkasse verlangt Gebühr für Klicks: http://www.sueddeutsche.de/wirtschaft/banken-sparkasse-verlangt-gebuehr-fuer-klicks-1.3297874
51. The economist (2016). Ultra-low interest rates are slowly squeezing Germany's banks: http://www.economist.com/news/finance-and-economics/21701148-ultra-low-interest-rates-are-slowly-squeezing-germanys-banks-turn-screw

52. The Japan Times (2015). Internet banking slow to take root in natin where branchs offer friendly face time: http://www.japantimes.co.jp/news/2015/09/22/business/internet-banking-slow-take-root-nation-branches-offer-friendly-face-time/#.WFOydXrGv9t
53. Tufano, P. (1989). Financial innovation and first mover advantages. Journal of financial economics, Vol 25, S. 213–240
54. The DailyCourier (2016). Tech startups target financial services: http://www.dcourier.com/news/2016/dec/11/tech-startups-target-financial-services/
55. Welt (2015). Wer bessere Zinsen will, wird in Bulgarien fündig: Seibel, 2015, http://www.welt.de/finanzen/verbraucher/article139240923/Wer-bessere-Zinsen-will-wird-in-Bulgarien-fuendig.html
56. Welt (2016). Bei Minuszinsen werden Sparer die Banken stürmen: Zschäpitz 2016, https://www.welt.de/finanzen/article154127242/Bei-Minuszinsen-werden-Sparer-die-Banken-stuermen.html
57. Weistroffer, J. (2013). Ultra-low interest rates. How Japanese banks have coped
58. ZEB (2015). Complexity Kills – How European Banking Models Have to Change in a Complex World: https://www.bankinghub.eu/banking/research-markets/complexity-kills-european-banking-models-change-complex-world
59. ZEW (2016), Branchenreport Innovationen 2015 – Finanzdienstleistungen: http://www.zew.de/fileadmin/FTP/brarep_inno/issue/2015/17_FinanzDL.pdf

Über den Autor

Martin Siejka ist Business Development & Innovation Manager bei der comdirect. Dort agiert er nicht nur als Projektleiter bei der Umsetzung von neuen Ideen, sondern ist auch als stellvertretender Leiter für die comdirect Start-up Garage verantwortlich. Bevor er zur comdirect kam, hat er Erfahrungen in der Unternehmensberatung gesammelt. Aktuell ist er zusätzlich Dozent an der International School of Management. Martin Siejka hat seinen Bachelor of Science in BWL von der Universität Hamburg und seinen Master of Science in Management von der HHL Graduate School of Management Leipzig erhalten. Unter anderem hatte er im Ausland an der University North Alabama und am Asian Institute of Technology in Bangkok studiert.

Blockchain: Mehr als Bitcoin

10

Peter Dixon

Zusammenfassung

Der Fortschritt in der Computertechnologie hat den Vormarsch von Kryptowährungen wie Bitcoin ermöglicht, die nach Ansicht ihrer Befürworter am Ende konventionelles Geld ersetzen werden. Zunächst müssten diese Währungen hierfür allerdings die Anleger überzeugen, dass sie die Geldfunktionen größtenteils nachbilden können. Die Einführung der Distributed Ledger-Technologie, auf der Bitcoin basiert, stellt jedoch eine echte Revolution in der Verwaltung dezentraler Verarbeitungssysteme dar. Wir werfen einen näheren Blick auf Blockchain, um die Auswirkungen auf die Finanzwelt im Allgemeinen und die Geldpolitik im Besonderen abzuschätzen.

10.1 Geld ist das, was Geld tut

Seit Urzeiten steigert der Tausch von Waren und Dienstleistungen den Wohlstand. Dabei hat Geld eine wichtige Rolle gespielt, wenngleich sich seine Form im Laufe der Zeit geändert hat. Im Zuge der Weiterentwicklung der Gesellschaften wurde Geld als Tauschmittel eingesetzt, um die Begrenzungen des Tauschhandels zu überwinden. Geld spielte jedoch auch immer als Rechnungseinheit eine Rolle. In dieser Funktion dient es zur Ermittlung eines angemessenen Preises für Güter und Dienstleistungen.

P. Dixon (✉)
Commerzbank AG, London, England
E-Mail: Peter.Dixon@commerzbank.com

© Springer Fachmedien Wiesbaden GmbH 2017
R. Smolinski et al. (Hrsg.), *Innovationen und Innovationsmanagement in der Finanzbranche*, Edition Bankmagazin, DOI 10.1007/978-3-658-15648-0_10

Da die Gesellschaften begannen, mehr zu produzieren als sie in einem bestimmten Zeitraum verbrauchen konnten, mussten zudem Wege zur Aufbewahrung des Mehrwerts gefunden werden. Dadurch wurde Geld zum Aufbewahrungsmittel künftig einsetzbarer Werte.

Im Laufe der Zeit wurde das System des durch Rohstoffe unterlegten Geldes durch ein Bankensystem abgelöst, in dem ein kleiner Teil des im Umlauf befindlichen Geldes aus von der Zentralbank emittierten Papieren und der Rest aus vom Bankensystem geschaffenen Krediten besteht. Obwohl sich das Wesen des Geldes geändert hat, sind die Prozesse, die monetäre Zahlungssysteme untermauern, nach wie vor als zentrales Ledger-System erkennbar, dessen Ursprünge in die Antike zurückreichen.

An diesem Konzept gab es viel Kritik. So sieht mancher die Zentralbanken nicht in der Lage, den Wert des im Finanzsystem hinterlegten Geldes zu erhalten, weil sie die Inflation nicht unter Kontrolle hat. Verstärkt wurde die Kritik durch den Kollaps renommierter Banken in den Jahren 2007 und 2008

Vor diesem Hintergrund wird zunehmend diskutiert, wie sich das globale Geldwesen anders organisieren lässt. Unter anderem wurde eine Rückkehr zum Goldstandard erwogen. Der technologische Fortschritt ermöglicht aber auch Kryptowährungen, die außerhalb der Kontrolle der Zentralbank operieren. Diese digitalen Währungen drohen theoretisch die Kontrolle zu unterminieren, die die Zentralbanken über die Liquiditätsmenge in der Wirtschaft ausüben können. Angesichts der Beschränkungen der bisher entwickelten Kryptowährungen wird dies jedoch nicht als akutes Problem erachtet. Die Aufmerksamkeit richtet sich stattdessen auf Systeme wie Bitcoin, die ein unter dem Namen Blockchain bekanntes dezentrales Kontobuch (Distributed Ledger) nutzen und damit eine Reihe von zuvor als unüberwindbar geltenden Computerproblemen löst. Dadurch ergeben sich neue Wege der Verteilung und Speicherung von Daten bei gleichzeitiger Wahrung der Datensicherheit.

10.2 Wie Blockchain funktioniert

Bitcoin stützt sich ausschließlich auf eine Gemeinde einander misstrauender Parteien, um sicherzustellen, dass die Währung nicht entwertet wird, was durch eine Begrenzung des Angebots zusätzlicher Währungseinheiten erreicht wird. Wichtiger ist jedoch, dass die Aufzeichnung des Bitcoin-Eigentums nicht von einer Einzelperson oder einer einzigen Stelle kontrolliert wird. Die Abwicklungstechnologie basiert stattdessen auf einem Verschlüsselungssystem, um sicherzustellen, dass sämtliche Nutzer gleichzeitig Zugang zum Ledger haben und er von jedem

Nutzer unter Einhaltung bestimmter technischer Anforderungen aktualisiert werden kann. Abb. 10.1 und 10.2 veranschaulichen die Unterschiede zwischen einem zentralen und einem dezentralen Zahlungssystem.

Das Bitcoin-Netzwerk wird von sogenannten Minern betrieben, die ihre Rechnerkapazität zur Verfügung stellen, um Transaktionen zu verifizieren und im öffentlichen Kontobuch (Ledger) aufzuzeichnen. Für ihre Bemühungen erhalten die Miner Transaktionsgebühren und neu geschaffene Bitcoins. Die Nutzer senden Transaktionen an das Netzwerk (Nutzer A sendet zum Beispiel Bitcoins an Nutzer B), die dann von den Minern zum Kontobuch hinzugefügt werden. Damit

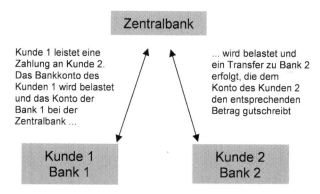

Abb. 10.1 Vereinfachte Darstellung konventioneller Zahlungssysteme. (Quelle: Commerzbank Research)

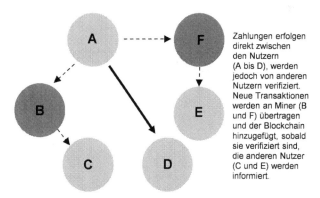

Abb. 10.2 Vereinfachte Darstellung dezentraler Zahlungssysteme. (Quelle: Bank of England, Commerzbank Research)

diese Transaktionen akzeptiert werden, müssen die Miner einen Arbeitsnachweis („Proof of Work") erbringen, um anderen Nutzern zu zeigen, dass sie erhebliche Anstrengungen zur Generierung des neuen Kontobuchs unternommen haben. Nur so sind andere überzeugt, dass die Transaktion echt ist. Die tiefere Bedeutung erläutern wir in Box B. Einfach ausgedrückt: Da Bitcoins frei emittiert werden können, müssen die Miner nachweisen, dass sie ein gewisses Eigeninteresse haben. Wichtig ist auch der Nachweis, dass die Inhaber von Bitcoins, diese nicht bereits ausgegeben haben. Alle Parteien müssen daher alle Transaktionen kennen und sich auf eine einzige Historie des Auftrags, bei dem Bitcoins empfangen wurden, einigen. Daher der Name Blockchain, zu Deutsch „Kette aus Blöcken" (Abb. 10.3).

Box A: Technische Aspekte von Blockchain

Blockchain basiert auf einen Peer-to-Peer-Netzwerk gleichberechtigter Mitglieder. Wichtig ist, zu überprüfen, dass jede Transaktion gültig ist, was im Falle von Bitcoin gewährleistet, dass die Nutzer kein Geld ausgeben, das ihnen nicht gehört (zum Beispiel weil sie es bereits ausgegeben haben), sodass Doppelausgaben (Double Spending) verhindert werden. Eine Möglichkeit, dies zu erreichen, besteht darin, jede Transaktion mit einem Zeitstempel zu versehen, und sie einer Kette zeitlich erfasster Transaktionen hinzuzufügen, die durch einen Arbeitsnachweis („Proof of Work") bestätigt wurde und nicht geändert werden kann, ohne alle vorherigen Schritte der Proof-of-Work-Kette erneut zu durchlaufen

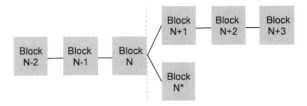

Ein wesentliches Element der Blockchain besteht darin, dass es nur eine akzeptierte Version der Historie gibt. Die Kette mit der größten Summe erledigter Arbeiten bildet die echte Historie. Miner, die am kürzeren Zweig arbeiten, zum längeren Zweig zu wechseln (keiner hat jedoch einen Anreiz, Block N* zu akzeptieren), es sei denn, sie verfügen über ausreichende Rechnerleistung, um die gesamte Historie zu replizieren und die aktuelle Kette zu übernehmen.

Abb. 10.3 Wie die Blockchain gebildet wird. (Quelle: Commerzbank Research)

Der Proof of Work von Bitcoin nutzt einen Algorithmus, die sogenannte kryptografische Hash-Funktion, die einen numerischen Input von willkürlicher Länge in einen Output von fester Länge umwandelt. Ein Merkmal des Systems besteht darin, dass es schwierig ist, den Input aus dem Output zurückzuverfolgen, was die Miner daran hindert, eine Fälschung vorangehender Blöcke auszutüfteln. Diese Funktion ähnelt den Verfahren, die zu Verschlüsselung von Website-Passwörtern genutzt werden, die Hacker daran hindern, die Passwörter aus den verschlüsselten Daten herauszufiltern. Die Bitcoin-Miner müssen drei Informationen zu einem Input verbinden: eine Bezugnahme auf den vorangehenden Block; Details des neuen Transaktionsblocks und eine willkürliche Nummer („Nonce"), die nur einmal genutzt werden kann. Bei Eingabe dieser drei Information in die Hash-Funktion wird ein Output generiert, der, sofern er unter eine bestimmte Schwelle fällt, als Proof-of-Work akzeptiert wird. Sofern dies nicht der Fall ist, muss ein neuer Versuch unternommen werden (Abb. 10.4). Da es keine Möglichkeit gibt, herauszubekommen, welcher Wert der Nonce im Zuge der Zusammenführung mit den anderen Input-Daten als Proof of Work akzeptiert wird, müssen die Miner den Prozess mit unterschiedlichen Werten für die Nonce wiederholen, was, wie das Konzept erwarten lässt., ein äußerst zeitaufwendiges Unterfangen ist.

Um die historische Kette zu fälschen, müsste dieser Prozess für jeden Block wiederholt werden. Angesichts des derzeitigen Stands der Technik ist dies zwar extrem schwierig, könnte aber mit unbegrenzter Rechnerleistung

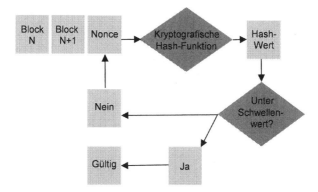

Abb. 10.4   Proof-of-Work-System von Bitcoin. (Quelle: Bank of England)

theoretisch möglich sein. Das System ist jedoch so konzipiert, dass es teurer ist, die Kette zu fälschen, als neue Bitcoins zu generieren.

Um den Einwand zu entkräften, dass die Veröffentlichung der Transaktionskette die Privatsphäre verletzen könnte, wurde unter anderem vorgeschlagen, ein öffentliches Verschlüsselungsverfahren zu nutzen, bei dem der öffentliche Schlüssel anonym bleibt. In diesem System ist jede Aufzeichnung im System (zum Beispiel, eine Bitcoin-Einheit) mit einem öffentlichen Schlüssel verbunden, und das Eigentum wird begründet, wenn dieser öffentliche Schlüssel mit dem privaten Schlüssel des Eigentümers übereinstimmt. Wird der öffentliche Schlüssel anonym gehalten, ist zu sehen, dass Änderungen an der Aufzeichnung vorgenommen wurden. Es gibt jedoch keine Informationen, die diese Änderungen mit einer Person in Verbindung bringen. Das wäre in Fällen äußerst hilfreich, in denen Distributed Ledger zur Verwaltung von Steuerdaten und Gesundheitsdatenbanken eingesetzt werden.

Der Proof of Work erfordert die Lösung eines komplexen Zufallsproblems, das als ressourcenintensiver Prozess mit geringer Erfolgswahrscheinlichkeit konzipiert ist und eine enorme Anzahl von Iterationen beinhaltet (technische Erläuterung siehe Box A). Transaktionen zwischen Einzelpersonen greifen auf ähnliche kryptografische Prozesse zurück. In diesem Fall auf eine digitale Signatur, die im Wesentlichen ein mathematischer Nachweis ist, dass eine bestimmte Nachricht von einer bestimmten Person bestätigt wurde.

Das bestimmende Merkmal eines dezentralen Zahlungssystems wie Blockchain ist die Art und Weise, wie ein Konsens bezüglich der geplanten Änderungen des Kontobuchs erzielt wird. In konventionellen Geldsystemen muss man dem Bankensystem vertrauen, dass es im besten Interesse der Teilnehmer handelt und sicherstellt, dass das Kontobuch geführt wird. Der Führer des Kontobuchs (die Zentralbank) kann bestimmte Arten von Transaktionen blockieren. Die Blockchain bietet jedoch einen Weg, diese Beschränkungen zu umgehen.

Box B: Weshalb Blockchain funktioniert (das Problem der byzantinischen Generäle)

Einer der wichtigsten Fortschritte, der mit der Übernahme der Blockchain-Technologie einhergeht, besteht darin, dass sie das seit Langem bestehende spieltheoretische Rätsel gelöst hat, das Generationen von Informatikern

Kopfzerbrechen bereitet hatte – das Problem der byzantinischen Generäle. Die Lösung dieses Problems verdeutlicht, wie ein dezentrales Währungssystem funktionieren kann. Zur Erläuterung mag ein Gedankenexperiment mit folgender Problemstellung dienen: Eine Gruppe von Generälen (mehr als zwei), die jeweils eine Armee befehligen, befindet sich vor den Toren einer Stadt. Alle wollen die Stadt angreifen. Bekannt ist, dass die Invasion gelingt, wenn zumindest die Hälfte der Generäle zur selben Zeit angreift. Wenn die Generäle ihre Pläne jedoch nicht koordinieren, um sicherzustellen, dass die für einen erfolgreichen Angriff erforderliche Anzahl an Generälen zusammenkommt, wird die Invasion scheitern. Deshalb müssen sie miteinander kommunizieren und ihren Angriff aufeinander abstimmen. Die Generäle stehen jedoch vor drei Problemen: Sie müssen a) wissen, ob ihre Nachrichten überhaupt ankommen; b) eine Bestätigung empfangen, dass die Pläne akzeptiert wurden, und c) verifizieren, dass die zwischen ihnen ausgetauschten Informationen echt sind.

Informatiker haben sich seit 40 Jahren bemüht, eine Netzwerklösung zu finden, die alle drei Probleme gleichzeitig bewältigt. Blockchain ist dies nun offenbar gelungen. Da die Blockchain auf Basis gleichberechtigter Netzwerkteilnehmer in einem Peer-to-Peer-Netz funktioniert, werden Nachrichten an die unmittelbaren Peers des Nutzers übertragen, und die jeweilige Information wird rasch im System verbreitet. Daher ist Bedingung a) erfüllt, sofern die Verbindung des Nutzers nicht fehlerhaft ist. Bedingung b) ist erfüllt, sobald alle anderen Nutzer des Systems die geplante Änderung des Ledger validieren.

Aber bevor die Nutzer bereit sind, diese Änderungen zu validieren, müssen sie sicher sein, dass Bedingung c) erfüllt ist. Der Kunststück, sicherzustellen, dass die Teilnehmer wahre Informationen im Netz versenden, wird dadurch vollbracht, dass die Historie aller Transaktionen öffentlich zur Verfügung gestellt und die Bereitstellung falscher Informationen mit abschreckend hohen Kosten verbunden wird. Im Falle unserer byzantinischen Generäle, die ihre Nachrichten untereinander versenden, muss ein potenzieller Verräter alle Nachrichten fälschen können – einschließlich jener, an deren Abfassung er nicht beteiligt war. Beschränkt man die Zeit, in der jeder General auf die von einem der anderen Generäle gesendete Nachricht antworten kann, wird es noch schwieriger, die Ergebnisse der Kommunikation zwischen Dritten zu fälschen. Im Falle der Bitcoin-Miner sind die Kosten für die Rechenarbeit zur Fälschung aller historischen Transaktionen derart hoch, dass sich eine Fälschung offensichtlich nicht lohnt. Kurzum:

Wenn das Versenden einer Nachricht mit Kosten verbunden ist und sichergestellt ist, dass jeweils nur eine Person eine Nachricht versenden kann, ist
die Authentizität der Blockchain garantiert.

10.3 Potenzielle Vor- und Nachteile von Distributed Ledger-Systemen

Vereinfacht gesagt schaltet das Distributed-Ledger-System die Möglichkeit viele
der mit einem konventionellen Ledger-System einhergehenden Risiken aus.
Augenscheinlich bestehen bei Letzterem drei Risiken: i) das Kreditrisiko, das
sich aus der Insolvenz eines Instituts ergibt, das anderen Teilen des Finanzsystems
große Summen schuldet (wie es im Vorfeld der Lehman-Pleite der Fall war); ii) das
Liquiditätsrisiko, das entsteht, falls ein fundamental solventes Kreditinstitut nicht
genügend Mittel hat, um die fälligen Abwicklungen vorzunehmen (ein weiteres
Problem, das im Vorfeld der Bankenkrise 2008 auftrat, als die Liquidität versiegte);
iii) das operationelle Risiko infolge von System-, zum Beispiel IT-Ausfällen.

In Bezug auf die ersten beiden Risiken, bedeutet die Tatsache, dass die Transaktionen in einem dezentralen System direkt zwischen Einzelpersonen ausgeführt
werden, dass es keine Intermediäre gibt, durch die ein Kredit- oder Liquiditätsrisiko entstehen könnte. Diese Risiken sind praktisch ausgeschlossen. Und da die
Technologie auf viele Nutzer verteilt ist, werden die operationellen Risiken entsprechend gemindert, wodurch das dritte Problem angegangen wird.

Das soll nicht heißen, dass das System keine potenziellen Schwachstellen aufweist. Die gute Nachricht ist, dass ein Distributed Ledger schwer zu fälschen ist,
weil er von einer Vielzahl von Einzelpersonen erstellt wird. Da das System jene,
die den Ledger führen (das heißt die Miner), in Form zusätzlicher Blocks entlohnt, würde eine Kooperation zur Fälschung der historischen Aufzeichnungen
kaum lohnen, weil jede zusätzlich geschaffene Bitcoin unter allen Mitgliedern
aufgeteilt werden müsste. Die Gewinne wären geringer als die durch ehrliche
Transaktionen erzielten.

Eine potenzielle Betrugsquelle sind auch Hackerangriffe, falls Hacker Zugang
zu einem großen Teil des an das Netzwerk angeschlossenen Systems erlangen
sollten. IT-Experten zufolge könnten durch die Kontrolle von weniger als 50 %
der Rechnerleistung in die Bitcoin-Mining-Netzwerke einzudringen, abhängig
von bestimmten Faktoren wie der Position im Netzwerk und dem Zeitpunkt, zu
dem ein Hacker dem Rest des Netzwerkes Nachrichten übermittelt. Wie groß
diese Gefahr ist, hat der Fall Mt. Gox gezeigt. Diese Tauschbörse hat zeitweise

70 % aller Bitcoin-Transaktionen abgewickelt. Sie wurde 2014 geschlossen und anschließend liquidiert, nachdem entdeckt worden war, dass 850.000 Bitcoins der Anleger entwendet wurden.

In einem dezentralen Zahlungssystem dürfte der Betrug zudem andere Formen annehmen. Da die Vermittler ihre Identität bei der Durchführung von Transaktionen in einem dezentralen System nicht preisgeben müssen, ist das Risiko eines Identitätsdiebstahls geringer. Allerdings besteht ein größeres Risiko eines direkten Verlusts, falls Vermittler den privaten Schlüssel verlieren, der ihnen den Zugang zu ihrer digitalen Börse (dem Software-Programm, in dem Bitcoins gespeichert sind) ermöglicht. Derart verloren gegangene Daten können nicht auf dieselbe Weise wie ein verlorenes Passwort für ein konventionelles Bankkonto wiedererlangt werden (Tab. 10.1).

Tab. 10.1 Pro und Kontra der Nutzung einer Distributed Ledger- und einer konventionellen Datenbank bei Nichtfinanzanwendungen. (Quelle: Commerzbank Research)

Gründe für die Nutzung eines Distributed Ledger	Gründe für die Nutzung einer konventionellen Datenbank
Digitale Signatur gibt zusätzliche Sicherheit	Es ist **leichter, die Datentrennung grenzüberschreitend beizubehalten**, wenn z. B. einige Daten aus regulatorischen Gründen im Ausland archiviert werden müssen, lässt sich leicht sicherstellen, dass sich ein Teil der Datenbank nicht in der verbotenen Region befindet
Änderung oder Löschung der Daten ist schwieriger. Blockchain erfordert Konsens, definiert als Mehrheit sämtlicher Knoten. Dadurch dass Blockchains in verschiedenen Knoten in unterschiedlichen Datenzentren betrieben werden, wird eine Fälschung der Historie erschwert	**Geheimhaltung von Daten.** Probleme wie Informationsschranken können mit traditionellen Datenbanken besser angegangen werden (allerdings können sie in einem Distributed Ledger auch mittels Verschlüsselung angegangen werden)
Archivierung und Back-ups. Blockchain ist eine elegante Lösung für Unternehmen, die womöglich keine Archivierungskapazität haben, weil es stets den aktuellen Stand der Datenbank widerspiegelt	**Geschwindigkeit.** Die Schreibgeschwindigkeit ist bei traditionellen Datenbanken schneller (wichtig bei großen Datenmengen)
Zugang für Dritte. Regulierern oder Wirtschaftsprüfern kann leichter Zugang zum aktuellen Stand der Datenbank gewährt werden	
Geschwindigkeit. Die Lesegeschwindigkeit ist sehr schnell	

10.4 Distributed-Ledger-Technologie kann mehr als Bitcoin

Ungeachtet dieser Sicherheitsprobleme gibt es für das Distributed-Ledger-System wesentlich mehr Anwendungsmöglichkeiten als das Bitcoin-Zahlungssystem. So könnte es die bestehende Finanzmarktarchitektur, in der Wertpapiere an Börsen gehandelt werden, durch ein dezentrales System ersetzen. Durch die in diesem System mögliche sofortige Abwicklung würde das mit der zeitlich verzögerten Verifizierung von Transaktionen verbundene operationelle Risiko sinken. Denn im konventionellen System kann es unter Umständen 20 Tage dauern, um eine Kreditabwicklung zu verarbeiten. Dieser Zeitraum könnte auf wenige Minuten reduziert werden.

Soweit neue Regulierungsvorschriften eine Bank verpflichten, zusätzliches Kapital zum Schutz gegen diese Risiken vorzuhalten, könnte diese den Kapitalbedarf verringern. Blockchain-Anwendungen könnten auch den Bedarf an Back-Office-Funktionen verringern und so die Profitabilität der Banken langfristig spürbar steigern. Die Blockchain-Technologie könnte zudem für grenzüberschreitende Transaktionen eingesetzt werden, sodass keine teuren Vermittler zur Verarbeitung der Geschäfte mehr benötigt würden.

Neben dem Finanzbereich könnten Systeme, die sich auf digitale Archive stützen, diese Technologie nutzen. Durch Peer-to-Peer-Netzwerke für die gemeinsame Nutzung von Dateien würde sich eine zentrale Datenspeicherung bei diversen Anwendungen erübrigen. Theoretisch wäre es daher möglich, Steuer- und Gesundheitsdaten, Führerschein- und Passdaten zu speichern. Den Möglichkeiten sind hier keine Grenzen gesetzt. Es wurde sogar vorgeschlagen, das System zur Schaffung eines effizienteren Wahlsystems einzusetzen, in dem Korruption stärker unterbunden und die Stimmenauszählung beschleunigt wird. Die Bitcoin-Blockchain-Technologie, die auf umfangreicher Verschlüsselung und einem vollständig dezentralen Ledger basiert, ist für diese Anwendungen womöglich ungeeignet. Wie nachstehend erläutert, sind neue Formen der Blockchain-Technologie, die auf einer dezentralen Verarbeitung und einer gewissen zentralen Koordinierung beruhen, unter Umständen zweckmäßiger.

Welche Vorteile böte die Nutzung eines Distributed Ledger konkret? Zum einen würden Betrugsfälle verringert. Im Diamantenmarkt würde eine Blockchain, in der die Transaktionshistorie der Edelsteine aufgezeichnet ist, deren Nutzung für illegale Zwecke erschweren. Die britische Regierung wies etwa darauf hin, dass rund zwei Prozent der Beträge, die sie derzeit für Sozialleistungen auszahlt, wegen Betrugs oder aufgrund von Fehlern aufseiten der Antragsteller oder

der Behörden eine Überbezahlung darstellen. Durch die derzeit am Sozialhilfesystem vorgenommenen Änderungen könnte ein weiteres Prozent hinzukommen. Ein weiteres Beispiel sind die jährlichen MwSt.-Mindereinnahmen der EU, die 2011 auf 1,3 bis 1,5 % des BIP geschätzt werden. In beiden Fällen wird davon ausgegangen, dass eine bessere Archivierung gepaart mit intelligenten technologischen Lösungen einen erheblichen Teil der Mindereinnahmen beseitigen könnte.

10.5 Könnten die Zentralbanken ihre eigenen Kryptowährungen schaffen?

Mancher Befürworter einer noch lockereren Geldpolitik sieht in elektronischem Geld eine Möglichkeit, es den Zentralbanken zu ermöglichen, die Zinsen noch weiter in den negativen Bereich zu drücken. Denn derzeit besteht hier dadurch eine Untergrenze, dass (von diesen negativen Zinsen nicht betroffenes) Bargeld als Alternative zu Bankeinlagen zur Verfügung steht und es somit zu immer größeren Ausweichreaktionen kommt, je weiter die Zinsen in den negativen Bereich gedrückt werden.

Schon in den Dreißigerjahren gab es den Vorschlag, die Funktion des Geldes als Recheneinheit durch die Schaffung einer Parallelwährung von den anderen Geldfunktionen zu trennen. Dann wäre es möglich, einen Wechselkurs zwischen Papiergeld und der Parallelwährung (bei der es sich jetzt wohl um elektronisches Geld handeln würde) festzulegen. Durch die Abwertung von Papiergeld könnte auch auf Bargeld ein beliebig negativer Zins festgelegt werden. Der für radikales Denken bekannte Chefvolkswirt der Bank of England, Andy Haldane, schlug sogar vor, das staatliche Geld in elektronischer und nicht mehr in Papierform auszugeben. Dadurch würde alles Geld in digitalen Börsen gehalten, die effektiv von der Zentralbank kontrolliert würden. Auch in diesem Fall könnte Bargeld ebenfalls mit negativen Zinsen belegt werden.

Wegen der zahlreichen Schwächen der bestehenden digitalen Währungen würden diese aber wohl kaum die notwendige breite Akzeptanz als Recheneinheit finden. Dies gilt unter anderem für deren mangelnde Stabilität. So hat der Wechselkurs des Bitcoin gegenüber dem US-Dollar in den letzten fünf Jahren in großem Ausmaß geschwankt (Abb. 10.5), die Tagesvolatilität war deutlich höher als die des Euro/US-Dollar-Wechselkurses (Abb. 10.6).

Der enorme Anstieg des Bitcoin-Werts im Jahr 2013 ging auf eine spekulative Blase zurück. Ursächlich war die Befürchtung der Anleger, dass die relative Knappheit der Bitcoin-Währung längerfristig für eine Aufwertung sorgen würde. Das wiederum war die

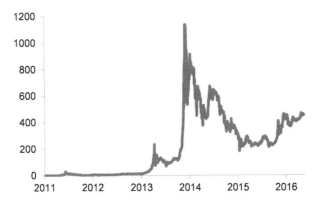

Abb. 10.5 Der Wert der Bitcoin-Währung schwankte stark … (Quelle: Bloomberg)

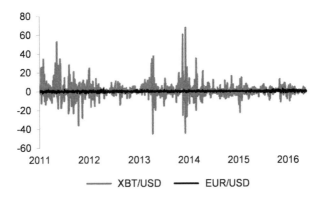

Abb. 10.6 … und dürfte kurzfristig äußerst volatil sein. (Quelle: Bloomberg, Commerzbank Research)

Folge der Tatsache, dass das Bitcoin-Angebot per definitionem begrenzt ist, um den Wert der Währung zu erhalten. Die Höchstzahl existierender Bitcoins soll 21 Mio. nicht übersteigen – ein Limit, das erwartungsgemäß 2040 erreicht sein dürfte.

Die Einführung einer elektronischen Parallelwährung dürfte auch an der mangelnden Skalierbarkeit scheitern. Das Bitcoin-Netzwerk kann derzeit nur sieben Transaktionen pro Sekunde (tps) verarbeiten. Visa-Kreditkarten haben hingegen eine Spitzenkapazität von 56.000 tps und verarbeiten im Schnitt 2000 tps. Die Bank of England hat sich daher mit Informatikforschern zusammengetan, um eine digitale Währung zu entwickeln, die erhebliche Skalierbarkeitsvorteile bietet.

Die wesentliche Neuerung der daraus hervorgegangenen RSCoin besteht darin, dass die Generierung der Geldnachfrage von der Führung des Transaktionsbuches getrennt ist.

Das Geldangebot wird von der Zentralbank kontrolliert, die über einen besonderen Kodierungsschlüssel verfügt, um die Oberaufsicht zu behalten. Mintette genannte Parteien führen den auf untergeordneter Ebene angesiedelten Distributed Ledger und sind von der Zentralbank zur Verarbeitung der Transaktionen zugelassen (Abb. 10.7). Da sie der Währungsbehörde bekannt und von ihr als vertrauenswürdig eingestuft sind, müssen sie keine unnützen Proof-of-Work-Berechnungen durchführen, die im Bitcoin-Ledger erforderlich sind. Stattdessen wurde ein Algorithmus entwickelt, der verifiziert, dass ein Transaktionsoutput in nicht mehr als einer Transaktion als Transaktionsinput vorkommt, was zur Vermeidung einer Doppelzählung ausreicht. Ein Konsens wird durch die Tatsache erzielt, dass es eine ausreichende Anzahl von Rechenknoten im System gibt, die genügend identische Antworten geben, um die Gültigkeit der Transaktionen zu bestätigen (Abb. 10.8). Jede Mintette gibt ihren Ledger an die Zentralbank weiter, die diese zu einem öffentlich sichtbaren Ledger verbindet.

Ein solches Modell hätte gravierende Auswirkungen für die Weltwährungsordnung. Zum einen könnten die Zentralbanken das Geldangebot vollständig kontrollieren. Banken könnten nicht länger Geld schöpfen. Stattdessen könnte den Banken die Rolle von Mintetten zugewiesen werden, die den Distributed Ledger verwalten. Damit würde die ursprüngliche Idee der Einführung von Bitcoin allerdings ad absurdum geführt. Denn mit ihm sollte die Kontrolle der Zentralbank über das Bargeld eigentlich verringert werden.

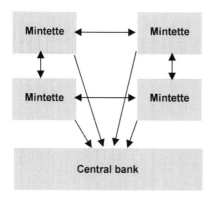

Abb. 10.7 Struktur des RSCoin-Netzwerks. (Danezis und Meikeljohn [1], „Centrally Banked Cryptocurrencies", The Internet Society, Commerzbank Research)

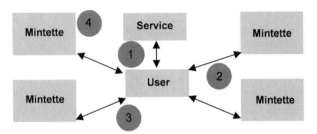

In Schritt 1 lernt der Nutzer die Eigentümer jeder Adresse seiner
Transaktion kennen. In Schritt 2 sammelt der Nutzer die Bestätigung der Mehrheit der Eigentümer der Input-Adressen. In Schritt 3
sendet der Nutzer die Transaktion und diese Bestätigungen an
die Eigentümer der Transaktionskennung. In Schritt 4 fügt eine
Untergruppe dieser Mintetten die Transaktion zu ihren Blocks hinzu.

Abb. 10.8 Validierungsprozess von RSCoin-Transaktionen. (Danezis und Meikeljohn [1],
„Centrally Banked Cryptocurrencies", The Internet Society, Commerzbank Research)

10.6 Fazit

Die Unbilden des globalen Finanzsystems im Vorfeld der Finanzkrise haben die
politischen Entscheidungsträger gezwungen, genauer über das Wesen des Geldes
nachzudenken. Ob Bitcoin und deren zahlreiche Nachahmer das Zentralbankgeld
verdrängen, ist zumindest fraglich. Angesichts des begrenzten Angebots und der
Tatsache, dass diese Währungen nicht durch glaubwürdige institutionelle Vereinbarungen untermauert sind, dürften sie sich schwer tun, breitere Akzeptanz zu finden. Bitcoin hat jedoch durch die Einführung der Blockchain-Technologie eine
echte Revolution losgetreten.

Um sich wirklich durchzusetzen, müssten die Systeme nicht einige zentrale
Probleme lösen. Eines besteht darin sicherzustellen, dass die Nutzer von Distributed Ledgern ehrlich bleiben. Der aktuelle Ansatz hierfür (das Bitcoin-System
entlohnt die Miner in Form neuer Bitcoins) wird spätestens dann nicht mehr
funktionieren, wenn das Bitcoin-Angebot sein theoretisches Limit erreicht. Der
RSCoin-Ansatz bietet mehr Spielraum für eine breitere Nutzung von Distributed
Ledgern in Bereichen wie der Führung öffentlicher Archive. Zum einen trennt er
die in der Bitcoin-Blockchain miteinander verflochtenen Funktionen, und zum
anderen sind die Algorithmen von RSCoin weniger rechenintensiv. Eins scheint
allerdings sicher: Selbst wenn Bitcoin zu einer Fußnote in der Währungsgeschichte
verkümmerte, bleibt uns die Blockchain-Technologie erhalten, auch wenn sich
einige der aktuell dafür vorgebrachten Argumente als übertrieben erweisen sollten.

Literatur

1. Danezis, G und S. Meiklejohn (2016) „Centrally Banked Cryptocurrencies", *The Internet Society*

Über den Autor

Peter Dixon ist Global Financial Economist der Commerzbank AG in London. Seine Aufgabe liegt in der Analyse von Rückkoppelungen zwischen der Realwirtschaft und den Finanzmärkten. Er hat über 20 Jahre Erfahrung in der makroökonomischen Analyse und wird regelmäßig von führenden Medien und Institutionen zu finanzwirtschaftlichen Prognosen konsultiert.

Chatbots – Conversational UX Platforms

11

Robert Kusber

Zusammenfassung

Schlagworte wie Conversational Commerce, Coice Commerce, Invisible Apps, Messaging First Communication tauchen in letzter Zeit immer häufiger auf. In diesem Zusammenhang ist dann die Rede von Virtual Assistants, Conversational User Experience, manchmal auch User Interface, Platforms. Letztere werden oft auch einfach nur Chatbots genannt. Doch was steckt dahinter?

Der vorliegende Artikel befasst sich mit dem Phänomen Chatbots und geht dabei auf Funktionsweise, einige Use Cases, auch aus anderen Branchen, sowie Limitierungen und mögliche Entwicklungen ein. Der Beitrag hat nicht den Anspruch, sämtliche technischen Details zu beleuchten oder der Vielfalt des Themas „künstliche Intelligenz" gerecht zu werden. Er soll vielmehr ein Grundverständnis für die Thematik Chatbot und ihre Möglichkeiten herbeiführen.

11.1 Einleitung

„90 Prozent unserer Zeit am Smartphone verbringen wir mit E-Mails oder in Messaging Apps", behauptet Niko Bonatsos, Managing Director von General Catalyst. Einen schnellen Selbsttest zur Überprüfung kann jeder Leser auf einfache Art und Weise durchführen, indem er ins Batteriemenü seines Smartphones geht und sich dort die Informationen über die Nutzung anzeigen lässt.

R. Kusber (✉)
Sparkassen-Finanzportal GmbH, Berlin, Deutschland
E-Mail: r.kusber@me.com

© Springer Fachmedien Wiesbaden GmbH 2017
R. Smolinski et al. (Hrsg.), *Innovationen und Innovationsmanagement in der Finanzbranche*, Edition Bankmagazin, DOI 10.1007/978-3-658-15648-0_11

Wir schicken iMessages, beteiligen uns in WhatsApp-Gruppenchats und kommunizieren mit Freunden über den Facebook-Messenger. Beruflich kommunizieren wir häufig über Dienste wie Slack und ähnliche Programme. Einige Unternehmen haben sogar eigene interne Tools entwickelt, damit Mitarbeiter miteinander chatten können. Es ist ja schließlich auch praktischer, den Kollegen im IT-Support schnell eine Nachricht im Chatfenster zu schicken, wenn man ein Problem hat, anstatt sich mit einem Ticketsystem auseinanderzusetzen. Schlimmer noch: gar einen aussagekräftigen Betreff für eine E-Mail ausdenken und dann das Problem noch einmal ausführlich beschreiben; dann doch lieber direkt und kurz in einem Chatfenster. Lange Nachrichten wirken hier umso unangenehmer.

Kein Wunder also, dass auch in diesem Bereich die Automatisierung Einzug unter Ausnutzen der gegebenen und aufkommenden technischen Möglichkeiten findet. Es gibt Ansätze, Gespräche idealerweise völlig ohne menschliche Interaktion auf der Gegenseite zu führen. Dies findet dann über einen sogenannten Chatbot statt. Ein Chatbot ist vorwiegend in einer Messaging-Plattform, wie dem Facebook Messenger, kik, Slack, WeChat oder Telegram, beheimatet. Daher wird er häufig auch von Conversational User Experience Platforms gesprochen. „Platform", weil der Bot einmal entwickelt wird und dann über Schnittstellen in die gewünschten Messaging-Dienste eingebunden werden kann und „Conversational User Experience", weil die Eingabe wie in einer Unterhaltung geschieht. Diese Unterhaltung kann dann in Textform oder, wenn der Eingabekanal es zulässt, tatsächlich gesprochen stattfinden.

11.2 Begriffsabgrenzung und Funktionsweise (eines Chatbots)

Der Begriff Chatbot setzt sich aus den Englischen Vokabeln „Chat" (= Gespräch) und „bot" (Kurzform für „Robot", was also „Automat" bedeutet) zusammen. In der Informatik wird ein Bot als ein weitgehend selbstständig laufendes Programm beschrieben, das seine Dienste ohne menschliche Interaktion erbringt. Dieses Programm muss lediglich einmalig initiiert werden. Besonders geeignet ist die Anwendung von Bots für wiederkehrende Aufgaben [1].

Sucht man auf Google danach, was ein Chatbot sei, kommt dabei heraus „a computer program designed to simulate conversation with human users, especially over the Internet. Chatbots often treat conversations like they're a game of tennis: talk, reply, talk, reply."

Ein Chatbot ist also eine Software-Anwendung, durch die eine Unterhaltung zwischen einem Menschen und einer Maschine stattfinden kann. Um dies zu ermöglichen, kommt künstliche Intelligenz in verschiedenen Ausprägungen zum Einsatz. Denn naturgemäß können Menschen und Maschinen nicht direkt miteinander kommunizieren, sondern müssen den Umweg über eine Programmiersprache wählen, die der Computer „versteht". Um aber zu realisieren, dass der Computer verarbeiten kann, was der Mensch in seiner Sprache äußert, kommt sogenanntes Natural Language Processing (NLP) zum Einsatz. In der Idealvorstellung interpretiert der Computer das Gesagte und leitet daraus die Intention des Nutzers ab. Diese Intention wird daraufhin in eine Aktion übersetzt, die der Computer selbstständig ausführt. Die jeweilige Aktion kann die Beantwortung einer Frage sein oder auch das Ausführen einer Aufgabe. Dafür muss hinter dem NLP eine Wissensdatenbank liegen, in der Antworten bzw. Aktionen hinterlegt sind.

Ein Chatbot, der hauptsächlich Aufgaben und Suchen sprachbasiert ausführt, wird häufig Intelligent Personal Assistant (IPA) genannt. Beispiele hierfür sind Apples Siri, Googles Google Now, Amazons Echo, Facebooks M und Microsofts Cortana [2].

Beiden, sowohl Chatbots als auch IPAs, wird zugetraut, Webseiten bzw. Apps zu ersetzen. Vergleichbar mit der Entwicklung in den Neunzigerjahren, als Datei-Browser die Eingaben ersetzten oder später die Webbrowser einzelne Desktopanwendungen. Als Indiz hierfür könnte gesehen werden, dass Systeme, die es den Bots ermöglichen, das Eingegebene zu verstehen und zu interpretieren, im Begriff sind, ein gängiger Web-Service zu werden. So stellen bereits Google mit api.ai, IBM mit Watson, Microsoft mit LUIS und schließlich Facebook mit wit.ai entsprechende Systeme zur Verfügung.

11.2.1 Technik/Funktionsweise und Rolle Künstlicher Intelligenz (KI)

Wie bereits eingangs erwähnt, ist das NLP, neben der Wissensdatenbank, ein entscheidender Bestandteil eines Chatbots. Es geht nicht nur darum, Gesprochenes oder Geschriebenes einfach nur für den Computer zu übersetzen, sondern die Intention dahinter zu erkennen interpretieren. Das ist auch gleichzeitig die größte Herausforderung für die Systeme und der Grund, warum künstliche Intelligenzen aktuell noch schnell an ihre Grenzen stoßen.

NLP ist eine Schnittstelle zwischen Sprachwissenschaften und Informatik und eine Teildisziplin im Feld der künstlichen Intelligenz. Sie befasst sich mit der Fähigkeit von Computersystemen, das menschliche Sprachverhalten analysieren und interpretieren zu können [3].

In der Idealvorstellung interpretiert der Computer das Gesagte und leitet daraus die Intention des Nutzers ab. Hierbei analysiert der Computer zuerst die Syntax, also die Struktur und Grammatik des Gesagten, danach die Semantik, um seine Bedeutung zu verstehen. Das bringt ihn dann schon in den Bereich der Intentionsdeutung. Diese Intention wird daraufhin in eine Aktion übersetzt, die der Computer selbstständig ausführt. Eine große Herausforderung ist allerdings, dass die menschliche Sprache oft nicht präzise formuliert ist und sich ständig verändert. Erschwerend kommen hier auch noch die verschiedenen Zungenschläge hinzu. Je nach Zusammenhang und Anlass kann die Intention außerdem bei ähnlichen Aussagen verschieden sein.

Bisher wurden Sätze nach Schlagworten analysiert und auf dieser Basis dann Antwortvorschläge generiert oder Aktionen veranlasst. Allerdings ist die Schlagwortanalyse nicht sehr verlässlich und deshalb womöglich ein Grund, warum frühere Ansätze von Bots sich nicht durchsetzen konnten.

Der Ansatz der Schlagwortanalyse stammt aus einer Zeit, in der Messaging-Dienste wie ICQ, AOL Instant Messenger oder der Internet Relay Chat (IRC) gängig waren. IRC kann man sich als eine Art Slack in schwarz-weiß ohne Icons und Bilder vorstellen. Die Funktionen konnten über Klicks und über Kommandozeilenbefehle ausgeführt werden. Ziel war es, eine Kommunikation in Echtzeit mit Menschen aus aller Welt in Gruppen zu ermöglichen, anstatt die Unterhaltung von Mensch zu Mensch zu führen (Beschreibung irchelp.org).

Jedoch wurden schnell von findigen Programmierern Skripte entwickelt, um bestimmte Phrasen zu verkürzen bzw. zu automatisieren. Bots waren im IRC beispielsweise kleine Helfer, um Rederechte in den Kanälen zu vergeben, News von externen Webseiten in den Kanal zu senden oder auch, um auf bestimmte Aussagen automatisch eine Antwort zu geben; eine Art Anrufbeantworter im Chatfenster also. Das kann man sich so vorstellen, dass eine Tabelle angelegt wird, in der die Frage und die Antwort definiert sind. Auf ein „Hallo" kann die Antwort beispielsweise „Hallo, wie geht es dir?" lauten. Diese Antwort wird allerdings nur dann angezeigt, wenn der Chatpartner auch „Hallo" schreibt und nicht etwa „Hallo!" oder „hallo". Nur bei einer hundertprozentigen Übereinstimmung wird aus der Tabelle/Datenbank die zutreffende Antwort herausgesucht und im Chat als Reaktion gesendet. Rechtschreibfehler und Interpunktion müssen mit eingepflegt sein. Zudem waren diese Systeme auch starr und mussten manuell um neue Fragen, Rechtschreibfehler und Antworten erweitert werden.

Auf Seiten wie chatbots.org kann man sich Bots für diese altgedienten Messenger herunterladen und einsetzen. Auch für neuere Plattformen gibt es dort Bots.

Die aktuellen Botsysteme sind im Gegensatz dazu in der Lage, neue Vokabeln und Sätze selbstständig zu erlernen. Sie arbeiten außerdem eher mit einer Mischung aus dem Erkennen von Intention und von Schlagworten. Das Besondere ist, dass die künstliche Intelligenz bzw. die Tabelle nicht mehr in den jeweiligen Geräten steckt oder lokal auf dem Rechner läuft, sondern in höchst leistungsfähigen Rechenzentren liegt. Sie ist also in die Cloud gewandert sowie spezieller und vielseitiger geworden. Die Besonderheit der KI ist, dass Bots immer treffsicherer werden, je mehr Daten sie verarbeiten, auf welche Art Menschen Fragen stellen und welche Fragen es sind. Je mehr Interaktion es gibt, desto besser werden sie also.

Außerdem sind auch Querverweise dank Machine Learning und Big Data möglich: Bots können nicht nur dazulernen, sie können sich an Unterhaltungen erinnern oder auch Standortinformationen des Nutzers einbeziehen. Außerdem sind sie in der Lage, ihren Anwender einfach kennen zu lernen [4]. Sie können beispielsweise registrieren, wann der Nutzer am Häufigsten bzw. liebsten mit dem Bot kommuniziert und so könnte der Bot auch aktiv eine Unterhaltung starten – zu einer Zeit, die dem Nutzer passt. Der Bot könnte in einer späteren Unterhaltung möglicherweise fragen, ob das Problem nach der letzten Interaktion gelöst wurde oder sich beim Shopping dran erinnern, dass andere Teile aus der Kollektion gekauft wurden und beim Kombinieren helfen. Richtig eingesetzt kann der Bot einen sehr persönlichen Mehrwert schaffen. Dies alles fällt unter das Schlagwort „Customer Engagement".

11.2.2 Ablauf einer Anfrage

Bots bestehen in der Minimalausführung aus einem Kanal über den die Nachrichten eingegeben werden, einer Form von künstlicher Intelligenz bzw. NLP, um die Intention hinter dem Eingegeben zu erkennen und dann die auszuführende Aktion anzustoßen. Diese Aktion ist in einer Wissensdatenbank hinterlegt. Bei einem Support-Chat wäre hier beispielsweise die passende Antwort auf die gestellte Frage hinterlegt.

Wie bereits beschrieben, geht es nicht darum, zu programmieren, dass auf ein „Hallo" ein bestimmter Satz folgt, sondern, dass ein „Hallo" die Absicht des Grüßens darstellt und dann auch mit einem Gruß geantwortet wird, also keine Wenn-dann-Funktion, sondern eine Aktion aus dem Gesagten abgeleitet wird. Denn ein Gruß kann nicht nur ein Hallo sein, sondern auch ein „Hi", „Hey", „Guten Tag", „Was geht" und was es sonst noch alles gibt.

Die Sprache muss in Befehle umgesetzt werden. Das bedeutet, ein Satz wird von der NLP-Einheit in seine Einzelteile zerlegt und nach Mustern analysiert. Dieses Zerlegen funktioniert heutzutage relativ gut für bekannte Vorgänge, weshalb gut funktionierende Bots meist die Anwendungsfälle Support und Suche verkörpern.

Ein weiterer Vorteil ist die Möglichkeit, auch Text- oder Bildelemente im Chatfenster einzubinden. Der User kann hierdurch zum Beispiel „hilfreich/nicht hilfreich", „Ja/Nein" oder vorgegebene Kategorien anklicken, um eine Suche einzugrenzen. Darüber hinaus können auch Bilder zur Anleitung oder von Suchergebnissen angezeigt werden.

Als Beispiel lässt sich hierfür der Bot von eBay heranziehen. Wie bei den meisten Bots lässt sich die Unterhaltung mit einem einfachen „Hallo" beginnen. Danach folgt ein kleines Tutorial und man kann dem Bot mitteilen, wonach man sucht. Ist dies getan, wird die Suche über Buttons, die angeklickt werden können, eingegrenzt. Sucht man beispielsweise nach einer Handtasche für bis zu 100 EUR, könnte es dann mit Größe oder Farbe weitergehen. Zusätzlich gibt es die Möglichkeit, auch immer wieder Bilder der Ergebnisse einzublenden bzw. die Kauffunktion.

Der Bau von einfachen Bots lässt sich übrigens recht schnell ohne jegliche Programmierkenntnisse bewerkstelligen. Hierfür gibt es unzählige Anbieter, die sozusagen Baukastensysteme für Bots anbieten. Vereinfacht dargestellt braucht man nur noch den Zweck des Bots wählen, ihm einen Namen geben, einen Avatar aussuchen und schon kann man beginnen, den Bot mit Wissen auszustatten bzw. Regeln zu definieren, wie er sich verhalten soll. Ausprobieren lässt sich das unter anderem auf chatfuel.com, api.ai, pandorabots.com, botsify.com oder beepboophp.com.

11.3   Ein neuer Trend?

Dass es gerade einen regelrechten Boom um Chatbots gibt, ist wohl auf die Facebook-Konferenz „F8" im April 2016 zurückzuführen. Dort hat Facebook seinen „Messenger Bot Store" vorgestellt und gleichzeitig die Messenger-Plattform über eine Schnittstelle für Bot-Entwickler geöffnet. Im Vergleich zum Launch von Apples App Store mit einer potenziellen Nutzerzahl von sechs Millionen Menschen weltweit, kann Facebook theoretisch 800 Mio. Menschen erreichen. Das sind über hundertmal mehr potenzielle Nutzer. Von 11.000 Chatbots im April zählen wir im Oktober 2016 über 30.000 Chatbots. Zum Vergleich: Im App Store gibt es acht Jahre nach Veröffentlichung im Juni 2016 ca. zwei Millionen Apps [5].

Es gab zwar in 2015 schon erste Ansätze, Services, die man bisher in Apps erwartet hätte, über Messaging Dienste abzubilden. Eines der prominentesten Beispiele ist wohl der Dienst GoButler, der Concierge Services per Textnachrichten anbot. Nach anfänglichem Hype zogen sie sich nun aus Deutschland zurück und konzentrierten sich nur noch auf den nordamerikanischen Markt mit einem Dienst zur Flugsuche. Das Gründerteam arbeite in der Zwischenzeit allerdings an einer Neuausrichtung und mittlerweile firmieren sie unter angel.ai. Angel.ai bietet NLP-Dienste an, um es Unternehmen zu ermöglichen, Chatbots zu bauen. Mittlerweile arbeitet der Gründer Navid Hadzaad für Amazon, wie es um angel.ai steht, ist nicht bekannt.

Grundlage hierfür bieten die hohe Verbreitung und die hohen Nutzungszahlen von Messaging-Diensten. Einer Studie der Radicati Group nach wurden 2015 weltweit über 3,2 Mrd. Nachrichten über Messaging-Dienste versandt. Laut Statista zählten WhatsApp eine Milliarde aktive Nutzer im April 2016, Facebook-Messenger 900 Mio. und WeChat 697 Mio. [6] In Bezug auf monatlich aktive Nutzer haben Messaging-Dienste die Social Media Netzwerke bereits im Jahr 2015 überholt [7].

Hinzu kommt ein wachsendes Verlangen von Nutzern, mit Unternehmen per Messenger zu kommunizieren. In einer von twilio.com durchgeführten Studie gaben 66 % der Nutzer an, Messaging gegenüber allen anderen Kommunikationskanälen zu bevorzugen, um mit Unternehmen in den Kontakt zu treten. Aber auch, um von Unternehmen kontaktiert zu werden, wären diese Kanäle für sie akzeptabel.

Insgesamt zeigt sich außerdem ein ganz klarer Trend zu einfachen und aufgeräumten User-Interfaces. Benutzer haben häufig weitaus mehr Apps auf ihren Geräten als sie benötigen. Wahrscheinlich verteilt über die ersten beiden Seiten auf ihren Screens. So werden 25 % der installierten Apps niemals benutzt und 26 % aller Apps werden nach der ersten Verwendung wieder gelöscht [8]. Die durchschnittliche App verliert 77 % ihrer täglichen Anwender bereits innerhalb der ersten drei Tage nach Installation und 90 % der Anwender nach 90 Tagen [9].

Das zeigt, dass es nun geht es in eine bestimmte Richtung zu gehen scheint: Weg von einzelnen Apps für bestimmte Anwendungsfälle oder Funktionen hin zur Steuerung aus häufig genutzten Apps wie Messenger-Diensten heraus. Um diese Kanäle und ihre exorbitant hohe Nutzerzahl bedienen zu können, bieten hier Chatbots einen sehr interessanten Lösungsansatz.

11.3.1 Anwendungsfälle in der Praxis

Es können theoretisch beliebig viele Anwendungsfälle für einen Bot definiert oder erdacht werden. Deshalb wird im Folgenden ein Überblick anhand von ausgewählten Beispielen gegeben.

Die Use Cases, die sich im Grunde am besten darstellen lassen, sind das Beantworten von einfachen Nutzeranfragen, die sich in hohem Maße wiederholen und einander ähnlich sind. So muss beispielsweise die Frage nach der Öffnungszeit oder nach einer Kontaktnummer nicht zwingend durch einen Menschen beantwortet werden.

Im sozialen Netzwerk Twitter gibt es zum Beispiel Bots, die auf bestimmte Hashtags mit vordefinierten Antworten reagieren. Diese Profile sehen zudem wie echte Twitter-Accounts aus und besitzen ein Profilbild, Follower und setzen anfänglich harmlos aussehende Tweets ab, sodass reale Nutzer diese nicht sofort erkennen. Häufig werden diese Profile allerdings für Werbung missbraucht.

Die bekannten „Live-Chats", die häufig auf Webseiten im Verkaufsprozess aufspringen und ihre Hilfe bei Fragen anbieten, können solche Einsatzfelder für oben genannte Bots sein.

Weitere populärere Anwendungsfälle sind das Suchen oder das Suchen mit anschließendem Kaufen, nachdem es unter anderem Facebook mittlerweile ermöglicht, Zahlungsinformationen zu hinterlegen. Wenn ein Kunde etwa Karten für eine bestimmte Vorstellung in einem bestimmten Kino kaufen möchte, könnte ein Bot diese Anfrage sofort ausführen und die Tickets buchen.

Für das Feld „Suchen" sind die Bots aus den Bereichen Reisen und eCommerce als gute Beispiele zu nennen. Prominenter Vorreiter ist die niederländische Fluggesellschaft KLM. Sie setzt einen Bot auf Facebook zum Customer Support ein. Er sendet Buchungsbestätigungen samt Reiseübersichten und erinnert den Kunden daran, einzuchecken, sobald der Check-in möglich ist. Nach dem Einchecken erhält der Kunde auch direkt seine Bordkarte. Außerdem wird der Kunde im Falle von Verspätungen oder Änderungen ebenfalls informiert. Eine Interaktion vom Kunden ausgelöst kann ebenfalls stattfinden. So könnte er, neben anderen Dingen, bei Bedarf seinen Sitzplatz umbuchen. All das geschieht innerhalb der Facebook Messenger App, er braucht diese nicht zu verlassen. Im Vergleich zum bisher gängigen Prozess fallen sämtliche Brüche weg: die Buchungsbestätigung kommt per E-Mail, die Erinnerung zum Einchecken ebenfalls. Dort ist in der Regel ein Link zu einer Webseite enthalten, folgt man ihm, checkt man im Browser ein, um dann wiederum per E-Mail das Ticket zu erhalten. Alternativ erfolgen Check-in und Ticketausstellung in der App der jeweiligen Airline, was wiederum bedeutet, dass man aus mehreren Apps wählen muss.

KLM hat den Bot im März 2016 gelauncht und innerhalb der ersten drei Monate bereits ein Volumen von über einer Million Nachrichten erreicht. Im Schnitt bekommt KLM fünf Fragen pro Minute über den Facebook-Messenger. In der Hochzeit zwischen 15 und 17 Uhr sind es 13 Nachrichten pro Minute. Insgesamt stieg das Nachrichtenvolumen über den Facebook-Messenger um 40 % seit Veröffentlichung des Bots. Ungefähr zehn Prozent der Nachrichten werden automatisch und ohne Eingreifen eines Agents gesendet. Im ersten Quartal 2016 hat KLM 35.000 private Nachrichten erhalten und 5000 öffentlich auf der Facebook-Seite. Hier wird eine deutliche Umverteilung von öffentlichen zu privaten Interaktionen deutlich. Eine private Unterhaltung dauert mit durchschnittlichen fünf Nachrichten auch länger an als eine öffentliche mit drei Nachrichten im Schnitt [10].

Die Daten und Erkenntnisse, die gesammelt werden, setzt KLM wiederum zur Unterstützung ihrer Agents im Kundenservice ein. So soll die Betreuung in Zukunft noch ein Stück persönlicher werden. Parallel verfolgt KLM auch nicht das Ziel, den Bestand an Kundenberatern zu reduzieren, sondern Künstliche Intelligenz und menschliche Interaktion miteinander zu kombinieren [11, 12].

Auch im Finanzdienstleistungssektor gibt es erste Anläufe zum Einsatz von Bots. Sie lassen sich allgemein in die Kategorien Kommunikation, Informationen oder komplette Kontosteuerung einordnen. Auf die einzelnen Beispiele wird im Folgenden eingegangen.

Bot zur Kommunikation
Atom Bank: Das Institut hat einen Bot in seine App integriert, um Nutzeranfragen direkt zu beantworten. Der Bot soll außerdem das Nutzerverhalten analysieren und dadurch persönlicher und besser werden. Stichwort: Engagement.

Bot zur Information über Kontobewegungen
Amex: Der Bot soll über Käufe, Vorteile und Services rund um die getätigten Käufe informieren. Wenn der Kunde beispielsweise ein Flugticket kauft, könnte er Informationen über das Tätigen des Kaufs erhalten und dazu weitere Details, wie er Zutritt zur Lounge bekommt oder Restaurantempfehlungen. Plattform hierfür stellt der Facebook-Messenger dar.

Bots zur kompletten Kontosteuerung
Tochka: Die russische Bank Tochka nutzt als erste Bank überhaupt, nach eigener Aussage, den Facebook-Messenger, um ihren kleinen und mittelständischen Kunden die Steuerung ihrer Konten zu ermöglichen. Dies umfasst das Abfragen des Kontostands, das Finden von Geldautomaten in der Umgebung mittels Geolocation, die Möglichkeit, die Bank anzurufen, den Kundensupport zu kontaktieren

und schließlich auch Zahlungen vom Konto auszulösen. Kurz vorher veröffentlichten sie außerdem ihre API [13].

DBS: Die DBS aus Singapur ermöglicht das Managen von Geldern auf verschiedenen Konten aus dem Facebook-Messenger heraus. Die Nutzer können ihre Ausgaben nachverfolgen, aber auch Zahlungen tätigen, indem sie einfach den Bot fragen: „Kannst du bitte meine Mobilfunkrechnung bezahlen?" Nach eigener Aussage übernimmt Kasisto bereits zwischen 95 und 96 % aller Anfragen [14].

Bank of Amerika: Sie nutzt den Facebook Messenger schon länger zur Kommunikation mit Kunden. Künftig soll ihr Bot Erica seinen Dienst aufnehmen. Das Besondere ist, dass Erica die Kommunikation in Kundenrichtung startet. Das heißt, der Bot leitet die Unterhaltung mit einer kundenspezifischen Information ein und der Kunde kann dann einem Link in die App folgen, um mit Erica in den Dialog zu treten. Dies kann über Text-, aber auch Stimmeingabe geschehen. Ziel ist es, eine permanente persönliche Interaktion mit dem Konto zu haben und im Dialog mit Erica alle Belange zu ordnen. Erica assistiert dabei, indem sie den Kunden und sein Verhalten genau kennt und so individuell zugeschnittene Produkte oder Verhaltensweisen vorschlägt. Im Hintergrund wird dafür eine künstliche Intelligenz laufen.

11.3.2 Limitationen von Bots

Bots können bisher nur wiederkehrende Funktionen übernehmen, die ihnen vorher von einer Person beigebracht wurden. Neue Szenarien, die Out-of-the-Box Denken benötigen, sind noch nicht darstellbar. Das Ganze muss unter dem Aspekt, dass Mensch und Maschine einander ergänzen sollten, betrachtet werden. Deshalb eignen sie sich zum Beispiel hervorragend, um Service Agents im First Level Support Arbeit abzunehmen. Ein Großteil der Anfragen sind triviale Fragen, die immer wieder gestellt werden und die die Zeit des Agents immer wieder einnehmen. Komplexere Anfragen bleiben deshalb womöglich in der Warteschleife auf der Strecke. Hier gilt es die Auslastung zu optimieren und auch die Effizienz der Mitarbeiter zu steigern. Als Beispiel sind hier die Erfahrungen von KLM anzusehen.

Sie könnten außerdem zum Abfragen von Informationen eingesetzt werden und dabei dieselben Fragen immer wieder stellen. Das hilft dabei, Anfragen entsprechend weiterleiten zu können oder wichtige Informationen für das Gespräch schon im Vorfeld zu sammeln, damit der Bearbeitende bestmöglich informiert ist. Das Thema Leadgenerierung ist in diesem Zusammenhang ebenso denkbar.

Intentionen zu diesem Zeitpunkt zu erkennen, dürfte hingegen noch zu schwer sein; deshalb der Schwerpunkt auf den allgemeinen Fragen, die relativ problemlos abgedeckt werden können. Wie oben erwähnt, befinden sich Bots bzw. die Technologie dahinter in einem vergleichsweise frühen Stadium.

Ein Bot kann dabei immer nur so gut sein wie die Ideen der Fachexperten, die ihn anlernen. Die Funktionen müssen zu Userwünschen passen. Die Benutzung eines Bots muss außerdem einen Mehrwert zu vorhandenen Kanälen liefern. Ein häufig angeführtes Negativbeispiel ist Microsofts Clippy. Clippy ist die sehr bekannte Büroklammer, die einen smarten Assistenten darstellen sollte. Leider hat Clippy die Grundlagen von Customer Engagement nicht verstanden. Ständig kamen dieselben Fragen, oft thematisch überhaupt nicht passend. Zum Beispiel wurde ein Computerspiel unterbrochen, weil Clippy fragte, ob man Hilfe bei einem Brief benötige. Unabhängig davon, wie häufig oder in welchen Situationen man die freundliche Büroklammer wegklickte, sie fragte unermüdlich weiter.

11.4 Ausblick

Richtig eingesetzt können Bots Reibungsverluste minimieren und das Nutzererlebnis verbessern. Eine App muss zunächst heruntergeladen werden, häufig ist sie auch dürftig designt und nicht intuitiv bedienbar. Hinzu kommt, dass Smartphone-Nutzer nur um die fünf Apps regelmäßig nutzen. Eine dieser Apps zu werden, ist eine große Herausforderung, weil die vordersten Plätze fest in der Hand von Apps zur Kommunikation sind [15]. Auch Webseiten werden manchmal nur sehr langsam geladen und frustrieren den Nutzer dazu noch mit einer Flut an Informationen. An diese gelangt er dann mittels komplexer Menüführung [16].

Möglicherweise wird ein Großteil der E-Mails über Produkte und Services, die wir zukünftig erhalten werden, sofern die Ansprache noch per E-Mail erfolgt, von Chatbots gesendet werden. Mittels fortschrittlicher KI-Systeme wurden bereits die vorhandenen Daten über die Empfänger ausgewertet und prozessiert. Bestimmte persönliche Verhaltensmuster und Vorlieben sind selbstverständlich berücksichtigt worden. Somit können dann Reaktionen und Verhalten der Kunden vorhergesagt bzw. antizipiert werden. Kunden werden sich verstanden fühlen und Produkte werden genau deren Bedürfnisse treffen. Insgesamt wird die Kundenzufriedenheit steigen.

Technologieaffine Kunden interessieren sich für Wartezeiten, Benutzerfreundlichkeit und Reaktionsfreudigkeit. Je tiefer Technologie in ihrem eigenen Leben verankert ist und zum Einsatz kommt, umso mehr erwarten sie das auch von

Unternehmen, mit denen sie Geschäfte machen. Kunden erwarten sofortigen Service auf mobilen Geräten und im Social Media. Menschen wollen am Telefon nicht lange auf eine Antwort warten, die ein Bot in 30 s liefern kann. Darüber hinaus ist er ohne Probleme 24/7 erreichbar.

Bots sind außerdem eine gute Gelegenheit, mit dem Kunden in einen sehr personalisierten Austausch zu gehen und dadurch auch eine engere Bindung herzustellen. Ähnliches sind Verbraucher bereits aus anderen Branchen gewohnt und die Dienstleister wissen um die Kunden bindende Wirkung guter Kommunikation. Unpersönliche Massenanschreiben für Produkte könnten so der Vergangenheit angehören. Bots könnten dem Kunden direkt personalisierte Charts ihrer Vermögensentwicklung oder Analysen ihres Ausgabeverhaltens zeigen. Die Einsatzbereiche sind vielfältig und gerade im Cross-Selling lassen sich mit Sicherheit noch ungeahnte Potenziale heben.

Um jedoch ein gutes Customer Engagement zu ermöglichen, sollten die Unternehmen allerdings weniger Geld darin investieren, Kunden in ihre Kanäle zu bewegen. Unternehmen sollten sich vielmehr in die Kanäle begeben, in denen sich die Kunden bereits aufhalten und über die sie auch kommunizieren wollen. Ein immenser Mehrwert der Nutzung eines Bots in Verbindung mit künstlicher Intelligenz und Machine Learning liegt hier verborgen. Neben der Strategie, wo bzw. wie der Bot eingesetzt werden soll, gehört es unbedingt dazu, auch eine Strategie für das Customer Engagement zu haben. Nur so wird sichergestellt, dass man nicht nur theoretisch weiß, mit welchem Kunden man es zu tun hat, sondern gleichzeitig seine Präferenzen und Erwartungen kennt. Eine weitere strategische Fragestellung ist, ob man sich lieber auf eine bestehende KI verlässt oder eine eigene und auf die speziellen Kundenbedürfnisse zugeschnittene KI erschafft.

Besonders wichtig ist es, ein Kundenproblem zu lösen und nicht ein neues zu schaffen, indem sie erst lernen müssen, mit dem Bot umzugehen. Jede Interaktion mit einem Bot sollte durchdacht sein und einen Mehrwert generieren. Generisch aufgebaute Chatbots führen mit hoher Wahrscheinlichkeit zu Frustration im Kundenerlebnis. Sie sind einfach zu weit gefasst und verstehen nicht die Details bzw. Nuancen, um die es bei der Unterhaltung geht. Hier gilt es die industriespezifischen Anforderungen zu kennen und zu berücksichtigen. Es ist bekannt, dass ein User Interface, das erst erklärt werden muss, schlecht ist. Deshalb ist die Halbwertszeit von Apps so gering.

Ikea schuf beispielsweise 2005 einen Bot namens Anna. Anna konnte hervorragend Auskünfte über Möbelpreise geben. Allerdings konnte sie keine einfachen Customer Service Fragen beantworten.

Unbedingt zu beachten ist, dass das Bot-Ökosystem in seiner heutigen Nutzung noch sehr jung ist und es dementsprechend mehr Potenzial als nachweisbare

Erfolge gibt. Was außerdem immer bedacht werden muss, ist, dass die Dinge, die für uns neu sind und die teilweise Verständnisprobleme hervorrufen für spätere Generationen, die damit aufwachsen, völlig natürlich sind. Sie werden unter Umständen gar nicht verstehen, warum wir Dinge noch persönlich in die Hand nehmen, die man online erledigen kann.

Heutige Bots sind weit davon entfernt, perfekt zu sein, vielmehr sollten sie als Teilabschnitt auf dem Weg in die Zukunft gesehen werden. Vielleicht eine Art Zwischenstopp oder Etappe. Bots sind heutzutage eher auf einem Stand wie das World Wide Web in 1995 oder Apps auf Smartphones in 2008. Auch ist es nötig, kontrolliertes Machine Learning zum Einsatz kommen zu lassen, anstatt die KI von Anfragen beliebiger Internetnutzer lernen zu lassen. In regelmäßigen Abständen muss überprüft werden, was der Bot gelernt hat, damit kein zweiter Tay geschaffen wird. Es gibt also noch viel zu tun.

Literatur

1. Was sind Bots und Botnetze? (2016, September 12). Computer Emergency Response Team. Retrieved from http://cert.uni-stuttgart.de/doc/netsec/bots.html
2. Top 19 Intelligent Personal Assistants or Automated Personal Assistants. (2016, May 7). Predictive Analytics Today. Retrieved from http://www.predictiveanalyticstoday.com/top-intelligent-personal-assistants-automated-personal-assistants/
3. Natural Language Processing. (n.d.). Microsoft Research. Retrieved from https://www.microsoft.com/en-us/research/group/natural-language-processing/
4. Kühl, E., Börner, © Jakob, & Kühl, E. (2016, October 2). Künstliche Intelligenz: Oh mein Bot! Die Zeit. Hamburg. Retrieved from http://www.zeit.de/digital/internet/2016-09/kuenstliche-intelligenz-chatbots-dialogsysteme-kommunikation/komplettansicht
5. Hadfield, T. (n.d.). Facebook's Messenger Bot Store could be the most important launch since the App Store. TechCrunch. Retrieved from http://social.techcrunch.com/2016/03/17/facebooks-messenger-in-a-bot-store/
6. President, S. V., & BCG. (n.d.). Most popular messaging apps 2016. Statista. Retrieved December 7, 2016, from https://www.statista.com/statistics/258749/most-popular-global-mobile-messenger-apps/
7. BI Intelligence. (n.d.). Messaging apps are now bigger than social networks. Business Insider Deutschland. Retrieved December 7, 2016, from http://www.businessinsider.de/the-messaging-app-report-2015-11
8. Tiongson. (n.d.). Mobile App Marketing Insights: How Consumers Really Find and Use Your Apps. Think with Google. Retrieved December 7, 2016, from https://www.thinkwithgoogle.com/articles/mobile-app-marketing-insights.html
9. Tode. (n.d.). More than half of consumers dissatisfied with mobile retail experiences: Adobe - Mobile Commerce Daily - Research. Retrieved from http://www.mobilecommercedaily.com/more-than-half-of-shoppers-are-dissatisfied-with-mobile-retail-experiences-adobe

10. Edwards, J. (n.d.). DATA: A massive, hidden shift is driving companies to use A.I. bots inside Facebook Messenger. Business Insider Deutschland. Retrieved November 26, 2016, from http://www.businessinsider.de/statistics-on-companies-that-use-ai-bots-in-private-and-direct-messaging-2016-5
11. Ben. (n.d.). How KLM uses bots and AI in "human" social customer service. Econsultancy. Retrieved November 26, 2016, from https://econsultancy.com/blog/68388-how-klm-uses-bots-and-ai-in-human-social-customer-service/?utm_campaign=bloglikes&utm_medium=socialnetwork&utm_source=facebook
12. Caffyn, G. (2016, October 4). How KLM uses artificial intelligence in customer service. Digiday. Retrieved from http://digiday.com/brands/klm-uses-artificial-intelligences-customer-service/
13. Peyton, A. (n.d.). Tochka Bank launches world's "first" financial Facebook bot» Banking Technology. Banking Technology. Retrieved from http://www.bankingtech.com/533952/tochka-bank-launches-worlds-first-financial-facebook-bot/
14. Kasistol Kasisto. (n.d.). Retrieved from http://kasisto.com
15. Perez, S. (n.d.). Consumers Spend 85% Of Time On Smartphones In Apps, But Only 5 Apps See Heavy Use. TechCrunch. Retrieved from http://social.techcrunch.com/2015/06/22/consumers-spend-85-of-time-on-smartphones-in-apps-but-only-5-apps-see-heavy-use/
16. Scott, K. (2016, October 18). Popular Use Cases for Chatbots. Chatbots Magazine. Retrieved November 26, 2016, from https://chatbotsmagazine.com/popular-use-cases-for-chatbots-925ef8f2b48b

Über den Autor

Robert Kusber ist ein FinTech Enthusiast und beschäftigt sich intensiv mit dem Thema Innovationen im Finanzsektor, im letzten Jahr insbesondere mit Co-Creation Projekten von FinTechs und Banken. Nach seiner Ausbildung zum Bankkaufmann absolvierte er das Studium der Betriebswirtschaftslehre an der Freien Universität Berlin. Währenddessen arbeitete er bei studiVZ, dem damals größten sozialen Netzwerk Deutschlands. Seine erste berufliche Station nach dem Studium fand er als Referent beim Deutschen Sparkassen- und Giroverband. Aktuell arbeitet er als Business Development Manager beim Sparkassen-Finanzportal. Zuvor war er als Senior Consultant bei der PPI AG tätig, wo er u.a. im Innovationslabor von Visa Europe eingesetzt war.

Betrugsprävention bei Online-Kreditanträgen mithilfe von Machine Learning

12

Mario Elstner und Roberto Valerio

Zusammenfassung

In Zeiten zunehmender Digitalisierung stehen Banken vor neuen Herausforderungen in Sachen Sicherheit von Online-Geschäften. Für eine effektive Betrugsprävention ist dabei der Einsatz von Machine Learning erfolgversprechender als die Verwendung regelbasierender Systeme. In einem ganz konkreten Anwendungsfall lässt sich zeigen, dass es neben der Auswahl eines geeigneten Klassifizierungsalgorithmus' vor allem auf eine intelligente Auswahl von Attributen und ein gutes Feature Engineering ankommt. Sehr gute Ergebnisse können auch bei der Aufdeckung von Betrugsserien mithilfe von Ähnlichkeitsmetriken erzielt werden.

12.1 Einleitung

Die Vergabe von Ratenkrediten an Privatpersonen gehört nach wie vor zu den wichtigsten Geschäftsfeldern von Banken. Bei jedem eingehenden Kreditantrag stehen die Institute vor der Entscheidung, diesen zu bewilligen oder abzulehnen. Ein wichtiges Entscheidungskriterium bei der Bewertung von Kreditanträgen ist seit jeher die Bonität des Antragstellers. Im zunehmenden Maße sind Banken aber nicht nur mit der Einschätzung von Bonitäten konfrontiert, sondern auch mit der

M. Elstner (✉) · R. Valerio
Risk.Ident GmbH, Hamburg, Deutschland
E-Mail: mario@riskident.com

R. Valerio
E-Mail: roberto@riskident.com

© Springer Fachmedien Wiesbaden GmbH 2017   245
R. Smolinski et al. (Hrsg.), *Innovationen und Innovationsmanagement in der Finanzbranche*, Edition Bankmagazin, DOI 10.1007/978-3-658-15648-0_12

Möglichkeit betrügerischer Anträge. Denn immer häufiger versuchen Betrüger unter Nutzung von fremden Identitäten oder der Vortäuschung falscher Tatsachen, Kredite zu bekommen, die sie niemals zurückzahlen wollen. Ein Trend, der dadurch verstärkt wird, dass sich die Bankenlandschaft in den letzten Jahren stark verändert hat, viele Bereiche bereits digitalisiert sind und Kreditanträge immer häufiger online gestellt werden.

Um das Risiko betrügerischer Anträge einzuschätzen, nutzen Banken neben menschlichem Know-how in vielen Fällen zusätzlich automatisierte Scoring-Systeme. Ohne diese technische Unterstützung wäre die hohe Zahl von Kreditanträgen nicht kostenbewusst zu bewältigen. Die meisten dieser Systeme basieren auf statischen Regeln, die zu einer Risikoeinschätzung in Form eines Scores führen. Trifft eine Eigenschaft auf einen Antrag zu, wird dem Antrag (der jeweiligen Regel entsprechend) ein bestimmter Wert zugewiesen. Je nach System kann dieser positiv oder negativ sein. Für jeden Kreditantrag ermittelt das System alle zutreffenden Regeln und addiert die entsprechenden Werte. Der auf diese Weise errechnete Gesamtscore dient als Grundlage für die Entscheidung, ob es sich um einen Betrugsversuch handelt oder nicht. Regelbasierte Systeme sind meist statisch und werden manuell verwaltet.

Machine Learning ist ein Teilgebiet der Informatik, Statistik und Künstlichen Intelligenz. Es bietet eine Reihe von Techniken, die Muster und Gesetzmäßigkeiten in Daten erkennen und gute Ergebnisse in Bereichen liefern, in denen automatische Klassifizierungen und Vorhersagen gefragt sind. In den letzten Jahren fand Machine Learning daher auch mehr und mehr Verwendung in unterschiedlichen wissenschaftlichen Disziplinen. Aber auch immer mehr Unternehmen nutzen Machine-Learning-Technologien.

Dieser Beitrag zeigt, wie Machine-Learning-Algorithmen eingesetzt werden können, um betrügerische Kreditanträge zu erkennen und welche Vorteile der Einsatz von Machine Learning gegenüber starren, regelbasierenden Systemen hat.

12.2 Betrugsbewertung von Kreditanträgen: Problemstellung und Status quo

Der Markt für Privatkredite ist in Deutschland seit Jahren nahezu konstant gleich groß. Laut aktuellem SCHUFA-Kredit-Kompass wurden im Jahr 2015 in Deutschland rund 7,44 Mio. neue Ratenkreditverträge abgeschlossen, im Jahr 2014 war die Zahl mit 7,43 Mio. nur geringfügig kleiner [1]. Während die Zahl der Kreditverträge auf konstant hohem Niveau bleibt, ändert sich die Art und

Weise, wie Kunden ihre Kredite abschließen. Denn: Wie viele andere Bereiche auch, wird der deutsche Kreditmarkt zunehmend digital.

Der letzten smava-Kreditnehmer-Studie zufolge findet ein unaufhaltsamer Wandel im Kreditgeschäft statt. Das zeigt vor allem die Tatsache, dass im Jahr 2014 in Deutschland schon 25 % der Ratenkredite im Internet abgeschlossen wurden (die Studie bezieht in diese Zahl nicht nur Kredite ein, die online bei Banken aufgenommen wurden, sondern auch Kredite über Online-Vergleichsportale oder auch am Online-Point-of-Sale). Zwar schlossen 2014 immer noch 30 % der Verbraucher ihren Kredit vor Ort in einer Bankfiliale ab, dies entspricht jedoch einem Rückgang um 19 % im Vergleich zum Vorjahr (37 %) [2].

Die Studie zeigt, dass der Abschluss von Krediten in Bankfilialen mittlerweile rückläufig ist und dass sich dieser Trend fortsetzen wird. Von denjenigen Kreditnehmern, die in einer Filiale einen Kredit abgeschlossen haben, plant jeder Zehnte, seinen nächsten Kredit über das Internet aufzunehmen. Neun Prozent der bislang filialaffinen Kreditnehmer meinen sogar, dass Bankfilialen bald ganz überflüssig werden. Als Gründe für die steigende Beliebtheit von Online-Angeboten werden bessere Konditionen, ständige Verfügbarkeit und Transparenz der Angebote sowie kurze Abwicklungszeiten angegeben [2].

Den Trend hin zur weitreichenden Digitalisierung von Bankgeschäften belegt auch eine aktuelle Umfrage des Digitalverbands Bitkom. Demnach führen 70 % der Internetnutzer Bankgeschäfte online durch. Fast ein Drittel der Nutzer von Online-Banking (30 %) erledigt Bankgeschäfte ausschließlich online und besucht überhaupt keine Filiale mehr. Dabei kommt immer häufiger das Smartphone zum Einsatz: 36 % der Befragten nutzen ihr Handy (Vorjahr: 34 %), 50 % nutzen den Desktop-PC, 61 % verwenden den Laptop [3].

Schließlich weist die Studie den Online-Finanzdienstleistungen ein großes Potenzial zu. Demnach haben sieben Prozent der Befragten bereits mindestens einmal online einen Kredit aufgenommen, immerhin 25 % können sich dies für die Zukunft vorstellen. Die Frage nach den Gründen wird ganz ähnlich wie in der smava-Kreditnehmer-Studie beantwortet: 39 % der Befragten gaben „Bequemlichkeit", 36 % „Schnelligkeit" und 21 % „bessere Konditionen" an [3].

Für die Zukunft ist also damit zu rechnen, dass sich das Geschäft mit Privatkrediten weiter in die Online-Welt verlagert. Banken, die diesen Trend nicht verpassen, sondern für das eigene Geschäft nutzen wollen, sind gezwungen zu reagieren und ihre Produkte und Prozesse entsprechend anzupassen. Sie können es sich auf Dauer nicht leisten, neue Kundenanforderungen nicht zu befriedigen. Ihnen droht der Verlust von Marktanteilen an Konkurrenten, die schneller auf neue Marktanforderungen reagieren, aber auch an neue Mitbewerber wie

FinTechs, Online-Vermittler oder Plattformen für Peer-to-Peer-Kredite, die die Vermittlung von Krediten von Verbraucher zu Verbraucher ermöglichen und sich wachsender Beliebtheit erfreuen.

Um das eigene Kreditgeschäft zu sichern oder sogar auszubauen, brauchen Banken Lösungen für eine unkomplizierte Möglichkeit von Online-Abschlüssen. Eine besondere Herausforderung des neuen Online-Umfeldes ist es dabei, Antragsprozesse online genauso sicher abzuwickeln wie im klassischen Offline-Geschäft. Während die Prozesse zum Prüfen der Bonität gut etabliert und darüber hinaus gut auf den Online-Antrag abbildbar sind, ist der Schutz vor betrügerischen Anträgen mit größeren Schwierigkeiten behaftet. Der fehlende persönliche Kontakt zwischen Bankmitarbeiter und Kunden öffnet für Betrüger neue Möglichkeiten. Wenn anstelle des klassischen Antrags in einer Filiale, bei der der Antragsteller von einem Mitarbeiter beraten wird und alle notwendigen Daten aufgenommen und überprüft werden, der „anonyme" Online-Antrag über einen Browser oder ein mobiles Endgerät tritt, ist der Kunde, im Gegensatz zum Termin in der Filiale, viel weniger greifbar. Betrüger, deren Hemmschwelle online geringer ist als in der Filiale, können leichter Daten fälschen oder komplett falsche Identitäten benutzen, welche auf einschlägigen illegalen Marktplätzen günstig zu erwerben sind.

Gerade durch die vom Kunden erwartete Schnelligkeit des Online-Entscheidungsprozesses kommen weitere Herausforderungen hinzu. So stehen beispielsweise in vielen Fällen die verschiedenen Teile der insgesamt für den Antrag benötigten Daten zu unterschiedlichen Zeitpunkten zur Verfügung: persönliche Daten und Höhe des gewünschten Kredits gleich zu Beginn, Belege zu Gehalt, Wohnung, Bonität oder Arbeitsverhältnis etwas später und erste Zahlungsdaten noch viel später. Dies wirft die Frage auf, wie mit einem Antrag umzugehen ist, für den noch nicht alle Daten vorliegen, aber eine schnelle Entscheidung gewünscht ist. Noch schwerwiegender wird die Frage vor dem Hintergrund, dass es ein typisches Betrugsmuster ist, zunächst ein paar Raten eines Kredits zu bedienen, um dann plötzlich säumig zu werden.

Zur Bewertung von Kreditanträgen setzen Banken aktuell häufig Fraud-Scoring-Systeme ein. Diese sind historisch an die Systeme zur Bewertung der Bonität angelehnt und arbeiten mit sogenannten Score-Cards, das heißt mit einer Gruppe dedizierter Regeln, die (basierend auf Teilbewertungen) zu einem Gesamt-Risikowert führen. Solche Lösungen haben vor allem den Nachteil, dass sie statisch sind und sich nicht adaptiv an häufig wechselnde Betrugsmuster anpassen können. Zudem muss bei der Verwendung von Scoring-Systemen immer die Frage nach der Gewichtung von Regeln gestellt werden. Welche Regel soll (gerade auch im Vergleich zu anderen Regeln) mit wie vielen Punkten bewertet werden? Welches Verhalten oder welche Eigenschaften werden positiv bewertet? Und können Informationen verloren gehen, weil sich positive und negative Merkmale in einer Gesamtbetrachtung gegenseitig aufwiegen?

Die Statik regelbasierender Systeme führt dazu, dass mit jedem neuen Betrugsmuster (und jeder sonstigen Veränderung) Regeln angepasst und Bewertungen neu überdacht und angepasst werden müssen. Darüber hinaus fußt das Summieren von einzelnen Scores nicht immer auf rigorosen statistischen Modellen in dem Sinne, dass eine Interpretation des Gesamtscores als Betrugswahrscheinlichkeit möglich ist.

Im Folgenden wird aufgezeigt, wie Machine-Learning-Algorithmen, die in Echtzeit-Analysesysteme eingebettet sind, diesen neuen Herausforderungen begegnen können. Solche Systeme sind besonders gut für den Einsatz im Online-Kontext geeignet, weil sie auf einer Architektur basieren, die Ströme großer Datenmengen schnell verarbeiten und analysieren kann. Darüber hinaus sind die verwendeten Algorithmen adaptiv, das heißt, sie passen sich automatisch neuen Betrugsmustern an und die Pflege großer und komplexer Regelwerke entfällt. Schließlich können sie besonders gut mit Daten umgehen, die im Online-Kontext, im Gegensatz zum Filialgeschäft, zusätzlich zur Verfügung stehen, wie etwa IP-Adressen, Daten zum Surfverhalten des Benutzers auf der Internetseite und Geräteinformationen, mit deren Hilfe wiederkehrende Benutzer identifiziert werden können.

12.3 Machine Learning – Grundprinzipien und relevante Algorithmen

Einer der Pioniere in den Bereichen Computerspiele und künstliche Intelligenz, Arthur Lee Samuel, definierte Machine Learning schon im Jahr 1959 wie folgt: „Machine Learning gives computers the ability to learn without being explicitly programmed". Das „Lernen" im Begriff Machine Learning kann also so verstanden werden, dass Systeme durch den Einsatz von Algorithmen Gesetzmäßigkeiten in bestehenden Daten erkennen und daraus Vorhersagen ableiten können. Diese Vorhersagen werden im Laufe der Zeit (und mit wachsender Erfahrung des Systems) immer besser [4, 5].

Von allen Erkenntnissen, die im Bereich Machine Learning in letzter Zeit Beachtung gefunden haben, sind für den vorliegenden Anwendungsfall innerhalb der Betrugsprävention vor allem Klassifizierungsalgorithmen aus dem Bereich des „Supervised Machine Learning" relevant. Dabei werden bereits bestehende Erkenntnisse, welche beispielsweise durch Expertenwissen generiert wurden, dazu verwendet, ein System anzulernen. Einem vorher spezifizierten Modelltyp werden sogenannte Trainingsdaten präsentiert, für die die korrekte Klassifizierung (wie zum Beispiel in diesem Fall „Betrug" oder „kein Betrug") bereits bekannt ist.

Das Modell „lernt" aus diesen Trainingsdaten wie folgt: Für jeden Datenpunkt aus den Trainingsdaten generiert es eine Hypothese, die den momentanen Wissensstand des Modells widerspiegelt. Dies geschieht mithilfe der Modellfunktion, die eine für den Modelltyp spezifische Struktur hat und über Parameter verfügt, die den momentanen Wissensstand des Modells widerspiegeln. Die für das Modell relevanten Attribute des Datenpunktes werden in die Modellfunktion eingesetzt, der resultierende Funktionswert entspricht der vorgeschlagenen Hypothese (etwa „1.0" = „Klasse Betrug").

Dieser Vorschlag des Modells für den aktuellen Trainingsdatenpunkt wird nun mit der bekannten „wahren" Klasse verglichen. Stimmen die beiden überein, hat das Modell korrekt klassifiziert, andernfalls falsch. Hat das Modell alle Trainingsdaten auf diese Weise klassifiziert, wird die Güte der Voraussagen mit einer sogenannten Verlustfunktion gemessen. Dies kann zum Beispiel die Prozentzahl der falsch klassifizierten Datenpunkte aus den Trainingsdaten sein. Liegt der Wert der Verlustfunktion noch über einer vorher festgelegten Toleranzschwelle, werden die Parameter des Modells variiert und der eben geschilderte Prozess wiederholt.

Am Anfang des Trainingsprozesses werden die Parameter typischerweise mit Zufallswerten initialisiert, und die anfänglichen Hypothesen des Modells sind relativ krude. Dies entspricht einem noch sehr geringen Wissensstand. Mit jeder Iteration über die Trainingsdaten kann das Modell seine Parameter jedoch besser an die Trainingsdaten anpassen und „versteht" so, wie es zu korrekten Klassifizierungen gelangt. Sobald die Verlustfunktion auf einen Wert unterhalb der Toleranzschwelle abgefallen ist, ist der Trainingsprozess abgeschlossen. Ein derartig trainiertes System ist anschließend in der Lage, für neue, unbekannte Daten Klassifizierungen bzw. Voraussagen zu treffen.

Beispiele für weithin verwendete Klassifizierungsalgorithmen sind logistische Regression, neuronale Netze, Entscheidungsbäume und Random Forests. Diese Algorithmen unterscheiden sich in der Art der Daten, auf die sie anwendbar sind, der Komplexität des Trainingsprozesses sowie in den Typen von Datenmustern, die sie erkennen können.

So sind logistische Regressionsmodelle einfach und schnell zu trainieren und gut interpretierbar. Andererseits sind sie (zumindest in ihrer Standardform) nicht auf Datensätze anwendbar, die sich durch hochgradig nichtlineare

Wechselwirkung zwischen den Attributen der Datenpunkte und der zu vorhersagenden Klasse auszeichnen. Außerdem sind sie empfindlich gegenüber Ausreißern in den Trainingsdaten.

Neuronale Netze und sogenannte Deep-Learning-Modelle haben in den letzten Jahren erstklassige Ergebnisse vor allem in der Klassifizierung von Bild- und Videodaten erzielt (ein Beispiel: der Dienst Google Fotos). Sie sind in der Lage, extrem komplexe Zusammenhänge und Muster in den Daten zu finden, mit denen sie trainiert werden. Allerdings haben sie den Nachteil, dass ihr Training mit hohem Zeit- und Ressourcenaufwand verbunden ist.

Im Kontext der Betrugserkennung für Kreditanträge haben sich besonders Random Forests bewährt, die ihrerseits auf Entscheidungsbäumen basieren. Sie sind effizient zu trainieren, können komplexe Zusammenhänge in den Trainingsdaten erkennen, sind gut interpretierbar und vor allem gut zugeschnitten auf kategorielle Datenattribute (zum Beispiel „Geschlecht", „Angestellter in Branche X"), die im Kontext von Kreditanträgen eine große Rolle spielen.

12.4   Von Regeln zu Features – Feature Engineering

Regeln sind per Definition binär. Sie prüfen einen Datenpunkt auf das Vorliegen einer mehr oder weniger komplexen Bedingung und nehmen nur die Werte „wahr" oder „falsch" an. Existiert die im Kreditantrag angegebene Postanschrift? Wurde der Online-Kreditantrag zwischen 22 Uhr und sechs Uhr morgens abgeschickt? Handelt es sich um einen Neukunden aus dem Postleitzahlbereich 21, der darüber hinaus Angestellter im Versicherungsgewerbe ist und ein Bruttojahreseinkommen zwischen 40.000 und 60.000 EUR oder 80.000 und 100.000 EUR bezieht?

Diese Beispiele illustrieren gleich mehrere Probleme, die bei der Verwendung von Regeln auftreten. Zum einen zwingt das Aufstellen von Regeln dazu, Informationen zu binärisieren und zu diskretisieren. Jede als Regel definierte Bedingung trifft entweder zu oder nicht. Das Konzept eines „mehr oder weniger Zutreffens" lässt sich nicht abbilden. Soll beispielsweise die Tatsache modelliert werden, dass ein Antragsteller ein Jahresgehalt von 55.000 EUR brutto bezieht, so ist dies nicht ohne weiteres möglich, es sei denn, man führte für jeden möglichen Euro- oder Cent- Betrag des Jahresgehalts eine eigene Regel ein („Jahresgehalt beträgt 55.001,50 Euro"). Dies würde zu einer unüberschaubaren Zahl von Regeln führen, von denen jede nur in einer kleinen Anzahl von Fällen zutreffen würde, was wiederum eine statistische Untersuchung über die Stärke einer Regel erschwert.

Um die Zahl der nötigen Regeln zu beschränken, können stattdessen Schwellenwerte eingeführt werden, mit deren Hilfe sich die Höhe des Gehalts kategorisieren lässt („Kleiner als 40.000 Euro", „Zwischen 40.000 und 60.000 Euro" usw.). Dann stellt sich allerdings die Frage, wie diese Schwellenwerte sinnvoll gewählt werden sollen. Und selbst wenn, etwa nach einer initialen statistischen Analyse, gute Schwellenwerte gefunden und darauf basierende Regeln definiert wurden, können sich Betrugsmuster in den Daten mit der Zeit ändern und eine Neudefinition des Regelwerks nötig machen. Darüber hinaus führt jede Diskretisierung von kontinuierlichen Attributen durch Einführung von Schwellenwerten zu einem Verlust von Information.

Ein weiterer problematischer Aspekt von Regeln ist die Tendenz von Benutzern, mit zunehmendem Wissen über bekannte Betrugsmuster mehr und mehr Komplexität in die einzelnen Regeln zu codieren. Das obige Beispiel des Neukunden aus dem Postleitzahlbereich 21 besteht eigentlich aus vier separaten Regeln, die logisch verknüpft, zusammen geprüft und mit einem Score bewertet werden. In der Praxis sind durchaus noch weit komplexere Regeln anzutreffen.

Es mag verlockend sein, jede spezifische, komplexe Bedingung, die sich beim Auffinden von Betrugsfällen als erfolgreich erwiesen hat, in eine Regel zu codieren. Allerdings führt dieser Ansatz schnell zu einem unübersichtlichen und unsystematischen Regelwerk. Denn allein die Tatsache, dass sich eine spezifische, komplexe Bedingung als erfolgreich erwiesen hat, garantiert nicht, dass eine Regel mit einer Teilbedingung weniger oder gar eine noch komplexere Regel mitunter nicht noch bessere Ergebnisse liefert. Alle resultierenden Kombinationen und Hierarchien müssten analysiert, aktualisiert, reevaluiert und verwaltet werden. Ganz zu schweigen davon, dass jede komplexe Regel von Analysten aus den gefundenen Betrugsfällen herausdestilliert und formuliert werden muss, um überhaupt ihren Weg in das System zu finden.

Das sogenannte Feature Engineering verfolgt einen alternativen Ansatz, der systematisch versucht, alle verfügbaren Informationen aus den Daten zu extrahieren und möglichst lange zu erhalten. Konzeptionell trennt es die Aufbereitung der Daten von der nachfolgenden Analyse. Aufgabe des Feature Engineering ist die Extrahierung und Anreicherung von Informationen, während das Auffinden von Mustern den nachgelagerten Algorithmen obliegt, die die Ergebnisse des Feature Engineering als Input verwenden.

Dieser Ansatz bietet sich in Kombination mit Machine Learning aus zwei Gründen besonders an. Zum einen sind viele Machine-Learning-Algorithmen nicht auf binäre Attribute als Input beschränkt. Sie können stattdessen allgemeine numerische Attribute verarbeiten, die sie teils intern in geeignete Kategorien aufspalten (wie im Falle von Entscheidungsbäumen und Random Forests) und so den maximalen Informationsgehalt nutzen, den die Daten enthalten.

Zum anderen bietet der Ansatz, die Daten zunächst maximal anzureichern und messbar zu machen, größtmögliche Flexibilität. Von einer derart aufbereiteten Datenbasis lassen sich beliebige Vereinfachungen und Anpassungen auf spezielle Algorithmen (etwa solche, die auf kategorielle Attribute beschränkt sind und daher eine Einführung von Kategorien erfordern) abzweigen und die resultierenden Modelle vergleichen, ohne sich vorab auf eine bestimmte Transformation der Daten festzulegen.

Im Kontext der obigen Beispiele würde dies Folgendes bedeuten: Die tatsächliche Existenz einer angegebenen Adresse ist eine binäre Eigenschaft und wird als solche codiert. Die Tageszeit eines Kreditantrags wird als Stunde oder Minute des Tages (Werte von 0 bis 23 bzw. 0 bis 1439) belassen, ohne weiter zu kategorisieren (etwa nach „morgens", „mittags", „abends"). Statt Kategorien wie „Neukunde" mit mehr oder wenig heuristischen Schwellenwerten einzuführen, wird das Alter des Kundenkontos in der gewünschten Zeitauflösung (Tage, Monate, Jahre) als Attribut übernommen. Das Bruttojahreseinkommen wird ebenfalls als Wert in Euro übernommen, ohne Kategorien einzuführen.

Typische Beispiele für „aus den Rohdaten gemessene" Daten sind Distanzen zwischen Adressen und Telefonnummern, das Überführen von Zeitstempeln in Zeitintervalle (zum Beispiel Geburtsdatum in Alter), sowie das Reskalieren und Normieren von metrischen Attributen (zum Beispiel die Differenz des angefragten Kreditvolumens zum Mittelwert über die demografische Gruppe des Antragsstellers).

Der hier beschriebene Ansatz mag die Frage aufwerfen, ob es nicht passieren kann, dass im Zuge des Feature Engineering „zu viele" Features erzeugt werden, die redundante oder unwichtige Informationen enthalten. Diesem Problem kann man begegnen, indem man dem Feature Engineering automatisierte Verfahren zur Auswahl von Features nachlagert. Hierzu stehen verschiedene Ansätze zur Verfügung. In der Praxis bewährt haben sich vor allem solche, in denen der Klassifizierungsalgorithmus selbst diese Auswahl vornimmt, indem er entweder Features gewichtet oder sich entscheidet, manche der Features überhaupt nicht in Betracht zu ziehen.

Insgesamt zeigt die Erfahrung, dass gutes Feature Engineering wichtiger ist als die konkrete Wahl der Klassifizierungsalgorithmen. Typischerweise liefern gut gewählte Features in Kombination mit relativ einfachen Algorithmen bessere Ergebnisse als komplexe Algorithmen, die auf schlecht gewählten Features trainiert werden. Entscheidend beim Design und der Auswahl von Features ist außerdem, so viel Domänen- und Expertenwissen wie möglich einfließen zu lassen.

## 12.5	Betrugsserien und Multi-Accounting – die Rolle von Verbindungen

Neben einzelnen Fällen, in denen ein einzelner Betrüger unter Angabe falscher Tatsachen und ohne die Absicht, den Kredit zurückzuzahlen, einen Kreditantrag stellt, gibt es auch Betrugsserien. Dabei stellen Betrüger gleich eine ganze Reihe von Anträgen. Diese Fälle folgen bestimmten Mustern, anhand derer der Betrug erkannt und Schaden abgewendet werden kann.

Einzelbetrüger, die mehrere Anträge stellen, versuchen dabei typischerweise, ihre Identität zu verschleiern. Das tun sie auf unterschiedlich geschickte Art und Weise und hinterlassen in den Daten dabei mehr oder weniger starke Spuren zu ihrer wahren Identität. Manche benutzen verschiedene, aber ähnliche Namen. Andere verwenden den gleichen Namen in Kombination mit unterschiedlichen Adressen, die oft aber geografisch beieinanderliegen. Wieder andere fälschen Namen und Adressen, verwenden aber dasselbe Auszahlungskonto, oder tätigen im Falle von Online-Krediten alle Anträge vom selben Gerät.

Betrügerringe operieren in geografisch zusammenhängenden Regionen oder teilen sich in den meisten Fällen Ressourcen, wie Bankkonten, Mobiltelefone, Adressen, Computer und Smartphones. Sowohl bei Einzeltätern als auch bei organisierten Gruppen von Betrügern ist es möglich, aufgrund der hinterlassenen Spuren in den Daten Verbindungen zwischen Kreditanträgen zu finden, mit deren Hilfe Betrugsserien identifiziert werden können.

Ein möglicher Ansatz für die Betrugsprävention, der sich in der Praxis bewährt hat, arbeitet mit sogenannten Ähnlichkeitsmetriken, die durch Erkenntnisse aus der Theorie der Suchmaschinen und des Information Retrieval entwickelt worden sind [6]. Im Kontext von Kreditanträgen werden dabei innerhalb aller zu einem Antrag verfügbaren Attribute zunächst diejenigen identifiziert, die Potenzial haben, die handelnden Personen zu identifizieren, zum Beispiel Namen, Adressen, Bankverbindungen oder Telefonnummern.

Aufgrund dieser Attribute wird dann eine Ähnlichkeitsmetrik definiert, die einem Paar von Anträgen eine Zahl zuordnet, die den Grad ihrer Ähnlichkeit misst. Ein sehr einfaches Beispiel für eine Ähnlichkeitsmetrik wäre eine Funktion, die einem Paar von Anträgen den Wert 1 zuordnet, wenn das Merkmal „Nachname" übereinstimmt, und ansonsten den Wert 0 annimmt. Eine Klasse von genaueren Metriken basiert auf dem Konzept der sogenannten Inverse Document Frequency. Hierbei werden Übereinstimmungen auf einem Attribut mit der Häufigkeit der Ausprägung des Attributs gewichtet: Eine Übereinstimmung etwa bei einem häufigen Nachnamen würde vom System als schwächere Ähnlichkeit bewertet als eine Übereinstimmung bei einem extrem seltenen Nachnamen.

Die resultierenden Ähnlichkeiten zwischen Anträgen können dann auf unterschiedliche Weise weiterverwendet werden. Beim Clustering (der Gruppierung) werden Antragsgruppen zusammengefasst, die potenziell von derselben Person oder von kooperierenden Personen gestellt wurden. Dahinter muss allerdings nicht notwendigerweise eine betrügerische Absicht stehen. Manchmal tauschen zum Beispiel Paare ihre Identitäten oder Antragsrollen (erster und zweiter Antragssteller), um bessere Konditionen zu bekommen oder eine einzelne Person stellt aus dem gleichen Grund mehrere Anträge mit variierenden Angaben, etwa zu Gehalt oder Berufsgruppe.

Eine zweite Möglichkeit der Weiterverwendung ist der Aufbau eines Graphenmodells. Graphen bestehen aus einer bestimmten Anzahl von Objekten und den zwischen diesen Objekten bestehenden Verbindungen. Graphenmodelle ermöglichen es in diesem Kontext, Pfade von Anträgen zu finden, die über Ähnlichkeiten verbunden sind. Eine dritte Möglichkeit ist die Berechnung von Features für einen Antrag. Das Feature „wie viele andere Anträge sind zu dem gegebenen Antrag sehr ähnlich" etwa hat sich in mehreren Anwendungsfällen als guter Indikator für betrügerische Kreditanträge bewährt. Einer dieser Anwendungsfälle wird im nächsten Abschnitt beschrieben.

12.6 Case Study – Prognose von Betrugswahrscheinlichkeiten für Kreditanträge mithilfe von Machine Learning

Im Zuge einer Kooperation von Risk Ident mit einer großen deutschen Privatkundenbank kam der oben beschriebene Ansatz in der Praxis zum Ansatz. Ziel der Bank war es, eine teilautomatisierte, technisch moderne Plattform zur Betrugsrisikobewertung für Kreditanträge zu etablieren, die die bisher verwendeten, regelbasierten Systeme durch Machine-Learning-Algorithmen perspektivisch ablösen soll.

Zur Verfügung standen mehr als eine Million Kreditanträge aus dem Jahr 2015, größtenteils aus dem Filialgeschäft der Bank. Davon waren einige tausend Anträge als Betrugsfälle identifiziert worden. Jeder Antrag enthielt bis zu 800 unterschiedliche Attribute. Unter diesen fanden sich neben Angaben zur persönlichen und wirtschaftlichen Situation der Antragsteller und Daten zum gewünschten Kreditprodukt Informationen zur bisherigen Kredit- und Zahlungshistorie des Antragstellers (falls zuvor bekannt) sowie interne und externe Scoring-Ergebnisse zur Bonität des Kunden.

Nach eingehender fachlicher und semantischer Analyse der Daten wurden rund 100 Attribute identifiziert, die im Feature Engineering verwendet wurden. Nach Evaluierung verschiedener Klassifizierungsalgorithmen fiel die Wahl des Projektteams auf einen Random-Forest-Ansatz. Dieser erzielte zum einen die beste Performance unter allen evaluierten Algorithmen und zeichnete sich zum anderen durch eine große Robustheit angesichts der zahlreichen kategoriellen Attribute in den Daten aus.

Ein Phänomen, das in der Betrugsprävention sehr typisch ist, stellte sich auch in diesem Anwendungsfall ein: die ungleich kleinere Zahl von Betrugsfällen im Vergleich zu Nicht-Betrugsfällen. Für viele Klassifizierungsalgorithmen (zumindest in ihrer Standardkonfiguration) kann dies zum Problem werden, unter anderem, weil es die ungleiche Verteilung der Fälle dem Algorithmus während des Trainings erschwert, aus falsch klassifizierten Fällen der kleineren Klasse (das heißt typischerweise gerade die interessanten Betrugsfälle) korrekt zu lernen.

Um trotzdem gute Ergebnisse zu erzielen, bedarf es einer entsprechenden Strategie der Datenaufbereitung. Im vorliegenden Fall wurde auf eine Kombination aus Upsampling und Downsampling zurückgegriffen. Dabei wird die größere Klasse von Anträgen durch eine zufällig ausgewählte Teilmenge ersetzt, während die kleinere Klasse durch synthetisch erzeugte Datenpunkte angereichert wird, sodass sich insgesamt ein ausgewogeneres Größenverhältnis zwischen den Klassen ergibt.

Der im vorliegenden Fall gewählte Ansatz erzielte auf den verfügbaren Datensätzen sehr gute Ergebnisse: Die Falschpositiv-Rate (das heißt die Prozentzahl der Nichtbetrugsfälle, die als Betrug klassifiziert wurden) lag bei unter einem Promille, die Falschnegativ-Rate (das heißt die Prozentzahl der Betrugsfälle, die als harmlos eingestuft wurden) sogar bei null Prozent.

Ein Feature, das aus der im vorherigen Absatz diskutierten Ähnlichkeitsanalyse abgeleitet wurde, nämlich das Auftauchen von Betrugsfällen in ähnlichen Anträgen, hat sich als besonders starker Indikator für Betrugsfälle erwiesen. Weitere wichtige Features für die Betrugsprognose waren zum Beispiel die Zeit, in der der Antragssteller in Deutschland wohnhaft war, die Summe der Vorverschuldung, das Alter des Antragstellers, und das Alter des Kontos bei seiner Hausbank.

12.7 Betrugsprognose mit Machine Learning in Produktivsystemen

Der Klassifizierungsalgorithmus, der im oben beschriebenen Anwendungsfall zum Einsatz kam, ist in eine Softwareplattform eingebettet, die Ströme von Inputdaten in großer Zahl in Echtzeit verarbeiten kann. Das System bildet den gesamten Analyseprozess ab, von Echtzeitimport der Rohdaten über die Daten-aufbereitung, das Feature Engineering und die Berechnung von Verbindungen zu ähnlichen Datenpunkten bis hin zur Prognose von Betrugswahrscheinlich-keiten mit einer ganzen Serie von Modellen unterschiedlicher Komplexität. Die Architektur ist explizit auf horizontale Skalierbarkeit ausgerichtet, das heißt, wachsende Datenmengen lassen sich durch Parallelisierung und das Hinzufügen weiterer Server bewältigen. Die Anbindung an bestehende Back-End-Systeme erfolgt über eine Reihe von Schnittstellen wie REST-Interfaces und automatische Datei-Importer.

Traditionelle Werkzeuge, die zur Datenanalyse und für das Trainieren von Machine-Learning-Algorithmen verwendet werden, sind zum großen Teil auf die interaktive Verwendung durch einen Benutzer an einem einzelnen Compu-ter zugeschnitten. Machine-Learning-Modelle lassen sich damit zwar trainieren, doch das Überführen der fertigen Modelle in ein Produktivsystem sowie die War-tung und Verwaltung einer Vielzahl von Modellen stellt eine große technische Hürde dar. Demgegenüber hat das beschriebene System den Vorteil, von vornher-ein als hoch verfügbares Produktivsystem ausgelegt zu sein und den entsprechen-den Standards an Qualität und Wartbarkeit zu genügen.

12.8 Ausblick

Dieser Beitrag hat gezeigt, wie Banken durch den Einsatz von Machine Learning die Möglichkeit haben, auf die Herausforderungen durch Betrug im digitalen Kreditgeschäft zu reagieren. Zu den Vorteilen dieses Ansatzes zählen insbeson-dere:

- die bessere Wartbarkeit des Systems, da sich die verwendeten Algorithmen an sich verändernde Betrugsmuster anpassen
- die leichte Automatisierbarkeit, soweit dies gewünscht, wirtschaftlich sinnvoll und im Rahmen der gesetzlichen Regelungen zulässig ist
- kurze Verarbeitungszeiten und eine schnelle Verfügbarkeit der Betrugsbewer-tungen im Antragsprozess
- gesteigerte Effizienz der manuellen Prüfung, vor allem in dem Sinne, dass der Anteil der fälschlicherweise als Betrug gekennzeichneten Anträge möglichst gering gehalten wird. Das bedeutet, dass Mitarbeiter in den Fachabteilungen nicht unnötig ihre Ressourcen darauf verwenden müssen, harmlose Anträge auszusortieren. Stattdessen können sie sich darauf konzentrieren, möglichst viele Betrugsfälle in einer optimierten Menge von Kandidaten zu finden.

Die Technologien und Methoden, die für die Betrugsprävention mit Machine Learning zum Einsatz kommen können, entwickeln sich jedoch weiter. So schreitet etwa die Verbesserung von Klassifizierungsalgorithmen in der Forschung derzeit rapide voran, was nicht zuletzt daran liegt, dass die Forschung nicht mehr ausschließlich in den Universitäten, sondern inzwischen auch massiv von IT-Unternehmen vorangetrieben wird.

Darüber hinaus stehen für die Betrugsprävention neben den hier vorgestellten Algorithmen weitere Methoden zur Verfügung, die es zum Beispiel erlauben, in Datensätzen hochkomplexe Muster zu finden, die sich allein durch ihre Außergewöhnlichkeit kennzeichnen, ohne jedoch notwendigerweise einen betrügerischen Hintergrund zu haben. Solche Verfahren aus dem Bereich der sogenannten „Outlier Detection" können etwa verwendet werden, um zusätzliche (und bisher unbekannte) Betrugsmuster zu finden und so zu weiteren Trainingsdaten für Algorithmen des Supervised Learning zu gelangen.

Für die Zukunft sind nicht nur Verbesserungen der Methoden und Technologien zu erwarten, sondern außerdem die Ausweitung der Anwendung auf weitere sicherheitsrelevante Bereiche. Machine Learning kann über die Prüfung von Kreditanträgen hinaus auch zur Sicherheit beitragen bei zum Beispiel TAN-losen Überweisungen, Online-Banking im weiteren Sinn, Investment- und Brokerage-Services, sowie bei Finanzprodukten, die auf neuen Zahlarten und digitalen bzw. Krypto-Währungen basieren. Da davon auszugehen ist, dass in Zukunft viele weitere Anwendungsfälle hinzukommen werden, kann eine frühzeitige Adaption dieser Technologien große strategische Relevanz für Banken haben.

Wie können aber Banken, die den Einsatz von Machine Learning planen, dafür sorgen, dass die Implementierung erfolgreich ist? Zwar sind die hier beschriebenen Verfahren grundsätzlich für jeden Anbieter von Krediten und sonstigen Finanzdienstleistungen geeignet, für den erfolgreichen Einsatz gibt es jedoch einige Faktoren:

- Die Bereitschaft aller Stakeholder, insbesondere aber der Fachabteilungen, sich auf diese neuen Ansätze einzulassen.
- Allgemeines Umdenken in den Prozessen: Algorithmen werden nicht nur bisher bekannte Betrugsmuster bestätigen, sondern auch neue finden, insbesondere auch solche, die zunächst wenig intuitiv erscheinen mögen. Für Mitarbeiter in der Betrugsprävention kann das Gefühl entstehen, die Kontrolle abzugeben, dem Tool vertrauen zu müssen. Umso wichtiger, dass entsprechende Werkzeuge auch einen gewissen Grad der Nachvollziehbarkeit ihrer Urteile liefern können.

- Die Bereitschaft, für Verfügbarkeit, Bereitstellung und Aufbereitung von Daten zu sorgen, insbesondere bekannte historische Fälle. Aufbau und Weiterentwicklung von Trainingsdaten kann unter Umständen mit einem gewissen Aufwand verbunden sein, da es bedeuten kann, große historische Datenmengen erneut zu sichten und zu prüfen.

Glücklicherweise müssen Finanzdienstleister, die an einer Verwendung von Machine Learning für Betrugsprävention interessiert sind, diese Herausforderungen nicht allein schultern, weil inzwischen Anbieter mit Lösungen am Markt sind, die Anwender insbesondere bei der Integration und der initialen Analyse ihrer Daten unterstützen, sodass diese optimal für die Verwendung von Machine-Learning-Algorithmen aufbereitet werden können. Im laufenden Betrieb sorgen intuitive Benutzeroberflächen für die Nachvollziehbarkeit von Prognosen.

Literatur

1. SCHUFA Kreditkompass 2016, https://www.schufa.de/media/editorial/ueber_uns/bilder/studien_und_publikationen/kredit_kompass/SCHUFA_Kredit-Kompass-2016.pdf
2. smava Kreditnehmer-Studie 2015, https://www.smava.de/presse/neue-aera-im-deutschen-kreditmarkt-bereits-ein-viertel-der-kredite-wird-online-abgeschlossen
3. https://www.bitkom.org/Presse/Presseinformation/Online-Kredite-und-Online-Versicherungen-sind-im-Kommen.html
4. Christopher M. Bishop: *Pattern Recognition and Machine Learning (Information Science and Statistics)*. Springer Science & Business Media, 2006.
5. Hastie, T. and Tibshirani, R. and Friedman, J.: *The Elements of Statistical Learning: Data Mining, Inference, and Prediction*. Springer Science & Business Media, 2009.
6. Manning, C.D. and Raghavan, P. and Schütze, H.: *Introduction to Information Retrieval*. Cambridge University Press, 2008.

Über die Autoren

Dr. Mario Elstner arbeitet als Data Scientist bei Risk Ident. Nach seiner Promotion in mathematischer Physik an der TU München war er mehrere Jahre als Data Scientist und Big Data Analyst im E-Commerce, der Industrie und der Finanzwirtschaft tätig. Bei Risk Ident ist Elstner verantwortlich für die Entwicklung von statistischen Modellen und Machine-Learning-Algorithmen, die den Kern der Produkte zur Betrugsprävention bilden und Kunden helfen, Betrugsfälle verlässlich und automatisiert zu erkennen.

Roberto Valerio ist Gründer und Geschäftsführer der Risk.Ident GmbH. Risk Ident bietet Softwarelösungen im Bereich der Betrugsprävention für Firmen aus den Bereichen E-Commerce, Telekommunikation und Finanzen an. Roberto Valerios fachlicher Hintergrund ist Betriebswirtschaft und Softwareentwicklung. Er ist Mitglied des European Advisory Boards des Merchant Risk Councils, Teilnehmer des IBM Global Entrepreneur Programmes und Mitglied der Versammlung Eines Ehrbaren Kaufmanns zu Hamburg e. V.

FinTechs schaffen durch die Analyse ihrer Kundendaten Transparenz und bessere Produkte

13

Andreas Gensch und Felix Müller

Zusammenfassung

Obwohl der Einzug der IT viele Branchen verändert hat, haben Finanzdienstleister kaum Innovationen hervorgebracht. Seit kurzem bringen Startups aber neue Finanzprodukte auf Basis moderner Technologien heraus, um digitalen Kunden gerecht zu werden. Das FinTech treefin bietet beispielsweise eine App, die den User durch Datenalgorithmen auf Optimierungsmöglichkeiten seiner Finanzen hinweist. Dieser Beitrag stellt die Grundlagen dieser Analyse (die Umsatzklassifikation) mithilfe von Text Mining und Machine Learning dar. Zu diesem Zweck wurden Versicherungsbuchungen in über 100.000 Umsätzen per Hand identifiziert und anschließend durch Text Mining Daten extrahiert. Diese neuen Variablen ließen sich durch Machine Learning Algorithmen auswerten. Die Ergebnisse lassen sich auf andere Bereiche übertragen und bieten somit die Grundlage für eine effektive Umsatzanalyse. Zusätzlich ermöglicht die neue PSD2 Richtlinie Drittakteuren auf Kundenwunsch einen kostenlosen und nachteilsfreien Zugang zu den Umsätzen des Kunden. Dies wird in Zukunft noch größere Potenziale freisetzen und macht das Thema in der Praxis hochrelevant.

A. Gensch (✉) · F. Müller
treefin AG, München, Deutschland
E-Mail: andreas.gensch@treefin.com

F. Müller
E-Mail: felix.mueller@treefin.com

© Springer Fachmedien Wiesbaden GmbH 2017
R. Smolinski et al. (Hrsg.), *Innovationen und Innovationsmanagement in der Finanzbranche*, Edition Bankmagazin, DOI 10.1007/978-3-658-15648-0_13

13.1 Einleitung

Die zunehmende Digitalisierung hat in den vergangenen Jahrzehnten viele Branchen entscheidend verändert. Dabei ist allerdings das Tempo der Disruption je nach Geschäftszweig sehr unterschiedlich. Beispielsweise hat Amazon die Buchbranche in Windeseile komplett umgestaltet und ihren Gründer Jeff Bezos zu einem der zehn reichsten Menschen der Welt gemacht [19]. Andererseits hat sich bis vor kurzem im Finanzsektor noch nicht viel getan.

Seit der Erfindung des Geldautomaten hat sich das Verhältnis zwischen Banken und ihren Kunden kaum verändert. Auch wenn im Hintergrund Prozesse digitalisiert und verschlankt wurden, sind der Beratungsprozess und die üblichen Dienstleistungen einer Bank über all die Jahre hinweg fast gleich geblieben. Gleiches gilt auch für Versicherungen, die ihre Produkte weiterhin über Kundenberater vertreiben [12].

Dieser Zustand ändert sich seit kurzem, weil neue Startups auf Technologie basierende Finanzprodukte herausbringen. Diese (meist auf Apps basierenden) Produkte richten sich an die digitaler werdenden Kunden. Der Großteil dieser neuen Dienstleistungen beschränkte sich zu Beginn auf hübsche Front-Ends für die Konten (Beispiel: Number26 bot anfangs nur eine schöne App und Kreditkarte an; anschließend wurden mehr und mehr Dienstleistungen angeboten [24]) oder eine einfache und günstige Form der Geldanlage (zum Beispiel vaamo, Zinspilot, WeltSparen).

Einige wenige dieser sogenannten FinTechs haben allerdings erkannt, dass Finanzdienstleister einen unglaublichen Datenschatz besitzen [1]. Aus gesetzlichen Gründen müssen Banken und Versicherungen Informationen speichern. Diese Bankumsätze und weitere Daten ergeben ein detailliertes Kundenprofil. Wenn ein Nutzer beispielsweise im Urlaub war, kann man dies anhand der Zahlungsdaten erkennen. Somit ergibt sich bei genauer Betrachtung ein umfassendes Bild über Persönlichkeit, Hobbys und Präferenzen.

Die treefin AG ist eines der FinTechs, die auf diese intelligente Datenauswertung setzen. Da sich alle Konten, Versicherungen und Kapitalanlagen mithilfe der treefin-App verwalten lassen, bietet das Unternehmen viele Möglichkeiten zur Datenanalyse. Dadurch lassen sich bereits heute Optimierungsmöglichkeiten der persönlichen Finanzen auf Basis der jeweiligen Lebenssituation erkennen [25]. Treefin wird in Abschn. 13.2 vorgestellt.

Treefin setzt auf Data Mining um Umsätze zu analysieren. Dafür müssen die schlecht strukturierten und größtenteils als Text vorliegenden Daten für eine Maschine lesbar gemacht werden. Dies schließt auch eine aufwendige Bewertung der vorliegenden Informationen durch automatisierte Verfahren mit ein. Diese Umwandlung und anschließende Bearbeitung durch Machine Learning Algorithmen wird in Abschn. 13.3 beschrieben.

Abschließend gehen wir auf die zukünftigen Möglichkeiten dieser Verfahren ein. Besonders im Hinblick von PSD2 ergeben sich Vorteile für Unternehmen und Kunden, die es zu beleuchten gilt.

13.2 Vorstellung treefin

Die beiden Gründer von treefin, CMO Andreas Gensch und CEO Reinhard Tahedl, waren mit den heutigen Angeboten der Banken unzufrieden: Um vollständig und qualifiziert über seine Finanzen und Versicherungen informiert zu sein, bedarf es immer noch der mühsamen Erstellung von Excel-Listen und Ordnern. Hinzu kommt noch die Befürchtung, dass man bei einer Finanzberatung in erster Linie Produkte angeboten bekommt, die dem Anbieter und nicht dem Kunden Vorteile verschaffen. So entstand die Idee für treefin, welches anschließend im Dezember 2014 gegründet wurde [20]. Die App ist seit Oktober 2015 in den deutschen App-Stores verfügbar.

treefin möchte die Chance nutzen, die erste digitale Drehscheibe für sämtliche Financial Services im europäischen Raum zu etablieren. Deshalb aggregiert die App sämtliche Konten, Versicherungen und Kapitalanlagen. Dabei setzt das FinTech aus München durch eine Kooperation mit der DATEV auf höchstmögliche Sicherheitsstandards, um das Vertrauen der Kunden zu gewinnen [18].

Die App bietet die Anlage von Konten bei über 3000 Banken, einen Versicherungsbedarfscheck, einen Haushaltsüberschuss, eine Depotrisikoberechnung sowie eine Überweisungsfunktion. Anstatt verschiedene Anbieterportale aufzurufen, hat der Nutzer somit seine gesamten Finanzen mit treefin immer im Blick [6]. Das Geschäftsmodell im Vergleich zu anderen Finanz-Apps lässt sich in Abb. 13.1 nachvollziehen.

Auf Basis von Konten und Umsätzen identifiziert treefin zusätzlich Optimierungspotenziale und leitet den Endkunden an ein Vergleichsportal oder einen Berater weiter, um diese auch umzusetzen. Diese Hinweise erscheinen dem Kunden als In-App Nachricht und werden durch persönliche Ereignisse ausgelöst [25]. Wenn Kunden beispielsweise ihr Konto häufig überziehen, können sie durch einen Ratenkredit viel Geld sparen. Deshalb weist treefin den Kunden auf dieses Potenzial hin und gibt ihm den Ratschlag, einen Berater oder Vergleichsportal aufzusuchen. Außerdem erkennt treefin, wenn ein Nutzer in Rente geht oder

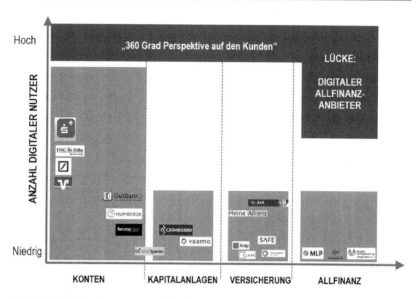

Abb. 13.1 Positionierung von treefin. (Quelle: treefin AG)

umzieht und kann ihn entsprechend auf die finanziellen Folgen hinweisen. In all diesen Fällen wird dem Kunden ein Absprung zum Vergleichsportal oder ein Gespräch mit einem Kundenberater angeboten [25].

13.3 Vorgehen der Datenauswertung

Die Extraktion der Informationen aus den Umsätzen gestaltet sich schwierig, weil sie unstrukturiert vorliegt. Der Großteil ist im Verwendungszweck und im Namen des Counterparts enthalten und nicht (wie beispielsweise in der Medizin) in numerischen Werten. Zur Erläuterung der Problemstellung wird beispielhaft die Klassifikation von Umsätzen in Arten wie zum Beispiel Versicherungsbeiträgen gezeigt, das die Grundlage für ein Personal Finance Management darstellt.

Abb. 13.2 zeigt dieses Dilemma anhand eines beispielhaften anonymisierten Verwendungszwecks. So lässt sich hier selbst als menschlicher Beobachter der Zweck solch einer Zahlung nicht erkennen. Allerdings kann man mithilfe von individuellen Nummern (wie der Kontonummer oder der Einreicher-ID) den Counterpart identifizieren [5] und anschließend eventuell einer Zahlungsart zuordnen.

Referenz 1511301137-0000485Mandat QR7581565598556417487989000003
Einreicher-ID DE35ZZZ00000622758 KD 4084801 RNR 58036182 Datum 28.11 .2015
Betrag 209,16 abweichender Empf_nger Max Mustermann

Abb. 13.2 Beispielhafter Verwendungszweck. (Quelle Felix Müller, 2016)

Zusätzlich dazu enthält der Verwendungszweck sowie andere Teile der Umsatz-informationen häufig Stichwörter, die Hinweise auf den Zweck der Zahlung geben. So ist eine Zahlung per Karte bei einem großen Discounter häufig gleich aufgebaut und kann somit spezifisch gesucht werden. Auch die Namen großer Unternehmen lassen sich so herausfiltern [16].

Dabei ist zu beachten, dass dieses sogenannte Bool'sche Retrieval, das auch häufig in Büchereisystemen genutzt wird, zwischen „falschen" und „richtigen" Treffern nicht unterscheidet [22]. Versicherungsgesellschaften haben häufig kurze Namen, die zufällig auch in anderen Wörtern enthalten sein können. Diese Probleme können allerdings durch eine angepasste/entgegenwirkende Konzeptio-nierung sowie einer fortlaufenden Analyse der Ergebnisse minimiert werden.

Mit den gewonnenen Informationen kann man nun einen Teil der Daten (hier: ca. 100.000 Instanzen) manuell mit Zahlungskategorien versehen. Treefin teilt die Daten beispielsweise in ca. zehn verschiedene Arten, die auch als Basis für ein Personal Finance Management dienen können. Innerhalb der Kategorien lassen sich noch weitere Informationen ableiten (vgl. Abschn. 13.4).

Die FinTechs, die diese Klassifikation anbieten, unterscheiden sich in der Anzahl der Kategorien deutlich. Während Numbrs 25 Kategorien anbietet, sind es bei Meniga und Outbank nur zwölf. Viele Applikationen (zum Beispiel comdi-rect) bieten außerdem eine Vielzahl an Unterkategorien (Quellen: Unternehmens-webseiten/Applikationen; Stand: Juli 2016).

Die extrahierten Informationen übersteigen schnell die Kapazität eines Machine Learning Algorithmus und können diesen häufig sogar „verwirren" (Over-fitting). Deshalb ist eine Vorauswahl der wichtigsten Informationen sinn-voll [4]. Als besonders sinnvoll haben sich bei treefin Filtermethoden herausge-stellt, die Daten nach zu hoher Korrelation oder zu niedriger Varianz aussortieren, sowie Wrappermethoden wie die stufenweise Feature-Selektion (Stepwise Fea-ture Selection). Anschließend lagen die wichtigsten Informationen in weniger als 20 statt in 140 Variablen vor [16].

Die finale Einordnung der Informationen ist nun durch Machine Learning Algorithmen möglich. Für eine Umsatzklassifikation gibt es eine Vielzahl an möglichen Klassifikatoren. Im Voraus kann man leider nicht bestimmen, welcher am passendsten ist [10]. Deshalb vergleichte treefin zehn häufig verwendete Algorithmen für die Analyse.

Als besonders genau und schnell haben sich dabei vor allem Random Forest Algorithmen herausgestellt. Dieser sehr gebräuchliche Klassifikator, der zu der Gruppe der Ensembles gerechnet wird, nutzt viele unkorrelierte Entscheidungsbäume, um ein genaues Ergebnis zu erzielen [3]. So kann der Algorithmus bei treefin beispielsweise ca. 99,9 % der zuvor per Hand klassifizierten Versicherungszahlungen identifizieren [16].

13.4 Ausblick im Hinblick auf PSD2

Die Analyse von Bankumsätzen und weiteren Kundendaten ist ein noch sehr unerforschtes Feld. Aufbauend auf guten Umsatzkategorien lassen sich in Zukunft allerdings viele weitere Dienstleistungen anbieten. So kann durch Personal Finance Manager (PFM) eine aggregierte Übersicht über die Ausgaben und sogar eine Vorhersage zu der finanziellen Situation der nächsten Monate gegeben werden [17].

Heutzutage sind die von den Banken zur Verfügung gestellten Daten häufig lückenhaft und nicht standardisiert. Die neue PSD2 Richtlinie ermöglicht Drittakteuren in Zukunft auf Kundenwunsch einen kostenlosen und nachteilsfreien Zugang zu den Umsätzen des Kunden [13]. Dies wird dazu führen, dass FinTechs wie treefin bald sogar deutlich besser die Kundendaten auswerten können. Wenn Banken hier nicht nachziehen, werden somit die Herausforderer das Rennen machen [11].

Aus Unternehmenssicht ist die Auswertung der Daten äußerst interessant, weil sich neue Vertriebsmöglichkeiten ergeben und Produkte spezifischer auf Kunden zugeschnitten werden können. Der Kunde hat wiederum den Vorteil, bei wenig Zeitaufwand einen genauen Blick über seine finanzielle Situation zu erhalten [7] und beim Produktwechsel Geld zu sparen.

Für etablierte Finanzdienstleister bieten Geschäftsmodelle à la treefin Chancen und Risiken; Chancen, weil sie bei einer Kooperation zusätzliche Vertriebsmöglichkeiten erhalten, wenn die App Nutzer an sie weiterleitet. Andererseits geht der Kunde immer seltener zum Bankschalter und wird seine Finanzen hauptsächlich in einer App regeln. Somit steigt die Abhängigkeit der Finanzdienstleister vom App-Anbieter [2].

Andere FinTechs im Ausland sind mit ihrer Kontoanalyse noch weiter fortgeschritten. Meniga, ein B2B-Anbieter aus Island, bietet ein vollständiges PFM an, bei dem User sogar ihre Finanzen mit anderen teilen können [23]. Außerdem werden Zahlungsströme in die Zukunft projiziert, um künftige Ausgaben und Sparverhalten vorherzusagen [17].

Die durch kontinuierliche Verbesserung geschaffene Transparenz bietet Kunden neue Möglichkeiten, ihre finanzielle Situation effizienter und kostengünstiger in die eigene Hand zu nehmen. Ein weiterer Vorteil ergibt sich für Kunden durch fallende Preise, wie zum Beispiel durch die Rückvergütung von Provisionen, womit erste FinTechs bereits begonnen haben [9].

Da FinTechs keine veralteten IT-Systeme und Prozesse besitzen, sind sie deutlich agiler als Banken. Andererseits fehlen ihnen Banklizenzen, Erfahrung mit der Regulatorik sowie häufig auch eine große Anzahl an Kunden [15]. Laut Experten bieten deshalb Kooperationen viele Möglichkeiten zum Erfolg [14]. In sehr naher Zukunft wird sich zeigen, welche Modelle wirklich am Markt bestehen können [8]. Letztendlich profitiert besonders der Kunde von FinTechs, da neue Technologien auch ein deutlich verbessertes Banking-Erlebnis schaffen.

Literatur

1. Amit. (2016, Februar 22). Let's Talk Payments. Retrieved from How Big Data Analytics, AI and Machine Learning is Being Leveraged Across FinTech?: https://letstalkpayments.com/how-is-big-data-analytics-being-leveraged-across-fintech/
2. Bajorat, A. M. (2015, Oktober 02). IT Finanzmagazin. Retrieved from Banken und FinTechs – Das Hecheln nach der Möhre kostet Zeit, Fokus und nimmt den großen Hunger: http://www.it-finanzmagazin.de/banken-und-fintechs-das-hecheln-nach-der-moehre-kostet-zeit-fokus-und-nimmt-den-grossen-hunger-20330/
3. Breiman, L. (2001). Random Forests. Machine Learning, 5–32.
4. Deng, K. (1998). OMEGA: ON-LINE MEMORY-BASED GENERAL PURPOSE SYS- TEM CLASSIFIER. Carnegie Mellon University, The Robotics Institute – School of Computer Science –, Pittsburgh.
5. Deutsche Bundesbank. (2016, Dezember 08). Deutsche Bundesbank. Retrieved from Fragen & Antworten zu SEPA: https://www.bundesbank.de/Redaktion/DE/FAQ_Listen/zahlungsverkehr_sepa.html?docId=125186.
6. Elsässer, S. (2016, Mai 04). Startup Valley. Retrieved from treefin digitaler Finanzassistent: http://www.startupvalley.news/de/treefin-digitaler-finanzassistent/
7. Evsan, I. (2015, Januar 28). Big Data Blog. Retrieved from Big Data: Welche Vorteile entstehen für Banken und ihre Kunden?: https://bigdatablog.de/2015/01/28/big-data-fuer-banken-schafft-es-vertrauen-auf-kundenseite/
8. Finextra. (2016, Januar 08). Finextra. Retrieved from 2016: A pivotal year for the future of fintech: https://www.finextra.com/news/fullstory.aspx?newsitemid=28284
9. Fonds Online. (2015, Oktober 16). Fonds Online. Retrieved from Provisionsabgabeverbot: Gericht erlaubt Fintech Rückerstattung von Courtagen: http://www.fondsprofessionell.de/news/recht/headline/provisionsabgabeverbot-gericht-erlaubt-fintech-rueckerstattung-von-courtagen-121535/

10. Gareth James, D. W. (2013). An Introduction to Statistical Learning. New York: Springer Verlag.
11. Hemon-Laurens, A. (2015, Oktober 13). GMC Software. Retrieved from Banks Beware: the Impact of PSD2 and XS2A - Accelerating Digital Disruption: https://www.gmc.net/blog/banks-beware-impact-psd2-and-xs2a-accelerating-digital-disruption
12. James Manyika, S. R. (2015). Digital America: A tale of the haves and have-mores. San Francisco: McKinsey Global Institute.
13. Jarle Holm, V. H. (2016, Dezember 07). Evry A/S. Retrieved from PSD2 – the directive that will change banking as we know it: https://www.evry.com/en/news/articles/psd2-the-directive-that-will-change-banking-as-we-know-it/
14. Julian Skan, J. D. (2015). Accenture. Retrieved from The Future of FinTech and Banking: Digitally disrupted or reimagined?: https://www.accenture.com/t00010101T000000__w__/de-de/_acnmedia/PDF-9/Accenture-Future-Fintech-Banking-ASG-v1-German.PDF
15. Laube, M. (2016, Juli 08). IT Finanzmagazin. Retrieved from FinTechs & Banken: Die Zukunft heißt Kooperation – ein Überleben gibt es nur gemeinsam: http://www.it-finanzmagazin.de/fintechs-banken-die-zukunft-heisst-kooperation-ein-ueberleben-gibt-es-nur-gemeinsam-33438/
16. Müller, F. (2016, Juni 15). Recognizing customer's products with machine learning in the financial sector. Munich, Bavaria, 80333.
17. Meniga. (2016, Dezember 07). Digital Banking Products. Retrieved from http://www.meniga.com/products/digital-banking-products
18. Pech, S. (2015, November 24). DATEV Blog. Retrieved from Lass uns die DATEV-Cloud bitte nie mehr verlassen: https://www.datev-blog.de/2015/11/24/fintech-rechenzentrum/
19. Sanburn, J. (2011, Juli 19). 5 Reasons Borders Went Out of Business (and What Will Take Its Place). Retrieved from Time Inc.: http://business.time.com/2011/07/19/5-reasons-borders-went-out-of-business-and-what-will-take-its-place/
20. Skrabania, L. (2015, August 04). Gründerszene. Retrieved from Treefin will der Alleskönner der Finanzwelt werden: http://www.gruenderszene.de/allgemein/treefin-interview-fintech
21. Vasconcelos, G. d. (2015, Dezember 22). Forbes. Retrieved from What Does The Future Of Global FinTech Hold?: http://www.forbes.com/sites/goncalodevasconcelos/2015/12/22/fintech-100-the-future-of-global-fintech/#1fd6551033da
22. Wartik, S. (2016, Dezember 08). Information Retrieval: Data Structures & Algorithms. Retrieved from CHAPTER 12: BOOLEAN OPERATIONS: http://orion.lcg.ufrj.br/Dr.Dobbs/books/book5/chap12.htm
23. Williams-Grut, O. (2015, November 10). Business Insider. Retrieved from Santander just signed a deal with a startup building the 'Facebook of anything financial': http://uk.businessinsider.com/meniga-signs-deal-with-santander-2015-11
24. Williams-Grut, O. (2016, April 06). Businessinsider UK. Retrieved from App-only bank Number26 doubled customers in 5 months — its CEO says he's building a bank like 'Uber or Spotify': http://uk.businessinsider.com/interview-number26-valentinstalf-2016-04
25. Ziomek, K. (2016, April 29). treefin AG. Retrieved from Intelligenz – Rolle des Finanzassistenten wird nachhaltig gestärkt: https://www.treefin.com/intelligenz-rolle-des-finanzassistenten-wird-nachhaltig-gestaerkt/

Über die Autoren

Andreas Gensch absolvierte ein BWL-Studium an der HHL-Leipzig Graduate School of Management. Neben drei Jahren Berufserfahrung im Vertrieb eines Finanzinstituts verfügt er über zwei Jahre Beratungserfahrung bei einer Strategieberatung und weitere fünf Berufsjahre in der Digitalbranche (zum Beispiel Verlagswesen, Startups). Bei treefin verantwortet er die Bereiche Marketing, Operations, HR und Investor Relations.

Felix Müller studiert Business Analytics & Big Data am Instituto de Empresa in Madrid. Für die treefin AG arbeitet er als Data Scientist. Im Rahmen seiner Bachelorarbeit an der TU München hat er für die treefin AG Bankumsätze analysiert. Als Ergebnis stellte er im Juni 2016 fest, dass eine Klassifikation von Versicherungszahlungen mit seinem vorgestellten Konzept sehr genau möglich ist.

Finance goes Social

14

Innovative Social Media Strategien für Banken und Finanzdienstleister

Tim Wartmann

The ROI of social media: your business will still exist in five years [12]

Zusammenfassung

Neben den Bereichen Information, Mobile und Cloud zählt nach Gartner der Bereich „Social" zu den wichtigsten Innovationstreibern der heutigen Industrielandschaft. Social Media hat sich mittlerweile zu einem unverzichtbaren Wettbewerbsfaktor entwickelt, der die bisherigen Formen der Kundenpflege grundlegend verändert und nun auch verstärkt im sonst konservativen und hoch regulierten Banken- und Finanzsektor immer wichtiger wird. Dieser Beitrag zeigt, wie sich Geschäftsziele durch den Einsatz von Social Media als Ergänzung zu herkömmlichen Marketingmethoden schneller erreichen lassen. Ein solch bedeutender Paradigmenwechsel erzwingt jedoch auch eine Bereitschaft für organisatorische und technologische Veränderungen. Die vorliegende Abhandlung zeigt innovative, erfolgreiche Beispiele für Social Media Strategien bei Banken und Finanzdienstleistern. Eine eigens dafür entwickelte Checkliste unterstützt dabei, die notwendigen Veränderungen erfolgreich auf den Weg zu bringen.

T. Wartmann (✉)
Freelance Consultant, Berlin, Deutschland
E-Mail: timwartmann@gmx.de

© Springer Fachmedien Wiesbaden GmbH 2017
R. Smolinski et al. (Hrsg.), *Innovationen und Innovationsmanagement in der Finanzbranche*, Edition Bankmagazin, DOI 10.1007/978-3-658-15648-0_14

14.1 Definition und Abgrenzung

Der Begriff „Social Media" wird mittlerweile sehr häufig verwendet und hat demnach auch eine Vielzahl verschiedener Definitionen. Nach Gartner handelt es sich hierbei um eine „Online-Umgebung für die Massenkollaboration, in der Inhalte erzeugt, veröffentlicht, verbessert, entdeckt, konsumiert und geteilt werden". Dies findet „von Teilnehmer zu Teilnehmer" statt, ohne direkte Mittelsperson [18]. Schiederjans verwendet dagegen eine umfassendere Definition:

▶ „Social media are internet platforms used to disseminate information through social interactions that provide decentralized user level content, social interaction and public membership [...]. Most social media are highly accessible and scalable and allow for a variety of options, including intimate community engagement and social viral activity [...]. Examples of social media mechanisms include online or word-of-mouth forums such as product or service review websites and forums, blogs, discussion boards, chat rooms, e-mail, and social networking websites like Facebook, Pinterest, Instagram, Tumblr, YouTube, and Twitter [...]" [24].

Im Kern geht es dabei um Communitys von engagierten Nutzern, welche auf kostengünstige Art und Weise geschäftlichen Mehrwert für eine Organisation liefern, was mit traditionellen Marketingmethoden kaum möglich ist. Dies geht mit einem Paradigmenwechsel einher, bei dem die frühere Einwegkommunikation von einer Organisation hin zu ihren Kunden weggeht zu einer bidirektionalen Kommunikation, bei der die Kunden den Großteil der Kommunikation selbst übernehmen. Dabei sollte sich der Einsatz von Social Media ganzheitlich auf das gesamte Unternehmen auswirken, statt nur auf einzelne Abteilungen [12]. Nur so ergeben sich für ein Unternehmen erhebliche Synergien in den Bereichen Vertrieb, PR, Medien, Produktion, Forschung und Entwicklung sowie in anderen Feldern, so wie sie ohne Social Media nicht möglich wären [15].

14.1.1 Typen und Kategorien

Gartner unterscheidet die folgenden Typen von Social Media [19]:

- **Social Networking:** Soziale Profile (zum Beispiel Facebook oder LinkedIn)
- **Social Collaboration:** Wikis und Blogs
- **Social Publishing:** Teilen und Aggregieren von Inhalten (zum Beispiel Youtube)
- **Social Feedback:** Rezensionen, Ranglisten und Kommentare (zum Beispiel Amazon)

Die meisten dieser genannten Typen bieten spezielle soziale Funktionalitäten, wie zum Beispiel das Teilen von persönlichen Informationen (zum Beispiel Facebook oder LinkedIn), das Veröffentlichen von Statusinformationen (zum Beispiel Twitter) und Standorten (zum Beispiel Foursquare) sowie das Teilen von Inhalten (zum Beispiel Youtube oder Flickr) [10]. Speziell für die gewinnbringende Nutzung im Banken- und Finanzsektor lassen sich laut Langlois folgende Unterkategorien unterscheiden [12]:

- **Behind The Firewall:** Firmeninterne Wikis, Blogs, soziale Netzwerk und Suche
- **Internet Banking:** Kundenkommunikation über geschützte Online-Banking-Plattform (zum Beispiel Kontaktaufnahme mit Kunden, um neue Ideen oder Empfehlungen in Echtzeit zu diskutieren)
- **B2B:** Kommunikation zwischen Unternehmen, zum Beispiel für die Pflege von sozialen Netzwerken oder den Austausch von geschäftlichen Erkenntnissen über eine geschützte Website
- **B2C:** Kommunikation mit dem Massenmarkt über ungeschützte Plattformen (zum Beispiel über die Unternehmens-Website), Kommunikation mit „Unbekannten", hohes Risiko für Missbrauch

Im Kontext von Social Media als innovativem Instrument zur Kundenpflege für Banken und Finanzdienstleister wird im weiteren Verlauf des Beitrags ausschließlich auf die letzte Gruppe Bezug genommen: Business-to-Customer (B2C).

14.1.2 Zielgruppen und Belohnung

Für den erfolgreichen Einsatz von Social Media ist ein klares Verständnis über die zu adressierende Zielgruppe unerlässlich. Dabei können Unternehmen generell mit sowohl bekannten als auch unbekannten Personen kommunizieren, welche sich innerhalb oder außerhalb der Organisation befinden. Gartner schlägt die folgende Gruppierung vor [5]:

- Mitarbeiter
- Geschäftspartner
- bestehende Kunden
- potenzielle Kunden
- andere

Je nach Zielgruppe und geschäftlichen Zielen lassen sich dabei die folgenden Aktivitätsstufen unterscheiden (in aufsteigender Reihenfolge nach Maß der Aktivität):

- **Beobachten:** Überwachen von Konversationen, die die eigene Organisation betreffen
- **Entdecken:** Analysieren und Auswerten von überwachten Konversation zur Erkennung von Mustern
- **Teilen:** Veröffentlichen von eigenen Beiträgen, zum Beispiel durch einen Unternehmensblog
- **Teilnehmen:** Interagieren mit der Zielgruppe, direktes Reagieren auf Feedback
- **Kollaborieren:** Einbeziehung der Zielgruppe, zum Beispiel im Rahmen der Produktentwicklung

Eine dezentrale Nutzerbeteiligung sowie die Erzeugung von Inhalten durch die Nutzer ist ein wesentlicher Bestandteil jeder Social-Media-Kampagne. Für die Motivation der benannten Zielgruppen ist dabei eine entsprechende „Belohnung" unverzichtbar. Nur so lassen sich Nutzer dazu bewegen, aktiv mitzuwirken. Beispiele dafür sind [12]:

- Sichtbarkeit und Networking
- Zugang zu exklusiven Inhalten
- Spaß und Unterhaltung
- Teilnahme an Wettbewerben

14.1.3 Vergleich mit anderen Branchen

Im Vergleich zu anderen Branchen bildet der Banken- und Finanzsektor leider noch immer ein Schlusslicht, was den geschäftlichen Einsatz von Social Media betrifft. Eine mögliche Ursache dafür ist die allgemeine Wahrnehmung als sehr konservative Branche, in der Diskretion und Sicherheit eine hohe Bedeutung haben. Zudem ist der Finanzsektor zu Recht hochreguliert, was sich negativ auf Innovationen auswirkt [2]. Nach einer Studie aus dem Jahr 2009 setzten zu dieser Zeit nur 40 % der Finanzunternehmen Social Media ein. Im Vergleich dazu bauten bereits 92 % der Unternehmen aus der Telekommunikationsbranche bzw. 80 % der Unternehmen für Unterhaltungselektronik auf Social-Media-Initiativen [3]. Auch wenn sich diese Zahlen innerhalb der letzten Jahre sicherlich verändert haben, ist die hintere Position im Vergleich zu anderen Branchen noch immer deutlich erkennbar.

14.2 Wirtschaftliches Potenzial

Dieser Abschnitt zeigt anhand von Praxisbeispielen, welche wirtschaftlichen Vorteile und innovativen Möglichkeiten der Einsatz von Social Media bringen kann. In allen Fällen wird schnell klar, dass es sich dabei um keinen Ersatz für herkömmliche Geschäftsaktivitäten wie Marketing, PR, Kundenservice, HR oder Forschung handelt. Vielmehr ergänzt Social Media diese sinnvoll durch eine abgestimmte Vorgehensweise [25]. Eine Umfrage von Rozwell aus dem Jahr 2012 zeigt die verschiedenen geschäftlichen Ziele beim Einsatz von Social Media in verschiedenen Branchen. Die Verbesserung der Markenbekanntheit sowie der Kundenbeziehungen sind dabei mit 34 bzw. 31 % die meistgenannten Treiber (siehe Abb. 14.1, [23]).

Besonders im Banken- und Finanzsektor gibt es jedoch auch weitere, nicht weniger wichtige Einsatzziele. Langlois benennt zum Beispiel die Möglichkeit, das Vertrauen der Kunden in die Banken durch transparente Kommunikation zurückzugewinnen. Ein anderes Beispiel ist die Rekrutierung von talentierten Mitarbeitern über soziale Plattformen. Zusätzlich hat sich die „Mundpropaganda" auch im Social-Media-Bereich zu einem effizienten Marketingwerkzeug im sozialen Bereich entwickelt. Zufriedene Kunden lassen sich so schnell zu sogenannten „Markenbotschaftern" entwickeln, was Unternehmen einen viel mächtigeren Hebel liefert als traditionelle Marketingmaßnahmen [12]. Abschließend bietet Social Media einen sehr kosteneffizienten Weg für Aktivitäten im Marketing und Kundenservice. Hieraus lassen sich schnell überzeugende Business Cases für erforderliche Investitionen formulieren, besonders in Zeiten von Budgetbeschränkungen [2]. Die folgenden Abschnitte beschreiben innovative Praxisbeispiele für den erfolgreichen Einsatz von Social Media bei Banken und Finanzdienstleistern.

14.2.1 Reputation und Markenbekanntheit

Die Evolution des Internet zum Web 2.0 hat gezeigt, wie schnell und einfach Kunden heute ihre Meinung zu beliebigen Themen veröffentlichen können. Dies wird auch als „nutzergenerierter Inhalt" bezeichnet. Laut Statistiken traut die Mehrheit der Menschen den Empfehlungen anderer Nutzer, auch wenn sie diese nicht persönlich kennen [12]. Solche Nutzerkommentare können positiv oder negativ sein und sind meist in Echtzeit für andere Nutzer sichtbar. Jedes Unternehmen sollte daher ein Interesse daran haben, diese nutzergenerierten Inhalte

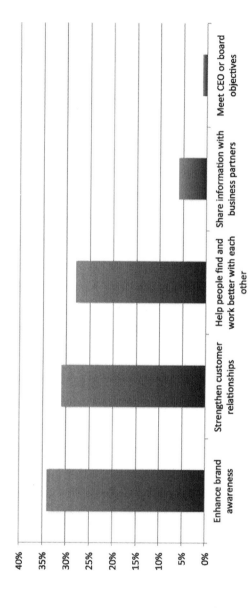

Abb. 14.1 Einsatzziele für Social Media. (Tim Wartmann, Nach [23])

gewinnbringend zu beeinflussen, sofern sie deren Produkte oder Dienstleistungen betreffen. In der Praxis lauschen viele Unternehmen den Konversationen von Nutzern. Dadurch können Firmen schnell darauf reagieren, zum Beispiel mit klärenden Antworten auf Fragen oder Beschwerden. So lassen sich negative Beiträge schnell durch Fakten eindämmen, bevor sie weitere Kreise ziehen [12].

Online-Communitys, in denen sich Kunden und andere Nutzer über Produkte und Dienstleistungen austauschen, sind ein mächtiges Werkzeug, um die Online-Reputation eines Unternehmens zu beeinflussen. Die „Stimme des Kunden" erzeugt dabei Transparenz und Authentizität [12]. Organisationen sollten sich an diesen Diskussionen aktiv beteiligen, ohne jedoch dabei die Meinungsfreiheit der Nutzer infrage zu stellen. In manchen Fällen müssen sich Firmen jedoch nicht einmal beteiligen, weil hier zufriedene Kunden als überzeugte „Markenbotschafter" auftreten und eventuell negatives Feedback anderer Nutzer im Sinne des Unternehmens proaktiv verteidigen. Dieser Effekt ist wesentlich mächtiger und kosteneffizienter als traditionelle Werbemaßnahmen [12]:

Unternehmen, die sich dagegen nicht aktiv an Online-Diskussionen beteiligen, gefährden ihre Reputation. Die Royal Bank of Scotland (RBS) beispielsweise hatte im März 2013 technische Probleme, wodurch sich Kunden vorübergehend weder im Online-Banking anmelden noch Bargeld beziehen konnten. Sehr bald zeigten die Kunden ihren Unmut darüber in sozialen Kanälen wie Twitter und Facebook. Leider verpasste es die RBS, auf diese Konversationen angemessen zu reagieren. Dies verschlimmerte das negative Feedback und führte zu massiven Einbußen in der Reputation der Bank. Das Beispiel macht deutlich, wie wichtig es ist, mit betroffenen Kunden in Verbindung zu bleiben, insbesondere im Social-Media-Bereich [29].

Praxisbeispiel: Crédit Agricole Pyrénées Cascogne

Im April startete die französische Bank eine innovative virtuelle Bankenplattform mit dem Namen „Tookam.com". Deren Ziel war es, die Spendenbereitschaft von Menschen für soziale Zwecke zu erhöhen. Dafür wurde die soziale Währung „Tooket" eingeführt, die die Kunden durch das Einlagern ihrer Ersparnisse bei der Bank oder durch Verwendung ihrer Kreditkarte verdienen konnten. Diese „Tookets" konnten die Kunden im Anschluss an soziale Organisationen ihrer Wahl spenden. Die Initiative half der Bank, ihre soziale Reputation nachhaltig zu verbessern. Diese Corporate Social Responsibility (CSR) entwickelt sich noch heute immer mehr zu einem weiteren Wettbewerbsvorteil (vgl. Abb. 14.2 [12]).

Abb. 14.2 Tookam Direct (Crédit Agricole Pyrénées Cascogne, Screenshot). (Tim Wartmann)

14.2.2 Werbung und Vertrieb

Für viele Firmen ist einer der Hauptgründe für den Einsatz von Social Media die Unterstützung in den Bereichen Werbung und Vertrieb. Tatsächlich kann Social Media den „Return on Invest" (ROI) eines Unternehmens deutlich erhöhen [8]. Dies wird durch die besonders geringen Kosten für die Verwendung von Facebook oder Twitter begünstigt. Theoretisch kann jeder Kontakt auf diesen sozialen Kanälen zum Abschluss einer geschäftlichen Transaktion führen. Die dynamische Nachrichtenzeitleiste in beiden Plattformen ist für manche Nutzer der Hauptgrund für deren Nutzung, was Unternehmen ein hohes vertriebliches Potenzial bietet [2]. Wie bereits in Abschn. 14.2.1 gezeigt, können engagierte Kunden über Mundpropaganda Informationen schneller verbreiten, als dies mit traditionellen Marketingmaßnahmen möglich ist. Langlois empfiehlt sogar, bekannte Blogger, Journalisten, Kunden oder Mitarbeiter dafür einzusetzen, weil dies oft ohne Mehrkosten gelingt und eine hohe Authentizität ermöglicht [12].

Eine wichtige Einschränkung ist jedoch, dass Nutzer nur ungern auf pure Werbebanner klicken. Stattdessen sollten Unternehmen relevante Inhalte bereitstellen, die einen direkten Mehrwert für die anvisierte Zielgruppe bieten. Dieser nutzerzentrische Ansatz erfordert es, die Bedürfnisse der Nutzer zu kennen. Der Schlüssel zum Erfolg liegt in einem geeigneten „Call to Action": Jeder relevante Inhalt für Nutzer sollte dabei einen Link zur Produktseite der jeweiligen Firma beinhalten, welcher im Anschluss den Abschluss einer Transaktion ermöglicht. Der Einsatz von relevanten Inhalten mit Mehrwert erhöht die Wahrscheinlichkeit, dass Nutzer schlussendlich auf den entsprechenden Button klicken [12].

Besonders für Banken und Finanzdienstleister bietet der Einsatz von „Big Data" neue und innovative Möglichkeiten zur Steigerung der Wirtschaftlichkeit. Da sie oft eine zentrale Instanz für die Verarbeitung von finanziellen Transaktionen sind, lassen sich riesige Datenmengen auch aus sozialen Kanälen sammeln und entsprechend auswerten. In der Konsequenz ergeben sich so wertvolle Einblicke in Kundenverhalten und -bedürfnisse, wodurch oft neue Vertriebswege entstehen, bestehende Kundenbeziehungen vertieft werden und sich schlussendlich Wettbewerbsvorteile gegenüber Mitbewerbern eröffnen [11]. Dafür sind jedoch spezielle Technologien erforderlich, um die großen Datenmengen automatisiert zu verarbeiten.

Praxisbeispiel: American Express

Im Jahr 2010 startete American Express eine der bisher erfolgreichsten Facebook-Kampagnen in der Finanzbranche. Sie wurde „Small Business Saturday (SBS)" genannt, benannt nach einem amerikanischen Einkaufsereignis, welches in den USA jährlich am Samstag nach Thanksgiving stattfindet [12]. Die Initiative wurde gestartet, um kleine Geschäfte zu fördern, welche bis heute unter der wachsenden Konkurrenz großer Supermärkte leiden. Jedes Jahr veröffentlichte American Express eine Liste mit kleineren Unternehmen, in denen Kunden mit ihrer American Express Kreditkarte einkaufen sollten. Im Gegenzug dafür erhielten sie eine Gutschrift in Höhe von 25 US$ auf ihr Bankkonto [2]. Im ersten Jahr erreichte SBS mehr als eine Million, im folgenden Jahr bereits 2,6 Mio. Fans. Im Jahr 2012 konsumierten die Kunden am SBS bereits im Wert von über 5,5 Mrd. US$. Die Social Media Initiative wurde zusätzlich auch über traditionelle Kanäle wie die Webseite, über TV und über andere Offline-Medien beworben [12]. Der Erfolg dieser Kampagne wurde auch besonders durch den gemeinsamen Gewinn aller beteiligten Parteien möglich: Kleine Geschäfte profitierten von steigenden Verkäufen, Kunden erhielten eine Gutschrift auf ihr Konto und American Express erhielt zusätzliche Provisionen durch eine hohe Zahl an Transaktionen über ihr Kreditkartenprodukt (vgl. Abb. 14.3 [2]).

Abb. 14.3 Facebook: Small Business Saturday (American Express, Screenshot). (Tim Wartmann)

14.2.3 Kundenservice

Um die neue Bedeutung von Social Media für den Kundenservice zu verstehen, ist ein Blick auf die bisherige Entwicklung der Kundenkommunikation wichtig. In der Vergangenheit schickten verärgerte Kunden Briefe oder E-Mails an Banken und Finanzdienstleister. Diese waren ausschließlich für die Bank sichtbar, was ihr eine längere Zeit zum Antworten einräumte. Heute teilen unzufriedene Kunden ihr Feedback oft auf sozialen Plattformen, wodurch diese Meldungen sofort auch für andere Nutzer sichtbar werden. Daher müssen Banken und Finanzdienstleister nun viel schneller qualifiziert auf Feedback reagieren [26].

Neben dieser neuen Herausforderung bietet Social Media jedoch auch verschiedene Vorteile beim Einsatz im Kundenservice. Zunächst entsteht hier ein kosteneffizientes Werkzeug für die Kommunikation mit Kunden, zum Beispiel wie im Fall von technischen Störungen (vgl. RBS-Beispiel in Abschn. 14.2.1). Durch die breite Verwendung von sozialen Plattformen ist es nun einfacher und günstiger, zeitgleich mit Tausenden von Kunden in Kontakt zu bleiben. Die Beantwortung von Kundenanfragen in Echtzeit erhöht zudem die Zufriedenheit.

Öffentliche Antworten auf Fragen oder Probleme können auch positive Auswirkung auf andere Kunden mit ähnlichen Themen haben, welche hierdurch oft sofort die passende Antwort finden [14]. Anfänglich unzufriedene Kunden, welche schnelle und professionelle Hilfe über soziale Kanäle erhalten, werden so oft auch zu „Markenbotschaftern" (vgl. Abschn. 14.2.1), welche wiederum die Reputation einer Bank erheblich steigern können [2].

Praxisbeispiel: KLM Royal Dutch Airlines

Im Zuge des Vulkanausbruchs „Eyjafjallajökull" im April 2010 begann die niederländische Fluglinie KLM schlagartig damit, ihre Präsenz auf sozialen Plattformen wie zum Beispiel Facebook und Twitter auszubauen. Ziel war es, Kunden mit Reiseinformationen zu helfen, die plötzlich auf Flughäfen gestrandet waren und denen nur überlastete Telefonnetze zur Verfügung standen. Als das verhängte Flugverbot wieder aufgehoben wurde, bot KLM daher seinen Kunden auf unbürokratische Weise an, Umbuchungen auf alternative Flüge direkt über Facebook durchzuführen. Diese Anfragen wurden im Hintergrund automatisch an das Back-End-System der Fluglinie weitergeleitet. Zusätzlich standen Service-Mitarbeiter von KLM über Facebook und Twitter im direkten Kontakt mit Kunden. Durch diese Initiativen erreichte die Fluglinie eine sehr hohe Kundenzufriedenheit, sodass sie damit auch eine hohe Zahl an „Markenbotschaftern" gewann (vgl. Abschn. 14.2.1). Diese setzten sich im Anschluss für KLM gegen negative Kommentare anderer Nutzer ein, die sich verärgert über die Fluglinie äußerten. In der Folge an dieses bedeutende Ereignis baute KLM seine Social-Media-Teams stark aus, die heute alle wesentlichen sozialen Kanäle rund um die Uhr überwachen und zeitnah auf Kundenfeedback antworten (vgl. Abb. 14.4 [14]).

14.2.4 Know Your Customer

Für Unternehmen in Banken- und Finanzsektor bezieht sich der Begriff „Know your Customer" (KYC) auf die regulatorische Anforderung, ausreichende Kenntnisse über Neu- und Bestandskunden zu besitzen. Deren Einhaltung wird regelmäßig durch die nationalen Regulatoren (zum Beispiel die BaFin für Deutschland oder die FCA für Großbritannien) überwacht. Eine mögliche Nichteinhaltung kann schnell zu Strafen und Reputationsrisiken für die betreffende Bank führen.

Nach Langlois ist der Begriff „Know your Follower" (KYF) gleichbedeutend im Bereich Social Media. Für Banken und Finanzdienstleister bieten sich hier Möglichkeiten, ihre Fans und Follower in sozialen Plattformen näher

Abb. 14.4 Facebook: KLM Royal Dutch Airlines (Screenshot). (Tim Wartmann)

kennenzulernen. Mit diesem Wissen lassen sich die Beziehungen zu Kunden vertiefen. Statt dem Einsatz kurzfristiger Marketingkampagnen können sich Banken so mehr auf den Ausbau langfristiger Kundenbeziehungen konzentrieren, die auch aus wirtschaftlicher Sicht wesentlich nachhaltiger und kosteneffizienter sind. KYF ist der Schlüssel für diesen Paradigmenwechsel, denn hiermit lassen sich die dafür erforderlichen Daten gewinnen und auswerten [12].

14.2.5 Personalbeschaffung

Die Gewinnung und das Halten von ausgezeichnetem Personal ist eine große Herausforderung für Unternehmen aller Branchen. Der hohe Bedarf an Fachpersonal verursacht einen starken Wettbewerb zwischen Unternehmen um die besten Mitarbeiter.

Durch Social Media eröffnen sich dabei innovative Möglichkeiten für die Rekrutierung. Über soziale Plattformen wie Xing (Deutschland), LinkedIn (international) oder Viadeo (Frankreich) können sich Menschen für neue berufliche Herausforderungen anbieten. Unternehmen wiederum können schnell und kostengünstig nach passenden Mitarbeitern suchen. Mit attraktiven Unternehmensseiten in diesen Kanälen kann eine Wahrnehmung als interessanter Arbeitgeber erreicht werden [12]. Durch die aktive Pflege sogenannter Alumninetzwerke kann der Kontakt mit ehemaligen Mitarbeitern gehalten werden. Über diese qualifizierten Kontakte können wiederum mögliche Neukontakte geknüpft werden, wodurch sich schnell und einfach geeignetes Personal gewinnen lässt [4].

Standard Chartered Bank

Einen innovativen Ansatz für eine reine Rekrutierung über Social Media hat die Standard Chartered Bank (SC) in Singapur angewandt. Ihre Kampagne „Word Coolest Intern" zielte auf die Gewinnung von talentierten Praktikanten für ein halbjährliches Programm ab, um so gemeinsam die neue iPhone-App „Breeze" zu entwickeln. Der Bewerbungsprozess wurde ausschließlich online durchgeführt: Bewerber mussten zuerst dem Twitter-Account der Bank folgen, um anschließend eine eigene Social-Media-Präsenz zu entwickeln und zu veröffentlichen. Letztere war das Hauptkriterium für den Auswahlprozess. Im Ergebnis ging eine hohe Zahl an kreativen Bewerbungen ein und die Bank stärkte so maßgeblich ihre Reputation als innovativer Arbeitgeber (vgl. Abb. 14.5 [12, 13]).

14.2.6 Marktforschung und Innovation

Durch Social Media können auch Innovationen für Banken gefördert werden. Über die Analyse von „Big Data" können Firmen das Verhalten ihrer Kunden

Abb. 14.5 YouTube: World Coolest Intern (Standard Chartered Bank, Screenshot). (Tim Wartmann)

auswerten, um so Bedürfnisse für neue und bestehende Produkte oder Dienstleistungen zu erkennen. Dies kann zu einem erheblichen Wettbewerbsvorteil führen, was sich wiederum positiv auf die finanzielle Leistung auswirkt.

Ein ähnlicher Effekt gilt für die firmeninterne Kommunikation. Spezielle Kollaborationssoftware kann dabei helfen, abteilungsübergreifende Hürden zu überwinden, um so zu neuen Ideen für neue, ungeplante Innovationen zu gelangen. Über das firmeninterne Intranet lassen sich beispielsweise „wiki-ähnliche" Werkzeuge bereitstellen, die eine übergreifende Zusammenarbeit zwischen verschiedenen Teams erleichtern [4].

Danske Idébank

Als die dänische Danske Bank im Februar 2011 ihre mobile Bankenlösung „Idébank" verbessern wollte, beschloss sie, dafür die kollektive Intelligenz des sozialen Netzes zu nutzen. Innerhalb einer zeitlich befristeten Initiative konnten Nutzer ihre Verbesserungsvorschläge auf einer speziellen Facebook-Seite veröffentlichen. Um die hohe Zahl an Nutzerbeiträgen zu beherrschen, wurden verschiedene Kategorien verwendet, wie zum Beispiel Features, Design oder Informationen. Die Nutzer wurden durch erhöhte Sichtbarkeit auf Facebook belohnt und motiviert, weil sie so zum wichtigen Teil eines transparenten Produktentwicklungsprozesses wurden. Die soziale Initiative war sehr erfolgreich und involvierte knapp 10.000 aktive Nutzer pro Monat. Dies führte in Summe zu mehr als 2000 Stimmen, 169 Ideen und 128 Kommentaren. Das half der Bank schließlich dabei, ihr Bankprodukt zu verbessern und auf die Bedürfnisse ihrer Kunden abzustimmen. Im März 2011 wurde sogar eine zweite Welle durchgeführt, welche eine noch höhere Zahl aktiver Teilnehmer anzog (vgl. Abb. 14.6 [12]).

14.2.7 Produktportfolio

Während die vorherigen Abschnitte eindrucksvolle Anwendungsbeispiele gezeigt haben, die sich auf Geschäftsprozesse (zum Beispiel Vertrieb, Markensteuerung, oder Rekrutierung) beziehen, zeigt der folgende Abschnitt, wie sich Social Media direkt in das Produkt- oder Dienstleistungsportfolio einer Bank einbetten lässt. Auf diese Weise entwickelt sich Social Media zum zentralen Element innovativer Produkte und Dienstleistungen für Kunden, was wiederum grundsätzlich neue Wege für Banken und Finanzdienstleister eröffnet.

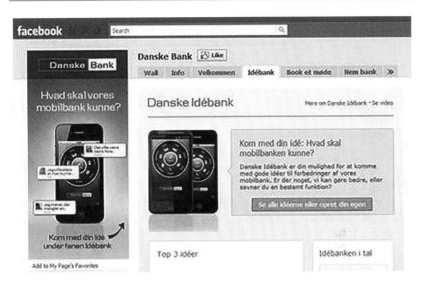

Abb. 14.6 Facebook: Danske Idébank (Danske Bank, Screenshot). (Tim Wartmann)

N26

N26 wurde im Jahr 2013 als deutsche Online-Bank gegründet und hat in kurzer Zeit den Markt für innovative Girokonten revolutioniert. Ihr Ziel war die Schaffung des idealen Girokontos: mobil, attraktiv, kostenlos und in Echtzeit. Laut N26 befanden sich im Juli 2016 bereits mehr als 200.000 Kunden auf der Bankenplattform [16]. Seit Juli 2016 besitzt das Unternehmen sogar eine eigene Banklizenz, was den Kunden noch mehr Sicherheit und attraktivere Produkte bieten soll. So wurde beispielsweise im selben Monat ein neues Investmentprodukt eingeführt, was das bisherige Girokonto sinnvoll ergänzen soll. Für die Durchführung von Überweisungen in Echtzeit wurde der Service „Moneybeam" eingeführt: Hierdurch ist es nun möglich, anderen vernetzten N26-Kontakten in Echtzeit Geldbeträge zu überweisen. Nach Angaben von N26 wurden bis Juli 2016 bereits über 200.000 „Moneybeams" versendet, was einem Transaktionsvolumen von über 13 Mio. EUR entspricht. Für Kunden soll es so einfach und bequem sein, zum Beispiel nach Restaurantbesuchen die Kosten für gemeinsam konsumierte Leistungen aufzuteilen, in Echtzeit und direkt über das Smartphone (vgl. Abb. 14.7 [17]).

Abb. 14.7 N26. (Nach N26 2016b [17])

14.3 Herausforderungen

Als neues Paradigma bringt der Einsatz von Social Media neben vielen Vorteilen auch eine Reihe an Herausforderungen mit sich. In den folgenden Abschnitten werden dafür die Bereiche Kommunikation, Messbarkeit, Sicherheit, Big Data, Strategie sowie organisatorische Aspekte näher beleuchtet.

14.3.1 Paradigmenwechsel

Eines der wichtigsten Merkmale von Social Media ist der Wechsel von der traditionellen Einwegkommunikation hin zu einem echten bidirektionalen Austausch zwischen Unternehmen und Kunden. Zugleich ist das jedoch für die meisten Firmen auch die größte Furcht: Negatives Feedback von Nutzern könnte ihre bisher starke Reputation gefährden [12]. In der Folge setzen viele Firmen auch im Zeitalter von Social Media leider noch immer auf traditionelles „Broadcasting", anstatt ihre Kunden im Netz zu beobachten und sie zu proaktiven Beiträgen zu motivieren [21].

In extremen Fällen werden sogar noch immer soziale Plattformen im Rahmen der beruflichen Tätigkeit verboten. Die Kommunikation zwischen Mitarbeitern und Kunden wird oft noch von Teamleitern oder Managern überwacht und freigegeben. Das behindert den Echtzeitgedanken von Social Media, bei dem Nutzer schnelles Feedback erwarten [22].

Die Bedenken lassen sich auf verschiedene Arten beherrschen. Eine der wichtigsten Maßnahmen dafür ist die Schulung der Mitarbeiter mit Blick auf positive und negative Auswirkungen von Social Media. Das Unternehmen Dell bietet seinen Mitarbeiter beispielsweise Zertifizierungen zum „Social Media and Community Professional" an [22]. Zusätzlich sollten Unternehmen entsprechende Richtlinien einführen, die die richtige Nutzung von sozialen Plattformen im Rahmen der beruflichen Tätigkeit vorschreiben. Hier sollte klar formuliert sein, was erlaubt und was verboten ist. Mitarbeiter sollten sich eventuellen disziplinarischen Konsequenzen bewusst sein, falls sie gegen diese Regeln verstoßen. Ein weiteres Instrument ist der Einsatz von Überwachungstools für soziale Kanäle. Diese beobachten automatisch den Kommunikationsverkehr in Bezug auf ein Unternehmen und erlauben es ihm so, schnell und angemessen auf Kommentare externer Nutzern zu reagieren [12].

14.3.2 Messbarkeit

Während die Vorteile von Social Media allgemein bekannt sind, ist es noch immer schwierig, den geschäftlichen Wert bzw. den „Return on Invest" (ROI) zu quantifizieren. Aus diesem Grund wird Social Media in manchen Unternehmen noch immer nicht voll anerkannt und umgesetzt [12]. Für viele Entscheidungsträger besteht die Herausforderung, klare Metriken zu definieren, welche mit zukünftigen sozialen Aktivitäten korreliert werden können, obwohl sie auch indirekt von anderen, zeitlich parallelen Marketingmaßnahmen abhängig sind [4]. Nur so können sie einen überzeugenden Business Case erstellen, welchen sie anschließend beim Senior Management zur Genehmigung etwaiger Investitionskosten vorlegen können.

14.3.3 Key Performance Indicators (KPIs)

Die von Unternehmen meist genannten Metriken für Social Media sind Markenbekanntheit und Kundenengagement. Andere Metriken beziehen sich direkt auf die finanzielle Leistung eines Unternehmens, zum Beispiel die Anzahl und Profitabilität von Verkäufen, die Konversionsrate oder der ROI für Marketingkosten.

Tab. 14.1 Aktivitäts- und antwortbasierte Indizes für die größten deutschen Marken, nach [15]

Index	Twitter	YouTube	Facebook	Unternehmensblogs
Aktivität (Ø)	# Tweets (89)	# Videos (50)	# Posts (6)	# Artikel (5)
Antworten (Ø)	# Followers (1144)	# Clicks (224.468) # Subscribers (234)	# Fans (6986) # Kommentare (24)	# Kommentare (103)

Weitere, nichtökonomische KPIs beschreiben spezifische Metriken der jeweils eingesetzten sozialen Plattform. Eine durchgehende Überwachung dieser aktivitäts- oder antwortbasierten Metriken, wie zum Beispiel „Followers" auf Twitter oder „Fans" auf Facebook, kann Korrelationen und Trends von sozialen Maßnahmen aufzeigen. Im Gegenzug kann davon ausgegangen werden, dass jegliche Verbesserung der sozialen KPIs auch eine Verbesserung der finanziellen Leistung einer Organisation mit sich bringt – obwohl dies nur schwer messbar sein wird. Tab. 14.1 zeigt die Metriken, die von den größten deutschen Marken überwacht werden.

14.3.4 Social Media Monitoring

Das Beobachten des sozialen Netzes ist zunächst eine Schlüsselaufgabe für Unternehmen, die mit dem Einsatz von Social Media beginnen. Auf diese Weise können Nutzerbeiträge erkannt, analysiert und wiederverwendet werden für die Erreichung eigener Geschäftsziele, wie zum Beispiel für den Aufbau innovativer Produkte oder für schnelles Feedback auf Nutzerkommentare. Nach Aperto bietet die Überwachung von Social Media folgende Möglichkeiten [1]:

- Meinungsforschung
- Marktforschung
- Trendanalyse
- Pressespiegel
- Frühwarnsystem
- Wettbewerbsanalyse

Aufgrund der Vielzahl an gewonnenen Daten („Big Data") kann diese Überwachung jedoch kaum manuell durchgeführt werden. Stattdessen werden dafür oft automatisierte Werkzeuge eingesetzt, die kontinuierlich die sozialen Kanäle nach dem Auftreten bestimmter Schlüsselwörter (zum Beispiel dem Namen des Unternehmens und/oder seiner Produkte) durchsuchen [10]. Beispiele für bereits etablierte Werkzeuge in diesem Bereich sind: Sysomos11, Lithium12 oder Radian6 [25].

14.3.5 Sicherheit

Eine weitere, wichtige Herausforderung ist das Thema Sicherheit. Es liegt in der Natur von Social Media, dass Inhalte sofort online sichtbar sind und dadurch schnell zu Problemen bei vertraulichen Daten führen können; besonders im Banken- und Finanzbereich, in dem die Vertraulichkeit von Daten ein hohes Gut ist [7].

Da hier oft dieselben Technologien zum Einsatz kommen wie bei traditionellen Webanwendungen, bestehen auch ähnliche potenzielle Sicherheitslücken. So können Angreifer zum Beispiel Schadcodes in Nutzerprofile von Facebook oder Twitter einschleusen, was allgemein unter „Cross-Site-Scripting" oder „SQL Injection" bekannt ist [9]. Dies kann im Ernstfall zum Verlust vertraulicher Daten führen. Zum Schutz gegen diese Art von Angriffen muss eine ausreichend robuste Validierung von Nutzereingaben eingesetzt werden, was bereits ein gängiger Industriestandard ist [27]. All diese Risiken existierten jedoch bereits lange zuvor und können demnach nicht direkt dem Einsatz von Social Media angelastet werden.

Ein nicht zu vernachlässigender Kanal für Sicherheitslücken sind jedoch die Menschen selbst. So können zum Beispiel Mitarbeiter im Kundenservice (absichtlich oder aus Versehen) schnell firmeninterne Informationen preisgeben, wenn sie nicht ausreichend für die Gefahren von Social Media sensibilisiert sind. Dieses Risiko wird auch als „Social Engineering" bezeichnet und lässt sich am besten durch Schulungen und firmeninterne Richtlinien eindämmen (vgl. Abschn. 14.3.1). Mitarbeiter sollten dafür sensibilisiert werden, dass der Austausch vertraulicher Informationen über soziale Kanäle wie Facebook oder Twitter sehr gefährlich ist und daher vermieden werden sollte. Stattdessen sollten sensible Daten weiterhin ausschließlich über geschützte Kanäle wie zum Beispiel E-Mail oder Telefon kommuniziert werden [12].

14.3.6 Big Data

Der Einsatz von Social Media bringt zwangsläufig eine Erhöhung der Ende-zu-Ende-Kommunikationen mit sich. Die dadurch entstehenden Datenmengen müssen entsprechend beherrscht werden. Dieses Phänomen wird auch als „Big Data" bezeichnet und stellt eine weitere Herausforderung beim Einsatz von Social Media dar. Spezielle Architekturen (zum Beispiel Cloud Computing) und

Automatisierungswerkzeuge werden benötigt, um die gewaltigen Datenmengen automatisiert zu erfassen, zu speichern, zu verarbeiten und schlussendlich im Rahmen der Organisation zu monetarisieren. Der potenzielle Mehrwert ist jedoch hoch. Aus den gewonnenen Daten lassen sich Verhaltensmuster von Nutzern erkennen, die wiederum wertvolle Rückschlüsse auf Bedürfnisse und Trends im jeweiligen Markt bringen. Dies ist heutzutage ein entscheidender Wettbewerbsvorteil für Firmen [10].

14.3.7 Unternehmensstrategie

Nach Erkenntnissen von Gartner scheitern 90 % aller Social Media Initiativen daran, dass sie nicht mit den zugrunde liegenden Geschäftszielen abgestimmt sind [23]. Im Prinzip sollte die Socia-Media-Strategie jedoch zwingend auf der geschäftlichen Strategie einer Organisation aufbauen und sie erweitern. Nur so kann Social Media wirtschaftlichen Mehrwert bringen. Als Konsequenz werden in der Praxis Social-Media-Initiativen leider noch oft aus Mangel an strategischer Abstimmung erfolglos eingestellt [20].

Um solche Fehler zu vermeiden, sollte jede Organisation zunächst eine konsistente Strategie für Social Media erarbeiten, welche eng auf die zugrunde liegende geschäftliche Strategie der jeweiligen Firma abgestimmt ist. Diese Abstimmung sollte zwingend abteilungsübergreifend innerhalb des gesamten Unternehmens stattfinden und nicht nur isoliert in wenigen Teams. Zusätzlich sollten klare Metriken vereinbart werden, mit denen sich der Erfolg oder Misserfolg messen lässt (vgl. Abschn. 14.3.2).

14.3.8 Organisatorische Einbettung

Da Social Media flächendeckend die gesamte Organisation betrifft, ist ein hoher Grad an abteilungsübergreifender Abstimmung erforderlich. Dadurch sollen isolierte Aktivitäten einzelner Personen oder Teams vermieden werden, welche den Erfolg gefährden können. Besonders die Koordination paralleler Kampagnen erfordert eine enge Abstimmung, damit externe Kunden in den verschiedenen Kanälen ein möglichst konsistentes und abgestimmtes Außenbild der Organisation wahrnehmen. Andernfalls kommt es schnell zu Konfusionen und Unzufriedenheit, wodurch sich schnell das Gegenteil der anfänglichen Ziele einstellt. Um dies zu vermeiden, ist eine zentrale Steuerung und Überwachung aller Social-Media-Aktivitäten notwendig [21].

Unverzichtbar für den Aufbau einer solchen zentralen Steuerung ist die Unterstützung des Senior Managements. Werden Social-Media-Projekte von Mitarbeitern ohne ausreichende Befugnisse durchgeführt (zum Beispiel durch Praktikanten in den Sommerferien), stellt sich nur selten ein entsprechender Erfolg ein [22]. Stattdessen sollten Vertreter aus der Führungsetage (zum Beispiel der CEO) als interne Botschafter und Katalysatoren gewonnen werden, was die Aussicht auf Erfolg deutlich erhöht [12].

14.4   Regulatorische Anforderungen

Nach Chanda & Zaorski benennen ca. 91 % aller Vertreter aus der Finanzbranche das Problem von regulatorischen Einschränkungen als größte Hürde für den Einsatz von Social Media. Der Mangel an klaren Regeln und Richtlinien von den zuständigen lokalen Behörden (zum Beispiel die BaFin in Deutschland oder die FCA in Großbritannien) unterstreicht dieses Problem. Zudem werden oft hohe Kosten befürchtet, die der Einsatz neuer Technologien zur Befolgung regulatorischer Anforderungen mit sich bringt. Dazu gehören beispielsweise Pflichten zur Aufbewahrung, Überwachung und Prüfung von Daten. Chanda und Zaorski bringen es mit dem folgenden Zitat deutlich auf den Punkt: „Many financial firms worry about being too boring for these cutting-edge platforms (or being forced to be boring once all the rules and regulations are complied with)" [2].

14.4.1 Aufbewahrungspflichten

Es gehört zu den allgemeinen Pflichten für Banken aber auch für Unternehmen in anderen Branchen, geschäftsrelevante Daten für eine bestimmte Zeitdauer aufzubewahren. Für Firmen in der Finanzbranche beträgt diese Zeit in Deutschland und Großbritannien je nach Art der Daten sechs bis zehn Jahre [6]. Durch den Einsatz sozialer Kanäle für geschäftliche Zwecke erweitert sich der Umfang dieser Aufbewahrungspflicht signifikant: Konversationen mit Kunden über Facebook oder Twitter müssen dann auch entsprechend archiviert werden. Aufgrund der Vielzahl gesammelter Daten (vgl. Abschn. 14.3.6) werden hier schnell automatisierte Verfahren erforderlich, die den Einsatz neuer Werkzeuge und Technologien erforderlich machen.

Allgemein schlagen Chanda und Zaorski drei verschiedene Ansätze vor, wie mit der Aufbewahrungspflicht im Bereich von Social Media umgegangen werden kann [2]:

- **Vollständige Archivierung:** Aufbewahren aller Konversationen auf sozialen Plattformen, einschließlich gelöschter Beiträge (bedeutet hohe Aufwände und Kosten für die Speicherung).
- **Archivierung von „Re-Tweets" und „Likes":** Eingeschränkte Aufbewahrung von solchen Konversationen, auf die das jeweilige Unternehmen mit einem „Like" oder „Re-Tweet" reagiert hat (mittlere Aufwände und Kosten).
- **Keine Archivierung:** Kompletter Verzicht auf Archivierung in der naiven Annahme, dass die Aufbewahrungspflicht für das jeweilige Unternehmen nicht relevant ist (geringe Aufwände und Kosten, jedoch hohes regulatorisches Risiko).

14.4.2 Interne Genehmigung und Prüfung

Die meisten Unternehmen im Banken- und Finanzsektor verfügen bereits über einen ausgereiften Prozess für die Freigabe externer Kommunikation, der durch regulatorische Anforderungen vorgeschrieben wird und die Veröffentlichung sensibler Daten verhindern soll. Dies steht jedoch schnell im Widerspruch zur Idee von Social Media, die auf einen Massenaustausch von Informationen in Echtzeit setzt [28]. Als Konsequenz darauf werden soziale Inhalte oft in zwei Kategorien unterschieden:

- **Statisch (proaktiv):** Fest definierter Inhalt mit wenigen Änderungsschleifen, zum Beispiel das Unternehmensprofil auf Facebook oder Twitter, benötigt formale Freigabe vor der Veröffentlichung.
- **Interaktiv (reaktiv):** Dynamischer Inhalt in Echtzeit mit hoher Anzahl von Änderungsschleifen, zum Beispiel „Likes" in Facebook oder „Tweets" in Twitter, kann ohne formale Freigabe veröffentlicht werden, kann jedoch stichprobenartige Prüfung nach der Veröffentlichung beinhalten.

In der Praxis verwenden Unternehmen verschiedene Ansätze. Morgan Stanley, zum Beispiel, erlaubt seinen Mitarbeitern ausschließlich die Verwendung bereits genehmigter Inhalte aus einer Art vorgefertigten Inhaltsbibliothek. Bei Raymond James dagegen können Mitarbeiter wählen, ob sie Inhalte aus einer ähnlichen Bibliothek wählen oder neue Beträge verfassen. Im letzteren Fall werden diese vor Veröffentlichung noch einmal innerhalb desselben Tages geprüft und genehmigt [2].

14.4.3 Beiträge von Drittanbietern

Soziale Verweise, wie zum Beispiel Facebook „Likes" oder Twitter „Re-Tweets" können auch zu einem anderen rechtlichen Problem führen, weil geschäftliche Empfehlungen für bestimmte Produkte oder Dienstleistungen in der Finanzbranche regulatorisch verboten sind [8]. Daher sollten Unternehmen in der Banken- und Finanzbranche besonders vorsichtig mit solchen Verweisen sein. Beiträge von Drittanbietern werden zwar allgemein nicht als Teil der Kommunikation von Unternehmen angesehen, jedoch mit Ausnahmen der folgenden zwei Fälle:

- **Verstrickung:** Das Unternehmen ist in der Aufbereitung von Inhalten des Drittenanbieters involviert.
- **Übernahme:** Das Unternehmen empfiehlt oder genehmigt Inhalte explizit oder implizit.

In diesen Fällen sollten dieselben Regeln wie für „statische Inhalte" gelten. Als Ergebnis sollten solche Inhalte vor der Veröffentlichung explizit genehmigt werden. In jedem Fall sollten Unternehmen besonders dynamische Inhalte regelmäßig und rechtzeitig überprüfen, um bei Bedarf korrigierend und klärend einzugreifen und so Schaden abzuwenden. Dabei sollte das einfache Entfernen von bereits veröffentlichten Inhalten möglichst vermieden werden, weil dies mit dem Prinzip der Transparenz in Konflikt steht. Im schlimmsten Fall kann dies sonst zu Unzufriedenheit und negativer Reputation führen [2].

14.4.4 Kundenbeschwerden

Organisationen im Banken- und Finanzbereich folgen strikten Vorgaben in Bezug auf die formale Dokumentation und Berichterstattung von Kundenbeschwerden. In einigen Fällen müssen besonders schwerwiegende Beschwerden sogar bei den lokalen Finanzbehörden gemeldet werden (zum Beispiel der BaFin in Deutschland oder der FCA in Großbritannien). Jeglicher Verstoß gegen diese Auflagen kann ernsthafte Sanktionen zur Folge haben, was eine negative Auswirkung auf die öffentliche Reputation der Organisation mit sich bringen kann.

Durch den Einsatz von Social Media verschärfen sich diese Auflagen deutlich. Firmenbezogene Konversationen auf sozialen Kanälen fallen so schnell in die Kategorie der geschäftlichen Kommunikation. Demnach gelten auch hier

dieselben strikten Auflagen. Jegliche Beschwerden von bestehenden oder potenziellen Kunden in Facebook, Twitter und Co. müssen dokumentiert und auf
dieselbe Weise bearbeitet werden, als kämen sie über herkömmliche Kommuni-
kationskanäle. Aufgrund der verwendeten Technologien ist es jedoch nicht immer
möglich, zu erkennen, ob eine schriftliche Beschwerde von einem bestehenden
Kunden verfasst wurde, welcher ein vertragliches Verhältnis mit dem Unternehmen hat oder nicht. In der Praxis behandeln daher manche Banken alle Beschwerden gleich, inklusive solcher von nicht identifizierbaren Nutzern. Andere Banken
dagegen versuchen zunächst, den Verfasser direkt zu kontaktieren, um festzustellen, ob es sich dabei um einen Vertragspartner handelt und ob die Beschwerde im
Rahmen des formalen Prozesses behandelt werden muss oder nicht [2].

14.5 Checkliste für die Einführung von Social Media

Dieser Abschnitt präsentiert eine Art Checkliste für Organisationen im Banken-
und Finanzsektor, welche die Einführung von Social Media planen. Die Liste
betrachtet dabei die Bereiche Strategie, Prozesse, Stakeholder, Performance, Risiken sowie Technologien.

14.5.1 Strategie

- **Fokus auf geschäftliche Strategie:** Definition der Strategie, Ziele, Prioritä-
  ten, Meilensteine, Budget und Ressourcen vor der eigentlichen Umsetzung,
  Sicherstellen eines realistischen Business Case, Social Media sollte bestehende Geschäftsprozesse ergänzen und sie nicht ersetzen.
- **Klein starten, groß denken:** Start mit kleinen, risikoarmen sozialen Initiativen (zum Beispiel CSR oder Sponsoring), um anschließend auf Grundlage der
  gewonnenen Erfahrungen größere Projekte zu planen.
- **Langfristige Beziehungen:** Vermeidung von kurzfristig gedachten Kampagnen, stattdessen Fokus auf den Aufbau langfristiger und nachhaltiger Beziehungen mit der Community, inklusive dem Bereithalten einer Exit-Strategie
  für den Einsatz von Social Media.
- **Relevante Inhalte:** Sicherstellung, dass veröffentliche Inhalte einen Mehrwert
  für die anvisierte Zielgruppe beinhalten (Belohnung), Vermeidung von reinen
  Werbeinhalten.

- **Fördern von Nutzeraktivitäten:** Ermunterung von Nutzern zur Bereitstellung von eigenen Inhalten, Angebot von Belohnungen als Motivation (zum Beispiel Geschenke, exklusive Inhalte oder Unterhaltung).
- **Werbung durch die Community:** Fokus auf „Mund-zu-Mund-Werbung" durch die Community, dadurch Reduktion der eigenen Werbekosten.
- **Vermeidung von Outsourcing:** Haltung der Kernaktivitäten (zum Beispiel Strategie und Kundenservice) für Social Media im eigenen Unternehmen, weil ein Outsourcing negative Auswirkung auf Authentizität und Transparenz haben kann.

14.5.2 Prozesse

- **Übergreifende Koordination:** Zentrale Koordination aller Social-Media-Aktivitäten mit anderen Abteilungen (zum Beispiel Marketing, Kundenservice oder HR) und Applikationen (zum Beispiel CRM, CMS oder ERP) im Unternehmen.
- **Social Media Steuerung:** Aufbau einer effizienten Steuerung für die Einführung von Social Media, Bereitstellen geeigneter Ressourcen und Rollen für die Planung, Schulung, Steuerung und Verfeinerung.
- **Abstimmung mit Kernprozessen:** Abstimmung mit bestehenden Geschäftsprozessen, Social Media sollte diese sinnvoll ergänzen, statt sie zu ersetzen.

14.5.3 Stakeholder

- **Executive Support:** Gewinn des Senior Managements als Sponsor und Unterstützer für das soziale Projekt, um eine möglichst hohe Akzeptanz im Unternehmen zu erreichen.
- **Aktive Teilnahme:** Der Community ermöglichen, sich offen und ohne Zensur aktiv an der Kommunikation zu beteiligen.
- **Kundenfürsprache:** Identifikation von „Beeinflussern" und Aufbau von langfristigen Beziehungen mit diesen, Gestaltung einer Antwort- und Ausweitungsstrategie für diese und Versuch, sie als „Markenbotschafter" für die eigene Organisation zu entwickeln.
- **Aufbau interner Teams:** Bereitstellung und Zuweisung geeigneter Ressourcen, Angebot von ausreichenden Schulungen und Berechtigungen für ihre Aufgaben.

14.5.4 Performance

- **Definition von Metriken:** Aufbau eines Rahmenwerkes zur Messung und Bewertung sozialer Aktivitäten, Definition von Metriken zur Ergänzung der bestehenden KPIs, regelmäßige Überwachung der Metriken (zum Beispiel durch automatisierte Verfahren) und Ableitung von Verbesserungsmaßnahmen.
- **Überwachung der Aktivitäten:** Überwachung der sozialen Aktivitäten der Mitarbeiter im Unternehmen, Bereitstellung von Schulungen, Anpassung des internen Belohnungssystems und der Richtlinien, falls nötig.
- **Stetige Verbesserung:** Keinen perfekten Start der Social Media Aktivitäten erwarten, jedoch Sicherstellung eines stetigen Lernens und Verbesserns durch regelmäßige Reviews und Anpassungen, Bereitstellung einer offenen Fehler- und Lernkultur.

14.5.5 Risiken

- **Schulung und Erziehung:** Bereitstellung von Mitarbeiterschulungen, um sie so für die Auswirkung und Gefahren von Social Media zu sensibilisieren; Sicherstellen, dass alle Mitarbeiter im sozialen Bereich Pflichtschulungen erfolgreich absolvieren; Coaching des Managements für das Treffen korrekter Entscheidungen im operativen Umfeld.
- **Regeln und Richtlinien:** Veröffentlichen von Regeln und Richtlinien für den Gebrauch von Social Media im Unternehmen, Verwenden branchenspezifischer Templates für die Erstellung eigener Richtlinien.
- **Konversationen folgen:** Aufbau einer geeigneten Überwachungslösung für die Verfolgung von Online-Konversationen, schnelles Antworten auf Nutzerkommentare, Moderieren sozialer Kanäle durch proaktive Veröffentlichung von relevanten Beiträgen.
- **Abstimmung mit bestehender Steuerung:** Sicherstellen, dass sich Social Media nahtlos in das bestehende Rahmenwerk zur Steuerung von Risiken einfügt (zum Beispiel Risk Meetings oder Risk Assessments).

14.5.6 Technologien

- **Fokus auf das Geschäft:** Zuerst Definition einer geschäftlichen Strategie bevor Entscheidungen zu Technologien getroffen werden; Limitierung der Ausgaben für Technologien; Fokus auf Strategie, Konzept und Schulungen.

- **Wiederverwendung bestehender Technologien:** Verwendung der bereits existierenden Kanäle (zum Beispiel Facebook oder Twitter), falls möglich, weil die meisten Nutzer bereits diese Kanäle nutzen und nur ungern auf zusätzliche Kanäle ausweichen.
- **Einfache Schnittstellen:** Aufbau von vereinfachten Benutzerschnittstellen, die ein hohes Maß an Benutzerfreundlichkeit und Unterhaltung bieten („Gamification").
- **Automatisierungswerkzeuge:** Verwendung von Werkzeugen für die automatisierte Ausführung von sich wiederholenden Routinetätigkeiten (zum Beispiel Überwachung, Inhaltsfreigaben, Aufbewahrung), um menschliche Fehler zu vermeiden und rechtliche Vorgaben zu erfüllen.

Zusammenfassung und Ausblick

Dieser Beitrag hat die Bandbreite an innovativen Möglichkeiten gezeigt, die Social Media für Unternehmen erschließt. Dies gilt besonders auch für den Banken- und Finanzsektor. Es wurde gezeigt, warum und wie dieses neue Kommunikationsparadigma helfen kann, einen bedeutenden Wettbewerbsvorteil zu erlangen. Durch den Einsatz sozialer Plattformen lassen sich Geschäftsziele effizienter und kostengünstiger erreichen, als dies ohne Social Media der Fall war. Besonders für Banken ergeben sich hierdurch komplett neue Wege, ein menschliches Gesicht im Umgang mit Kunden zu zeigen. Zufriedene Kunden können sich schnell zu „Markenbotschaftern" entwickeln, die als wichtige Multiplikatoren zeitlich parallel laufende Marketingaktivitäten verstärken. Der Aufbau von Vertrauen und Transparenz ist noch immer eine der größten Herausforderungen von Banken und Finanzdienstleistern. Social Media nimmt dabei eine immer größer werdende Rolle ein.

Neben der Vielzahl neuer Möglichkeiten entstehen auch verschiedene neue Herausforderungen. Die Motivation für aktive Nutzerbeiträge birgt stets auch die Gefahr für negative Kommentare und den Verlust an Reputation, falls diese nicht zeitnah und professional beantwortet werden. Zudem muss eine Vielzahl an regulatorischen Vorgaben erfüllt werden. Auf der einen Seite sollen die Kunden und deren Daten geschützt werden, was stets höchste Priorität hat. Auf der anderen Seite muss es durch die Schaffung geeigneter Rahmenbedingungen, Richtlinien und Schulungen auch möglich werden, für die Erreichung von geschäftlichen Zielen dennoch auch verstärkt auf soziale Kanäle zu setzen. Interne Stakeholder einer Organisation sollten abteilungsübergreifend und frühzeitig in den Prozess eingebunden werden.

In die Zukunft blickend sollten lokale Regulatoren (zum Beispiel die BaFin für Deutschland) versuchen, das derzeit bestehende Vakuum an Richtlinien möglich zeitnah zu schließen. So fehlt es noch immer an klaren Vorgaben und Empfehlungen für die Finanzbranche, wie mit Social Media umzugehen ist und wie sich bestehende regulatorische Vorgaben auf die neuen Gegebenheiten anwenden lassen. Bis es so weit ist, müssen sich Banken und Finanzdienstleister weiterhin auf ihren gesunden Menschenverstand verlassen. Zusätzlich sollten Unternehmen stärker auf Automatisierungswerkzeuge bauen, die ihnen die Verarbeitung großer Datenmengen („Big Data") ermöglichen. Diese fallen beim Einsatz von Social Media unweigerlich an. Hierfür muss vom Management entsprechendes Investitionsbudget eingeplant werden. Abschließend sollten sich Unternehmen aus der Banken- und Finanzindustrie stärker auf die Idee des „Crowdsourcing" einlassen. Dabei helfen Kunden und andere Nutzer freiwillig bei der Findung und Entwicklung neuer, innovativer Produkte und Dienstleistungen. Dies erfordert zwar eine gewisse Bereitschaft zur Offenheit und zum Risiko, jedoch lassen sich so oft schneller neue Kundenbedürfnisse erkennen und in entsprechende Angebote umsetzen, was wiederum zu einem deutlichen Wettbewerbsvorteil führt.

Literatur

1. Aperto (2010) Social Media Monitoring. Berlin, Germany: Company presentation
2. Chanda R und Zaorski S (2013) Social Media Usage in the Financial Services Industry: Toward a Business-Driven Compliance Approach. Journal of Taxation & Regulation of Financial Institutions. May/Jun2013, Vol. 26 Issue 5, S. 5–20
3. construktiv (2009) Studie: Wie nutzen Deutschland's größte Marken Social Media?. construktiv, Bremen 2009, http://www.construktiv.de/newsroom/wp-content/uploads/2009/12/social-media-studie_langversion_091207.pdf
4. Drakos N (2008) Tutorial: Real-World Examples of the Business Value of Social Software. Gartner, Inc., G00160075
5. Gotta M (2013) Business Gets Social Innovation Key Initiative Overview. Gartner, Inc., G00251228
6. Hall A (2012) Social Media And Financial Services Compliance: It's Doable. Corporate Meetings & Incentives. Apr2012, Vol. 31 Issue 4, S. 21
7. Hosford C (2013) Study: Financial services companies use of social media ‚amateurish'. B to B. 4/9/2012, Vol. 97 Issue 4, S. 1
8. Jaeger J (2010) Social Media Use in the Financial Industry. Compliance Week. Aug2010, Vol. 7 Issue 79, S. 54–55
9. Jaser J (2009) The Case Against Social Media in Banking. Banking New York. Winter2010, Issue 12, S. 15
10. Kim H, Pelaez A und Winston E (2013) Experiencing Big Data Analytics: Analyzing Social Media Data In Financial Sector As A Case Study. Proceedings for the Northeast Region Decision Sciences Institute (NEDSI). 2013, S. 62–69

11. Krupp J (2012) Mobile and social media causing shift in banking landscape. Enterprise Innovation. Apr2012, S. 32–34
12. Langlois C (2011) A Practical Guide to Social Media in Financial Services. London, UK: Searching Finance.
13. maketecheasier (2010) The "World Coolest Intern", Are You Up To The Challenge?. maketecheasier, http://www.maketecheasier.com/the-world-coolest-intern-are-you-up-to-the-challenge-news/
14. Mann J (2012) Crisis Drives Better Customer Care Through Social Media. Gartner, Inc., G00217489
15. Maxus (2010) Social Media Einführung – Bank of Scotland. Berlin, Germany: Company presentation
16. N26 (2016a) Number26 receives banking license - N26 Lays Foundation for Europe's Most Modern and Efficient Bank. https://n26.com/wp-content/uploads/2014/06/n26-press-release-banking-license.pdf
17. N26 (2016b) Digi-Taler, Taler du musst wandern. https://n26.com/moneybeam-de/?utm_source=crm&utm_medium=newsletter&utm_content=logo&utm_campaign=moneybeam_infographic_de
18. Rozwell, C., & Drakos, N. (2011). Apply a Comprehensive Planning Framework as Business Gets Social. Gartner, Inc., G00213089
19. Rozwell C und Smith D (2012) Taking a Strategic Approach to Social Media. Gartner, Inc.
20. Rozwell C (2010a) Defining A Social Media Strategy: Identify Audience and Engagement. Gartner, Inc., G00205700
21. Rozwell C (2010b) Case Study: Virtusa's Social Media Plan Begins With Purpose Definition and Employee Education. Gartner, Inc., G00175878
22. Rozwell C (2011) Top 10 Signals That Your Management Doesn't "Get" Social Media and What To Do About It. Gartner, Inc., G00219173
23. Rozwell C (2012) Survey Results from the Social Media Strategy Webinar. Gartner, Inc., blogs.gartner.com/carol_rozwell/2012/02/21/survey-results-from-the-social-media-strategy-webinar-2
24. Schniederjans D, Cao E und Schniederjans M (2013) Enhancing financial performance with social media: An impression management perspective. Decision Support Systems. Nov2013, Vol. 55 Issue 4, S. 911–918. 8p. DOI: 10.1016/j.dss.2012.12.027
25. Thankachan A und George J (2012) The Cyber Sieve: Social Media Monitoring for Financial Institutions. Global Finance. Nov2012, Vol. 26 Issue 11, S. 16–19
26. Vemuri A (2010) Getting Social: Bridging The Gap Between Banking And Social Media. Global Finance. May2010, Vol. 24 Issue 5, S. 20–21
27. Wartmann T (2008) Risiko 2.0 - Eine Analyse der Sicherheit von Ajax. c't magazin für computer technik. January 2008, Issue 2, S. 130
28. Winston und Strawn (2010) FINRA Advises Financial Firms of Responsibility for Employee Social Media Use and the Requirement of a Social Media Policy. Venulex Legal Summaries. 2010 Q1, Special section S. 1–3
29. Wisniewski M (2013) RBS Battles Social Media Storm During Online Banking Outage. American Banker. 3/8/2013, Vol. 178 Issue F310, S. 5

Über den Autor

Tim Wartmann wurde 1982 geboren, ist verheiratet und lebt mit seiner Frau in Berlin. Er machte 2007 seinen Abschluss als Diplom-Informatiker und erlangte zudem 2014 einen MBA-Titel an der HHL in Leipzig. Sein beruflicher Werdegang führte ihn von der Softwareentwicklung hin zur Leitung von IT-Projekten in der IT-, Finanz- und Lebensmittelindustrie in Deutschland und Großbritannien, sechs Jahre davon als Projektmanager und Teamleiter in einer britischen Bank. Tim verfügt über umfangreiche Erfahrungen in den IT-Disziplinen Change-, Release-, Projekt- und Quality-Management sowie im Bereich Social Media. Seit 2016 arbeitet er als freiberuflicher Berater und unterstützt Firmen bei der Einführung und Optimierung ihrer IT-Prozesse.

Innovation in der IT-Infrastruktur: Mittel zum Zweck und Erfolgsfaktor

15

Jochen Moeller

Zusammenfassung

Eine kontinuierliche Modernisierung ist die notwendige Grundlage für jeden erfolgreichen IT Betrieb. Darüber hinausgehend wird zielgerichtete technologische Innovation insbesondere im Zeitalter von Digitalisierung und Mobility immer wichtiger und kann einen wesentlichen Beitrag zur Erreichung der Ziele einer Bank leisten. In dem Beitrag werden generelle Wirkungszusammenhänge und Zielkonflikte im betrieblichen Alltag erläutert und Lösungsansätze für Management und Umsetzung von Innovation in der IT-Infrastruktur vorgestellt.

15.1 Einleitung

IT-Infrastruktur soll in diesem Beitrag im Einklang mit dem üblichen Sprachgebrauch in der IT die Summe der technischen Komponenten und Services bezeichnen, die zum Betrieb der fachlichen Bankanwendungen und zur Unterstützung der Bankmitarbeiter in ihrer täglichen Arbeitsumgebung notwendig ist. Der Begriff umfasst unter anderem klassische Rechenzentren mit Server- und Speicherkomponenten bzw. entsprechende Cloud-Dienste, Netzwerk- und Internetverbindungen, Kommunikationsdienste sowie die mobilen und stationären Endgeräte. Hierbei werden in aller Regel Standardtechnologien eingesetzt, die

J. Moeller (✉)
Commerzbank AG, Frankfurt am Main, Deutschland
E-Mail: jochen.moeller@commerzbank.com

© Springer Fachmedien Wiesbaden GmbH 2017
R. Smolinski et al. (Hrsg.), *Innovationen und Innovationsmanagement in der Finanzbranche*, Edition Bankmagazin, DOI 10.1007/978-3-658-15648-0_15

weder für die jeweilige Bank noch für die Finanzbranche spezifisch entwickelt werden.

Darauf aufbauend (aber in diesem Sinne nicht als Teil der IT-Infrastruktur) wird die fachliche Anwendungssoftware betrieben, mit der sich Banken von anderen Unternehmen und im gegenseitigen Wettbewerb differenzieren. Hierzu zählen zum Beispiel die für die Kunden direkt beim Online-Banking oder bei der Beratung in den Filialen erlebbaren Applikationen, die Handelssysteme, die Anwendungen für das Risikomanagement und zur Unterstützung der mannigfaltigen Geschäftsprozesse einer Bank.

Die Wertschöpfung der Bank erfolgt vorwiegend mit oder in diesen fachlichen Anwendungen, ihre Weiterentwicklung ist eng verknüpft mit Innovation im Geschäftsmodell und der Positionierung im Markt. Die IT-Infrastruktur ist dabei eher Mittel zum Zweck und trägt in den meisten Fällen nur indirekt zum Geschäftserfolg bei. Wie kann Innovation in der IT-Infrastruktur trotzdem einen wichtigen Beitrag für die Zielerreichung der Bank liefern?

15.2   Ziele für die IT-Infrastruktur

Die geschäftlichen Ziele eines Instituts sind so unterschiedlich wie seine Ausgangssituation im Markt und seine jeweilige Strategie. Dementsprechend vielfältig sind die bearbeiteten Handlungsfelder und deren Maßnahmen, die (heutzutage unvermeidbar) häufig mit konkreten Anforderungen an IT-Unterstützung verbunden sind. Obwohl einige der zurzeit aktuellen Trends im Folgenden zur Sprache kommen werden, soll aber weniger auf einzelne Beispiele dieser Anforderungen eingegangen, sondern eher versucht werden, die gemeinsamen Muster und Wirkungszusammenhänge herauszuarbeiten.

Unabhängig von der jeweiligen Ausprägung und Priorisierung lassen sich die Ziele einer Bank im Allgemeinen den generischen Kategorien Markterfolg sowie Kontrolle von Kosten und Risiken (letzteres für das Bankgeschäft nicht nur wegen der Kapitalhinterlegung von herausgehobener Bedeutung) zuordnen. Bei der Ableitung der Ziele für die IT-Infrastruktur und der Übertragung in die stark englisch geprägte Begriffswelt der IT finden diese mit *Ability to Deliver, Efficiency* und *Operational Integrity* eine sehr direkte Entsprechung:

- *Ability to Deliver* als Forderung an die IT-Infrastruktur steht für die Fähigkeit, anforderungsgerecht, flexibel und kurzfristig auf die sich quantitativ und qualitativ ändernden Bedarfe aus der Geschäftsentwicklung und den strategischen Zielsetzungen reagieren zu können. Für Banken hat die IT seit einem halben

Jahrhundert aufgrund des vorherrschend immateriellen Wirtschaftsgutes eine höhere Bedeutung als für die meisten anderen Industrien. Zu dem relativ stabilen Anforderungsprofil der Kernbankanwendungen, des Zahlungsverkehrs und des Kredit- und Einlagengeschäftes, die mit Ursprüngen teilweise in den Sechzigerjahren seitdem kontinuierlich weiterentwickelt wurden, kam in den Neunziger- und Nullerjahren die schnelllebige Welt des Trading und Online-Banking. Die Erwartungen haben sich allerdings in den letzten Jahren mit der allgemeinen Entwicklung von Mobility und Digitalisierung sowohl in Hinblick auf Skalierbarkeit, auf Bereitstellungszeiten wie auch auf Unterstützung neuartiger Organisationsformen bei der Entwicklung *(Agility)* und Prozessmodelle *(DevOps)* noch einmal fundamental gesteigert.

- Bei dem auf IT-Infrastruktur anfallenden signifikanten Anteil an den Verwaltungsaufwendungen ist *Efficiency* in diesem Bereich eine wichtige Komponente für das Kostenmanagement einer Bank. Die Anforderungen an die Wirtschaftlichkeit im Einsatz dieser Produktionsmittel haben sich bei Banken im Vergleich zu anderen Branchen in dem Maße verschärft, wie sich die Profitabilität des Bankgeschäftes seit der Finanzkrise eher unterdurchschnittlich entwickelt hat. Eine interne Beurteilung dieser Wirtschaftlichkeit über die Entwicklung der absoluten IT-Kosten wird durch die zunehmende IT Intensität der Geschäftsprozesse dabei zunehmend erschwert, die relative Effizienz für bestimmte Lösungen lässt sich aber durch Vergleich mit Maßstäben aus anderen Unternehmen und Industrien bewerten.

- Im Gegensatz dazu spiegelt sich die Bedeutung der Risikodimension für das Bankgeschäft in den besonderen Anforderungen an die *Operational Integrity* der IT-Infrastruktur einer Bank. Hierunter werden die Eigenschaften von Verfügbarkeit, Notfallresistenz, Sicherheit, Kontrolle und Regelkonformität subsumiert. Zu den intrinsischen Gründen jedes Instituts, konkrete Schadensfälle zu vermeiden und operationelle Risiken zu minimieren, kommen hier spezielle regulatorische Auflagen der Aufsichtsbehörden. Die im Zuge der Reformen des Bankensektors in den letzten Jahren gestiegenen Anforderungen der Regulierungsbehörden beinhalten verstärkt auch konkrete Vorgaben und Kontrollverpflichtungen für die IT entsprechend der Kritikalität des jeweiligen Instituts für die übergeordnete Finanzmarktstabilität.

Negativ formuliert bestehen zwischen diesen drei Zielkategorien offensichtlich inhärente Konflikte. Die IT-Infrastruktur mit der höchsten Verfügbarkeit wird normalerweise nicht die geringsten Kosten aufweisen, die effizienteste IT-Infrastruktur kaum die höchsten Skalierungsreserven vorhalten. Eine dynamische

Einführung neuer Technologien verträgt sich zunächst einmal schlecht mit einem hohen Grad von Kontrolle und Regelkonformität.

Umgekehrt werden aus diesen Abhängigkeiten aber auch die Chancen und die Steuerungsimpulse für das Management der IT-Infrastruktur deutlich. Fortschritte bei *Efficiency* setzen Mittel und Ressourcen für die Erfüllung neuer geschäftlicher Anforderungen frei. Ein hohes Maß an *Operational Integrity* schafft die Freiräume, die für eine schnelle Einführung neuer Technologien und ihren sicheren Einsatz notwendig sind.

Durch Umverteilung von Ressourcen lässt sich dieser Trade-off zwischen den drei Zieldimensionen aktiv nutzen, um das Infrastruktur-Leistungsprofil möglichst gut den sich ändernden Anforderungen des Geschäftsmodells anzupassen. Allgemein formuliert besteht die Optimierungsaufgabe im strategischen Management einer IT-Infrastruktur darin, die Organisation und Mittelallokation auf die Handlungsfelder *Ability to Deliver, Efficiency* und *Operational Integrity* so auszurichten, dass die Gesamtleistung der IT-Infrastruktur die Vorgaben und die Priorisierung aus der Gesamtstrategie der Bank möglichst gut unterstützt.

Bei gegebenem Technologielevel und Prozessreifegrad ist dabei eine höhere Anforderung bei einem Ziel häufig lediglich zulasten der beiden anderen zu erfüllen. In dem Maße jedoch, wie es gelingt, technische oder prozessuale Neuerungen als Innovation für eines der Ziele nutzbar zu machen, steigen die Leistungsfähigkeit der IT-Infrastruktur und diese Allokationsmöglichkeiten in Summe. Innovation kann hier deswegen in unterschiedlichen Formen für die Bank nutzbar gemacht werden.

15.3 Formen der Innovation

Für die weitere Argumentation sollen die folgenden drei Ausprägungen von Innovation in IT-Infrastruktur unterschieden werden:

1. Modernisierung: Systeme einer neueren Technologiegeneration oder optimierte Prozesse erbringen die bestehenden Services leistungsfähiger, effizienter oder sicherer.
2. Evolution: Der Leistungsumfang wird weiterentwickelt, indem neuartige Services bereitgestellt werden, die den Kunden/Nutzern neue Anwendungsmöglichkeiten eröffnen oder bestehende Leistungen ersetzen.
3. Transformation: Die Art der Leistungserbringung ändert sich und ermöglicht so den Einsatz von Technologien in anderer Form oder eröffnet den Anwendern andere Nutzungsmöglichkeiten.

In der Zuordnung, wie die verschiedenen Ausprägungen von Innovation zu der Zielerreichung der IT-Infrastruktur beitragen können, ist gewiss keine absolute Trennschärfe gegeben. Es ist aber durchaus eine ausgeprägte Korrelation vorhanden, die sich in den unten stehenden Beispielen widerspiegelt.

Modernisierung folgt sehr stark einer Kostenlogik und unterstützt primär die Erreichung der Effizienzziele. Die evolutionäre Weiterentwicklung ist am unmittelbarsten mit neuen geschäftlichen Anforderungen verknüpft und ist ein wesentlicher Faktor für die Lieferfähigkeit der IT. Die Transformation der IT-Infrastruktur wiederum erweist sich zunehmend als Notwendigkeit bei der Absicherung von *Operational Integrity* in einem immer dynamischeren (aber weiterhin stark regulierten) Umfeld als Voraussetzung für Fortschritte in den anderen Bereichen.

15.3.1 Innovation in Form von Modernisierung

Seit mehr als einem halben Jahrhundert ist der wichtigste Motor für die Dynamik der IT unverändert. Er ist als *Moore's Law* [1] auch der breiteren Öffentlichkeit vertraut: Durch technologische Innovation wächst die Leistungsfähigkeit von IT-Systemen exponentiell. Die Modernisierung der eigenen IT-Infrastruktur ermöglicht es dem einzelnen Unternehmen, sich diesen ständigen technologischen Fortschritt der IT Branche nutzbar zu machen.

Im engeren Sinne bezieht sich Moores 1965 publizierte und seitdem bemerkenswert treffsichere These auf das Wachstum bei elektronischen Schaltkreisen, deren Komplexität (so die heutige übliche Formulierung) sich ca. alle 18 Monate verdoppelt. Abgeleitet daraus werden Faustregeln für den Verfall der Stückkosten, zum Beispiel „von Computern" um einen Faktor von zehn innerhalb von zehn Jahren. Ähnliche, teilweise noch degressivere Preisentwicklungen finden sich bei anderen IT-Hardwarekomponenten wie zum Beispiel Datenspeichern.

Bei dem beständig abnehmenden Anteil von Prozessoren oder generell Hardware an der Gesamtfunktionalität und den Gesamtkosten von Infrastruktursystemen erklärt Moore's Law aber nur einen Teil des Gesamteffektes. Für den *Firmware*- oder generell Softwareanteil resultiert der Leistungszuwachs aus funktionalen Verbesserungen bzw. Erweiterungen, die den Ersatz anderer Systeme oder eine Effizienzsteigerung zum Beispiel durch Automatisierung ermöglichen. Der Preisverfall pro Instanz folgt aus der unbegrenzten Möglichkeit zur Vervielfältigung von Software. In der Kombination verstärken sich Hardware- und Softwareeffekte gegenseitig, was die schnell skalierenden Cloud-Provider aktuell unter Beweis stellen.

Aufschlussreich für Investitionsstrategien ist die Betrachtung der daraus resultierenden Abhängigkeit der durchschnittlichen jährlichen Gesamtkosten für den Betrieb von Infrastruktursystemen von ihrer Nutzungsdauer. Die zugrunde liegenden ökonomischen Zusammenhänge behalten hierbei ihre Gültigkeit weitgehend unabhängig vom Betriebsmodell (interner Betrieb, Sourcing, Cloud).

Die Senkung der durchschnittlichen jährlichen Abschreibung auf die Anschaffungs- oder Herstellungskosten (oder entsprechende Leasingkosten) bei einer längeren Nutzungsdauer wird durch die exponentiell fallenden Preise für eine Ersatzbeschaffung derselben Leistung abgebremst. Gleichzeitig steigen die Wartungskosten mit zunehmendem Alter der Systeme (teilweise deutlich) an. Obgleich sich die absoluten Kenngrößen natürlich systemspezifisch unterscheiden, erhält man bei einer entsprechenden Analyse für die *Total Costs of Ownership* in der Regel einen ausgedehnten „flachen Bereich" mit praktisch konstanten durchschnittlichen jährlichen Kosten, der sich bei eher traditionellen Systemen über einen Erneuerungszyklus zwischen drei und sechs Jahren erstreckt.

In der Konsequenz hat der Betreiber von Infrastruktursystemen unter Kostengesichtspunkten bei der Planung seiner Modernisierungszyklen zunächst eine vergleichsweise hohe Flexibilität. Zu den internen Faktoren, die einen kürzeren Lebenszyklus attraktiver machen, gehören signifikantes Mengenwachstum oder auch neue funktionale Anforderungen, die nur mit aktuelleren Versionen erfüllt werden können.

Im Gegenzug kann der Gesamt-Business-Case für das Unternehmen selbst bei einer unter dem Gesichtspunkt der Infrastrukturkosten günstigeren Ablösung existierender Systeme trotzdem eine längere Nutzung begründen. Hierzu führen beispielsweise Umstellungskosten bei den Nutzern durch Schulung oder Rollout-Aktivitäten bzw. zusätzlicher Migrations- und Testaufwand auf der Applikationsseite.

Vergleichsweise häufig findet sich allerdings auch die Situation, dass primär nicht wegen wirtschaftlicher Überlegungen, sondern aufgrund technischer Abhängigkeiten oder Inkompatibilitäten Teile der Systemwelt nicht abgelöst werden können. Zu den entgangenen Einsparungen der Modernisierung addieren sich dann häufig noch die gestiegene Komplexität und ein redundanter Betriebsaufwand, falls deswegen Inseln von Altsystemen entstehen und parallel weiter unterstützt werden müssen.

Optimal genutzt wird die Hebelwirkung der hier beschriebenen Modernisierung von Infrastruktur immer dann, wenn für extern bezogene Technologie mit vergleichsweise geringem internen Aufwand das Teilen großer externer Investitionen in Innovation mit anderen Marktteilnehmern möglich wird. Das Teilen der Innovationskosten funktioniert umso besser, je größer die Zahl der anderen Kunden dieser Technologie ist, das heißt je weitgehender etablierte Marktstandards genutzt werden. Der interne Aufwand wird umso geringer, je weniger technische Abhängigkeiten einer Ablösung entgegenstehen, das heißt je eindeutiger die beabsichtigte Nutzung definiert und eingehalten werden konnte.

Für traditionelle Anwendungen werden diese Rahmenbedingungen über ein entsprechendes Systemdesign und Einführung von einheitlichen, weitgehend gekapselten *Building Blocks* befördert. In der Form von *Converged Infrastructure* wird diese zunehmend bereits von Herstellern vorkonfiguriert entlastet gerade bei kleineren Installationen den Betreiber von den entsprechenden Entwicklungs- und Testarbeiten. Die Kostenvorteile von *Cloud nativen* Architekturen und Applikationen sind insbesondere darin begründet, dass für die darunterliegende Plattform schnellere Modernisierungszyklen möglich und mit geringerem Aufwand verbunden sind.

Selbst bei einer relativ aktuell gehaltenen IT-Infrastruktur haben Einzelmaßnahmen zu ihrer Modernisierung aufgrund der oben beschriebenen Preisdegression nur selten Business Cases mit einer *Pay Back Period* von mehr als zwei bis drei Jahren. Bei regelmäßiger Modernisierung lassen sich die notwendigen Investitionen damit in der Regel über die erzielten Effizienzgewinne unmittelbar und kurzfristig refinanzieren. Umgekehrt kann ein längeres Aussetzen von Modernisierung eine gefährliche Abwärtsspirale steigender IT-Infrastrukturkosten in Gang setzen, die die freien Mittel für andere Innovationen zusätzlich verknappen.

Ein bedeutender und im speziellen Einzelfall oft ausschlaggebender Zusatznutzen einer schnelleren Modernisierung entsteht darüber hinaus natürlich auch durch neue oder erweiterte Funktionalitäten von nachfolgenden Systemgenerationen. Diese Vorteile sind jeweils technologiespezifisch und können beispielsweise in verbesserten Sicherheits- und Betriebsaspekten liegen oder über weitergehende Automatisierungsmöglichkeiten entstehen.

Eine systematische und kontinuierliche Modernisierung bildet neben diesem signifikanten funktionalen Mehrwert aber insbesondere durch ihren generellen Beitrag zum Effizienzziel die Grundlage für alle beschriebenen Innovationsformen.

15.3.2 Innovation in Form von Evolution

Das Entstehen neuer Geschäftsmodelle und das (auch disruptive) Verdrängen etablierter Angebote gehört zu jeder Marktwirtschaft. Bemerkenswert in den letzten zehn Jahren waren allerdings Ausmaß und Geschwindigkeit des Wandels in vielen Industrien.

Von den Kräften, die diesen Wandel antreiben, hat strukturell sicherlich die dramatisch steigende Informationsgenerierung und -nutzung die bedeutendste Wirkung. Sie wurde nochmals beschleunigt durch den kontinuierlichen und flächendeckenden Datenstrom aus Smartphones und technischen Sensoren (Internet of Things). Viele weitere technologische Innovationen wurden auf dieser enorm gewachsenen Datenbasis, Big Data, erst möglich, wie maschinelles Lernen und Sprachverarbeitung, oder zumindest massiv von ihr vorangetrieben, wie Business Intelligence und Cloud Computing.

Die Ausnutzung der sich daraus ergebenden Geschäftschancen fordert von Unternehmen allerdings die Fähigkeit, dieses Wachstum in der Menge der Datenströme zu bewältigen. Gleichzeitig müssen dabei ständig steigende Erwartungen an die Geschwindigkeit der Verarbeitung und Bereitstellung der Informationen erfüllt werden. Fast ausnahmslos ist dafür eine bessere und teilweise grundsätzlich andere IT-Unterstützung der Geschäftsprozesse erforderlich.

Branchenübergreifend steigt die Bedeutung des Produktionsfaktors IT für die eigene Wettbewerbsfähigkeit und damit der Bedarf an schneller technologischer Innovation. Finanzinstitute bilden hier keine Ausnahme. Während Banken in der Vergangenheit häufig zu den Late Adoptern neuer Technologien gehörten, treibt sie der Wettbewerb mit anderen Banken und in letzter Zeit mit Neueinsteigern (FinTechs) heute dazu, deutlich früher in neue Technologien einzusteigen.

Ohne wiederum zu stark auf einzelne Beispiele einzugehen, lassen sich die Anstrengungen aus Anwendungssicht vier grundsätzlichen Handlungsfeldern zuordnen:

- Das extern sichtbarste liegt in den neuen Formen der Interaktion über elektronische Informations-, Kommunikations- und Transaktionsangebote. Mithilfe von Apps wird das klassische Online-Banking in Richtung Mobility erweitert oder mit APIs die verstärkte Integration in automatisierte Geschäftsprozesse bei Geschäftskunden und -partnern ermöglicht.
- Durch den Einsatz von massiv leistungsfähigeren Systemen für Analytics und Data Mining werden zielgerichtete Kundenangebote ermöglicht oder auch Finanz- und Risikoinformationen granularer und schneller zugänglich. Sie helfen Banken bei der Erfüllung ihrer gesetzlichen Überwachungsverpflichtungen zur Verhinderung von Geldwäsche und Finanzbetrug.
- Nach außen weniger prominent aber genauso bedeutend ist eine weitgehende Digitalisierung der internen Geschäftsprozesse, um die erweiterte Interaktion mit den Kunden auch intern schnell und effizient zu bedienen. War in den beiden Handlungsfeldern zuvor häufig die gesteigerte technische Performance eine Umsetzungsvoraussetzung, zielt man hier mit *Lightweight Applications*

oder neuerdings auch Robotics-Lösungen auf Flexibilität und geringen Umsetzungsaufwand bei der Automatisierung einer großen Anzahl von relativ einfachen Geschäftsvorfällen.

- Die Digitalisierung und verteilt ablaufende Geschäftsprozesse verändern aber auch die Arbeit in der Bank. Mit Unified Communication & Collaboration können die Mitarbeiter auch über Standorte hinweg oder über Unternehmensgrenzen verteilt Informationen austauschen und zusammen an Dokumenten arbeiten; entsprechend ausgestattete Arbeitsplätze und Endgeräte unterstützen flexiblere, mobile Arbeitsformen.

Das technologische Verständnis innerhalb von Banken ist quer durch alle Geschäftseinheiten und Hierarchieebenen entsprechend der zunehmenden Bedeutung der IT und auch aufgrund der Durchdringung des täglichen Lebens enorm gewachsen. Die Form der Zusammenarbeit zwischen den Fach- und IT-Abteilungen hat sich in den letzten Jahren deutlich weiterentwickelt. Vielfach kommen die Impulse für die oben beschriebenen technologischen Neuerungen direkt aus den fachlich verantwortlichen Geschäftseinheiten, bei der agilen Entwicklung neuer Anwendungen wird in Journeys von gemischten Teams abseits von organisatorischen Hierarchien eng zusammengearbeitet.

Zur Unterstützung auf diesem Weg muss die IT-Infrastruktur einer Bank die erforderliche technische Beratungs- und Beurteilungskompetenz für die Auswahl der IT-Lösung bereitstellen und möglichst frühzeitig in den Planungsprozess einbringen. Neben der Erfüllung der ursächlichen funktionalen und fachlichen Anforderungen hat die Form der Realisierung in der Regel auch unmittelbar betriebliche Implikationen, stellt neue Sicherheitsanforderungen und hat Auswirkungen auf die langfristige Kostenentwicklung. In einer Gesamtbewertung des Vorhabens sind alle diese Aspekte zu berücksichtigen.

Aufgrund von eher langfristig wirkenden Geschäftsvorfällen und von Aufbewahrungspflichten gelingt es traditionellen Banken in der Regel nur mit erheblichem Aufwand, einmal eingeführte Technologien wieder abzulösen. In der Folge sind sie mit einer tendenziell wachsenden Technologievielfalt und der daraus resultierenden Komplexität konfrontiert. Die größte Herausforderung bei der Einführung neuer Technologien besteht darin, einen tragfähigen Technology Stack bereitzuhalten, der flexibel genug ist, die dynamische Entwicklung der Geschäftsapplikationen zu unterstützen, gleichzeitig aber das Ausufern unterschiedlichster Technologien vermeidet.

Die zunehmende Dynamik der technologischen Entwicklung erzeugt dabei besondere Herausforderungen. Neben dem Vorhalten des Wissens zum Betrieb und der Modernisierung der vorhandenen Systeme muss auch die Kompetenz der

Organisation zur Auswahl und zur Einführung dieser neuen Technologien aufgebaut und aufrechterhalten werden. Selbst bei hohen kontinuierlichen Anstrengungen zur Qualifizierung der internen Mitarbeiter gibt es bei einem fachlich tiefen Verständnis natürliche Grenzen in der Breite des abdeckbaren technischen Spektrums. Auch sind dem Wachstum der Organisation über die Einstellung zusätzlicher Fachexperten üblicherweise mindestens enge Grenzen gesetzt.

Die Umgehung dieses Skill-Engpasses erfordert damit in der Regel die Einbeziehung externer Ressourcen. Je nach konkretem Anforderungsprofil kann dies in der Form stärkerer Integration von Hersteller-Know-how oder Nutzung spezialisierter Beratungsunternehmen sinnvoll sein oder durch gezielte Verringerung der internen Wertschöpfung und damit der technologischen Komplexität erfolgen, sei es horizontal über den Bezug von Leistungen als Managed Services oder vertikal über die Verwendung gekapselter Systeme (Appliances oder Converged Systems).

Unabhängig vom Lösungsansatz sind bei der Analyse und entsprechenden Kompetenzentwicklung verschiedene Randbedingungen zu beachten. Die Fähigkeit zur ganzheitlichen Kontrolle der IT-Infrastruktur muss aufrechterhalten werden. Für Finanzinstitute ist dies sogar eine aufsichtsrechtliche Verpflichtung. Zur Vermeidung der Principal-Agent-Problematik ist bei Bezug externer Leistungen weiterhin ein Verständnis der wesentlichen technischen und betriebswirtschaftlichen Abhängigkeiten notwendig. Gewisse Fähigkeiten sollten daher aus strategischen Überlegungen intern vorgehalten werden, wie zum Beispiel Architektur- und Security-Kompetenz oder erfolgskritische technische Skills, welche weiterhin sowohl bei der projekthaften Weiterentwicklung wie im Regelbetrieb in einer Retained Organisation benötigt werden.

Neben die Bereitstellung des richtigen Technology Stacks (und als Voraussetzung für dessen Entwicklung und Betrieb) tritt somit der Aufbau eines adäquaten Skill Sets als Lieferverpflichtung der IT-Infrastruktur beim Management der Innovation.

15.3.3 Innovation in Form von Transformation

Zu den einschneidenden Veränderungen der letzten Jahre zählt sicherlich die Art, wie IT-Leistungen bereitgestellt und konsumiert werden. Besonders augenfällig an der explodierenden Anzahl von Mobile Apps in den entsprechenden App Stores (Mitte 2016 allein jeweils über zwei Millionen Apps in den Stores von Google und Apple) werden immer zahlreicher spezialisierte Anwendungen erstellt. Nicht nur Medieninhalte werden anstelle von Downloads als Streams geliefert, auch Standardanwendungen werden nicht mehr als kauf- und installierbare Softwarepakete, sondern aus der Cloud zum Konsum in Echtzeit bereitgestellt, as a Service.

Die spezialisierten Apps ermöglichen es kleinen, jungen Unternehmen mit relativ geringem Aufwand marktfähige Produkte zu entwickeln, die sich im Erfolgsfall schnell auch für Millionen von Nutzern skalieren lassen. Durch die Bereitstellung as a Service kann die Funktionalität inkrementell und kurzfristig angepasst werden, sei es zur Produktpflege oder um auf die Nachfrage im Markt zu reagieren.

Wie andere Branchen auch hat die Finanzindustrie auf den entstehenden Marktdruck durch die neuen Wettbewerber, die FinTechs, reagiert. Teilweise indem entsprechend dem Lösungsansatz des Innovator's Dilemma [2] über interne Labs, über Spin-offs oder Incubators Einheiten oder Firmen mit ähnlichem Geschäftsmodell und -spirit gegründet oder gefördert werden. Parallel wurden aber auch Prozesse und Strukturen in den bestehenden IT-Abteilungen der Banken weiterentwickelt, um entweder dort vergleichbare Lieferfähigkeiten zu realisieren oder die Zusammenarbeit mit externen App-Anbietern zu fördern, mit dem Ziel, deren Services besser und schneller in die eigene Gesamtarchitektur integrieren zu können.

Ein wesentlicher Unterschied zwischen dem Garage-Approach der Start-ups und den etablierten Formen der Softwareentwicklung ist die höhere Geschwindigkeit von der Produktidee oder dem Markt-/Kunden-Feedback bis zur Verfügbarkeit des entsprechend erstellten/geänderten Service für den Nutzer. Ein wichtiger Faktor ist hierbei (wie oben beschrieben) die engere Zusammenarbeit zwischen den fachlich anfordernden Einheiten und den Entwicklungsteams im Rahmen der agilen Softwareentwicklung.

Gleichzeitig ist aber auch eine Änderung im Zusammenspiel zwischen den Entwicklern und den IT Betriebsteams notwendig. Traditionell wurden die Produktionsübergabeverfahren in Hinblick auf möglichst hohe Qualitätssicherung bei einer eher geringen Frequenz neuer Releases optimiert. Die dazu implementierten Prozesse befördern eine ausgeprägte Verantwortungs- und Funktionstrennung und sind in der Regel mit hohen Durchlaufzeiten verbunden. Das angestrebte häufige Ausliefern inkrementeller Softwareänderungen (Continuous Deployment) lässt sich damit nur schwer umsetzen.

Bei der geforderten Geschwindigkeitssteigerung bleiben die Anforderungen an die Stabilität und an die Sicherheit der produktiven Systeme allerdings mindestens auf gleichem Niveau. In den Zeiten von Social Media sind auch kurzzeitige Serviceeinschränkungen weithin sichtbar und Sicherheitslücken können über das unmittelbare finanzielle Schadenspotenzial hinaus kaum beherrschbare Reputationsrisiken verursachen.

Zur Auflösung dieses Zielkonfliktes werden unter der Bezeichnung DevOps seit einigen Jahren verschiedene Entwicklungen zusammengefasst, die in ihrer Summe die Art und Weise, wie IT produziert und konsumiert wird, grundlegend verändern. Die Unterstützung dieses Ansatzes erfordert eine andere Art der Zusammenarbeit, eine andere Art von IT-Infrastruktur-Leistungen und eine andere Form der Leistungserbringung:

- Spiegelbildlich zur kulturellen Änderung durch die Zusammenführung von Fachanforderern und Entwicklern bei der agilen Softwareentwicklung baut DevOps auf die engere Kooperation zwischen Entwicklung und Betrieb. Die bisherige Aufgabenzuordnung ändert sich in Teilen und die gemeinsame Verantwortung für den Gesamtprozess von Entwicklung über schnelle Bereitstellung bis zum performanten, stabilen Betrieb wird gestärkt.
- Illustrieren lässt sich die Änderung der Leistungen anhand der Unterstützung der verschiedenen Software-Architekturmodelle. Für die klassischen monolithischen Anwendungen erfolgte ein situativer Abruf definierter Leistungen aus einem Infrastruktur-Service-Katalog. Beim Aufkommen von Cloud-native-Applikationen ermöglichten erst mittels Software-API kontinuierlich konfigurier- und steuerbare Cloud-Infrastrukturen das volle Ausschöpfen ihrer Geschwindigkeits- und Skalierungspotenziale. Aktuell werden in einer weiteren Entwicklungsstufe für Microservices die genutzten Ressourcen stärker gekapselt und in Containern bereitgestellt bzw. weiter abstrahiert und über „Platform as a Service" oder als Funktion durch „Serverless Computing" bereitgestellt. Der nutzbare Servicekatalog wird von der darunterliegenden Technik dabei immer weiter isoliert.
- Auf der Ebene der Verfahren und Technologie gehören durchgängige Automatisierung und die Einführung neuer technologischer Konzepte zu den wichtigen Erfolgsfaktoren. Für die Bereitstellung von Infrastructure as a Service ist nicht nur für die Nutzer der Zugriff per API zu ermöglichen, auch intern müssen die Ressourcen dazu in einem Software defined Data Center zusammengestellt werden. Die Methoden der Leistungserbringung innerhalb der IT-Infrastruktur gleichen sich denen bei der Softwareentwicklung an.
- „Platform as a Service" oder „Serverless Computing" erfordern die Kombination von Leistungen, die zuvor von getrennten Fachdisziplinen arbeitsteilig erbracht wurden. Die Leistungserstellung erfolgt dabei immer weniger rein intern sondern zunehmend in hybriden Modellen zusammen mit externen Providern, die über ein entsprechendes Multi Cloud Management gesteuert werden müssen. Dieses stärker ganzheitliche Technologie- und Service-Verständnis erfordert den Aufbau neuer Fähigkeiten in der Organisation und die Änderung etablierter Strukturen.

In der Regel werden diese Änderungen nicht für alle Bereiche der gewachsenen Anwendungslandschaft einer Bank in gleichem Maße erforderlich oder sinnvoll sein. Während der Bedarf an schnellen Neuerungen typischerweise in den Systemen zur Kundeninteraktion am höchsten ist, bleiben die Grundfunktionalitäten von Transaktions- oder Kontenführungssystemen über Jahre vergleichsweise stabil. Für letztere ist ein Beibehalten der etablierten Arbeitsformen häufig die unter Effizienz- und Qualitätsaspekten bessere Entscheidung. Als Folge bildet sich zunehmend eine IT der zwei Geschwindigkeiten heraus, die bimodale IT.

Die Anforderung an eine IT-Infrastruktur liegt zum einen offensichtlich darin, für beide Geschwindigkeiten geeignete Technik und Verfahren bereitzustellen. Mindestens genauso wichtig ist allerdings die Unterstützung einer möglichst effektiven Integration beider Welten. In die über Jahrzehnte kontinuierlich weiterentwickelten Anwendungen einer Bank sind oft tausende Personenjahre Entwicklungsarbeit investiert worden, um die fachlich komplexen geschäftlichen und regulatorischen Anforderungen vollumfänglich abzubilden. Einfache, leistungsfähige Zugriffsmöglichkeiten auf diese vorhandenen Daten und Services verringern den Bedarf an redundantem Nachbau von Fachlichkeit oder Replikation von Datenstrukturen und schaffen erhebliche Kosten- und Geschwindigkeitsvorteile bei der Entwicklung neuer Funktionalitäten.

Um Innovation in Form von Transformation zu fördern, ist eine hohe Anpassungsfähigkeit und kontinuierliche Weiterentwicklung der Organisation notwendig. Das Form-Follows-Function-Prinzip der Architektur hat Melwin E. Conway in seinem oft zitierten „Gesetz" [3] zumindest für IT in Ursache und Wirkung umgedreht, „Organisationen, die Systeme entwerfen, sind auf Entwürfe festgelegt, welche die Kommunikationsstrukturen dieser Organisationen abbilden."

15.4 Ausblick

Digitalisierung verändert unsere Lebensweise und unser Wirtschaftssystem immer grundlegender und immer schneller. Wie viele andere Industrien befindet sich auch die Bankenbranche aktuell in einer Phase des Umbruchs. Finanzinstitute können in dem Maße ihre Wettbewerbsfähigkeit bewahren und Marktanteile behaupten, wie es ihnen gelingt, sich selbst in Richtung eines digitalen Unternehmens umzubauen.

Ein wesentlicher Erfolgsfaktor für die notwendigen Änderungen im Geschäftsmodell ist die Fähigkeit, die Angebote anderer Marktteilnehmer zu integrieren und die Synergien zu nutzen, die das wachsende digitale Ökosystem aus Geschäftspartnern, Serviceprovidern und Technologielieferanten bereithält. Nur dadurch ist es einem einzelnen Unternehmen mit seinen notwendigerweise begrenzten Ressourcen möglich, mit der Dynamik des Wandels in der Branche schrittzuhalten bzw. diese aktiv zum eigenen Vorteil zu nutzen.

In gewisser Form spiegelt diese Strategie die bei der Bereitstellung von IT-Infrastruktur lange etablierten Strukturen. Deren Kernkompetenz besteht wie hier ausgeführt darin, den im IT-Markt verfügbaren technologischen Fortschritt für ihren Kunden bankoptimal nutzbar zu machen. Möglicherweise kann damit Innovation in der IT-Infrastruktur nicht nur ihren technischen Beitrag bei der Transformation zur digitalen Bank der Zukunft liefern, sondern auch Muster zur Verfügung stellen, wie Innovation im Geschäftsmodell einer Bank erfolgreich umgesetzt werden kann.

Literatur

1. Moore, Gordon. "Cramming More Components onto Integrated Circuits," Electronics Magazine Vol. 38, No. 8 (April 19, 1965)
2. Clayton Christensen; The Innovator's Dilemma: When New Technologies Cause Great Firms to Fail; Harvard Business Review Press; 1997
3. Melvin E. Conway; How Do Committees Invent?; Datamation 1968

Über den Autor

Jochen Moeller Nach einem Studium der Physik und Betriebswirtschaft arbeitete **Dr. Jochen Moeller** zunächst als Wissenschaftler an einem Sonderforschungsbereich für Molekülphysik. Ab 1998 leitete er in einer Unternehmensberatung Projekte für verschiedene Banken und Finanzdienstleister vornehmlich im europäischen Raum. 2007 wechselte er als Chief Technology Officer zur Dresdner Kleinwort Investment Bank. Seit der Integration der Dresdner Bank 2009 verantwortet Moeller als Global Head of Infrastructure die IT-Infrastruktur der Commerzbank.

API-Banking und PSD2: „Steckdosenleiste" für FinTechs

Sven Korschinowski, Christian Conreder
und Sebastian Schwittay

Zusammenfassung

Mit der PSD2 werden Banken gezwungen, geschlossene Plattformen zu öffnen und das Management von offenen Schnittstellen zu professionalisieren. Die Richtlinie soll den Markt für neue Zahlungsdienste öffnen, um eine Effizienzsteigerung der Zahlungssysteme zu ermöglichen und den Wettbewerb zu stärken. Die Implikationen der Neufassung der Zahlungsdiensterichtlinie sind das Hauptthema des Beitrags. Die PSD2 bietet durch die Öffnung von Schnittstellen Chancen für neue Geschäftsmodelle, wie zum Beispiel Zahlungsauslösedienste, Kontoinformationsdienste, Deckungsanfragedienste sowie API-Anbieter, aber bringt auch aufsichtsrechtliche Herausforderungen mit sich.

S. Korschinowski (✉) · S. Schwittay
KPMG AG Wirtschaftsprüfungsgesellschaft, Frankfurt am Main, Deutschland
E-Mail: skorschinowski@kpmg.com

S. Schwittay
E-Mail: sschwittay@kpmg.com

C. Conreder
KPMG Rechtsanwaltsgesellschaft mbH, Hamburg, Deutschland
E-Mail: cconreder@kpmg-law.com

© Springer Fachmedien Wiesbaden GmbH 2017
R. Smolinski et al. (Hrsg.), *Innovationen und Innovationsmanagement in der Finanzbranche*, Edition Bankmagazin, DOI 10.1007/978-3-658-15648-0_16

16.1   Einleitung

Die Geschäftsmodelle vieler FinTechs basieren darauf, eigene Dienste in bestehende Bankprozesse einzubetten bzw. darauf aufzusetzen. Dies wird zum einen
über Kooperationen mit entsprechenden Banken erreicht, die ihren Kunden innovative, digitale Services anbieten. Zum anderen werden Kundenschnittstellen der
Banken aktiv besetzt, zum Beispiel um eine Zahlung auszulösen oder eine bankübergreifende Sicht auf alle Konten eines Kunden zu schaffen. Gleichwohl sind
Auslösung von Zahlungsvorgängen und Bereitstellung einer Übersicht von Kon-
toumsätzen zentrale und klassische Funktionen eines Zahlungskontos, die sich
auch heute noch unter Kontrolle der kontoführenden Banken befinden.

Dies könnte sich durch die Neufassung der Zahlungsdiensterichtlinie (PSD2)
ändern. Diese muss zum 13. Januar 2018 in nationales Recht umgesetzt werden. Die PSD2 soll den Markt für neue Zahlungsdienste öffnen, um eine Effizienzsteigerung der Zahlungssysteme zu ermöglichen und den Wettbewerb zu
stärken. Verbraucher- und Datenschutz sollen verbessert werden. Der europäische Richtliniengeber versucht, diese Ziele insbesondere durch eine Ausweitung des Anwendungsbereichs (im Vergleich zur Vorgänger-Richtlinie PSD1) zu
erreichen. So qualifiziert die PSD2 auch Betreiber von Zahlungsauslösediensten und Kontoinformationsdiensten als Zahlungsdienstleister und stellt sie vor
neue aufsichtsrechtliche Herausforderungen. Gleichzeitig bietet die PSD2 dritten Zahlungsdienstleistern eine große Chance, indem sie ihnen einen diskrimi-
nierungsfreien Zugang zu (bei anderen kontoführenden Zahlungsdienstleistern
geführten) Zahlungskonten („Access to Account", XS2A) gewährt. Die zentralen
Funktionen und Daten dieser Zahlungskonten werden dritten Zahlungsdienstleistern über eine definierte Schnittstelle zur Verfügung gestellt.

Dieser Beitrag beleuchtet sowohl Chancen als auch aufsichtsrechtliche Herausforderungen.

16.2   Welche Chancen bietet die Nutzung der
Schnittstelle für FinTechs?

16.2.1   Dienstübergreifende Auswirkungen

Mit der PSD2 werden Banken gezwungen, die bilaterale Kuindenbeziehung
zu öffnen und das Management von offenen Schnittstellen zu professionalisieren. Über regulatorische Schnittstellen hinaus bietet sich für FinTechs die
Chance, künftig bei möglichen Kooperationen mit Banken über Themen des API-

Managements zu diskutieren und die technische Integration eigener Services auf Basis einer entsprechenden Schnittstelle aufseiten der Bank schneller und kostengünstiger umzusetzen [1, S. 8]. Darüber hinaus werden sich Erfahrungen, die Banken mit neuen regulatorischen Schnittstellen machen, auf künftige Positionen zum Thema APIs und FinTech-Integration auswirken. Wenn bereits die regulatorischen Schnittstellen zu neuen Services führen, die für Kunden einen echten Mehrwert bieten, ohne dass die Beziehung zur Bank geschwächt wird, kann dies die generelle Bereitschaft erhöhen, weitere Funktionen und Daten über APIs freizugeben (Additional Optional Services).

Unabhängig vom betrachteten Dienst entstehen weitere potenzielle Zielgruppen für Drittdienste. Durch den offiziellen Charakter, den die Unterstellung unter die Finanzaufsicht bietet, können Bankkunden, die ein besonders hohes Sicherheitsniveau verlangen, besser angesprochen werden. Dies gilt neben kritischen Verbrauchergruppen auch für Unternehmenskunden, die Alternativen zu bestehenden Electronic Banking Lösungen auf Basis von EBICS suchen, für die bisherige, nicht regulierte Dienste jedoch keine Alternative zur Bankdienstleistung waren.

16.2.2 Zahlungsauslösedienste

Im Bereich der Zahlungsauslösung bieten sich für Dritte Modelle an der Schnittstelle zwischen Zahler und Zahlungsempfänger an, die bereits heute existieren und die Zahlungsauslösung für den Zahler vereinfachen sowie eine höhere Sicherheit für den Zahlungsempfänger bieten. Bei einem Zahlungsauslösedienst handelt es sich um einen Dienst, der auf Antrag des Zahlungsdienstnutzers einen Zahlungsauftrag in Bezug auf ein bei einem anderen Zahlungsdienstleister geführtes Zahlungskonto auslöst (Art. 4 Nr. 15 PSD2, Zahlungsauslösedienst).

Aktuell greifen Dienstanbieter auf Zahlungskonten ihrer Kunden zu, die bei einer Bank geführt werden, um für diese Konten Zahlungen auszulösen. Hierzu werden Schnittstellen wie FinTS/HBCI oder ein Screen Scraping im Online-Banking genutzt. Für die Bank ist dabei nicht transparent, ob der Zahlungsdienstnutzer selbst oder ein dritter Dienst für den Zahlungsdienstnutzer auf das Konto zugreift. Dies ist zukünftig nicht mehr zulässig. In der Konsequenz müssten diese Dienste auf die neuen Schnittstellen umschwenken.

Die Schnittstelle für die Zahlungsauslösung ermöglicht FinTechs eine technologische Vereinfachung der Anbindung und höhere operative Stabilität. Mit einer Schnittstellenimplementierung sind Zahlungskonten bei mehreren oder allen Banken (zum Beispiel in einer gewissen Region) erreichbar, wenn aktuelle Standardisierungsbemühungen erfolgreich sind [1, S. 8 f.]. Die zu implementierende Schnittstellenspezifikation muss von den Banken öffentlich gemacht und Änderungen an dieser Spezifikation drei Monate vor Inkrafttreten angekündigt werden. So ist in Zukunft ausgeschlossen, dass ein Dienst von einem auf den anderen Tag vom Zugriff auf die Zahlungskonten einer Bank technisch ausgeschlossen wird, weil die Bank Änderungen am Online-Banking vornimmt, über das der Zugriff bisher per Screen Scraping erfolgte. Die Zugriffssperrung für einen Dienst ist künftig nur in durch die Richtlinie stark eingeschränkten Situationen möglich. Gegenüber dem Kunden kann der dritte Zahlungsdienstleister in Zukunft mit der Registrierung bei der EBA und der abgesicherten Kommunikation mit der kontoführenden Bank werben.

Allerdings führt eine Standardisierung der Schnittstelle zu einer Absenkung der technologischen Hürden für den Eintritt neuer FinTechs in den Wettbewerb um die Zahlungsauslösung für den Kunden. Bestehende IT-Assets (wie eine Screen-Scraping-Lösung für alle deutschen Online-Banking-Plattformen), die zum Teil über Jahre aufgebaut wurden, stehen vor einer Neubewertung. Abzuwarten bleibt zudem, in welchem Maß Modelle, die Daten der Zahlungsauslösung mit Kontoinformationen verknüpfen (etwa um die Bonität des Kunden zu beurteilen), künftig vor dem Hintergrund neuer regulatorischer Vorgaben bzgl. der Zweckbindung von durch Kontoinformationsdiensten abgefragten Daten noch möglich sind.

Besonders groß wird das Potenzial für Zahlungsauslösedienste im Zusammenhang mit Instant Payments [2]. In Europa ist die Einführung eines harmonisierten, auf der SEPA-Überweisung basierenden Verfahrens bis 2018 geplant. Die Kontrolle über die Auslösung dieser Zahlungen ist für alle am Zahlungsverkehr beteiligten Parteien besonders interessant, weil erwartet wird, dass durch Instant Payments hauptsächlich heutige Kartenzahlungen und Barzahlungen abgelöst werden. Die Daten der Auslösung von Kartentransaktionen werden heute von Merchant Acquirern bzw. den großen Kartenorganisationen kontrolliert. Bei Bargeldtransaktionen haben nur Händler und Zahler Kenntnis von der Transaktion. Bei der Zahlung per Instant Payments erhält der Dienst, der die Auslösung kontrolliert, Informationen, die neben den reinen Transaktionsdaten auch den genauen Standort und die exakte Uhrzeit der Transaktion umfassen (vorbehaltlich entsprechender Datenfreigabe des Zahlers und aktivierter GPS-Signale im Smartphone). Der unmittelbare Zugriff auf diese Daten ermöglicht neue Erkenntnisse über den einzelnen Kunden wie auch aggregiert zum Beispiel über das Potenzial einer Einkaufsstraße für Händler in einer spezifischen Kategorie.

16.2.3 Kontoinformationsdienste

Neben der Zahlungsauslösung stellt der Zugriff auf Kontoinformationen die zweite wesentliche Funktion von Zahlungskonten dar, die durch die PSD2 für den Zugriff durch dritte Zahlungsdienstleister freigegeben wird. Bei einem Kontoinformationsdienst handelt es sich um einen Online-Dienst, der konsolidierte Informationen über ein oder mehrere Zahlungskonten bei einem oder mehreren Zahlungsdienstleistern bereithält (vgl. Art. 4 Nr. 16 PSD2, Kontoinformationsdienst). Dritte Zahlungsdienstleister erhalten Zugriff auf die Kontoumsätze (Betrag, Buchungsdatum, Wertstellungsdatum, Verwendungszwecke, Empfänger) sowie den Saldo eines Zahlungskontos, sobald diese Daten dem Zahlungsdienstnutzer im Online-Banking angezeigt werden. Das heißt praktisch, dass dies oft keine Echtzeitumsätze und -salden sind, sondern Momentaufnahmen zu durch die Aktualisierungsfrequenz definierten Zeitpunkten.

Analog Zahlungsauslösediensten erfolgt bereits heute auf anderen Wegen durch Dritte Zugriff auf diese Daten, in der Regel mit Zustimmung des Kontoinhabers. Allerdings sind auch hier die bestehenden Zugriffsmöglichkeiten beschränkt und häufig von Änderungen in den Front-Ends der Bank betroffen. Die regulatorische Schnittstelle bietet auch hier eine Komplexitäts- und Kostenreduktion für die technische Implementierung bei gleichzeitiger Absenkung der technischen Eintrittsbarrieren für Wettbewerber. Im Gegensatz zu Zahlungsauslösediensten ist jedoch der Effekt der Kundenbindung (Lock-in) bei Kontoinformationsdiensten ungleich höher. Der Nutzer investiert Zeit und Mühe in die Hinterlegung aller relevanten Kontoverbindungen in der App/dem Dienst und wird mit hoher Wahrscheinlichkeit zukünftig lediglich eine Banking-App nutzen. Dies sollten neben FinTechs auch Banken bedenken, die vermehrt über den Einstieg als dritte Zahlungsdienstleister nachdenken. Es gilt, schnell eine ausgereifte Lösung anzubieten, sodass direkter Zugang zu einer breiten Kundenbasis unabhängig von der primären Kontoverbindung geschaffen wird, bevor die eigene Banking-App vom Smartphone der Kunden verschwindet. Für bestehende, bisher nicht regulierte Dienste kann dies zu einem verschärften Wettbewerb mit Marktbegleitern führen, die sich mit den regulatorischen Anforderungen, die an Kontoinformationsdienste gestellt werden, leichter tun.

Die möglichen Geschäftsmodelle, die auf Kontoinformationen beruhen, sind vielfältiger als die auf einer Zahlungsauslösung beruhenden, weil hier ein regelmäßiger Zugriff auf umfangreiche Daten zur finanziellen Situation sowie zu einzelnen Zahlungsvorgängen ermöglicht wird. So sind neue Geschäftsmodelle entstanden und werden weiterhin entstehen, die Kontoinformationen für den

Kontoinhaber anders darstellen, auf diesen Daten basierende Analysen anbieten, Daten über mehrere Zahlungskonten (und Banken) aggregieren oder weitere Informationen anreichern.

Eine andere Darstellung kann dabei zum Beispiel eine besonders komfortable App oder die Integration in den persönlichen Assistenten (zum Beispiel von Apple oder Google) sein. Mit Analysen dieser Daten können Empfehlungen zum Ausgabeverhalten, zum Versicherungsschutz, zu sinnvollen Investmentprodukten oder ähnlichem verknüpft sein. Eine bankübergreifende Aggregation erlaubt die Darstellung der gesamten finanziellen Verhältnisse. Mit gesonderter Zustimmung zur Datenübermittlung könnten die aggregierten Daten, wenn diese an eine Bank übermittelt werden, Kreditvergabeprozesse beschleunigen. Eine Anreicherung um weitere Informationen könnte zum Beispiel im Firmenkundengeschäft bedeuten, dass ein Drittdienst die Umsatzinformationen anreichert, um detaillierte, zugehörige Rechnungsinformationen, die die automatisierte Weiterverarbeitung in den buchhalterischen Systemen des Unternehmens erlaubt.

16.2.4 Deckungsanfragedienste

Als dritte Kategorie der neuen Dienste sieht die PSD2 die Deckungsanfragen externer Kartenemittenten vor, die die Bank mit einer unverbindlichen Aussage „Ja" oder „Nein" für den gegebenen Betrag und Zeitpunkt beantworten muss. Durch Nutzung dieses Dienstes können Dritte das Risiko von Kartentransaktionen mit Bezahlkarten verringern, die heute ohne Autorisierung und Deckungsanfrage per Lastschrift vom Zahlungskonto des Zahlers beglichen werden. So können Kosten für Zahlungsausfälle auf Grundlage von risikobasierten Ansätzen reduziert werden. Da der Zahlungsdienstnutzer hierzu seine Zustimmung jedoch gegenüber der kontoführenden Bank erteilen muss, ist zu erwarten, dass die Hürden für die Nutzung bei Bestandskunden eines Bezahlkartendienstes relativ hoch sein werden. Zudem besteht grundsätzlich ein Ausfallrisiko, denn eine Zahlungsgarantie spricht die Bank mit der Antwort nicht aus. Externe Kartenemittenten sollten daher Kosten und Nutzen der Integration einer Deckungsanfrage in bestehende Prozesse und Systeme sorgfältig abwägen.

16.2.5 API-Anbieter/Banking-as-a-Service-Provider

Neben den offensichtlichen Geschäftsmodellen rund um Zahlungsauslösung und Kontoinformationen sind diejenigen FinTechs, die sich auf API-Banking spezialisiert haben und als „Banking-Service-Provider" (zum Beispiel figo oder FintechSystems) oder „Banking-as-a-Platform" (Open Bank Project) am Markt auftreten, von der PSD2 erheblich betroffen. Diese Dienste leisten heute die Übersetzung von proprietären, veralteten oder nicht vorhandenen Schnittstellen der Banken auf moderne APIs, auf denen aufbauend schnell neue Services von großen Entwickler-Communities entwickelt werden können. Diese Dienste werden heute insbesondere von FinTechs genutzt, die Zahlungsauslöse- oder Kontoinformationsdienste anbieten. Die neue Richtlinie bietet für sie sowohl Chancen als auch Risiken.

Auf der einen Seite wird die Ausweitung der eigenen Services, zum Beispiel auf alle Banken innerhalb der EU, ohne großen technischen Aufwand möglich, sofern es zu standardisierten Schnittstellen für größere, zusammenhängende Regionen bzw. Bankengruppen kommt. Darüber hinaus können diese Dienstleister ihre Expertise einbringen, um Banken die Implementierung der regulatorischen Schnittstellen zu erleichtern und ein modernes API-Management aufzubauen.

Auf der anderen Seite begreifen Banken im Rahmen der PSD2 das aktive Management von APIs und die Öffnung des Kontos als strategische Komponenten, die nicht mehr einem Drittendienst überlassen werden sollen. FinTechs könnten gleichzeitig keine Notwendigkeit mehr sehen, einen zwischengeschalteten Dienst zu nutzen, wenn die Komplexität der Implementierung der Schnittstellen deutlich abnimmt.

16.3 Regulatorische Herausforderungen für FinTechs nach der PSD2

Die PSD2 bietet FinTechs erhebliche Chancen zur Erweiterung ihrer Geschäftsmodelle. Insbesondere der mit dem XS2A verbundene Zugriff auf Zahlungskonten kann zu einer grundlegenden Wandlung des Marktes führen. FinTechs, die als Zahlungsauslösedienst oder Kontoinformationsdienst ihre Dienste anbieten wollen, werden durch die PSD2 künftig reguliert und der Finanzaufsicht unterstellt. Dies stellt junge Unternehmen, die sich meist auf die Entwicklung ihrer Geschäftsmodelle konzentriert haben, vor erhebliche Herausforderungen. Aus diesem Grund gehört eine frühzeitige Auseinandersetzung mit der PSD2 zum Pflichtenprogramm für betroffene FinTechs.

16.3.1 Zahlungsauslösedienste

16.3.1.1 Begriff und Bedeutung der Zahlungsauslösedienste

Die PSD2 definiert einen Zahlungsauslösedienst (wie bereits oben ausgeführt) als Dienst, der auf Antrag des Zahlungsdienstnutzers einen Zahlungsauftrag in Bezug auf ein bei einem anderen Zahlungsdienstleister geführtes Zahlungskonto auslöst (Art. 4 Nr. 15 PSD2). Zahlungsauslösedienste richten dazu derzeit eine Softwarebrücke zwischen der Website des Händlers und der Plattform des kontoführenden Zahlungsdienstleisters des Zahlers ein (vgl. PSD2 Erwägungsgrund 27). Über diese Softwarebrücke kann der Zahler den Zahlungsvorgang selbst auslösen oder seine persönlichen Zahlungsauthentifikationsmerkmale an den Zahlungsauslösedienst weitergeben, der mit diesen Daten den Zahlungsvorgang für den Zahler auslöst [3]. Zahlungsauslösedienste geben dadurch dem Zahlungsempfänger die Gewissheit, dass Zahlungen ausgelöst wurden und er die Ware unverzüglich freigeben oder die Dienstleistung erbringen kann (vgl. PSD2 Erwägungsgrund 29). Zudem bieten sie sowohl Händlern als auch Verbrauchern eine kostengünstige Lösung des Bezahlens an. Insbesondere Verbraucher profitieren von den Zahlungsauslösediensten, weil sie auch dann online einkaufen können, wenn sie nicht über eine Zahlungskarte verfügen (vgl. PSD2 Erwägungsgrund 29). Bei Zahlungen im elektronischen Geschäftsverkehr spielen Zahlungsauslösedienste daher eine größere Rolle.

16.3.1.2 Erlaubnispflicht der Zahlungsauslösedienste

Zahlungsauslösedienste werden nach derzeit geltendem Recht als technische Dienstleister angesehen, bei denen es sich nicht um Zahlungsdienste handelt (vgl. § 1 Abs. 10 Nr. 9 ZAG, Art. 3 lit. j) PSD1). Die PSD2 ordnet Zahlungsauslösedienste nun ausdrücklich als Zahlungsdienste ein (vgl. Art. 4 Nr. 3 i. V. m. Anhang I Nr. 7 PSD2). Damit ein Unternehmen einen Zahlungsauslösedienst betreiben darf, bedarf es nach der PSD2 einer Erlaubnis als Zahlungsinstitut (vgl. Art. 11 Abs. 1 PSD2). Ohne diese Erlaubnis wird dem betreffenden Unternehmen das Betreiben eines Zahlungsauslösedienstes untersagt, vgl. Art. 37 Abs. 1 PSD2.

16.3.1.3 Voraussetzungen für eine Erlaubniserteilung

Ein Unternehmen, das eine Erlaubnis als Zahlungsinstitut anstrebt, muss einen Antrag bei der Bundesanstalt für Finanzaufsicht (BaFin) stellen. Diesem Antrag sind zahlreiche Angaben und Nachweise beizufügen, die mit der PSD2 noch erweitert wurden. Im Übrigen bleibt der Inhalt des Erlaubnisantrags identisch mit den derzeitigen Vorgaben (vgl. § 8 Abs. 3 ZAG und § 2 der ZAG-Anzeigeverordnung (ZAGAnzV)). Die BaFin wird die Zulassung als Zahlungsinstitut nur erteilen, wenn die dem Antrag beigefügten Angaben und Nachweise allen Anforderungen genügen.

Der Antrag muss eine Beschreibung des **Geschäftsmodells** enthalten (Art. 5 Abs. 1 lit. a) PSD2). Der Antragsteller darf sich dabei nicht auf eine allgemeine Beschreibung der beabsichtigten Zahlungsdienste beschränken, sondern muss detaillierte Angaben zur konkreten Durchführung dieser Zahlungsdienste machen (§ 2 Abs. 3 ZAGAnzV). Schließlich sind der BaFin Muster von Kundenverträgen und Allgemeinen Geschäftsbedingungen vorzulegen (§ 2 Abs. 3 ZAGAnzV).

Weiterhin ist ein **Geschäftsplan** mit Budgetplanung der ersten drei vollen Geschäftsjahre nach Aufnahme des Geschäftsbetriebes aufzustellen (vgl. Art. 5 Abs. 1 lit. b) PSD2). Aus diesem muss hervorgehen, dass der Antragsteller über geeignete und angemessene Systeme, Ressourcen und Verfahren verfügt, um seine Tätigkeit ordnungsgemäß auszuführen (vgl. Schwennicke / Auerbach, § 8 ZAG, Rn. 27). Zu den Ressourcen zählen etwa Kapital, Betriebsmittel und Personal. Als Budgetplanung sind Planbilanzen und Plangewinn- und -verlustrechnungen nach den für Zahlungsinstitute geltenden Rechnungslegungsvorschriften vorzulegen (vgl. § 2 Abs. 4 ZAGAnzV). Annahmen für die geschäftliche Entwicklung sind in dem Antrag zu begründen (vgl. § 2 Abs. 4 ZAGAnzV).

Zudem muss der Nachweis erbracht werden, dass der Antragsteller über genügend **Anfangskapital** verfügt (vgl. Art. 5 Abs. 1 lit. c)). Gemäß Art. 7 lit. b) PSD2 darf das Kapital eines Zahlungsauslösedienstes zu keinem Zeitpunkt weniger als 50.000 EUR betragen. Die PSD2 enthält Regelungen bezüglich der erforderlichen Eigenkapitalausstattung von Zahlungsinstituten (vgl. Art. 8 und Art. 9 PSD2). Diese gelten jedoch nicht für Unternehmen, die ausschließlich einen Zahlungsauslösedienst betreiben (vgl. Ausnahme in Art. 9 Abs. 1 PSD2). Dies ist eine deutliche Erleichterung im Vergleich zu Betreibern anderer Zahlungsdienste, die grundsätzlich Eigenkapital in bestimmter Höhe vorhalten müssen.

Der Antragsteller muss die **Unternehmenssteuerung und interne Kontrollmechanismen** beschreiben (Art. 5 Abs. 1 lit. e)). Dies beinhaltet Verwaltungs-, Risikomanagement- und Rechnungslegungsverfahren ([4], § 8 ZAG, Rn. 40). Aus der Beschreibung muss hervorgehen, dass die Unternehmenssteuerung, Kontrollmechanismen und Verfahren verhältnismäßig, angemessen, zuverlässig und ausreichend sind ([4], § 8 ZAG, Rn. 40). Die kumulative Verwendung der unbestimmten Begriffe „verhältnismäßig, angemessen, zuverlässig und ausreichend" deutet darauf hin, dass erhöhte Anforderungen an die Beschreibung zu stellen sind.

Aus dem Antrag muss ferner hervorgehen, dass der Antragsteller ein **Verfahren für die Überwachung, Handhabung und für Folgemaßnahmen bei**

Sicherheitsvorfällen und bei sicherheitsbezogenen Kundenbeschwerden eingerichtet hat (Art. 5 Abs. 1 lit. f) PSD2). Es muss ein Mechanismus vorhanden sein, der gewährleistet, dass über schwerwiegende Betriebs- oder Sicherheitsvorfälle unverzüglich die BaFin unterrichtet wird (vgl. Art. 5 Abs. 1 lit. f) PSD2 i. V. m. Art. 96 PSD2). Auch dieser Mechanismus muss in der Antragstellung beschrieben werden.

Der Antragssteller muss über **Verfahren** verfügen, die die **Erfassung, Überwachung, Rückverfolgung sowie Beschränkung des Zugangs zu sensiblen Zahlungsdaten** ermöglichen (Art. 5 Abs. 1 lit. g) PSD2). Diese Verfahren müssen im Antrag näher beschrieben werden.

Das Unternehmen muss im Antrag klare Regelungen zur **Geschäftsfortführung im Krisenfall** beschreiben (Art. 5 Abs. 1 lit. h) PSD2), die wiederum Angaben der entscheidenden Operationen, der wirksamen Notfallpläne und ein Verfahren für die regelmäßige Überprüfung der Angemessenheit und Wirksamkeit solcher Pläne enthalten (Art. 5 Abs. 1 lit. h) PSD2).

Das antragstellende Unternehmen muss über Grundsätze und Definitionen für die statistische **Erfassung von Daten über Leistungsfähigkeit, Geschäftsvorgänge und Betrugsfälle** verfügen und diese in dem Antrag beschreiben (Art. 5 Abs. 1 lit. i) PSD2).

Dem Antrag muss eine Beschreibung der **Sicherheitsstrategie** beigefügt werden (Art. 5 Abs. 1 lit. j) PSD2). Diese muss insbesondere eine detaillierte Risikobewertung der erbrachten Zahlungsdienste und eine Beschreibung von Sicherheitskontroll- und Risikominderungsmaßnahmen enthalten (vgl. Art. 5 Abs. 1 lit. j) PSD2). Dies soll gewährleisten, dass es einen angemessen Schutz der Zahlungsdienstnutzer vor den festgestellten Risiken, einschließlich Betrug und illegaler Verwendung sensibler und personenbezogener Daten gibt (vgl. Art. 5 Abs. 1 lit. j) PSD2).

Weiterhin muss der **organisatorische Aufbau des Antragstellers** beschrieben werden (Art. 5 Abs. 1 lit. l) PSD2). Die Darstellung muss insbesondere die Zuständigkeiten der Geschäftsleiter und die Geschäftsordnung der Organe der Gesellschaft und der Zweigniederlassungen enthalten (vgl. § 2 Abs. 9 S. 2 Nr. 1 ZAGAnzV). Plant das antragstellende Unternehmen Agenten oder Zweigniederlassungen einzusetzen, muss es dies im Antrag ebenfalls beschreiben und die Auslagerungsvereinbarung darstellen (Art. 5 Abs. 1 lit. l) PSD2). Muster der Agenturverträge sind beizufügen (vgl. § 2 Abs. 9 S. 2 Nr. 1 ZAGAnzV). Agenten und Zweigniederlassungen müssen von den Zahlungsinstituten mindestens jährlich vor Ort bzw. von außerhalb ihres Standorts überprüft werden (Art. 5 Abs. 1 lit. l) PSD2). Die geplanten Überprüfungen müssen im Antrag beschrieben werden. Schließlich muss das beantragende Unternehmen die Art und Weise seiner

Teilnahme an einem nationalen oder internationalen Zahlungssystem beschreiben (Art. 5 Abs. 1 lit. l) PSD2).

Namen der Inhaber einer qualifizierten Beteiligung i. S. v. Art. 4 Abs. 1 Nr. 36 der Verordnung (EU) Nr. 575/2013 müssen genannt werden (Art. 5 Abs. 1 lit. m) PSD2). Eine qualifizierte Beteiligung besteht demnach, wenn direkt oder indirekt mindestens zehn Prozent des Kapitals oder der Stimmrechte eines Unternehmens gehalten werden oder eine andere Möglichkeit der Wahrnehmung eines maßgeblichen Einflusses auf die Geschäftsführung dieses Unternehmens besteht (vgl. Art. 4 Abs. 1 Nr. 36 der Verordnung [EU] Nr. 575/2013). Zudem müssen die Höhe ihrer Beteiligungen sowie der Nachweis erbracht werden, dass sie den Anforderungen genügen, die zur Gewährleistung einer soliden und umsichtigen Führung des Zahlungsinstituts zu stellen sind (Art. 5 Abs. 1 lit. m) PSD2; vgl. für den Inhalt dieser Anforderungen § 2 Abs. 11 ZAGAnzV i. V. m. § 10 ZAGAnzV).

Im Antrag müssen die Namen der für die **Geschäftsführung** des Zahlungsinstituts verantwortlichen Personen und ggf. der für die Führung der Zahlungsdienstgeschäfte des Zahlungsinstituts verantwortlichen Personen genannt werden, Art. 5 Abs. 1 lit. n) PSD2. Daneben ist ein Nachweis zu erbringen, dass diese Personen den Anforderungen einer soliden und umsichtigen Führung des Zahlungsinstituts genügen (Art. 5 Abs. 1 lit. n) PSD2; vgl. für den Nachweis der Zuverlässigkeit § 2 Abs. 11 ZAGAnzV i. V. m. § 10 ZAGAnzV).

Der Antragsteller muss **den Namen der Abschlussprüfer des Jahresabschlusses und des Konzernabschlusses** nennen (Art. 5 Abs. 1 lit. o) PSD2). Der Antragsteller hat die **Rechtsform** seines Unternehmens zu nennen sowie dem Antrag die **Satzung oder den Gesellschaftsvertrag** in beglaubigter Kopie beizufügen (vgl. Art. 5 Abs. 1 lit. p) PSD2 und § 2 Abs. 12 ZAGAnzV). Im Antrag muss darüber hinaus die Anschrift der Hauptverwaltung genannt werden (Art. 5 Abs. 1 lit. q) PSD2).

Art. 5 Abs. 2 PSD2 sieht für Unternehmen, die einen Zahlungsauslösedienst betreiben wollen, zusätzlich das Erfordernis vor, über eine **Berufshaftpflichtversicherung bzw. eine gleichwertige Garantie** zu verfügen (Art. 5 Abs. 2 PSD2). Das Unternehmen hat im Antrag einen entsprechenden Nachweis zu erbringen. Welche Mindestdeckungssumme die Berufshaftpflichtversicherung bzw. die gleichwertige Garantie aufweisen muss, wird die EBA durch eine Leitlinie regeln. Am 22. September 2016 hat die EBA Entwürfe für Leitlinien veröffentlicht und diese zur Konsultation gestellt.

16.3.1.4 Entscheidung der Bundesanstalt für Finanzaufsicht

Wenn allen Anforderungen des Art. 5 PSD2 genügt wird und die BaFin zu einer positiven Gesamtbewertung gelangt, erhält das betreffende Unternehmen eine

Erlaubnis als Zahlungsinstitut (vgl. Art. 11 Abs. 2 PSD2). Die BaFin wird innerhalb von drei Monaten nach Eingang des vollständigen Antrags dem Antragssteller mitteilen, ob die Zulassung erteilt oder verweigert wird (Art. 12 PSD2). Erhält
das antragstellende Unternehmen eine Zulassung, wird es durch die BaFin in
einem öffentlichen Register als Zahlungsinstitut eingetragen (vgl. Art. 14 PSD2).
Neben den bereits in der PSD1 enthaltenen Registern der einzelnen Mitglieds-
staaten wurde durch die PSD2 ein zentrales elektronisches Register der Europäischen Bankenaufsichtsbehörde (EBA-Register) eingeführt. Ein zusätzlicher
Antrag bei der EBA ist jedoch nicht erforderlich. Vielmehr wird die BaFin der
EBA die von ihr als Zahlungsinstitut zugelassenen Unternehmen mitteilen, sodass
diese im EBA-Register eingetragen werden können (vgl. Art. 15 PSD2).

16.3.1.5 Folgen einer Zulassung als Zahlungsinstitut

Haben Unternehmen eine Zulassung als Zahlungsinstitut erlangt, müssen sie
zahlreiche aufsichtsrechtliche Pflichten beachten. So sind zum Beispiel Zahlungsinstitute verpflichtet, einen Abschlussprüfer oder Konzernabschlussprüfer unverzüglich nach dessen Bestellung der BaFin und der Bundesbank anzuzeigen (vgl.
§ 17 a Abs. 1 ZAG). Zudem ergeben sich aus dem ZAG besondere Pflichten für
die Prüfung des Jahresabschlusses oder der Zwischenbilanz (vgl. § 18 ZAG). Die
Einhaltung dieser Pflichten unterliegt der Aufsicht der BaFin, die mit der Deutschen Bundesbank zusammenarbeitet (vgl. § 3 Abs. 3 ZAG). BaFin und Deutsche
Bundesbank sind gemäß § 3 Abs. 2 ZAG befugt, gegenüber den Zahlungsinstituten oder ihren Geschäftsleitern Anordnungen zu treffen, um Verstöße gegen
aufsichtsrechtliche Bestimmungen zu verhindern. Das Zahlungsinstitut muss der
BaFin bzw. der Bundesbank auf Verlangen Auskünfte über alle Geschäftsange-
legenheiten erteilen und Unterlagen vorlegen (§ 14 Abs. 1 ZAG). Die Bundesanstalt kann auch ohne besonderen Anlass bei den Zahlungsinstituten Prüfungen
vornehmen oder die Durchführung der Prüfung der Deutschen Bundesbank übertragen (vgl. § 14 Abs. 1 ZAG). Daneben haben Zahlungsinstitute einzelne aufsichtsrechtliche Regelungen und vertragsrechtliche Regelungen des Bürgerliches
Gesetzbuch zu beachten.

16.3.2 Kontoinformationsdienste

16.3.2.1 Begriff und Geschäftsmodell

Ein Kontoinformationsdienst ist nach der PSD2 ein Online-Dienst, der konsolidierte Informationen über ein oder mehrere Zahlungskonten bei einem oder mehreren Zahlungsdienstleistern bereithält (vgl. Art. 4 Nr. 16 PSD2). Dadurch erhält

der Nutzer des Kontoinformationsdienstes einen Gesamtüberblick über seine finanzielle Situation zu einem bestimmten Zeitpunkt (vgl. PSD2 Erwägungsgrund 27). Die PSD2 bezweckt mit der Regulierung der Kontoinformationsdienste den Schutz der Zahlungs- und Kontodaten der Nutzer dieses Zahlungsdienstes (vgl. PSD2 Erwägungsgrund 28).

16.3.2.2 Aufsichtsrechtliche Beurteilung nach der PSD2

Genau wie Zahlungsauslösedienste werden auch Kontoinformationsdienste nach derzeit geltendem Recht als technische Dienstleister angesehen (vgl. Art. 3 lit j) PSD1, § 1 Abs. 10 Nr. 9 ZAG). Die PSD2 nimmt jedoch Kontoinformationsdienste ausdrücklich von dem Ausnahmetatbestand der technischen Dienstleister aus (vgl. Art. 3 lit j) PSD2). Sie werden nun als Zahlungsdienste eingeordnet (vgl. Art. 4 Nr. 3 i. V. m. Anhang I Nr. 8 PSD2). Anders als Zahlungsauslösedienste benötigen Kontoinformationsdienste keine Zulassung als Zahlungsinstitut (vgl. Art. 11 Abs. 1 PSD2 i. V. m. Art. 33 Abs. 1 PSD2). Gleichwohl sind einige der Vorschriften, die für Zahlungsinstitute gelten, auch von den Kontoinformationsdiensten zu beachten (vgl. Art. 33 Abs. 1 PSD2). Zum Beispiel müssen Kontoinformationsdienste einige der in Art. 5 Abs. 1 PSD2 genannten Angaben und Nachweise an die BaFin übermitteln. Im Einzelnen handelt es sich um die folgenden Angaben:

- Beschreibung des Geschäftsmodells (Art. 5 Abs. 1 lit. a PSD2)
- Geschäftsplan mit einer Budgetplanung für die ersten drei vollen Geschäftsjahre (Art. 5 Abs. 1 lit. b PSD2)
- Beschreibung der Unternehmenssteuerung und interner Kontrollmechanismen (Art. 5 Abs. 1 lit. e) PSD2)
- Verfahren bei Sicherheitsvorfällen und sicherheitsbezogenen Kundenbeschwerden (Art. 5 Abs. 1 lit. f) PSD2)
- Verfahren zur Erfassung, Überwachung, Rückverfolgung sowie Beschränkung des Zugangs zu sensiblen Zahlungsdaten (Art. 5 Abs. 1 lit. g) PSD2)
- klare Regelungen zur Geschäftsfortführung im Krisenfall (Art. 5 Abs. 1 lit. h) PSD2)
- Dokument zur Sicherheitsstrategie (Art. 5 Abs. 1 lit. j) PSD2)
- Darstellung des organisatorischen Aufbaus (Art. 5 Abs. 1 lit. l) PSD2)
- Namen der Geschäftsleiter (Art. 5 Abs. 1 lit. n) PSD2)
- Rechtsform und Satzung (Art. 5 Abs. 1 lit. p) PSD2)
- Anschrift (Art. 5 Abs. 1 lit. q) PSD2)

Daneben bleibt Art. 5 Abs. 3 PSD2 für Kontoinformationsdienste anwendbar, sodass sie über eine Berufshaftpflichtversicherung oder eine gleichwertige Garantie verfügen müssen (Art. 33 Abs. 1 PSD2). Für Kontoinformationsdienste ist eine Registrierung nach Art. 14 PSD2 im öffentlichen Register des Herkunftslandes sowie nach Art. 15 PSD2 dem Register der EBA erforderlich. Der Verweis auf Artikel 14 und 15 PSD2 muss wohl so verstanden werden, dass eine Eintragung nur erfolgt, wenn der Kontoinformationsdienst die Voraussetzungen des Artikels 5 Abs. 1 lit. a, b, e bis h, j, l, n, p und q) PSD2 und des Artikel 5 Abs. 3 PSD2 erfüllt.

16.3.3 Übergangsregelung

Die PSD2 wird in den nächsten Monaten in nationales Recht umgesetzt (bis zum 13. Januar 2018). Für Zahlungsauslösedienste und Kontoinformationsdienste, die ihre Tätigkeit bereits zuvor ausgeübt haben, enthält die PSD2 eine Bestandsschutzregelung. Sie können noch 18 Monate nach Inkrafttreten der in Art. 98 genannten technischen Regulierungsstandards ihre Tätigkeit nach Maßgabe des derzeit geltenden Rechts ausüben (vgl. Art. 115 Abs. 5 PSD2). Die EBA rechnet damit, dass dieser Zeitpunkt nicht vor Oktober 2018 eintritt, sodass bis zu diesem Zeitpunkt Bestandsschutz gilt. Durch die PSD2 wird folglich kein uneingeschränkter Bestandsschutz gewährt. Auch bestehende Zahlungsauslösedienste und Kontoinformationsdienste müssen danach eine Erlaubnis als Zahlungsinstitut bzw. eine Eintragung ins Register beantragen.

Betroffene FinTechs wie auch IT-Provider sollten ihre Geschäftsmodelle frühzeitig daraufhin überprüfen, ob diese von der PSD2 betroffen sind, weil mit der Erlangung der oben aufgeführten Lizenzen erheblicher Aufwand verbunden ist. Hierbei sollte nicht aus Kostengründen auf die Investition in einen qualifizierten Berater verzichtet werden, der nicht nur juristische Fragen im Zusammenhang mit der PSD2 klärt, sondern auch die jeweils geforderten Pläne und Beschreibungen sowie Compliance-Anforderungen, die für einen Antrag bei der BaFin erforderlich sind, abbildet und für das FinTech erstellt.

16.4   Ausblick

Die neuen regulatorischen Voraussetzungen bieten die Chance (von kontoführenden Bankplattformen entkoppelter) Payment- und Banking-Lösungen, die dem Kunden eine flexible Zusammenstellung verschiedener Services unterschiedlicher Anbieter auf Basis eines Zahlungskontos für die Abwicklung ermöglicht: das Modell „Steckdosenleiste". Darüber hinaus ergeben sich Möglichkeiten für umfassende Datenanalysen basierend auf Konto- und Transaktionsdaten. Vor dem Hintergrund ist offen, ob es FinTechs wirklich schaffen, ihre Geschäftsmodelle durchzusetzen und welche Position herkömmliche Banken in dem durch die PSD2 neu geschaffenen regulatorischen Umfeld einnehmen. Klar ist jedoch, dass beide Seiten ihre Geschäftsmodelle an das veränderte Umfeld anpassen müssen. Unsere Empfehlung für Banken lautet daher, die PSD2 nicht als rein regulatorische Herausforderung zu betrachten, sondern die strategischen Chancen zu ergreifen, um mit der Umsetzung der PSD2 die Grundlagen für eine offene Bankplattform zu schaffen. Auf diesem Wege können sich Banken auch auf die neuen Bedürfnisse der Kunden einstellen. Eine abwehrende Haltung gegen die digitale Zukunft ist hier ebenso kontraproduktiv wie Widerstand gegen neue regulatorische Vorhaben, die eine Öffnung der Bankeninfrastruktur begünstigen.

Aus regulatorischer Sicht wird interessant zu beobachten, wie FinTechs mit der neuen Situation der Lizenzierung umgehen. Wir empfehlen, die Optionen der Beantragung einer eigenen Erlaubnis als Zahlungsinstitut oder die Nutzung eines lizenzierten Kooperationspartners sorgfältig sowohl aus rechtlicher als auch strategischer Sicht zu prüfen. Die durch die PSD2 neu geschaffenen regulatorischen Anforderungen an FinTechs stellen im Wettbewerbsverhältnis zu den etablierten Banken einen Ausgleich für den zukünftigen Zugriff auf die Bankinfrastruktur dar. Ferner wird die Regulierung auch die Akzeptanz von Kunden in die Dienstleistungen von FinTechs weiter stärken, sodass auch für FinTechs Regulierung als Chance verstanden werden muss.

Die Entwicklung der Beziehung zwischen Banken, FinTechs und Bankkunden bleibt auch nach Umsetzung der PSD2 spannend. Themen wie Instant Payments oder Blockchain stehen vor der Tür. Diese Themen können zu „Revolutionen" im Zahlungsverkehr für Privat- und Geschäftskunden führen. Darüber hinaus wird der intelligente digitale Assistent, der die Interaktion zwischen Kunden und Dienstleistern viel stärker verändern wird, als es dies die bisherigen Schritte vom Online- zum Mobile Banking getan haben, die Branche beschäftigen. Katalysator hierfür ist wiederum APIs, die eine flexible Verknüpfung von unterschiedlichen Komponenten der Wertschöpfungskette im Zahlungsverkehr erlauben. Voraussetzung für den Erfolg neuer Geschäftsmodelle ist jedoch weiterhin Vertrauen, die wichtigste Währung in der Beziehung zwischen Finanzdienstleister und Kunde.

Literatur

1. European Banking Association (2016) Understanding the business relevance of Open APIs and Open Banking for banks, S. 8 – https://www.abe-eba.eu/downloads/knowledge-and-research/EBA_May2016_eAPWG_Understanding_the_business_relevance_of_Open_APIs_and_Open_Banking_for_banks.pdf
2. http://www.europeanpaymentscouncil.eu/index.cfm/sepa-instant-payments/sepa-instant-credit-transfer-sct-inst/
3. Conreder, C., Schild, U., Cards Heft 1, Februar 2016, S. 32.
4. Schwennicke, A., Auerbach, D. (2013) Kreditwesengesetz (KWG) mit Zahlungsdiensteaufsichtsgesetz (ZAG) und Finanzkonglomerate-Aufsichtsgesetz (FKAG). München: C.H. Beck.

Über die Autoren

Sven Korschinowski ist Partner der KPMG im Bereich Financial Services und leitet den Bereich „Payments & Innovations". Seit 2008 berät er in den Bereichen Zahlungsverkehr, mobile Zahlungsverkehr und Digitalisierung. In den letzten Jahren lag sein Fokus hierbei insbesondere auf den Themen FinTechs und Zahlungsverkehr. Aufgrund seiner ausführlichen Expertise in den Themen fungiert Sven regelmäßig als Redner auf Veranstaltungen, auf welchen er sich über momentane Entwicklungen im FinTech- und Zahlungsverkehrssektor äußert. So schreibt er zum Beispiel in seinem Blog über FinTechs, Banken und Regulatorik und gibt Einblicke in das Beraterdasein. Weitere Tätigkeiten: Leiter von KPMGs Tätigkeiten im Bereich Zahlungsverkehr in Deutschland, Leiter der FinTech-Aktivitäten für KPMG Financial Services Deutschland, aktives Mitglied des europäischen Teams der „Open Forum of the Euro Banking Association" in dem Themenbereich „Instant Payment", stellvertretender Vorstand der BITKOM Arbeitsgruppe „Digital Banking", aktives Mitglied der BITKOM Arbeitsgruppe „Payments".

Dr. Christian Conreder ist Rechtsanwalt und Manager bei der KPMG Rechtsanwaltsgesellschaft mbH am Standort Hamburg und Mitglied der Praxisgruppe Financial Services. Der Schwerpunkt seiner anwaltlichen Tätigkeit bildet das Bank- und Bankaufsichtsrecht mit einem Fokus auf den Bereich des Zahlungsverkehrs. Er berät unter anderem. Banken, Zahlungsdienstleister, Kartenemittenten und FinTechs in zivil- und aufsichtsrechtlichen Fragestellungen. Außerdem ist er Mitglied des KPMG-FinTech Kernteams. Dort vernetzt er sich mit Kollegen aus anderen Gebieten, um die neuesten Entwicklungen im Bankenbereich zu verfolgen Darüber hinaus publiziert Dr. Christian Conreder regelmäßig in Fachzeitschriften, unter anderem zur PSD2.

Sebastian Schwittay ist seit mehr als fünf Jahren in der Finanzbrache tätig. Aktuell leitet er als Manager bei KPMG im Bereich Financial Services regulatorische PSD2-Umsetzungsprojekte und verantwortet die Entwicklung des Beratungsangebots zu Instant Payments. Vor seiner Zeit bei KPMG hat er mehrere Jahre bei der Deutschen Bank an der Schnittstelle zwischen Produktmanagement und IT erfolgreich regulatorische und strategische Projekte im Zahlungsverkehr und Core Banking umgesetzt. Bereits während seines Studiums der Wirtschaftsinformatik beschäftigte er sich mit Prozessen und regulatorischer Compliance in Retailbanken und veröffentlichte entsprechende Fachbeiträge.

Regulatorik und Umsetzungsgeschwindigkeit bei Innovationsprojekten

17

Sven Bartels und Jan Meier

Zusammenfassung

Unternehmen managen Risiken, um beispielsweise Strafzahlungen, Bußgelder oder Reputationsschäden zu vermeiden oder zumindest zu minimieren. Das Risikomanagement übernehmen dabei unter anderem die Regulatoren, indem sie die Einhaltung von internen oder externen Regelwerken prüfen und davon abgeleitet Empfehlungen aussprechen. Unternehmen sollten auch bei Innovationen ihr Risikomanagement beachten. Das bedeutet, dass Regulatoren in die Entwicklung und Umsetzung von Ideen mit Innovationspotenzial eingebunden werden sollten. Häufig kommt es durch die Einbindung der Regulatoren jedoch zu zeitlichen Engpässen. In diesem Beitrag diskutieren wir daher, wie Regulatoren in die Entwicklung und Umsetzung von Ideen mit Innovationspotenzial eingebunden werden können, um die Geschwindigkeitseinbußen möglichst gering zu halten. Gleichzeitig berücksichtigen wir in unserer Diskussion auch Maßnahmen, die es Regulatoren ermöglichen, mit der geforderten Geschwindigkeit Schritt zu halten.

S. Bartels (✉)
comdirect bank AG, Jork, Deutschland
E-Mail: sven.bartels@comdirect.de

J. Meier
Tchibo GmbH, Hamburg, Deutschland
E-Mail: Jan.Meier@gmx.org

© Springer Fachmedien Wiesbaden GmbH 2017
R. Smolinski et al. (Hrsg.), *Innovationen und Innovationsmanagement in der Finanzbranche*, Edition Bankmagazin, DOI 10.1007/978-3-658-15648-0_17

335

17.1 Einleitung

In der Technologiebranche sind die Produktzyklen von konstanten Innovationen geprägt. Dies erklärt sich unter anderem durch das Mooresche Gesetz, das erstmals im Jahr 1965 beschrieben wurde [1]. Dieses Gesetz beschreibt, dass eine Verdoppelung der Komplexität integrierter Schaltkreise, wie zum Beispiel Prozessoren, zuletzt ungefähr alle 18 bis 24 Monate entsteht. Die Grenze des technisch Möglichen wurde hierdurch immer wieder verschoben. Dabei haben Technologieunternehmen die damit einhergehende Erhöhung der Rechenkapazität dazu benutzt, um innovative Produkte zu entwickeln, die vor wenigen Jahren nicht umsetzbar gewesen wären. Dies führte dazu, dass Konsumenten neue innovative Produkte erwarten und sie nicht mehr als optional ansehen. Innovationen sind damit für die Unternehmen imagebildend und unterstützen die Werbung für das Produkt sowie das Unternehmen.

Während Innovationen somit eine positive Auswirkung auf das Unternehmen haben, wirken sich fehlende Innovationen negativ auf das Unternehmen aus. So können sich neue Produkte, denen kein innovativer Charakter zuerkannt wird, negativ auf die Einschätzung über die Zukunftsfähigkeit des Unternehmens und damit auch auf den Aktienkurs auswirken. Ein Beispiel hierfür ist die Vorstellung der Fitbit-Blaze-Fitnessuhr im Januar 2016. Nach deren Vorstellung sank der Aktienkurs von Fitbit Inc. um 18 %, weil die Investoren Fitbit nicht zutrauten, mit Apple Schritt halten zu können [2]. Dieser oft kurzfristige Effekt kann sich jedoch verfestigen, wenn sich in der Zielgruppe für die Produkte des Unternehmens die Wahrnehmung bildet, dass das Unternehmen nicht innovativ ist. Der Bedeutung dieser Wahrnehmung sind sich Unternehmen bewusst und haben unterschiedliche Verfahren entwickelt, die die Ideenfindung für Innovationen unterstützen.

Aber nicht nur die Idee mit Innovationspotenzial ist entscheidend, sondern auch der Zeitpunkt, wann die Idee in einem Produkt als Innovation in den Markt eingeführt wird. Denn streng genommen handelt es sich bei der Umsetzung einer Idee nur dann um eine Innovation, wenn der Markt dieses Produkt annimmt und kein anderes Produkt auf dem Markt diese Idee vorher umgesetzt hat. Das bedeutet, dass die Umsetzungen von Ideen mit Innovationspotenzial unternehmensweit konsequent vorangetrieben werden müssen, wenn Innovationen zur Abgrenzung zu anderen Unternehmen im Markt benötigt werden.

Ein Unternehmen kann jedoch nicht immer für alle Aspekte und Produkte Ideen mit Innovationspotenzial zuerst umsetzen. In solchen Fällen ist es wichtig, bei Ideen bzw. Innovationen, die das Unternehmen für sich als relevant identifiziert hat, schnellstmöglich nachzuziehen. Denn nur so werden die Unternehmenseigenschaften wie Agilität, Flexibilität, Modernität und Zukunftsfähigkeit kommuniziert. Dauert die Umsetzung zu lange, wird dem Unternehmen insgesamt nicht zugetraut, flexibel zu reagieren, also auch nicht in Situationen, in denen ein Kunde eine individuelle Lösung benötigt. Dies gilt zwar insbesondere für Technologieunternehmen, gegenwärtig werden diese Eigenschaften auch von Unternehmen anderer Branchen, wie zum Beispiel der Finanzbranche, eingefordert.

Eine Trennung zwischen der Technologiebranche und anderen Branchen, wie zum Beispiel der Automobilbranche und der Finanzbranche, verschwimmt heutzutage immer mehr. In der Automobilbranche steigt zum Beispiel die Integration von Smartphones in die Fahrzeugelektronik zunehmend und Assistenzsysteme werden in regelmäßigen Abständen auch nach der Auslieferung des Fahrzeuges aktualisiert. In der Finanzbranche hat sich der Begriff FinTech ausgeprägt, ein Kunstwort aus Finance und Technology. Hierbei handelt es sich um Start-ups, die sich eher der Technologiebranche zugehörig fühlen und dennoch Finanzprodukte und -lösungen anbieten [3]. Auch große und etablierte Finanzinstitute beginnen, sich als Technologieunternehmen wahrzunehmen bzw. befinden sich auf dem Weg dahin [4]. Durch die Annäherung und zukünftige Verschmelzung der Finanzbranche an die bzw. mit der Technologiebranche gelten dadurch aber auch die gleichen Anforderungen an Innovationen für diese Unternehmen, wie sie für die Unternehmen der eigentlichen Technologiebranche gelten. Innovationen und Innovationskraft sind damit auch in der Finanzbranche nicht mehr optional, sondern ein Unterscheidungsmerkmal und Wettbewerbsvorteil und möglicherweise der entscheidende Faktor für das Fortbestehen des Finanzunternehmens.

Für innovationsgetriebene Finanzunternehmen ist es wichtig, dass nicht nur die Ideenfindung, -entwicklung und -umsetzung schnell vorangetrieben werden, auch die unterschiedlichen regulatorischen Anforderungen an das Unternehmen und das Produkt müssen mit der geforderten Geschwindigkeit mithalten können. Mithilfe der regulatorischen Anforderungen und Vorgaben können Unternehmen die Chancen der Ideen mit Innovationspotenzial ins Verhältnis zu den damit verbundenen Risiken setzen. Die Berücksichtigung der Risiken trotz des existierenden Innovationsdrucks in der Finanzbranche wird auch von dem Vorstandsvorsitzenden der Bundesbank gefordert [5].

Die Regulatorik kann ihre Funktion jedoch nur erfüllen, wenn sie mit der vorgegebenen Innovationsgeschwindigkeit Schritt halten kann. Das Thema Regulatorik ist ein weitreichendes und komplexes Thema, Im Folgenden konzentrieren wir uns jedoch ausschließlich auf den Aspekt der Geschwindigkeit bzw. wie eine höhere Geschwindigkeit bei der Umsetzung von Ideen mit Innovationspotenzial unter Einbeziehung der Regulatorik erreicht werden kann. Ohne eine Regulatorik, die mit der notwendigen Geschwindigkeit Schritt halten kann, sind alle weiteren regulatorischen Aspekte irrelevant, weil diese ohne ausreichende Geschwindigkeit nie zum Tragen kommen würden. Die Behandlung dieser Aspekte überlassen wir Autoren für weitergehende Beiträge. Auch die Ideenfindung ist nicht Teil dieses Artikels. Im Folgenden gehen wir davon aus, dass ein Verfahren zur Ideenfindung im Unternehmen etabliert ist und für die gefundenen Ideen eine Einbindung der Regulatorik gewünscht ist.

Der Beitrag ist wie folgt aufgebaut: Zunächst beschreiben wir in Abschn. 17.2, was wir unter dem Begriff der Regulatorik zusammenfassen sowie die Aufgaben der Regulatorik im Unternehmen. In Abschn. 17.3 diskutieren wir, unabhängig von einer regulatorischen Betrachtungsweise, wie Geschwindigkeit bei der Umsetzung von Ideen mit Innovationspotenzial erreicht werden kann. Auf Abschn. 17.2 und 17.3 aufbauend beschreiben wir, warum es bei der Zusammenarbeit zwischen Projektteams und der Regulatorik leicht zu Situationen kommen kann, in denen Geschwindigkeit verloren gehen und die Umsetzung der Ideen mit Innovationspotenzial ins Stocken geraten kann. Danach schlagen wir ein mögliches Vorgehen vor, wie über die gesamte Zeit die Umsetzungsgeschwindigkeit konstant hoch gehalten werden kann und die Regulatorik hiermit Schritt halten kann. Zuletzt fassen wir die Ergebnisse zusammen und ziehen ein Fazit.

17.2 Funktionen der Regulatorik in Unternehmen

Jedes Unternehmen handelt nach Regelwerken. Diese können selbst auferlegt, also intern, sein oder von außen, beispielsweise in Form von Gesetzen oder Richtlinien, auf das Unternehmen wirken. Hierbei können die internen Regeln explizit aufgeschrieben sein oder implizit durch die Unternehmenskultur gelebt werden. Diese internen Regelwerke werden oft durch einschlägige externe Regelwerke beeinflusst, weil sich Unternehmen in der Regel gesetzeskonform verhalten und teilweise den gesetzlich vorgegebenen Rahmen für sich noch weiter verschärfen oder konkretisieren wollen.

Die Unternehmensregulatoren gestalten nicht zwingend die internen Regelwerke eines Unternehmens. Jedoch achten diese im Rahmen ihres Verantwortungsbereichs auf die Einhaltung der Regelwerke innerhalb des Unternehmens. Unabhängig davon, wer konkret in einem Unternehmen die Regelwerke ausgestaltet, sind diese nicht beliebig, sondern dienen dem Unternehmensziel. Unternehmensziele bestehen, damit Unternehmensressourcen effektiv verwandt werden.

Aber auch übergeordnete Interessen, wie zum Beispiel Aktionärs- oder Gesellschafterinteressen, werden durch Unternehmensziele gewahrt. Damit diese Ziele planvoll erreicht werden können, entwickeln Unternehmen Strategien. Diese Unternehmensstrategien beeinflussen die internen Regelwerke, die diese unterstützen müssen. Denn zunächst existiert ein Unternehmen mit Zielen, das dann eine Strategie entwickelt, aus welcher sich wiederum interne Regelwerke ausbilden.

Die Unternehmensregelwerke stehen also mit den Unternehmenszielen in Wechselwirkung. Die konkrete Ausgestaltung dieser Regelwerke hängt jedoch stark von dem individuellen Unternehmen ab. Junge Unternehmen haben beispielsweise oft rein mündliche Regelwerke, während länger am Markt bestehende Unternehmen mit ausgeprägteren Strukturen schriftlich fixierte Regelungen geschaffen haben. Unabhängig von der Form der Regelwerke können diese jederzeit verändert werden, um eine Anpassung an die Unternehmensziele oder Marktsituationen zu erreichen.

Im Gegensatz zu internen Regelwerken werden externe Regelwerke nicht durch die Unternehmensstrategie beeinflusst. Stattdessen sind diese externen Regelwerke durch nationale oder internationale Vorgaben geprägt. Diese Regelungen sind zum Schutz der unterschiedlichsten Interessen, beispielsweise der Gesellschaft, der Verbraucher, der Branche oder des Wettbewerbs, geschaffen worden. Diese Schutzinteressen stehen möglicherweise den Unternehmensinteressen entgegen. Trotzdem sind die externen, einschlägigen Regelwerke für Unternehmen bindend und können durch die jeweiligen Unternehmen nicht modifiziert werden.

Interne und externe Regelwerke können also unterschiedliche, möglicherweise entgegenstehende, Zielsetzungen haben. Der Aspekt des Risikomanagements ist jedoch beiden Regelwerken gemein. Durch interne Regelwerke werden zum Beispiel Leitfäden für Handlungsspielräume definiert. Handlungen, die im Unternehmen häufig vorkommen oder als unternehmensrelevante Risiken identifiziert wurden, werden durch Prozesse standardisiert. Interne Regelwerke können somit dem Schutz des Unternehmens, der Mitarbeiter, des Managements oder der Gesellschafter dienen, indem auf den Regelwerken basierend Risiken eingeordnet und bewertet werden können. Hiermit ist eine Entscheidung über den Umgang mit diesem Risiko unter Berücksichtigung von beispielsweise Reputationsschäden, Strafen oder weiteren Nachteilen möglich. Dies kann Risikovermeidung, -minimierung, -akzeptanz oder Transfer des Risikos bedeuten. Die Realisierung eines Risikos trotz Minimierung oder durch Akzeptanz kann beispielsweise zu Reputationsschäden oder Strafen führen.

Der Grad und die Detailtiefe der internen Regelwerke sind Stellschrauben, an denen Unternehmen drehen können, um Risiken zu managen. Je enger das Korsett der Regelwerke um die Unternehmensprozesse geschnürt wird, desto geringer ist die Wahrscheinlichkeit, dass Schäden durch bekannte Risiken entstehen. Unternehmen können nach ihrem Risikoappetit und ihrer Risikokultur entscheiden, zu welchen Themengebieten mit welcher Detailtiefe sie sich ein Regelwerk auferlegen. Darüber hinaus obliegt es dem Unternehmen, Folgen oder Konsequenzen für die Nichtbeachtung der Regelwerke festzulegen.

Im Gegensatz zu den internen Regelwerken wird bei von außen wirkenden Regelungen vornehmlich versucht, ein Risiko von außerhalb des Unternehmens stehenden Personen zu nehmen. Dies wird beispielsweise in der Finanzindustrie durch die Einlagensicherung erreicht, sodass das Vermögen der Kunden zu einem gewissen Grad abgesichert ist. Externe Regelungen können jedoch auch dem Schutz des Unternehmens selbst dienen, wie zum Beispiel Vorgaben zur Eigenkapitalquote, weil hiermit die Finanzkraft des Unternehmens durch eine vorgegebene Kapitaldecke gestärkt wird. Unternehmen stehen stets vor der Aufgabe, interne sowie externe Regelungen und Vorgaben zu erkennen, umzusetzen und einzuhalten. Dies wird zumeist durch „regulatorische Einheiten", wie zum Beispiel Compliance, Datenschutz, Innenrevision, IT-Sicherheit und Recht gewährleistet. Für diese einzelnen Einheiten gibt es wiederum teilweise gesetzliche Vorgaben, wie zum Beispiel für einen notwendigen betrieblichen Datenschutzbeauftragten. Andere Einheiten sind hingegen nicht zwingend geregelt. Trotzdem sind in einer Vielzahl von Unternehmen weitere Einheiten freiwillig geschaffen worden, um für unternehmens- oder branchenindividuelle Themen ein besseres Risikomanagement zu gewährleisten.

Für die folgende Diskussion gilt die Annahme, dass die jeweils einschlägigen externen Regelwerke in den Unternehmensregelwerken oder der Unternehmenskultur direkt oder indirekt enthalten sind. Diese Annahme kann ohne Einschränkungen getroffen werden, weil nur ein sehr kleiner Teil von Unternehmen, wenn überhaupt, bewusst externe Vorgaben missachtet, um ihr Unternehmensziel zu erreichen. In diesen Unternehmen ist jedoch die Regulatorik nicht in dem Maße ausgeprägt, als dass die folgenden Überlegungen für diese Unternehmen relevant wären. Daher werden im Folgenden nur noch interne Regelwerke betrachtet.

Der Umstand, dass Unternehmen durch Regelwerke ihre Risiken managen, kann jedoch nur dann erfolgreich sein, wenn in jedem Unternehmensteil die einschlägigen Regelwerke berücksichtigt werden. Eine Risikoakzeptanz findet dabei in Regelwerken klassischerweise keine Berücksichtigung. Dennoch können Regelwerke oder Teile davon für bestimmte Situationen außer Kraft gesetzt werden. Dies kann zum Beispiel durch eine Risikoeinschätzung und eine darauf aufbauende Entscheidung, von der bestehenden Regelung bewusst abzuweichen, erfolgen.

Hieraus folgt, dass diese internen Regelwerke grundsätzlich auch bei Ideen mit Innovationspotenzial bedacht werden sollten. Denn bei einer späteren Umsetzung der Idee sind diese Regelwerke nach den oben beschriebenen Grundsätzen wie in jedem anderen Projekt auch zu berücksichtigen. In der weiteren Diskussion lösen wir uns von generellen Projekten und betrachten die Interaktion zwischen Regulatorik und der Umsetzung von Ideen mit Innovationspotenzial, um die Funktion und Rolle der Regulatorik in diesem Kontext darzustellen.

In stark regulierten Branchen, wie zum Beispiel der Finanzindustrie, können Widersprüche zwischen den Regelwerken und den Ideen mit Innovationspotenzial bestehen. Sollte eine Bank beispielsweise planen, zur schnellen und kundenfreundlichen Kontoeröffnung auf Facebook-Konten zur Kundenidentifikation zurückzugreifen, stehen dieser Idee die regulatorischen Vorgaben zur Kundenidentifikation (Know Your Customer) zur Verhinderung unter anderem von Geldwäsche entgegen.

Aufgabe der Regulatoren ist das Aufzeigen dieser Widersprüche und der daraus resultierenden Risiken sowie das Aufklären über Handlungsoptionen, wie mit der Umsetzung der Idee und den Risiken umgegangen werden kann. Hierbei geben die Regulatoren eine entsprechende Empfehlung ab. Sie sprechen also kein Verbot der Umsetzung der Idee mit Innovationspotenzial aus.

17.3   Umsetzungsgeschwindigkeit

Um in diesem Beitrag ein Vorgehen vorschlagen zu können, wie Regulatorik mit den Anforderungen der Umsetzungsprojekte von Ideen mit Innovationspotenzial Schritt halten kann, betrachten wir zunächst die dafür relevanten Eigenschaften der Umsetzungsgeschwindigkeit.

Im allgemeinen Sprachgebrauch wird unter dem Begriff der Geschwindigkeit verstanden, wie viel Wegstrecke ein Objekt pro Zeitabschnitt zurücklegt. Wird die Wegstrecke in einem kürzeren Zeitabschnitt oder eine größere Wegstrecke in einem gleichgroßen Zeitabschnitt zurückgelegt, so besteht Einigkeit darüber, dass das Objekt eine höhere Geschwindigkeit hat. Ist das Objekt beispielsweise ein Auto und soll die Geschwindigkeit des Autos erhöht werden, muss das Auto die Strecke in einer kürzeren Zeit zurücklegen. Dazu kann unter anderem das Auto windschnittiger gebaut, Reifen mit geringerer Reibung montiert und ein leistungsstärkerer Motor eingebaut werden. Das Verhältnis von Strecke zu Zeitabschnitt kann zur Erhöhung der Geschwindigkeit jedoch nicht verändert werden. Dies wäre entgegen der Definition von Geschwindigkeit.

Im Zusammenhang mit Projekten wird ebenfalls von der sogenannten Umsetzungsgeschwindigkeit gesprochen. Der Begriff Umsetzungsgeschwindigkeit, mit dem beschrieben wird, wie schnell eine Idee in ein Produkt umgesetzt werden kann, ist eine Metapher. Diese Umsetzungsgeschwindigkeit ist schwierig zu definieren, denn in Umsetzungsprojekten ist der Zeitabschnitt nicht eindeutig bestimmt, was sich im folgenden Beispiel zeigt. Angenommen, die Umsetzung einer Idee dauert zehn Tage, wenn sich ein Mitarbeiter allein um das gesamte Projekt kümmert, aber nur sechs Tage, wenn sich zwei Mitarbeiter gemeinsam um das Projekt kümmern. Starten beide Projektteams am gleichen Tag, so ist die Umsetzung mit den zwei Projektmitarbeitern frühzeitiger fertig und könnte damit als schneller angesehen werden. Schaut man sich jedoch die Anzahl der Arbeitstage an, die das Unternehmen für das Projekt aufgewendet hat, so ist das erste Projekt effizienter. Es hat nur zehn und nicht, wie das zweite Projekt, zwölf Tage benötigt. Im Kontext von Innovationen ist jedoch der Zeitpunkt des Markteintritts von übergeordneter Bedeutung, sodass Unternehmen häufig bereit sind, in Summe mehr Arbeitstage zu investieren, wenn dies bedeutet, dass das Produkt frühzeitiger fertig ist.

Zwar sind die beiden Umsetzungstage von zehn und sechs Arbeitstagen in dem obigen Beispiel willkürlich gewählt, entscheidend ist jedoch, dass das zweite Projektteam in Summe mehr Arbeitstage benötigt. Dass das Projektteam mit den zwei Mitarbeitern gemessen an den Arbeitstagen langsamer ist, liegt an der notwendigen Koordination und Abstimmungen zwischen den beiden Mitarbeitern. Der Anteil der Arbeitszeit, die nicht für die eigentliche Umsetzung verwendet wird, sondern für Koordination und Abstimmung, wächst mit der Anzahl der Projektmitarbeiter. Daher wird das personelle Aufstocken des Projektteams mit steigender Projektmitarbeiteranzahl immer ineffizienter.

Häufig bestehen Projektteams nicht nur aus Mitarbeitern, die sich während ihrer gesamten Arbeitszeit mit der Umsetzung der Idee beschäftigen. Zusätzlich kann das Projektteam aus Mitarbeitern bestehen, die nur an Teilaspekten des Projektes mitarbeiten. Diese werden nur bei Bedarf in das Projekt einbezogen. Es ist nicht ungewöhnlich, dass ein Projektteam mehrheitlich aus Mitarbeitern besteht, die auf ihren Aufgabenbereich bezogene Teilaspekte des Projektes bearbeiten. Dazu zählen auch die Regulatoren. Da diese Mitarbeiter nicht mit ihrer gesamten Arbeitszeit in einem Projekt mitwirken, arbeiten sie oft parallel in mehreren Projekten. In Situationen, in denen sie eine knappe Ressource sind und ihre Mitarbeit in vielen Projekten gleichzeitig gefragt ist, kann die Umsetzungsgeschwindigkeit aller Projekte sinken, weil diese Mitarbeiter die einzelnen Projekte nicht durchgehend und gleichzeitig betreuen können. Hieraus folgt, dass zum einen diese Mitarbeiter sich stets den letzten Stand des Projektes in Erinnerung rufen müssen, bzw. ihre Dokumentationen (sofern vorhanden) durcharbeiten müssen. Zum anderen muss das Projektteam sie stets über die Änderungen informieren. Sollte ein Projektteam für die weiteren Umsetzungsschritte auf eine Bewertung, Empfehlung oder eine darauf aufbauende Entscheidung angewiesen sein, muss das Projektteam mit der Umsetzung entweder auf den nächsten Zeitabschnitt warten, bis sich diese Mitarbeiter wieder um das Projekt kümmern können oder diese sich aufgrund der Dringlichkeit vorrangig um das Projekt kümmern. In beiden Fällen leidet jedoch die Umsetzungsgeschwindigkeit. Im ersten Fall kann das Projektteam die weitere Umsetzung nicht vorantreiben, in zweitem Fall muss sich der Mitarbeiter außerplanmäßig mit den akuten Fragestellungen des Projektes auseinandersetzen. Diese außerplanmäßige Arbeitszeit geht zulasten der anderen Projekte, die dadurch länger auf die Mitarbeit des Mitarbeiters warten müssen. Durch eine Minimierung der Parallelisierung bei den Projektmitarbeitern, welche nicht mit ihrer gesamten Arbeitszeit im Projekt mitwirken, können also alle Projekte, in denen diese Mitarbeiter mitarbeiten, in ihrer Umsetzungsgeschwindigkeit beschleunigt werden. Allerdings kann dies bedeuten, dass einige Ideen mit Innovationspotenzial erst später umgesetzt werden können, weil im Unternehmen nicht ausreichend Mitarbeiter zur Verfügung stehen.

Eine weitere Möglichkeit, eine Idee schneller umzusetzen und am Markt einzuführen, die in der Metapher der Umsetzungsgeschwindigkeit nicht enthalten ist, ist die Verringerung der Strecke zum Ziel. Dabei geht es nicht darum, nur einen Teil der Idee im Projekt umzusetzen. Vielmehr geht es darum, im weiteren Projektverlauf ungenutzte Arbeitsergebnisse oder Umwege während der Umsetzung zu vermeiden. Ungenutzte Arbeitsergebnisse entstehen immer dann, wenn Mitarbeiter Arbeit leisten, die weder direkt noch indirekt in die Umsetzung einfließen. Diese ungenutzten Arbeitsergebnisse binden Ressourcen, die für die eigentliche Umsetzung der Idee nicht zur Verfügung stehen. Nicht immer lassen sich ungenutzte Arbeitsergebnisse vermeiden, zur Erhöhung der Geschwindigkeit sollten diese ungenutzten Arbeitsergebnisse jedoch minimiert werden. Kann der einzelne Mitarbeiter aus dem obigen Beispiel die ungenutzten Arbeitsergebnisse im Gegensatz zu dem Projektteam mit zwei Mitarbeitern beispielsweise um 20 % reduzieren, braucht dieser mit acht Arbeitstagen im Vergleich zu dem Projektteam mit zwei Mitarbeitern nur zwei Arbeitstage länger für die Umsetzung. Dies schont folglich die Ressourcen des Unternehmens im Vergleich zu dem anderen Projektteam zusammengenommen mit dem ersten Beispiel um insgesamt vier Tage.

Ungenutzte Arbeitsergebnisse können potenziell durch alle Mitarbeiter des Umsetzungsprojektes geleistet werden. Beispielsweise können Mitarbeiter, die die Idee mit Innovationspotenzial entwickeln, einen Teilaspekt detailliert ausarbeiten, der aufgrund von technischen Beschränkungen nicht umgesetzt werden kann. Oder Softwareentwickler können eine Funktion entwickeln und programmieren, die in der endgültigen Produktausgestaltung nicht mehr benötigt wird. Auch Regulatoren können, indem sie Teilaspekte einer Idee prüfen und bewerten, die nicht umgesetzt werden, ungenutzte Arbeitsergebnisse produzieren.

In Unternehmen, in denen an mehreren Ideen mit Innovationspotenzial gearbeitet wird und gleichzeitig ein Engpass von Mitarbeitern, die Funktionen in mehreren Umsetzungsprojekten wahrnehmen, besteht, ist die Vermeidung von ungenutzten Arbeitsergebnissen besonders wichtig. Denn in diesen Unternehmen bremsen die ungenutzten Arbeitsergebnisse nicht nur die Umsetzung der einen Idee mit Innovationspotenzial aus, sondern auch alle anderen Umsetzungen, die auf die Unterstützung der Mitarbeiter angewiesen sind.

Im Vergleich zu Mitarbeitern, die mit der direkten Umsetzung von Ideen mit Innovationspotenzial betraut sind, sind unter anderem Regulatoren in Unternehmen häufig in geringerer Anzahl vorhanden. Daher bremsen Engpässe durch ungenutzte Arbeitsergebnisse bei Regulatoren die Umsetzungsgeschwindigkeit innerhalb des Unternehmens. Die Geschwindigkeit der Umsetzung von Ideen mit Innovationspotenzial ist deshalb von herausragender Bedeutung, weil eine verzögerte Umsetzung potenziell die Idee als Innovation bedroht. Die Marktreife der Idee verzögert sich und gibt einem Mitbewerber die Möglichkeit, die gleiche Idee noch vor dem eigenen Unternehmen umgesetzt zu haben und zuerst vermarkten zu können. Die Möglichkeit, zuerst eine Idee in den Markt eingeführt zu haben, fördert nicht nur die Kundengewinnung oder -bindung, sondern auch das Image eines innovativen Unternehmens. Dieses Image kann wiederum für weitere Aktivitäten, die außerhalb des Fokus dieses Beitrags liegen, genutzt werden.

Im Folgenden wird daher diskutiert, wie Umsetzungsprojekte für Ideen mit Innovationspotenzial und regulatorische Prüfungen und Bewertungen miteinander verzahnt werden können, sodass alle Mitarbeiter eines Umsetzungsprojektes in Bezug auf Regulatorik möglichst wenig ungenutzte Arbeitsergebnisse leisten.

17.4   Problemstellung

In den bisherigen Abschnitten haben wir zum einen die Funktionen von Regulatoren in Unternehmen beschrieben, welche unter dem Begriff Risikomanagement zusammengefasst werden können. Zum anderen haben wir die Bedeutung von

Geschwindigkeit bei der Umsetzung von Ideen mit Innovationspotenzial beschrieben und für diesen Beitrag relevante Aspekte zur Umsetzungsgeschwindigkeit diskutiert. Dabei können Risikomanagement und Umsetzungsgeschwindigkeit in einem Konflikt zueinander stehen. Daher setzen wir in diesem Abschnitt die diesen Konflikt betreffenden Bedürfnisse des Unternehmens in einen Kontext. Um diesen Kontext herstellen zu können, verwenden wir den Begriff „Sachverhalt". In Anlehnung an Winklers Definition des Sachverhalts [6], definieren wir den Sachverhalt einer Idee als die Gesamtheit der Umstände bezogen auf die Detailtiefe über Verhalten, Verhältnisse, Daten bzw. Fakten.

Entscheidend in der vorangegangenen Definition für die weitere Diskussion in diesem Beitrag ist der Begriff „Detailtiefe". Durch das Einbeziehen der Detailtiefe in die Definition werden unterschiedliche Mitarbeiter, die an der Umsetzung einer Idee arbeiten, mit ihren unterschiedlichen Sichtweisen und Bedürfnissen berücksichtigt. So benötigen beispielsweise Mitarbeiter, die Umsetzungen genehmigen oder priorisieren, zu anderen Fragestellungen Details als die Mitarbeiter, die für die Umsetzung dieser Idee eine Software entwickeln. Die erste Gruppe interessiert möglicherweise die Kosten der Umsetzung im Vergleich zu den Einnahmen, wenn Kunden das Produkt oder den Service kaufen. Softwareentwickler hingegen benötigen Details zur genauen Funktionsweise des Produkts.

Auch Regulatoren sind für die Wahrnehmung ihrer Funktion in einem Unternehmen auf eine auf sie individuell abgestimmte Detailtiefe angewiesen, die das Stellen und Beantworten von regulatorischen Fragestellungen ermöglicht. Dabei ist weiter zu beachten, dass für die unterschiedlichen regulatorischen Bereiche unterschiedliche Detailtiefen der Idee relevant sein können. Daraus folgt, dass unter Umständen einzelne Regulatoren, abweichend von weiteren Regulatoren im Unternehmen, auf ihre Bedürfnisse zugeschnittene Beschreibungen des Sachverhalts mit einer entsprechenden Detailtiefe benötigen. Während für Regulatoren, die rechtliche Fragestellungen bearbeiten, die konkrete Ausgestaltung eines Logos auf einer Webseite von Bedeutung sein kann, ist die Technik, wie das Logo auf der Webseite eingebunden ist, wenn überhaupt, von untergeordneter Bedeutung. Für Regulatoren der Informationssicherheit sind hingegen die technischen Details von zentraler Bedeutung, während das Design keine Rolle für sie spielt. Dies stellt das Projektteam vor eine Herausforderung, denn es kann die für das Projekt benötigten Regulatoren in den meisten Fällen nicht als eine homogene Gruppe ansprechen, sondern muss die Regulatoren individuell in das Projekt einbinden.

Sachverhalte sind das Ausgangsmaterial, mit dem Regulatoren arbeiten. Für ihre tägliche Arbeit, mit der sie das Unternehmen bei dem Risikomanagement unterstützen, sowie bei ihrer Mitarbeit in Umsetzungsprojekten für Ideen mit Innovationspotenzial benötigen die Regulatoren zunächst einen Sachverhalt. Anhand dieses Sachverhalts können die Regulatoren eines Unternehmens zunächst prüfen, ob der Bereich des Risikomanagements, den sie bearbeiten, überhaupt betroffen ist. Aber auch in kleineren Unternehmen, in denen ein Regulator mehrere Risikomanagementbereiche bearbeitet, unterstützt der Sachverhalt den Regulator bei der Strukturierung der Bereiche und Aspekte, die er für seine Prüfung beachten muss.

Die Bereiche des Risikomanagements, die durch den Sachverhalt betroffen sind, werden im nächsten Schritt geprüft. Diese Prüfung findet immer in einer Art Dreisprung statt. Zuerst wird von der konkreten Beschreibung des Sachverhaltes abstrahiert und relevante Eigenschaften des Sachverhaltes herausgearbeitet. Dies ist notwendig, weil der vorliegende Sachverhalt im Kontext der internen Regelwerke des Unternehmens betrachtet und bewertet werden muss. Regelwerke sind jedoch für eine Vielzahl von Sachverhalten geschaffen worden, sodass zunächst ermittelt werden muss, welche Regeln in welchem Umfang für den zu bewertenden Sachverhalt gelten.

Bei Innovationen kann es, weil Produkte oder Services umgesetzt werden, für die es keine bisherige Entsprechung gibt, vorkommen, dass die Unternehmensregelwerke keine Aussage darüber treffen, wie mit den Risiken umgegangen werden sollte. Trotzdem ist das Herausarbeiten der Details des Sachverhalts notwendig. Zum einen können Rechtsprechungen existieren, die bei der Prüfung der Regulatoren berücksichtigt werden müssen. Zum anderen muss geprüft werden, ob anwendbare Best Practices des jeweiligen Industriezweiges existieren. Mit Best Practices sind hier Vorgehensweisen gemeint, die von einer Vielzahl von Unternehmen gewählt wurden, um Risiken zu managen, auch wenn keine Regelungen existieren, die dieses Vorgehen einfordern.

Nachdem die wesentlichen Eigenschaften und Details für eine regulatorische Bewertung aus dem Sachverhalt herausgearbeitet und die für das Unternehmen relevanten Regeln identifiziert wurden, können im nächsten Schritt die Konsequenzen aus diesen Regeln für den konkreten Sachverhalt abgeleitet werden. Diese Konsequenzen leiten sich aus den Möglichkeiten ab, wie Risiken behandelt werden können. Die Behandlungsmöglichkeiten haben wir beschrieben.

Unabhängig vom Detaillierungsgrad oder dem Fokus der Detaillierung, führen alle Regulatoren (bewusst oder unbewusst) den hier beschriebenen Dreisprung aus. Die konkrete Ausführung ist aber für die regulatorischen Bereiche unterschiedlich, sodass alle betroffenen Regulatoren diese Schritte unabhängig voneinander durchführen müssen.

Im Folgenden werden die Ergebnisse der Prüfung und insbesondere die Risiken, die durch eine Umsetzung des beschriebenen Sachverhalts verwirklicht werden können, durch die Regulatoren bewertet und beschrieben. Im letzten Schritt empfehlen die Regulatoren eine weitere Vorgehensweise. Dies können einerseits Anpassungen des Sachverhalts und damit eine Anpassung der Idee mit dem Ziel sein, das Risiko für das Unternehmen zu verringern. Sind die Risiken jedoch so inhärent, dass der Sachverhalt nicht derart verändert werden kann, als dass das Risiko durch eine Sachverhaltsänderung deutlich verringert wird, kann die Empfehlung der Regulatoren auch bedeuten, dass der Sachverhalt und die dazugehörige Idee nicht weiter verfolgt werden sollte. Da es sich hierbei um eine Empfehlung handelt, können geeignete Stellen innerhalb des Unternehmens entscheiden, die Umsetzung des Sachverhalts trotzdem voranzutreiben bzw. nicht alle Empfehlungen der Regulatoren bei der Anpassung des Sachverhalts zu berücksichtigen. Sollten durch eine Prüfung keine Risiken in einem für das Unternehmen relevanten Ausmaß identifiziert werden, kann der Sachverhalt sowie dessen Umsetzung ohne Anpassung weiter verfolgt werden.

Aus der Aufnahme der Detailtiefe in die obige Definition des Sachverhalts ergibt sich eine weitere Folgerung. Es gibt nicht den einen Sachverhalt zu einer Idee. Vielmehr gibt es unterschiedliche Ausprägungen eines Sachverhaltes, die alle in einem Verhältnis zueinander stehen und ein konsistentes Bild ergeben müssen. Die funktionale Sicht auf den Sachverhalt, die primär durch den oder die Ideengeber bzw. das Umsetzungsprojekt vorangetrieben wird, muss in Einklang mit der Risikobetrachtung der Regulatoren gebracht werden. Dies ist insbesondere dann eine Herausforderung, wenn die unterschiedlichen Details des Sachverhalts zu unterschiedlichen Zeitpunkten ausgearbeitet werden. Hier müssen dem Umsetzungsteam die Zusammenhänge und Abhängigkeiten der einzelnen Details bewusst sein. Andernfalls besteht die Gefahr, dass die erforderlichen Details für die unterschiedlichen Regulatoren, aber auch Implementationsdetails und grundsätzliche Details der Idee geändert werden müssen und so geleistete Arbeit infrage gestellt werden muss. Die Folge hiervon kann sein, dass Risikobewertungen und herbeigeführte Entscheidungen ihre Aktualität verlieren und erneut durchgeführt werden müssen. Sollte dies geschehen, wurden nicht nutzbare Arbeitsergebnisse erzeugt, die letztendlich die Umsetzungsgeschwindigkeit des Projektes negativ beeinflussen.

Die Komplexität, mit der unterschiedliche Details und Detailtiefen widerspruchsfrei in Einklang gebracht werden müssen, steigt mit der Anzahl der in das Projekt eingebundenen Mitarbeiter, welche Anforderungen an die Detailtiefe des Sachverhalts stellen. Daher ist der erste Schritt des oben beschriebenen Prüfzyklus entscheidend. Das fehlende bzw. nicht rechtzeitige Einbinden eines Regulators kann zu einem Geschwindigkeitsverlust führen, indem potenziell ungenutzte Arbeitsergebnisse erzeugt werden. Diese können beispielsweise dann entstehen, wenn eine spätere Prüfung der Regulatoren und eine hierauf aufbauende Entscheidung ergeben, dass die entstehenden Risiken nicht eingegangen werden sollen. Sodann müssten die Sachverhalte umgearbeitet werden. Alternativ müsste das Projekt insgesamt eingestellt werden. Auch eine Einbindung von Regulatoren, wenn aufgrund der vorhandenen Risiken keine Einbindung notwendig wäre, bremst die Umsetzung einer Idee mit Innovationspotenzial aus, da vom Projektteam Details ausgearbeitet werden könnten, auf die Regulatoren bei ihrer Prüfung nicht angewiesen sind. Dieses Erarbeiten von zusätzlichen Details erhöht die Komplexität für das Projektteam unnötig. Auch diese Punkte können sich insgesamt negativ auf die Umsetzungsgeschwindigkeit von Ideen auswirken.

Je nach Empfehlung der Regulatoren und der Entscheidung des Unternehmens, wie mit aufgezeigten Risiken umgegangen werden soll, kann es notwendig sein, dass das Projektteam einzelne Sachverhalte der Idee mit Innovationspotenzial anpasst. So kann das Unternehmen entscheiden, dass aufgezeigte Risiken nicht eingegangen werden sollen. Für eine Risikovermeidung oder -minimierung müssten dann die Sachverhalte entsprechend angepasst werden. Aber auch Änderungen an der Idee bzw. ihrer Umsetzung, die nicht im Zusammenhang mit regulatorischen Empfehlungen stehen, können zu Veränderungen des Sachverhaltes führen. Wird ein Sachverhalt, egal aus welchem Grund, angepasst oder ansonsten modifiziert, führt dies in der Regel dazu, dass der oben beschriebene Prüfzyklus der Regulatoren erneut durchlaufen werden muss. Dies ist notwendig, da die Gültigkeit der vorangegangenen Bewertung des Risikos erneut überprüft werden muss. Hat sich der Sachverhalt (auch nur in kleinen Teilen) geändert, können andere Regelwerke zu berücksichtigen sein oder auch Rechtsprechungen existieren, die letztendlich zu anderen Ergebnissen führen können. Somit ist für eine abschließende Empfehlung seitens der Regulatoren wenigstens die Sachverhaltsänderung im übrigen Kontext einer neuen Prüfung und Risikoanalyse zu unterziehen. Jedoch kann auch eine erneute, vollständige Prüfung notwendig sein. Dies hängt davon ab, ob die Sachverhaltsänderung eine neue Risikoanalyse erforderlich macht, die in wesentlichen Punkten von der ursprünglichen Risikoanalyse abweicht.

Der Prüfzyklus, basierend auf den Sachverhalten, gilt ebenfalls für Ideen mit Innovationspotenzial, da auch für diese ein Risikomanagement seitens des Unternehmens durchgeführt werden sollte. Regulatoren müssen daher diese Ideen in gleicher Weise wie alle anderen Projekte behandeln. Aus Sicht des Risikomanagements können für Ideen mit Innovationspotenzial keine Ausnahmeregelungen bestehen. Da auf der einen Seite die Umsetzungsgeschwindigkeit für Ideen mit Innovationspotenzial essenziell ist, auf der anderen Seite aber eine Einbindung der Regulatorik notwendig ist, müssen die regulatorischen Einheiten des

Unternehmens bei einer schnellen Entwicklung und Umsetzung der Idee schritthalten. Zusätzlich stehen die regulatorischen Einheiten vor der Herausforderung, dass die Idee und damit auch die entsprechenden Sachverhalte schrittweise entwickelt werden. Dieses schrittweise Vorgehen dient dazu, Arbeitsergebnisse, die im weiteren Verlauf der Umsetzung der Idee nicht genutzt werden können, zu vermeiden. Dadurch wird, wie im vorangegangenen Kapitel beschrieben, die Umsetzungsgeschwindigkeit nicht unnötigerweise verringert.

Eine schrittweise Ausarbeitung der Sachverhalte kann zu Schwierigkeiten führen, da eine regulatorische Bewertung auf vollumfänglichen, im Normalfall unveränderlichen Sachverhalten basiert. Es kann daher schnell zu Situationen kommen, in denen Ideengeber und Regulatoren aufeinander warten, da die jeweiligen Beteiligten auf Informationen der jeweils anderen angewiesen sind. Die Ideengeber könnten aber auch geneigt sein, ihre Idee schnell zu skizzieren und den Regulatoren vorzulegen, da sie ohnehin nicht für jeden regulatorischen Bereich die benötigte Detailtiefe antizipieren können. Erschwerend kommt hinzu, dass die unterschiedlichen Sachverhalte, die die Idee mit Innovationspotenzial ausmachen, nur bedingt voneinander unabhängig betrachtet werden können. Will die Regulatorik eines Unternehmens jedoch Schritt halten, muss sie bei der Entwicklung und Umsetzung der Idee mit Innovationspotenzial das Projektteam unterstützen, damit das Projektteam die Sachverhalte gliedern und die Abhängigkeiten der Sachverhalte erarbeiten kann. Selten sind alle Sachverhalte voneinander abhängig, sodass die Änderung eines Sachverhalts nicht zwangsläufig alle anderen Sachverhalte beeinflussen muss. Auch die Art der Abhängigkeit kann sich von Sachverhalt zu Sachverhalt unterscheiden. So kann eine einseitige oder eine zyklische Abhängigkeit der Sachverhalte existieren. Wichtig ist jedoch, dass die Abhängigkeiten nicht für alle regulatorischen Bereiche gleich sein müssen. Während für den einen regulatorischen Bereich zwei Sachverhalte voneinander unabhängig sein können, kann für einen anderen regulatorischen Bereich eine Abhängigkeit bestehen. Sind die Sachverhalte einmal strukturiert, kann das Projektteam einzelne Sachverhalte ausarbeiten und den Regulatoren zur Risikobewertung übergeben, ohne die Idee von Anfang bis Ende vollständig in sämtlichen Details konzipiert zu haben.

Die Strukturierung bietet eine zusätzliche Transparenz für das Projektteam, wenn es mit Regulatoren abgestimmte Sachverhalte nachträglich ändern will oder aufgrund von beispielsweise veränderten Marktsituationen ändern muss. Das Projektteam kann mithilfe der strukturierten Sachverhalte erkennen, in welchem Umfang welche regulatorischen Bereiche erneut beleuchtet werden müssen. Infolgedessen kann das Projektteam abschätzen, ob sich hierdurch eine Projektverzögerung ergeben kann, bzw. welche Ressourcen außerplanmäßig zusätzlich benötigt werden, um den geplanten Markteintritt halten zu können. Außerdem kann das Projektteam risikobasiert Teilaspekte der Idee in der Annahme umsetzen, dass keine wesentlichen Risiken während einer Prüfung durch die Regulatoren identifiziert werden. Sollte sich später die Annahme als falsch herausstellen, weiß das Projektteam im Voraus, wie viel Arbeitsergebnisse produziert werden, die in diesem Fall nicht weiter genutzt werden können. Dieses Vorgehen kann gerade in Situationen, in denen ein Engpass bei einem oder mehreren Regulatoren bestehen, von Nutzen sein, um die Umsetzungsgeschwindigkeit risikobasiert hoch zu halten.

Wie diese Strukturierung erreicht werden kann, damit die hier beschriebenen Vorteile genutzt werden können, beschreiben wir in Abschn. 17.5.

17.5 Lösungsvorschlag

In Abschn. 17.4 haben wir Problemstellungen zwischen den Regulatoren und den Projektteams bei der Umsetzung von innovativen Ideen aufgezeigt. In diesem Kapitel zeigen wir Vorschläge zur Lösung dieser Problemstellungen auf.

Zunächst halten wir es für erforderlich, dass sich sämtliche Abteilungen eines Unternehmens über ihre eigene Rolle im Unternehmen im Klaren sind und auch über die Rollen der weiteren Abteilungen Bescheid wissen. Dies soll nicht unterstellen, dass sich die Abteilungen in Unternehmen nicht über die jeweiligen Rollen im Klaren sind. Unser Ansatz geht dahin, dass durch ein stetiges vor Augen führen der jeweiligen Rollen ein zielgerichteteres Arbeiten an Innovationsprojekten möglich wird, indem die jeweiligen Empfehlungen, Anforderungen und Bedürfnisse sämtlicher Abteilungen eines Unternehmens antizipiert und somit rechtzeitig und adressatengerecht berücksichtigt werden können.

Dies erscheint uns besser zu funktionieren, wenn nicht nur die entsprechende Kenntnis über die Funktionen der anderen Abteilungen vorherrscht. Vielmehr sollten sich die Mitarbeiter der jeweiligen Abteilungen darüber hinaus auch stets in ihr Bewusstsein rufen, welche konkreten Anforderungen die Mitarbeiter anderer Abteilungen haben und warum diese in bestimmter Art und Weise im Projekt vorgehen. Für die Regulatoren in einem Unternehmen haben wir diese Fragestellungen in den vorangegangenen Kapiteln diskutiert.

Im Allgemeinen sind sich alle beteiligten Mitarbeiter der unterschiedlichen Abteilungen sowie insbesondere die Regulatoren und die Projektteams einig, dass sie ein gemeinsames Ziel mit ihrer täglichen Arbeit verfolgen. Dies ist nämlich der Erfolg des Unternehmens für welches sie arbeiten. Sämtliche Mitarbeiter streben somit ein wirtschaftlich erfolgreiches und zugleich zukunftsträchtiges

Unternehmen als ihren Arbeitgeber an. Die Projektteams versuchen dies durch die Umsetzung von Ideen mit Innovationspotenzial zu erreichen. Die Regulatoren unterstützen den Unternehmenserfolg durch Beachtung und Aufforderung zur Einhaltung von Regelungen, um ein tragfähiges Risikomanagement zu gewährleisten. Dieses Wissen sollte gerade bei der Umsetzung von Ideen mit Innovationspotenzial präsent sein, da diese nicht immer gleich verlaufen und hierdurch oftmals entgegengesetzte Meinungen zwischen den Innovationsteams und den Regulatoren vorherrschen können. Dies kann auch dazu führen, dass die Empfehlungen des Projektteams und der Regulatoren auseinandergehen. Gerade diese unterschiedlichen Blickwinkel und Empfehlungen sind wertvoll für ein Unternehmen, da nicht nur an Bestehendem festgehalten wird und dennoch aus Risikogesichtspunkten nicht jede Idee mit Innovationspotenzial umgesetzt wird. Für diese Gedanken zum gemeinsamen Ziel sämtlicher Mitarbeiter als auch zum jeweiligen Rollenverständnis lässt sich keine allgemeingültige Regel für die Zusammenarbeit aufstellen. Als gemeinsamer Nenner sollte dieses Wissen vorherrschen und als „Mindset" in den Köpfen sämtlicher Mitarbeiter sein. Obwohl dieses „Mindset" in den meisten Unternehmen vorherrschen dürfte, sollten Unternehmen dieses dennoch dauerhaft fördern. Denn Innovationen werden nicht nur durch die Umsetzung einer Idee erreicht, vielmehr hängt dies von den Mitarbeitern und deren Anspruch und Einstellung ab. Diese Innovationskultur ist unserer Meinung nach erstrebenswert und lohnenswert zugleich.

Schwierig ist eine generelle Handlungsempfehlung, welche für jedes Innovationsprojekt gleichermaßen gilt, weil Innovationen zumeist neuartig sind und vielschichtig sein können. Aus diesem Grund halten wir es für sinnvoll, dass ein sofortiger Austausch zwischen dem Ideengeber und sämtlichen Regulatoren stattfindet, sobald eine erste verfolgenswerte Idee besteht. Bei diesem kurzen Austausch sollte die Idee entsprechend ihrem Stand vorgestellt werden. Die Regulatoren sind bei diesem Austausch aufgerufen, erste spontane und nicht in Stein gemeißelte Rahmenbedingungen aufzuzeigen und ggf. regulatorische Pflöcke für das weitere Vorgehen einzuschlagen. Dieses Vorgehen ist zwar zwangsläufig nicht ressourcenschonend, jedoch wollen wir hierdurch erreichen, dass die Idee durch diesen Austausch im Sinne des Unternehmens reifen kann. So besteht nicht die Gefahr, dass ein regulatorisch unzulässiger Weg eingeschlagen wird. Der Ideengeber würde somit nicht viel Zeit und Energie in die Konzeption seiner Idee stecken, welche später von den Regulatoren in weiten Teilen als unzulässig bewertet werden würde. Indem bei einem ersten Austausch jedoch die regulatorischen Rahmenbedingungen aufgezeigt werden, kann dies dem Ideengeber helfen, bei der weiteren Konzeptionierung diese Rahmenbedingungen zu berücksichtigen. Darüber hinaus können die jeweiligen Regulatoren frühzeitig mitteilen, an welchen

Stellen der Sachverhalt für sie besonders relevant ist und eine entsprechende Detailtiefe für ihre weitere Prüfung erforderlich ist. Hierdurch werden nicht nur Ressourcen geschont, sondern vielmehr wird auch die mögliche Innovation gesichert, weil keine Zeit verloren geht und die Idee schneller umgesetzt und am Markt eingeführt werden kann.

Bei diesem ersten Austausch können zudem erste Sachverhalte identifiziert und strukturiert werden. So kann es hilfreich sein, wenn eine Idee in kleinere Sachverhalte zerlegt wird. Hierdurch kann eine gute übersichtliche Struktur erreicht werden. Diese Teilsachverhalte kann sich jeder Regulator für seine Arbeit heranziehen, sofern diese seinen Verantwortungsbereich betreffen. Darüber hinaus können hieraus auch Teilprojekte in der Umsetzung entstehen, welche von unterschiedlichen Mitarbeitern umgesetzt werden können, um wiederum an Geschwindigkeit bei der Markteinführung zu gewinnen.

Aus diesem ersten Austausch können Arbeitspakete und Aufträge für das Projektteam als auch für die Regulatoren entstehen. Die Regulatoren könnten beispielsweise die Zulässigkeit der vorgestellten Idee prüfen oder die Rahmenbedingungen recherchieren, sofern es sich um „regulatorisches Neuland" handelt. Das Projektteam könnte durch neue regulatorische Erkenntnisse die Idee überdenken und beispielsweise eine aufgezeigte Hürde umgehen. Dies sollte zu Beginn eines Innovationsprojektes leichter fallen, wenn die Idee erst im Groben besteht, als zu einem späteren Zeitpunkt, wenn die Idee schon in vielen Details konzipiert wurde.

Da Innovationsprojekte oftmals ein neues Vorgehen bei der Umsetzung erfordern, kann ein erster Austausch ebenfalls dazu dienen, dass das Projektteam mit den Regulatoren gemeinsam das weitere Projektvorgehen ableitet. Denn gemeinsam kann eher der Aufwand abgeschätzt werden. Zudem können die Regulatoren schon die für sie erforderliche Detailtiefe benennen, sodass das Projektteam zielgerichtet und je nach Empfänger die Sachverhalte ausarbeiten kann.

Zusätzlich zum intensiven Austausch zwischen dem Ideengeber und Regulatoren kann die Umsetzungsgeschwindigkeit durch die Stellschraube einer risikobasierten Einbindung der Regulatoren in das Projekt erhöht werden. Hierbei ist es jedoch wichtig, dass im Unternehmen eine Abwägung zwischen Umsetzungsgeschwindigkeit und der regulatorischen Einbindung bewusst, transparent und risikobasiert vorgenommen wird. Weder die Ideengeber noch die Regulatoren sind aufgrund ihrer Entscheidungskompetenz in der Position, diese Abwägung vorzunehmen. Für diese Abwägung schlagen wir die Einführung eines Gremiums innerhalb des Unternehmens vor, welches neben dieser Abwägung auch weitere Entscheidungen im Umfeld von Innovationsprojekten treffen kann.

Die Wichtigkeit von Innovationen für die Zukunftsfähigkeit eines Unternehmens haben wir bereits herausgearbeitet. Sofern sich das Unternehmens also dazu entschließt, Innovationen im Unternehmen zu fördern und nicht nur auf eine zufällige Idee eines Mitarbeiters hofft, sollte grundsätzlich über den Umgang mit Ideen und Innovationen nachgedacht werden; dies insbesondere im Hinblick auf die Anzahl von Innovationsprojekten bzw. auf die Personalstruktur. Da sich Ideen nicht planen lassen, ist eine Vorgabe hinsichtlich der Anzahl schwierig. Jedoch kann ein Vorgehen erarbeitet werden, wie über Ideen und deren Umsetzung entschieden wird. Es sollte also ein Gremium geschaffen werden, welches über neue Ideen und ebenso über Ideen in Umsetzung entscheidet und entsprechend deren Wichtigkeit für das Unternehmen priorisiert. Denn die Verfolgung von jeder Idee kann nicht zielführend sein, weil die Ressourcen der Mitarbeiter endlich sind. Zu empfehlen ist also eine ausgewogene Anzahl von Mitarbeitern in Projektteams, welchen, wie bereits oben dargestellt, eine ausreichende Anzahl an Regulatoren nicht als Gegner, sondern vielmehr als „Kämpfer" für das gleiche Ziel gegenübersteht. Eine Innovation kann nicht entstehen, wenn zwar viele Ideen im Unternehmen entstehen, diese aber nicht entsprechend schnell umgesetzt werden können. Hierfür müssen die erforderlichen personellen Ressourcen zur Verfügung stehen.

Dieses Gremium, welches über neue sowie in Umsetzung befindliche Ideen entscheidet, sollte ebenfalls eine Entscheidungskompetenz darüber besitzen, wie mit Empfehlungen zu Ideen mit Innovationspotenzial umzugehen ist. Hierbei ist zu berücksichtigen, dass die Ideengeber und Projektteams neben den Regulatoren ebenfalls empfehlende Einheiten eines Unternehmens sind. Aus ihrer Arbeit erfolgt ebenso eine Empfehlung zur Verfolgung und Umsetzung einer Idee. Dieses Gremium sollte unter Berücksichtigung der Unternehmensziele eine Entscheidung über die Umsetzung einer Idee mit Innovationspotenzial treffen, wenn beispielsweise das Projektteam eine Umsetzung empfiehlt und die Regulatoren von einer solchen abraten. Das Gremium kann der Empfehlung der Regulatoren folgen und die Umsetzung der Idee mit Innovationspotenzial verwerfen, weil es zum Beispiel das aufgezeigte Risiko unter Abwägung der Vorteile durch die mögliche Innovation als nicht tragfähig bewertet. Andererseits kann das Gremium das aufgezeigte Risiko auch eingehen und der Empfehlung der Regulatoren nicht folgen, wenn es die Chancen einer Umsetzung einer Idee mit Innovationspotenzial höher bewertet als das entgegenstehende Risiko.

Die Regulatoren sollten nicht nur zu Beginn der Umsetzung einer Idee mit Innovationspotenzial für einen ersten Austausch eingebunden werden, sondern vielmehr die Umsetzung kontinuierlich begleiten. Dies können beispielsweise regelmäßige Austausche, umsetzungsbezogene Empfehlungen oder auch die Unterstützung bei der Erstellung von Entscheidungsvorlagen für das Gremium sein. Auch wenn das

Gremium Entscheidungen entgegen einer Empfehlung der Regulatoren trifft, sollten die Regulatoren weiterhin bei der Umsetzung der getroffenen Entscheidung sowie bei der weiteren Umsetzung der Idee mit Innovationspotenzial mitwirken.

Es erscheint uns daher sinnvoll zu sein, beispielsweise lieber drei Ideen umzusetzen und in den Markt einzuführen, welche sodann tatsächlich zur Innovation werden, als 20 Ideen zu verfolgen und es nicht zu schaffen, eine davon umzusetzen und in den Markt einzuführen. Denn nicht der Wille des Unternehmens oder der Mitarbeiter entscheidet, ob die Idee zur Innovation wird, sondern vielmehr der Markt.

17.6 Fazit

In diesem Beitrag haben wir die Anforderungen, die Umsetzungsprojekte von Ideen mit Innovationspotenzial an die Regulatorik und Regulatoren stellen, diskutiert. Dabei haben wir aufgezeigt, dass kleine Änderungen am ursprünglichen Ideenkonzept während der Umsetzung für die regulatorische Bewertung der Idee mit Innovationspotenzial große Auswirkungen haben können. Zumindest bedeuten die Änderungen, unabhängig von ihrem Umfang, für Regulatoren einen erneuten Durchlauf ihres kompletten Prüfzyklus. Um dieses Problem zu lösen, führt dieser Beitrag den Begriff des Sachverhalts ein, welcher es erlaubt, abgrenzbare Teilaspekte der Idee mit Innovationspotenzial bzw. ihrer Umsetzung unabhängig voneinander regulatorisch zu betrachten.

Die Bedürfnisse und Anforderungen des Projektteams an die Umsetzungsgeschwindigkeit und die der Regulatoren an den Sachverhalt, um eine Bewertung der Idee mit Innovationspotenzial abgeben zu können, sind miteinander vereinbar. Dazu muss ein frühzeitiger und regelmäßiger Austausch zwischen dem Projektteam und den Regulatoren erfolgen. Indem sich das Projektteam und die Regulatoren austauschen, werden die Voraussetzungen für die Erstellung von abgrenzbaren Sachverhalten geschaffen. Diese können dann durch die Regulatoren auf entsprechende Risiken hin geprüft und bewertet werden. Zusammen mit einer Priorisierung der Ideen mit Innovationspotenzial können durch dieses Vorgehen schnelle Umsetzungen und Markteinführungen unter Einbeziehung der Regulatoren erreicht werden.

Auch wenn die Betrachtung von agilen Vorgehensweisen nicht Teil dieses Beitrags ist, sind wir der Überzeugung, dass die hier beschriebenen Ansätze mit agilen Methoden vereinbar sind. Die konkrete Umsetzung ist jedoch immer unternehmensspezifisch. Daher überlassen wir den Transfer in das jeweilige Unternehmen dem geneigten Leser.

Literatur

1. Moore, Gordon E.: *Cramming more components onto integrated circuits.* Electronics, Volume 38. 1965.
2. Owens, Jeremy C.: *Fitbit stock plummets to new low after Apple Watch rival announced.* http://www.marketwatch.com/story/fitbit-to-launch-full-apple-watch-rival-with-longer-battery-life-2016-01-05. 2016. abgerufen am 29.08.2016.
3. Lin, Tom C.W.: *The New Financial Industry*, 65 Alabama Law Review 567, Seiten 572–576. 2014.
4. Commerzbank AG: *Pressemitteilung zur Strategie Commerzbank 4.0.* https://www.commerzbank.de/media/presse/archiv_1/mitteilungen/2016_2/2016-09-30_PM_Strategie_DE.pdf. 2016. abgerufen am 01.10.2016.
5. Kanning, Timm; Astheimer, Sven: *Bundesbank mahnt Banken zu mehr Vorsicht. Dombret: Neue digitale Angebote dürfen nicht dazu führen, dass Kontofunktionen ausfallen,* in: Frankfurter Allgemeine Zeitung (2016). Nummer 237. Seite 23.
6. Winkler, Günther: *Raum und Recht: Dogmatische und theoretische Perspektiven eines empirisch-rationalen Rechtsdenkens.* Springer, Wien. 1999.

Über die Autoren

Sven Bartels ist bei der comdirect bank AG als Rechtsanwalt (Syndikusrechtsanwalt) tätig. Hier ist er unter anderem für die juristische Begleitung von Projekten der Bank verantwortlich.

Jan Meier beschäftigt sich seit über zehn Jahren in unterschiedlichen Branchen mit den verschiedensten Aspekten der Informationssicherheit. Er ist bei der Tchibo GmbH als Senior Information Security Manager tätig.

FinTech und Regulierung – Katalysator oder Hemmstoff? 18

Arno Ruben Schleussner

Zusammenfassung

Mit der Finanzindustrie haben sich die FinTech-Unternehmen eine Branche für ihre Aktivitäten ausgewählt, deren hoher Grad an Regulierung zunächst als Markteintrittsbarriere verstanden werden könnte. Doch die Initiativen wirken im Einzelfall geradezu als Katalysator, welche den Angriff auf die Dinosaurier überhaupt erst ermöglichen. Während FinTechs in der Start-up- und der Wachstumsphase stets die relevante „nächste Stufe" evaluieren sollten, kann aus Institutssicht dem Verlustpotenzial nur durch konsequentes Monitoring und frühzeitige „Verteidigungsstrategien" adäquat begegnet werden. Für den Regulator ergibt sich der wirtschaftspolitische Zielkonflikt, die Entstehung neuer Geschäftsmodelle zuzulassen, ohne die sukzessive Risikoverlagerung in einen Schattensektor zu befördern.

18.1 Begriffsbestimmung

18.1.1 FinTech

Mit der zunehmenden Digitalisierung von Geschäftsmodellen und -prozessen hält die Informationstechnologie ein weiteres Mal Einzug in die Bank- und Finanzdienstleistungsbranche. Während die Systemlandschaften der etablierten

A.R. Schleussner (✉)
Billpay GmbH, Berlin, Deutschland
E-Mail: a-schleussner@t-online.de

© Springer Fachmedien Wiesbaden GmbH 2017   357
R. Smolinski et al. (Hrsg.), *Innovationen und Innovationsmanagement in der Finanzbranche*, Edition Bankmagazin, DOI 10.1007/978-3-658-15648-0_18

Großbanken und mittelgroßen Institute (im Folgenden wird auch der dem Englischen entlehnte Begriff „Incumbents" synonym verwendet) jedoch an vielerlei Stelle von Legacy-Systemen geprägt sind, hat diese zweite Welle der Digitalisierung einen entscheidenden Unterschied gebracht: Anstelle des zuvor verfolgten Ansatzes, bestehende Prozesse mit digitalen Methoden effektiver, effizienter, papierloser zu machen, ist nunmehr der umgekehrte Weg der wohl am meisten Erfolg versprechende: digital etablierte Methoden und Geschäftsmodelle, wie Crowd Intelligence, Sharing Economy, Distributed Computing etc. in die Welt der Finanzdienstleistungen zu transferieren. Die BaFin konstatiert daher auch: „Eine klare Definition des Begriffs ‚FinTech' existiert bisher nicht. Als Kombination aus den Worten ‚Financial Services' und ‚Technology' versteht man unter FinTechs gemeinhin junge Unternehmen, die mithilfe technologiebasierter Systeme spezialisierte und besonders kundenorientierte Finanzdienstleistungen anbieten" [1].

FinTechs sind in Deutschland zu einem signifikanten Segment innerhalb der Finanzdienstleistungsbranche geworden. Gemäß einer Studie der Unternehmensberatung EY von 2016 waren per Ende 2015 bereits rund 250 FinTech-Unternehmen in Deutschland aktiv [2], eine weitere Studie von Barkow Consulting [3] kommt per Februar 2016 auf mehr als 400, wobei neben der zeitlichen Differenz auch die Definition die Größe des Marktes bestimmt. Die wesentlichen Subsegmente liegen beiden Studien zufolge im Kreditgeschäft bzw. im Zahlungsverkehr und damit in klassischen Geschäftsfeldern von Banken und anderen „traditionellen" Finanzdienstleistern. Das Wachstum des Marktes lässt sich nicht zuletzt am Investitionsvolumen ablesen, das allein EY für 2015 mit rund 524 Mio. EUR angibt (bei steigender Tendenz). Die Unternehmensberatung sagt darüber hinaus einen wachsenden Trend für 2016 voraus und zeigt sich zuversichtlich, dass Deutschland zum europäischen Spitzenreiter Großbritannien aufschließen wird (Investitionsvolumen im Jahr 2015: 707 Mio. EUR).

18.1.2 Regulierung

Der Finanzmarkt gilt zu den am stärksten regulierten Märkten überhaupt, wobei der weite Begriff der „Regulierung" von der Zulassung zur Gründung bis hin zu Abwicklungsmechanismen reicht. In der europäischen Aufsicht des Finanzdienstleistungsgeschäfts existiert eine Vielzahl international bereits harmonisierter Gesetze und Vorschriften, die durch eine mindestens ebenso große Anzahl nationaler Einzelregelungen ergänzt wird. Das Ziel dieses Beitrags ist weder eine Analyse der Regelungen in ihrer Gesamtheit noch im Einzelfall. Für die Zwecke dieses Beitrags sind unter dem Begriff „Regulierung" jegliche legalen Regeln zu verstehen, die lenkende Funktion im Markt besitzen. Gemäß der deutschen Bundesanstalt für Finanzdienstleistungsaufsicht (BaFin) sind diese Regeln „darauf ausgerichtet, Fehlentwicklungen vorzubeugen, die das reibungslose Funktionieren des Bankenapparates stören könnten" [4].

18.2 Ein Fokus – drei Perspektiven

18.2.1 FinTechs: vorausschauend gehorsam oder gehorsam vorausschauend?

Die Regulierung hat für FinTechs eine entscheidende Bedeutung, weil sie über Erfolg und Scheitern des Geschäftsmodells maßgeblich entscheiden kann. Durch Initiativen der Regulierung, die oftmals den Schutz (der Verbraucher, des Markts, des Finanzstandorts, etc.) zum Ziel haben, ergibt sich in der Regel „Bestands"-Schutz für etablierte Geschäftsmodelle, während aus Sicht der FinTechs die Regulierung sich zunächst einmal als Hindernis für einen potenziellen Markteintritt darstellt. Gerade zu Beginn einer neu gegründeten Unternehmung geht es darum, möglichst schnell Traktion zu gewinnen, das heißt, innerhalb kurzer Zeit den größtmöglichen Markt zu erreichen.

Regulierungsinitiativen, die eine Lizenzierung bestimmter Aktivitäten vor deren Aufnahme erfordern oder ein umfangreiches Reporting über wahrgenommene Tätigkeiten verlangen, werden so zu einem Kostenfaktor, der gerade zu Beginn nicht unerheblich zu Buche schlagen kann. Gleichzeitig gilt für Regulierung als Markteintrittsbarriere aber auch, dass diese gleichermaßen für alle Player im Markt gilt und damit insbesondere auch für aktuelle oder zukünftige Konkurrenten. Unter diesem Gesichtspunkt erscheint es nachvollziehbar, dass trotz des hohen administrativen Aufwands, der mit der Überwachung durch die Aufsichtsbehörden verbunden ist, dennoch so viele junge Unternehmen in die Finanzindustrie drängen. Ist die Lizenzierung geschafft, dient gerade im Wettbewerb mit anderen FinTechs als „Gütesiegel" und wichtiges Differenzierungsmerkmal im Wettbewerb.

Aus Sicht eines FinTechs, das mit seinem spezifischen Geschäftsmodell bereits eine Nische gefunden hat, ist Regulierung somit als ambiguose Nebenbedingung zu verstehen. Es kommt darauf an, diese „Kostentreiber" hinsichtlich ihres Nutzens zu analysieren und im Idealfall gewinnbringend in das Geschäftsmodell zu integrieren. Hierbei erscheint es hilfreich, anhand einer Landkarte von aktuellen (und bereits bekannten zukünftigen) Regulierungsinitiativen zunächst

eine Standortbestimmung durchzuführen. Ziel dabei ist es, zunächst die Anwendbarkeit der jeweils betrachteten Regelungen zu identifizieren, um dann Nutzen
und Aufwand zu evaluieren. Vervollständigt wird diese Standortbestimmung
durch die Ableitung der Implikationen auf das eigene Geschäftsmodell, um festzustellen, ob es sich bei der betreffenden Initiative eher um ein Hindernis oder ein
Sprungbrett handelt.

Auf Basis des aktuellen Standorts ist sodann eine zukunftsorientierte Analyse
anzuschließen, die einerseits geplante Weiterentwicklungen des Geschäftsmodells
beinhaltet, andererseits aber auch bereits bekannte oder mögliche Entwicklungen
der Regulierung zum Objekt der Analyse macht. Während es bei ersterem darum
geht, die Standortbestimmung um Nachhaltigkeitsüberlegungen zu vervollständi-
gen, dient die Überwachung der regulatorischen Landschaft dazu, frühzeitig nicht
nur existenzbedrohende Entwicklungen zu erkennen, sondern gerade auch solche,
die existenzfördernd oder sogar existenzbegründend wirken können. Erfolgsentscheidend ist hierbei, für jegliche Regulierung jeweils eine Relevanzbestimmung
anhand des heutigen Geschäftsmodells sowie geplanter oder möglicher Veränderungen durchzuführen.

Dieses Radar dient dann im besten Falle einem wachsenden Unternehmen als
Frühindikator, um notwendige Maßnahmen einzuleiten. Die sich aus der Regulierung ergebenden Pflichten können so proaktiv und parallel zum wachsenden
Geschäft adressiert werden. Insbesondere für solche Initiativen, die nicht uner-
hebliche Datenbereitstellung bzw. technologische Anpassungen erfordern, empfiehlt es sich, frühzeitig das Monitoring aufzusetzen, damit ihre Erfüllung nicht
zur aufschiebenden Bedingung für neue Produkte oder Märkte wird. Insofern ist
die Regulierung aus Sicht der FinTechs selbst nicht nur als Innovationshemmnis,
sondern auch als Herd von Produkt- oder sogar Geschäftsmodellinnovation zu
sehen.

18.2.2 Incumbents – wachsame Verteidigung

Aus Sicht der Incumbents stellt die Regulatorik insgesamt bzw. die Regulierungsinitiativen im Einzelnen, wie oben beschrieben, eine Eintrittsbarriere dar,
die allgemein die Marktposition schützt und verhindert, dass Geschäftsbereiche
„von heute auf morgen" durch FinTechs angegriffen werden können. Gleichzeitig sichert die Regulierung das Marktvertrauen in die etablierten Player und ist
oftmals ein Grund dafür, dass FinTechs trotz überlegener Value Proposition mit
einer langsameren Akzeptanz zu kämpfen haben, als dies durch den rein kommerziellen Wert ihres Angebots zu vermuten wäre. Um diese aus der Regulierung des

eigenen Geschäfts resultierenden Wettbewerbsvorteile auch nachhaltig zu sichern, ist daher eine entscheidende Erweiterung gelebter Prozesse erforderlich.

Das in vielen Instituten bereits heute systematische Monitoring der aktuellen und zukünftigen regulatorischen Initiativen ist um eine strategische Bewertung zu ergänzen, die das jeweilige Verlustpotenzial darstellt, welches sich aus einem möglichen Eintreten neuer Player (FinTechs) in den Markt ergibt. Die Verknüpfung des strategischen mit dem regulatorischen Blickwinkel stellt damit das Komplement zu dem oben beschriebenen proaktiven Vorgehen aus Sicht der FinTechs dar. Zwar ist die Analyse der Gefährdung eigener Geschäftsbereiche durch neue Marktteilnehmer originär Bestandteil einer strategischen Positionierung, erst die detaillierte Analyse regulatorischer Initiativen jedoch liefert genügend faktische Unterlegung, um das Verlustpotenzial verlässlich abschätzen zu können. Insbesondere werden durch die von den Aufsichtsbehörden neu veröffentlichten Vorhaben regelmäßig Ertragsquellen verschoben, neu definiert oder gänzlich verschlossen, sodass nur diese integrierte Sicht ein vollständiges Bild liefert.

Es stellt sich für Incumbents allerdings weniger die Frage, inwieweit FinTechs durch Regulierung „angezogen" oder begünstigt bzw. die Innovationsfreude durch Regulierung gebremst wird. In diesem Balanceakt zwischen den Aufsichtsbehörden und Innovatoren obliegt etablierten Playern eine eher beobachtende Rolle, in der es darum geht, den geeigneten Umgang zu finden (von einer Unterscheidung in „richtig" und „falsch" wurde bewusst abgesehen, weil es sich hier um ein weiteres Spektrum als nur zwei Gegenpole handelt). Neben der offensichtlichen Strategie, neu auf den Plan tretende Wettbewerber zu ignorieren, bestehen die Möglichkeiten, den Wettbewerb einzugehen, mit dem Konkurrenten zu kooperieren (Coopetition) oder den Konkurrenten nach Beobachtung und Bewertung zu akquirieren.

Die Entscheidung, den Wettbewerb einzugehen, kann zum einen bewusst getroffen werden, falls die Versuche einer Kooperation bzw. einer Akquisition (sei es durch Ablehnung oder Unvermögen) gescheitert sind (beachte: hier immer noch als bewusste Entscheidung zum Wettbewerb und gegen „Ignoranz") oder als bewusste Abgrenzung diesen gegenüber. Dabei können zwei gegensätzliche Einschätzungen zu dem Ergebnis führen, dass der Wettbewerb die richtige Reaktion ist: Wird das eigene Produkt oder sogar Geschäftsmodell als stark genug eingeschätzt, dem Wettbewerb standzuhalten, liegt es auf der Hand, mit dem längeren Atem in den Markt zu gehen. Doch gerade auch die Erkennung von Schwächen des eigenen Angebots kann Grundlage dafür sein, bewusst in den Wettbewerb zu starten. Das Ziel besteht hierbei darin, durch den Wettbewerb die eigene Innovationsfähigkeit zu aktivieren und identifizierte Schwächen schnellstmöglich zu beheben.

Gleichwohl existiert das Risiko, entsprechend durch Angebote der Konkurrenz überholt zu werden. Insofern sollte diese Strategie nur gewählt werden, wenn entsprechende Korrektive bereitgehalten werden, die beispielsweise einen Schwenk der Strategie hin zu Koopetition oder Akquisition beinhalten können.

Eine Kooperation zwischen Konkurrenten (Koopetition) setzt voraus, dass beide Parteien den Mehrwert einer solchen Kooperation erkennen und bereit sind, im jeweiligen Bereich dem Partner Einblick zu gewähren. Aus Sicht des Incumbents stehen hier regelmäßig zwei Motive im Vordergrund: Einerseits ist es der Zugang zur Technologie, andererseits oftmals aber auch das Beleben der eigenen Organisations- und oder Arbeitskultur durch den viel beschworenen Startup-Geist. Aus Sicht eines jungen FinTechs liegt die Motivation zu einer solchen Kooperation in der Regel in der Nutzung von Vertriebskanälen bzw. dem Zugang zu einem Massenpublikum. Erfolgsentscheidend für die Kooperation ist, dass Art, Inhalt und Dauer der Kooperation zu Beginn eindeutig definiert werden. Darüber hinaus ist aber auch essenziell, dass beide Parteien ihren jeweiligen Nutzen offen kommunizieren. Besonders ist der Kooperation, dass sie in der Regel nur in einem abgegrenzten Bereich stattfindet und somit auch weiterhin Wettbewerb zwischen den Parteien (entsprechend der vertraglichen Vereinbarungen) zulässt.

Die extreme Form der Kooperation liegt in einer Akquisition, die aus Sicht des Incumbents sicherstellt, Marktanteile nicht an einen neuen Marktteilnehmer abzugeben. Dem vollständigen Zugang zu beiderseitigem Know-how steht hierbei der potenzielle Verlust der Innovationskraft entgegen, der sich aus der Einbindung in eine in der Regel deutlich größere Organisation ergeben kann. Um diesem vorzubeugen, kann es sinnvoll sein, die akquirierte Einheit als separate Beteiligung zu führen und nur Zugang zu Technologie bzw. finanziellen Ressourcen zu erlangen.

18.2.3 Aufsichtsbehörden – ruhige Hand am „Regler"

Die letzte Perspektive in diesem Dreieck stellt die der Aufsichtsbehörden dar, die durch die Entwicklung und Verabschiedung regulatorischer Maßnahmen den Rahmen bilden und durch deren Überwachung auch fortwährend abstecken. Aus Sicht des Regulators besteht die Hauptaufgabe darin, ein vertrauenswürdiges Finanzsystem zu gewährleisten und aufrechtzuerhalten [5]. Im Folgenden wird anhand der deutschen Finanzdienstleistungsaufsicht aus BaFin und Bundesbank beispielhaft argumentiert, die angeführten Punkte sind jedoch übertragbar. Hierzu gehört mit der Solvenzaufsicht insbesondere, „die Zahlungsfähigkeit von Kreditinstituten, Versicherern und Finanzdienstleistern sicherzustellen" [5]. Mit

Blick auf FinTech stellt die BaFin klar, dass ihr Fokus aufgrund eines fehlenden Auftrags zur Wirtschaftsförderung [6] weiterhin uneingeschränkt auf der Einhaltung der geltenden Regeln und damit der gleichen Regeln für FinTechs wie für Incumbents liegt. Ungeachtet dieser engen Funktions- und Aufgabendefinition ergibt sich für die Regulatorik insgesamt, dass ein Zielkonflikt entsteht, der die beiden zuvor geschilderten Perspektiven beinhaltet. Denn ein alleiniger Fokus auf die Kontroll- und Aufsichtsfunktion mag aus dem Blickwinkel einer einzelnen Aufsichtsbehörde sinnvoll erscheinen, für „den Gesetzgeber" insgesamt mithin aber nicht. Während zum einen die Förderung der Innovationskraft Ziel einer zukunftsorientierten Gesetzgebung sein sollte, muss gleichzeitig sichergestellt werden, dass nicht durch zu nachgiebige oder zu spät einsetzende Regulierung eine Verlagerung wesentlicher Risiken in einen unregulierten Teilmarkt stattfindet.

Für die Regulierung ist von essenzieller Bedeutung, dass sie möglichst gleiche Rahmenbedingungen für alle Beteiligten schafft. Dies bedeutet jedoch nicht, dass identische Regeln für alle gelten müssen. Vielmehr eignet sich im besonderen Falle der FinTechs eine adaptive Regulierung, die Größenaspekte ebenso berücksichtigt wie Entwicklungsstadium und Produktportfolio. Der von der deutschen Aufsicht seit 2015/2016 eingeschlagene Weg einer sukzessiven Regulierung „rund um den Kernbereich Bankenaufsicht" inklusive eines umfangreichen Informations- und Aufklärungsangebots erscheint somit als richtig. Das weiter oben geforderte Monitoring und Tracking aufsichtlicher Initiativen durch die FinTech-Unternehmen selbst kann und soll hierdurch nicht ersetzt, aber unterstützt werden. Aufseiten der Aufsicht empfiehlt es sich, Auswirkungsanalysen zumindest qualitativer Natur für neue Regulierungsinitiativen vorab auch durch sektorspezifische Untersuchungen zu ergänzen, die explizit FinTechs zum Objekt haben, um dem Grundsatz der risikoorientierten Aufsicht auch mit Blick auf ein neues Marktsegment gerecht zu werden.

18.3 Zusammenfassung

Die FinTech-Szene ist in einem der am stärksten regulierten Märkte aktiv. Mit der Regulierung hat der Gesetzgeber ein sehr mächtiges Werkzeug, welches FinTechs wie etablierte Unternehmen gleichermaßen betrifft. Eine zukunftsorientierte Regulierung sollte daher adaptiv vorgehen und Auswirkungen auf Geschäftsmodelle und Branchendynamik berücksichtigen, ohne unterschiedliche Regeln im gleichen Spiel zu befördern. Aus Sicht von FinTech-Unternehmen empfiehlt es sich, ein proaktives Monitoring zu etablieren, welches sowohl die Weiterentwicklung des eigenen Geschäftsmodells berücksichtigt wie auch zukünftige Regulierungsvorhaben bereits berücksichtigt. Ein vergleichbares Vorgehen bietet sich für Incumbents an, die neben den direkten operativen Auswirkungen auf ihre Produkte und Prozesse stets auch die Begünstigung neuer Player im Blick haben müssen. Auf Basis einer regulatorischen Analyse kann eine effektive Strategie entwickelt werden.

Auf den ersten Blick erscheint Regulierung wie ein Hemmstoff für die FinTech-Szene. Eine tiefere Analyse offenbart jedoch, dass gerade aus regulatorischer Notwendigkeit heraus auch neue Geschäftsmodelle entstehen können und diese damit katalytische Wirkung für die Branche entfaltet.

Literatur

1. BaFin, https://www.bafin.de/DE/Aufsicht/FinTech/fintech_node.html, Zugriff zuletzt am 3. Oktober 2016
2. EY: German FinTech landscape: opportunity for Rhein-Main-Neckar, Seite 5
3. http://www.barkowconsulting.com/400-fintechs/
4. BaFin, https://www.bafin.de/DE/Aufsicht/BankenFinanzdienstleister/bankenfinanzdienstleister_node.html, Zugriff zuletzt am 3. Oktober 2016
5. BaFin: Die BaFin stellt sich vor, S. 2
6. BaFin, https://www.bafin.de/SharedDocs/Veroeffentlichungen/DE/Fachartikel/2016/fa_bj_1609_fintechs.html?nn=7851648, Zugriff: zuletzt: 3. Oktober 2016

Über den Autor

Arno Ruben Schleussner ist seit 2008 in der Finanzdienstleistungsbranche tätig. Nach Stationen in der Wirtschaftsprüfung und der Unternehmensberatung, während deren er sich vorwiegend mit der Umsetzung regulatorischer Anforderungen und der Prozessoptimierung in etablierten Kreditinstituten auseinandergesetzt hat, ist er seit Mitte 2016 bei einem FinTech-Unternehmen in Berlin tätig. Nach einem Studium in Internationaler Betriebswirtschaftslehre mit Schwerpunkten in Finance und Accounting absolviert er zurzeit nebenberuflich ein MBA-Studium an der Handelshochschule Leipzig.

Teil V
Entwicklungen im Finanz-Ökosystem

FinTech – Traditionelle Banken als digitale Plattformen und Teil eines Finanz-Ökosystems

„Der digitale Strukturwandel ist kein Hype, sondern unaufgeregte Evolution!"

Thomas F. Dapp

Zusammenfassung

Traditionelle Banken sind gut beraten, mit digitalen Technologien zu experimentieren und sie zeitnah in die eigene Infrastruktur zu implementieren. Hierfür eignet sich die Unternehmensarchitektur einer digitalen Plattform. Mithilfe von Programmierschnittstellen (APIs) können dadurch schnell und relativ kostengünstig Kollaborationen mit Wettbewerbern oder Partnern eingegangen werden. Ein Zögern bewirkt Ausbau des Informationsvorsprungs technologiegetriebener Nicht-Banken und führt zu weiterem Verdrängungswettbewerb in der Finanzbranche. Traditionelle Banken laufen dabei Gefahr, zu reinem Infrastrukturprovider mit sinkendem Kundenkontakt zu werden. Oberstes Ziel der Digitalisierungsstrategie von traditionellen Unternehmen/Banken: Schaffung eines harmonischen Dreiklangs zwischen manifestiertem Kundenbedürfnis, Technologie und Unternehmensleistung. Nur so können Konsumenten in all ihren Lebensbereichen individuell, orts- und zeitunabhängig mit Finanzdiensten aus einer Hand unterstützt werden.

T. F. Dapp (✉)
Digital Office I Think Tank, KfW Bankengruppe, Palmengartenstrasse 5-9, 60325
Frankfurt am Main, Deutschland
E-Mail: thomas.dapp@kfw.de

© Springer Fachmedien Wiesbaden GmbH 2017   367
R. Smolinski et al. (Hrsg.), *Innovationen und Innovationsmanagement in der Finanzbranche*, Edition Bankmagazin, DOI 10.1007/978-3-658-15648-0_19

Abb. 19.1 Meilensteine im Internetzeitalter. (Eigene Darstellung)

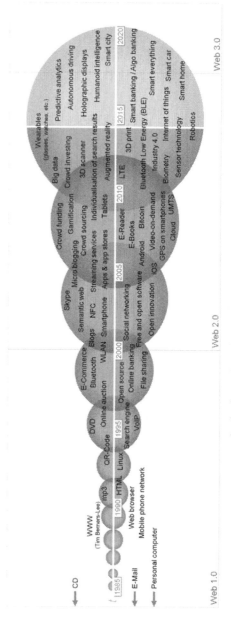

19.1 Digitalisierung als Mammutaufgabe (nicht nur) für traditionelle Banken

Es ist atemberaubend. Eine andere Bezeichnung würde den im Zuge des digitalen Strukturwandels ausgelösten Umwälzungen nicht gerecht. Obschon die Digitalisierung insgesamt ein evolutionärer Prozess ist (immerhin stecken viele der Technologien noch in den Kinderschuhen) ist die Dynamik beachtlich. Der digitale Wandel ist unaufhaltsam und in ständiger Wechselwirkung mit den ökonomischen Kräften der Globalisierung branchenübergreifend im vollen Gang. Getrieben wird der Wandel unter anderem durch das noch exponentiell steigende Datenvolumen, den Einsatz von Mikrosensoren, biometrischer Erkennungssoftware, der bedeutenden Steigerung von Speicherkapazitäten sowie der (noch) regelmäßigen Verdoppelung der Rechenleistung bei gleichzeitigem Preisverfall gemäß des Mooreschen Gesetzes [3]. Dahinter verborgene ökonomische Netzwerk- und Skaleneffekte sowie die an Bedeutung gewinnenden Peer-to-Peer-Mechanismen spielen bei der viralen Durchdringung digitaler Technologien ebenso eine elementare Rolle. Im Vergleich zu den analogen Innovationszyklen ist sogar eine sich beschleunigende Dynamik beobachtbar, die vielerorts und von vielen Entscheidungsträgern nach wie vor gern unterschätzt wird, so auch im traditionellen Finanzbereich (Abb. 19.1).

Der digitale Strukturwandel trifft traditionelle Banken mit voller Wucht. Trotz der teils enorm unter Druck geratenen Margen durch das Niedrigzinsumfeld, der Altlasten aus der Finanzkrise, dem sich ständig ändernden Konsumverhalten der Kunden sowie strenger werdenden regulatorischen Bestimmungen müssen Banken zeitnah stärker in digitale Technologien investieren und sich dem Internetzeitalter umfänglich anpassen. Die Herausforderungen liegen vor allem darin, dass sich etablierte Banken primär selbst zu digitalen Plattformen entwickeln sollten, um somit Teil eines ganzen Finanz-Ökosystems zu werden. Parallel dazu sind sie gut beraten, wenn sie entlang ihrer gesamten Wertschöpfungsstruktur, unvoreingenommen über mögliche strategische Allianzen mit externen Finanz- und Technologieanbietern nachdenken.

Momentan ist zu beobachten, dass viele Unternehmen aus den unterschiedlichen Branchen, darunter auch traditionelle Bankhäuser, die Herkulesaufgabe Digitalisierung womöglich unterschätzen. Erste Reformen bzw. Innovationen bei traditionellen Banken sind erkennbar. Aber die Anpassung an das digitale Zeitalter erfolgt teils nur am Kunden-Front-End der Wertschöpfung, innerhalb einzelner Geschäftsbereiche, wie zum Beispiel im Bereich Online-Banking für Privatkunden mit nützlichen webbasierten Diensten, dem Einsatz biometrischer Erkennungssoftware oder weiterer hauseigener (digitaler) Finanzdienste. Die zum Einsatz kommenden und kommunizierten Strategien werden weiterhin gemäß dem traditionellen, aber nicht besonders innovationsfreundlichen Siloprinzip vorangetrieben.

Das greift zu kurz. Der große Wurf wird den Banken so nicht gelingen. Es reicht nicht aus, einzelne Geschäftsbereiche oder einzelne Vertriebskanäle isoliert mit modernen Internettechnologien auszustatten. Eine adäquate Digitalisierungsstrategie kann nur als ganzheitlicher Ansatz zum Erfolg führen [4]. Dabei müssen sämtliche Geschäftsbereiche eines Unternehmens einbezogen und geeignete interne und externe (möglichst offene) Programmierschnittstellen (Application Programming Interface; APIs) für die Adaption neuer Technologien bereitgestellt werden. Programmierschnittstellen sind der Schlüssel zum Erfolg. Betroffen sind sämtliche interne und externe Unternehmensbereiche, wie F&E, Vertrieb, Service, Qualitätsmanagement, Legal und Compliance sowie Personal oder Marketing. Es zählen also auch sämtliche interne Verwaltungs- und Back-up-Prozesse.

19.1.1 Neue Akteure im Finanzmarkt kommen aus dem Nicht-Bankensektor

Die neuen Marktakteure aus dem Nicht-Bankensektor hingegen verstehen und sprechen die Sprache des Internets nahezu perfekt. Als Reaktion auf die hohe Innovationsdynamik positionieren sich vermehrt international agierende digitale Plattformen auf vielen technologiegetriebenen Märkten. Dank ihrer guten Ausstattung mit liquiden Mitteln, vor allem aber dank ihrer digitalen und somit anpassungsfähigen Unternehmensarchitektur können diese Plattformen auf die Herausforderungen des digitalen Zeitalters nicht nur erfolgreich reagieren, sondern diktieren uns Konsumenten auch den Takt vieler Internet-Innovationen. Die unter dem Begriff „digitale Ökosysteme" diskutierten Plattformen sind bekannt für ihre sogenannten „Walled-Garden"-Monetarisierungsstrategien [2].

Vereinfacht lautet ihr Erfolgsrezept: Je länger Konsumenten auf einer einzelnen Plattform verweilen, desto stärker greift der Lock-in-Effekt und desto einfacher lassen sich die diversen Monetarisierungsstrategien der Plattformen in lukrative Gewinne umwandeln. Wir Konsumenten fühlen uns dabei zunehmend wohler, weil wir viele unserer (digitalen) Wünsche aus einer Hand bedient wissen. Zudem tragen die Plattformarchitekturen dazu bei, traditionelle Hierarchiegrenzen und eher suboptimale Siloprinzipien zu überwinden, um neue Wege der Vernetzung von Kommunikation, Soft- und Hardware zu beschreiten. Parallel dazu wird permanent an diversen neuen Technologien und potenziellen

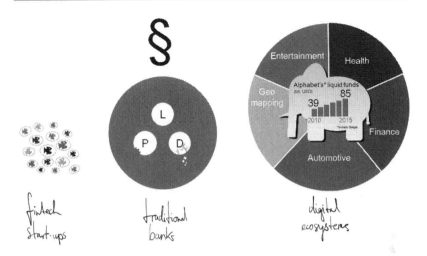

Abb. 19.2 Wettbewerbssituation im Finanzmarkt oder „Über kleine Fische und Elefanten". (Eigene Darstellung)

Geschäftsmodellen auf experimenteller Basis getüftelt und das branchenübergreifend (Abb. 19.2).

Neben den kaum regulierten digitalen Plattformanbietern, werfen auch viele FinTech-Start-ups ihren Hut in den Ring. FinTech-Start-ups sind agil, innovativ und in der Lage, die notwendigen PS schneller auf die Straße zu bringen als große (eher träge) Konzerne. Ihr ebenfalls volldigitalisiertes Wertschöpfungsnetz erlaubt ihnen zudem, ihr Geschäftsmodell optimal zu skalieren. Auch ihr Erfolgsrezept basiert auf dem harmonischen Ineinandergreifen implementierter Hard- und Software. Durch die optimale Verzahnung und die Verwendung kompatibler und interoperabler Technologien sowie angemessener Programmierschnittstellen docken sich die FinTech-Start-ups unter anderem an das Wertschöpfungsnetz digitaler Ökosysteme an. Dort werden die plattformverwöhnten Konsumenten mit teils neuen oder komplementären Produkten sowohl im Business-to-Consumer-Bereich (B2C), vor allem aber auch im hart umkämpften Business-to-Business-Bereich (B2B) bedient. Das Andocken an unterschiedliche Marktakteure bewirkt, dass viele innovationsstimulierende digitale Technologien ihren Weg auch allmählich in traditionelle Unternehmen finden und sich dort zum komparativen Wettbewerbsvorteil (nicht nur) für den Standort Deutschland entfalten können.

19.1.2 (Kunden-)Daten als Grundlage für digitale Geschäftsmodelle

Der professionelle Umgang mit Daten auf digitalen Plattformen zeigt vor allem das Potenzial von Big Data unter nahezu vollkommen digitalisierten, also idealen Rahmenbedingungen. Für Unternehmen wie Google zählen Daten und Datenanalysen zum Kerngeschäft. Um die Ergebnisse, die eine Suchmaschine liefert, zu verbessern, muss jede getätigte Suchanfrage gespeichert, mit Metadaten wie der IP-Adresse angereichert und dann mit speziell dafür konzipierten möglichst selbstlernenden Algorithmen ausgewertet werden. Möglich wird diese Datenanalyse dadurch, dass jegliche Interaktion zwischen dem Nutzer und dem Plattformbetreiber über diverse digitale Kanäle läuft. Dadurch stehen der Plattform sämtliche anfallenden (personenbezogenen) Daten von Anfang an in digitaler Form zur Verfügung.

Eine zu diesem Zweck extra aufgebaute IT-Infrastruktur, bestehend aus einem Netzwerk leistungsfähiger und hochmoderner Rechenzentren, erlaubt es natürlich, diese Daten a) strukturiert zu speichern, b) wenn notwendig in Echtzeit auszuwerten, um c) dem Kunden personalisierte Dienste anzubieten. Darüber hinaus erlaubt es diese Infrastruktur, von anderen Quellen stammende Daten nahtlos in bereits vorhandene Bestände zu integrieren. Für viele etablierte Unternehmen sind diese idealen, nahezu vollständig digitalisierten Rahmenbedingungen allerdings eher Wunschdenken. Dementsprechend stehen sie vor neuen Herausforderungen, wenn es darum geht, ähnliche Datenanalysen nachzuahmen bzw. algorithmenbasierte Lösungen zeitnah zu implementieren.

Traditionelle Banken sind im Besitz immens vieler wertvoller Datenbestände, die viel Potenzial für zum Beispiel neue Kundenansprachen bergen. In der Regel ist das Kontokorrentkonto der Hauptknotenpunkt zwischen Bank und Kunde. Banken haben Zugang zu vielen wertvollen Verhaltensmustern (Zahlungsverhalten, Konsumverhalten, Spar- und Investitionsneigung, Risikoaversion, Reisevorlieben, etc.) ihrer Kunden. Es bietet sich also an, dass Banken dieselben Datenauswertungsstrategien anwenden, wie die großen digitalen Plattformen, um ihren Kunden ebenfalls bequem und aus einer Hand möglichst viele wertvolle Zusatzdienste rund um ihre Finanzen anzubieten. Denn nur mit intelligenten Datenanalysen wird es dauerhaft möglich sein, nicht nur den Kundennutzen zu maximieren, sondern auch interne Infrastrukturen und Kernprozesse effizienter und schlanker zu gestalten.

19.1.3 Einsatz kognitiver Technologien als Wettbewerbsvorteil

Für eine technologisch wertvolle Entscheidungsunterstützung werden kognitive, selbstlernende Systeme künftig unverzichtbar. Dadurch können zum Beispiel wertvolle Korrelationen in Kundenaktionen erkannt werden. Auf dieser Basis lassen sich dann Kundengruppen mit ähnlichem Verhalten und ähnlichen Präferenzen identifizieren (Clusteranalyse). Am Ende profitiert der Kunde durch eine individualisierte Kundenansprache bei diversen Finanzdiensten. Auf der Basis seiner bisherigen Gewohnheiten können neue (auch ungeahnte) Bedürfnisse erkannt und bedient werden (Predicitive Analytics).

Ein anderes Beispiel zeigt der Einsatz selbstlernender Algorithmen im Bereich der Vermögensanlage. Mit sogenannten Robo Advisors setzen sich zum Beispiel FinTech-Start-ups immer häufiger mit professionellen, digitalen Angeboten zwischen traditionelle Bank und Kunde. Anders als der Name vermuten lässt, hat Robo Advice nichts mit physischen Robotern zu tun. Ein Robo Advisor ist eine algorithmenbasierte Software und ein Algorithmus ist eine Handlungsanweisung, die eine Anzahl an Schritten beschreibt, mit denen ein (mathematisches) Problem gelöst werden kann. Bei Robo Advice handelt es sich also quasi um digitale Vermögensverwalter, deren Anlageempfehlungen computergestützt angeboten werden und nicht von menschlicher Intuition oder von menschlichen Entscheidungen abhängen. Über wenige, gezielte Fragen und ohne menschliche Interaktion werden aus der Risikobereitschaft, der finanziellen Situation und den Anlagewünschen des Kunden Anlage- und Portfoliostrategien mithilfe diversifizierter Finanzmarktprodukte konfiguriert. Die Jungentrepreneure bieten ihren Kunden somit einen Zugang zur professionellen Vermögensverwaltung, der für traditionelle Anbieter häufig nicht rentabel war/ist. Damit üben die Newcomer innovationsstimulierenden Druck auf die Etablierten aus, was der Entwicklung zusätzliche Impulse beschert. Da die Technologie aber noch in den Kinderschuhen steckt und stark von der Qualität der Software abhängt, beschränken sich die meisten Robo Advisors bei der Auswahl der Finanzprodukte (momentan noch) auf sogenannte ETFs (Exchange Traded Funds, börsengehandelte Fonds). Allerdings stehen wir hier erst am Anfang der Entwicklung. Künftig werden sicherlich auch weitere Produkte über Robo Advice automatisiert verwaltet. Mit zunehmender Komplexität der zurzeit eher standardisierten Robo-Dienste steigen allerdings die regulatorischen und aufsichtsrechtlichen Anforderungen. Die meisten Anbieter von Robo Advice aus dem Nichtbankensektor agieren derzeit als reine Anlagevermittler und unterstehen somit nicht der Bankenaufsicht. Aspekte hinsichtlich

Haftungsgrundsätze und Verbraucherschutz müssen dann beispielsweise neu eru-
iert werden.

Der Einsatz kognitiver, selbstlernender Systeme kann aber auch in internen Bereichen, wie zum Beispiel bei regulatorischen Anforderungen im Risikomanagement eingesetzt werden. Gesetzliche Vorgaben werden beispielsweise
automatisiert auf ihre Wirkung und Umsetzung überprüft. Danach erfolgt der
automatisierte Einsatz der neuen oder veränderten regulatorischen Vorschriften in
den jeweiligen Geschäftsbereichen. Im Risikomanagement können regulierungsinduzierte Prüfungen ebenfalls automatisiert werden.

Aufgrund der eher zunehmenden Regulierung im Bankensektor können kognitive Systeme daher mittel- bis langfristig kostenintensive Prozesse zeitlich
verkürzen und somit effizienter gestalten. Zudem wird durch den Einsatz selbstlernender Systeme gewährleistet, dass Ergebnisse permanent verbessert und mit
jeder Interaktion intelligenter werden. Diese Systeme werden den Menschen
nicht vollkommen ersetzen, ihm aber in Bereichen mit zunehmender Komplexität
eine wertvolle Unterstützung bieten.

Die Herausforderungen, moderne Datenanalysetools zu implementieren,
gehen also einher mit den Fortschritten des Unternehmens, die eigene Unternehmensarchitektur adäquat an das digitale Zeitalter anzupassen. Unternehmen,
denen es früh gelingt, ihre vor- und nachgelagerten Wertschöpfungsnetze möglichst allumfassend zu digitalisieren, bilden die notwendige Basis für die künftige
Nutzung algorithmenbasierter Datenanalysen.

Experten schätzen, dass heute nur 15 % aller weltweit verfügbaren Daten
strukturiert und ca. 85 % unstrukturiert sind [6]. Ähnlich wird es bei Banken aussehen. Um dem stetig steigenden Wachstum von Daten und den modernen algorithmenbasierten Analysemethoden gerecht zu werden, müssen Banken in einem
ersten Schritt sämtliche zur Verfügung stehenden unterschiedlichen Datentypen
harmonisieren, also maschinenlesbar, machen. Gerade bei Ton, Video- oder Bild-
dateien ist die Umwandlung in einheitliche maschinenlesbare Daten technisch
besonders herausfordernd [5].

An dieser Stelle darf allerdings nicht vergessen werden, dass es etablierten
Banken (bisher) aus regulatorischen Gründen nicht erlaubt ist, persönliche Kundendaten des einen Geschäftsbereichs mit Daten aus anderen Geschäftsbereichen
zu korrelieren, um aus den neu gewonnenen Datensätzen eventuelle Erkenntnisse
zu gewinnen. Banken haben regulierungsinduzierte Compliance-Richtlinien einzuhalten, die dafür Sorge tragen, dass es zwischen einzelnen Geschäftsbereichen, die
von unterschiedlichen Aufgabenbereichen geleitet werden, nicht zu einem Infor-
mationsaustausch kommen kann. Damit wird einem möglichen Interessenskonflikt

entgegengewirkt (Chinese Walls). Diese strengen regulatorischen Vorschriften gelten auch für die dahinterliegenden IT-Systeme und (Kunden-)Datensätze.

19.1.4 Datenschutz und Datensicherheit als komparativer Vorteil traditioneller Banken

Seitdem viele digitale Transaktionen sowie der Datenzugriff in die Cloud gewandert sind und der Zugriff verstärkt auch über mobile Endgeräte erfolgt, bekommt die IT-Sicherheit in allen Lebensbereichen eine dominantere Bedeutung. Zudem sorgte die Veröffentlichung der Snowden-Dokumente im Juni 2013 zusätzlich für eine stärker werdende Verunsicherung und das Gefühl, im Netz „nicht mehr allein zu sein". Dies ist jetzt ein wichtiger Schritt für Banken, denn gerade bei sensiblen Finanzdaten reagieren Kunden zu Recht besorgt auf Vorfälle rund um Daten. Gerade im Bereich Datenschutz und -sicherheit könnte künftig eine Trumpfkarte für traditionelle Banken liegen. Denn genau diese aus der Balance geratene Entwicklung von Nutzen stiftenden modernen Internetdiensten einerseits sowie den bekannt gewordenen Sicherheitslücken innerhalb der IT-Systeme und der Datensicherheit andererseits sollte sich der Finanzsektor jetzt zunutze machen. Diese Chance ist für Banken deshalb so brisant, weil einige Datenpraktiken großer Plattformbetreiber gerade bezüglich des Datenschutzstandards Besorgnis erregen. Es gilt ja, künftig insbesondere auch die Nichtnutzer/Ablehner vom Angebot des digitalen Bankings zu überzeugen.

19.1.5 Transformation zu einer digitalen Plattform

Bei den notwendig gewordenen Reformmaßnahmen stoßen Banken auf ihre bisher wohl größte Herausforderung: Um wettbewerbsfähig zu bleiben, müssen Banken ihr Geschäftsmodell zu einer Plattform bzw. zu einem digitalen Banken-Ökosystem umwandeln. Vor dem Hintergrund der aufstrebenden digitalen Plattformen ist der Finanzsektor also gut beraten, die großen Internetfirmen nicht nur im Blick zu behalten, sondern zu prüfen, ob sich die bewährten Strategien auch im eigenen Geschäftsumfeld implementieren lassen.

Es geht also darum, eine einheitliche Plattform als Grundlage für ein eigenes digitales Ökosystem zu schaffen. Mit hoher Wahrscheinlichkeit werden viele digitalen Ökosysteme weiterhin vermehrt mit Kreditkartenanbietern, Telekommunikationsunternehmen sowie FinTech-Start-ups und Nischenanbietern kollaborieren und strategische Allianzen eingehen, um im Markt für standardisierte Finanzdienstleistungen weitere Marktanteile zu gewinnen. Um die Auswirkungen eines möglichen Verdrängungswettbewerbs für Finanzinstitute gering zu halten, müssen Banken ein digitales Ökosystem mit eigenen digitalen Unternehmensleistungen aufbauen, sich unvoreingenommen zusätzlich in bestehende Allianzen integrieren oder eigene Allianzen aktiv eingehen. Natürlich kann nicht jede traditionelle Bank ein eigenes Finanz-Ökosystem werden. Aber jede Bank kann ihre Unternehmensarchitektur in eine digitale Plattform wandeln und somit selbst Teil von Finanz-Ökosystemen werden.

19.1.6 Ein Alleingang traditioneller Banken ist eher unwahrscheinlich

Ob den Banken der Aufbau zum eigenen Finanz-Ökosystem im Alleingang gelingen wird, bleibt abzuwarten. Aber angesichts der erheblichen Informationsvorsprünge einiger großer Internetplattformen, der komplexen Anforderungen an das moderne algorithmenbasierte Banking sowie dem zunehmenden Kosten- und Margendruck durch das veränderte Wettbewerbsumfeld sind strategische Allianzen mittelfristig das wohl wahrscheinlichere Szenario. Die künftige Wettbewerbsfähigkeit wird davon abhängen, wie schnell und flexibel traditionelle Banken auf die Herausforderungen des technologischen Fortschritts bzw. auf die Innovationen des digitalen Strukturwandels reagieren werden. Mit einer nahtlosen Implementierung digitaler Prozesse und Strukturen könnte sich für die Banken auch der Unternehmenswert erhöhen, weil dadurch strategische Allianzen, auch temporärer Art, unkomplizierter und kostengünstiger durchführbar sind. Zudem lassen sich dadurch mehr Kunden an die eigene Plattform dauerhaft binden.

19.2 Wie sieht die Vision einer digitalen Banking-Plattform aus?

Modernes Online-Banking ist sehr viel personalisierter, einfacher, intuitiver und bequemer für den Kunden. Im Mittelpunkt des digitalen Banken-Ökosystems steht der Kunde mit seinem sicheren Online-Konto. Innerhalb des digitalen Kundenkontos sind zahlreiche vernetzte Dienste abrufbar, sowohl von der eigenen Hausbank als auch von externen Anbietern, die sich an das Finanz-Ökosystem via Programmierschnittstellen angedockt haben. Der Zugang zu den diversen inter-

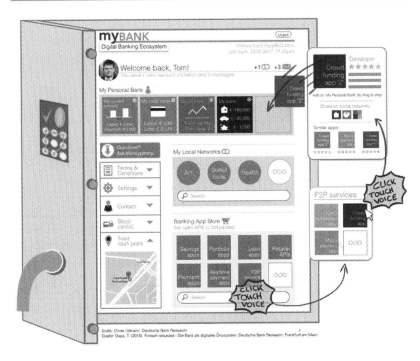

Abb. 19.3   So sieht modernes, sicheres und vernetztes Banking aus. (Eigene Darstellung)

nen und externen Finanzprodukten und -diensten erfolgt über den dafür eigens entstehenden Banking-App-Store (Abb. 19.3).

Im Hintergrund sind die Banken untereinander sowie mit diversen externen Finanzdienstleistern wie FinTechs, Versicherungen oder Einzelhändlern technologisch via Programmierschnittstellen sowie wirtschaftlich über Verträge verbunden. Mithilfe des Banking-App-Stores kann der Kunde individuell, schnell und bequem entscheiden, auf welche Dienste und Produkte er zugreifen möchte. Die unterschiedlichen Banking-Apps oder webbasierten Finanzdienste können entgeltlich und unentgeltlich angeboten werden. Die Angebote weisen Bewertungen und Empfehlungen auf, die dem Kunden die Entscheidung erleichtern sollen. Dabei kommen hauseigene Empfehlungsalgorithmen à la Amazon zum Einsatz. Interaktivität spielt dabei genauso eine Rolle, wie das Gefühl, sich permanent in einer sichern IT-Umgebung zu befinden sowie unbeobachtet kommunizieren und agieren zu können.

Im Prinzip wünscht sich der Kunde einen diskreten, aber individuell gestalt-
baren und intelligenten (also selbstlernenden) Finanzassistenten in Form einer
Applikation oder eines webbasierten Zugangs zur eigenen Hausbank, gern auch
mit Sprachsteuerung. Dieser Finanzassistent unterstützt den Kunden in all seinen
täglichen Finanzangelegenheiten mit daten- und algorithmenbasierten Diensten.

Der Zugang zur Hausbank bzw. zum Online-Banking muss über alle Kanäle
friktionsfrei gewährleistet sein. Vergleichbar mit sozialen Netzwerkplattformen
wird modernes Online-Banking einen Dienst im Angebot haben, bei dem Kunden
ihre Oberfläche individualisieren und kreativ gestalten können. Dabei können frei
gewählte und viel genutzte Dienste in den Vordergrund, also in den persönlichen
und sicheren Bereich rücken.

Wenn sich Kunden im gesicherten Online-Banking aufhalten und Produkte
sowie Finanzdienste online konfigurieren, sollte bei Bedarf ein Bankberater nahtlos an dieser Konfiguration auch auf anderen Kanälen weiterarbeiten können,
ohne dass erneut Systeme hochgefahren oder Stammdaten neu eingegeben werden müssen. Für den Kunden einer modernen digitalen Bank sollte es nicht mehr
spürbar sein, dass er bis zur Vertragsunterzeichnung oder bis zum Verkaufsab-
schluss unterschiedliche Kanäle genutzt hat.

Gerade bei der Vertragsunterzeichnung sollten künftig auch reine Onlinelösungen
angeboten werden. Hinsichtlich der Legitimation im Internet werden sich künftig
biometrische Erkennungsverfahren, wie Fingerprint, Handvenenscan, Sprach- oder
Tastendruckerkennung durchsetzen und bisherige Identifikationsverfahren, die ausschließlich auf Wissen und Besitz basieren, ergänzen, vielleicht auch ablösen.

Sofern die Einwilligung des Kunden vorliegt und unter Berücksichtigung regulativer Vorschriften (zum Beispiel das Bankgeheimnis) können innerhalb der Hausbank auch unterschiedliche Netzwerke mit lokalem Bezug entstehen oder aktiv
angeboten werden. Beispielsweise könnten sich diverse interaktive Netzwerke mit
lokalen und regionalen Handwerksbetrieben oder Ärzten bilden, die den Bankkunden ihre Produkte und Dienste über das Banken-Ökosystem anbieten. Die Zahlungs-
transaktion zwischen Handwerkern/Ärzten und Kunden wäre zudem friktionslos und
schnell zu erfüllen, da beide Marktseiten als Kunden mit derselben Hausbank vernetzt sind und es sich hierbei theoretisch nur um eine interne Bankbuchung handelt.

Ein weiteres attraktives Netzwerk könnte den Charakter einer Crowdfunding-
Plattform haben. Einige Finanzierungsprojekte können trotz der Ablehnung durch
Gremien von Förderinstituten oder klassischer Finanzierungsinstitute umgesetzt
werden, weil die Crowd (Peer-to-Peer-Mechanismus) das Projekt für unterstüt-
zungswürdig hält und fördert. Geldgeber und Geldnehmer wären Kunden des
Finanz-Ökosystems, die sich jeweils auf ihrer hausbankeigenen Plattform organisieren. Die jeweiligen Banken-Plattformen dienen als Netzwerk und stellen
lediglich die Infrastruktur zur Verfügung. Sie haften nicht für entstehende Risi-

ken, weil die Vergabe des Crowd-Kapitals nicht durch die Bank erfolgt, sondern durch die Kunden (Peer-to-Peer).

Unter der Verwendung einheitlicher Technologiestandards und offener Programmierschnittstellen könnte sich, wie erwähnt, auch ein bankeigener, mobiler Bezahlservice durchsetzen unter Anbindung weiterer Banken, Einzelhändler oder sonstiger Marktakteure. Diverse Einzelhändler könnten sich an das Banken-Ökosystem andocken, um Bankkunden spezielle Kundenloyalitätsprogramme anzubieten.

19.2.1   Die FinTech-Szene ist viel mehr an Kollaboration statt an Konfrontation interessiert

Digitale Ökosysteme kollidieren immer stärker miteinander. Ein wahrscheinliches Szenario für die künftige Entwicklung ist die zunehmende Bereitschaft der Akteure, an geeigneten Programmierschnittstellen im Wertschöpfungsnetz weitere strategische Allianzen miteinander oder mit Drittanbietern einzugehen. Der wohl bekannteste jüngst vollzogene Vorstoß von Apple (Pay) in Kollaboration mit diversen Kreditkartenanbietern beweist die Entwicklung zunehmender Allianzen [1]. Bei den künftigen strategischen Allianzen, die sich zum Beispiel im Bereich des digitalen Zahlungsverkehrs und mobiler Finanzdienstleistungen herausbilden werden, spielen sicherlich international agierende Karten- bzw. Paymentanbieter genauso eine Rolle wie die etablierten Telekommunikationsunternehmen. Es gibt aber auch zahlreiche weitere Beispiele in denen digitale Ökosysteme oder FinTech-Start-ups mit traditionellen Banken bereits erfolgreiche Allianzen eingegangen sind. Nicht zuletzt auch deswegen, weil die Akteure aus dem Nichtbankensektor somit in der Lage sind, die strengen regulatorischen Anforderungen innerhalb der Finanzbranche dauerhaft zu erfüllen, ohne eigene Kapazitäten dafür bereitzustellen (Abb. 19.4).

Generell werden durch die Kollaborationen Synergien und Schnittmengen hinsichtlich Größe, Reichweite, Kunden und Integrations- und Internationalisierungsmöglichkeiten erreicht. Hier bieten sich für die etablierten Banken Chancen für Kollaborationen mit ihresgleichen, aber auch mit großen Internetplattformen sowie kleinen Nischenanbietern oder den viel diskutierten FinTech-Start-ups. Sie alle agieren im Markt für digitales, datenbasiertes und algorithmenbasiertes Banking. Denkbar sind in diesem Zusammenhang auch strategische Partner, die das Angebot von digitalen und mobilen Finanzdiensten komplementär erweitern können. Der gesamte Einzelhandel oder ausgewählte Mobilitätsanbieter eignen sich zum Beispiel als mögliche Kollaborateure für ein digitales, mobiles Bezahlverfahren oder für diverse Kundenloyalitätsprogramme als weiteres Element des Finanz-Ökosystems.

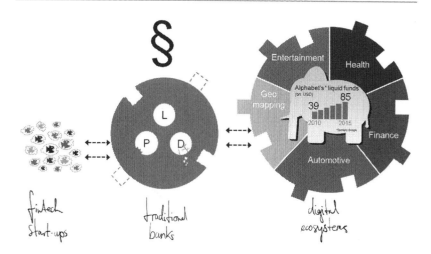

Abb. 19.4 Programmierschnittstellen (APIs) als Schlüssel zum Erfolg. (Eigene Darstellung)

Die flexible Unternehmensarchitektur eines digitalen Finanzökosystems erlaubt es, sämtliche Kompetenzen, die auf dem Finanzmarkt vorhanden sind, zu vereinen. Das Angebot an modernen daten- und algorithmenbasierten Finanzdiensten- und Produkten wird für den Konsumenten dadurch (gemäß den Bedürfnissen der internetaffinen Kunden) aus einer Hand angeboten. Die diversen Dienste und Produkte von unterschiedlichen Marktteilnehmern werden miteinander digital verzahnt und bieten dem Kunden maximale Flexibilität bei der Ausgestaltung seiner Finanzbedürfnisse. Der Konsument muss die Plattform nicht mehr verlassen und bekommt diverse Anwendungen und Finanzinhalte in Form von Apps oder webbasierten Diensten auf seine jeweilige Hardware- und Softwareumgebung individuell zugeschnitten. Die Plattformarchitektur trägt zudem dazu bei, traditionelle Hierarchiegrenzen und dekadenlange eher suboptimale Siloprinzipien traditioneller Banken zu überwinden, um neue Wege der Vernetzung von Kommunikation, Soft- und Hardware zu beschreiten.

Durch die digitale Vernetzung entsteht Innovation also nicht mehr nur in einzelnen, isolierten Bereichen und Branchen, sondern zunehmend an den jeweiligen Programmierschnittstellen (API-Economy). Künftig wird also nicht mehr die Kompetenz und der Erfahrungsschatz eines einzelnen Akteurs in abgeschotteten Märkten relevant sein, sondern die intelligente Verbindung der diversen Infrastrukturen, Fertig- und Fähigkeiten unterschiedlicher Marktteilnehmer.

19.3   API-Economy – Plattformpolitik als Erfolgsgarant im digitalen Zeitalter

Digitale Ökosysteme mit ihrer digitalen Infrastruktur und dem harmonischen Ineinandergreifen implementierter Hard- und Software agieren erfolgreich im Markt. Künftige Chancen bieten sich also vor allem für jene Unternehmen und/ oder Banken, denen es früh gelingt, ihre internen und externen Prozesse, ihre Dienste und Produkte möglichst flexibel in eine digitale Unternehmensinfrastruktur einzubetten, um neue Technologien als Plattform schnell antizipieren zu können oder um zeitnah mit relevanten Marktakteuren unkompliziert strategische Allianzen einzugehen.

Den Schlüssel zum Erfolg liefert dabei eine Plattformpolitik mit geeigneten Programmierschnittstellen. Somit kann dauerhaft eine flexible Unternehmensarchitektur garantiert werden, um künftig besser auf heute ungeahnte technologische Errungenschaften reagieren zu können. Das Um- oder Neuschreiben einer Software oder das Programmieren einer zusätzlichen Schnittstelle wird wohl auch künftig der Schlüssel dafür sein, moderne Technologien an die eigene Wertschöpfungsstruktur anzudocken und zwar über alle Branchen hinweg (Abb. 19.5).

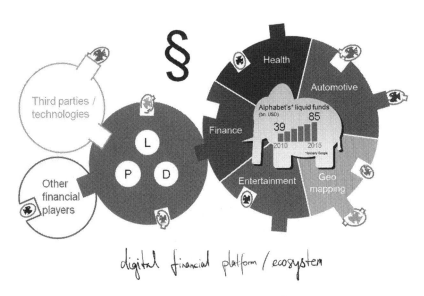

Abb. 19.5   Digitale Transformation in ein flexibles Finanz-Ökosystem durch strategische Allianzen. (Eigene Darstellung)

Eine gesetzgeberische Herausforderung stellt der Regulierungsrahmen dar. Wie oben dargelegt, existieren für die Banken „Chinese Walls", welche die Datenverarbeitung einschränken. Für die neuen Wettbewerber insbesondere aus dem Nichtbankensektor spielt dieser Aspekt hingegen kaum eine Rolle. Das bedeutet, dass es hier nach wie vor Informationsvorsprünge seitens digitaler Ökosysteme gibt. Banken hinken folglich regulierungsinduziert im Aufholprozess permanent einen Schritt hinterher. Hier wird also eine Regulierung notwendig, die einen fairen und ausbalancierten Regelrahmen erlaubt. Nur so kann gewährleistet werden, dass einzelne Marktakteure nicht zum Nachteil traditioneller Banken bevorzugt werden.

Unter Einhaltung strenger regulativer Vorschriften, insbesondere bestimmter Datenschutzaspekte, könnten traditionelle Banken darüber hinaus eine Vorreiterrolle einnehmen. Durch zusätzliche selbst auferlegte, also freiwillige Maßnahmen, wie zum Beispiel die Kommunikation hinsichtlich der Funktionsweise der dahinterliegenden Algorithmen, könnten die Banken im Gegensatz zu vielen Internetplattformen ihre Analysepraktiken noch transparenter gestalten. Durch diese Vertrauen schaffenden Maßnahmen erhält der Kunde die Möglichkeit, informiert und selbstbestimmt über die Weitergabe seiner (personenbezogenen) Daten zu verfügen bzw. einer Analyse zuzustimmen, die seine Entscheidungen bei der Wahl von Finanzdiensten erleichtert. Dadurch wird auch dem „Black-Box"-Charakter von Big Data entgegengewirkt.

Sofern Banken also garantieren, dass sie personenbezogene Daten weder an Dritte monetarisieren noch für andere unternehmensfremde Projekte zweckentfremden, sollte es ihnen künftig erlaubt sein, in Absprache mit dem Kunden, mit vorhandenen Daten geschäftsbereichsübergreifend Analysen durchzuführen. Eine hierfür mit dem Kunden vorab besprochene und dokumentierte Einwilligung sorgt für die notwendige und Vertrauen schaffende Transparenz im Umgang mit der datenschutzkonformen Einhaltung informationeller Selbstbestimmung.

Traditionelle Banken haben jetzt die Chance, sich den Herausforderungen des digitalen Strukturwandels so zu stellen, dass sie nicht nur aus der Defensive heraus reagieren, sondern als ernst zu nehmende und innovative Marktteilnehmer wahrgenommen werden, die an der Neugestaltung von digitalen Finanzdiensten aktiv teilnehmen. Die Transformation in ein Finanz-Ökosystem bietet an dieser Stelle eine effektive, alternative Strategie. Denn im digitalen Zeitalter gilt: Wer ein aufeinander abgestimmtes Angebot verschiedener (Finanz-)Dienste aus einer Hand anbieten kann, bei dem Technologie, Dienste und individuelle Nachfrage digital vernetzt sind (Stichwort Internet der Dinge), wird im Markt erfolgreich sein.

Literatur

1. Apple (2016). http://www.apple.com/apple-pay/
2. Bahr, F. et al. (2012). Schönes neues Internet? Chancen und Risiken für Innovation in digitalen Ökosystemen. Policy Brief 05/12. Stiftung neue Verantwortung. Berlin.
3. Brynjolfsson, E., McAfee, A. (2014). Second Machine Age. Work, Progress, and Prosperity in a Time of Brilliant technologies. W. W. Norton & Company. New York. London.
4. Dapp, T. (2015). Fintech reloaded – Traditional banks as digital ecosystems. With proven walled garden strategies into the future. Current Issues. Digital economy and structural change. Deutsche Bank Research. Frankfurt am Main.
5. Heuer, S. (2013). Kleine Daten, große Wirkung. Big Data einfach auf den Punkt gebracht. Digitalkompakt LfM #06. Landesanstalt für Medien Nordrhein-Westfalen. Düsseldorf.
6. TNS Infratest GmbH (2012). Quo Vadis Big Data – Herausforderungen – Erfahrungen – Lösungsansätze. TNS Infratest GmbH – Geschäftsbereich Technology. München. 2012.

Über den Autor

Thomas F. Dapp war von 2008 bis 2016 als Volkswirt und Speaker bei Deutsche Bank Research, dem unabhängigen Think Tank der Deutsche Bank AG in Frankfurt am Main beschäftigt. Seit dem 1. Januar 2017 arbeitet Dapp als Senior Projektmanager im Chief Digital Office (CDO) der KfW Bankengruppe in Frankfurt am Main und verantwortet dort u. a. einen Think Tank. Sein thematischer Fokus umfasst im weitesten Sinne die Bereiche Innovation, digitaler Strukturwandel sowie digitale Ökonomie. Zuletzt absolvierte er Forschungsprojekte in Washington DC und Berlin zum Thema „Innovationskraft digitaler Ökosysteme". Seine jüngsten Veröffentlichungen liegen in den Bereichen digitaler Strukturwandel im Finanzsektor sowie den Themen Big Data, Datenschutz, Privacy, Crowdfunding/-investing, FinTech, Künstliche Intelligenz und Blockchain.

Warum FinTechs keine disruptiven Innovatoren sind – Anmerkungen zu Theorie, Sachstand und strategischen Implikationen

20

Norbert Paddags

Zusammenfassung

In der öffentlichen Wahrnehmung werden technologiebasierte Innovationen im Bankenbereich, getrieben von sogenannten FinTechs, in absehbarer Zeit in signifikantem Maße Marktanteile von klassischen Banken übernehmen und die Bankenlandschaft revolutionieren. Oft wird implizit auf das bekannte Modell der „disruptive innovations" von Clayton Christensen Bezug genommen, um die grundlegende Art der Veränderung zu begründen. Es soll im Folgenden übersichtsartig gezeigt werden, dass die Mehrzahl der FinTechs keine disruptiven Innovatoren im Sinne des Modells von Christensen darstellt. Des Weiteren soll auch gezeigt werden, dass FinTechs aktuell nur ein sehr begrenztes Potenzial haben, Bankinstitute im Mainstream zu ersetzen, weil sie nicht deren Kernfunktionen erfüllen. Die Mehrheit der FinTechs stellt somit „sustaining innovations", das heißt inkrementelle Weiterentwicklungen von Technologien und Geschäftsmodellen dar. Hieraus ergeben sich grundlegende Erkenntnisse bezüglich der strategischen Positionierung von Banken, FinTechs und der Interaktion zwischen ihnen.

N. Paddags (✉)
Dr. Paddags Strategieberatung GmbH, Hamburg, Deutschland
E-Mail: info@paddags.com

© Springer Fachmedien Wiesbaden GmbH 2017
R. Smolinski et al. (Hrsg.), *Innovationen und Innovationsmanagement in der Finanzbranche*, Edition Bankmagazin, DOI 10.1007/978-3-658-15648-0_20

20.1 Einleitung

Der generelle Konsens (zumindest der letzten Jahre) war, dass klassische Banken dem Untergang geweiht seien und in nicht allzu ferner Zukunft durch FinTechs ersetzt werden [28]. Typische Titel von Büchern, Artikeln und Reports zu diesem Thema sind:

- „Wer braucht noch Banken?" [3]
- „App statt Bank" [30]
- „Blurred lines: How fintechs are shaping financial services" [24]

Gemeinsam ist diesen und anderen Publikationen, dass die Vorteile der FinTechs unter anderem hinsichtlich Kundenorientierung, Innovationskraft und Agilität im Vergleich zu klassischen Banken betont werden. Es wird der Eindruck vermittelt, dass sich klassische Banken insbesondere mit Filialnetz im Belagerungszustand befänden [24]: 19 (Übersetzung des Originalzitats „an industry under siege" durch den Autor). Laut verschiedener Studien bekannter Beratungshäuser sind bis zu 35 % der Profite im Privatkundenbereich durch FinTechs gefährdet [6]. Gemäß einer PWC-Studie sind es zum Beispiel mindestens 20 % des Geschäftsvolumens in Financial Services bis 2020 [24, S. 5] In fast allen Artikeln wird die Veränderung als „Disruption" beschrieben, um die grundlegende Art der Veränderung zu begründen und damit der Bezug zu Clayton Christensens Modell „disruptiver Innovation" hergestellt [1, 24, 29].

Im Folgenden sollen fünf Fragen adressiert werden:

1. Im Sinne einer Begriffsklärung: Was ist unter Christensens Modell „disruptiver Innovation" zu verstehen? Welche Geschäftsmodelle der FinTechs werden im Folgenden analysiert?
2. Inwieweit sind heute bekannte Geschäftsmodelle von FinTechs disruptiv in der Definition von Christensen?
3. Welches Potenzial haben FinTechs, sich zum „Mainstream" zu entwickeln, das heißt, Banken durch die Erfüllung von Kernfunktionen zu ersetzen?
4. Wie lässt sich der Kontrast zwischen der öffentlichen Wahrnehmung und der aktuellen Bedeutung von FinTechs erklären?
5. Welche Implikationen ergeben sich aus den zuvor geschilderten Erkenntnissen für die strategische Ausrichtung von Banken und FinTechs?

20.2 Disruptive Innovation und FinTechs: Versuch einer Begriffsklärung

Die öffentliche Diskussion ist geprägt von einer großen Unschärfe bezüglich der verwendeten Begriffe. Um ein einheitliches Verständnis zu schaffen, sollen im Folgenden „disruptive Innovation" und „FinTechs" definiert werden.

Disruptive Innovation
Unter Innovationen werden in den Wirtschaftswissenschaften die mit „technischem, sozialem und wirtschaftlichem Wandel einhergehenden (komplexen) Neuerungen" verstanden [25]. Um diesen sehr weit gefassten Begriff zu schärfen, wird unter Bezug auf den wegweisenden Artikel „Disruptive technologies – Catching the wave" von Joseph Bower und Clayton Christensen auf technologiebasierte Innovationen fokussiert [5].

Bower und Christensen beschäftigten sich mit der Frage, warum es Unternehmen in einer marktführenden Stellung oft nicht gelingt, diese zu bewahren, wenn sich der Markt zum Beispiel aufgrund technologischer Veränderungen radikal verändert. Die Autoren differenzieren zwischen zwei Arten von Innovationen:

- **„Sustaining innovations"**, das heißt Neuerungen, die die bisherige Technologie oder das bisherige Geschäftsmodell inkrementell verbessern.
- **„Disruptive innovations"**, das heißt Neuerungen, die das bisherige Geschäftsmodell infrage stellen, welches beispielhaft an der Entwicklung von Computerdisketten verschiedener Hersteller in den 1970er und 1980er Jahren dargestellt wird.

Die Antwort auf die Frage, warum die etablierten Marktteilnehmer Gefahr laufen, insbesondere disruptive Innovationen zu verpassen, liegt darin, dass die neuen Technologien initial unter anderem nicht die Anforderungen der Kunden, den qualitativen Ansprüchen der Unternehmung und ihren Profitabilitätszielen entsprechen. Die Unternehmen befinden sich, wie es Christensen formulierte, in einem „innovator's dilemma" [8].

Christensens Konzept inklusive verschiedener Handlungsempfehlungen (zum Beispiel die Entwicklung disruptiver Technologien in einer von der Muttergesellschaft separaten Einheit durchzuführen) war extrem erfolgreich. So erfolgreich, dass der Begriff „Disruption" so inflationär gebraucht wurde, dass sich Christensen 2015 genötigt sah, in einem Artikel des Harvard Business Review daran zu erinnern, was in seiner Definition unter „disruptive innovation" zu verstehen ist [9]. Auch wenn Christensens Definition streitbar ist [7] (so wird der Online-Vermittlungsdienst Uber nicht als Unternehmen klassifiziert, das auf „disruptive innovation" beruhe), so ist diese „enge" Definition dennoch hilfreich, um die Diskussion zu schärfen. Folgende Kriterien sind unter anderem aus Christensens Sicht für den Prozess der Disruption zu erfüllen:

- Unternehmen mit geringeren Ressourcen fordern etablierte Marktteilnehmer **auf Basis neuer Technologien** heraus.
- Services/Produkte sind anfangs am **unteren Ende des Leistungs-/Preisspektrums angesiedelt** oder adressieren **neue Marktsegmente** oder Kundengruppen.
- **Produkte/Services** werden kontinuierlich verbessert und **entwickeln sich zum „Mainstream".**
- Im Ergebnis ist ein **erfolgreicher Eintritt vollkommen neuer Marktteilnehmen das heißt Disruption erfolgt** [9, S. 3].

FinTechs

Im dynamischen Markt für Finanzdienstleister sind sehr unterschiedliche Spieler aktiv (etablierte Finanzinstitutionen, Infrastrukturanbieter, Technologiefirmen und Start-ups), die sich an technologischen Innovationen beteiligen können, diese fördern oder nutzen [24, S. 3]. Unter FinTechs (einer Wortschöpfung aus „financial"

Tab. 20.1 Übersicht der Geschäftsmodelle von FinTechs

	Geschäftsmodell	Firmenbeispiel
Kreditvermittlung (Peer-to-Peer)	Vermittlung von Konsumentenkrediten an private und professionelle Investoren gegen Gebühr auf Basis eigener Bewertung von Kreditrisiken mithilfe proprietärer Modelle	Lending Club Kreditech
Crowdfunding/-investing	Vermittlung von Fremd- oder Eigenkapital an kleinere und mittlere Unternehmen von einer Vielzahl von Investoren	Funding Circle Seedmatch
Zahlungsverkehr	Bereitstellung von Online-Überweisungen auf Basis einer bestehenden Bankverbindung	Paypal Stripe
Anlageberatung (Robo-Advice)	Automatisierte Anlageberatung mit Fokus auf passive Strategien mit deutlich geringeren Gebühren als im klassischen Bankvertrieb oder Privatbanking	Wealthfront Vaamo

und „technology") wird aktuell eine Vielzahl von Firmen verstanden, wobei sich noch keine einheitliche Definition oder Kategorisierung herausgebildet hat [29, S. 10]. Im Folgenden sind mit FinTechs Unternehmen gemeint, die als Start-ups oder neue Spieler unter anderem aufgrund ihrer IT-Kompetenz und Innovationskraft neue Impulse in der Finanzbranche setzen und die in Tab. 20.1 dargestellten Geschäftsmodelle umfassen.

Diese Auswahl beruht unter anderem auf der aktuellen Signifikanz der Geschäftsmodelle [29, S. 17] und ihrer voraussichtlichen Fähigkeit, die Bankenlandschaft zu verändern [24, S. 6]. Einschränkend sei angemerkt, dass die Darstellung der Modelle übersichtsartig ist und die Anwendung der Blockchain-Technologie aufgrund des frühen Stadiums, in dem grundsätzliche Anwendungsmöglichkeiten wie eine „Financial Utility" und deren notwendige gemeinsamen Standards aktuell entwickelt werden [26, S. 69 f.], bewusst nicht betrachtet wurde. Der Vollständigkeit halber sei des Weiteren angemerkt, dass mit „klassischen Banken" insbesondere Institute mit Retailfokus und Filialnetz, wie zum Beispiel Sparkassen, verstanden werden.

20.3 FinTechs als disruptive Innovatoren

Im Folgenden soll überprüft werden, inwieweit die oben genannten FinTech-Kategorien die Kriterien eines Treibers einer „disruptive innovation" erfüllen, wobei aufgrund der Vielzahl verschiedener und sich schnell verändernder Modelle die Einwertung notwendigerweise stark vereinfachend ist.

Technologiebasierte Innovation
Die genannten Geschäftsmodelle basieren nicht primär auf einer neuen (oder gar proprietären) Technologie, die den etablierten Marktteilnehmern nicht zu Verfügung steht. FinTechs setzen auf die konsequente Digitalisierung ihrer Prozesse, um insbesondere Kostenvorteile zu generieren. Einen „Graubereich" stellt die Nutzung von neuen Informationsquellen wie zum Beispiel die Unterstützung von Kreditscoring-Verfahren auf Basis von Informationen aus sozialen Netzwerken oder die Weiterentwicklung bestehender Technologien dar. Die Innovation der FinTechs liegt daher primär in der konsequenten Anwendung vorhandener Technologien und in der Entwicklung neuer Geschäftsmodelle.

Positionierung im unteren Bereich des Leistungs-/Produktspektrums
Generell erwecken die FinTechs den Eindruck, dass ihre Leistungen gleich- oder höherwertiger als die der etablierten Wettbewerber sind. Dies gilt insbesondere

hinsichtlich der Convenience der angebotenen Services. Eine der möglichen Ausnahmen ist ggf. die automatisierte Anlageberatung, bei der bewusst Abstriche
bzgl. der persönlichen Beratung zugunsten eines kostengünstigeren Angebots
gemacht werden.

Neue Markt- oder Kundensegmente
Hier ist insbesondere nach Geschäftsmodell und teilweise nach Unternehmung zu
unterscheiden. Im Paymentsbereich ist die Zielgruppe weitgehend identisch mit
der der klassischen Banken. Ähnliches gilt für Teile des Peer-to-Peer-Lending.
Im Gegensatz hierzu werden im Bereich des Crowdfundings und -investings neue
Kundengruppen als Fremd- und Eigenkapitalgeber adressiert, die bisher ggf.
nicht im Fokus von Banken standen. Gleiches gilt mit Einschränkungen für die
automatisierte Anlageberatung.

Produkte entwickeln sich zum Mainstream
Mit Ausnahme einzelner Player im Zahlungsverkehr sind die von FinTechs
bewegten Volumina äußerst gering. So betrug laut einer Studie der Universität
Cambridge und Ernest & Young das zwischen 2012 und 2014 durch Peer-to-Peer
und/oder Crowd-Plattformen in Europa vermittelte Volumen 4,7 Mrd EUR [29,
S. 13]. Zum Vergleich: Die Kundenkredite allein deutscher Sparkassen beliefen
sich per 31.12.2015 auf 745 Mrd. EUR [13].

Zusammenfassend lässt sich feststellen, dass FinTechs bestenfalls teilweise
die Definition einer „disruptive innovation" erfüllen, weil ihre Geschäftsmodelle nicht primär auf neuen Technologien beruhen, die Leistungsversprechen
in der Regel gleich- oder höherwertiger als die etablierter Banken sind und sie
in signifikantem Maße auch bestehende Marktsegmente adressieren. Die letzte
Beobachtung, dass FinTechs noch weit vom „Mainstream" entfernt sind, könnte
dahin gehend relativiert werden, dass alle Start-ups per definitionem noch nicht
den Mainstream darstellen. Die relevante Frage ist daher, inwieweit die FinTechs
zukünftig das Potenzial haben, „Mainstream"-Banken zu ersetzen, in dem sie
deren Kernfunktionen übernehmen.

20.4 FinTechs und das Potenzial für die Entwicklung zum Mainstream

Die Frage, inwieweit FinTechs oder genauer ihre Produkte und Services das
Potenzial haben, zum Mainstream zu werden und so etablierte Banken zu ersetzen und auf diese Weise die Bankenlandschaft zu revolutionieren, soll in zweierlei Hinsicht betrachtet werden:

- Inwieweit erfüllen FinTechs die Kernfunktionen von Banken?
- Auf welche Rahmenbedingungen treffen FinTechs unter besonderer Beachtung des deutschen Marktes und welche Auswirkungen hat diese für die weitere Entwicklung?

In der öffentlichen Diskussion wird auf die Vielzahl von Bankdienstleistungen verwiesen die von FinTechs adressiert werden. Hierbei werden zumeist Produkte wie Kredite, Zahlungsverkehr oder Anlageberatung genannt. Selten wird jedoch analysiert, ob die Produkte und Services von FinTechs die wirtschaftlichen Kernfunktionen einer Bank betreffen. Diese Kernfunktionen sind klassischerweise verschiedene Transformationsleistungen [17]: 5 ff., 12 ff.:

- **Losgrößen** Matching der Wunschvolumina von Sparern und Schuldner
- **Fristen** Matching unterschiedlicher Wunschlaufzeiten von Sparern und Schuldnern inklusive Steuerung der resultierenden Risiken
- **Risiko** Abbildung der von Sparern und Kreditnehmern gewünschten Risikoprofile unter anderem durch die Stellung von haftendem Eigenkapital oder durch die Verteilung von Risiken im Rahmen einer Portfoliostreuung
- Eine weitere Funktion von Banken und Finanzmärkten ist die **Reduzierung von Transaktionskosten** zum Beispiel durch die Herstellung von Transparenz über Angebot und Nachfrage oder die Unterstützung bei der Durchsetzung von Ansprüchen [22, S. 175 ff.]

In Tab. 20.2 sind übersichtartig die Ergebnisse des Abgleichs der ausgewählten Geschäftsmodelle und der genannten Kernfunktionen dargestellt, wobei folgende Aspekte besonders hervorgehoben werden sollen.

Tab. 20.2 FinTechs und Kernfunktionen von Banken: Werden die Kernfunktionen erfüllt?

	Kreditvermittlung (Peer-to-Peer)	Crowdfunding & Crowdinvesting	Zahlungsverkehr	Anlageberatung (Robo-Advice)
Losgrößentransformation	Ja	Ja	Nicht anwendbar	Nicht anwendbar
Fristentransformation	Nein	Nein	Nicht anwendbar	Nicht anwendbar
Risikotransformation	Teilweise	Teilweise	Nicht anwendbar	Nicht anwendbar
Reduzierung Transaktionskosten	Ja	Ja	Ja	Ja

Von den vier ausgewählten Geschäftsmodellen können nur zwei (nämlich Peer-to-Peer-Lending sowie Crowdfunding und –investing) die klassischen Transformationsleistungen adressieren. Diese relevanten Geschäftsmodelle ermöglichen unter anderem eine Losgrößentransformation. So wird beispielsweise im Crowdfunding und -investing eine Vielzahl kleiner Anlagebeträge für ein Unternehmen, das Fremd- oder Eigenkapital aufnimmt, zusammengeführt. Auch adressieren beide Geschäftsmodelle zumindest teilweise die Funktion der Risikotransformation. So ermöglicht Lending Club als Beispiel für Peer-to-Peer-Lending den Investoren, ihr Investment auf verschiedene Kreditnehmer zu verteilen und auf diese Weise einen Portfolioeffekt zu erreichen, wobei das systematische Risiko jedoch bestehen bleibt. Kritisch sei angemerkt sei, dass Lending Club leider auch ein Beispiel dafür ist, dass sich unter dem Label „Peer-to-Peer" Geschäftsmodelle verbergen, die eher eine Originationfunktion für Hedgefonds darstellen und auch nicht frei von Skandalen sind [20, 21]. Positiv anzumerken ist, dass alle Geschäftsmodelle die Reduzierung von Transaktionskosten unterstützen. Dies ist insofern konsequent und wenig überraschend, weil FinTechs sich primär im Bereich des Retailbankings bewegen, in dem Transaktionskosten eine besonders große Rolle spielen.

Zusammenfassend: Von den genannten FinTech-Modellen adressieren zwar alle das Thema Transaktionskosten, aber nur die Kreditvermittlung sowie Crowdfunding und -investing einzelne Kernfunktionen. Auf dieser Basis ist ein umfängliches Ersetzen der Banken durch FinTechs aus aktueller Sicht unwahrscheinlich [23].

Zur zweiten Frage, wie sich die Entwicklungschancen für FinTechs insbesondere im deutschen Markt darstellen, sei einleitend nochmals die aktuelle generelle Ausgangslage geschildert. Die Bedeutung von FinTechs ist entgegen der allgemeinen Darstellung in der Presse noch extrem überschaubar. Neben den geringen Volumina, die von den FinTechs bewegt werden (Abschn. 20.3) ist auch das Investitionsvolumen in FinTechs im Vergleich zu den „Mainstream"-Banken gering. So betrugen Investitionen in europäische FinTechs in 2014 ca. zwei Milliarden Euro, während das Kapital der europäischen Banken bei 2,4 Billionen EUR lag [10, S. 13, 14, S. 4]. Auch bei unbestreitbaren Unschärfen bezüglich der erhobenen Daten und der Vergleichbarkeit ist das Verhältnis 1:1000.

Ein weiterer wichtiger Aspekt, der bisweilen übersehen wird, sind die großen regionalen Unterschiede. Laut der bereits zitierten Studie der Universität Cambridge und Ernest & Young wurden 75 % der Volumina in UK umgesetzt [29, S. 13]. In Deutschland betrug diese im Jahr 2014 ca. 140 Mio. EUR [29, S. 29]. In diesem Zusammenhang spielt ggf. auch die deutsche Umsetzung der Regulatorik eine Rolle, die im Gegensatz zu UK den FinTechs keine initialen Erleichterungen gewährt („Regulatory Sandbox") [18, S. 12 ff.]. Erschwerend kommen des Weiteren die Besonderheiten des deutschen Retailmarktes hinzu, der stark von der Genossenschaftlichen Finanzgruppe (GFG) und der der Sparkassen-Finanzgruppe (SFG) geprägt ist. Trotz aller „Untergangsszenarien" für das klassische Retailbanking hatten die Sparkassen Ende 2014 einen Marktanteil von 38 % bei Einlagen von Privatkunden [15, S. 4]. Trotz der strukturellen Kostennachteile aufgrund des Filialnetzes sowie einer Vielzahl von Einzelinstituten erwirtschafteten die Sparkassen in 2015 eine Eigenkapitalrendite vor Steuern von knapp zehn Prozent und waren damit nach den Kreditgenossenschaften (elf Prozent) die profitabelste Bankengruppe [11, S. 84]. Neben diesen starken, etablierten Playern ist die grundsätzlich „konservative" Haltung deutscher Retailkunden (zum Beispiel die hohe Bargeldaffinität) [2] ein erschwerender Umstand für eine erfolgreiche Etablierung von FinTechs.

Zusammenfassend lässt sich festhalten, dass aus aktueller Sicht das Potenzial der FinTechs den Prozess einer „innovative disruption" so weit zu führen, dass sie die Banken im Mainstream ersetzen, gering ist: zum einen aus der grundsätzlichen Überlegung, dass FinTechs eben nur begrenzt die Kernfunktion von Banken adressieren, zum anderen mit Blick auf die regionalen Unterschiede und die insbesondere in Deutschland ungünstigen Rahmenbedingungen.

20.5 Sachstand versus öffentliche Wahrnehmung: Versuch einer Erklärung

Folgt man der bisherigen Argumentation, ergibt sich die offensichtliche Frage, warum Sachstand und öffentliche Wahrnehmung so stark divergieren. Warum hat sich die Anzahl der Nennung der Begriffe „disruptive innovation" oder „disruptive technology" in englischsprachigen Publikationen zwischen 2010 und 2014 vervierfacht, obwohl das grundlegende Modell von Christensen 20 Jahre alt ist [9, S. 15]? Befinden wir uns in einem „Hypezyklus", um die kritische Anmerkung von Andreas Dombret, Vorstandsmitglied der Deutschen Bundesbank, in seiner Keynote anlässlich des DVFA FinTech-Forums im Oktober 2016 aufzunehmen [12]?

Die Diskrepanz zwischen der öffentlichen Wahrnehmung und der noch sehr überschaubaren Bedeutung von FinTechs lässt sich unter anderem durch die Interessenlagen maßgeblicher Akteure erklären:

FinTechs haben ein intrinsisches Interesse (insbesondere in einer Phase der Unternehmensentwicklung, in der keine Profite generiert werden, sondern der Fokus auf Produktentwicklung, Brandbuilding und Erhöhung der Reichweite liegen), die eigene Relevanz zu betonen, um die Unternehmensbewertung zu steigern.

Managementberatungen, deren Kunden typischerweise die klassischen Banken sind, bieten umfangreiche Analysen an. Beispiele dafür, dass angeblich bis zu 35 % des Geschäftsvolumens im Risiko stehen, wurden bereits in der Einleitung genannt. Hier sollte man sich bewusst sein, dass es sich um „Sell-side-Research" handelt. Salopp formuliert: Je drastischer die Schilderung der FinTechs als Bedrohung für klassische Bankinstitute, umso besser die Grundlage für die Akquise von Mandaten.

Presseorgane, sofern sie sich an ein breites Publikum wenden, benötigen eine gute „Story". Aufgrund der oft selbstverschuldet geringen Popularität von Banken und Bankern (Finanzkrise 2008, Stützungsbedarfe insbesondere für Landesbanken in Deutschland, LIBOR-Skandal etc.) ist die positive Darstellung von Fin-Techs als Kampf von David gegen Goliath ein reizvolles Motiv und damit ggf. ein Auflagen steigerndes Thema.

Im Gegensatz hierzu sind die klassischen Banken als Incumbents notwendigerweise zurückhaltender in der Kommunikation ihrer den FinTechs vergleichbaren Aktivitäten, weil sie sonst die eigenen Geschäftsmodelle teilweise infrage stellen würden. Sie befinden sich quasi in einem kommunikativen „Innovator's Dilemma".

20.6 Strategische Implikationen oder „Why getting it right matters"

In seinem bereits erwähnten Artikel „What is disruptive innovation?" stellt Christensen die selbstkritische Frage, warum die exakte Anwendung seines Modells auch jenseits einer wissenschaftlichen Diskussion relevant ist oder, wie er es formulierte, „Why getting it right matters" [9]. Eine mögliche Antwort auf diese Frage ist, dass die Einwertung von FinTechs (ob diese Treiber von „sustaining" oder „disruptive innovations" sind) fundamentale Auswirkungen auf die strategische Positionierung sowohl von FinTechs als auch Banken und den Umgang dieser beider Gruppen miteinander hat. Um diesen Punkt zu illustrieren sollen im Folgenden die Veränderungen im Finanzbereich in drei Kategorien klar voneinander getrennt und Handlungsoptionen (primär aus Sicht der Bankinstitute) beispielhaft genannt werden.

Veränderung der Rahmenbedingungen
Die Finanzbranche und insbesondere klassische Banken müssen sich verschiedenen und hinlänglich bekannten Herausforderungen wie Niedrigzinsumfeld, erhöhten Regulierungsanforderungen und damit erhöhtem Kostendruck stellen.

Diese Rahmenbedingungen werden voraussichtlich einen Strukturwandel hin zu einer Bankenlandschaft mit einer geringeren Kostenbasis beschleunigen, zum Beispiel durch eine Verringerung der Anzahl von Banken und Filialen. Dies ist im Übrigen keine neue Entwicklung. So ging beispielsweise die Anzahl der Finanzinstitute in Deutschland zwischen 1993 und 2012 bereits um 55 % zurück [19, S. 9]. Hierbei handelt sich also um kein spezifisches FinTech-Thema, sondern eine Entwicklung der Gesamtbranche, auch wenn diese Herausforderungen vermutlich Instituten mit hohem Digitalisierungsgrad besonders zugute kommen.

„Sustaining innovations"
Von den Veränderungen der Rahmenbedingungen sind „sustaining innovations" zu trennen, welche eine inkrementelle Verbesserung der Produkte und Services in bestehenden Geschäftsmodellen ermöglichen. Hierzu könnten zum Beispiel Methoden des Kreditscorings auf Basis von Daten aus sozialen Netzwerken gehören. Diese adressieren nicht die Kernfunktion einer Bank im Sinne der beschriebenen Transformationsleistungen, sondern verbessern die Risikosteuerung und ermöglichen ggf. die Ansprache neuer Kundengruppen [27]. Vermutlich fällt ein Großteil der FinTech-Geschäftsmodelle in diese Kategorie. So beschrieb Tina Wadhwa von Business Insider ihre Schlussfolgerung auf Basis von 82 FinTech-Pitches auf der Finovate-Konferenz im Herbst 2016 wie folgt: „These startups weren't trying to take the place of established players; they were looking to sell to them" [4, 28]. Diese Einschätzung passt sachlogisch auch zu den zahlreichen Versuchen verschiedener Banken, durch Inkubatorenmodelle wie die „comdirect start-up Garage" die Innovationen für das eigene Haus zu nutzen. Aus Sicht der Bankinstitute liegt die Herausforderung primär darin, wie ein erfolgreicher Transfer ins eigene Institut unter besonderer Beachtung des notwendigen Change-Managements erfolgen kann.

„Disruptive innovations"
Wie bereits geschildert sind „disruptive innovations", welche die strengen Kriterien von Christensen erfüllen, eher selten. Lockert man die Definition etwas, so könnten zum Beispiel die automatisierte Anlageberatung (Robo-Advice) tief greifende, „disruptive" Veränderungen auslösen, indem sie neue Kunden gewinnt, die bisher keine Portfolio-Überlegungen angestellt haben und ein einfaches, aber deutlich kostengünstigeres Produkt anbietet als der klassische Bankvertrieb oder gar das Privatbanking [16]. Die zunehmende Relevanz passiver Anlageinstrumente und regulatorische Anforderungen wie MIFID II, die den Vertrieb von Anlageprodukten voraussichtlich verteuern werden, könnten eine solche Entwicklung befördern. Die Handlungsoptionen klassischer Institute

gegenüber „disruptive innovations" variieren stark nach Situation des Instituts und spezifischem Geschäftsfeld, wobei die Weiterentwicklung (auch eines fundamental konkurrierenden Geschäftsmodells) in einer separaten Einheit eine Möglichkeit ist, um die Erkenntnisse bzgl. einer möglichen Disruption für das eigene Institut und die eigene Strategie zu nutzen.

Am Ende eines Vortrags oder Beitrags stellen sich immer zwei Fragen: So what? Who cares? Abschließend der Versuch einer Antwort.

So what?

Folgt man der Einschätzung, dass die Services und Produkte der Mehrzahl der FinTechs „sustaining innovations" sind, geht es nicht darum, ein einzigartig neues, „disruptives" Geschäftsmodell zu entwickeln (Sicht der FinTechs) oder wie dieses abgewehrt werden kann (Sicht der Banken). Zukünftige Analysen, Diskussionen und vor allem Arbeit an Geschäftsmodellen sollten darauf fokussieren, wie die Kooperation zwischen Banken und FinTechs aussieht. Die Kernherausforderung aus Sicht der Banken ist hierbei primär nicht, wie im Start-up-Kontext neue Ideen entwickelt und validiert werden, sondern wie die gewonnenen Erkenntnisse und Methoden in bestehenden Instituten zum Nutzen der Kunden schnell und nachhaltig integriert werden können.

Who cares?

Die hier dargelegten Überlegungen sind hoffentlich für alle Entscheider im Finanzbereich von Interesse. Von besonderer Relevanz sollten sie jedoch für diejenigen in klassischen Banken sein, um den vor dem Hintergrund der sich verändernden Rahmenbedingungen unausweichlichen Wandel des eigenen Instituts durch die Integration von „sustaining innovations" entschieden voran zu treiben.

Literatur

1. Accenture (2015) The future of fintech: digitally disrupted or reimagined? http://www.fintechinnovationlablondon.co.uk/media/730274/Accenture-The-Future-of-Fintech-and-Banking-digitallydisrupted-or-reima-.pdf. Zugegriffen: 11.10.2016.
2. Bagnall J (2014) Consumer cash usage: a cross-country comparison with payment diary survey data. Deutsche Bundesbank Discussion Paper Nr. 13/2014. Frankfurt.
3. Beck R (2015) Wer braucht noch Banken? Kulmbach.
4. Bodek M (2016) Kollaboration von Banken und FinTechs – Chance und Risiken. Vortrag auf der Konferenz „Finanzdienstleister der nächsten Generation" am 12.10.2016 in Hamburg.

5. Bower J und Christensen C (1995) Disruptive technologies – Catching the wave. Harvard Business Review 73, Nr. 1 (Januar–Februar Ausgabe): 43–53.
6. Broeders H und Khanna S (2015) Strategic choices für banks in the digital age. Mckinsey Quarterly, Januar 2015 http://www.mckinsey.com/industries/financial-services/our-insights/strategic-choices-for-banks-in-the-digital-age.Zugegriffen: 27.10.2016.
7. Chase R (2016) We need to expand the definition of disruptive innovation. Harvard Business Review, 7.1.2016 https://hbr.org/2016/01/we-need-to-expand-the-definition-of-disruptive-innovation. Zugegriffen: 27.10.2016.
8. Christensen C (1997) The Innovator's Dilemma: When New Technologies Cause Great Firms to Fail. Boston.
9. Christensen, C et al. (2015) What is disruptive innovation? Harvard Business Review 93, Nr. 12 (Dezember-Ausgabe): 44–53.
10. Deutsche Bundesbank (2015) Statistischer Teil des Monatsberichts September, Nr. 9: 1–86.
11. Deutsche Bundesbank (2016) Die Ertragslage der deutschen Kreditinstitute im Jahr 2015. Monatsbericht September, Nr. 9: 63–97.
12. Dombret A (2016) Herausforderung Digitalisierung in Banken und Sparkassen – Investition in die Zukunft, Keynote-Rede anläßlich des 5. DVFA FinTech-Forums am 10.10.2016 in Frankfurt am Main https://www.bundesbank.de/Redaktion/DE/Reden/2016/2016_10_10_dombret.html. Zugegriffen: 27.10.2016.
13. DSGV (2015) Übersicht der Geschäftsentwicklung der Sparkassen 2015 https://www.dsgv.de/de/presse/bilanzpressekonferenz_pressemappe.html. Zugegriffen: 24.10.2016.
14. Economist (2015) International Banking. Beilage/ Sonderartikel vom 9.5.2015 http://www.economist.com/news/special-report/21650290-financial-technology-will-make-banks-more-vulnerable-and-less-profitable-it. Zugegriffen: 27.10.2016.
15. Fitch Ratings (2015) Sparkassen Finanzgruppe – Full Rating Report vom 22.12.2015: 1–22 https://www.dsgv.de/de/sparkassen-finanzgruppe/rating. Zugegriffen: 27.10.2016.
16. Gapper J (2016) Robots invest money better than people. Financial Times vom 16.3.2016. https://www.ft.com/content/16f1be4a-e9e6-11e5-bb79-2303682345c8. Zugegriffen: 27.10.2016.
17. Hartmann-Wendels T et al (2015) Bankbetriebslehre. Berlin.
18. Hofmann, André (2016) Finanzaufsichtsrechtliche Regulierung und FinTechs – Chance für FinTech-Produkte oder Hemmnis für Innovation? Vortrag auf der Konferenz „Finanzdienstleister der nächsten Generation" am 12.10.2016 in Hamburg.
19. Koetter M (2013) Market structure and competition in German banking – Report commissioned by the Council of Economic Experts and the Monopolies Commission. http://www.sachverstaendigenrat-wirtschaft.de/fileadmin/dateiablage/download/publikationen/arbeitspapier_06_2013.pdf. Zugegriffen: 27.10.2016.
20. McLannahan B (2016) Peer-to-peer lenders rediscover their roots. Financial Times vom 21.3.2016 https://www.ft.com/content/9e966ff2-ed48-11e5-9fca-fb0f946fd1f0. Zugegriffen: 27.10.2016.
21. McLannahan B und Yuk P (2016) Lending Club chief executive steps down after internal review. Financial Times vom 9.5.2016 https://www.ft.com/content/22559850-15d9-11e6-b197-a4af20d5575e. Zugegriffen: 27.10.2016.
22. Mishkin F und Eakins S (2015) Financial Markets and Institutions. Harlow.

23. Paddags N (2015) Werden die Fintechs Banken ersetzen? Eine kritische Annäherung. Vortrag auf der Konferenz „Finanzdienstleister der nächsten Generation" am 11.11.2015 in Hamburg.
24. Price Waterhouse Coopers (2016) Blurred lines: How fintechs are shaping financial services http://www.pwc.com/gx/en/industries/financial-services/fintech-survey/report. html. Zugegriffen: 27.10.2016.
25. Springer Gabler Verlag (2016) Gabler Wirtschaftslexikon, Stichwort: Innovation http://wirtschaftslexikon.gabler.de/Archiv/54588/innovation-v10.html. Zugegriffen: 6.10.2016.
26. Tapscott D und Tapscott A (2016) Blockchain Revolution. New York.
27. Vasagar J (2016) A credit check by social media. Financial Times vom 19.1.2016 https://www.ft.com/content/12dc4cda-ae59-11e5-b955-1a1d298b6250. Zugegriffen: 27.10.2016.
28. Wadhwa T (2016) I listened to 82 finance startup pitches — here's what I learned about where Wall Street is heading. Business Insider vom 22.9.2016. https://amp.businessinsider.com/financial-technology-pitches-finovate-future-of-wall-street-2016-9. Zugegriffen: 13.10.2016.
29. Wardrop R et al (2015) Moving Mainstream – The European Alternative Finance Benchmarking Report, University of Cambridge und Ernest & Young http://www.jbs. cam.ac.uk/index.php?id=6481#.WBGwRYVOLYw. Zugegriffen: 27.10.2016.
30. Zeit online (2015) „App statt Bank" veröffentlicht am 28.5.2015 http://www.zeit. de/2015/20/fintech-banken-konkurrenz. Zugegriffen: 25.10.2016.

Über den Autor

Dr. Norbert Paddags ist Geschäftsführer der Dr. Paddags Strategieberatung GmbH, die insbesondere Banken zu den Themenfeldern Strategieentwicklung und Controlling berät (www.paddags.com). Zuvor war er als Berater unter anderem bei McKinsey & Company tätig und übte über zehn Jahre verschiedene Führungsfunktionen im Landesbankensektor aus. Herr Dr. Paddags unterrichtet seit mehreren Jahren an verschiedenen Hochschulen und hält Vorträge zu aktuellen Strategie- und Finanzthemen. Er studierte Wirtschafts- und Sozialgeschichte an der Universität Oxford und promovierte über Zentralbankpolitik an der FU Berlin.

Digitalisierung im Zahlungsverkehr **21**

Neue Wettbewerber und Kundenerwartungen im Zahlungsverkehr als Herausforderungen und Chancen für Banken und Finanzinstitute

Knut Schlohmann

Veränderungen erfordern das Überdenken der eigenen Vorgehensweise.

Zusammenfassung

Die Digitalisierung im Zahlungsverkehr und insbesondere die zunehmende Bedeutung der mobilen Endgeräte stellen neue Herausforderungen an Banken und Finanzinstitute. Sie bieten jedoch auch neue Chancen sowie die Möglichkeit, den Kunden über die reine Zahlungsabwicklung hinaus stärker unterstützend zu begleiten. Banken und Finanzinstitute sind in diesem sich verändernden Markt mit neuen Akteuren aus fremden Branchen sowie veränderten Kundenanforderungen konfrontiert. In diesem Kontext müssen sie sich entscheiden, wie sie sich in diesem veränderten Kontext positionieren wollen und welche Leistungen sie künftig anbieten wollen oder nicht. Der Beitrag beleuchtet die Grundlagen aus Endkundensicht und diskutiert die aktuelle Positionierung der unterschiedlichen Akteure.

Dr. K. Schlohmann (✉)
MasterCard Europe, Frankfurt am Main, Deutschland
E-Mail: knut.schlohmann@mastercard.com

© Springer Fachmedien Wiesbaden GmbH 2017   399
R. Smolinski et al. (Hrsg.), *Innovationen und Innovationsmanagement in der Finanzbranche*, Edition Bankmagazin, DOI 10.1007/978-3-658-15648-0_21

21.1 Wandel und Herausforderungen im Zahlungsverkehr

Wie in fast allen Branchen, vollzieht sich auch im Zahlungsverkehr seit einiger Zeit ein steter Wandel in Richtung digitaler und insbesondere mobiler Angebote. Die Banken bzw. Finanzinstitute als traditionelle Anbieter von Zahlungsverkehrslösungen sind gerade in diesem Bereich zunehmend mit neuen Akteuren konfrontiert (vgl. Abb. 21.1). Zu den prominentesten Gruppen gehören derzeit die sogenannten „Digital Giants" sowie FinTechs, die versuchen, sich mit neuen Geschäftsmodellen am Markt zu etablieren und damit die Banken auf ihrem eigenen Terrain anzugreifen. Darüber hinaus präsentieren sich auch Händler erfolgreich mit eigenen Lösungsansätzen am Markt. Banken laufen damit Gefahr, in der Wahrnehmung der Kunden in den Hintergrund gedrängt zu werden.

Für Banken stellt sich in diesem Zusammenhang die Frage, ob sie sich auf die reine Zahlungsabwicklung beschränken wollen oder ob ihre Marke zukünftig mit eigenen Angeboten im Vordergrund stehen soll. Generell ist hier eine gewisse Analogie zum E-Commerce festzustellen, bei dem die Finanzbranche auch lange Zeit ihren Kunden kein eigenes Angebot zur Verfügung stellte, sodass neuen

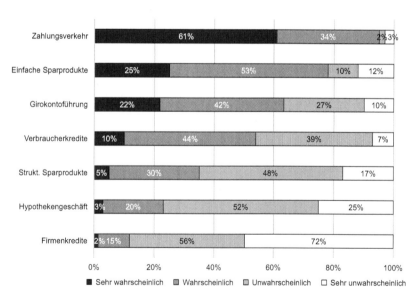

Abb. 21.1 Gefahr fürs Retail-Banking durch neue Teilnehmer in den nächsten drei Jahren [20, S. 10]. (Roland Berger)

Spielern die Möglichkeit gegeben wurde, sich erfolgreich im Markt zu etablieren. PayPal ist hierbei sicherlich nur das prominenteste Beispiel.

Aus Endkundensicht geht es um die mit mobilen Angeboten verbundenen Mehrwerte, das heißt, an welchen Stellen sich das mobile digitale Angebot positiv von den bisherigen analogen Angeboten abhebt und den Kunden einen höheren Nutzen stiftet. Erst wenn die Kunden einen Mehrwert in der Nutzung des mobilen Angebots sehen, werden sie eine Wechselmotivation spüren, das neue mobile Angebot anstelle des bisherigen Angebots zu nutzen.

Bei Mobile Wallets geht es um einen digitalen Dienst auf dem Smartphone oder anderen mobilen Endgeräten, der unter anderem die Speicherung von Zahlungsmitteln und den Zugriff darauf ermöglicht. Die mobilen Angebote im Zahlungsverkehr bewegen sich somit im Kontext der Mediennutzung, wodurch eine Analogie zu anderen mobilen Diensten wie beispielsweise Mobile Banking, Online bzw. Mobile Shopping oder selbst Mobile Games gezogen werden kann. Die Digitalisierung im Zahlungsverkehr kann als innovative Medientechnologie bezeichnet werden, weil sie Veränderungen an mehreren Elementen der Bereiche Formfaktor bzw. physischer Träger, Datenübertragung und Inhalten bzw. Daten [54] beinhaltet. Ziel ist die dauerhafte und wiederkehrende Nutzung eines entsprechenden mobilen Angebots durch die Konsumenten. Diese Übernahme eines neuen Angebots und seine wiederkehrende Nutzung werden in der wissenschaftlichen Literatur auch als Akzeptanz bezeichnet [34].

Nachdem kurz die wichtigsten theoretischen Grundlagen dargestellt werden, wird im Folgenden diskutiert, wie Banken und Finanzinstitute im Vergleich zu anderen Akteuren im Bereich der Mobile Payment Wallets positioniert sind und welche Optionen ihnen zur Verfügung stehen, um im Markt eine entscheidende Rolle spielen zu können.

21.2 Theoretische Grundlagen der Nutzung von Zahlungsmitteln

21.2.1 Kaufentscheidungsprozess der Konsumenten

Banken und Finanzinstitute stellen dem Konsumenten Zahlungsmittel zur Verfügung, die er im Rahmen des Kaufentscheidungsprozesses zum Erwerb einer Ware nutzt. In der Literatur wird der Kaufentscheidungsprozess in fünf Phasen unterteilt, die von der Empfindung eines Mangelgefühls bzw. eines Bedürfnisses bis hin zur Nachkaufphase gehen (vgl. Abb. 21.2). Die fünf Phasen sind wie folgt [13, 30]:

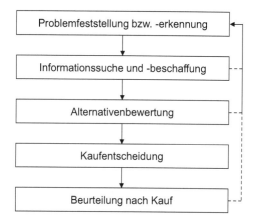

Abb. 21.2 Prozessphasen der Kaufentscheidung. (Eigene Darstellung in Anlehnung an [36, S. 374])

Teilweise wird der vierte Schritt auch nochmals aufgeteilt in Kaufentscheidung einerseits und Kauf (inklusive Bezahlung) andererseits [39]. Im Laufe der Zeit wurden zahlreiche wissenschaftliche Weiterentwicklungen im Bereich der Kaufentscheidung erarbeitet [41], auf die an dieser Stelle nicht weiter eingegangen wird.

Am Beginn des Einkaufsprozesses steht die Identifikation eines Bedürfnisses. Dies kann durch interne (zum Beispiel Hunger) oder externe Stimuli (zum Beispiel Werbung) geschehen. Mobile Angebote wie location-based Services setzen zum Beispiel an diesem Punkt an. Daran schließt sich die Suche nach Informationen an, wie bzw. durch welche Produkte oder Dienste das Bedürfnis befriedigt werden kann. Hier sind im mobilen Kontext Suchmaschinen und Vergleichsportale Angebote, die den Konsumenten in dieser Phase unterstützen. Im Rahmen der Alternativenbewertung kommen neben Fakten wie Preisen oder Verfügbarkeit eines Angebots auch Einstellungen zum Tragen. Im Rahmen der Kaufentscheidung kommt es schließlich zum Kauf oder Nicht-Kauf und im Fall des Kaufs zum Austausch von Ware gegen Geld. Nach dem Kauf, in der letzten Phase des Kaufentscheidungsprozesses, überprüft der Konsument seine Zufriedenheit mit dem Erworbenen. Loyalty-Programme, Zufriedenheitsbefragungen und ähnliches setzen an diesem Punkt an, um für den Kunden auch in der Zukunft von Relevanz zu sein [35].

Nicht bei jedem Kauf werden durch den Konsumenten bewusst alle fünf Phasen durchlaufen. So verzichten Konsumenten bei habituellem und impulsivem Kaufverhalten zum Beispiel auf die Schritte der Informationssuche sowie der Alternativenbewertung [46].

Der Zahlungsvorgang und damit die Verwendung von Zahlungsmitteln durch den Konsumenten kommen im Kaufentscheidungsprozess lediglich beim Kauf, also dem Austausch von Ware gegen Geld, zum Einsatz. In allen anderen Schritten spielt die Verwendung von Zahlungsmitteln keine Rolle. Neben den Konsumenten haben bisher auch die Händler an den meisten Schritten des Kaufentscheidungsprozesses ein aktives Interesse. Finanzinstitute als Bereitsteller von Zahlungsmitteln sind hingegen bis dato lediglich an der eigentlichen Transaktion aktiv beteiligt. Mobile Wallets eröffnen die Möglichkeit, auch in den vor- wie nachgelagerten Phasen stärker involviert zu sein.

Der Kaufentscheidungsprozess kommt also nicht nur bei der Entscheidung zum Tragen, ob sich ein Konsument für eine Mobile Wallet entscheidet und wenn ja, für welche. Er ist darüber hinaus auch während der Nutzung einer solchen Mobile Wallet und ihrer Nutzenstiftung von Bedeutung, da sie den Konsumenten während dieses Prozesses unterstützend begleitet.

21.2.2 Technology Acceptance Model als Grundlage zum Verständnis der Akzeptanz mobiler Wallets

Gerade im Rahmen der Einführung von Innovationen ist die Akzeptanz ein wichtiger Indikator für den Markterfolg entsprechender Angebote [7]. Damit es zur Akzeptanz kommt, muss der Konsument das Angebot nicht nur erwerben, sondern auch kontinuierlich nutzen [34]. Um dies zu erreichen, muss das neue Angebot dem Konsumenten im Vergleich zu den bereits vorhandenen Angeboten einen Mehrwert bzw. Zusatznutzen stiften [26]. Im Konsumentenbereich wird Akzeptanz durch die jeweiligen Persönlichkeitsmerkmale des Nutzers (zum Beispiel seine Offenheit gegenüber Neuerungen), seiner Kenntnis der Innovation sowie seiner Einstellung gegenüber derselben beeinflusst [40].

Das Technology Acceptance Model (TAM) postuliert, dass die Charakteristika des Systems den Grad der Nutzung durch die Individuen bestimmen und stellt die relevanten Determinanten der Akzeptanz dar [16]. Das TAM basiert auf der Einstellungstheorie Theory of Reasoned Action (TORA) von Fishbein und Ajzen [25].

Die relevanten Determinanten des Ursprungsmodells sind, wie in Abb. 21.3 dargestellt, die „Perceived Usefulness" (wahrgenommene Nützlichkeit) und der „Perceived Ease of Use" (wahrgenommene Bedienerfreundlichkeit) [18]. Da Davis' Modell ursprünglich für den Kontext der beruflichen, nicht aber der freiwilligen Nutzung konzipiert wurde, floss die subjektive Norm aus der TORA nicht in sein Modell ein [16].

Das Modell wurde im Folgenden um unterhaltende und spielerische Aspekte erweitert [1, 12, 28], die hier aber nicht weiter thematisiert werden. Auch im Bereich der finanzwirtschaftlichen Forschung fanden Adaptionen des Modells statt, die Determinanten wie Vertrauen bzw. wahrgenommene Sicherheit in das Modell einfügten [15].

Eine der zentralen Determinanten bei der Einstellung und damit der Beurteilung eines Angebots ist die wahrgenommene Bedienerfreundlichkeit (Perceived Ease of Use). Sie hat einen nicht unerheblichen Einfluss auf weitere Determinanten der Einstellung gegenüber einem Mobile Wallet Angebot, weil sie sowohl die wahrgenommene Nützlichkeit als auch das wahrgenommene Vergnügen maßgeblich beeinflusst [16, 54]. Nur wenn die Verwendung eines solchen Angebots auch intuitiv und ohne allzu großen Aufwand durch den Nutzer möglich ist, kann dieser Determinanten wie wahrgenommene Nützlichkeit und wahrgenommenes Vergnügen in entsprechender Intensität empfinden.

Die wahrgenommene Nützlichkeit (Perceived Usefulness) wird durch Davis als der Grad definiert, zu dem Konsumenten von einem digitalen Angebot erwarten, dass es ihnen Tätigkeiten vereinfacht und deren Durchführung zu geringeren Transaktionskosten erlaubt [17].

Konsumenten bewerten mit der wahrgenommenen Sicherheit (Perceived Security, Perceived Risk) den Grad an Vertrauen, den sie einem Angebot zur Abwicklung von finanziellen Transaktionen hinsichtlich der korrekten Abwicklung und dem Schutz gegen unbefugten Zugriff Dritter auf die Daten des Konsumenten entgegenbringen. Wie die Forschung zeigt, hat die wahrgenommene Sicherheit

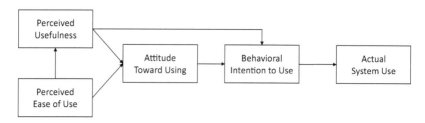

Abb. 21.3 Ursprungsmodell des Technology Acceptance Model [18, S. 985]. (Davis Fred)

einen direkten Einfluss auf die Einstellung und die Verhaltensintention der Konsumenten und damit auf die Frage, ob diese das Angebot nutzen werden oder nicht [15, 31, 32].

Häufig auch mit dem Begriff Gamification verbunden ist das wahrgenommene Vergnügen, das einerseits aus einer Beschäftigung mit Inhalten oder Anwendungen aus Gründen der Neugier verbunden ist [12] und andererseits mit dem sogenannten Flow-Gefühl, bei dem der Konsument „[...] involviert und voll konzentriert in einer Handlung aufgeht" [6].

Das Selbstkonzept ist definiert als „the totality of an individual's thoughts and feelings having reference to himself as an object" [52]. Bei der wahrgenommenen Unterstützung des Selbstkonzepts zielt der Konsument durch die Nutzung eines Angebots darauf ab, sowohl seine eigene Werthaltung und Identität zu bestätigen als auch ein Bild an seine Umwelt zu vermitteln, das möglichst gut mit seinem Selbstbild übereinstimmt [54]. Er nutzt also insbesondere Angebote, die mit seinen Vorstellungen und seinem Wunschbild von sich selbst übereinstimmen. So werden Personen, die sich als innovationsfreudig sehen, im Vergleich zu eher traditionell eingestellten Menschen mit einer höheren Wahrscheinlichkeit zu neuen Angeboten greifen.

Die Determinante der wahrgenommenen Kompatibilität zeigt an, wie sehr ein Konsument davon ausgeht, dass er ein Angebot auch in relevanten Situationen nutzen kann. Denn gerade im Zahlungsverkehr muss dem Zahlungsmittel des Konsumenten eine entsprechende Akzeptanzinfrastruktur gegenüberstehen, um die Nutzung zu ermöglichen [53]. Die Verbreitung des zugrunde liegenden Standards und die damit verbundenen Netzeffekte sind daher von Relevanz für die Beurteilung einer Lösung durch die Konsumenten [62].

Einen vor allem indirekten Einfluss auf die Verhaltensintention hat die subjektive Norm, bei der die Konsumenten eine mögliche Nutzung im Hinblick auf die Erwartungen ihres sozialen Umfelds bewerten [9]. Ob ihr soziales Umfeld eine Neuerung und ihre Nutzung durch den Konsumenten eher positiv oder negativ beurteilt, hat entsprechend einen Einfluss auf die Verhaltensintention des Konsumenten.

21.3 Nutzungs- und Wettbewerbskontext mobiler Wallet-Angebote

21.3.1 Technische Parameter zur Ermöglichung und Durchführung von Zahlungen mithilfe mobiler Wallets

21.3.1.1 Übertragungstechnologie

Hinsichtlich des Austauschs der Zahlungsdaten zwischen dem Kunden und dem Händler gibt es verschiedene Möglichkeiten der Übertragung. Im Fall mobilen Bezahlens bedeutet dies, dass der Kunde seine Zahlungsdaten in irgendeiner Form von seinem mobilen Endgerät aus an das Bezahlterminal, die Kasse oder andere Empfangsgeräte des Händlers transferieren muss. Der Austausch bzw. die Übergabe der Zahlungsdaten vom Kunden an den Händler ist ein notwendiges Element in der Kette, ohne das der Kaufakt nicht erfolgreich abgeschlossen werden kann.

Aktuell sind vor allem folgende vier Verfahren im Markt anzutreffen:

- Near Field Communication (NFC)-basierte Verfahren
- Quick Response (QR)-Code-basierte Verfahren
- Bluetooth Low Energy (BLE)-basierte Verfahren
- Online-basierte Verfahren

Bei NFC (Near Field Communication) handelt es sich aktuell um das am weitesten verbreitete kontaktlose Übertragungsverfahren im Zahlungsverkehr am physischen Point-of-Sale (POS). Es basiert auf einer Funktechnik, die über sehr kurze Distanzen überträgt und wird insbesondere im Bereich der kartenbasierten Zahlungen verwendet. Bluetooth Low Energy ist ebenfalls ein Verfahren mittels Funktechnik bei dem allerdings zwingend eine Antwort bzw. ein „Check-in" durch den Nutzer erforderlich ist, weil BLE anders als NFC auf einem One-to-Many-Ansatz basiert [50].

Eine visuelle Übertragung kommt beim sogenannten QR-Code, einem zweidimensionalen Barcode, zum Einsatz [19]. Da der Nutzer sowohl zur Anzeige eines QR-Codes als auch zum Scannen sein mobiles Endgerät immer aktivieren und die Payment Wallet öffnen muss, ist dieses Verfahren deutlich langsamer als zum Beispiel NFC, bei dem ein „Tappen", das Zahlungsmittel wird an das Terminal gehalten, ausreicht, um die Bezahlung zu vollenden.

Online-basierte Verfahren finden im Kontext des Bezahlens am physischen POS eine sehr geringe Anwendung (ein Beispiel hierfür ist die Netto-App [45]), weil der Nutzer zum einen zwingend eine Online-Verbindung mit seinem Smartphone benötigt. Zum anderen muss der Konsument dem Händler mitteilen, an welche Adresse (zum Beispiel auf Basis eines Codes oder eines eindeutigen Nutzernamens) die Bezahlaufforderung gesendet werden soll.

21.3.1.2 Ort der Datenspeicherung

Zur Speicherung der Daten des Zahlungsmittels auf dem mobilen Endgerät stehen vor allem drei Möglichkeiten zur Verfügung (von der Betrachtung von Cases, Stickern etc. wird an dieser Stelle abgesehen):

- Secure Element in der SIM-Karte
- Embedded Secure Element als Bestandteil des Mobiltelefons
- Cloud-basierte Ansätze

Bei den SIM-basierten Ansätzen benötigt der Nutzer eine entsprechende NFC SIM-Karte, die er bei allen aktuell am Markt verfügbaren Lösungen separat bei seinem Mobilfunkanbieter bestellen muss [5, 60]. Die Daten des Zahlungsmittels des Kunden werden auf die NFC SIM-Karte geladen, üblicherweise über eine Mobilfunkverbindung und auf dem Chip der NFC SIM-Karte verschlüsselt gespeichert.

Beim Embedded Secure Element kommt ebenfalls ein Chip für die verschlüsselte Datenspeicherung zum Einsatz. Hier ist er allerdings fest in das Endgerät eingebaut, der Nutzer erhält ihn also automatisch mit Erwerb des mobilen Endgeräts. Der Zugriff für andere Mobile Wallet Anbieter als den Endgerätehersteller ist jedoch häufig nur schwer oder gar nicht möglich, sodass der Nutzer in diesem Fall lediglich das Mobile-Payment-Angebot des jeweiligen Endgeräteherstellers nutzen kann (so zum Beispiel im Falle von Apple Pay [3]).

Die sogenannte Host Card Emulation (HCE) ist der aktuell meist verwendete cloudbasierte Ansatz. Sein Vorteil liegt im Umstand begründet, dass für ihn kein spezielles physisches Secure Element notwendig ist und er daher durch eine Vielzahl an möglichen Lösungsanbietern (zum Beispiel Banken, Händler) nutzbar ist. Hierbei wird nur ein gewisser Teil der für das Bezahlen notwendigen Daten dauerhaft auf dem Endgerät gespeichert. Die zusätzlich benötigten Einmalschlüssel, mit denen eine Transaktion erst möglich wird, werden aus Sicherheitsgründen nur in begrenzter Anzahl auf dem mobilen Endgerät bereitgestellt. Sind diese verbraucht, muss der Nutzer bzw. seine Mobile Wallet neue Einmalschlüssel anfordern. Daher ist es für die kontinuierliche Nutzung notwendig, dass der Nutzer in regelmäßigen Abständen mit seinem mobilen Endgerät eine Online-Verbindung zum Server herstellt. Dies kann sowohl über eine Mobilfunk- als auch über eine WLAN-Verbindung erfolgen.

21.3.1.3 Formen der Bezahlung

In der Öffentlichkeit bzw. in den Medien sind aktuell die mobilen kontaktlosen Bezahlverfahren am physischen POS, also an der Ladenkasse, die prominenteste Form des mobilen Bezahlens [11, 43]. Neben dem Bezahlen im Laden sind jedoch auch das Bezahlen aus der mobilen Wallet heraus im browserbasierten Online Shop sowie in Apps von Relevanz. Unter den Online Shops sind in Deutschland Amazon.de und Otto.de die erfolgreichsten Beispiele [57]. Hinsichtlich der inApp-Payments gibt es eine Vielzahl von Anwendungsfällen wie zum Beispiel das Bezahlen des Lieferdienstes (zum Beispiel Lieferando), der über App bestellten Taxifahrt (zum Beispiel MyTaxi) oder dem Einkauf in Shopping-Apps (zum Beispiel Zalando).

Ziel sollte es sein mit der Mobile Wallet dem Konsumenten eine Anwendung bereitzustellen, die alle drei Bezahlformen unterstützt und dies in einer möglichst identischen User Experience. Diese Konvergenz der Bezahlformen erlaubt dem Nutzer, das Bezahlen in allen Einkaufsszenarien mithilfe derselben mobilen Wallet durchzuführen und somit nicht mehr verschiedene Ansätze nutzen zu müssen. Die mobile Wallet wird dadurch zum zentralen Ort der Zahlungsinitiierung und -abwicklung durch den Kunden.

Neben dem Aspekt des Komforts und der steten Verfügbarkeit eines Zahlungsmittels für alle Szenarien kann aber auch der Sicherheitsaspekt beim Bezahlen in den online-basierten Szenarien auf das Niveau gehoben werden, wie es bereits am physischen POS gegeben ist. Indem nun die Zahlungsmittel des Händlers (zum Beispiel virtuelles Terminal) und des Konsumenten (zum Beispiel digitaler Kartendatensatz), beispielsweise mittels eines SDK eine direkte Kommunikation aufbauen können, wird es möglich, dass der Transaktionsdatensatz von der „Karte" in verschlüsselter Form an das „Terminal" übergeben wird, analog zum Vorgang am physischen POS.

21.3.2 Kontext der Nutzung mobiler Wallets aus Konsumentensicht

21.3.2.1 Informations- und Bewertungsprozess des Kunden

Wie in Abschn. 21.2.1 gesehen, durchläuft der Endkonsument vor dem eigentlichen Kauf einen Informationsbeschaffungs- und Alternativenbewertungsprozess. Diverse mobile Angebote bieten den Nutzern bereits heute unterstützende Leistungen wie das Sammeln von Loyalty-Punkten (zum Beispiel Payback), eine Übersicht zu diversen verfügbaren alternativen Produkten und Leistungen (zum

Beispiel Lieferdienst-App wie Lieferando oder Foodora), Information zu Angeboten und Gutscheinen (zum Beispiel Shopkick), Produktvergleiche (zum Beispiel Vergleichsportale wie Check24) und vieles mehr.

Häufig hat der Kunde hierbei die Möglichkeit, die Apps sowie die angebotenen Funktionen nach seinen Bedürfnissen anzupassen („Customization"), sodass negative Effekte wie „Spamming" vermieden werden und die Nützlichkeit der App durch die Fokussierung auf die für den Kunden wichtigen Aspekte gesteigert wird. Darüber hinaus erlaubt es den App-Anbietern eine verbesserte Kenntnis des Kunden und seiner Bedürfnisse, die sich am Markt verkaufen lässt.

Zwischen den Phasen der Informationsbeschaffung und Alternativenbewertung kann es immer wieder zu Rückkopplungen kommen [36]. Aus Sicht von Wallet- oder App-Anbietern ist es daher wichtig, den Kunden über möglichst viele Phasen des Prozesses hinweg zu begleiten, um ihn nicht innerhalb des Einkaufsprozesses an andere Angebote zu verlieren. Denn nur wenn es einem Anbieter gelingt, den Konsumenten auf dem Weg bis zum eigentlichen Kauf zu begleiten, kann er sicher sein, dass er nicht von anderen Angeboten verdrängt wird und seine Relevanz sowohl für den Konsumenten als auch für Marketingpartner zu behalten.

Hat der Konsument alle relevanten Informationen zusammen und sich für bestimmte Produkte und Einkaufsstätten entschieden, folgt der eigentliche Einkauf. Dazu geht der Konsument in den physischen Laden oder Online Shop, wählt dort die gewünschten Produkte und Leistungen aus und legt sie in seinen Einkaufskorb.

21.3.2.2 Zahlungsvorgang als Teil des Kaufs

Hat der Konsument alle gewünschten Produkte und Leistungen in seinen Einkaufskorb gelegt, geht er zur Kasse, um den Einkauf abzuschließen.

Vom Zahlungsmittel, das letztendlich für den Erwerb des gewünschten Produktes benötigt wird, erwarten Konsumenten vor allem folgende Punkte [48]:

- Verfügbarkeit des Zahlungsmittels und Akzeptanz durch den Geschäftspartner (Händler, Hersteller oder Leistungsanbieter)
- Sicherheit bzw. Schutz vor Missbrauch sowohl hinsichtlich des Zahlungsmittels selbst als auch der Transaktionsabwicklung
- Bequemlichkeit bzw. Einfachheit der Nutzung beim Bezahlvorgang
- geringe Kosten der Nutzung des Zahlungsmittels

Diese Aspekte verlangt der Kunde bereits heute von den durch ihn genutzten Zahlungsmitteln. Sie stellen also weitgehend sogenannte „Hygienefaktoren" dar, die ein Zahlungsmittel erfüllen muss. Erfüllt eine Alternative diese Faktoren jedoch nicht, so fällt sie aus dem „Evoked Set" [36] des Nutzers heraus.

21.3.2.3 After Sales und Statusinformation

Im Anschluss an den Bezahlvorgang und somit den Erwerb der Produkte oder Leistungen durch den Konsumenten folgt die sogenannte After-Sales-Phase. Diese Phase umfasst verschiedene Aktivitäten des Konsumenten.

Unmittelbar nach dem Einkauf sind hier vor allem der Erhalt von Treuepunkten und Coupons sowie das Speichern der Rechnung zu erwähnen. Auch eine Zahlungsbestätigung, die Gewinnung einer ersten Übersicht über das noch verfügbare Budget sowie die bereits getätigten Ausgaben sind hier zu nennen.

Mit einem gewissen zeitlichen Abstand kann es zum Teilen von Produkterfahrungen über Social Media, klassisches Word-of-Mouth und ähnliches kommen. Aber auch Beratungsleistungen (zum Beispiel Nachfragen zum Aufbau, zur korrekten Nutzung etc.) sowie Beschwerdemanagement (Probleme bei der Nutzung) spielen in dieser Phase eine Rolle.

21.3.3 Wettbewerbsumfeld

21.3.3.1 Digitale Giganten

Die auch als Digitale Giganten bezeichneten Unternehmen wie Apple, Alphabet (Google, Android), Samsung etc. bieten mittlerweile eigene Lösungen für mobile Wallets an. Üblicherweise nutzen diese für die Zahlungen am physischen Point-of-Sale (POS) den NFC-Standard in Verbindung mit Debit- und Kreditkarten von Banken und Finanzinstituten und können als weitgehend etabliert bezeichnet werden.

Einige Anbieter haben auch bereits erste Schritte in Richtung der Konvergenz der Bezahlformen implementiert. Der Kunde kann nicht nur am physischen POS, sondern auch in Apps sowie Online-Shops einkaufen, ohne dass er dafür extra seine Kartendaten eingeben müsste. Bei diesem „Digital Secure Remote Payments" genannten Ansatz wird mit den auf dem Endgerät gespeicherten Kartendaten ein verschlüsselter Datensatz generiert und der Kunde bestätigt die Zahlung mit seiner PIN oder biometrisch (zum Beispiel per Fingerabdruck). Der so generierte verschlüsselte Datensatz wird dann an den Händler übergeben, und dieser erbittet die Autorisierung der Zahlung bei der Bank.

Im Unterschied zu den meisten anderen Akteuren am Markt, sind die Mobile Wallets der Digitalen Giganten aber darauf angewiesen, dass Banken und Finanzinstitute es ihren Kunden ermöglichen, Tokens (sozusagen Dummy-Karten) zu ihren Debit- und Kreditkarten in die Wallets hineinzuladen. Eine Kooperation mit den Banken ist hier klar erwünscht, wobei die Marktmacht bzw. Markenmächtigkeit der Digitalen Giganten hierbei auch zu einem gewissen Zwang zur Teilnahme für einzelne Banken führen kann [24, 59].

Neben dem mobilen Bezahlen auf Basis von Karten bieten diese Wallet-Lösungen bereits häufig weitere Dienste an. Hierzu zählen die Möglichkeit, Loyalty-Karten, Coupons und Tickets in den Wallets zu hinterlegen und auch direkt am POS einzusetzen [2, 3]. Darüber hinaus wird über die Ergänzung durch Such- und Empfehlungsfunktionen nachgedacht, die das Angebot gegenüber den Kunden abrunden sollen, im Sinne einer aktiven Unterstützung des Einkaufsprozesses [8].

Die Digitalen Giganten beschränken sich also nicht auf das reine Angebot, dem Kunden das Bezahlen mit seinem Smartphone oder anderen mobilen Endgeräten zu ermöglichen, sondern gehen deutlich darüber hinaus. Sie versuchen, den Konsumenten über die komplette Customer Journey von initialem Kaufwunsch (zum Beispiel über die Möglichkeit des Anlegens von Einkaufs- oder Merklisten), über die Informationsgewinnung (zum Beispiel mittels Empfehlungen), das Bezahlen selbst bis hin zur Nutzung von Loyalty-Programmen etc. zu unterstützen. Es geht also nicht um das Angebot mobilen Bezahlens an sich, sondern vielmehr um die Schaffung eines Einkaufsassistenten. Die Bezahlfunktion stellt hierbei nur einen Ankerpunkt dar, der es nicht mehr notwendig macht, das Ökosystem des Anbieters über den gesamten Prozess hinweg zu verlassen.

Mit diesem Ansatz nimmt die Bedeutung der Wallet als kontinuierlichem Begleiter eine zentrale Rolle während des Einkaufsprozesses ein, wohingegen das Zahlungsmittel nur noch zu einem Element unter vielen wird. Für die Karten ausgebenden Finanzinstitute besteht hierin die Gefahr, nur noch zu einer „Commodity" zu werden und in der Wahrnehmung des Konsumenten in den Hintergrund zu treten. Verstärkt wird dies zusätzlich durch den Umstand, dass der Konsument für die Bezahltransaktion nicht einmal mehr die Wallet öffnen und ein Zahlungsmittel aussuchen muss. Er bezahlt also gefühlt direkt mit der Wallet, wodurch die Assoziation mit dem Wallet-Anbieter verstärkt wird und die des Zahlungsmittelanbieters in den Hintergrund zu treten droht.

Ein weiterer Faktor, der den digitalen Giganten in die Hände spielt, ist der Umstand, dass sie ihr Mobile Wallet Angebot nicht als separates Produkt positionieren, sondern vielmehr als einen Bestandteil bzw. einen Dienst innerhalb ihres Ökosystems [33].

21.3.3.2 FinTechs

Neben den Digitalen Giganten gehören die sogenannten FinTechs sicherlich zu den meist diskutierten Akteuren im Bereich des Zahlungsverkehrs. Bei den Fin-Techs ist zu unterscheiden in jene Anbieter, die den Bereich der Endkonsumenten direkt adressieren und jenen, die als Dienstleister bzw. Lösungsanbieter für die Banken und Finanzinstitute oder andere Anbieter von Mobile Wallets agieren. Im Folgenden wird auf jene Anbieter eingegangen, die versuchen, sich als eigenständige Mobile-Wallet-Anbieter am Endkundenmarkt zu etablieren.

Im Gegensatz zu den Digitalen Giganten finden sich hier kaum Ansätze, die auf den bereits aus dem Bereich der Plastikkarten bekannten Übertragungsstandard NFC setzen. Der Großteil der Anbieter dieser Gruppe arbeitet mit Übertragungstechnologien wie Blue Tooth Low Energy (BLE) oder QR- bzw. Barcode.

Da es sich im Allgemeinen bei den Ansätzen der im FinTech-Bereich tätigen Unternehmen meist um proprietäre Lösungen handelt, die somit nicht wie die Digitalen Giganten auf die bestehende Kartenzahlungsinfrastruktur aufsetzen, müssen diese auch die Akzeptanzseite aufbauen. Die Anbieter sind dadurch mit dem sogenannten „Henne-Ei"-Problem konfrontiert, dass das Interesse auf der Händlerseite eingeschränkt ist, solange nicht eine ausreichende Anzahl an Nutzern vorhanden ist, die Attraktivität der Lösung für die Nutzer aber wiederum von einer signifikanten Akzeptanz abhängt [55]. Daher fokussieren zahlreiche Anbieter erst einmal auf spezifische Anwendungssituationen, um die kritische Masse in einem ersten Schritt zumindest in einem relevanten Segment des Gesamtmarktes zu erreichen. Sie konzentrieren sich hierbei nicht allein auf den Zahlungsvorgang, sondern versuchen vielmehr, rund um die Nutzungssituation in diesem Teilbereich ein umfassendes Angebot zu kreieren, mit dem über den reinen Zahlungsvorgang hinaus eine Nutzenstiftung für Akzeptanz- sowie Nutzerseite erreicht wird [38].

Allerdings hat bisher noch keines dieser Unternehmen eine signifikante Marktdurchdringung im Bereich des physischen Handels erreichen können. Anders sieht die Situation im E-Commerce bzw. Online-Shopping-Umfeld aus, wo sich bereits einige FinTech-Unternehmen erfolgreich im Markt etabliert haben (zum Beispiel SOFORT, Skrill). Auch PayPal, der wohl bekannteste Anbieter für Zahlungsabwicklung im Internet, startete ursprünglich als FinTech [22].

Gerade das Beispiel PayPal zeigt sehr eindrücklich, dass das Potenzial und damit das Risiko für die etablierten Anbieter nicht unterschätzt werden sollte. Denn ein Kernmerkmal von Start-ups aus dem FinTech-Bereich ist ihre strikte Ausrichtung an den Kundenbedürfnissen und ihre aus Sicht der traditionellen Akteure teilweise unkonventionelle Herangehensweise an Problemstellungen [1].

21.3.3.3 Handelsunternehmen

Bei Mobile-Payment-Angeboten im Handelsbereich kann zwischen zwei Ansätzen unterschieden werden. Zum einen gibt es Ansätze, die von Handelsunternehmen direkt angeboten werden (zum Beispiel Starbucks, Netto/Edeka), zum anderen gibt es Lösungen, die wie zum Beispiel Payback Pay aus dem Handelsumfeld kommen und durch die kooperierenden Handelsunternehmen aktiv unterstützt werden.

Beide Gruppen setzen bis dato weitgehend auf proprietäre Ansätze beim Bezahlen, das heißt eine eigene Akzeptanzinfrastruktur, wie sie auch aus dem Bereich der Geschenkkarten bekannt ist. Die entsprechende Lösung ist ausschließlich bei den teilnehmenden Handelsunternehmen einsetzbar und nicht, wie die Ansätze der Kartenunternehmen oder andere bankenbasierte Systeme (zum Beispiel elektronisches Lastschriftverfahren), über verschiedenste Händler hinweg durch den Kunden nutzbar.

Der Fokus der händlerseitigen Mobile-Wallet-Angebote liegt allerdings auch überwiegend auf händlerorientierten Diensten wie Loyalty-Angeboten, Coupons, Location-based Services etc. Die Bezahlfunktion dient ausschließlich der Abrundung des Angebots, sodass der Kunde auch diesen Schritt des Einkaufsprozesses mithilfe der Wallet erledigen kann. Dadurch soll verhindert werden, dass es zu einem Medienbruch kommt und der Kunde aus der kontinuierlichen Interaktion mit der Wallet herausgerissen wird. Das mobile Angebot ist konsequent darauf ausgerichtet, den Konsumenten während des gesamten Einkaufsprozesses zu begleiten und somit die Kundenbindung zu intensivieren [27].

Außerdem erlaubt dieser ganzheitliche Ansatz den Händlern, ihre Kenntnis des Kunden kontinuierlich zu vertiefen, in dem sie nicht erst beim eigentlichen Kauf erfahren, für welche Produkte sich der Konsument entschieden hat, sondern ihn bereits während der Phasen der Informationssammlung und Produktauswahl aktiv begleiten und somit neue Daten zum Konsumentenverhalten und den darunterliegenden Entscheidungsprozessen gewinnen können. Darüber hinaus gewinnen sie die Möglichkeit, durch die Interaktion mit dem Kunden zu einem bereits sehr frühen Zeitpunkt im Einkaufsprozess, einen gewissen Einfluss auf den weiteren Verlauf zu nehmen.

Die Gefahr für Finanzinstitute und Banken besteht einerseits im Umstand, dass sie beim Bezahlen mit handelseigenen Wallets vollständig in den Hintergrund treten, weil das hinterlegte Zahlungsmittel außer beim Einrichten der Wallet nicht mehr in Erscheinung tritt. Hier ist eine Analogie zum Vorgehen bei der Nutzung von PayPal zu erkennen, bei der Nutzer auch den Wallet-Brand vor Augen haben und nicht das dahinterliegende Zahlungsmittel (zum Beispiel Kreditkarte, Girokonto). Andererseits erlaubt es dem Handel als Wallet-Anbieter, den

Konsumenten in der Auswahl des hinterlegten Zahlungsmittels zu steuern und ihn somit noch stärker zu den aus Handelssicht günstigsten Lösungen zu bewegen.

Eine Herausforderung für Angebote der Händlerseite besteht allerdings im Umstand, dass selbst wenn die Mobile Wallet an allen Akzeptanzstellen (zum Beispiel aufgrund der Nutzung eines offenen Zahlungsmittels wie der Bezahlkarte) eingesetzt werden kann, der Konsument die Wallet aufgrund des starken Bezugs zu einem bestimmten Händler nicht unbedingt als generell einsetzbar wahrnimmt. Darüber hinaus dürfte sich die Einbindung von Loyalty-Angeboten, Coupons etc. von anderen für den Konsumenten interessanten Händlern äußerst schwierig gestalten.

21.3.3.4 Mobilfunkunternehmen

Zwar haben es die Mobilfunkunternehmen in den meisten europäischen Märkten bis dato nicht vermocht, sich als Wallet-Anbieter erfolgreich am Markt zu positionieren. Nichtsdestoweniger gibt es einige Beispiele, in denen ihnen gelungen ist, sich als Lösungsanbieter zu positionieren. So bieten die drei österreichischen Mobilfunknetzbetreiber gemeinsam mit dem größten nationalen Debitkarten-Herausgeber eine gemeinsame Lösung an, die Bankomatkarte mobil [5].

Allerdings betätigen sich die Mobilfunkanbieter bei der Bankomatkarte mobil im Gegensatz zu anderen Markteinführungen mobiler Wallets als reiner Lösungsanbieter, dessen eigene Marke dabei weitgehend im Hintergrund bleibt und den jeweiligen Karten ausgebenden Instituten den eigenen Markenauftritt überlässt.

Auch mit anderen Akteuren im Markt gibt es bereits Kooperationen, wie beispielsweise zwischen Vodafone und PayPal. Dort wird eine Prepaid-Karte in der Wallet als Zahlungsinstrument am POS verwendet, die direkt an das PayPal-Konto des Kunden angeschlossen ist [60].

Allerdings arbeiten die meisten Mobilfunkanbieter nach wie vor auf Basis der SIM-Karte als Speicherort für die Kartendaten. Dies schränkt die Reichweite der Lösungen ein, weil nur Kunden erreicht werden können, die auch beim jeweiligen Anbieter einen Mobilfunkvertrag haben. Für kleinere Mobilfunkanbieter (meist handelt es sich dabei um Mobile Virtual Network Operator (MVNO)) ist das Angebot einer mobilen Wallet somit geschäftspolitisch nicht sinnvoll. Hinzu kommt, dass der Kunde für Mobile Payment im Allgemeinen eine neue SIM-Karte benötigt, der Kunde also einen SIM-Tausch durchführen muss, was entweder für den Anbieter oder den Kunden mit zusätzlichen Kosten einhergeht. Aus diesem Grund schließen die meisten Angebote auch Kunden von Prepaid-Verträgen aus, was jedoch eine weitere Reduzierung der potenziell erreichbaren Kundengruppen zur Folge hat.

Aufseiten der Mehrwertdienste haben die Mobilfunkanbieter wiederum bereits erste Partner für die Teilnahme an ihren mobilen Wallets gewinnen können. Auch sie gehen in ihren Planungen über das reine Bezahlen hinaus und zielen vielmehr auf den Einkaufsprozess ab.

21.3.3.5 Finanzinstitute und Banken

Banken und Finanzinstitute in Deutschland stehen erst am Anfang der Entwicklung bei Mobile Wallets. Von den bekannten großen Instituten hatte bis Mitte 2016 noch keines eine Mobile Payment Wallet auf den Markt gebracht [44]. Im internationalen Kontext finden sich jedoch bereits einige namhafte Häuser mit eigenen Lösungen am Markt [14]. Die überwiegende Mehrheit der Lösungen stützt sich dabei auf cloudbasierte Ansätze. Für die Anbieter aus der Finanzbranche hat dies den Vorteil, dass dieser Ansatz ihnen die größte Unabhängigkeit von anderen Beteiligten gibt. Denn sie können ihre Kunden mit dem mobilen Angebot erreichen, unabhängig davon, bei welchem Mobilfunkanbieter der Kunde ist, welche Art von Vertrag er bei diesem hat (Post- oder Prepaid) und welches Endgerät er verwendet (Ausnahme sind hier Apple-Geräte).

Die meisten dieser Wallet-Angebote beschränken sich bis dato auf das reine Anbieten einer Zahlungsfunktion, erweitert um unmittelbar damit verbundene Funktionen wie zum Beispiel Transaktionsübersichten. Selbstverständlich gibt es auch Beispiele, die darüber hinausgehen, aber die Mehrheit der bereits am Markt lancierten Bankenlösungen beschränkt sich auf das unmittelbare Umfeld der Kartentransaktion aus einer reinen Bankensicht. Eine Einbindung in die Erlebniswelt des Kunden um den Bezahlvorgang herum bzw. darüber hinaus findet bisher in den meisten Fällen nicht statt.

Damit unterscheiden sich die bisherigen Angebote der Finanzbranche mehr oder weniger stark von allen anderen Anbietergruppen, weil sie bis dato die Händlerseite weitgehend unbeachtet lassen.

21.4 Stärken und Schwächen der Anbieter hinsichtlich der Determinanten der Akzeptanz mobile Wallet Angebote

21.4.1 Wahrgenommene Bedienerfreundlichkeit

Die wahrgenommene Bedienerfreundlichkeit betrifft sowohl das Onboarding, also die Registrierung des Kunden für die Wallet-Nutzung und das Hineinladen einer bzw. mehrerer Zahlungsmittel, als auch die kontinuierliche Nutzung der mobilen Wallet durch zum Beispiel den Einsatz beim eigentlichen Bezahlvorgang.

Hier sind aktuell die Angebote der digitalen Giganten sozusagen die Vorbilder, an denen sich die anderen Anbieter versuchen auszurichten bzw. es ihnen gleich zu tun. Unter den digitalen Giganten wiederum sticht Apple mit Apple Pay aktuell sehr positiv hervor. Da Apple allerdings auch die Kombination von Software, Netzwerk und Hardware vollständig kontrolliert, verfügt das Unternehmen über einen entscheidenden Vorteil hinsichtlich der Möglichkeiten, eine nahtlose Nutzererfahrung zu kreieren. Gerade die Integration der biometrischen Nutzerauthentifizierung bei der Zahlung, die eine PIN-Eingabe oder Unterschrift unnötig macht, beschleunigt und vereinfacht den Authentifizierungsvorgang für den Nutzer signifikant.

Da viele andere Lösungsansätze häufig keinen Zugriff auf die biometrische Authentifizierungsfunktion haben oder die Endgeräte der Nutzer diese Funktion nicht oder in nicht ausreichender Sicherheit für ein Bezahlverfahren zur Verfügung stellen, sind diese Lösungen auf die Eingabe einer PIN, eines Nutzernamens und Passwortes oder ähnliche Ansätze angewiesen.

Angebote, die mit einer SIM-Karte als Secure Element arbeiten, haben häufig den Nachteil, dass der Kunde zusätzlich zur Beantragung einer digitalen bzw. virtuellen Karte auch seine SIM-Karte austauschen muss. Dies bedeutet bisher, dass der Kunde meist zusätzlich eine neue SIM-Karte bei seinem Mobilfunkanbieter beantragen muss, bevor er den entsprechenden SIM-Tausch vornehmen kann [5]. Diese zusätzlichen Schritte vermindern die Bedienerfreundlichkeit, weil sie ein spontanes Onboarding verhindern und zusätzliche Arbeitsschritte aufseiten des Kunden bedeuten.

Darüber hinaus spielt es bei der wahrgenommenen Bedienerfreundlichkeit eine Rolle, wie einfach und schnell für den Konsumenten wichtige Funktionen gefunden und aufgerufen werden können. Hier sind neben den digitalen Giganten häufig FinTechs sehr erfolgreich, weil sie sich ganz und gar der sogenannten User Experience verschrieben haben. Neben der Struktur des Menüaufbaus und der Nutzerführung innerhalb der Wallet App kommen hier auch Aspekte wie Lade- und Reaktionsgeschwindigkeit der Anwendung zum Tragen. Eine Fokussierung auf die wichtigen Funktionalitäten ist hierbei häufig erfolgversprechender als die Entwicklung eines allumfassenden Angebots, das jedoch durch hohe Komplexität und großen Ressourcenbedarf (zum Beispiel Arbeitsspeicher, Ladezeiten) gekennzeichnet ist.

21.4.2 Wahrgenommene Nützlichkeit

Bei der wahrgenommenen Nützlichkeit ist selbstverständlich der Kontext, in dem die Konsumenten das mobile Wallet-Angebot nutzen, zu beachten. Hierbei wird deutlich, dass es aus Perspektive der Kunden keinen Bezahlprozess gibt, sondern dass der Bezahlvorgang ein Bestandteil des umfassenderen Einkaufsprozesses des Kunden ist. Wie in Abschn. 21.2.1 bereits dargestellt, beginnt der Einkaufs- bzw. Kaufentscheidungsprozess mit dem Empfinden eines Mangelgefühls. Dieses stellt sozusagen den Auslöser für den Start des Prozesses dar. Seinen Abschluss findet der Prozess in der Nachkaufphase, in der unter anderem Aspekte wie die Ausgabe von Treuepunkten, das Pflegen der Kundebeziehung von Relevanz sind. Für den Kunden kann außerdem das Berichten über die eigenen Erfahrungen und die Zufriedenheit, beispielsweise in sozialen Medien, von Interesse sein.

Hier setzen neben den Digitalen Giganten und FinTechs insbesondere die Wallet-Angebote aus dem Bereich des Handels an. Beispiele wie die Starbucks Wallet, eine der erfolgreichsten Mobile Payment Wallets weltweit [56], verdeutlichen, dass der Erfolg nicht in der Zahlfunktion an sich begründet liegt, sondern vielmehr in den im Rahmen der Wallet verfügbaren Diensten.

Die bisherigen Angebote der Banken und Finanzinstitute sind hinsichtlich der Unterstützung der Konsumenten über den gesamten Kaufentscheidungsprozesses hinweg deutlich weniger stark positioniert als die Angebote der anderen Anbieter. So haben fast alle Angebote, die nicht aus dem Bereich der Finanzbranche kommen, Funktionen wie Loyalty, Coupons, aber auch Einkaufslisten integriert. Gerade der Handelsbereich geht hierbei noch weiter und versucht, den Kunden auch mit Location-based Services, Produktinformationen und Sonderangeboten etc. zu begeistern.

Funktionen des Bankenbereichs hingegen fokussieren eher auf den kartennahen Bereich. Dies ist zwar verständlich, weil die Finanzinstitute hier die meisten Inhalte selbst steuern und anbieten können. Allerdings ist der Mehrwert von Diensten wie Transaktionsübersichten oder Kartenkontrollfunktionen im unmittelbaren Kontext des Einkaufsprozesses eher gering. Es handelt sich um nützliche Funktionen, die jedoch durch den Konsumenten eher außerhalb des Einkaufsprozesses genutzt werden. Andere Anwendungen wie die Zuordnung von Einkäufen zu Budgetkörben wiederum haben diesen direkten Bezug.

21.4.3 Wahrgenommene Sicherheit

In puncto wahrgenommene Sicherheit genießen Banken und Finanzinstitute, wie in Abb. 21.4 erkennbar, nach wie vor einen erheblichen Vertrauensvorsprung gegenüber den anderen Akteuren [20]. Allerdings bedeutet dies nicht, dass die Konsumenten entsprechende Lösungsangebote anderer Anbieter ablehnen würden, sondern lediglich, dass es seitens der Konsumenten bei gleichartigen Angeboten eine Präferenz hinsichtlich der Dienste der Finanzbranche gibt. Konsumenten sehen in der wahrgenommenen Sicherheit selbst keinen Mehrwert, sondern eher eine Mindestanforderung. Ohne ein gewisses Zutrauen sowohl in die Sicherheit der angebotenen Lösung, insbesondere bezüglich Schutz vor finanziellen Verlusten durch Betrug etc. sowie dem Schutz der privaten Daten, als auch in die Vertrauenswürdigkeit des Anbieters an sich, werden sich Konsumenten nicht für die Nutzung entscheiden.

Die Digitalen Giganten und die Mobilfunkanbieter sind in diesem Bereich sehr gut aufgestellt, weil sie beim Angebot der Zahlungsdienstleistung mit den Banken und Karteninstitutionen in gewisser Weise kooperieren bzw. auf diese zurückgreifen. Sie bieten selbst kein Zahlungsmittel an, sondern stellen Kunden und Banken

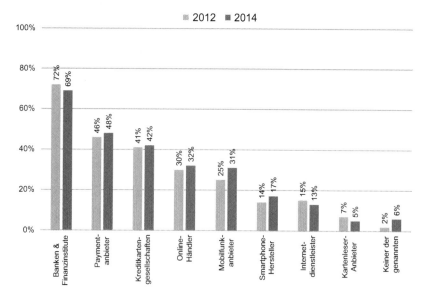

Abb. 21.4 Vertrauen in Mobile-Payment-Anbieter [20, S. 20]. (Initiative D21, TNS Infratest)

vielmehr eine Plattform zur Verfügung, mit der einerseits zum Beispiel Debit- und Kreditkarten sicher auf einem mobilen Endgerät gespeichert werden können und andererseits die Durchführung einer Bezahltransaktion (über die NFC-Schnittstelle des Endgeräts) ermöglicht wird.

Andere Anbieter verwenden Ansätze, bei denen entweder nur auf ein begrenztes Guthaben zugegriffen werden kann und dadurch das Risiko des Kunden eingeschränkt wird. Oder sie bieten Lösungen an, wie sie zum Beispiel von großen Online-Händlern wie Amazon bekannt sind, bei denen lediglich die Zahlungsdaten hinterlegt werden, nicht aber das Zahlungsmittel selbst. Ein direkter Zugriff auf das Konto des Kunden ist hierbei nicht möglich und die Wallet kann auch nicht universell (Open Loop) eingesetzt werden, sondern nur bei einem bestimmten Händler bzw. den angeschlossenen Partnern (Closed Loop).

21.4.4 Wahrgenommenes Vergnügen

Die Determinante wahrgenommenes Vergnügen wird aktuell lediglich von Fin-Techs und einigen Händlern bedient. So bieten Angebote aus diesem Bereich dem Nutzer beispielsweise die Möglichkeit, Kommentare zu bestimmten Einkäufen zu schreiben oder Bilder von Einkäufen sowie den dazugehörigen Erlebnissen zu speichern und über soziale Medien zu teilen.

Die Starbucks-App in den USA erlaubt dem Kunden unter anderem, die aktuelle Playlist der Musik, die in den Starbucks-Läden gespielt wird, einzusehen und diese mitzugestalten. Darüber hinaus können die Nutzer die Musik aus den Shops sozusagen mitnehmen und sie über Spotify hören [56]. Ein anderes Beispiel für die Integration spielerischer Elemente ist die mPay & Play App von Canadian Tire, einem kanadischen Einzelhandelsunternehmen. Neben dem Sammeln von sogenannten „Badges", die durch bestimmte Aktivitäten erworben und dann in Vorteile eingetauscht werden können, gibt es in der App auch ein Hockey Game, mit dem sich die Nutzer die Zeit vertreiben können sowie weitere interaktive Elemente [10, 42].

In den Angeboten der digitalen Giganten, der Mobilfunkanbieter sowie der Banken und Finanzinstitute wird die Determinante wahrgenommenes Vergnügen (häufig wird hier auch von Gamification gesprochen) hingegen noch nicht umfänglich bedient. Die Angebote fokussieren bis dato sehr stark auf den Aspekt des nützlichen, sicheren und bequemen Begleiters und somit die rationalen Faktoren.

21.4.5 Wahrgenommene Unterstützung des Selbstkonzepts

Hinsichtlich der wahrgenommenen Unterstützung des Selbstkonzepts ist davon auszugehen, dass die FinTechs sowie die Digitalen Giganten über einen gewissen Vorteil bei den Kunden aus der Gruppe der Innovatoren und frühen Adoptoren verfügen (zum Konzept der Diffusion vgl. Rogers 1962 [51]). Aufgrund ihrer Positionierung im Markt wird von ihnen schon fast erwartet, dass sie entsprechend innovative Lösungen entwickeln.

Die Adoptionsgruppen der Innovatoren und Early Adopter, die die höchste Bereitschaft mitbringen, ein Mobile-Wallet-Angebot auszuprobieren und zu nutzen [21, 51]. Schaut man sich beispielsweise die Zahlen der Apple-Pay-Adoption seit dem Launch des iPhone 6 und Apple Pays an, so wird dies bestätigt. Die Gruppen der Innovatoren und Early Adopter zeigten bisher die größte Bereitschaft, Apples Mobile-Payment-Angebot zumindest auszuprobieren [29].

Um Konsumenten die Möglichkeit zu geben, ihr Selbstkonzept erfolgreich in ihr soziales Umfeld zu tragen bzw. zu kommunizieren, müssen sie die Möglichkeit haben, anderen mitzuteilen, dass sie ein entsprechendes Angebot nutzen und was sie damit machen. So haben einige FinTechs in ihre Angebote bereits Funktionen integriert, die es den Nutzern erlauben, ihre Einkäufe, das bezahlte Essen im Restaurant sowie ihre persönlichen Erfahrungen und Gefühle dazu mit anderen zu teilen. Hierzu steht entweder innerhalb der Wallet eine Funktion zur Interaktion zur Verfügung oder entsprechende Inhalte können aus der Wallet heraus in die sozialen Netzwerke eingespielt werden [58].

21.4.6 Wahrgenommene Kompatibilität und subjektive Norm

Alle Ansätze, die auf bereits bestehenden Akzeptanzinfrastrukturen, wie beispielsweise den internationalen Kartennetzwerken aufsetzen, haben im Bereich der wahrgenommenen Kompatibilität einen klaren Vorteil gegenüber Mitbewerbern, die auf weniger verbreiteten oder Closed-Loop-Ansätzen basieren. Denn die wahrgenommene Kompatibilität bezieht sich im Kontext der Mobile Payment Wallets weniger auf den Datenaustausch zwischen verschiedenen Individuen oder Entitäten (zum Beispiel verschiedenen Computern oder mobilen Endgeräten) als vielmehr auf die Möglichkeit, die Mobile Wallet an möglichst vielen Orten bzw. Gelegenheiten einsetzen zu können.

Hier sind sowohl Banken und Finanzinstitute als auch jene Akteure, die mit ihnen in gewisser Weise kooperieren (zum Beispiel die digitalen Giganten) klar im Vorteil. Denn die Reichweite der Einsatzmöglichkeiten ist eine wichtige Determinante, um als Nutzer die Anwendung auch regelmäßig einsetzen zu können. Da dies wiederum die wiederkehrende Nutzung, das heißt die Akzeptanz beeinflusst, ist eine möglichst breite Verfügbarkeit von Einsatzmöglichkeiten als kritischer Faktor einzuschätzen.

Zwar sind viele Angebote des Handels nur bei einzelnen Händlern nutzbar (eine Ausnahme ist hier sicherlich Payback Pay, die ihr Angebot kontinuierlich bei der großen Anzahl an angeschlossenen Händler positionieren [47]), allerdings ist neben der generellen Reichweite auch jene unter den für den Konsumenten relevanten Einsatzorten von Bedeutung. Denn im Fall von regelmäßig aufgesuchten Händlern mit entsprechender Relevanz für den Nutzer kann dieser insbesondere im Zusammenspiel mit weiteren Mehrwertleistungen durchaus positive Effekte aus dem Netzwerk ziehen [37].

Hinsichtlich des Einflusses der subjektiven Norm bei der Beurteilung der Anbieter mobiler Wallets durch die Marktteilnehmer haben insbesondere jene Akteure einen Vorteil im Markt, die bereits über etablierte Marken verfügen. Wird diese Marke auch noch mit Innovation und guter Customer Experience in Verbindung gebracht, so ist das Risiko für die potenziellen Nutzer gering, dass ihr soziales Umfeld eine Nutzung entsprechender Angebote als negativ einschätzt.

Gerade sehr starke Marken wie Apple haben hier einen Vorsprung gegenüber anderen Akteuren. Aber auch Banken genießen in diesem Fall als angesehene und etablierte Partner in Fragen der Geld- und Zahlungsmittelversorgung klare Vorteile.

21.5 Zusammenfassung der Diskussion und Implikationen für Banken und Finanzinstitute

Neben der Konvergenz der Bezahlformen spielt, wie gesehen, die Einbettung eines Mobile Wallet Angebots in den Einkaufsprozess des Kunden eine Rolle, um die nötige Relevanz des eigenen Angebots bei den Konsumenten zu kreieren. Banken und Finanzinstitute stehen nun vor der Herausforderung zu definieren, wo sie sich mit eigenen mobilen Wallet-Angeboten positionieren wollen oder ob sie sich entscheiden, als Zahlungsabwickler eher im Hintergrund zu agieren und anderen Akteuren die Möglichkeit zu geben, ihre Zahlungsmittel in deren Mobile Wallets zu integrieren. Für welche Option sich ein einzelnes Institut entscheidet, ist selbstverständlich vor dem Hintergrund der jeweiligen Kundenstruktur, Kundenreichweite bzw. -anzahl sowie der eigenen strategischen Verortung zu bewerten.

Langfristig kann davon ausgegangen werden, dass die Konsumenten Mehrwerte, die deutlich über das reine Bezahlen hinausgehen, von mobilen Bezahlangeboten erwarten werden. Hierbei werden von den Konsumenten insbesondere Lösungen als attraktiv empfunden, die den Einkaufsprozess unterstützen bzw. in dessen unmittelbarem Kontext anzusiedeln sind, als dass Dienste gesucht werden, die Auskunft über den aktuellen Kontostand, weitere Bankprodukte oder ähnliches geben. Solche Dienste verortet der Kunde eher im Bereich des Mobile Banking und nutzt sie losgelöst vom Einkaufskontext. Die Mobile Wallet muss sozusagen zum Begleiter und Unterstützer des Kunden innerhalb des Einkaufsprozesses werden, soll ein Angebot dauerhaft erfolgreich sein und gegenüber Konkurrenzangeboten bestehen.

Aspekte wie eine positive Customer Experience sowie eine als mindestens ausreichend empfundene Sicherheit können bei der Gestaltung eines Mobile Wallet Angebots als sogenannte Hygienefaktoren betrachtet werden. Es handelt sich hierbei um Minimalanforderungen, sodass Angebote, die hier im Wettbewerb nicht bestehen, von den Konsumenten erst gar nicht in Betracht, geschweige denn in die engere Auswahl gezogen werden. Außerdem werden auch durch regulatorische Maßnahmen, wie die Mindestanforderungen an die Sicherheit von Internetzahlungen (MaSI) [4] sowie die überarbeitete Zahlungsdienstrichtlinie (PSD2) [23], im Bereich Sicherheit Minimalstandards definiert.

Prinzipiell können Banken und Finanzinstitute als Anbieter einer Mobile Wallet an drei Ansatzpunkten arbeiten, um für den Nutzer ein mehrwertstiftendes Angebot am Markt zu positionieren und sich so im Wettbewerb mit neuen Akteuren erfolgreich zu behaupten. Diese sind der Leistungsumfang der Mobile Wallet selbst, die Möglichkeit dem Nutzer kontextbasiert bzw. situationsbezogen erweiterte Angebote zu machen und die Einbindung von Leistungen externer Akteure.

Beim Leistungsumfang der Mobile Wallet selbst können Aspekte wie Ausgabentransparenz (zum Beispiel durch die Kategorisierung von Ausgaben), erweiterte Sicherheitsfunktionen (die Banken besitzen hier fundierte Erfahrungen) und Instrumente zur Vereinfachung des Einkaufs (zum Beispiel Anlage einer Einkaufsliste, Speichern von Zahlungsbelegen) zum Einsatz kommen. Um entsprechende Mehrwerte für den Nutzer zu schaffen, darf der Leistungsumfang in der Kundenwahrnehmung nicht hinter den Möglichkeiten der heutigen physischen Geldbörse bleiben.

Das mobile Umfeld eröffnet darüber hinaus das Potenzial, mit dem Kunden in eine direkte Kommunikation zu treten und ihm so auf seine situationsspezifischen

Bedürfnisse Mehrwerte anzubieten. Dies können zum einen Angebote aus dem Bereich der Banken und Finanzinstitute selbst sein, wie sie zum Beispiel aus den Versicherungspaketen bei Kartenprodukten bekannt sind. Zum anderen kann über die Plattform der Mobile Wallet auch Dritten (zum Beispiel Händler) die Möglichkeit zur direkten Kundenansprache gegeben werden.

Alterativ besteht für Banken und Finanzinstitute auch die Möglichkeit, sich im Bereich des mobilen Bezahlens nicht mit eigenen Wallet-Angeboten positionieren zu wollen. In diesem Fall können sie mit anderen Anbietern kooperieren und diesen die Nutzung ihrer digitalisierten Zahlungsmittel in ihren Wallets ermöglichen.

Literatur

1. Agarwal Ritu, Karahanna Elena (2000) Time Flies When You're Having Fun: Cognitive Absorption and Beliefs About Information Technology Usage. MIS Quarterly 24 (4): 665–694
2. Android (ohne Datum) zuletzt aufgerufen unter https://www.android.com/pay/ am 25.09.2016
3. Apple (2016) Apple Pay zuletzt aufgerufen unter http://www.apple.com/apple-pay/ am 21.09.2016
4. BaFIN (2015) Rundschreiben 4/2015 (BA) – Mindestanforderungen an die Sicherheit von Internetzahlungen (MaSI) zuletzt aufgerufen unter https://www.bafin.de/SharedDocs/Veroeffentlichungen/DE/Rundschreiben/2015/rs_1504_ba_MA_Internetzahlungen.html am 21.09.2016
5. Bankomatkarte mobil (ohne Datum) So funktioniert's zuletzt aufgerufen unter http://www.bankomatkarte-mobil.at (so-funktionierts/ am 21.09.2016)
6. Bauer Hans H., Lippert Ingo, Reichardt Tina, Neumann Marcus M. (2005) Effective Mobile Marketing – Eine empirische Untersuchung, Mannheim
7. Bauer Hans H., Reichardt Tina, Neumann Marcus M. (2004) Bestimmungsfaktoren der Konsumentenakzeptanz von Mobile Marketing in Deutschland – Eine empirische Untersuchung, Mannheim
8. Bloomberg (2016) Apple Pursues New Search Features for a Crowded App Store zuletzt aufgerufen unter http://www.bloomberg.com/news/articles/2016-04-14/apple-said-to-pursue-new-search-features-for-crowded-app-store am 25.09.2016
9. Braunstein Christine (2001) Einstellungsforschung und Kundenbindung: zur Erklärung des Treuverhaltens von Konsumenten, 1. Aufl., Wiesbaden
10. Canadian Tire (2016) http://www.canadiantire.ca/en/mobile.html, zuletzt aufgerufen am 19.099.2016
11. Chip (2015) Bezahlen per Smartphone zuletzt aufgerufen unter http://www.chip.de/artikel/Mobil-bezahlen-Apple-Pay-Android-Pay-mPass-MyWallet-NFC_74612194.html am 25.09.2016
12. Chung Janine, Tan Felix B. (2004) Antecedents of perceived playfulness: an exploratory study on user acceptance of general information-searching websites. Information & Management 41 (7): 869–881

13. Comegys Charles, Hannula Mika, Väisänen Jaani (2006) Longitudinal comparison of Finnish and US online shopping behaviour among university students: The five-stage buying decision process. Journal of Targeting, Measurement and Analysis for Marketing 14 (4): 336–356

14. CommonwealthBank (ohne Datum) Tap & Pay zuletzt aufgerufen unter https://www.commbank.com.au/personal/online-banking/commbank-app/tap-and-pay.html am 27.09.2016

15. Dastan Ikram, Gürler Cem (2016) Factors Affecting the Adoption of Mobile Payment Systems: An Empirical Analysis. Emerging Markets Journal 6 (1): 17–24

16. Davis Fred D. (1985) A Technology Acceptance Model for Empirically Testing New End-User Information Systems: Theory and Results. MIT. Cambridge

17. Davis Fred D. (1989) Perceived Usefulness, Perceived Ease of Use, and User Acceptance of Information Technology. MIS Quarterly 13 (3): 319–340

18. Davis Fred D, Bagozzi Richard P, Warshaw Paul R (1989) User Acceptance of Computer Technology: A Comparison of Two Theoretical Models. Management Science (35) 8: 982–1003

19. Denso Wave Incorporated (ohne Datum) History of QR Code zuletzt aufgerufen unter http://www.qrcode.com/en/history am 21.09.2016

20. Deutsche Bank Research (2014) FinTech – Die digitale (R)evolution im Finanzsektor zuletzt aufgerufen unter https://www.dbresearch.de/PROD/DBR_INTERNET_DE-PROD/PROD0000000000342293.pdf am 25.09.2016

21. Döring Nicola (2003) Sozialpsychologie des Internet. Die Bedeutung des Internet für Kommunikationsprozesse, Identitäten, soziale Beziehungen und Gruppen, 2. vollst. überarb. und erw. Aufl., Göttingen/Bern/Toronto/Seattle

22. eBay (2008) Paypal – Geschichte, Daten & Fakten – KOSTEN zuletzt aufgerufen unter http://www.ebay.de/gds/Paypal-Geschichte-Daten-Fakten-KOSTEN-/10000000005191018/g.html am 27.09.2016

23. Europäische Kommission (2015) Überarbeitete Zahlungsdiensterichtlinie (PSD2) zuletzt aufgerufen unter http://eur-lex.europa.eu/legal-content/DE/TXT/PDF/?uri=CELEX:32015L2366&from=DE am 25.09.2016

24. Finextra (2016) Barclays caves to Apple Pay zuletzt aufgerufen unter https://www.finextra.com/newsarticle/28697/barclays-caves-to-apple-pay/cards am 25.09.2016

25. Fishbein Martin, Ajzen Icek (1975) Belief, Attitude, Intention and Behavior: An Introduction to Theory and Research. Reading (MA)

26. Friedrichsen Mike (2004) Konsumentenerwartungen und Produktnutzen im interaktiven TV-Markt. in: Siegert Gabriele, Lobigs Frank (Hrsg.) Zwischen Marktversagen und Medienvielfalt: Medienmärkte im Fokus neuer medienökonomischer Anwendungen, 1. Aufl., Baden-Baden: 113–132

27. Hayashi Fumiko, Bradford Terri (2016) Mobile Payments: Merchants' Perspectives zuletzt aufgerufen unter https://www.kansascityfed.org/publicat/econrev/pdf/14q2Hayashi-Bradford.pdf am 25.09.2016

28. Hsu Chin-Lung, Lu Hsi-Peng (2004) Why do people play on-line games? An extended TAM with social influences and flow experience. Information & Management 41 (7): 853–868

29. InfoScout (2015) http://blog.infoscout.co/apple-pay-adoption-losing-steam/, zuletzt aufgerufen am 19.09.2016

30. Jeddi Shahrzad, Atefi Zeinab, Jalali Milad, Poureisa Arman, Haghi Hossein (2013) Consumer behavior and Consumer buying decision process. International Journal of Business and Behavioral Sciences 3 (5): 20–23

31. Kansal Purva (2016) Perceived Risk and Technology Acceptance Model in Self-service Banking: A Study on the Nature of Mediation. South Asian Journal of Management 23 (2): 51–71

32. Kesharwani Ankit, Bisht Shailendra Singh (2012) The impact of trust and perceived risk on internet banking adoption in India: An extension of technology acceptance model. International Journal of Bank Marketing 30 (4): 303–322

33. Klotz Maik (2015) Mobile Payment in Deutschland: Warum Apple und Google den Markt unter sich aufteilen werden, zuletzt aufgerufen unter http://t3n.de/news/mobile-payment-deutschland-apple-666313/ am 25.09.2016

34. Kollmann Tobias (1998) Akzeptanz innovativer Nutzungsgüter und -systeme: Konsequenzen für die Einführung von Telekommunikations- und Multimediasystemen, Wiesbaden

35. Kotler Philip, Keller Kevin Lane (2012) Marketing Management, 14. Aufl., Boston et al.

36. Kroeber-Riel Werner, Weinberg Peter (2000) Konsumentenverhalten, 7. Aufl., München

37. Kubicek Herbert, Reimers Kai (1996) Hauptdeterminanten der Nachfrage nach Datenkommunikationsdiensten. Marketing ZFP 18 (1): 55–67

38. kWallet (ohne Datum) Bezahl mit deinem Handy einfach, schnell und sicher zuletzt aufgerufen unter https://k-wallet.com am 25.09.2016

39. Leemans Hein, Stokmans Mia (1992) A descriptive model of the decision making process of buyers of books. Journal of Cultural Economics 16 (2): 25–50

40. Middelhoff Thomas, Walters M. (1981) Akzeptanz neuer Medien – eine empirische Analyse aus Unternehmersicht, Münster

41. MilnerTrenton, Rosenstreich Daniela (2013) A review of consumer decision-making models and development of a new model for financial services. Journal of Financial Services Marketing 18 (2): 106–120

42. Mintel (2016) http://www.mintel.com/blog/finance-market-news/gamification-comes-to-mobile-payment-in-canada, zuletzt aufgerufen am 19.09.2016

43. Mobilbranche (2016a) Mobile Payment in Deutschland – Gewinner und-Verlierer zuletzt aufgerufen unter http://mobilbranche.de/2016/06/mobile-payment-deutschland-gewinner-verlierer am 25.09.2016

44. Mobilbranche (2016b) Deutschland hinkt beim mobile Bezahlen hinterher – Ergebnisse aus dem Whitepaper „Mobile Payment 2016"zuletzt aufgerufen unter http://mobilbranche.de/2016/09/deutschland-bezahlen-ergebnisse am 27.09.2016

45. Netto (ohne Datum) Mobiles Bezahlen zuletzt aufgerufen unter http://www.netto-online.de/Netto-App_Mobiles-Bezahlen.chtm am 21.09.2016

46. Nieschlag Robert, Dichtl Erwin, Hörschgen Hans (2002) Marketing, 19., überarb. und erw. Aufl., Berlin

47. Payback (2016) http://www.payback.de/app/pay zuletzt aufgerufen am 19.09.2016

48. PwC (2015) Mobile Payment: Repräsentative Bevölkerungsbefragung 2015. Frankfurt. Abgerufen unter http://www.pwc.de/de/digitale-transformation/assets/mobile-payment-studie.pdf.

49. PwC (2016) Customers in the spotlight: How FinTech is reshaping banking zuletzt aufgerufen unter https://www.pwc.at/publikationen/financial-services/fintech-banking-2016.pdf am 25.09.2016
50. Retail Customer Experience (2014) BLE vs. NFC: The future of mobile consumer engagement now zuletzt aufgerufen unter http://www.retailcustomerexperience.com/blogs/ble-vs-nfc-the-future-of-mobile-consumer-engagement-now-infografic/ am 21.09.2016
51. Rogers Everett M (1962) Diffusion of Innovations, New York/London
52. Rosenberg M (1979) Conceiving the Self, New York, zitiert nach: Hogg Margaret, Cox Alastair J, Keeling Kathy (2000) The impact of self-monitoring on image congruence and product/brand evaluation. European Journal of Marketing 34 (5/6): 641–666
53. Schierz Paul Gerhard, Schilke Oliver, Wirtz Bernd W. (2010) Understanding consumer acceptance of mobile payment services: An empirical analysis. Electronic Commerce Research and Applications 9 (3): 209–216
54. Schlohmann Knut (2012) Innovatorenorientierte Akzeptanzforschung bei innovativen Medientechnologien. Gabler. Wiesbaden
55. Shen Ooi Wei, Yazdanifard Rashad (2015) Has Mobile Payment Finally Live Up to Its Expectation in Replacing Cash and Credit? International Journal of Management, Accounting and Economics 2 (5): 489–498
56. Starbucks (2016) http://starbucks.com/coffeehouse/mobile-apps/starbucks-android und http://www.starbucks.com/promo/music; zuletzt aufgerufen am 19.09.2016
57. Statista (2016) Umsatz der 100 größten Online-Shops in Deutschland in den Jahren 2013 bis 2015 zuletzt aufgerufen unter https://de.statista.com/statistik/daten/studie/170530/umfrage/umsatz-der-groessten-online-shops-in-deutschland/ am 27.09.2016
58. Venmo (2016) http://venmo.com/about/product/ zuletzt aufgerufen am 19.09.2016
59. Visa Europe (2016) Barclays und die Einführung von Apple Pay – Handlungsmöglichkeiten der Banken zuletzt aufgerufen unter https://www.visa.de/uber-visa/presse-und-news/barclays-und-die-einfuhrung-von-apple-pay-handlungsmoeglichkeiten-der-banken-37962 am 25.09.2016
60. Vodafone (ohne Datum) Vodafone SmartPass zuletzt aufgerufen unter http://www.vodafone.de/privat/vodafone-smartpass.htm am 21.09.2016Vodafone (2016) Vodafone Wallet und PayPal – Das neue Dreamteam beim Bezahlen zuletzt aufgerufen unter http://blog.vodafone.de/lifestyle/vodafone-wallet-und-paypal-das-neue-dreamteam-beim-bezahlen/ am 27.09.2016
61. Welker Martin (2001) Determinanten der Internet-Nutzung: Eine explorative Anwendung der Theorie des geplanten Verhaltens zur Erklärung der Medienwahl, München
62. Yoffie David B. (1996) Competing in the Age of Digital Convergence. California Management Review 38 (4): 31–53

Über den Autor

Dr. Knut Schlohmann arbeitet als Unternehmensberater bei MasterCard Advisors, dem Unternehmensberatungsarm von MasterCard. Seine Beratungsschwerpunkte sind Strategieentwicklung und Einführung digitaler und mobiler Bezahlverfahren sowie deren Einbettung in den Kontext der Digitalisierung der Kundenerlebniswelt. Er hat zur Akzeptanz innovativer Medientechnologien promoviert und blickt auf eine langjährige internationale Beratungserfahrung im Umfeld der Digitalisierung in verschiedenen Branchen zurück.

Kooperation statt FinTech-Revolution: Warum viele P2P-Lending-Plattformen am Scheideweg zwischen aussichtsloser Nische und Kooperation mit Banken stehen

22

Olaf Schlotmann

Zusammenfassung

P2P Plattformen haben ausgehend vom Online-Vertrieb über Risiko- und Bonitätsprüfung, Datenverarbeitung bis hin zum Backoffice die komplette Wertschöpfungskette des Kreditgeschäftes digitalisiert. Bei wenigen bis keinen regulatorischen Kosten ermöglichen innovative Software-Algorithmen und neue Credit-Scoring-Modelle den Plattformen niedrigere Kosten der Kreditproduktion und eine schnellere Abwicklung, während Banken ihre veraltete Technik aufgrund der Komplexität und Gesamtinfrastruktur eines laufenden Bankbetriebs nicht einfach auf der grünen Wiese komplett neu gestalten können. Je vollständiger und je digitalisierter der Bankenkreditmarkt in einem Land etabliert ist, umso schwerer ist allerdings der Markteintritt oder das Erreichen von kritischer Masse für die Marktplattformen. Der Beitrag beleuchtet die beiden Ränder der Entwicklung, Deutschland und die USA. Deutschland hat zu viele Banken. Der Wettbewerb ist dort für P2P-Plattformen trotz des Kostenvorteils entsprechend hart, während in den USA ist die Evolution der P2P-Plattformen inklusive der Verbriefung der Kredite am weitesten vorangeschritten ist.

O. Schlotmann (✉)
Ostfalia Brunswick European Law School, Wolfenbüttel, Deutschland
E-Mail: o.schlotmann@ostfalia.de

© Springer Fachmedien Wiesbaden GmbH 2017
R. Smolinski et al. (Hrsg.), *Innovationen und Innovationsmanagement in der Finanzbranche*, Edition Bankmagazin, DOI 10.1007/978-3-658-15648-0_22

22.1 Einleitung

Ausgehend von den USA und England konnten sich FinTechs weltweit in der jüngeren Vergangenheit mit der Vergabe von Krediten über Online-Marktplätze (P2P Lending) gegenüber den Banken profilieren. Banken haben sich insbesondere im angelsächsischen Raum in der Wirtschafts- und Finanzkrise aus risikoreicherem Konsumentenkreditgeschäft und der Kreditvergabe an KMU (im Englischen SME) Unternehmen zurückzogen, während Plattformen ihr Geschäft in diesen Segmenten stark ausbauten.

Ausgehend vom Online-Vertrieb über Risiko- und Bonitätsprüfung, Datenverarbeitung bis zum Backoffice haben P2P-Plattformen die komplette Wertschöpfungskette des Kreditgeschäftes digitalisiert. Bei wenigen bis keinen regulatorischen Kosten im Vergleich zu traditionellen Banken ermöglichen innovative Software-Algorithmen und neue Credit-Scoring-Modelle auf den Plattformen niedrigere Kosten der Kreditproduktion und eine schnellere Abwicklung, während Banken ihre veraltete Technik aufgrund der Komplexität und Gesamtinfrastruktur eines laufenden Bankbetriebs nicht einfach auf der grünen Wiese komplett neu gestalten können. Anleger der Plattformen profitieren von vergleichsweise hohen Zinsen und stabilen Renditen, die in der aktuellen Niedrigzinsphase nahezu unkorreliert zu traditionellen Anlageklassen erscheinen.

Laut einer aktuellen Analyse von Deloitte [1] konzentrierte sich das in Abb. 22.1 dargestellte weltweite Emissionsvolumen der Kreditvermittlungsmarktplätze von geschätzten 23,7 Mrd. US\$ bislang vor allem auf die Länder USA (Marktanteil 51 %), China (38 %) und Großbritannien (zehn Prozent). Das CAGR-Wachstum betrug dabei in den Jahren von 2010 bis 2014 weltweit ca. 120 %. Für 2020 erwartet das amerikanische Finanzministerium in einer aktuellen Schätzung, dass das Emissionsvolumen weltweit bei ca. 500 Mrd. US\$ liegen wird [2].

Der große Vorteil der P2P-Plattformen ist es, dass sie alle Vorteile eines entwickelten Finanzsystems nutzen können, sich aber nicht an den Kosten beteiligen brauchen. Sie operieren in einem bislang wenig regulierten Umfeld, nutzen das existierende Zahlungsverkehrssystem der Banken kostenlos und haben niedrigere operative Kosten, auch weil sie keine Filialen unterhalten müssen.

P2P-Marktplatz ist allerdings der falsche Begriff, da selbst die bisherigen weltweiten Wachstumsraten nur möglich waren, weil institutionelle Investoren in zunehmendem Maße zur Finanzierung der Plattformkredite beitragen, während die Plattformen als Market Place Lender (MPL) diese strukturierten Transaktionen mit institutionellen Anlegern euphemistisch als vernünftige Diversifikation verkaufen. Angetreten, das Kreditgeschäft zu demokratisieren, Schuldner und

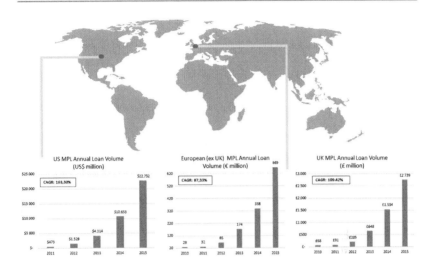

Abb. 22.1   Entwicklung P2P Lending. (Eigene Darstellung in Anlehnung an [1])

Gläubiger als Menschen über die Plattform zusammenführen, ist das Kreditwachstum der Plattformen heute extrem abhängig vom Risikoappetit der Banken, Versicherungen, Assetmanager und Hedgefonds. Inzwischen finanzieren institutionelle Anleger weltweit mehr als 30 % des Kreditneugeschäftes der Plattformen. Selbst in England, wo P2P-Lending von Plattformen wie Funding Circle, Zopa und Ratesetter zunächst sehr erfolgreich auf Privatanleger zugeschnitten wurde, ist seit Anfang 2014 der Finanzierungsanteil institutioneller Investoren von bedeutungslos auf inzwischen gut 30 % gestiegen, bei steigender Tendenz einer Verbriefung durch Asset Backed Securities (ABS). Für die USA liegt nach Berechnungen von AltFi im Jahr 2015 der Anteil der Privatanleger an der Finanzierung des Neukreditgeschäftes der Plattformen bei 20 %, weitere 50 % steuern langfristige institutionelle Investoren bei, während durch Verbriefungen in Form von ABS inzwischen 30 % der Plattformkredite refinanziert werden [1, 3]. Warum dieser Trend unumkehrbar ist, versucht der nächste Abschnitt zu erklären.

22.2   Ohne institutionelle Investoren keine nachhaltige Profitabilität der Lending-Plattformen

Das Market Place Lending ist ein Volumengeschäft. Das Geschäftsmodell ist skalierbar und braucht Wachstum. Jeder zusätzlich vermittelte Kredit bringt neue Gebühren, während die Fähigkeit, neue institutionelle Investorengelder zu akquirieren, der entscheidende Werttreiber für den Unternehmenswert der Plattformen ist (Abb. 22.2).

Gestartet mit dem Anspruch, sich als Technologieunternehmen zu positionieren und entsprechende Börsenbewertungen einzuholen, treibt der permanente Zwang der Suche nach neuen Investorengeldern die Plattformen Richtung Finanzgebaren einer Bank oder Asset Manager. Deren Marktbewertungen sind allerdings deutlich niedriger. Weiterwachsen, konsolidieren und verdienen werden in diesem Umfeld diejenigen Plattformen, wie zum Beispiel (bis Mai 2016) das US-Unternehmen Lending Club, die durch entsprechende Credit-Scoring-Modelle, IT-Systeme und eine Schnittstelle einen automatischen Erwerb oder Ablehnung der Darlehen sicherstellen. Nur dann können Kreditnehmer oft nach wenigen Minuten mit einer Finanzierung rechnen und müssen nicht in einem unüberschaubaren und zeitraubenden Prozess darauf warten, bis sich eine Gruppe von P2P-Lendern auf der Plattform zur Finanzierung kumulativ gefunden hat. Abb. 22.3 versucht, die Entstehung und Verbriefung der Plattformkredite zu beschreiben.

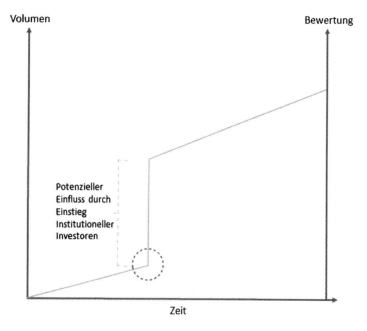

Abb. 22.2 Zusammenhang aus Marktwert Plattform und Anteil institutioneller Anleger. (Eigene Darstellung in Anlehnung an [15])

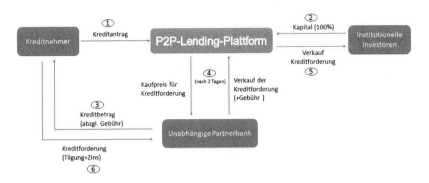

Abb. 22.3 Entstehung und Verbriefung der Plattformkredite

Die Plattformen schalten entweder wie Lending Club für das Underwriting der Kredite eine Partnerbank dazwischen (vgl. Abb. 22.3) oder sie haben eine Zusage eines Fonds oder alternativen Kapitalgebers, automatisch Kredite in einem bestimmten Volumen zu übernehmen. Die Kredite werden dann wie im Falle von Lending Club der Partnerbank wieder abgekauft und durch eine ABS-Finanzierung an institutionelle Anleger refinanziert. Haben die Plattformen dagegen eine Fondszusage, kümmert sich der Fonds regelmäßig selbst spätestens dann um eine Verbriefung an weitere institutionelle Investoren, wenn das zugesagte Volumen ausgenutzt ist. Der Zugriff auf institutionelle Investoren ist damit der entscheidende Wachstumstreiber und das Verhältnis der Market Place Lender zu institutionellen Investoren so lange ein heikles Thema und eine Herausforderung, bis Market Place Lender über einen Kreditzyklus nachweislich die versprochene Performance erzielen konnten.

22.3 Herausforderungen auf der Investorenseite

Institutionelle Investoren vergleichen zunehmend vergangene Renditen (nach Risikovorsorge), die Stabilität der Credit-Scoring-Modelle und Marktanteile der unterschiedlichen Plattformen. Da aufgrund des aktuellen sehr positiven Konjunkturumfeldes wenig Kreditausfälle zu beobachten sind, konnten sich Plattformen mit besonders robustem Scoring oder besonders rigiden Auswahlkriterien an die Schuldner bislang noch wenig differenzieren.

Marktführer, wie zum Beispiel Lending Club in den USA, versuchten, sich in der Vergangenheit insbesondere durch das gelungene Börsendebüt, innovative

Refinanzierungen und schieres Underwriting-Wachstum zu differenzieren. Inzwischen hat Lending Club allerdings größere Probleme. Nach höher als erwarteten Ausfallraten und Unregelmäßigkeiten bei Zusammenstellung und Verbriefung einzelner Portfolios bei Lending Club verlangen institutionelle Investoren inzwischen mehr Transparenz, zum Beispiel mehr Informationen, wie genau Plattformen ihre Schuldner aussuchen und die Kredite bepreisen. Institutionelle Anleger fragen sich, ob die von den Plattformen verlangten Risikoprämien hoch genug sind, um Ausfälle über einen gesamten Konjunkturzyklus zu kompensieren. Die aktuell vergleichsweise hohen Zinsen sind dann ex post wahrscheinlich zu wenig gewesen, wenn die für das Bepreisen der Kredite benutzen Software-Algorithmen und Credit-Scoring-Modelle allein Informationen aus einer Zeit niedriger Zinssätze, niedriger Arbeitslosenquoten und guter Kreditbedingungen widerspiegeln. Für den Vorstandvorsitzenden von JPMorgan Chase & Co. ist es denn auch eine ausgemachte Sache, dass in Krisenzeiten die Plattformen kein weiteres Anlagekapital bekommen werden, wenn er betont: „If they have to borrow in the marketplace with individuals, hedge funds or securitized markets they won`t be there in tough times, and that`s their problem. Not the other side of it" [4].

Neben der ständigen Suche nach Investoren gibt es für die Market Place Lender aber auch Herausforderungen auf der Schuldnerseite. Kritiker sehen in dem auf Weiterverkauf ausgelegten Kreditvergabeprozess eine potenzielle Quelle für zukünftige Kreditausfälle.

22.4 Führt der Weiterverkauf von Kreditrisiken durch Market Place Lender zu erhöhten Kreditrisiken bei den Investoren?

Der amerikanische Ökonom Hyman Minsky hatte bei seiner Untersuchung verschiedener Wirtschaftskrisen ein wiederkehrendes Phänomen entdeckt: Im Konjunkturaufschwung treffen notorisch optimistische Schuldner auf Kredit gebende Banken, die angestachelt von der bislang niedrigen Kreditausfallquote die Kreditstandards immer weiter senken.

Minsky spricht dann von Ponzi Finance, wenn die Einnahmen des Kreditnehmers in der nahen Zukunft nicht einmal reichen, davon die Zinszahlungen zu leisten und dementsprechend neue Schulden aufgenommen werden müssen. Hier drohen dann umso stärkere Verluste, wenn der Konjunkturzyklus nach unten dreht und die Ponzi-Schuldner ihre Kredite nicht mehr zurückzahlen können (Minsky Moment in Abb. 22.4) [5].

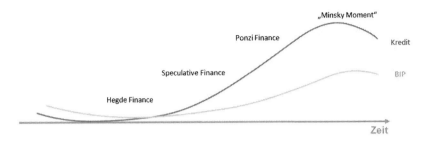

Abb. 22.4 Minskys Kredit- und Konjunkturzyklus

22.4.1 Verbriefung von Krediten (Konzept „Originate und Distribute") bietet nicht genug Anreize zur echten Kreditanalyse

Verstärkt werden diese von Minsky beschriebenen Exzesse dann umso mehr, wenn im Finanzsystem das Relationship Banking mit der Einzelkreditentscheidung eines „Loan Officers" zugunsten eines „Originate und Distribute"-Konzeptes in den Hintergrund tritt. Dieses Konzept, Kredite zu schaffen und dann weiterzuverkaufen, war ursprünglich mit dem ehrenwerten Ziel gestartet, durch Verbriefung die Risiken weltweit so zu verteilen, dass sie am Ende von denen gehalten werden, die sie am besten tragen können.

Bei genauerer Betrachtung unterläuft diese Form der Finanzierung allerdings tendenziell die Motivation zu einer genaueren Kreditanalyse. Da die Verbriefung der Kredite in mehreren Schritten verläuft, hält jeder Akteur in der Kette nur ein temporäres Kreditrisiko, eben so lange, bis er die Papiere weiterverkauft hat. Ein Interesse, zu untersuchen, ob der Kreditnehmer wirklich den Kredit (vollständig) zurückbezahlen kann, ist so nicht gegeben [6].

Stattdessen hat sich eine riesige Verbriefungsmaschine innerhalb des Weltfinanzsystems entwickelt, die Kreditpools von Schuldnern auf Basis historischer Ausfallwahrscheinlichkeiten weiterverkauft und ständig nach neuen Assets sucht.

Den Käufern der Kreditpakete am Ende der Transaktionskette wird nicht zuletzt durch Rating der Papiere suggeriert, dass eine individuelle Kreditanalyse jedes einzelnen Schuldners nicht notwendig sei, weil es ausreiche, die (historische) Ausfallwahrscheinlichkeit eines diversifizierten Pools von Schuldnern einer homogenen Risikoklasse zu kennen. Politiker feierten den Erfolg der Verbriefungsmaschine zunächst. Insbesondere in den USA schienen die Verbriefungsmöglichkeiten am amerikanischen Subprime-Hypothekenkreditmarkt zunächst eine gute Waffe gegen steigende Ungleichheit in der Gesellschaft zu sein. Menschen mit niedrigen Lohneinkommen konnten ihren zusätzlichen Konsum durch „Home Equity" finanzieren, der als besicherter Kredit gegen ständig steigende Häuserpreise aufgenommen wurde und über Verbriefungen in der ganzen Welt platziert wurde. Ohne eine Wertsteigerung aus den beliehenen Immobilien konnten diese einkommensschwachen Familien allerdings weder Zinsen noch Tilgung leisten [7]. Als die Häuserpreise dann nicht weiter stiegen, wurden viele Immobilienkredite Not leidend, die weltweite Verteilung erschütterte das Bankensystem und die Krise nahm ihren Lauf.

22.4.2 Starkes Kreditwachstum auf den Plattformen eine Parallele zur Verbriefung von Subprime-Hypotheken in den USA?

Experten sehen in dem aktuellen Wachstum der Marktplätze für Kredite Parallelen zu den Hypothekenverbriefungsexzessen in den USA [3]. Die Größendimensionen beider Märkte sind allerdings so unterschiedlich, dass ein neuer Minsky-Moment kaum wahrscheinlich ist. Moody's vergleicht das Potenzial des Platzens einer Kreditblase auf dem Plattformmarkt mit den Folgen des Umstürzens eines Baumes im Wald [8]. Studien kommen für die USA zudem zu dem Ergebnis, dass bis zu 80 % aller Kreditvergaben über Market Place Lender reine Umschuldungen von Konsumentenkrediten sind [2, 9]. Dabei werden private Schuldner sogar entlastet, denn sie schulden teurere Kreditkartenverbindlichkeiten zugunsten von niedriger verzinslichen, unbesicherten Konsumentenkrediten um.

Sorge bereitet den Kritikern ein anderer Aspekt: Die bei der Kreditvergabe an Konsumenten auch benutzten Wirtschaftsauskunfteien und Scoringsysteme wie zum Beispiel die deutsche Schufa oder das amerikanische Fico-Modell geben zwar Auskunft über Bankschuldenhöhe und Zahlungsverhalten. Dieses wird zu einem Creditscore verdichtet. Ein striktes Schuldenlimit geben sie nicht vor. Auch ein modernes Scoring mit Algorithmen verhindert deshalb nicht, dass Familien mit niedrigen Einkommen am Ende mit den doppelten Schulden da stehen, wenn sie nach der Umschuldung ihr altes Kreditkartenlimit zu ggf. höheren Zinssätzen erneut auslasten [10]. Die Investoren auf den Market Place Lending Plattformen hätten im Krisenfall das Nachsehen, weil sich die Kreditkartengesellschaft ihre im Falle der Privatinsolvenz gleichrangige Forderung bis dahin mit einer noch weiter gestiegenen Risikoprämie vergüten lässt.

22.4.3 Erhöhte Risiken der Market Place Lender bei der Kreditvergabe an KMU

Erhöhte Kreditrisiken entstehen durch Market Place Lender auch, weil sie ihr Werben um kleinere und mittlere Unternehmen (KMU) intensivieren. Hochverzinsliche Unternehmenskredite an diese Unternehmen sollen die latente Kreditrationierung dieser Gruppe seitens der Banken lindern, so das Versprechen, das angesichts der Wirtschaftskrise auch von Politikern (siehe insbesondere England) gern unterstützt wird. Vorbild ist der Corporate-High-Yield-Markt, der als sehr gut funktionierendes Beispiel des Konzeptes von „Originate und Distribute" gilt. Am High-Yield-Markt ersetzen maßgeschneiderte, großvolumige Emissionen von etablierten Konzernen regelmäßig Bankenkredite. Die Ausplatzierung bei institutionellen Anlegern erfolgt mit einem externen Unternehmensrating und aufwendigen Covenant-Paketen. Diese garantieren unter anderem Mindestfinanzkennzahlen, die zumindest in dem Zeitpunkt eingehalten werden müssen, wenn neue Schulden aufgenommen werden. Die Unternehmensratings etablierter Agenturen sind das Ergebnis einer umfangreichen Einzelkreditanalyse. Die großen Ratingagenturen können sich dabei auf Ausfallhistorien und Historien zu Erholungswerten stützen, die bis in die Zwanzigerjahre des vergangenen Jahrhunderts zurückreichen.

Da Unternehmensgröße, Unternehmenshistorie und Emissionsvolumen regelmäßig KMU den direkten Marktzugang zum Corporate-High-Yield-Markt verwehren, setzen die Marktplattformen auf die ABS-Verbriefung ihrer zuvor begebenen Unternehmenskleinkredite.

Damit ist zwar das Losgrößenproblem für die High-Yield-KMU-Schuldner beseitigt. Für die für Plattformen verbrieften Portfolios fehlen aber längerfristige, historische Ausfallraten, Stressszenarien mit deutlich höheren Zinssätzen und eine echte Einzelkreditanalyse. Auffällig ist für die Ratingagentur Fitch auch, dass KMU auf Plattformen bereit sind, höhere Zinssätze als bei Banken zu zahlen. Für Fitch ist das ein Zeichen, dass diese Kreditnehmer bei Banken keine Kredite bekommen haben [11]. Darum kann man für diese Unternehmen auch nicht einfach als erste Approximation des Risikos die historischen Ausfallwahrscheinlichkeiten der Banken im KMU-Kreditgeschäft nehmen. Diesen Unternehmen fehlt häufig nachhaltiger Cashflow. Es ist wenig Eigenkapital vorhanden und das Geschäftsmodell erlaubt häufig keine Möglichkeit zur Finanzierung gegen Sicherheiten oder vorhandene Sicherheiten sind bereits zugunsten von Banken beliehen und weitere Gläubiger wären im Nachrang. Ohne Kredit-Covenants und maßgeschneiderte Einzeldokumentationen werden dann von den Plattformen hohe Kreditrisiken mit der Verbriefung der Kredite einfach in mehreren Stufen weitergereicht, ohne dass in der Transaktionskette jemals vorher geprüft wurde, ob die Einzelkredite überhaupt zurückgezahlt werden können. Es reiche für die komplexe ABS-Finanzierung eben die (historische) Ausfallwahrscheinlichkeit eines diversifizierten Pools von Schuldnern einer homogenen Risikoklasse zu kennen (vgl. Abschn. 22.4.1). Den Plattformen bleibt als Risiko einzig das Reputationsrisiko für zukünftige Geschäfte mit komplexen Verbriefungen, falls die Risikomodelle versagt haben oder es zu Betrug gekommen ist [3]. Finanzexperten wie der ehemalige Chef der britischen Finanzaufsicht Turner sehen diese Entwicklung mit Sorge. Kredite an KMU über fünf Millionen Pfund/Euro/US-Dollar und mehr bedürften einer Einzelkreditanalyse inklusive eines persönlichen Gespräches, dürften also nicht über eine automatisierte Plattform gehen, so Lord Turner auf der LendIt 2016. Market Place Lender sollten ihre Refinanzierung auch „einfach und transparent" gestalten und keinesfalls die in Abschn. 22.4.1 beschriebene Verbriefungskette als Standardquelle für die Refinanzierung benutzen. Denn dann würden sich wie in der amerikanischen Subprime-Kreditkrise erneut „complex and opaque systems" entwickeln, bei denen die Finanzaufsicht proaktiv einschreiten müsste [3, 12].

Bis zum Juli 2016 ist es laut Analysen der Investment Bank Morgan Stanley allerdings erst bei vier Plattformverbriefungen zu Leistungsstörungen gekommen [13]. Die echte Performance (verbriefter) MPL-Kredite wird sich in jedem Fall in der nächsten Rezession zeigen. Ein späterer Flächenbrand könnte in Deutschland umso stärker sein, je häufiger auch (öffentliche) Banken, wie bereits durch KfW und EIB geschehen, als Investoren oder Garanten einzelner Verbriefungstranchen von Plattform KMU-Krediten auftauchen, weil sie auf diese Weise ihr Ziel der Wirtschaftsförderung verfolgen, ohne selbst kleinteilige Kreditprüfungen vorzunehmen.

Während die Kritiker gerade auch in dem Weiterverkauf der Plattformkredite eine potenzielle Quelle für zukünftige Kreditausfälle sehen, überbieten sich auf der anderen Seite Buy Side Research, zum Beispiel von Morgan Stanley oder Goldman Sachs, Intelligence und News Sites wie Liberum oder AltFi und viele Gründer auf der Expertenmesse LendIt 2016 mit immer höheren Zahlen zum potenziellen Marktvolumen der Market Place Lender in der Zukunft. Der CEO von Funding Circle Samir Desai spricht auf der LendIt Konferenz sogar von einem „Golden Age" für seine Industrie [9, 14–16].

Machte und macht sich hier die MPL/P2P-Industrie selbst Mut, wenn sich der Chef von Orchard Matt Burton stellvertretend für die Industrie auf der LendIt Konferenz im Oktober 2016 über die Bürokratie von Goldman Sachs lustig macht, die mehr als ein Jahr brauche, um mit der eigenen Plattform Marcus den ersten Kredit zustande zu bringen? Und er legt noch nach: „What is there to be scared of? With Goldman you are afraid of the investment bank. But Michael Jordan playing Basketball is very different from Michael Jordan playing, I don't know, cricket. Just because you are good at one thing does not make you automatically good at another" [16].

Die Zeit wird zeigen, wer Recht hat. Folgendes gilt es neben den potenziell erhöhten Kreditrisiken in jedem Fall zu beachten: Je vollständiger und je digitalisierter der Bankenkreditmarkt in einem Land etabliert ist, umso schwerer ist der Markteintritt oder das Erreichen von kritischer Masse für die Marktplattformen. Der nachfolgende Ausblick beleuchtet bewusst die beiden Ränder dieser Entwicklung, Deutschland und die USA. Deutschland hat zu viele Banken, der Wettbewerb ist für Market Place Lender trotz des Kostenvorteils eines digitalen Geschäftsmodells entsprechend hart. In den USA ist die Evolution der Market Place Lender inklusive der Verbriefung der Kredite am weitesten vorangeschritten und einige Plattformen, wie zum Beispiel Lending Club oder OnDeck, sind an der Börse gelistet und damit zur Veröffentlichung ihrer Geschäftsergebnisse und Transparenz verpflichtet. In den USA hat es inzwischen auch einige Betrugsfälle gegeben und die Banken schlagen inzwischen sehr erfolgreich mit eigenen Plattformen oder Kooperationen zurück [17]. Die Aktienkurse der gelisteten US Market Place Lender sind stark gefallen, was auch darauf hindeutet, dass der Markt die ursprünglichen Wachstumsfantasien neu bewertet hat. Im Vordergrund der nachfolgenden Betrachtung steht in beiden Ländern das Wachstumspotenzial bei Konsumenten- und KMU-Krediten.

22.5 Ausblick für die USA und Deutschland

Die Markteintrittskosten sind für neue Plattformen sehr niedrig. Neben Seed Capital ist nur ein kleines Team von Experten notwendig, dass sich auf Kreditrisiken versteht und die Plattform programmiert. Die größten und etablierten Plattformen versuchen daher, ihre Kostenvorteile auszuspielen, indem sie Gebühren und Zinsforderungen senken und so Nachahmern den Markteintritt erschweren. Die Marketing- und damit die Akquisitionskosten dafür, dass neue Schuldner den Weg auf die eigene Plattform finden, sind umso höher, je mehr Plattformen um die gleiche Menge an potenziellen Schuldnern kämpfen.

Die Ratingagentur Moody's geht zum Beispiel davon aus, dass die Akquisitionskosten der Plattformen insbesondere bei KMU-Schuldnern bis zu 25 % der vereinnahmten Gebühren ausmachen können [18].

Banken bleiben deswegen ein starker Gegner, der folgende Vorteile ins Rennen führen kann:

- riesige Kundenbasis und gegenüber den FinTechs immense finanzielle Ressourcen
- etablierte, langfristige Kundenbeziehungen
- erprobtes Kreditrisikomanagement und historische Daten
- Einlagengeschäft; dadurch insgesamt niedrigere Finanzierungskosten trotz damit verbundener Regulierung [1, 18]

22.5.1 Banken als Wettbewerber

Die Banken kennen ihre Vorteile und reagieren, allen voran in den USA, auf das Kreditgeschäft der Market Place Lender mit folgenden Strategien:

- Das Refinanzierungsgeschäft von Kreditkartenschulden macht in den USA bei großen Plattformen wie Lending Club bislang bis zu 70 % des Gesamtgeschäftes aus. Kreditkartengesellschaften, darunter in den USA auch viele ausgebende Banken, senken die Zinsen oder bieten selber Umschuldungen an.
- Optimierung der Prozesse und Wiedereinstieg der Banken in den USA in das unbesicherte Konsumentenkreditgeschäft mit Schuldnern besserer Bonität (das heißt höherer FICO hohem FICO) [9].
- Aufbau einer eigenen Internetplattform für Konsumentenkredite.
- Partnerschaftliche Zusammenarbeit mit Plattformen bei der Vergabe von KMU-Krediten.
- Lobbyarbeit Richtung mehr Regulation der Plattformkonkurrenz.

22.5.2 Entwicklung in den USA

In den USA kommen inzwischen große Plattformen stärker unter Druck, zum Beispiel durch Goldman Sachs, die inzwischen selbst eine eigene Plattform „Marcus" für (Konsumenten)kredite betreibt [16]. Neben der Strategie, in weitere Geschäftsfelder wie Immobilien-, Auto- und Studentenkredite zu expandieren verfolgen US Plattformen deswegen zunehmend auch das Ziel, erster Ansprechpartner von geschätzten 28 Mio. KMU zu werden, von denen sich amerikanische Banken seit der Finanzkrise extrem zurückgezogen haben. KMU verfügen regelmäßig nicht über ausreichende Sicherheiten und haben häufig keine lange Kredithistorie. Zur

Finanzierung von Investitionen, Betriebsmitteln und Forderungen haben KMU im Durchschnitt einen Kreditbedarf zwischen 250.000 und einer Million US-Dollar. US Banken waren regelmäßig nicht in der Lage, das KMU-Kreditgeschäft effizient zu betreiben. Stattdessen waren die Produktionskosten der Kreditvergabe (Bonitätsprüfung und administrativer Aufwand bis zur Auszahlung) bei KMU-Krediten identisch für unterschiedliche Losgrößen wie zum Beispiel 250.000, eine Million oder fünf Millionen US-Dollar. Kleinkredite an KMU waren bislang zu kompliziert und zu kostenintensiv, um als Bank entsprechende Ressourcen zu investieren. Allein in den USA schätzt Oliver Wyman, dass KMU einen ungedeckten Kreditbedarf von 80 bis 120 Mrd. US$ haben [9].

Market Place Lender haben diese Kreditrationierung der KMU-Kunden für ihr Plattformgeschäft in den USA entdeckt. Ihre automatisierten Kreditvergabeprozesse über das Internet ermöglichen Prüfung und Auszahlung der Kredite in sehr kurzer Zeit zu deutlich niedrigeren Kosten der Kreditproduktion als bei den etablierten Banken. Das führt dazu, dass die Losgröße, zu der das KMU-Kreditsegment profitabel zu bedienen ist, deutlich fällt und die Kreditrationierung der KMU zurückgeht. Zusätzlich wenden sich auch vermehrt die Unternehmen von ihren Hausbanken Richtung Plattformen ab, die eine schnelle Kreditentscheidung brauchen und denen ggf. erst einmal eine Zwischenfinanzierung reicht. Aktuell wird geschätzt, dass Plattformen in den USA einen Marktanteil von ca. 4,3 % am Kreditgeschäft mit KMU haben. Bis 2020 geht zum Beispiel Goldman Sachs davon aus, dass Plattformen in den USA diesen Anteil auf knapp 21 % ausweiten können [14].

Gleichzeitig gehen Analysen von zum Beispiel KPMG und Moody's auf Basis dieser Zahlen davon aus, dass bis dahin Zusammenschlüsse von Market Place Lendern und Banken, wie heute schon die Kooperationen von OnDeck/JP Morgan, Santander UK/Kabbage und SantanderUK/Funding Circle oder eigene Plattformen der Banken das Kreditgeschäft mit SME Unternehmen dominieren [18–20]. Ein stetig steigender Anteil an Verbriefungen, Kooperationen bis hin zu White Label Service, aber auch Akquisitionen der Banken werden Technikinnovation und Qualitätsservice der FinTechs mit den Stärken der Banken zusammenbringen. Dazu zählen insbesondere deren stabile, niedrigere Kapitalkosten (auch aufgrund der Bankeinlagen) und Kundenstamm. Allein bleiben bedeutet für Marketplace Lender in den USA mittelfristig den Tod auf Raten, weil ohne Skalenerträge Marketingkosten für neue Schuldner und Finanzierungssuche die Kosten der Kreditproduktion relativ zu Wettbewerbern nach oben treiben. Spätestens dann würden die Kritiker Recht behalten, denn auf solchen Plattformen würden sich in Form einer Negativauslese am Ende nur noch Kunden zu den hohen Zinsen finanzieren wollen, die von Wettbewerbern als nicht kreditwürdig aussortiert wurden [18].

Aber auch die vermeintlich erfolgreichen Kooperationen aus Marketplace Lendern und Banken müssen ex post über einen Kreditzyklus erst einmal zeigen, dass sie trotz eines automatisierten Kreditvergabeprozesses mit ihren benutzten Algorithmen und Prozessen in der Lage sind, Betrug zu verhindern und auskömmliche risikoadjustierte Renditen für die institutionellen Anleger zu erzielen. Nur dann wird ihr Geschäftsmodell langfristig überleben.

22.5.3 Entwicklung in Deutschland

Auch in Deutschland hat ein Umdenken unter den Plattformgründern begonnen. Lange war es der Slogan der FinTech-Gründer, dass man Banken nicht mehr brauche. Versprochen wurde, dass endlich Schluss sei mit ineffizienten, teuren, von Interessenkonflikten und ethischen Fehlverhalten geprägte Bankstrukturen. Stattdessen wollten Plattformen Direktinvestitionen und Zugang zugünstigen Krediten von Mensch zu Mensch vermitteln, die Kreditproduktion bei niedrigeren Kosten beschleunigen und eine vermeintliche Kreditrationierung des Mittelstandes beseitigen. Inzwischen ist in Deutschland die Revolution abgesagt und viele Gründer sehen ihre einzige Zukunft in Kooperationen mit etablierten institutionellen Investoren und Banken.

In Deutschland ist der Markteintritt oder weiteres starkes Wachstum ohne Kooperation mit Banken für die Marktplattformen auch deshalb so schwer, weil das deutsche Bankensystem im Bereich Konsumentenkredite bereits sehr gut aufgestellt ist und die in den USA so populäre Refinanzierung von Kreditkartenschulden durch Market Place Lender als Umsatztreiber komplett ausfällt. Nur 25 % der Bevölkerung haben in Deutschland überhaupt eine Kreditkarte und wenige davon nutzen gleichzeitig auch noch einen Kreditrahmen aus, der grundsätzlich refinanzierbar wäre. Stattdessen haben Banken haben in Deutschland ca. 154,3 Mrd. EUR. an unbesicherten Konsumentenkrediten ausgeben, die im Durchschnitt für eine Laufzeit von drei Jahren 4,85 % kosten. Zusätzlich investieren immer mehr Banken auch in Deutschland in Techniken, die die Kreditproduktion verbilligen und die Banken sind per Gesetz verpflichtet, bonitätsschwächeren Kunden bei einer längerfristigen Inanspruchnahme von Dispositions-/Überziehungskrediten in einem Beratungsgespräch auf (eigene) niedriger verzinste Alternativangebote wie Ratenkredite zur Umschuldung hinzuweisen. Weitere Konkurrenten der Plattformen sind Online-Bezahldienstleister wie zum Beispiel Paypal, die inzwischen auch Kredite vergeben, wie auch der Handel selbst, der den Kunden den Kauf von Möbeln, Elektronik und vielem anderen auf Kredit in Kooperation mit Banken anbietet [21].

Deutschlands führender Kreditmarktplatz auxmoney hat seit seiner Gründung im März 2007 kumuliert (Konsumenten)kredite von über 290 Mio. EUR. ausgezahlt, davon allerdings 100 Mio. allein in acht Monaten im Jahr 2016. Vor dem Hintergrund des sehr leistungsfähigen Ratenkreditgeschäftes in Deutschland ist es nicht verwunderlich, wenn eine Untersuchung der Bundesbank zu dem Ergebnis kommt, dass auxmoney auch im Wachstum vor allem eine Nische besetzt. Es werden auf der Plattform von auxmoney die Kreditnehmer finanziert, die von Bankwettbewerbern als nicht kreditwürdig aussortiert wurden [22].

In Deutschland profitieren die Plattformen zudem nicht vom Rückzug der Banken bei der Finanzierung von KMU-Unternehmen. Deutschland gilt als overbanked, auch wegen der Stärke und Größe des öffentlich-rechtlichen Bankensektors, dessen (politisch verordnete) Hauptkundschaft das KMU-Segment ist. Laut DIHK-Umfrage sorgen sich 2016 nur etwa zehn Prozent der Unternehmen um ihre Finanzierungsmöglichkeiten während 30 % der Unternehmen überhaupt kein weiteres Fremdkapital brauchen [23]. Eine echte Kreditrationierung gibt es in Deutschland selbst für KMU nicht. Zusätzlich integrieren Banken inzwischen auch automatisierte Prozesse in Form von Eigenentwicklungen, wie zum Beispiel die Commerzbank mit ihrem Portal Main Funders oder die Deutsche Bank mit ihrer Digitalisierungsfabrik. 750 Mio. EUR. will die Deutsche Bank in den nächsten Jahren in die Digitalisierung ihres Privat- und Firmenkundengeschäftes investieren. Das wird die Kosten der Kreditproduktion senken und spricht weitere (Unternehmens-)Kunden an, deren Kreditwünsche bislang an der hohen Beratungsintensität gescheitert waren. Im deutschen Marktumfeld können deshalb mittelfristig nur die FinTech-Plattformen Geld verdienen, die entweder ihr Unternehmen an Banken verkaufen, mit Banken kooperieren oder sich als Plattform auf extrem kleine Losgrößen bis maximal 500.000 EUR. konzentrieren. Eigenständige Plattformen werden dann als Nische aber keine Skalenerträge erzielen und deutlich höhere Kosten der Kreditproduktion ausweisen. Sie können damit nur bei den KMU punkten, die vom Wettbewerb kreditrationiert sind oder von den Banken nur gegen Sicherheiten finanziert werden. Viele dieser Unternehmen bräuchten aufgrund ihres leistungswirtschaftlichen Risikos in Märkten mit vollkommener Konkurrenz oder Ihrer Unternehmensreife (zum Beispiel Start-up) aber eigentlich EK oder echtes, individuell ausgehandeltes nachrangiges Fremdkapital von Private Debt Fonds. Institutionelle Investoren werden angesichts zu erwartender hoher Ausfallrisiken nachhaltig solche Unternehmenskunden auf den Plattformen nicht mit Fremdkapital finanzieren. Dass deutsche Privatanleger als P2P-Lender nach dem Desaster am Markt für Mittelstandsanleihen noch einmal mehrere Milliarden Euro für hoch riskante Kreditprojekte zur Verfügung stellen, ist auch nicht zu erwarten.

Literatur

1. Deloitte (2016): Marketplace lending. A temporary phenomenon? London. Https://
   www2.deloitte.com/content/dam/Deloitte/uk/Documents/financial-services/deloitte-
   uk-fs-marketplace-lending.pdf.
2. U.S. Department of the Treasury (2016): Opportunities and Challenges in the Online
   market Place Lending; https://www.treasury.gov/connect/blog/Documents/Opportuni-
   ties_and_Challenges_in_Online_Marketplace_Lending_white_paper.pdf.
3. Financial Times (2016a): US peer-to-peer lending model has parallels with subprime
   crisis, London 30. Mai 2016.
4. Bloomberg (2016a): Dimon Says Online Lender`s Funding Not Secure in Tough
   Times; http://www.bloomberg.com/news/articles/2016-05-11/dimon-says-online-len-
   ders-funding-isn-t-secure-in-tough-times.
5. Minsky, H. P. (1986): Stabilizing an unstable Economy, Yale, Yale University Press.
6. Turner, A. (2016): Between Debt and the Devil, Princeton, (Princeton University
   Press).
7. Rajan, R.G. (2011): How Hidden Fractures Still Threaten The World Economy.
   Princeton: Princeton University Press.
8. AltFi News (2016): How does Moody`s respond to questions about whether online
   lending is a bubble; http://www.altfi.com/article/2223_how_does_moodys_respond_
   to_questions_about_whether_online_lending_is_a_bubble.
9. Morgan Stanley (2015) Global Marketplace Lending. Disruptive Innovation in Finan-
   cials; https://www.morganstanley.com/ideas/p2p-marketplace-lending.
10. Bloomberg (2015): As Money Pours Into Peer-to-Peer Lending, Some see Bubble
    Brewing; http://www.bloomberg.com/news/articles/2015-05-14/wall-street-loves-peer-
    to-peer-loans-despite-concerns-of-a-bubble.
11. Fitch Ratings (2016): EMEA SME Securitisation Update, New York 03. Mai 2016.
12. Business Insider (2016): The ex-finance watchdog who trashed peer-to-peer lending
    now says it could"make the credit crunches less likely"; http://www.businessinsider.
    de/lord-adair-turner-on-peer-to-peer-lending-and-fintech-2016-10?r=UK&IR=T.
13. FTAlphaville (2016): Funding Circle and other online lenders, falter in America, Lon-
    don 05. August 2016 https://ftalphaville.ft.com/2016/08/05/2172038/funding-circle-
    and-other-online-lenders-falter-in-america/.
14. Goldman Sachs (2016): The Future of Finance. The rise of the new Shadow Bank,
    New York 03. März 2015.
15. Liberum (2015): Direct Lending: Finding value/minimizing risk; http://www.liberum.
    com/media/69233/Liberum-LendIt-Presentation.pdf.
16. Financial Times (2016b) Goldman`s Marcus loans hit Main Street; London 14.Okto-
    ber 2016.
17. Bloomberg (2016b): Big Banks Turn Silicon Valley Competition Into Profit; https://
    www.bloomberg.com/professional/blog/big-banks-turn-silicon-valley-competition-
    profit/.
18. Moody`s Investor Service (2016): Online Market Place Lending Partnerships Can
    Benefit Lenders and Small Businesses; Pitfalls remain for a Nascent Industry, New
    York 31. August 2016.

19. Euromoney (2016): bank collaboration with P2P platforms rising; http://www.euromoney.com/Article/3582935/Bank-collaboration-with-P2P-platforms-rising.html.
20. Financial Times (2016c): Fintech start-ups put banks under pressure; Special Report 12. September 2016 https://www.ft.com/content/ce8fa350-737f-11e6-bf48-b372cdb1043a.
21. FAZ (2016): Was ist so toll am Ratenkredit; http://www.faz.net/aktuell/finanzen/anleihen-zinsen/warum-deutsche-haeufiger-zu-krediten-greifen-14386696.html.
22. Deutsche Bundesbank (2016): How does P2P Lending fit into the consumer credit market;   https://www.bundesbank.de/Redaktion/EN/Downloads/Publications/Discussion_Paper_1/2016/2016_08_12_dkp_30.pdf?__blob=publicationFile.
23. DIHK   (2016):   Newsletter   www.dihk.de/presse/thema-der-woche/thema-der-woche/2016/tdw-08092016.

Über den Autor

Prof. Dr. Olaf Schlotmann ist seit Mai 2010 Inhaber der Professur Monetäre Ökonomie des Finanzsektors am Institut für Recht, Finanzen und Steuern an der Brunswick European Law School/Ostfalia. Seine Forschungsschwerpunkte sind Geld und Währung, öffentliche Finanzen und Finanzmärkte. Vor seiner Ernennung zum Professor an der Ostfalia arbeitete Olaf Schlotmann im Bundesministerium der Finanzen in Berlin in der Abteilung VII, Nationale und Internationale Finanzmarkt- und Währungspolitik, als Referent im Schuldenmanagement. Nach seiner Dissertation zu einem geldtheoretischen Thema im Jahre 1997 stieg Olaf Schlotmann als Management Trainee in die Geschäftsbereichsleitung Global Markets der Dresdner Bank Investment Bank Sparte ein und war dort unter zuletzt Leiter des Debt Capital Markets Geschäftes mit MidCaps im deutschsprachigen Raum.

Elf Thesen zu Innovation in der Finanzbranche

23

Hansjörg Leichsenring

Zusammenfassung

Innovationen sind Veränderungen durch die Umsetzung von Ideen, um Leistungen, Services, Prozesse oder Systeme zu verbessern oder durch neue zu ersetzen. Im Zuge der Digitalisierung der Finanzdienstleistung und des Aufkommens von FinTech-Unternehmen hat das Thema für Banken eine neue Bedeutung erlangt. Neue Technologien wie Blockchain oder Künstliche Intelligenz werden die Banken kaum überflüssig machen, haben aber das Potenzial, die Bedingungen am Finanzmarkt in vielen Punkten nachhaltig zu verändern. Mit den folgenden elf Thesen wird das Innovationsverhalten von Banken beleuchtet und bewertet sowie ein Ausblick zur weiteren Entwicklung im Markt für Finanzdienstleistung im Allgemeinen sowie zur Bedeutung und Rolle von FinTech im Besonderen gegeben.

23.1 Innovation und Veränderung sind natürliche Bestandteile der Unternehmensführung

Banken und andere Finanzdienstleister sind wirtschaftlich handelnde Unternehmen. In der systemtheoretisch fundierten Betriebswirtschaftslehre [4] sind sie offene dynamische Systeme, die sich in ständiger Interaktion mit ihrem Umfeld (Kunden, Aufsicht, Partner, etc.) befinden. Ziel des unternehmerischen Handelns (= Management) ist es, damit einen Ausgleich (ein Gleichgewicht) herzustellen. Dabei unterscheidet man stabile von labilen Gleichgewichten.

H. Leichsenring (✉)
Lütjensee, Deutschland
E-Mail: hansjoerg.leichsenring@der-bank-blog.de

© Springer Fachmedien Wiesbaden GmbH 2017   445
R. Smolinski et al. (Hrsg.), *Innovationen und Innovationsmanagement in der Finanzbranche*, Edition Bankmagazin, DOI 10.1007/978-3-658-15648-0_23

Durch den schnelleren und zum Teil disruptiven Wandel der Unternehmensumwelt nehmen labile Gleichgewichte zu. Um in ein stabiles Gleichgewicht zu
gelangen, muss sich das Unternehmen anpassen. Dies setzt Veränderung und
damit Innovation voraus.

Innovationen sind damit ein wichtiger Bestandteil zur Sicherung der Zukunftsfähigkeit eines Unternehmens. Innovationsmanagement ist insofern ein natürlicher Bestandteil der Unternehmensführung, auch in der Finanzdienstleistung.

23.2 „Innovation" ist nicht gleich „Erfindung"

„Gute Künstler kopieren, große Künstler stehlen", soll Pablo Picasso einst gesagt
haben. Apple ist bekanntlich eines der am häufigsten zitierten Beispiele für innovative Unternehmen. Sein Gründer und langjähriger CEO Steve Jobs wird mit
dem Satz zitiert: „We have always been shameless about steeling good ideas"
[6]. Kein Wunder also, dass der Erfolg von Apple weniger daher rührte, mit allem
der Erste gewesen zu sein, sondern damit, die richtigen Trends zur richtigen Zeit
erkannt und für sich genutzt zu haben.

Innovation ist in diesem Sinne das Aufgreifen neuer Ideen, Veränderungen und
deren Umsetzung. Am Markt geschieht dies durch Produktinnovationen, intern
durch Prozessinnovationen.

Dabei lassen sich disruptive und inkrementelle Innovationen unterscheiden:

Disruptive (oder radikale) Innovationen sind grundlegend und erschaffen
etwas völlig Neues. Sie verändern Geschäftsmodelle und mischen ganze Branchen auf. Ein Beispiel ist das iPhone von Apple. Es war zwar nicht das erste
Smartphone, hat aber den Markt für mobile Telefonie vollständig verändert.

Auch Banken und Sparkassen waren und sind von disruptiven Innovationen
betroffen. Beispiele hierfür sind das Direct Brokerage, die Gründung von Direktbanken oder neue Peer-to-Peer-Ansätze im Zahlungsverkehr, wie sie durch die
Blockchain-Technologie möglich werden.

Inkrementelle Innovationen bewirken die stetige und schrittweise Verbesserung von bestehenden Produkten, Dienstleistungen, Prozessen oder Geschäftsmodellen. Diese kontinuierliche Form von Innovation ist in der Regel durch klare
Regeln, definierte Abläufe und festgelegte Zuständigkeiten definiert. Ein klassisches Beispiel dafür ist das betriebliche Vorschlagswesen.

Inkrementelle Innovationen sind keineswegs schlecht. Im Gegenteil sind sie
sinnvoller und notwendiger Bestandteil der Unternehmensführung. Insbesondere
in stabilen Märkten tragen sie zur Sicherung der Marktposition und Steigerung
der Produktivität bei.

Gerade in Zeiten dynamischer, sich schnell wandelnder Märkte und neuer Wettbewerber stoßen inkrementelle Innovationen jedoch an ihre Grenzen. Genau dieser Herausforderung müssen sich etablierte Finanzdienstleister derzeit stellen, stehen sie doch zunehmend im Wettbewerb mit Branchenneulingen, wie Unternehmen aus den Bereichen FinTech, Technologie oder Telekommunikation, um nur einige Beispiele zu nennen.

23.3 Bankgeschäfte sind ihrer Natur nach nicht innovativ

Das Bankgeschäft ist in seinem Kern nicht wirklich innovativ oder innovationsgetrieben. Banken und Sparkassen haben im Kundengeschäft im Wesentlichen die folgenden vier Aufgaben.

1. Aufbewahrung von Werten (Einlagen- und Depotgeschäft)
2. Vorfinanzierung von Werten (Kreditgeschäft)
3. Vermittlung des Transports von Werten (Zahlungsverkehr)
4. Vermehrung von Werten (Geld- und Kapitalanlage)

Daran hat sich seit 1462 wenig verändert, als in Perugia mit der Monte di Pietà die erste Bank der Welt gegründet wurde. Was sich verändert hat, sind die Abwicklung und die Präsentation des Bankgeschäftes. Wo früher Rechenschieber und Kontoblätter in den Katakomben zum Einsatz kamen, stehen heute mehr oder weniger moderne Computer in den Rechenzentren der Banken. Und dort, wo Kunden früher Schlange am Schalter standen, um ihren Kontoauszug in Empfang zu nehmen oder Geld abzuheben, warten sie heute vor einem Automaten. Auch Online und Mobile Banking sind per se keine neuen Angebote sondern lediglich neue Zugangskanäle.

Im ursprünglichen Leistungsangebot der Banken gab es in den letzten Jahrzehnten nur wenige wirkliche Neuerungen. Beispiele sind etwa das Tagesgeldkonto, das es vor 20 Jahren für Privatkunden noch nicht gab. Oder das Mehrwertkonto, bei dem bankfremde Leistungen mit dem klassischen Girokonto kombiniert werden. Sie verändern allerdings das Leistungsangebot nicht fundamental, sondern nur in seiner Ausprägung. Böse Zungen sagen denn auch (bezogen auf den deutschen Markt), dass die einzige wirkliche Innovation, welche die Banken hervorgebracht haben, der (inzwischen wieder abgeschaffte) Euroscheck war.

23.4   Technologie ist der Treiber von Innovation, Banken sind die Getriebenen

In den letzten 50 Jahren haben vor allem neue technologische Möglichkeiten die Finanzbranche verändert und zwar sowohl in den internen Abläufen als auch an der Schnittstelle zum Kunden. Dem Ex US-Notenbankpräsident Paul Adolph Volcker wird folgende Aussage zugeschrieben: „Die letzte echte Innovation der Banken war der Geldautomat". Dem wäre hinzuzufügen, dass diese Innovation nicht einmal eine der Banken selbst war, sondern eigentlich den zuliefernden IT-Firmen zuzuschreiben ist.

Abb. 23.1 gibt einen Überblick zu den technologischen Entwicklungen und den daraus resultierenden Möglichkeiten der Banken.

Für die kommenden Jahre lässt sich dies fortschreiben. Auch in Zukunft werden Banken keine Technologieentwickler, sondern deren Nutzer sein. Sie werden damit weiterhin von den technologischen Entwicklungen und Möglichkeiten getrieben werden, statt diese selbst voranzutreiben.

Technologische Innovationen werden daher auch zukünftig zunächst in anderen Branchen zur Anwendung kommen, bevor sie von Finanzinstituten aufgegriffen und zum eigenen Vorteil angepasst und genutzt werden.

Abb. 23.1   In den letzten 50 Jahren haben technologische Innovationen die Finanzbranche grundlegend verändert. (Quelle: World Economic Forum)

23.5 Das Internet hat die Konsumgewohnheiten verändert

Verbraucher integrieren neue Entwicklungen immer schneller in ihr tägliches Leben. Dauerte es beim Radio 38 Jahre, bis 50 Mio. Hörer erreicht wurden, waren es beim Fernsehen nur 13 Jahre für 50 Mio. Zuseher. Das Internet benötigte nur vier Jahre für 50 Mio. Nutzer, Apples iPod drei Jahre und Facebook hatte schon nach neun Monaten 100 Mio. Nutzer.

Durch das kommerzielle Internet hat sich im Laufe der letzten zehn Jahre das Verhalten der meisten Menschen deutlich verändert. Online Shopping und auch Online Banking sind fester digitaler Bestandteil des realen Alltags geworden. Und seit der Einführung des iPhones 2007 findet die Digitalisierung nicht mehr nur am Desktop statt, sondern begleitet uns via Smartphones und Tablets auf nahezu allen unseren Wegen. Das Motto der Digital Natives lautet „alles, überall und jederzeit".

Dank der mobilen Revolution erwarten immer mehr Kunden, dass mehr oder weniger alles, was verfügbar ist, sofort und an jedem Tag rund um die Uhr (24/7) sozusagen mit unseren Fingerspitzen erreichbar ist. Und sie erwarten außerdem, dass digitale Services auch komfortabel sind. Sobald eine Branche einen bestimmten Standard setzt, wird dieser Anspruch automatisch auf andere Branchen übertragen, unabhängig, ob es sich um Shopping, Medien, soziale Netzwerke oder eben auch um Finanzdienstleistungen handelt. Die Konsumenten erwarten zudem individuelle und kostengünstige Leistungen, am liebsten jedoch kostenlose.

23.6 Banken sind von Natur aus nicht innovativ

Die geschilderten Anforderungen treffen auch Banken und Sparkassen. Neue digitale Technologien ermöglichen eine Vielzahl von Innovationen in der Finanzdienstleistung, verändern aber die Anforderungen an das Innovationsmanagement. Noch reagieren viele Banken reagieren zurückhaltend.

Dies liegt wohl in ihrer DNA. Risiko ist ein natürlicher Weggefährte von Innovation und Banken sind von Natur aus risikoavers. Erfahrung, Intuition und Fingerspitzengefühl dominierten lange Zeit das Bankwesen mit der Folge einer stark beharrenden Unternehmenskultur. Die meisten Banken sind daher, wenn nicht Innovationsverweigerer, so zumindest keine Innovationstreiber.

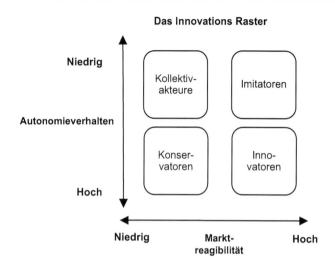

Abb. 23.2 Strategische Grundhaltungen von Banken gegenüber Innovationen. (Eigene Darstellung in Anlehnung an [3])

Bereits vor rund 25 Jahren hat Leo Schuster in einer Matrix (vgl. Abb. 23.2) dargestellt, welche Grundmuster der Innovationsorientierung es in Banken gibt [3].

23.6.1 Konservatoren

Wie schrieb Schuster damals? „Es gibt nichts zu erneuern in einer Bank, betreibt sie doch das älteste Metier auf Erden". Und: „Seien wir bescheiden, überlassen wir den neuen Bluff den anderen". Heute sagen konservative Banker: „Unsere Kunden brauchen das nicht", ersatzweise auch „unsere Kunden wollen das nicht", meist jedoch, ohne die Behauptung tatsächlich überprüft zu haben.

23.6.2 Imitatoren

Bei der Vorstellung neuer Ideen und Konzepte hört man oft sehr schnell die Frage: „Haben Sie das schon bei einer anderen Bank implementiert?". „Nein, na, dann warten wir lieber auch erst mal ab".

Niemals etwas als Erster machen, erst mal die Anderen Erfahrungen sammeln lassen und dann kopieren, auch das sind typische Verhaltensweisen von Bankmanagern mit ebenfalls sehr konservativem Ursprung. Damit vermeidet man (vermeintlich) die Gefahr von Fehlentscheidungen. Keine Entscheidung kann jedoch auch eine Fehlentscheidung sein.

23.6.3 Kollektiv-Akteure

Dies ist ein, insbesondere für Bankengruppen, typisches Verhalten. Wenn man schon was macht, dann gemeinsam, auch wenn es damit länger dauert und im Zweifel die Konkurrenz schon einen Schritt weiter ist.

Zugegeben, wenn der gemeinsame Dampfer erst einmal Fahrt aufgenommen hat, dann kann dies wirklich zu schlagkräftigem Erfolg führen. Schwierig werden Kollektivaktionen jedoch meistens aufgrund der unterschiedlichen Ziele und Interessen der einzelnen Teile des Kollektivs. Es sind ja nicht nur die Banken, sondern auch IT-Dienstleister und andere, die ihren Anteil an einer Innovation leisten müssen, bis diese marktreif ist.

23.6.4 Innovatoren

Gibt es die überhaupt im Bankbereich? Schon vor 20 Jahren kam Schuster in seinen Analysen zum Schluss, dass die vorgenannten drei Grundmuster eher dem typischen Verhalten von Banken und Bankmanagern entsprechen als die Einführung von Innovationen. Er identifizierte das Fehlen einer entsprechenden Innovationskultur als eine der Hauptursachen dafür.

Lassen wir das Investmentbanking außen vor, das ja in den letzten 20 Jahren nur aufgrund von Innovationen überhaupt erst zu der heutigen Bedeutung gefunden hat (und auch zu einer der größten Bankenkrisen der Nachkriegszeit beigetragen hat) und konzentrieren uns auf das Privatkundengeschäft, dann fällt auf, dass die wenigen wirklichen Neuerungen entweder stark technikgetrieben sind (zum Beispiel im Bereich des Internet Banking, wie das Direct Banking überhaupt) oder durch staatliches Zutun entstanden sind (zum Beispiel Riester-Rente).

23.7 FinTech ist gar nicht so neu

Seit zwei, drei Jahren wird intensiv über FinTech diskutiert. Der Begriff FinTech ist ein Kunstwort, das sich aus den Begriffen „Financial Services" und „Technologie" zusammensetzt. FinTech kennzeichnet einerseits den wichtigen Trend zur Digitalisierung des Bankgeschäfts, andererseits junge, innovative FinTech-Unternehmen (im Wesentlichen Start-ups). Sie haben den Trend zur Digitalisierung der Finanzdienstleistung aufgegriffen und versuchen davon zu profitieren; zum einen mit innovativen Produkten und Leistungen die über den Vertriebskanal Internet angeboten werden und zum anderen mit der Digitalisierung von Prozessen und Wertschöpfungsketten.

Ein Teil dieser FinTech-Unternehmen will den etablierten Finanzinstituten Kunden komplett oder zumindest in bestimmten Bereichen abjagen. Ein anderer Teil will mit Banken und Sparkassen zum beiderseitigen Nutzen zusammenarbeiten.

FinTech ist im Prinzip nichts Neues. Die Exchange Telegraph Company (Extel) wurde im Jahre 1872 gegründet [5]. Ihr Geschäftsziel war es, Finanz- und Wirtschaftsinformationen der Londoner Aktienbörse und anderer Märkte für ihre Kunden zugänglich zu machen.

Das Unternehmen hatte seine Wurzeln in der damals bahnbrechenden Technologie der Telegrafie und der Nutzung des ersten transatlantischen Telegrafenkabels, das im Auftrag der Gesellschaft von einem U-Boot unter dem Atlantik verlegt wurde, um Kursinformationen von der New York Stock Exchange nach London zu übertragen.

Der Beitrag der Exchange Telegraph Company war es, elektrische Telegrafen („Ticker") in Büros, Klubs, Banken und Börsenmakler aufzustellen und mit einem kontinuierlichen Strom von Handelsinformationen zu versorgen. Im Kern ermöglichten sie ihren Kunden einen Marktvorsprung durch innovative Technologie.

Heutzutage würde man dies vermutlich als eine innovative, disruptive FinTech-Lösung bezeichnen, die einen Paradigmenwechsel im Markt herbeigeführt hat. Vermutlich hätte das Unternehmen auf einer Start-up-Messe „gepitcht" und sehr schnell Geldgeber in Form von Inkubatoren oder Venture Capital Firmen gefunden.

Somit gibt es die FinTech-Bewegung schon seit fast 150 Jahren: die intelligente und innovative Nutzung von Technologie, mit dem Ziel, bei einer Anwendung auf reale Geschäfts- und Kundenprobleme, die Effizienz zu erhöhen, um damit Kosten und Zeitbedarf zu senken oder/und messbaren Mehrwert zu schaffen.

23.8   FinTechs sind Katalysatoren für Innovation

Für Innovationen im Finanzbereich muss man kein Nobelpreis-Anwärter für Quantenphysik oder ähnliches sein. FinTech ist kein Rocket-Science. Der größten Pluspunkte aufseiten der FinTech-Unternehmen sind neue, unkonventionelle Ideen für Produkte, Leistungen und Prozesse und die mitgelieferte Kundenerfahrung (User Experience). Diese ist zumeist deutlich besser als im konventionellen Online Banking der Banken oder Sparkassen.

Die meisten Konzepte und Ideen lassen sich mit vergleichsweise geringem Aufwand nachbauen. Dort, wo kein eigenes Know-how oder keine entsprechenden Kapazitäten vorhanden sind, oder wo Time-to-Market von Bedeutung ist, bieten sich Partnerschaften mit FinTech-Unternehmen an. Eine solche Zusammenarbeit kommt beiden Seiten zugute:

- Die Banken schonen ihre eigenen Entwicklungskapazitäten und können neue Leistungen schnell und einfach ihren Kunden anbieten oder Prozesse verschlanken.
- Die FinTech-Unternehmen erhalten schnell und einfach Zugang zu einer großen Kundenbasis.

Experten schätzen das mit solchen Partnerschaften verbundene Ertragspotenzial für die Banken auf bis zu 3,5 Mrd. EUR im Jahr [2]. FinTech-Unternehmen können so als wirksamer Katalysator und Beschleuniger von Innovationen von Banken wirken.

23.9   Innovation ist eine Kulturfrage

Innovatoren stecken in einem permanenten Dilemma. Der wichtigste Grund, warum Innovationen in Banken oft im Keim erstickt werden, ist die Angst vor Risiken. Wenn es zur Entscheidung kommt, ob Innovationen unterstützt oder gestoppt werden sollten, stehen Entscheider stets vor demselben Dilemma: Wollen sie sich dem Risiko eines Fehlschlags aussetzen oder nicht? Abb. 23.3 macht das Dilemma deutlich.

Nicht jede Innovation wird zum Erfolg. Innovationskraft setzt daher Risikobereitschaft voraus und die ist in den wenigsten Unternehmen besonders ausgeprägt. Fehlende Risikobereitschaft ist daher der wohl wichtigste Grund, weshalb Innovationen oft scheitern.

Risiko oder kein Risiko gehen?

Abb. 23.3 Dilemma einer Führungskraft über Innovationen zu entscheiden. (Eigene Darstellung)

Und auch, wenn vielerorts etwas anders behauptet wird: Die meisten Karrieren in Banken wurden nicht durch das Eingehen von Risiken begründet. Es sind Menschen, die über Innovationen und deren Erfolg entscheiden. Und die orientierten sich in ihren Entscheidungen an der vorgelebten Kultur. Und Banken (siehe oben) sind von Natur aus risikoavers.

Will man also Innovationen dauerhaft und nachhaltig zu fördern, muss diese Kultur verändert und Innovation zur täglichen Aufgabe gemacht werden. Insbesondere sind Freiräume und Fehlertoleranz notwendig. Misserfolge gehören zu Innovationen dazu, und sei es nur, um aus ihnen zu lernen.

Eine erfolgreiche Innovationskultur schafft man jedoch nicht über Nacht. Es ist eine langfristige Aufgabe, die (wie der Innovationsprozess selbst) immer wieder mit Rückschlägen verbunden sein wird.

Die folgenden fünf Schritte sind hilfreich, eine dynamische und offene Innovationskultur zu schaffen.

23.9.1 Unterstützung vom Top-Management

Nur wenn das Top-Management hinter neuen Ideen steht, entsprechende Budgets freigibt und die notwendige Toleranz gegenüber den unvermeidlichen Misserfolgen offen und konsequent lebt, kann überhaupt so etwas wie eine Innovationskultur entstehen.

23.9.2 Innovation muss definiert sein

Innovation ist kein Selbstzweck. Innovation ist aber auch spezifisch für jedes Unternehmen. Jedes Unternehmen muss daher definieren, was Innovation konkret bedeutet; strategisch wie operativ. Am besten schriftlich, dann ist es auch nachlesbar und (meist auch besser) nachvollziehbar.

23.9.3 Prozesse und Verfahren bereitstellen

Richtiges Innovationsmanagement ist (bei aller damit verbundenen Kreativität) vor allem ein systematischer Prozess, der gut und effizient gesteuert werden muss. Vorhandene und bewährte Prozesse und Verfahren können und sollten genutzt werden, um Ideen zu generieren, zu bewerten und anschließend erfolgreich zur Umsetzung zu bringen. Neue agile Methoden sind nach und nach zu ergänzen.

23.9.4 Stakeholder einbeziehen

Kunden und Mitarbeiter stehen im Vordergrund, aber wahre Vielfalt an Ideen bekommen Unternehmen nur, wenn sie darüber hinaus für vielfältigsten Input sorgen, zum Beispiel auch aus anderen Branchen. Es gilt die Devise „Augen und Ohren stets und überall hin offen halten". Eine offene und durchlässige Organisation ist wichtig, Silos sind innovationsschädlich.

23.9.5 Messen, zählen, wiegen

Innovationen haben nur einen Sinn: Unternehmen voran zu bringen und für mehr Erfolg zu sorgen. Egal, wie der Weg dorthin verläuft. Erfolg ist messbar, auch der von Innovationen. Es gilt demnach der alte Grundsatz, nur das, was messbar ist, lässt sich auch managen.

23.10 (Produkt)Innovationen müssen sich am Kundennutzen orientieren

„Innovation ist, wenn der Markt „Hurra" schreit", lautet das Zitat eines unbekannten Urhebers. Und Henry Ford soll einmal gesagt haben: „Wenn ich die Menschen gefragt hätte, was sie wollen, hätten sie gesagt schnellere Pferde."

Fakt ist, Verbraucher wollen keine Innovationen, sie wollen Lösungen für ihre Probleme. Und genau das wird in der aktuellen Diskussion über Innovationen und deren Bedeutung häufig vergessen. Neue Ideen gibt es wie Sand am Meer. Der schwierige Teil besteht darin, diese Ideen in neue Produkte und Dienstleistungen umzusetzen, welche die Kunden schätzen und bereit sind zu bezahlen.

Ein Kunde entscheidet sich unter (absoluten) Wettbewerbsbedingungen immer für den Anbieter, der ihm den höchsten, von ihm wahrgenommenen Nutzen bietet (Abb. 23.4). Der Kundennutzen ist damit eine der zentralen Orientierungsgrößen auch für Produktinnovationen [1].

In der Praxis ist dies keine 1:1 Beziehung, weil die Kundenerwartung zum einen mehrdimensional ist und zum anderen auch irrationale Komponenten umfasst. Gleichwohl sollte der fundamentale Zusammenhang von angebotenem und wahrgenommenem Kundennutzen von den Banken sorgfältig überprüft werden, um nicht zu wenig, aber auch nicht zu viel in eine Leistung hineinzupacken.

Wird nämlich der Nutzen vom Kunden geringer bewertet, bleibt entweder der Kauf aus oder der Kunde ist nach dem Kauf unzufrieden. Ist andererseits der in eine Leistung hineingepackte Nutzen höher als der vom Kunden nachgefragte, so sind die Kosten der Leistungserbringung für die Bank im Vergleich zum durchsetzbaren Preis zu hoch. Der Kunde nimmt den vermeintlichen Zusatzeffekt auch nicht zufriedenheitssteigernd wahr, mithin verpufft ein Teil der Leistung.

Abb. 23.4 Nutzen der Leistung und die Wahrnehmung beim Kunden stimmen selten überein. (Eigene Darstellung)

23.11 Innovation ist (auch für Banken) eine notwendige und permanente Herausforderung

Innovation ist für (fast) alle Unternehmen eine Herausforderung, zugleich aber eine wichtige Aufgabe, gerade in Zeiten permanenten Wandels. Die Digitalisierung wird den Finanzmarkt der Zukunft prägen und weiter verändern. Dass dieser Trend nachhaltig sein wird, daran bestehen keine Zweifel, denn:

- Erstens erwarten Kunden von ihrer Bank oder Sparkasse ein attraktives digitales Angebot das es ihnen ermöglicht, Dienstleistungen und Produkte komfortabel und einfach über das Internet zu erwerben oder zu nutzen. Schließlich sind sie dies aus den meisten anderen Bereichen des Alltags längst gewohnt.
- Zweitens sind die Kosten für digitale Technologien deutlich gesunken und werden mit zunehmender Verbreitung weiter sinken. Das wiederum fördert den Einsatz, schon allein unter Rentabilitätsgesichtspunkten.

Innovation ist nicht mehr und nicht weniger als ein Weg, Wissen und Ideen in neue, zumindest aber veränderte Produkte, Leistungen oder Prozesse einzubringen und diese dann umzusetzen. Sie sind kein Zufall und entgegen manch landläufiger Meinung (die vermeintlich vom Märchen der Teflon-Bratpfanne der NASA herrührt) auch kein „Abfallprodukt". Vielmehr steckt harte Arbeit dahinter, mit wesentlich mehr Transpiration als Inspiration.

Innovationen sind sinnvoll und notwendig, damit Banken ihre Kunden auch zukünftig erreichen und nicht von anderen Wettbewerbern verdrängt werden. Stillstand ist Tod oder, um es mit Thomas A. Edison zu sagen: „There's a way to do it better". Die Zukunft gehört denjenigen Finanzinstituten, welche die aktuellen Entwicklungen aufmerksam verfolgen, analysieren und daraus schneller als andere die richtigen Schlüsse ziehen.

Literatur

1. Der Bank Blog (2011) https://www.der-bank-blog.de/kundennutzen-kundenbedarf-bank-sparkasse-produktverkauf/vertrieb/3733/
2. Der Bank Blog (2016) https://www.der-bank-blog.de/milliardenpotential-digitalisierung/retail-banking/23012/
3. Schuster, L. (1990) Produktinnovation und Strategisches Management im Bankbetrieb, in Bankpolitik im Spiegel aktueller Themen, Bern 1990
4. Ulrich, Hans (2001) Systemorientiertes Management

5. Wikipedia (2016) https://en.wikipedia.org/wiki/Extel
6. YouTube (2006) https://www.youtube.com/watch?v=CW0DUg63lqU

Über den Autor

Dr. Hansjörg Leichsenring (www.hansjoerg-leichsenring.de) ist Experte für Banking, Innovation, Digitalisierung, Social Media, Change Management, Kundenservice und Vertrieb. Er befasst sich seit über 30 Jahren beruflich mit Banken und Finanzdienstleistern. Nach einer Banklehre studierte er Volks- und Betriebswirtschaftslehre in Mainz und St. Gallen und arbeitete danach in verschiedenen Positionen, unter anderem als Direktor bei der Deutschen Bank, als Vorstand einer Sparkasse und als Geschäftsführer eines Online Brokers. Als Herausgeber des Bank Blogs (https://www.der-bank-blog.de) berichtet er über aktuelle und grundsätzliche Entwicklungen der Finanzbranche und ist außerdem gefragter Redner und Moderator im In- und Ausland.

Reputation in der Finanzbranche: Innovationen als unterschätzter Erfolgsfaktor

24

Besonderheiten von Banken, FinTechs und Online-Reputation

Pidder Seidl

Zusammenfassung

Der Beitrag beschreibt die Chancen und Herausforderungen der Digitalisierung und die daraus entstehende Auswirkung auf die Reputationsbildung der Banken. Darüber hinaus wird auf die Besonderheiten der Online-Reputation und auf weitere Besonderheiten beim Reputationsaufbau von Banken sowie FinTechs eingegangen. Es wird aufgezeigt, dass bei den Banken noch erheblicher Verbesserungspotenzial bezüglich des eigenen Reputationsaufbaus und bei der Positionierung als mögliche Innovationsführer besteht. Als möglicher Lösungsbeitrag werden verschiedene Lösungsansätze diskutiert und anschließend acht Handlungsempfehlungen für die Praxis abgeleitet. Hierbei müssen die Banken die Chancen der Digitalisierung begreifen, ohne die Risiken außer Acht zu lassen. Vor allem müssen jedoch die Banken verstehen, dass für eine innovative Reputation vor allem immer die Summe der subjektiven Empfinden der individuellen Kunden entscheidend ist. Dementsprechend müssen die Banken Ihre Kundenkommunikation anpassen.

P. Seidl (✉)
comdirect bank AG, Hamburg, Deutschland
E-Mail: pidder.seidl@comdirect.de

© Springer Fachmedien Wiesbaden GmbH 2017
R. Smolinski et al. (Hrsg.), *Innovationen und Innovationsmanagement in der Finanzbranche*, Edition Bankmagazin, DOI 10.1007/978-3-658-15648-0_24

459

24.1 Problemstellung

In der heutigen Gesellschaft spielt vor allem Authentizität aufgrund der steigenden Transparenz in Zeiten des Internets und Social Media eine große Rolle. Durch das Internet als Massenmedium sowie der aus dieser Virtualität entstehenden Möglichkeit zur Entkopplung der Kommunikation von Raum und Zeit [18, S. 21] ergeben sich viele neue Geschäftsfelder. Dies ist vor allem für Unternehmer mit geringeren Ressourcen interessant, weil so neue Marktfelder eröffnet werden, welche zuvor aufgrund hoher Markteintrittsbarrieren unattraktiv waren [16, S. 392]. Dies gilt insbesondere für die Finanzbranche, in der es durch die neuen Möglichkeiten des Internets zu verstärktem Wettbewerb durch neue Fin-Tech-Start-ups mit frischen Ideen kommt. Der steigende Wettbewerb wird durch die Unmöglichkeit des Patentschutzes im digitalen Markt zusätzlich verstärkt, sodass das eigene Geschäftsmodell nicht geschützt werden kann und eine große Gefahr der Imitierbarkeit von Geschäftsideen besteht. Hinzu kommen die relativ einfache Informationsbeschaffung sowie die Möglichkeit zu Preisvergleichen im Internet, welche ebenfalls den Wettbewerb unter den am Markt agierenden Unternehmen erhöht. Dies führt wiederum zu einer erhöhten Preissensibilität der Kunden, wodurch die Banken unter Druck geraten und nicht an ihren Geschäftsmodellen in bisheriger Form festhalten können.

Insgesamt spielen FinTechs in den derzeitigen Medien eine immer prominentere Rolle. Kaum vergeht ein Tag, an dem nicht über neue Investments in der FinTech-Szene oder über den Untergang der Banken berichtet wird. Verschiedene Studien haben sich bereits mit dem grundsätzlichen Konflikt zwischen Banken und FinTechs sowie möglichen Auswirkungen dieses Konflikts auf die Geschäftsfelder der Banken beschäftigt. Jedoch bleiben die Kunden den Banken derzeit noch immer relativ treu und agieren somit gegensätzlich zu der verkündeten Machtübernahme der FinTechs. Ein entscheidender Erfolgsfaktor ist hierbei die Reputation der Banken, die von diesen gemeinsam mit ihren Kunden über die letzten Jahre aufgebaut wurde. Hierbei ist durch Unternehmenswerte wie Transparenz, Ehrlichkeit und Vertrauen Kundennähe zum Unternehmen entstanden, welche wiederum einen positiven Effekt auf den potenziellen Kaufabschluss hat. Diese zuvor genannten Unternehmenswerte beeinflussen sogar die Stakeholderbeziehungen nachhaltiger als durch Produkteigenschaften oder andere Markenelemente möglich wäre [32, S. 329 f.]. Hierdurch ist eine unsichtbare Barriere für FinTechs aufgrund der starken Lock-in-Effekte der Kunden entstanden, die eine Marktpenetration verhindern.

Die wahrgenommene Reputation hat sich jedoch im Jahr der Finanzmarktkrise auf bankindividueller Ebene verschlechtert. Dies gilt insbesondere für das

Vertrauen in außergewöhnlichen Leistungen, die Anerkennung sowie die Sympathie gegenüber den Bankinstituten, die sich alle signifikant verschlechtert haben [15, S. 51 ff.]. Insgesamt ist das Sicherheitsbedürfnis der Anleger im Jahr der Finanzmarktkrise stark angestiegen. Über die Hälfte der Befragten empfanden die Banksicherheit als wichtigstes Kriterium im Rahmen der Bankenwahl [15, S. 16], sodass die Sicherheit insgesamt signifikant wichtiger geworden ist [15, S. 13]. Kunden wollen dementsprechend, dass ihre Geldgeschäfte vor allem sicherer, kostengünstig und einfach sind [7, S. 5]. Durch das verstärkte Sicherheitsbedürfnis haben besonders nach der Finanzmarktkrise die traditionellen Bankwerte und die Markenauthentizität wieder an Bedeutung gewonnen. Bei der Markenauthentizität ist der kritische Erfolgsfaktor nicht die Frage, ob die Kommunikation des Unternehmens als authentisch wahrgenommen wird, sondern ob das Unternehmen in seiner Gesamtheit als authentisch empfunden wird [13, S. 346]. Kunden reagieren besonders sensibel, wenn diese Werte bei der Markenerfahrung nicht eingehalten werden. Daher muss sichergestellt werden, dass alle Stakeholder des Unternehmens durch jede Markenerfahrung mit dem Unternehmen eine solche Werthaltung erfahren werden [32, S. 329 f.]. Dies stellt nicht nur Banken, sondern auch FinTechs vor eine dauerhafte Herausforderung.

Der Wettbewerbsvorteil der Banken bezüglich der eigenen positiven Reputation sinkt allerdings kontinuierlich, weil diese einerseits durch die zuvor erwähnte Wirtschaftskrise gelitten hat und andererseits besonders beim Innovationsgrad der Banken (Abschn. 3.2) und dessen Kundenwahrnehmung erhebliches Verbesserungspotenzial herrscht. Hinzu kommt, dass sich die Umweltfaktoren der Banken durch die Niedrigzinspolitik der EZB, den erhöhten regulatorischen Druck und den zuvor erwähnten Eintritt neuer Wettbewerber nachhaltig verändert haben. Durch diese Veränderungen können Banken nicht wie bisher an ihren alten Geschäftsmodellen festhalten. Besonders die zuvor erwähnten FinTechs versuchen, durch neuartige Geschäftsmodelle Kunden der Banken abzuwerben. Unabhängig vom wahren Innovationsgrad dieser neuen Produkte werden FinTechs im Bewusstsein der Medien und Kunden als deutlich innovativer wahrgenommen. Hinzu kommt, dass es immer wieder Gerüchte über einen möglichen Markteintritt der großen GAFA-Technologieunternehmen (Google, Amazon, Facebook, Apple) gibt. Hierdurch sind die Banken gezwungen, ihr Innovationsmanagement und ihr Innovationsprofil deutlich stärker als in der Vergangenheit zu schärfen, um mittelfristig wettbewerbsfähig zu bleiben. Denn durch die sich immer schneller wandelnden Umweltfaktoren und den möglichen Markteintritt der GAFAs wird es zu einer Marktbereinigung kommen. Eine solche Bereinigung des Marktes werden nur Banken überstehen, die sich den Herausforderungen der Digitalisierung stellen und ihre Reputation bezüglich der eigenen Innovationskraft deutlich stärken.

24.2   Besonderheiten der Reputation

24.2.1 Einführung in das Thema Reputation

Die Reputation als Ergebnis eines Branding-Prozesses stellt ein komplexes Zusammenspiel aus Isomorphie und Differenzierung dar. Die Isomorphie der Unternehmen ist für eine grundsätzliche Vergleichbarkeit der konkurrierenden Anbieter wichtig und die Differenzierung entscheidet über die individuell beste Lösung des Kundenwunsches. Aus diesem Grund stellt Konformität und Differenzierung keinen Widerspruch dar, denn die Unternehmen sollten lediglich so differenziert wie legitim möglich sein [27, S. 249]. Hierbei ergänzen Picot et al. [25, S. 126], dass die Reputation die öffentliche Information über die bisherige Vertrauenswürdigkeit des Unternehmens ist, wenn in öffentlichen Medien wie Fernsehen oder Internet keine Rückschlüsse auf die Qualität der angebotenen Leistung möglich sind. In der Literatur wird häufig die Wichtigkeit von Unternehmensreputation bei starkem Wettbewerb betont [19, S. 770, 28, S. 661], jedoch zeigen eigene Befragungen von Experten aus der Praxis, dass bei diesen eine andere Meinung zu diesem Thema herrscht. Unter den Experten herrscht der grundlegende Konsens, dass die Unternehmensreputation in allen Branchen unabhängig von Wettbewerbsintensität eine essenzielle Bedeutung besitzt. Die einzige Ausnahme scheinen hierbei Unternehmen mit echten Monopolstellungen zu sein. Sobald sich der Stakeholder jedoch zwischen zwei Unternehmen entscheiden kann, wird er bewusst oder unbewusst auch von der Reputation der jeweiligen Unternehmen beeinflusst. Als Reputation bezeichnet man generell das Ansehen, das ein Unternehmen mittel- und langfristig genießt und das durch Kommunikation von unterschiedlicher Prestigeinformationen an unbekannte Dritte über den Geltungsbereich persönlicher sozialer Netzwerke hinaus wirkt [14, S. 24 f.]. Die Unternehmensreputation basiert somit auf dem Markenversprechen des Unternehmens sowie den kommunizierten Erfahrungen aller Stakeholder, welche diese mit dem Unternehmen gemacht haben [2, S. 344]. Aus diesen kommunizierten Erfahrungen entstehen unvermeidbare Assoziationen der Anspruchsgruppen des Unternehmens, unabhängig davon, ob sich die Unternehmen mit den Themen wie Branding, Unternehmensreputation oder Marken beschäftigten [32, S. 330 f.]. Auch Wong und Merrilees [35, S. 157] unterstreichen, dass die Kunden ein unvermeidbares Bild über das Unternehmen entwickeln. Aufgrund dieser Besonderheit können unsichtbare Unternehmenswerte wie Marke oder Reputation nie vollständig erforscht werden, weil diese die Summe der individuellen Erfahrung aller Stakeholder sind [1, S. 421]. Abimbola und Vallaster [2, S. 343] betonen ebenfalls, dass im Laufe der Zeit die Unternehmensreputation automatisch im Kopf der Stakeholder entsteht. Dieses individuelle Konstrukt ist abhängig von den wahrgenommenen Informationen, der Glaubwürdigkeit der jeweiligen Informationsquelle und der Art der Empfehlungen. Die Glaubwürdigkeit des Empfehlenden bezieht sich auf Eigenschaften wie Vertrauenswürdigkeit, Expertise, Bekanntheit oder Dauer und Intensität der persönlichen Beziehung. Die Empfehlungsart unterscheidet beispielsweise, ob es sich hierbei um eine Werbebotschaft oder um eine nachdrückliche Empfehlung in einem langen, persönlichen Gespräch handelt. Die Sichtbarkeit der Informationen bezieht sich auf die Informationen, die für Empfänger der Empfehlung vorhanden sind. Hiermit sind alle bisher recherchierten und alle kurzfristig recherchierbaren Informationen gemeint. Abimbola und Kocak [1, S. 421 ff.] verweisen auf Balmer, Formbrun und van der Riel (2004), welche die Reputation als ein Werturteil über das Qualitätsversprechen, die Vertrauenswürdigkeit und die Zuverlässigkeit des Unternehmens beschreiben, das über einen längeren Zeitraum aufgebaut wurde. Die Autoren betonen deshalb, dass seitdem die Unternehmensmarke in das Urteil über diese drei Indikatoren mit einbezogen wird, man die Begriffe Unternehmensmarke und Unternehmensreputation gleichsetzen kann. Hierbei ist wichtig zu betonen, dass der wirkliche Kundenwert der Marke nur gemeinsam mit dem Kunden (und weiteren Stakeholdern) und niemals nur einseitig von den Unternehmen entwickelt werden kann [1, S. 422, 24, S. 330, 35, S. 14 f.]. Die Unternehmensreputation soll deshalb als unvermeidbares Ergebnis eines aktiven und/ oder passiven Branding-Prozesses definiert werden. In diesem Beitrag wird die Reputation hierbei vor allem aus dem Blickwinkel der Kunden und potenziellen Kunden betrachtet. Andere Stakeholder des Unternehmens werden nicht explizit ausgeschlossen, jedoch legt dieser Artikel keinen zusätzlichen Schwerpunkt auf das Employer-Branding.

24.2.2 Unterschiede im Reputationsaufbau von FinTechs und Banken

Alle Unternehmen unabhängig von ihrer Größe berücksichtigen bewusst oder unbewusst Marken- und Reputationsbildungsstrategien, wenn sie versuchen, eine Marketings- und Wachstumsstrategie umzusetzen. Grundsätzlich kann man sagen, dass der Branding-Prozess für große Unternehmen entworfen, dieser jedoch nicht auf diese limitiert ist [1, S. 425]. Die grundsätzliche Problematik von FinTechs besteht jedoch darin, dass diesen einerseits nur begrenzte Ressourcen zur Verfügung stehen und sie daher eher kurzfristige Ziele verfolgen, um die Liquidität zu gewährleisten, und dass der Branding-Prozess sowie die Kreierung einer Marke andererseits eine eher langfristige Investition ist. Aufgrund der begrenzten Budgets und Ressourcen können kleine und mittlere Unternehmen (KMU), zu denen in der Regel FinTechs gehören, nicht die Branding-Strategien der größeren Firmen übernehmen [17, S. 115]. Große Unternehmen wie Banken besitzen hierbei ein großes Markenportfolio, welches möglichst viele Marktbereiche mit geringstmöglicher Überschneidung durch komplementäre Produktmarken abdeckt. FinTechs als KMU hingegen konzentrieren sich aufgrund ihrer limitierten Ressourcen bei den Branding-Aktivitäten in der Regel eher auf ein bis zwei Produkte bzw. Dienstleistungen. Co-Branding-Strategien, strategische Kooperationen mit anderen Unternehmen und Corporate Branding sind bei KMU wie beispielsweise jungen FinTech-Start-ups nicht weit verbreitet [29, S. 1040]. Bezüglich der Betonung der strategischen Allianzen sehen die Experten den reputationsfördernden Effekt abhängig von der Bekanntheit des Kooperationspartners [20, S. 770]. Dies könnte damit zusammenhängen, dass KMU möglicherweise als Kooperationspartner sowohl für große Unternehmen als auch für andere KMU unattraktiv sind. Die Begründung hierfür wäre, dass durch die Unbekanntheit des KMU bei einer möglichen strategischen Allianz kein reputationsfördernder Effekt für den Kooperationspartner entstehen würde. In diesem Zusammenhang betonen die Experten, dass zumindest im B2B-Dienstleistungssektor die Anzahl an nicht-kommunizierten strategischen Allianzen deutlich höher ist als vermeintlich angenommen. Von Banken wurden möglicherweise aus diesem Grund bei Kooperationen mit FinTechs zunächst vor allem White-Label-Lösungen präferiert. Durch die steigende Medienpräsenz der FinTechs und der Verknüpfung von FinTechs mit Innovationen in diesen, gewinnt jedoch die offizielle Betonung von strategischen Allianzen für Banken und auch anderen bereits etablierten FinTechs an Attraktivität. So entsteht ein beidseitiger Tripple-down-Effekt, bei dem die eine Seite von der Seriosität und die andere Seite von dem Innovationsgrad des jeweiligen Partners profitiert.

Ein großer Unterschied zwischen FinTechs und Banken ist die große Entscheidungsmacht des Gründers bei Marketingthemen. Hinzu kommt, dass Abläufe in FinTechs als KMU eher kollegial und informal ablaufen [29, S. 1039]. KMU benötigen grundsätzlich keinesfalls große Budgets für einen aktiven Branding-Prozess [13, S. 342]. Oftmals kann der Kontakt mit Mitarbeitern als wichtigstes Sprachrohr des Unternehmens identifiziert werden [2, S. 344]. Dies ist unter anderem durch die besondere Kleinheit der KMU bedingt. Diese Schwäche der Kleinheit der FinTechs basiert auf deren besonderen Ressourcenlimitierung im Vergleich zu Banken. Im Gegensatz zum Großteil der anderen KMU betrachten FinTech als entrepreneurial KMU jedoch Marken, den Branding-Prozess und die Unternehmensreputation als kritische Erfolgsfaktoren. Zu letzteren kann ein

Großteil der FinTechs gezählt werden. Bei diesen werden die genannten Erfolgsfaktoren im Vergleich zu großen, multinationalen Unternehmen wie Banken sogar
besser integriert. Das liegt daran, dass bei großen Unternehmen diese Themen
mit einer Vielzahl von verschiedenen Personen abgestimmt werden müssen, die
sowohl innerhalb als auch außerhalb des Unternehmens angesiedelt sind. Durch
die Beteiligung der vielen Abteilungen und externen Experten verlangsamt sich
der Branding-Prozess von großen Unternehmen deutlich. Dies gilt insbesondere
bei Banken. Der Branding-Prozess bei FinTechs und anderen KMU ist direkt dem
Gründer oder einem kleinen Managementteam angesiedelt und kann mit flexiblen Strukturen gegenüber den großen Unternehmen punkten [29, S. 1041]. Hierdurch entwickelt sich zumindest in diesem Punkt die vermeintliche Schwäche der
Kleinheit der FinTechs nicht zu einem Wettbewerbsnachteil.

24.2.3 Besonderheiten der Online-Reputation

Bei der Informationsrecherche über Unternehmen spielt heutzutage das Internet
eine wichtige Rolle, weil dort in der Regel Informationen besser dokumentiert
und schneller recherchierbar sind. Dieser Effekt wird durch die Digitalisierung
der Finanzbranche zusätzlich verstärkt, weil das Internet in Zukunft als der wichtigste Vertriebskanal fungieren wird. Oft wird deshalb die Online-Reputation
als glaubwürdiger oder demokratischer als die Offline-Reputation bezeichnet.
Grundsätzlich kann jedoch eine Art der Unternehmensreputation nicht demokratischer oder glaubwürdiger sein als eine andere. Denn die Unternehmensreputation ist stets das individuelles Konstrukt des einzelnen Stakeholders oder die
Summe der individuellen Konstrukte aller Stakeholder. Auch ist ein Artikel in
einem Online-Portal nicht glaubwürdiger, als wenn dieser in klassischer Papierform erscheint. Durch die Online-Veröffentlichung gewinnt er an Reichweite
und kann leichter gefunden werden, jedoch wird seine grundsätzliche Glaubwürdigkeit nicht gesteigert. Dementsprechend kann die Online-Reputation lediglich
als transparenter bezeichnet werden. Ähnliches gilt auch für die Preissensibilität
von Online-Kunden, denen eine solche häufig ebenfalls in erhöhter Form zugeschrieben wird. Jedoch ist dieser Kunde unabhängig von einem Einkauf in der
digitalen oder realen Welt der gleiche Mensch und hat deshalb eine identische
Preissensibilität. Der Unterschied zwischen den beiden Kanälen besteht dementsprechend nur darin, dass der Kunde durch die erhöhte Informationstransparenz
seinen individuellen Präferenzen besser nachgehen kann. Die Online-Reputation
ist deshalb auch nur das digitale Teilabbild der generellen Unternehmensreputation. Somit erhalten die allgemeinen Erfolgsfaktoren der Unternehmensreputation

wie Ehrlichkeit, Expertise oder Transparenz für die Online-Reputation höchste Bedeutung, weil eine Verknüpfung zwischen Internet und Realität besteht. Durch diese Verknüpfung der beiden Ebenen ist es nur eine Frage der Zeit, bis die erlebten Stakeholdererfahrungen im Internet veröffentlicht werden. Somit helfen zwar spezielle Erfolgsfaktoren der Online-Reputation durch zum Beispiel ein professionelles Online-Reputationsmanagement, um einen Schutzwall vor negativer Online-Reputation aufzubauen, aber die beste Vorsorge für positive Online-Reputation bleibt ein ehrlicher und transparenter Umgang mit den Kunden.

Insgesamt kann diese Problematik wie in Abb. 24.1 dargestellt werden. Hierbei wird die sichtbare Online-Reputation (X) als Spitze des Eisbergs dargestellt. Dazu gehören alle im Internet dokumentierten reputationsbeeinflussenden Elemente. Als Beispiele können hierbei generelle Bewertungen und Artikel auf Online-Portalen und Blogs sowie die Ergebnisse in Suchmaschinen bei einer Online-Recherche oder persönliche Meinungen in sozialen Netzwerken genannt werden. Durch dieses digitale Abbild der generellen Unternehmensreputation ist immer die vollständige Online-Reputation sichtbar. Denn nur was im Internet dokumentiert ist, kann als digitales Abbild bezeichnet werden. Bei noch nicht im Internet veröffentlichten Erfahrungsberichten oder Meinungen der Stakeholder handelt es sich somit um Offline-Reputation. Laut den Experten ist ein Großteil dieser Offline-Reputation nicht sichtbar und wird von nicht-kommunizierten persönlichen Meinungen und Erfahrungen bestimmt. Diese werden meist nur auf

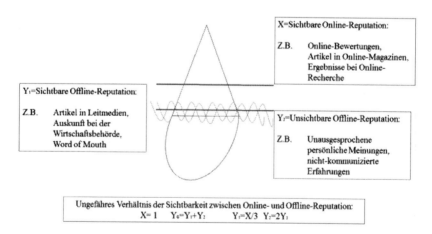

Abb. 24.1 Problematik der Sichtbarkeit von Unternehmensreputation. (Eigene Darstellung)

explizite Nachfrage verraten und durch die Kommunikation automatisch für den Fragenden sichtbar. Die unsichtbare Offline-Reputation (Y2) stellt in Abb. 24.1 den unteren nicht sichtbaren Teil des Eisbergs dar, der sich unter Wasser befindet. Die sichtbare Offline-Reputation (Y1) basiert vor allem auf kommunizierten Markenerlebnissen der Stakeholder, Artikeln in den klassischen Medien und Informationen bei klassischen Anlaufstellen, wie beispielsweise der Wirtschaftsbehörde. Die Recherche der sichtbaren Offline-Reputation ist deutlich zeitaufwendiger, weil sie nicht wie im Internet durch die Nutzung von qualitativ hochwertigen Suchmaschinen unterstützt wird. Hierdurch finden die Suchenden laut Expertenmeinung bei einer Offline-Recherche maximal ein Drittel der digitalen Informationen und haben zusätzlich hierbei noch einen deutlich höheren Suchaufwand.

Grundsätzlich gilt jedoch: Auch wenn die gesamte Online-Reputation im Internet sichtbar ist, so ist trotzdem niemals die gesamte Unternehmensreputation als Online-Reputation erkenntlich. Durch die erhöhte Transparenz der Online-Reputation erfolgt somit keine Änderung der nicht ausgesprochenen unsichtbaren Offline-Reputation. Die Transparenz der Online-Reputation hilft jedoch den Unternehmen und seinen Stakeholdern bei der Wahrnehmung der Reputation und des öffentlichen Bildes des jeweiligen Unternehmens.

24.3 Auswirkung der Digitalisierung auf die Banken

Derzeit ist ein Trend zu erkennen, dass die physische Flächenpräsenz des Filialnetzes immer weiter reduziert wird und im Gegenzug die digitalen Kanäle stärker ausgebaut werden [6, S. 11, 25, S. 8]. Hierdurch verlieren Flächeninstitute weiter an Differenzierungsmöglichkeiten und gleichen sich immer mehr Direktbanken und anderen Banken an. Dies hat zur Folge, dass die Banken sich immer ähnlicher und somit austauschbarer werden. Bei dem derzeitig bevorzugten Ziel einer verstärkten digitalen Kundenbeziehung bleibt derzeit noch die Frage offen, wodurch sich die verbleibenden Banken zukünftig noch untereinander unterscheiden können und wollen [25, S. 7 ff.].

Um in der neuen dynamischen und sich stetig wandelnden Umwelt bestehen zu können, müssen Banken kontinuierlich nach Wettbewerbsvorteilen suchen. Ein möglicher Wettbewerbsvorteil könnte die Generierung einer innovativen Marke sein. Die steigende Relevanz des Daseins der Bank als Marke wird auch von führenden Unternehmensberatungen bestätigt [6, S. 11]. Durch den verstärkten Fokus auf die digitale Kundenakquise erhält das Internet beim Aufbau der Marke und Bankenreputation eine besondere Bedeutung. Hierbei müssen jedoch die in Abschn. 24.2.3 aufgezeigten Besonderheiten der Online-Reputation berücksichtigt werden.

Für den Aufbau einer innovativen Marke oder innovativen Reputation sind jedoch erfolgreiche Innovationen notwendig. Eine Innovation unterscheidet sich von einer guten Idee oder einer Erfindung in der Tatsache, dass die Innovation vom Markt angenommen wird. Durch die erfolgreiche Befriedigung solcher Marktbedürfnisse in Kombination mit der Verwendung von neuen Technologien würden diese Banken dementsprechend von ihren Kunden als sehr innovativ, zukunftsgerichtet und kundenbedürfnisorientiert wahrgenommen werden. Denn erfolgreiche Innovationen basieren auf der Kombination von technologischen Möglichkeiten und Lösungsvorschläge für unbefriedigte Marktbedürfnisse [19, S. 4]. Zusätzlich würde das Vertrauen in außergewöhnliche Leistungen steigen, das durch die Finanzmarktkrise signifikant gesunken ist. Mit einer solchen Positionierung könnte sich das Institut von traditionellen Banken differenzieren, die in der breiten Öffentlichkeit als nicht besonders innovativ wahrgenommen werden. Die fehlende Innovationsfreude bei Banken wird auch durch eine Befragung der Entscheidungsträger von Banken durch das Fraunhofer Institut bestätigt. Dort gaben die Befragten an, dass drei von vier Leuchtturmvorhaben der Optimierung der organisatorischen Abläufe im Kontext der Digitalisierung, der Umsetzung von Kostensenkungsmaßnahmen und der Umsetzung von regulatorischen Maßnahmen dienen. Die Investitionen in neue Lösungen und die Erschließung neuer Märkte wurde hierbei nicht genannt [4, S. 7].

Die wichtigsten Auswirkungen des Internets auf den Markt sind die Reduzierung von Suchkosten für potenzielle Kunden, die daraus folgende Reduzierung der Unternehmensmargen, geringere Markteintrittskosten, der daraus entstehende stärkere Wettbewerb auf den Produktmärkten, die Reduzierung der Informationsasymmetrien zwischen Käufer und Verkäufer, eine erhöhte Aufmerksamkeit für Kundenbedürfnisse und den wahrgenommenen Wert sowie die besondere Betonung von individuellen Informationen und individuell zugeschnittenem Marketing [16, S. 393]. Die Reduzierung von Informationsasymmetrien der Käufer, die geringeren Markteintrittskosten und die Reduzierung der Unternehmensmargen setzen die Banken im Zuge der Digitalisierung unter Druck. Durch die geringen Suchkosten im Internet werden ineffiziente Unternehmen schneller aus dem Markt gedrängt. Denn diese Unternehmen können nur so lange im Wettbewerb bestehen, wie die Informationsasymmetrie über bessere und kostengünstigere Alternativen für den Kunden bestehen bleibt [34, S. 16]. Zwar besitzen Banken milliardenschwere Rücklagen und dementsprechend verlangsamt sich eine mögliche Marktverdrängung, jedoch werden die Banken trotzdem zum Handeln und zur Anpassung ihres Geschäftsmodells an die Digitalisierung gezwungen. Denn der aktuelle Stand der Forschung zeigt, dass durch den Absatzmarkt des Internets die Ressourcenknappheit und die Unbekanntheit eines Unternehmens verringert und die Internationalisierung im Vergleich zur traditionellen Expansion mit Vertriebsmitarbeitern beschleunigt werden kann. Durch das Internet verringern sich die Reise- und Distributionskosten sowie die Notwendigkeit von verschiedenen Markteintrittsstrategien für unterschiedliche Länder [3, S. 288]. Hierbei bietet das Internet eine Plattform, auf der sich kleine und mittlere Unternehmen auf gleichem Niveau mit den großen multinationalen Konzernen messen und dabei vor allem schnell und wirtschaftlich expandieren können [22, S. 94]. Dies gilt insbesondere für die FinTechs in der Bankenbranche.

Diesem verstärkten Wettbewerb können Banken einerseits mit neuen Innovationen begegnen, um sich im Verdrängungswettbewerb zu behaupten. Andererseits können Banken sich auch bewusst diesem Wettbewerb entziehen und die Rolle einer Transaktions- oder einer Portfoliobank wählen. Jedoch ist auch hierfür ein hoher Digitalisierungsgrad notwendig. Denn nur ein solcher erlaubt die hoch flexible Integration von Dienstleistungen Dritter in die eigenen Prozessabläufe zu günstigsten Transaktionskosten. Angesichts der kritischen Marktlage und des derzeitigen Niedrigzinsniveaus müssen Banken reagieren, um im Verdrängungswettbewerb untereinander, mit den FinTechs und möglicherweise auch mit den großen Technologieunternehmen zu bestehen. Andernfalls werden Banken in die Rolle des unfreiwilligen Abwicklers gedrängt und so ihres Kundenkontakts und der eigenen Provisionen beraubt. Insgesamt werden der digitale Strukturwandel [8, S. 36] und die Kräfte des Internets von den Banken noch immer unterschätzt. Dementsprechend hinken Banken den FinTechs bei dem Thema Digitalisierung hinterher, was auch daran liegt, dass Banken eher an Insellösungen arbeiten. Den Banken ist derzeit noch nicht bewusst genug, dass der Mensch nicht nur bei vielen nicht wissensintensiven Finanzdienstleistungen durch die Maschine ersetzt werden kann, sondern eigentlich bei jeder Dienstleistung und fast jedem Prozess. Die einzige Ausnahme stellt hierbei das Eingehen auf außergewöhnliche Kundenwünsche dar, die nicht regelbasiert beantwortet werden können und menschliche Interaktion möglicherweise notwendig machen. Dementsprechend wird die soziale und emotionale Intelligenz wichtigster Faktor bei der menschlichen Beratung. Grundsätzlich lässt sich jedoch sagen, dass es zwar dauerhaft beratungsintensive Produkte geben wird, diese jedoch in Zukunft signifikant weniger werden [11, S. 5 ff.].

24.4 Banken und Innovationen: ein Widerspruch?

Die Historie zeigt einige prominente Beispiele, in denen visionäre Gründer eine innovative Idee hatten, wie man ein bisheriges Geschäft digital umkrempeln könnte und dieses mit ihrem Start-up in ein marktfähiges Angebot mit der Folge entwickelten, dass nur wenige Jahre später frühere Marktführer aus dem Markt gedrängt wurden. Dies gilt insbesondere für Videotheken, Lexikonverlage oder Hersteller von Analogfilmen [12, S. 2]. Häufig stellt sich deshalb die Frage, ob der Finanzdienstleistungsbranche ein ähnlicher Wandel bevorsteht.

Zumindest hält dies eine Großzahl der Entscheidungsträger der Banken für realistisch. Diese wurden bei einer Studie befragt und knapp 80 % der Entscheidungsträger der Banken glauben, dass sich die Ertragssituation ihrer Bank bis 2019 nicht verbessern wird. Fast 60 % der Befragten vermuten sogar, dass es langfristig zu einer Verschlechterung der Ertragssituation ihrer Bank kommen wird [4, S. 6]. Diese Einschätzung hängt an verschiedenen Faktoren wie dem sinkenden Zinsniveau, den regulatorischen Vorgaben sowie verschiedenen makro- und mikroökonomischen Faktoren. Ein nicht zu unterschätzender Grund ist jedoch, dass die neue Generation der Bankkunden sich immer weiter dem Thema Innovationen öffnet und generell für Veränderungen und neue Produkten so offen wie nie zuvor ist. Dies zeigt sich auch dadurch, dass die Nutzung von Mobile Banking rapide ansteigt und im Jahr 2020 fast die Hälfte aller deutschen Bankkonten digital eröffnet werden [12, S. 2]. Ein Smartphone als Voraussetzung für eine mobile Transaktion besitzt inzwischen mehr als die Hälfte aller Deutschen. Auch werden bis zum Jahr 2020 die Zahl der Spar- und Anlageprodukte, die inzwischen online gekauft werden, von derzeit 20 % auf 35 % ansteigt [12, S. 3]. Besonders die Themen Digitalisierung und mobile Lösungen gehören zu den Stärken der FinTechs, welche mittelfristig sowohl Partner als auch Herausforderer der Banken sein werden [12, S. 2]. Dementsprechend wird das Zeitfenster zur Entwicklung und Umsetzung von neuen Geschäftsmodellen für die Banken kontinuierlich kleiner und der Handlungsdruck der Entscheider steigt somit stark an [4, S. 5].

Für Banken ist die Herausforderung durch den zunehmenden Wettbewerb mit den FinTechs groß. Oftmals werden die regulatorischen Vorgaben als Innovationshemmnis genannt. Jedoch kommt KPMG in einer Studie zu dem Ergebnis, dass die regulatorische Vorgaben Innovationen zwar einerseits sehr stark einschränken, aber andererseits strenge regulatorische Vorgaben auch das innovative Denken fördern [21, S. 33]. Jedoch genügt es nicht nur, auf die strengen, regulatorischen Vorgaben zu verweisen, denn bei Untätigkeit der Banken könnten diese ca. 30 bis 40 % ihrer Erträge an die neuen Wettbewerber durch Kundenabwanderung und schrumpfende Margen verlieren. Als weiteres mögliches Risiko kann das erhöhte operative Risiko durch die Digitalisierung der Branche genannt werden. Bei einer konsequenten Digitalisierung ihrer gesamten Wertschöpfungskette könnten hingegen im Idealfall die Erträge um bis zu 50 % gesteigert werden. Das größte Einsparungspotenzial besteht hierbei in der Reduzierung von operativen Kosten durch Automatisierung und Digitalisierung der Prozesse. Das größte Potenzial zur Steigerung der Umsätze besteht für Banken durch die Integrierung von neuen innovativen Produkten sowie der effizienteren Datennutzung im Bereich Cross Selling und Differenzierung im digitalen Vertrieb bei bestehenden Produkten. Hierfür wäre ein grundlegendes Umdenken notwendig, weil in diesem Fall Innovationen zwanghaft ein Teil der neuen Banking-DNA werden müssten, die wiederum ganzheitlich alle Geschäftsbereiche erfasst [12, S. 6]. Die möglichen Chancen und Risiken der Banken hierzu werden in Abb. 24.2 passend zusammengefasst.

Grundsätzlich haben Banken auch in Zukunft gute Voraussetzungen, um im Wettbewerb zu bestehen. Besonders der große eigene Kundenstamm ermöglicht es den Banken neue digitale Lösungen schnell und höchst effizient im großen Maßstab umzusetzen [12, S. 6]. Hierdurch müssen Banken bei weniger innovativen Erneuerungen nicht immer zwanghaft First Mover sein. Durch den beschriebenen fehlenden Patentschutz für digitale Geschäftsmodelle wird dieser Effekt zusätzlich verstärkt.

Die Banken stehen vor der Wahl zwischen einer intelligenteren Nutzung ihrer eigenen riesigen Datenbestände und der daraus entstehenden Umwandlung ihrer Geschäftsmodelle oder der Bildung von strategischen Allianzen mit den neuen Start-ups [23, S. 8 ff.]. Weitere Stärken der Bank sind ihr breites Produktportfolio und vor allem ihre starke, vertrauenswürdige Marke, welche besonders in der Vermögensverwaltung ein Wettbewerbsvorteil sind. Auch spielt die deutsche Gesetzgebung mit dem Kreditwesengesetz den Banken in die Karten, denn durch dieses dürfen FinTechs Darlehen meist nur in Zusammenarbeit mit einer Partnerbank anbieten. Hierdurch können neue Geschäftschancen für vereinzelte Banken entstehen. Der größte Vorteil der Banken ist jedoch, dass diese in der Regel über

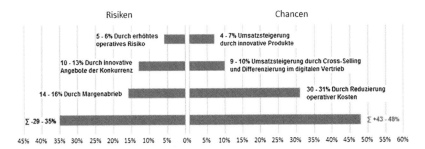

Abb. 24.2 Auswirkung der Digitalisierung auf den Ertrag der Banken. (Eigene Darstellung in Anlehnung an [12, S. 5])

ausreichende Finanzmittel verfügen, um im großen Stil in Innovationen, Partnerschaften und Übernahmen zu investieren und technologische und regulatorische Marktpenetrationshürden zu meistern [12, S. 6].

Dies gilt jedoch nicht für alle Banken. Manche Banken sind für das neue Wettbewerbsumfeld unzureichend gerüstet. Diese haben sich zu lange auf den profitablen Ergebnissen der Vergangenheit ausgeruht und hatten wenige Anreize, ihre eigenen Geschäftsfelder zu kannibalisieren und Innovationen intern im Haus voranzutreiben. Inzwischen stehen Innovationen bei allen Banken in irgendeiner Form auf der Agenda, jedoch werden diese angesichts bestehender Zielkonflikte nicht immer konsequent umgesetzt [12, S. 6]. Diese Banken müssen sich jedoch die Frage gefallen lassen, wie sie wirkliche Innovationen entwickeln möchten, wenn sie sich mit ihren Ideen nicht von ihren Wettbewerbern absetzen können [26, S. 6 ff.]. Eine weitere Schwäche dieser Banken ist die inkonsequente Kundenorientierung. In vielen Banken werden die Probleme noch immer nicht aus dem Blickwinkel des Kunden, sondern eher aus einer internen Perspektive betrachtet. Dies unterscheidet Banken von innovativen FinTechs [12, S. 6 ff.]. Eine Kundenzentrierung der Banken in Form einer stringenten Kundenorientierung könnte viele neue Impulse in die Häuser bringen. Hierbei müssten jedoch die punktuellen Auseinandersetzungen mit den Kunden durch einen kontinuierlichen Dialog ersetzt werden [26, S. 7]. Ein weiterer Unterschied zu FinTechs ist, dass Banken bisweilen versuchen, vieles auf einmal anzugehen, anstatt sich ganz gezielt auf bestimmte Ideen zu konzentrieren. Zusätzlich müssten Banken außerdem ein nachhaltiges Umfeld für Innovationen schaffen [8, S. 36 ff.]. Dieses ist derzeit nicht gegeben, wie eine Analyse der derzeitigen Innovationen in Banken zeigt.

Bei 40 analysierten Banken wurden insgesamt 227 Innovationen registriert. Jedoch relativiert sich diese recht beeindruckende Zahl bei genauerer Betrachtung, da nur zehn Prozent der Innovationen ein Alleinstellungsmerkmal aufweisen. Bei den restlichen 90 % handelt es sich um „Me-too"-Innovationen. Hinzu kommt, dass viele der registrierten Innovationen gar nicht von den Banken stammen. Insgesamt 19 % der Bankinnovationen werden direkt von FinTechs geliefert. Von den restlichen 81 % sind der Großteil ebenfalls White-Label-Produkte oder -Services, auch wenn diese nicht als Fremdlösungen deklariert sind. Bei der Gesamtbetrachtung der Innovationen fällt zudem auf, dass der Innovationsgrad insgesamt eher gering ist. Denn es konnten keine radikalen Innovationen identifiziert werden und keine der registrierten Innovationen hat ein hohes Markt- und Problemlösungspotenzial. Auch werden in den Innovationen kaum neue Märkte adressiert. Dementsprechend können die Ziele der Innovationen als wenig visionär eingestuft werden. Insgesamt wurden 65 % der Innovationen als semi-radikal und die restlichen 35 % sogar nur als inkrementell eingestuft werden [31, S. 66].

Aufgrund der beschriebenen fehlenden Differenzierbarkeit zwischen den einzelnen Banken, dem hier verstärkt gelegten reputationstechnischen Fokus auf das Thema Sicherheit und dem niedrigeren Innovationsgrad der neuen Innovation im Bankensektor gewinnt eine innovative Reputation an Bedeutung. Hierdurch würde für die Bank ein Alleinstellungsmerkmal und nachhaltiger Wettbewerbsvorteil entstehen, mit dem sie sich von allen Wettbewerbern stark differenzieren könnte. Die Ergebnisse der Unternehmensberatung PASS Consulting suggerieren zudem, dass ein Großteil der Bankinnovationen White-Label-Lösungen sind, aber generell keine der Bankinnovationen als radikal eingestuft wurde. Aus diesem Ergebnis könnte man ableiten, dass sich eine wirklich innovative Bank auch von vielen FinTechs und deren Innovationsgrad positiv differenzieren könnte. Hinzu kommt noch, dass der Aufbau einer innovativen Reputation derzeit noch relativ einfach möglich ist. Denn wie in der Studie von PASS Consulting und in diesem Beitrag beschrieben, befinden sich die Banken derzeit in einem bezüglich des Innovationsgrads eher trägen Umfeld. In einem solchen Umfeld lässt es sich tendenziell immer leichter glänzen als in einem besonders innovationsfreudigen Umfeld.

Eine Analogie hierzu kann der Vergleich beim Wirtschaftswachstum eines Industriestaates und eines Entwicklungslandes sein. Der Industriestaat wächst eventuell in absoluten Zahlen stärker als das Entwicklungsland und doch kann es sein, dass das Entwicklungsland ein höheres prozentuales Wachstum hat, da als Basis das Vorjahr genommen wird. Der Industriestaat wäre in diesem Fall ein innovatives Unternehmen in einem innovationsfreudigen Umfeld und das Entwicklungsland ein weniger innovatives Unternehmen in einem deutlich weniger innovationsfreudigen Umfeld. Ein weiteres Beispiel für die Besonderheiten von innovationsträgen Umfeldern ist die Einführung des iPhones von Apple in den Handymarkt, wodurch sich Apple eine Reputation als radikaler Innovationsführer in diesem Segment aufgebaut hat. Dies geschah in einem eher wenig innovativen Umfeld, in dem es zu der Zeit vor allem nur inkrementelle Verbesserungen der Vorgängermodelle gab. Inzwischen gilt der Smartphone-Markt als besonders innovativ und es vergeht kaum ein Monat, in dem keine neue Innovation auf dem Markt kommt. Dementsprechend fällt es Apple trotz stetig neuer Innovationen schwer, den Ruf des radikalen Innovationsführers aufrechtzuerhalten. Deshalb sollten die Banken nun die Chance nutzen und sich in diesem noch relativ innovationsträgen Umfeld auf den Aufbau einer innovativen Reputation konzentrieren. Dies wird jedoch nur gelingen, wenn der Vorstand die digitale Transformation vorantreibt und diese wirklich zur strategischen Priorität erklärt wird [12, S. 6].

24.5 Fazit

Zusammenfassend lässt sich sagen, dass die Banken die Gunst der Stunde begreifen müssen. Denn die Digitalisierung bedeutet Chance und Risiko zugleich. Es wird nie wieder einfacher, sich eine innovative Reputation aufzubauen und sich mit einer solchen nachhaltig von den bestehenden Wettbewerbern zu differenzieren. Wichtig ist hierbei zu begreifen, dass für eine innovative Reputation reale Innovationen notwendig sind. Dementsprechend genügt es allerdings nicht, die Innovationen von seinen Wettbewerbern zu kopieren, weil hierdurch kein Differenzierungsmerkmal zur bestehenden Konkurrenz entsteht. Ein solches Differenzierungsmerkmal kann nur durch radikalere Innovationen und einer aktiveren Kommunikation über den eigenen Innovationsgrad geschehen. Hierfür muss der Kunde jedoch stärker in das Zentrum des Handelns der Banken gerückt werden. Dies gilt sowohl für die jeweiligen Innovationen als auch für die Kommunikation der innovativen Reputation. Einerseits muss bei den vermeintlichen Innovationen der jeweilige Kundennutzen berücksichtigt werden und andererseits muss der Kunde in jedem Kontakt mit dem Unternehmen das innovative Image des Unternehmens erleben. Zugleich bedeutet das Verharren in der Ist-Situation Rückstand, weil sich die äußeren Umweltfaktoren beschleunigt haben und sich der Wettbewerb mit neuen und bestehenden Technologienunternehmen intensiviert hat. Zwar werden Banken für einzelne Bereiche des Zahlungsverkehrs (Konto, Kontoausführung und Zahlung im Internet) weiterhin wichtig bleiben [7, S. 25 ff.], aber die Banken müssen ihre Marken zu einer stärkeren emotionalen Verbindung mit dem Kunden [23, S. 7 ff.] zu dem Thema Innovationen verändern. Hierfür müssen Banken jedoch ihre Kultur in Richtung Innovationen anpassen und an die veränderten Kundenerwartungen anpassen [23, S. 9 ff.]. Denn grundsätzlich ist eine Zukunft, in der die Banking-Kerndienstleistungen außerhalb der regulierten Banken angeboten werden möglich [6, S. 8]. Hinzu kommt noch, dass durch verringerte Markteintrittsbarrieren des Internets, Start-ups aus dem FinTech-Bereich inzwischen als konstante Kraft angesehen werden können. Aus diesem Grund muss in Zukunft auch die Regulierung angepasst werden. Hierbei muss diese, anstatt wie bisher einzelne Institutionen zu überwachen, ihren Fokus auf die jeweiligen Dienstleistungen und Märkte legen.

Zwar wird ein Großteil der derzeitigen FinTechs wieder aus den Markt austreten, aber in Zukunft werden immer wieder neue Start-ups mit neuen Ideen und Innovationen in den Markt eintreten [9, S. 24 ff., 10, S. 35] Zwar wird nicht jede Innovation disruptiv sein, aber die konstante Bedrohung von möglichen disruptiven Innovationen bleibt bestehen. Dementsprechend müssen Banken ihre Dienstleistungen, Produkte und ihre internen sowie externen Prozesse agiler aufstellen, um möglichst schnell neue Technologien antizipieren zu können. Ein weiterer Vorteil wäre, dass die Banken unkomplizierter als bisher strategische Allianzen eingehen könnten. Der Schlüssel zum zukünftigen Erfolg wird in offenen APIs liegen [11, S. 21].

Banken haben derzeit noch Wettbewerbsvorteile gegenüber den FinTechs [5, S. 11]. Eine beispielhafte Untersuchung von Kreditmarktplätzen in England zeigt, dass die Kostenvorteile von FinTechs kleiner sind als der Vorteil der Banken, dass diese deutlich mehr Kunden besitzen. Auch besitzen die FinTechs nur einen temporären Innovationsvorsprung. Dementsprechend werden FinTechs Banken nicht vollständig ersetzen können, weil sie noch keine ebenbürtigen Konkurrenten sind und eher als komplementäre Ergänzung im Bankmarkt agieren [10, S. 35]. Trotz ihrer derzeitigen Wettbewerbsvorteile gegenüber FinTechs müssen Banken jedoch ihre Hauptrolle in der Gesellschaft wiederentdecken, um in Zukunft wettbewerbsfähig zu bleiben [6, S. 11]. Bei der Kommunikation nach außen zu diesem Thema würde eine innovative Reputation aktiv helfen. Hinzu kommt, dass nach dem Aufbau einer innovativen Reputation die eigenen innovativen Produkte subjektiv noch innovativer wahrgenommen werden. Dementsprechend gilt es ganz nach dem Beispiel von Steve Jobs bei Apple nicht nur Innovationen zu erfinden, sondern diese auch dementsprechend zu kommunizieren und zu vermarkten.

24.6 Handlungsempfehlungen

Aus diesem Beitrag können wichtige Schlüsse für das zukünftige Handeln gezogen werden. Die jeweiligen Chancen und Risiken für Banken durch die Digitalisierung wurden ausführlich dargestellt. Durch die Analyse der entstandenen Ergebnisse lassen sich verschiedene Handlungsempfehlungen für die Praxis ableiten. Die wichtigsten Handlungsempfehlungen für die Praxis werden hier noch einmal zusammengefasst aufgezählt und lauten folgend:

▶ 1. Banken müssen Chancen der Digitalisierung begreifen, ohne die Risiken außer Acht zu lassen.

   2. Banken müssen sich überlegen, wie sie sich von ihren Wettbewerbern nachhaltig differenzieren können.

   3. Banken brauchen hierfür einen Kulturwechsel, in dem Innovationen zur neuen Banking DNA gehören.

   4. Banken müssen den Mut haben, ihr eigenes Business Model zu kannibalisieren und den Fokus auf radikale Innovationen legen.

5. Banken müssen aktiv agieren und aufhören, nur auf externe Einflüsse wie Regulatorik oder FinTechs zu reagieren.
6. Banken müssen sich stärker auf einzelne Innovationsthemen fokussieren und in diesen in kleineren Projektteams agieren, um agiler zu werden.
7. Es genügt nicht, nur innovativ zu sein, die eigenen Innovationen müssen aktiver kommuniziert und besser vermarktet werden als bisher, um eine innovative Reputation aufzubauen.
8. Denn für eine innovative Reputation sind zwar Innovationen notwendig, aber das subjektive Empfinden des Kunden ist stets wichtiger als die objektive Innovationsführerschaft.

Mit der Befolgung dieser Handlungsempfehlungen für die Praxis wird sich für die Banken die Wahrscheinlichkeit erhöhen, dass sie als ein Gewinner der Digitalisierung hervorgehen werden. Denn ähnlich wie auch bei den FinTechs wird es in den kommenden Jahren zu einer Marktbereinigung kommen, mit einigen Verlierern und wenigen Gewinnern. Doch solange die Kunden die eigenen Produkte als besonders innovativ ansehen, gibt es für sie wenige Gründe, die Bank zu verlassen. Hinzu kommt, dass eine solche innovative Reputation auch dabei helfen wird, die potenziellen Kunden von der eigenen Bank zu überzeugen, die auf der Suche nach einem neuen Finanzdienstleister sind.

Literatur

1. Abimbola, T., & Kocak, A. (2007). Brand, organization identity and reputation: SMEs as expressive organizations. Qualitative Market Research, 416–430.
2. Abimbola, T., & Vallaster, C. (2007). Brand, organisational identity and reputation in SMEs: an overview. Qualitative Market Research, 341–348.
3. Arenius, P., Sasi, V., & Gabrielsson, M. (2006). Rapid internationalisation enabled by the Internet: The case of a knowledge intensive company. Journal of International Entrepreneurship, 279–290.
4. Bauer, W. (2015). Trendstudie Bank & Zukunft 2015 – Aufbruch zu neuen Kundenerlebnissen und Services in der digitalen Ökonomie. Stuttgart: Fraunhofer Institut.
5. Berthon, P., Ewing, M., & Napoli, J. (2008). Brand mangement in small and medium-sized enterprises. Journal of Small Business Managment, 27–45.
6. Brereton, C., Kennedy, M., Spratt, P., & Hewer, J. (2014). The future shape of banking. London: PwC.
7. Cofinpro AG. (2015). FinWeb Barometer Digitales Banking 2015. Frankfurt am Main: Cofinpro AG.

8. Dapp, T. F. (2014). Fintech – Die digitale (R)Evolution im Finanzsektor. Frankfurt am Main: Deutsche Bank Research.
9. Dapp, T. F. (2015). Fintech reloaded – Die Bank als digitales Ökosystem. Frankfurt am Main: Deutsche Bank Research.
10. Deloitte. (2016). A temporary phenomen? Marketplaxe lending. London: Deloitte.
11. Deutsche Bank AG. (2015). Fintech 2.0: Creating new opportunites through strategic alliance. Frankfurt am Main: Deutsche Bank AG.
12. Drummer, D., Jerenz, A., Siebelt, P., & Thaten, M. (2016). Fintech – Herausforderungen und Chance. x: McKinsey&Company.
13. Eggers, F., O´Dwyer, M., Kraus, S., Vallaster, C., & Güldenberg, S. (2012). The impact of brand authenticity on brand trust and SME growth: A CEO perspective. Journal of World Business, 340–348.
14. Eisenegger, M. (2005). Reputation in der Mediengesellschaft. Wiesbaden: VS Verlag.
15. Goedde-Menke, M., Langer, T., Pfingsten, A., & Sträter, N. (2009). Bankenimage und Finanzmarktkrise: was Sparer über Einlagensicherheit wissen und wie sie Banken (ein)schätzen. Köln: Deutsches Institut für Altersvorsorge.
16. Grewal, D., Iyerb, G. R., Krishnanc, R., & Sharma, A. (2003). The internet and the price–value–loyalty chain. Journal of Business Research, 56, 391–398.
17. Horan, G., O'Dwyer, M., & Tiernan, S. (2009). Exploring management perspectives of branding in service SMEs. Journal of Services Marketing, 25 (2), 114–121.
18. Horster, E. (2013). Reputation und Reiseentscheidung im Internet: Grundlagen, Messung und Praxis. Wiesbaden: Springer Gabler.
19. Just, T., Müller, M., Orszullock, C., Maurin, M. A., & Hesse, M. (2014). Innovationen in der Immobilienwirtschaft. Regensburg: International Real Estate Business School, Universität Regensburg.
20. Kotha, S., Rindova, V. P., & Rothaermel, F. T. (2001). Assets and actions: Firm-specific factors in the internationalization of U.S. internet firms. Journal of International Business Studies, 32 (4), 769–791.
21. KPMG. (2014). "Bank Challenger" im Zahlungsverkehr. Frankfurt am Main: KPMG.
22. Loane, S., McNaughton, R. B., & Bell, J. (2004). The internationalization of internet-enabled entrepreneurial firms: Evidence from Europe and North America. Canadian Journal of Administrative Sciences, 21 (1), 79–96.
23. McKinsey & Company. (2015). Cutting Through the FinTech Noise: Markers of Success, Imperatives For Banks. London: McKinsey & Company.
24. Merz, M. A., He, Y., & Vargo, S. L. (2009). The evolving brand logic: a service-dominant logic perspective. Journal of the Academy of Marketing Science, 328–344.
25. Picot, A., Reichwald, R., & Wigand, R. T. (2003). Die grenzenlose Unternehmung: Information, Organisation und Management. Lehrbuch zur Unternehmensführung im Informationszeitalter. Wiesbaden: Gabler.
26. Praeg, C.-P., & Schmidt, C. (2015). Trendstudie Bank & Zukunft 2015. Stuttgart: Fraunhofer Verlag.
27. Rauber, S. (2014). Unternehmensreputation und Medien. Wiesbaden: Springer Gabler.
28. Reuber, A. R., & Fischer, E. (2011). International entrepreneurship in internet-enabled markets. Journal of Business Venturing, 660–679.
29. Roberts, P. W., & Dowling, G. R. (2002). Corporate reputation and sustained superior financial performance. Strategic Management Journal, 1077–1093.

30. Spence, M., & Essoussi, L. H. (2010). SME brand building and management: an exploratory study. European Journal of Marketing, 1037–1054.
31. Spietz, C., Wietheger, L., & Kempf, L. (2016). Innovation Report Banking 2016. Aaschafenburg: PASS IT-Consulting.
32. Vallaster, C. (2010). Corporate Branding von Start-Ups – Der erfolgreiche Aufbau der Unternehmensmarke. ZfKE, 329–335.
33. Vargo, S. L., & Lusch, R. F. (2004). Evolving to a New Dominant Logic for Marketing. Journal of Marketing, 1–17.
34. Ward, M. R., & Lee, M. J. (2000). Internet shopping, consumer search and product branding. Journal of Product & Brand Management, 6–20.
35. Wong, H. Y., & Merrilees, B. (2005). A brand orientation typology for SMEs: a case research approach. Journal of Product & Brand Management, 155–62.

Über den Autor

Pidder Seidl arbeitet bei der comdirect bank im Bereich Innovationmanagement und Business Development. Hierbei hat er sich intensiv mit den Thema Banken, FinTechs und Innovationen in der Finanzbranche im Rahmen einer Studie über die Zukunft des Bankings im Jahr 2025 beschäftigt. Vor seiner Zeit bei der comdirect bank hatte er sein eigenes Start-up gegründet und war als selbstständiger Unternehmensberater tätig. Durch verschiedene Auslandssemester und Studienreisen konnte er Vorlesungen an sieben Universitäten in sechs verschiedenen Ländern aus drei Kontinenten besuchen. Dazu gehörten unter anderem auch die renommierte Stanford University, ETH Zürich und Berkeley University. Seine Studienabschlüsse machte er an der Universität Liechtenstein in Master of Science: Entrepreneurship und an der Universität Hamburg in Bachelor of Arts: Sozialökonomie mit Schwerpunkt Marketing.

Die Finanzdienstleistungsbranche nach der digitalen Transformation

25

Was leisten Finanzdienstleister der Zukunft?

Christopher Schmitz, Jan-Erik Behrens und Francesco Pisani

Zusammenfassung

Nach vielen anderen Industrien wie dem Verlagswesen, der Musikindustrie und der Telekommunikationsbranche wurden auch Finanzdienstleister von den Veränderungen der digitalen Transformation erfasst. Doch wie werden Finanzdienstleister reagieren und wie wird ein erfolgreicher Finanzdienstleister nach der digitalen Transformation aussehen? Nachdem sich nun auch Datenriesen wie Google, Amazon, Facebook und Apple in der Wertschöpfungskette für digitale Finanzdienstleistungen positioniert haben, ist der Kampf um die Vorherrschaft in den sich abzeichnenden zukünftigen digitalen Ökosystemen für Finanzdienstleistungen voll entbrannt. Innovationstreiber sind hierbei insbesondere Tech-Start-ups, sogenannte FinTechs. Im Gegensatz dazu bieten etablierte Finanzdienstleister gegenwärtig noch nicht die für ihre Firmenkunden erforderliche Flexibilität und Innovationskraft an. Eine besondere Bedeutung kommt dabei durchgängig digitalisierten Prozessen zu, welche zur Hebung signifikanter Prozesseffizienzen führen können. Die Veränderungen am Front-End, die mit der Verbesserung der User Experience einhergehen, führen dabei

C. Schmitz (✉) · J.-E. Behrens · F. Pisani
Ernst & Young GmbH, Eschborn, Deutschland
E-Mail: christopher.schmitz@de.ey.com

J.-E Behrens
E-Mail: jan-erik.behrens@de.ey.com

F. Pisani
E-Mail: francesco.pisani@de.ey.com

© Springer Fachmedien Wiesbaden GmbH 2017
R. Smolinski et al. (Hrsg.), *Innovationen und Innovationsmanagement in der Finanzbranche*, Edition Bankmagazin, DOI 10.1007/978-3-658-15648-0_25

zu einem besonders intensiven Wettbewerb an der Kundenschnittstelle. In diesem Umfeld fordern Gesetzgeber und Regulatoren offene Schnittstellen für Drittdienstleister ein. Diese sollen im Verbund mit der neuen Flexibilität der Kunden bezüglich der Nutzung ihrer eigenen Daten neue, datenbasierende Geschäftsmodelle ermöglichen, welche die Produkt- und Dienstleistungslandschaft dauerhaft verändern werden. Welche Kernfunktionen werden Finanzdienstleister im Rahmen der digitalen Transformation bewahren und welche neuen Kernkompetenzen müssen sie entwickeln, um den Zugriff auf die nächste Generation der Kunden nicht zu verlieren?

25.1 Stand der Dinge

Seit Beginn der Finanzkrise befinden sich Banken in einem tief greifenden Umbruch. In Europa stellen neue Regulierungen und eine expansive Geldpolitik die traditionelle Ertragsquelle der Banken infrage. Es ist aber insbesondere die rasante und kontinuierliche technologische Entwicklung und das sich verändernde Kundenverhalten, das traditionelle Finanzdienstleister im Rahmen der Digitalisierung zwingt, ihre Geschäftsmodelle anzupassen. Filialen, die in der Vergangenheit aufgrund des persönlichen Kontakts zum Kunden eine der Säulen der Kundenbeziehung von Banken waren, verlieren mit der immer digitalaffineren Kundschaft schnell ihre einstmalige Bedeutung. Gleichzeitig, drängen globale Konzerne wie Google, Amazon, Facebook und Apple („GAFA") sowie Telekommunikationsanbieter wie Telefónica oder auch bekannte internationale elektronische Marktplätze wie Alibaba in die Finanzbranche. Das Interesse einiger dieser Player wurde erneut deutlich als Amazon, Apple und Google eine Kooperation mit dem Name „Financial Innovation Now" mit Intuit und PayPal schlossen [6]. Ziel der Kooperation ist es „Finanzdienstleistungen zugänglicher, sicher und bezahlbarer" [1] zu machen und damit zum weiteren Wachstum ihrer Plattformen beizutragen.

Der Erfolg von PayPal, das sich vom Start-up zu einem globalen Zahlungsdienstleister mit Millionen von Kunden entwickelt hat, verdeutlicht ebenfalls, dass die langfristige Verteidigung der Marktstellung eine proaktive Rolle der Banken erfordert, sich in der digitalen Welt zu positionieren. Banken konnten sich bis jetzt gegenüber FinTechs (Start-ups, die mit innovativen Geschäftsmodellen und innovativer Technologie Finanzdienstleistungen anbieten) in vielen Bereichen noch erfolgreich behaupten. Das Vertrauen der Bestandskunden in die etablierten Banken und regulatorische Auflagen nahmen hierbei eine bedeutende Rolle ein.

Bedingt durch das Gebot der Stunde, „Kooperation statt Disruption", streben die Finanzdienstleister eine enge Kooperation mit den Tech-Innovatoren an.

In Zukunft werden die Nutzung von Daten und die Integration mit anderen Dienstleistungen neue Möglichkeiten für die Finanzdienstleister eröffnen. Es ist davon auszugehen, dass Finanzdienstleister weiterhin eine systemrelevante Rolle spielen werden. In welcher Form und in welchem Umfang dies sein wird und ob es noch die gleichen Finanzdienstleister wie die heute etablierten Banken, Versicherungen und Vermögensverwalter sein werden, ist eine viel diskutierte Frage. Vieles deutet auf eine stärkere Fokussierung auf Kernkompetenzen hin. Sicher ist jedoch, dass Banken in den nächsten Jahren durch eine tief greifende Transformation gehen müssen, die sie vor die Entscheidung stellen wird, welche Rolle sie zukünftig einnehmen wollen: die des Anbieters von grundlegenden Infrastrukturen und regulierten Funktionen, wie Risikoübernahme und Kapitalbereitstellung für Finanzdienstleistungen, oder die innovativer Akteure in neuen digitalen Finanz-Ökosystemen, die sich mit ihren Angeboten zentral positionieren und so die Kundenbindung auch im digitalen Zeitalter behalten werden. Letzteres ist nur möglich, wenn die Geschäftsmodelle den Anforderungen der digitalen Welt angepasst werden können, sodass Finanzdienstleister gestärkt aus dem Zeitraum der Transformation hervorgehen.

25.2 FinTechs: Kooperativ statt disruptiv

FinTechs traten zu Beginn an, um die Welt der Finanzdienstleister zu revolutionieren, die existierenden Marktteilnehmer zu disintermediieren und bestenfalls überflüssig zu machen.

Doch in der Zwischenzeit stellte sich heraus, dass vor allem im Geschäft mit Privatkunden die Finanzdienstleister eines haben, was den FinTechs fehlt: den Zugang zum Kunden. Finanzdienstleister punkten im Privatkundengeschäft noch immer mit der Bekanntheit ihrer Marke und dem Vertrauen, das ihrem Umgang mit Geld entgegengebracht wird.

Daher haben immer mehr FinTechs ihre Geschäftsmodelle adaptiert. Statt Disruption steht nun eher Kooperation im Fokus (Abb. 25.1). Sie suchen den Schulterschluss mit den Banken und diese binden die technisch innovativen Lösungen der FinTechs in ihre entstehenden digitalen Angebote ein. Die Modelle reichen dabei von einfachen Vertriebspartnerschaften über Kooperations- und Konsortialmodelle bis hin zu Beteiligungen und Akquisitionen.

25.2.1 Wer mit wem kooperiert

Die Zahl der Kooperationen von etablierten Finanzdienstleistern mit FinTechs steigt täglich. Beispiele für typische Kooperationen sind:

- Gini: Mit ihrer Smartphone-App können Rechnungen abfotografiert und passende Überweisungen ausgelöst werden. Dahinter steckt eine Semantik-as-a-Service-Lösung, die neben der comdirect inzwischen auch die Deutsche Bank und die ING DiBa nutzen
- Cringle: Die DKB bietet ihren Kunden P2P-Payment per Cringle-App an.
- Wikifolio: Die Social Trading-Plattform erhöht ihre Reichweite, indem sie unter anderem mit Comdirect, Onvista und S-Broker kooperiert
- Mobilfunkprovider: O2 bietet seinen Mobilfunkkunden ein im White Labeling mit der Fidor Bank realisiertes Smartphone Banking an.
- N26: Anfänglich noch ohne Banklizenz gestartet, lässt das Berliner Start-up seine mobilen Girokonten von der Wirecard Bank zunächst im White Labeling servicieren. N26 hat mittlerweile eine eigene Banklizenz erhalten und wird die Kunden aus der Wirecard Bank Vertragsbeziehung in eine eigene Vertragsbeziehung überführen.

Doch die FinTechs entwickeln ihre Leistungen nicht nur im Privatkundengeschäft, sondern entlang der gesamten Wertschöpfungskette im Finanzdienstleistungsbereich. So bietet die Sparda Bank Berlin ihren Mittelstandskunden Darlehen per Funding Circle (früher Zencap) und die DZ Bank offeriert Einzelhändlern die Mobile-Payment-Möglichkeit iZettle.

Nur wenige wirklich disruptive Geschäftsmodelle haben sich bisher behaupten können. Diese Ausnahmen sind meist auf den Kundenzugang fokussiert und im

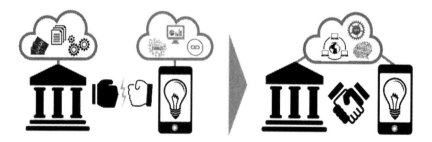

Abb. 25.1 Trend zur Kooperation zwischen FinTechs und Banken. (Eigene Darstellung)

B2C-Bereich angesiedelt. Zumeist sind es FinTechs, die sich auf Infrastrukturen fokussieren, beispielsweise im Bereich Blockchain, oder Virtual Currencies, oder Online-Marktplätze, die auf B2B-Kunden zielen.

Ein gutes Beispiel hierfür in Deutschland ist die Devisenhandels-Plattform 360t, die über ein selbst entwickeltes Handelsauktionssystem etwa 20 % des europäischen FX-Handels mit Unternehmen auf sich ziehen konnte. Sie wurde Ende 2015 für 725 Mio. EUR an die Deutsche Börse verkauft [8].

25.3   Daten als die neue Währung?

In Deutschland sind die Kunden es nicht (mehr) gewöhnt, für Finanzdienstleistungen zu bezahlen. Ein kostenloses Girokonto ist für viele eine Selbstverständlichkeit. Für die Anlageberatung bei ihrer Hausbank wurden sie nur selten spürbar zur Kasse gebeten. Dementsprechend schwer tun sich Honorarberater auf dem deutschen Markt.

Nicht zuletzt durch konsequente Regulierung sind Einnahmequellen weggefallen. So reduzierten sich beispielsweise durch die Einführung von SEPA die Einnahmen durch grenzüberschreitenden Zahlungsverkehr um 90 %, obwohl gleichzeitig die Anzahl der Überweisungen über Ländergrenzen hinweg zugenommen hat. Der im Jahr 2015 eingeführte Interchange Cap hat die Einnahmen aus Kreditkartentransaktionen für die Herausgeber von Kreditkarten um eine Größenordnung von etwa 1,2 auf 0,3 % des Transaktionswertes reduziert. Allein in Deutschland hat dies zu um dreistellige Millionenbeträge geringeren Erlösen für die Herausgeber von Karten geführt.

Diese Kommodifizierung von Infrastrukturleistungen zwingt Finanzdienstleister zur Veränderung. Sie müssen ihre Kosten senken und gleichzeitig neue Ertragsquellen erschließen.

Neue Ertragsquellen finden sich in der erhöhten Bepreisung der Kontoführung (so zum Beispiel die Postbank mit einer zum November 2016 veränderten Kontenpreisstruktur) oder in der Nutzung von neuen Geschäftsmodellen.

Neue Geschäftsmodelle basierend auf der Verwendung von Daten werden sich daher etablieren. Sie ermöglichen individualisierte Angebote und ein verhaltensorientiertes und risikoadäquates Pricing. Künftig muss sich der Kunde entscheiden, ob er für eine grundlegende Finanzdienstleistung (mehr) zahlt, oder ob er seine Daten zur Nutzung preisgibt. Der Trade-off lautet also: Preisgabe von Daten versus Preisdifferenzierung (Abb. 25.2).

Bereits heute etabliert und akzeptiert ist das von Amazon und Google entwickelte Modell der Kombination von E- oder M-Commerce und Online-Payments.

Abb. 25.2 Kunden sollten zwischen Preisgabe von Daten und Preisdifferenzierung entscheiden. (Eigene Darstellung)

Dabei werden individuelle Kundenangebote erstellt, die sich aus Informationen beim Online-Zahlungsverhalten ableiten.

Die ersten Versicherungen bieten Tarife für Kfz-Versicherungen, die sich am Fahrverhalten orientieren. Ein vorsichtiger Fahrer zahlt dabei einen geringeren Versicherungsbeitrag als derjenige, der rasant unterwegs ist. Telematik-Boxen im Auto liefern personenbezogene Verhaltensdaten und sorgen dafür, dass keine Fahrt mehr geheim bleibt. Die schnell an Beliebtheit gewinnenden Fitness-Tracker liefern Echtzeit-Daten, die von Kranken- und Lebensversicherern zur Berechnung von Prämien bestimmenden Risikoprofilen oder als Basis für Bonussysteme [12] eingesetzt werden können.

Bisher setzt jedes Unternehmen darauf, dass ihm die erhobenen Daten über seine Kunden exklusiv zur Verfügung stehen. Verschiedene Regulierungsideen zielen derzeit genau darauf ab. Die Argumentation ist, dass es nahezu unmöglich ist, de facto monopolisierte Anbieter wie Facebook oder Amazon zu zerschlagen, weil ihre Plattformen ja erst durch ihren Monopolansatz für Konsumenten attraktiv sind. Stattdessen wird an die Relativierung des damit einhergehenden Datenmonopols gedacht.

Relativierung bedeutet jedoch nicht, dass diese Daten künftig nicht mehr erhoben oder ausgewertet werden dürfen. Vielmehr zeichnet sich eine Regulierung ab, die es dem Verbraucher ermöglicht, die von ihm erhobenen Daten auf seine explizite Anforderung hin andere Dienstleister zur Verfügung zu stellen.

Kunden erhalten künftig mehr Macht über ihre eigenen Daten. Sie können und müssen dann selbst entscheiden, wem sie diese zur Verfügung stellen und wem nicht. Die Unternehmen punkten also nicht mehr so sehr mit den von ihnen selbst zusammengetragenen Daten, sondern müssen in der Lage sein, flexibel Daten anderer Anbieter zu nutzen sowie dritten Dienstleistern ihre eigenen Daten zur Verfügung zu stellen. Ein Beispiel dafür ist Telefónica, die nach Zustimmung der Kunden zukünftig anonymisierte und aggregierte Daten an dritte Parteien verkaufen möchte [15].

Kunden erklären sich hierzu aber nur bereit, wenn sie etwas davon haben, ihnen die Unternehmen mit ihren individuellen Produkten einen Mehrwert bieten. Dieser kann vielfältige Formen haben. Er kann subjektiv sein, zum Beispiel in Form einer Mitgliedschaft in einer exklusiven Community. In der Regel wird es aber ein objektiver Preis- oder Leistungsvorteil sein. Im Fall von Telefónica werden die Kunden eine Belohnung bekommen, die zum Beispiel die Form eines Tarifrabatts haben könnte.

Die Herausforderung für den Gesetzgeber ist es, die Grundlagen der informationellen Selbstbestimmung zum einen sicherzustellen, zum anderen aber mit einem für die datenbezogenen Geschäftsmodellen praktikablen Ansatz zu verbinden. Zu dem Punkt hat die European Banking Authority die möglichen Folgen einer innovativen Nutzung von Konsumentendaten bei Finanzinstituten erläutert [3]. Auf der einen Seite bekommen die Kunden eine verbesserte Produktqualität und reduzierte Preise, während die Finanzinstitute ihre Kosten senken und neue Einnahmequellen generieren können. Auf der anderen Seite steht aber für Kunden das Risiko einer Entstehung von Informationsasymmetrien und Datenmissbrauch, während Finanzdienstleister Datendiebstahls- und Reputationsrisiken eingehen.

Eine erfolgreiche Umsetzung könnte durch die Einführung interoperabler digitaler Identitäten befördert werden. Diese ermöglichen es dem Kunden, neben einer zentralen digitalen ID, die alle im Rahmen eines Onboarding-Prozesses erhobenen oder freiwillig bereitgestellten Daten speichert, verschiedene „Personalities" oder „Avatare" zu generieren, um so gezielt einen Auszug von Daten für die Nutzung in verschiedenen digitalen Netzen oder Diensten freizugeben. Damit wird die zentralisierte und gesicherte Bereitstellung der Identität und anhängender Daten im digitalen Geschäftsprozess erreicht. Vorreiter in diesem Umfeld sind heute Staaten wie Schweden mit BankID oder Estland mit der digitalen Staatsbürgerschaft.

25.4   Digitale Ökosysteme

Ökosysteme beschreiben Beziehungsgefüge von Lebewesen untereinander und mit ihrem Lebensraum. Auf den Bereich der Wirtschaft übertragen steht ein Ökosystem für die Gesamtheit der Akteure innerhalb einer Branche. Digitale Ökosysteme sind durch Medien, Telekommunikation und IT-Dienstleistungen entwickelte Räume und interdependente Geflechte. Sie bestehen aus dynamischen Netzwerken digitaler Interaktion. Bisher galt zumeist die Vorstellung „digitales Ökosystem = Apple". Die neue Definition geht also deutlich über das hinaus, was bislang zumeist als digitales Ökosystem bezeichnet wurde.

Zu einem digitalen Ökosystem gehören:

- Teilnehmer. Das können Personen, Unternehmen, Institutionen etc. sein.
- Infrastruktur zur digitalen Interaktion der Beteiligten
- Austausch von Gütern und Dienstleistungen inklusive der erforderlichen Logistik
- Clearing- und Settlement-Infrastruktur zur Abwicklung von Zahlungen

Beispiele für mögliche digitale Ökosysteme gibt es in fast jeder Branche.

Beispiel

E-Marktplätze: Amazon, eBay, Alibaba
Gesundheitsindustrie: Patienten, Hospitäler, Pharmazie
Firmen(Händler)netze: Automobil-Zulieferer, Händler, Kundendienste
Öffentliche Register/Kataster: Grundbuch, Handelsregister

25.4.1 Netzwerkeffekte als Grundlage von digitalen Ökosystemen

Digitale Ökosysteme entwickeln sich nach ganz eigenen Gesetzen. Die digitale Interaktion erlaubt es, Netzwerkeffekte mit sehr hohen Skalierungsopportunitäten zu nutzen.

▶ Netzwerkeffekte treten auf, wenn der Nutzen, den ein Konsument aus einem Gut erzielt, eine verstärkende Funktion hinsichtlich der Anzahl anderer Konsumenten, die ein kompatibles Gut erwerben, darstellt. Hierbei werden direkte und indirekte Netzwerkeffekte unterschieden.

- Bei direkten Netzwerkeffekten hängt der Nutzen des Konsumenten aus einem Gut unmittelbar an der Anzahl anderer Nutzer, die dieses Gut ebenfalls nutzen. Im modernen Internetzeitalter finden sich die direkten Netzwerkeffekte zum Beispiel in Form der sozialen Medien und der Chat Clients wie zum Beispiel WhatsApp.
- Bei indirekten Netzwerkeffekten erhöht sich der Nutzen der Teilnehmer nicht nur, wenn das eigene Netzwerk größer wird, sondern auch, wenn die Anzahl der Teilnehmer eines verbundenen Netzwerkes steigt [10].

Für digitale Ökosysteme sind indirekte Netzwerkeffekte von entscheidender Bedeutung. Digitale Ökosysteme werden auch in Form von zweiseitigen Märkten realisiert. Gute Beispiele für zweiseitige Märkte sind elektronische Marktplätze wie zum Beispiel Amazon, eBay oder Alibaba. Hier bestehen im Prinzip zwei Nutzergruppen: die der Käufer und die der Anbieter. Wird der Nutzen für die Käufer durch Akquisition einer großen Anzahl an Anbietern/Händlern erhöht, wächst gleichzeitig auch die Attraktivität des Marktplatzes für die Nutzer des verbundenen Händlernetzwerkes. Dies wiederum erhöht den Nutzen in Form vergrößerter Angebotsauswahl für die Käufer.

Im Internet ist die Etablierung erfolgreicher Geschäftsmodelle durch die Optimierung von Reichweite („Reach") und Häufigkeit der Nutzung („Frequency") gekennzeichnet. Dem Erzielen von Reach und Frequency wird häufig die Profitabilität als anfänglich nachrangiges Ziel untergeordnet. Dies gilt auch für internetbasierende Geschäftsmodelle in zweiseitigen Märkten. Unter gezielter Nutzung der indirekten Netzwerkeffekte wird in zweiseitigen Märkten eine sich selbst verstärkende Dynamik der Akquisition von Nutzern in beiden Gruppen angestrebt.

Die Beispiele für derartige Geschäftsmodelle gehören zu den Erfolgsgeschichten in der Internet-Ökonomie. Google, Amazon, Facebook, Apple (GAFA) sind die meistgenannten Beispiele, aber auch Alibaba, Uber und Airbnb wurden auf der Basis der Netzwerkeffekte in zweiseitigen Märkten zu den Internetgiganten, die sie heute darstellen. Ohne eine allgemein zugängliche digitale Infrastruktur wie das Internet wären diese Erfolge nicht im gleichen Maße erzielbar.

Die Realität zeigt auch, dass bei konsequenter Nutzung dieser Effekte „The Winner takes it all"-Situationen entstehen können, in denen erfolgreiche Anbieter durch die sich verstärkenden Netzwerkeffekte nahezu zu Monopolanbietern werden. Die Entwicklung von Yahoo im Wettbewerb zu Google im Bereich Online Marketing und Suchmaschinendienste zeigt eindrucksvoll die Auswirkungen einer konsequent auf Netzwerkeffekte setzenden Strategie.

Die technologische Entwicklung beschert uns schrittweise eine weitere Vernetzung in alle Bereiche unseres täglichen Lebens hinein. Insbesondere das Internet

der Dinge (engl. Internet of Things, IoT), bei dem im Prinzip jedes Objekt eines
Ökosystems zu einem potenziell autarken Teilnehmer in einem digitalen Netzwerk werden kann, wird unsere Welt signifikant verändern.

Beispiel

Integration des IoT in Haushaltsgeräte: Schon in wenigen Jahren könnte folgendes Szenario Realität sein:

- Die Waschmaschine stellt einen Defekt fest und fragt bei dem Eigentümer
  auf dem Smartphone nach, ob sie einen Techniker beauftragen soll.
- Nach Freigabe stellt die Waschmaschine eine Anfrage in einem Handwer-
  kerauktionsportal ein und kontrahiert am Ende der Auktion einen Techniker.
- Der Termin findet sich automatisiert durch Abgleich mit dem Kalender des
  Eigentümers und wird eingetragen
- Der Techniker kommt, die Reparatur wird durchgeführt und die Zahlung
  wird nach Freigabe unmittelbar als P2P-Zahlung in Echtzeit vom Konto
  des Eigentümers ausgeführt.

Teilnehmer an diesem Ökosystem sind der Hersteller der Waschmaschine, die
Waschmaschine selbst, der Eigentümer des Gerätes, ein Handwerkerportal,
ein Techniker sowie ein Zahlungsdienstleister. Mögliche Folgen könnten sein,
dass Handwerker, die sich nicht kompetitiven Preisen stellen können, nach
und nach Aufträge verlieren, weil der Preisvergleich von verschiedenen Angeboten in digitalen Ökosystemen eine deutlich höhere Transparenz ermöglicht.

Banken empfinden die Internetgiganten verstärkt auch als potenzielle Wettbewerber für ihre eigenen Angebote. Eine genauere Betrachtung zeigt allerdings, dass
die Internet-Dienstleister bankingnahe Dienstleistungen in der Regel nicht als
Selbstzweck entwickelten, sondern vielmehr, um ihren Kunden für das Wachstum
ihrer Ökosysteme erforderliche Funktionen wie Zahlungsverkehr, Finanzierung,
Leasing und Factoring etc. in der benötigten Flexibilität, Convenience und geo-
grafischen Abdeckung bereitzustellen. Amazon Payments wurde gegründet, um
eine globale und für alle Händler möglichst einheitliche Abwicklungsplattform
für die Bezahlung von Käufen bereitzustellen. Gleiches gilt für die Integration
von PayPal in eBay und die in iTunes realisierte Zahlungsplattform.

Ein hervorragendes Beispiel für die Integration von Finanzdienstleistungen als
„Enabler" für digitale Ökosysteme ist der Alibaba Konzern.

25.4.2 Best Practice-Beispiel: Alibaba und Alipay

Mit mehr als 420 Mio. aktiven Kunden [9] ist das aus China stammende Alibaba heute der größte E-Marktplatz der Welt. Alipay ist die Clearing- und Settlement-Plattform des Konzerns, die grenzüberschreitend die Abwicklung von Zahlungen ermöglicht. Der gesamte Konzern bildet ein digitales Ökosystem (Abb. 25.3).

Alibaba schuf Alipay im Jahr 2004 [2] nicht, um am Zahlungsverkehr zu verdienen. Vielmehr konnte kein Dienstleister gefunden werden, der in der Lage war, Zahlungsabwicklung aus einer Hand in China und weiteren Zielländern und über mehrere Währungen hinweg anzubieten.

Heute ist Alipay mit mehr als 400 Mio. Nutzern, davon 270 Mio. monatlich aktiven, eines der größten Wallet-Bezahlsysteme weltweit [9]. Alibaba baut Alipay weiter aus und bietet darüber auch Mehrwertdienste an. Kunden können per Alipay P2P-Zahlungen vornehmen und Rechnungen begleichen. Die Stoßrichtung ist eindeutig: Alipay wird zu einem Lifestyle-Angebot entwickelt, das Entertainment, Tickets, Restaurants, Hotels und vieles mehr abdeckt. Ant Financial, das Unternehmen, das Alipay in der Alibaba-Gruppe betreibt, bietet Händlerkunden der Plattform Finanzierungslösungen bis hin zur Ausgabe von Schuldverschreibungen an. Ziel ist es, weitere Händlerkunden zu gewinnen und die Bindung der Händler an die Plattform zu erhöhen.

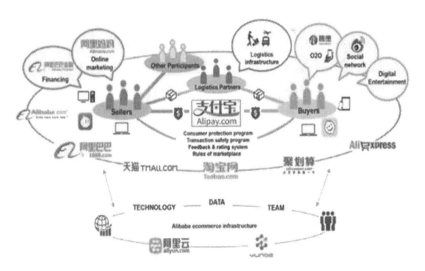

Abb. 25.3 Ökosystem von Alibaba [1]. (Alibaba Group)

Zudem stößt Alipay zunehmend in andere Regionen der Welt vor. Seit Juni 2016 kann man auch in Deutschland mit Alipay zahlen. Allerdings steht das Payment-System zunächst nur den chinesischen Alipay-Nutzern zur Verfügung, die dadurch ihre gewohnte Bezahlmöglichkeit auch auf Reisen geboten bekommen [13]. In Kooperation mit Wirecard wurden allein am Münchener Flughafen rund 70 Läden mit dem Payment-System ausgestattet [7].

25.5 Banken sind noch nicht vollständig im digitalen Zeitalter angekommen

Auch in Europa finden sich vergleichbare Beispiele wie die von Alibaba und Alipay, bei denen Banken ihre Chancen nicht nutzen konnten und nun das Nachsehen haben. Das wird nachfolgend mit einem realen Beispiel aus der Praxis erklärt.

Ein großer Online-Händler baute einen elektronischen Marktplatz für B2C-Kunden in 14 europäischen Ländern auf. Auf ihm können die Hersteller der Waren („OEMs"), die meist außerhalb der EU sitzen, ihre Produkte direkt diesem sowie anderen angeschlossenen Händlern anbieten. Er wollte eine Zahlungslösung etablieren, die für Kunden innerhalb und außerhalb der EU einen identischen Ein-Klick-Bezahlprozess (Single Check-out) ermöglichte.

Über einen langen Zeitraum hin präsentierte der Online-Händler seinen Bedarf bei Banken und Zahlungsverkehrsdienstleistern und suchte eine passende Lösung. Keiner war in der Lage, die benötigten Leistungen als Komplettlösungsanbieter oder Integrator bereitzustellen.

Weil er von Finanzdienstleisterseite keine Lösung für sein Problem erhielt, wurde der Internethändler in der Konsequenz selbst zum Systemintegrator für mehrere unterschiedliche Serviceprovider im Zahlungsverkehr. Aufgrund dieser Erfahrung prüft er nun, sich zum Finanzdienstleister weiterzuentwickeln, um seinen Kunden und Lieferanten Finanzierungslösungen anbieten zu können. Denn seiner Erfahrung nach ist noch immer keine Bank in der Lage, die Bedarfe neuer digitaler Ökosysteme abzudecken. Damit wird möglicherweise ein neuer Konkurrent für die Banken entstehen, der bereits Erfahrung in dem Bereich der digitalen Ökosysteme hat und dort erfolgreich agiert.

Überträgt man die diskutierten Ansätze nun auf die Kernbereiche der Finanzdienstleistungsbranche finden sich auch dort viele Anwendungsbeispiele für potenzielle digitale Ökosysteme:

- DigitalTrade Finance
- FX-Trading-Netze, zum Beispiel multilaterale Trading Facilities
- Zahlungen in Korrespondenzbanknetzen
- P2P Zahlungssysteme
- Online oder Smartphone Banking-Plattformen
- Investment-Plattformen
- Corporate Banking Plattformen
- Versicherungsplattformen

25.6 Wettbewerb um den Kunden in digitalen Ökosystemen

Um im Wettbewerb bestehen zu können, müssen zukünftige digitale Ökosysteme in der Finanzdienstleistungsbranche hohe Anforderungen erfüllen:

- Best Practice User Experience und Customer Journey: Ziel ist, dadurch bestmögliche Convenience in der Nutzung anzubieten.
- Sicherstellung der höchstmöglichen Nutzung durch Integration von Lifestyle-Angeboten (zum Beispiel Ticketing, Restaurant- und Parkplatzreservierung etc.).
- Offenheit zur schnellen Integration von Angeboten dritter Dienstleister.
- Fähigkeit zur Nutzung des Zugriffs auf Daten Dritter.
- Fortgeschrittene Datenanalyse und Nutzung zur Generierung von Mehrwerten für den Kunden.

Finanzdienstleister werden mit Wettbewerbern aus ihren eigenen Reihen, voraussichtlich aber auch mit neuen Wettbewerbern aus dem Bereich digitaler Marktplätze und auch erfolgreichen Start-ups um die zukünftigen digitalaffinen Kunden der Generation Y konkurrieren. Nur wer sich durch die Nutzung von Netzwerkeffekten als einer der „Winner" positionieren kann, wird den Vertrauensvorsprung, den Kunden heute noch Finanzdienstleistern entgegenbringen, auch in der digitalen Welt behaupten können.

Erfolgreiche digitale Märkte sind hierbei aufgrund der ihnen innewohnenden Mehrseitigkeit und der unmittelbar nutzbaren Netzwerkeffekte ernst zu nehmende Wettbewerber an der Kundenschnittstelle. Dies gilt nicht nur für Amazon, Apple, Alibaba, Google und Facebook, sondern mit Blick auf den Corporate Bereich auch für Anbieter wie Oracle, SAP/Ariba oder ähnliche Marktplätze, die über ein umfangreiches und internationales Portfolio an Firmenkunden verfügen.

Dabei müssen Anbieter in digitalen Marktplätzen nicht unbedingt selbst als Produzent der Leistungen auftreten. Für sie ist es ausreichend, wenn sie ihren Kunden leistungsfähige Produkte Dritter anbieten können, um in ihrem Ökosystem bestmögliche Wachstumschancen zu schaffen. Letztlich erreichen sie jedoch durch die Standardisierung des Zugangs und die Besetzung der Kundenverbindung eine Disintermediation der bisherigen Finanzdienstleister. Diese sehen sich einem transparenten und damit meist preisintensiven Wettbewerb für ihre Produkte ausgesetzt. Ergänzt man nun Start-ups, die nicht eine umfangreiche Legacy-Seite ihres Geschäftes als Hypothek mitbringen, und die bewusst auf Nischen zielen, die Finanzdienstleister heute aufgrund gestiegener Kapitalanforderungen oder verringerter Risikoneigung nicht mehr adressieren, so verdichtet sich das Bild des Kampfes um den Kunden in der digitalen Welt.

Finanzdienstleister werden im Wettbewerb um die Kundenschnittstelle hier nur mithalten können, wenn sie ihre eigenen Ökosysteme nach den oben genannten Prinzipien hinreichend attraktiv gestalten. Erste Schritte werden aktuell bereits vollzogen: Mobil-Apps mit neuer Customer Experience werden positioniert, P2P-Payments Funktionalität wird hinzugefügt, Inkubatoren, Accelerators, Tech Labs und digital Factories werden eröffnet und der Ökosystem Gedanke zieht in die Strategien der Marktteilnehmer ein.

Der kulturelle Wandel hin zu wettbewerbsfähigen Spielern in der digitalen Welt steht aber erst am Anfang. „Wie ein Tech-Unternehmen müssen wir denken" schreibt der Vorstandsvorsitzende einer großen deutschen Bank seinen Mitarbeitern und fordert unternehmerisches Denken ein [14].

Dass auch Banken sich diesem Wandel erfolgreich unterziehen können, zeigt die „Danske Bank". Die Danske Bank hat bereits früh die Kultur des „Fail Fast" für sich selbst etabliert. Customer Centricity, Innovation und Kulturwandel stehen im Zentrum der Bemühungen um marktführende Customer Experience in der Welt des Digital Banking der Zukunft.

Innovative Projekte werden früh selektiert und gefördert. Stellt sich der Markterfolg nicht innerhalb eines kurzen Zeitraums ein, werden die Vorhaben wieder eingestellt. Ziel ist es, lieber sich als Bank selbst zu disruptieren, als von Dritten disruptiert zu werden.

Ein erfolgreiches Beispiel ist das Produkt „Mobile Pay". Mobile Pay wurde 2013 zunächst mit einer P2P-Payments-Funktionalität gestartet. Die App wurde kostenfrei in den etablierten Mobilplattformen angeboten. Den Umstand, dass in den nordischen Ländern der Einsatz von Bargeld bereits im hohen Maße zurückgedrängt werden konnte, hatte dazu geführt, dass die Nachfrage nach einem P2P-Paymentverfahren bei den Nutzern stetig wuchs (wie auch der Markterfolg des P2P-Paymentverfahrens „Swish" in Schweden zeigt). Die Funktionalitäten der

App wurden seit 2013 in agiler Vorgehensweise kontinuierlich in kurzen Release-zyklen erweitert. Hierbei werden Funktionalitäten auch mit Kunden gemeinsam entwickelt („Co-Create"). Mobile-Pay-Nutzer können Rechnungen auf ihrem Mobiltelefon bezahlen, gemeinsam mit anderen Nutzern Events planen und dabei zu zahlende Beträge untereinander aufteilen und Loyalty Programme nutzen.

Zur Nutzung der zweiseitigen Netzwerkeffekte wurden auch Merchants in das System integriert. Mittlerweile akzeptieren ca. 32.000 Händler in Dänemark Mobile Pay als Zahlungsmittel und können nach Kauf elektronische Quittungen an den Kunden senden. Im nächsten Schritt werden in einer Partnerschaft mit Verifone auch physische POS-Terminals in den Markt gebracht, an denen Mobile-Pay-Nutzer drahtlos bezahlen können.

Mit diesem Vorgehen konnte die Danske Bank innerhalb von nur drei Jahren 3,1 Mio. registrierte Nutzer in Dänemark für Mobile Pay gewinnen (mehr als 50 % der dänischen Bevölkerung). Die Mobile-Pay-App ist in Dänemark die nach Facebook beliebteste App in den jeweiligen App-Stores. Nur 30 % der Nutzer von Mobile Pay sind tatsächlich Kunden der Danske Bank. Etwa 70 % sind Kunden anderer Banken: hier zeigen sich erste Anzeichen des „The Winner takes it all"-Prinzips für den dänischen Markt [11]. Eine Expansion in andere Märkte wird angestrebt, die Bank erwägt zur Stärkung ihres Ökosystems für Mobile Pay auch ein White Labeling für Dritte anzubieten.

25.7 Europäischer Binnenmarkt als Treiber der Entwicklung

Die europäischen Regulatoren haben in den letzten Jahren die Voraussetzungen für die grenzüberschreitende Integration in einen einheitlichen Binnenmarkt geschaffen. Im Bereich der Finanzdienstleistungen hat sich dies zum Beispiel in der Schaffung der SEPA, der Zahlungskontenrichtlinie sowie in der Payment Service Directive 2 (PSD2) niedergeschlagen.

Die weitere Integration auf den Finanzdienstleistungsmärkten wird aktuell im Grünbuch der Kommission zu den Retail-Finanzdienstleistungsmärkten vorgezeichnet [4]. Die hier enthaltenen Vorstellungen für die zukünftige Ausgestaltung lassen sich unter dem Stichwort „Borderless Financial Services" zusammenfassen. Der Zugang zu Dienstleistungen muss für alle EU Bürger in allen EU Ländern barrierefrei möglich sein (also zum Beispiel kein Geoblocking für Online Angebote, Leistungsbezug gleichen Konditionen und Bedingungen für alle Dienstleistungen).

Am Beispiel der neuen PSD2I zeigt sich, wie die EU sich das zukünftige Level Playing Field im Bereich Finanzdienstleistungen vorstellt. Im Rahmen der PSD2 werden zwei neue Dienste im Bereich der Zahlungsdienste regulatorisch erfasst: der Payments Initiation Service (Zahlungsinitiierung) sowie der Payments Account Access Service (Zugriff auf Konten). Dienstleister, die als Zahlungskonto eingesetzte Konten führen, müssen den Zugriff für dritte vertrauenswürdige Parteien (Trusted Third Parties) über offene Schnittstellen ermöglichen.

Hierdurch können lizenzierte Dritte, aber auch Banken selbst auf die Daten ihrer Kunden bei Wettbewerbern zugreifen. Funktionen wie Kontoaggregation, Kontowechselservice und die Nutzung der Daten bei Wettbewerbern in Verbindung mit der Erleichterung der fallabschließenden digitalen Bearbeitung durch die Modernisierung der digitalen Unterschrift im Rahmen der Umsetzung der eIDAS-Verordnung [5] sind zentrale Voraussetzungen, um digitale Dienste flächendeckend EU-weit einheitlich anzubieten. Die sich hieraus ergebende Möglichkeit zur Entwicklung einer digitalen Identität, wie sie heute bereits in einzelnen Ländern etabliert wird (zum Beispiel in Estland mit der digitalen Staatsbürgerschaft und in Schweden mit der von Banken positionierten BankID) sind weitere Meilensteine auf dem Weg zu einer volldigitalen Finanzdienstleistungswelt.

Es bleibt abzuwarten, ob der Regulator im Rahmen der Umsetzung der Vision des Grünbuches auch offene Schnittstellen für weitere Produkte einfordert, und somit die Vernetzung von Dienstleistungsangeboten über die gesamte Breite der Finanzdienstleistungen ermöglicht. Hierdurch werden auch die Grundvoraussetzungen für die Positionierung von digitalen Ökosystemen signifikant verbessert.

25.8 Rolle heutiger Finanzdienstleister nach der digitalen Transformation

Es ist unstrittig, dass regulierte Dienstleister auch nach der digitalen Transformation weiterhin wesentliche Grundfunktionen in der Finanzdienstleistungswelt wahrnehmen werden. Die aktuellen Entwicklungen zwingen aber Finanzdienstleister zu definieren, welche Rolle sie in der zukünftigen digitalen Welt einnehmen wollen. Ein gesteigerter Wettbewerb wird eine natürliche Folge der Öffnung des Markts sein. Technologisch getriebene Anbieter werden zunehmend versuchen, wichtige Teile der Infrastruktur und Prozesse zu besitzen. Infolgedessen wird auch der Kostendruck für die Unternehmen in der Finanzdienstleistungsbranche steigen. Eine Konsolidierung in der Branche ist ein sehr wahrscheinliches Szenario. Eine höhere Effizienz und eine klare strategische Positionierung im Sektor sind bereits jetzt schon notwendig.

Es ist zu erwarten, dass Finanzdienstleister eine dezidierte Rolle in digitalen Ökosystemen einnehmen werden und ihre Angebote mit anderen Anbietern von Dienstleistungen auch außerhalb der Finanzbranche integrieren. Daraus wird sich ein stärkerer Fokus auf die auch in der Regulierung erfassten Kernkompetenzen von Finanzdienstleistern ergeben. Hierzu gehören die Übernahme und das Management von Risiken, die Entgegennahme und Anlage von Kapital inklusive Fristentransformation sowie die geldwäschegesetzkonforme Identifikation von Unternehmen und Privatpersonen („KYC", Know your Customer). Nicht alle Finanzdienstleistungen müssen in Zukunft aus eigener Produktion angeboten werden; der Mehrwert für den Kunden und die beste Customer Experience determinieren die Kooperation mit anderen Dienstleistern (FinTechs, etablierte Marktteilnehmer) in der Wertschöpfungskette. Wo ehemals noch spezifische Infrastrukturen Eintrittsbarrieren verhießen, reduzieren in Zukunft kostengünstigere Infrastrukturen basierend auf offenen Schnittstellen und Asset-Transfernetzen (zum Beispiel Blockchain, Open APIs, multilaterale Verrechnungsnetze etc.) den Aufwand von Integration und Abwicklung.

Im Versicherungsbereich sind die Markteintrittsbarrieren für den Bereich des Underwriting sehr hoch. Innovation findet daher aktuell meist am Front-End bei der Verwaltung von Verträgen oder in der innovativen Kombination von existierenden Produkten oder bei der Nutzung von Daten (zum Beispiel durch die Erstellung von Fahr- oder Gesundheitsprofilen) statt. Signifikante Disruption ist hier insbesondere im Umfeld der gerade in Deutschland noch intransparenten Vertriebs- und Provisionsstrukturen (zum Beispiel bei Maklernetzwerken) zu erwarten. Etablierte Versicherer positionieren sich heute schon für digitale Ökosysteme durch die Etablierung digitaler Geschäftsmodelle zum Beispiel im Assekuradeursumfeld.

Im Bankenbereich finden sich bereits heute spezialisierte B2B-Bankdienstleister, die FinTechs durch White-Labeling-Leistungen den Einstieg in regulierte Geschäftsmodelle ermöglichen. Diese, auch „Fronting Banks" oder „Lego Banken" genannten Dienstleister ermöglichen es FinTechs, sich zunächst zur Etablierung ihrer Geschäftsmodelle auf ihre Kernkompetenzen wie Geschäftsmodellinnovation und Technologieinnovation zu fokussieren. Im zweiten Schritt können sie dann zu regulierten Einheiten werden. In Summe werden aber auch sie vom regulatorischen Regime erfasst. Sofern etablierte Banken ihre digitalen Ökosysteme nicht erfolgreich platzieren können, droht ihnen mit zunehmender Digitalisierung ein Verlust des direkten Kundenkontaktes. Sie werden damit zu Anbietern in den die Kundenschnittstelle besetzenden Ökosystemen ihrer erfolgreich transformierten ehemaligen und neuen Wettbewerber und können sich dann nur noch auf die regulierten Grundfunktionen zurückziehen.

Schlüsselrollen für die Viabilität von digitalen Ökosystemen kommen hierbei der digitalen Identität (digital ID) und der IT-Sicherheit (Cybersecurity) zu. Die digitale Identität könnte ein Ankerprodukt für die Finanzdienstleistungsbranche nach der digitalen Transformation sein und hat das Potenzial, die Kontoverbindung abzulösen. Durch die Vereinfachung des Kontowechsels verliert diese nach und nach ihre heute noch zentrale Bedeutung.

Die sichere Abwicklung von KYC-Prozessen ist für Finanzdienstleister ein integraler Bestandteil ihres heutigen Leistungsportfolios. Interpretiert man digitale Identitäten als Single-Sign-on zu zukünftigen Ökosystemen, ergibt sich daraus die hohe Bedeutung für die Bindung bestehender und die Gewinnung neuer Kunden. Über die Authentifizierung ihrer Kunden können Finanzdienstleister für ihre digitale ID Kundenprofile („Avatare") verwalten, bei denen der Nutzer entscheiden kann, welche Informationen je Profil an welche Dienstleister weitergegeben werden sollen. Der Nutzer wird damit Herr seiner Daten und kann sie an zentraler Stelle komfortabel verwalten. Die zentrale Positionierung an der digitalen ID und die Auswertung der aus der Nutzung resultierenden Daten eröffnet damit auch die Möglichkeit, maßgeschneiderte und wettbewerbsfähige Ökosysteme zu bauen. Abb. 25.4 zeigt, wie ein solches Ökosystem im Digital Banking aussehen könnte.

Ohne hochgradig wirksame Schutzmechanismen für die hinterlegten Daten werden Finanzdienstleister ihren Vertrauensvorschuss aus der Welt vor der Digitalisierung nicht in die neue Zeit hinüberretten können. Kritische personenbezogene Daten genau wie geschäftskritische Daten von Unternehmen müssen einen hinreichenden Schutz genießen. Cybersecurity wird damit zu einem unabdingbaren Differenzierungsmerkmal für Finanzdienstleister in digitalen Ökosystemen.

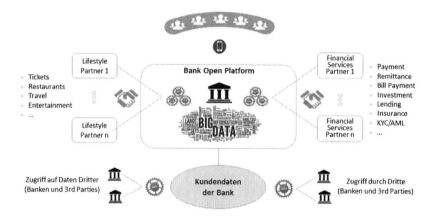

Abb. 25.4 Digital Banking Ökosystem. (Eigene Darstellung)

25.9 Fazit

Die unaufhaltsame Digitalisierung der Finanzdienstleistungsbranche bringt neue Herausforderungen und Chancen mit sich. Finanzdienstleister sind schon heute gezwungen, ihre Geschäftsmodelle infrage zu stellen und wenn notwendig anzupassen. Die signifikante Ausdünnung der Filialnetze ist ein klares Zeichen für diese Veränderung.

Banken sind heute noch nicht in der Lage, die Bedarfe neuer digitaler Ökosysteme abzudecken. Sie agieren noch nicht als Integrator für derartige Ökosysteme. Daher füllen andere Player diese Lücke, zum Beispiel PayPal, Alipay, Amazon Payments etc.

Um den zukünftigen Herausforderungen des Marktes, erfolgreich standhalten zu können, stehen Finanzdienstleister vor einem dramatischen Wandel. Die neuen Banken werden einerseits spezialisierter andererseits offener, indem sie sich in Ökosystemen Dritter als Dienstleister einbringen oder eigene Ökosysteme aufbauen. Ziel ist es hierbei, im Wettbewerb mit anderen digitalen Ökosystemen etablierter und neuer Wettbewerber ihre Kunden weiter an sich binden zu können.

Dabei werden Finanzunternehmen mit agilen und innovativen FinTechs kooperieren. Finanzdienstleister werden aber auch gezwungen sein, intern oder extern die richtigen Fähigkeiten aufzubauen und zu nutzen, um Mehrwerte für ihre Kunden zu generieren. Die geschickte Monetarisierung von Daten bei gleichzeitiger Sicherstellung der Datensicherheit und Einhaltung der Anforderungen des Schutzes personenbezogener Daten ist einer der Schlüssel zu einer erfolgreichen Transformation.

Um im Kampf um Kunden in der digitalisierten Finanzdienstleistungsbranche bestehen können, müssen auch Finanzdienstleister in der Lage sein, die Netzwerkeffekte der digitalen Ökonomie zu nutzen. Die Gestaltung erfolgreicher Ökosysteme durch Eigenprodukte und Partnerschaften wird dabei zum zentralen Erfolgsfaktor.

Dieser Veränderungsprozess ist bereits gestartet und wird sich weiter beschleunigen. Banken beginnen, ihre Vision digitaler Ökosysteme auszuformulieren. Um zu den ausgefeilten Ökosystemen der heutigen Internetgiganten aufzuschließen, sind ein hoher Innovationssprung und ein tief greifender Kulturwandel erforderlich.

Einige der traditionellen Finanzdienstleister werden in diesem Prozess als Verlierer dastehen. Ausgewählte FinTechs werden sich als technologiegetriebene Innovatoren erfolgreich platzieren. Etablierte Finanzdienstleister, die die Transformation aktiv gestalten und neue Wachstumspotenziale der digitalen Welt nutzen, indem sie sich unter Fokussierung auf ihre bestehenden Stärken zu wettbewerbsfähigen Spielern der digitalen Ökonomie weiterentwickeln, haben gute Chancen auch nach der digitalen Transformation noch erfolgreich dazustehen.

Literatur

1. Alibaba Group (2014) Our Ecosystem unter: http://www.slideshare.net/GlobalBizCircle/magic-show-john-spelich-aug-2014-final2 am 26.09.2016
2. Alibaba Group (2015) unter http://www.alibabagroup.com/en/ir/pdf/agm150909_ps.pdf am 26.09.2016 am 26.09.2016
3. European Banking Authority (2016) Discussion Paper on innovative uses of consumer data by financial institutions. EBA/DP/2016/01
4. Europäische Kommission (2015) Grünbuch über Finanzdienstleistungen für Privatkunden. COM(2015) 630 final
5. Europäisches Parlament und Rat der Europäischen Union (2014) Verordnung (EU) Nr. 910/2014 über elektronische Identifizierung und Vertrauensdienste für elektronische Transaktionen im Binnenmarkt und zur Aufhebung der Richtlinie 1999/93/EG
6. Financial Innovation Now (ohne Datum) unter https://financialinnovationnow.org/ am 26.09.2016
7. Finanztreff (2016) unter http://www.finanztreff.de/news/ots-wirecard-ag—wirecard-ermoeglicht-alipay-zahlungen-am-muenchner-flughafen-/11338731 am 26.09.2016
8. Handelsblatt (2016) unter http://www.handelsblatt.com/unternehmen/banken-versicherungen/uebernahme-von-360t-deutsche-boerse-schluckt-devisenplattform-/12105128-all.html# am 26.09.2016
9. Handelsblatt (2016 b) unter: http://www.handelsblatt.com/unternehmen/handel-konsumgueter/alibaba-online-haendler-trotzt-konjunktur-sorgen/13557076.html?nlayer=News_1985586 am 26.09.2016
10. Katz Michael L., Carl Shapiro (1985) Network externalities, competition, and compatibility. The American economic review 75.3 (1985): 424–440)
11. Mobile Pay (2016) unter: http://www.mobilepay.dk/da-dk/pages/The-story-in-English.aspx am 26.09.2016
12. Spiegel Online (2016) http://www.spiegel.de/gesundheit/diagnose/tk-erwaegt-nutzung-von-fitnessarmbaendern-zu-belohnen-a-1108870.html am 26.09.2016
13. t3n (2016) unter http://t3n.de/news/alipay-alibabas-payment-service-649177/ am 26.09.2016
14. The Telegraph (2016) unter: http://www.telegraph.co.uk/business/2016/09/12/deutsche-bank-boss-tells-staff-to-think-like-a-tech-firm-if-they/ am 26.09.2016
15. Zeit Online (2016) unter http://www.zeit.de/digital/datenschutz/2016-09/mobilfunk-telefonica-bewegungsdaten-kunden-verkaufen-zweiter-versuch am 26.09.2016 am 26.09.2016

Über die Autoren

Christopher Schmitz ist Partner im Bereich Transaktionsberatung für Financial Services Unternehmen bei EY und verfügt über mehr als 20 Jahre Beratungserfahrung in der Financial Services Branche. Er leitet den Bereich Operational Transaction Services für Deutschland, Österreich und die Schweiz. Darüber hinaus leitet er das deutsche EY FinTech Team und das europäische EY Payments Team in der Transaktionsberatung und ist Ansprechpartner der branchenübergreifenden Start-up-Initiative für den Standort Frankfurt. Vor seiner

Zeit bei EY arbeitete Herr Schmitz viele Jahre in einer internationalen Strategieberatung sowie bei der Deutschen Bank.

Jan-Erik Behrens ist Executive Director im Bereich Transaktionsberatung für Financial Services Unternehmen bei EY. Seit 2010 arbeitet er für EY im Bereich Operational Transaction Services. Er weist 15 Jahre Berufserfahrung im Bereich Financial Services auf und ist Operational Excellence Champion. Während seiner Tätigkeit war er verantwortlich für verschiedene Carve-outs, Integrations- und Restrukturierungsprojekte für führende Banken, Finanz- und Zahlungsdienstleister. Er leitete diverse Operational und Commercial Due Diligences, sowie strategische Analysen und Benchmarks im Bereich Retail Banking, Versicherung, Leasing, Payments und FinTech.

Francesco Pisani arbeitet als Consultant im Bereich Transaktionsberatung für Financial Services Unternehmen bei EY. Berufsbegleitend promoviert er am ProcessLab der Frankfurt School of Fiannce & Management. Schwerpunkte seiner Doktorarbeit sind Geschäftsmodelle und Innovationen in der Finanzbranche. In den letzten Jahre war er in verschiedenen Commercial und Operational Due Diligences im Bereich Zahlungsverkehr involviert und hat diverse Analysen von Geschäftsmodellen deutscher FinTechs durchgeführt. Er hält einen Bachelor in Business Administration (B. Sc.) von der Universität La Sapienza di Roma, einen Master in Business Management (M. Sc.) von der Universität LUISS Guido Carli und einen Master in Finance (M. Sc.) von der Frankfurt School of Finance & Management.

Printed in Poland
by Amazon Fulfillment
Poland Sp. z o.o., Wrocław

76699479R00291